TRATADO DE
Direito Administrativo Especial

VOLUME I

TRATADO DE
Direito Administrativo Especial

VOLUME I

COORDENADORES

PAULO OTERO
Professor da Faculdade de Direito de Lisboa

PEDRO GONÇALVES
Professor da Faculdade de Direito de Coimbra

ALMEDINA

TRATADO DE DIREITO ADMINISTRATIVO ESPECIAL – Vol. I

COORDENADORES
PAULO OTERO E PEDRO GONÇALVES

EDITOR
EDIÇÕES ALMEDINA, SA
Av. Fernão Magalhães, n.º 584, 5.º Andar
3000-174 Coimbra
Tel.: 239 851 904
Fax: 239 851 901
www.almedina.net
editora@almedina.net

PRÉ-IMPRESSÃO | IMPRESSÃO | ACABAMENTO
G.C. – GRÁFICA DE COIMBRA, LDA.
Palheira – Assafarge
3001-453 Coimbra
producao@graficadecoimbra.pt

Novembro, 2009

DEPÓSITO LEGAL
301261/09

Os dados e as opiniões inseridos na presente publicação
são da exclusiva responsabilidade do(s) seu(s) autor(es).

Toda a reprodução desta obra, por fotocópia ou outro qualquer
processo, sem prévia autorização escrita do Editor, é ilícita
e passível de procedimento judicial contra o infractor.

Biblioteca Nacional de Portugal – Catalogação na Publicação

Tratado de direito administrativo especial / coord.
Paulo Otero, Paulo Gonçalves
1º v. :   p. - ISBN 978-972-40-3938-1

I - OTERO, Paulo, 1963-
II – GONÇALVES, Pedro

CDU   342

NOTA DE ABERTURA

1. Num sistema jurídico cada vez mais administrativizado, observando-se a progressiva intervenção do Direito Administrativo em todos os sectores do ordenamento jurídico, enquanto expressão da multiplicidade de tarefas confiadas ao Estado nos mais diversos domínios, pode bem afirmar-se que o Direito Administrativo é um ramo de Direito expansivo e colonizador de todas as restantes disciplinas da ciência jurídica, mostrando uma intrínseca vocação imperialista.

Não existem hoje quaisquer ramos de Direito imunes à "contaminação" gerada pelo Direito Administrativo: se, em 1956, Marcello Caetano afirmava, no prefácio à 4.ª edição do seu *Manual*, já não ser lícito ignorar o Direito Administrativo, senão aos ignorantes, pode dizer-se agora, passado mais de meio século, que nem aos ignorantes é lícito ignorar esta disciplina.

E não se trata apenas de verificar que hoje mais de noventa e nove por cento dos diplomas publicados no jornal oficial dizem respeito a matérias de Direito Administrativo, nem de se registar que existem centenas de entidades públicas e entidades privadas que exercem poderes públicos emanando actos jurídico-administrativos: o Direito Administrativo é um mundo dentro do mundo do Direito e, apesar da tradição ainda fazer do Direito Civil o repositório dos grandes princípios jurídicos, a verdade é que aquele assume hoje uma dimensão quantitativamente mais importante.

Todas as áreas do Direito, desde o Direito Privado até ao Direito Constitucional, surgem hoje influenciadas pelo Direito Administrativo, senão pelas suas regras, ao menos pelos seus valores e princípios: o próprio declínio do dogma liberal da autonomia da vontade em Direito Privado, tal como a progressiva invasão de normas de natureza injuntiva na regulação de relações jurídico-privadas, substituindo as tradicionais normas dispositivas, visando tutelar interesses de ordem pública e a própria vinculação das entidades privadas aos direitos fundamentais, revelam uma paulatina, embora consistente, tendência para a publicização do Direito Privado.

Num outro domínio, por paradoxal que possa parecer, a dita "fuga" da Administração Pública para o Direito Privado acabou por gerar, num momento subsequente, um novo e distinto fenómeno de publicização ou administrativização do Direito Privado aplicado por estruturas administrativas. Neste último sentido, a presença do Direito Administrativo contribuiu também para colocar em causa a tradicional dicotomia que, oriunda do Direito Romano, separava o Direito Privado e o Direito Público: é que o Direito Privado Administrativo já não é Direito Privado típico mas ainda não é Direito Administrativo, revelando a transversalidade e a pluralidade de matizes reguladoras da moderna Administração Pública que não se esgota no Direito Administrativo, apesar de fazer do Direito Administrativo o seu Direito comum.

Se o Estado Social do século XX se assemelhou à lenda do Rei Midas, administrativizando ou publicizando tudo aquilo que tocava, a verdade é que o recente fracasso económico das teses neoliberais adeptas da desregulação, prognosticando um regresso desejado ao Estado mínimo, faz esperar nova cruzada administrativadora dos mercados económicos e financeiros: uma nova geração de normas jusadministrativas já está a nascer, provocando um novo surto de administrativização da sociedade deste século XXI.

Depois de algumas décadas de ilusório engano, apresenta-se hoje claro que a própria efectividade da Constituição e do modelo político-social de Estado nela definido dependem mais da intervenção administrativa do que de qualquer esforço dos poderes legislativo e judicial: as promessas eleitorais feitas pelos políticos são quase todas de natureza administrativa e relativas à sociedade de bem-estar, além de que a materialização dos direitos fundamentais envolve o conferir à Administração Pública um protagonismo que a torna senhora do sucesso ou fracasso da própria ordem constitucional.

Na verdade, a Constituição está hoje, neste sentido, refém do poder administrativo: é assim que o Direito Administrativo se impõe como Constituição em movimento, tornando-se claro que só através da Administração Pública a Constituição ganha efectividade.

O Direito Privado, tendo perdido o senhorio maioritário das normas do sistema jurídico, encontra-se obnubilado pela expansão quantitativa do Direito Administrativo e surge nos nossos dias como vítima silenciosa de uma progressiva colonização que o vai contaminando e descaracterizando ao nível dos valores da liberdade e da autonomia da vontade: se exceptuarmos alguns princípios gerais de Direito que, por mera tradição histórica, ainda se localizam geograficamente no Direito Civil, apesar de serem repositório de um verdadeiro Direito Comum a todos os ramos institucionalizados da ciência jurídica, afigura-se nítido que, no jogo de influências recíprocas, a primazia indiscutível pertence hoje ao Direito Administrativo. Nascido sob o signo do desvio em relação a uma matriz jus-privatista, o Direito Administrativo impôs a sua autonomia e, na sua idade adulta, irradia os seus próprios valores para todo o ordenamento jurídico, incluindo, claro, o Direito Civil.

Em suma, recorrendo a uma ideia que tem vindo a ser generalizadamente aplicada em campos muito diversos, a noção de *Direito Administrativo Global* pode surgir, em termos adequados, como a representação simbólica do Direito Administrativo enquanto sistema de valores e de princípios jurídicos que se têm difundido com sucesso por todas as províncias do Direito.

2. Num sistema jurídico em que o Direito Administrativo não é mais um simples ramo, antes deve ser encarado como um hemisfério da ciência jurídica, urge clarificar que se recortam no seu âmbito dois distintos grupos de normas:

(i) Existem normas que, atendendo à sua dimensão reguladora de toda a Administração Pública, consubstanciando um repositório de princípios gerais comuns à organização e funcionamento da Administração e suas relações com os administrados, integram aquilo que se pode designar como o *Direito Administrativo geral* ou comum, desempenhando uma função sistémica de verdadeira teoria geral do ordenamento jusadministrativo;

(ii) Regista-se, por outro lado, a existência de uma pluralidade indeterminada de normas reguladoras de sectores específicos de intervenção administrativa, dotadas de princípios que alicerçam uma unidade interna própria de cada um desses sectores, constituindo o denominado *Direito Administrativo especial*, o qual compreende todo um conjunto de pequenos ramos autónomos do ordenamento jusadministrativo.

Sem prejuízo da necessária intercomunicabilidade científica entre os dois grupos de normas, nunca podendo o Direito Administrativo especial deixar de tomar em consideração o enquadramento legislativo e dogmático das soluções adiantadas pelo Direito Administrativo geral, nem a evolução dogmática deste na reconstrução da teoria geral do ordenamento jusadministrativo se alhear dos progressos alcançados pelos diversos Direitos Administrativos especiais, o presente *Tratado* versa, única e exclusivamente, estudar e apresentar o Direito Administrativo especial.

3. O *Tratado de Direito Administrativo Especial*, nascido da conjugação das vontades dos seus coordenadores, se, por um lado, parte da impossibilidade de uma só pessoa ser hoje capaz de abarcar a totalidade dos diversos sectores em que se desdobra o moderno Direito Administrativo especial, arranca do reconhecimento da indispensabilidade de uma tal obra no panorama científico português. Há muito que se sentia essa ausência: a ciência jusadministrativista portuguesa tinha aqui uma maioridade diminuída face às suas congéneres europeias.

Sem se correr o risco de exagero, pode dizer-se que a presente obra comporta, à partida, três inovações:

(i) Trata-se da primeira tentativa de estudar e sistematizar, à luz do ordenamento jurídico português, os diversos ramos especiais em que se desdobra hoje o Direito Administrativo: apesar de um tal intento já há muito ter sido realizado em ordenamentos jurídicos estrangeiros de língua alemã, espanhola, francesa e italiana, poderá estar-se aqui diante do primeiro Tratado de Direito Administrativo Especial escrito em língua portuguesa, desconhecendo-se a existência de algo semelhante no Brasil;

(ii) Expressa um grande esforço de participação de uma nova geração de especialistas nos diversos sectores específicos destes ramos de Direito Administrativo, provenientes de diversas escolas do país, todos integrados num projecto de construção dogmática plural e aberta de um novo Direito Administrativo para o século XXI: a própria sistemática de publicação dos diversos volumes do *Tratado*, sem obedecer a um plano fechado, recolhe os contributos já entregues e está aberta a novos estudos;

(iii) Traduz, por último, um projecto conjunto de coordenação entre dois professores de duas diferentes Universidades, comprovando que só a convergência entre os cientistas faz a ciência progredir, isto depois de já se terem perdido tantos anos de estéreis antagonismos: o *Tratado* junta, neste sentido, as tradições da Escola de Direito Administrativo de Lisboa e da Escola de Direito Administrativo de Coimbra.

Quanto ao resto, a tudo aquilo que se lerá, a partir daqui, e ao longo dos vários volumes que fazem parte deste *Tratado de Direito Administrativo Especial*, o mérito é dos Autores que, a convite dos coordenadores, elaboraram os seus textos, segundo um modelo de dimensões tendencialmente uniforme.

Se, depois da publicação deste *Tratado*, algo mudar na ciência do Direito Administrativo Português, estará justificada a sua existência e, numa outra dimensão, homenageados os fundadores de ambas as Escolas de Direito Administrativo.

Oxalá, por último, a presente iniciativa produza frutos dentro e fora do Direito Administrativo!

Os coordenadores
Paulo Otero e *Pedro Gonçalves*

DIREITO ADMINISTRATIVO DOS RESÍDUOS

Alexandra Aragão

1. INTRODUÇÃO

1.1. A juridificação dos resíduos

Um primeiro aspecto digno de nota, quando se fala de resíduos, é a avaliação da importância relativa deste domínio ambiental. Qual a relevância de um ramo do direito aparentemente tão periférico e pouco necessário como o direito dos objectos que são produzidos *sem intenção*? Com efeito, não possuindo a dignidade de um Direito das Águas, nem o carácter apocalíptico do Direito das Alterações Climáticas, o Direito dos Resíduos não deixa de ser um dos domínios nucleares do Direito do Ambiente.

A *essencialidade* do Direito dos Resíduos resulta em parte dos impactes graves dos resíduos, em termos de justiça ambiental e de equidade intergeracional. Justiça ambiental, no sentido em que alguns autores se referem ao "racismo ambiental", enquanto discriminação social resultante de a maior parte das instalações de gestão de resíduos se encontrarem localizadas junto a populações vulneráveis, que são muitas vezes minorias raciais; equidade intergeracional, na medida em que há resíduos, como os resíduos nucleares, por exemplo, que, pela sua própria natureza, constituem uma fonte de riscos, que se mantêm ao longo de períodos de tempo excepcionalmente longos, comportando riscos reais e sérios para as gerações futuras. Mas a *centralidade* ambiental do Direito dos Resíduos resulta também do facto de a gestão de resíduos ser um domínio em que as possibilidades de mudança e de inflexão do actual estado de degradação ambiental são grandes: se reciclarmos, nem que seja apenas uma vez, os resíduos valorizáveis, já estaremos a reduzir para metade os fluxos de materiais – matérias-primas – em circulação da esfera natural para a esfera humana, com as consequentes vantagens ambientais e humanas. Por outras palavras: a gestão de resíduos é um domínio, em que as virtualidades do Direito, como conformador da sociedade, pacificador de conflitos e instrumento da Justiça, têm maiores potencialidades de se manifestar.

1.2. A EUROPEIZAÇÃO DO DIREITO DOS RESÍDUOS

A consideração que sobressai, com maior evidência, de uma primeira análise do Direito dos Resíduos em Portugal – a par de uma densidade técnica elevada e de uma relativa complexidade sistemática, comum às várias áreas do Direito ambiental – é a inegável proximidade genética com o Direito Europeu.

Um fenómeno transversal a todo o Direito Administrativo, a *europeização* é particularmente importante no Direito do Ambiente. No caso concreto do Direito dos Resíduos é notória, tanto nos conceitos fundamentais, como nos princípios estruturantes, sendo igualmente visível na acentuada dispersão normativa[1] e, sobretudo, na uniformização, através de uma "lei europeia", do regime de transferência de resíduos entre Estados-membros da União Europeia[2].

A forte influência do Direito Europeu é igualmente sensível na jurisprudência comunitária sobre os resíduos, com várias acções de incumprimento instauradas pela Comissão Europeia contra o Estado Português[3] no Tribunal de Justiça das Comunidades Europeias, e com mais de cem acór-

---

[1] Tal como no Direito Europeu, também em Portugal o Direito dos Resíduos não foi organizado num único corpo de normas, coerente e sistematizado, mas antes se encontra disperso por uma grande quantidade de diplomas que regulam, de forma nem sempre concordante, aspectos parcelares deste Direito.

[2] O Regulamento (CE) n.º 1013/2006 do Parlamento Europeu e do Conselho, de 14 de Junho de 2006, relativo a transferências de resíduos, alterado pelo Regulamento (CE) n.º 1379/2007 da Comissão, de 26 de Novembro de 2007, (que altera os anexos I-A, I-B, VII e VIII do Regulamento (CE) n.º 1013/2006 do Parlamento Europeu e do Conselho relativo a transferências de resíduos, para ter em conta o progresso técnico e as modificações acordadas no âmbito da Convenção de Basileia) e completado pelo Regulamento (CE) n.º 669/2008 da Comissão, de 15 de Julho de 2008, que completa o anexo I-C do Regulamento (CE) n.º 1013/2006 do Parlamento Europeu e do Conselho relativo a transferências de resíduos.

[3] Sobre óleos usados, policlorobifenilos e policlorotrifenilos, incineração de resíduos, susbtâncias perigosas...

dãos proferidos pelo Tribunal de Justiça, apenas ao longo da última década.

Por alguma razão, o primeiro caso de aplicação da sanção pecuniária compulsória, pelo Tribunal de Justiça, a um Estado membro com fundamento em incumprimento, dentro de um prazo razoável, de uma anterior decisão do mesmo Tribunal, foi em 2000[4], uma condenação da Grécia por não encerramento de uma lixeira[5].

---

[4] Embora esta possibilidade estivesse prevista desde 1992 no artigo 228 n.º 2 §3 do no Tratado da União Europeia.

[5] Em 1991, a Comissão instaurou no Tribunal de Justiça, contra a Grécia, uma acção tendente a obter a declaração de incumprimento do direito comunitário em geral, e do dever de gestão eco-compatível, em particular, em virtude da existência e manutenção, na zona de Chania, em Creta, de uma lixeira de resíduos sólidos (perigosos e não perigosos), na embocadura de um curso de água (Kouroupitos). A República Helénica, que já vinha sendo instada pela Comissão, desde o final da década de 80, a terminar com aquele local de deposição aquática de resíduos sólidos e a encerrar a lixeira de Kouroupitos, alegava em sua defesa os fortes movimentos de oposição popular (manifestações, greves, sabotagens) que tornavam impossível a criação de locais alternativos de deposição e que obrigavam à manutenção de uma lixeira na foz de um rio. Em 7 de Abril de 1992, o Tribunal de Justiça proferiu o seu primeiro acórdão sobre este caso, no qual declarou simplesmente: «por não ter tomado as medidas necessárias para garantir que na região de Chania os resíduos e os resíduos tóxicos e perigosos sejam eliminados sem pôr em perigo a saúde das pessoas e sem prejudicar o ambiente, e por não estabelecer para essa região planos ou programas para eliminação dos resíduos e dos resíduos tóxicos e perigosos, a República Helénica não cumpriu as obrigações que lhe incumbem (...)» (Processo C-45/91, p. 2531). Esta declaração, não só era **previsível**, face à evidência da lesão ambiental reiterada e prolongadamente perpetrada pela República Helénica, como também era aparentemente **pacífica**, atendendo à gravidade da lesão ambiental verificada (poluição do mar, riscos de incêndio, proliferação de roedores e insectos, cheiros nauseabundos, degradação da paisagem, por resíduos de bases militares, hospitais, clínicas, matadouros, e todo o tipo de instalações industriais da região) e à ausência de contestação pela demandada. Porém, a República Helénica não executou as medidas materiais necessárias para dar cumprimento ao Acórdão. Foi assim que, seis meses após o primeiro acórdão, em Outubro de 1993, a Comissão deu início a mais um processo, cuja fase pré-contenciosa se prolongou por mais quatro anos de infrutíferas trocas de correspondência com o Governo Helénico, até que, em Setembro de 1997, foi instaurada a segunda acção judicial que culminou com o Acórdão de 4 de Julho de 2000, que condena a República Helénica a «pagar à Comissão das Comunidades Europeias, na conta 'Recursos próprios da CE', uma sanção pecuniária compulsória de 20 000 euros por dia de atraso na aplicação das medidas necessárias para cumprimento do Acórdão Comissão/Grécia, já referido, a contar da data da prolação do presente acórdão e até à execução do referido acórdão Comissão/Grécia» (p. 5120 e 5121). Para a fixação do valor diário atendeu-se a «gravidade da infracção, à duração desta e à necessidade de assegurar o efeito dissuasivo da própria sanção, para evitar reincidências» (p. 5057).

Por fim, as razões, pelas quais a gestão de resíduos está longe de ser uma mera questão de direito interno, prendem-se com a importância do comércio intracomunitário de resíduos. Com efeito, apesar de os resíduos sólidos, pela sua própria condição física (estado sólido), não poderem *correr* em liberdade – como as águas poluídas –, nem poderem ser *emitidos* para um espaço atmosférico comum – como o ar poluído – eles são transportados pelos seus próprios produtores, importadores ou detentores, para longe do local de produção, para fins de armazenagem, processamento, transferência, valorização ou eliminação. Esta é a justificação de os impactes transfronteiriços dos resíduos não poderem ser ignorados e serem regulados pelo Direito da União Europeia através do já mencionado regulamento, acto jurídico directamente aplicável no ordenamento jurídico nacional e que estabelece procedimentos e regimes de controlo relativos a transferências de resíduos, de acordo com a origem, o destino e o itinerário dessas transferências, o tipo de resíduos transferidos e o tipo de tratamento a aplicar aos resíduos no seu destino.

1.3. A DIFERENÇA ENTRE RESÍDUOS E MERCADORIAS

Se os resíduos são objectos ou substâncias em estado sólido, sobre os quais incidem contratos comerciais, e que depois de produzidos são transportados e muitas vezes reaproveitados, o que é que justifica a necessidade de um regime jurídico próprio, diferente do das mercadorias?

Qual será a diferença entre o transporte dos resíduos e o transporte de uma qualquer matéria-prima, sobretudo de estivermos a falar de substâncias perigosas? Qual a diferença entre produzir uma qualquer mercadoria a partir de matérias-primas virgens ou produzi-la incorporando resíduos no processo produtivo?

Que a eliminação de resíduos tenha regras próprias, ainda se compreende, mas o transporte ou a valorização de resíduos por que é que hão- de ter um regime jurídico separado?

São várias as razões justificativas de um tratamento jurídico diferenciado conferido aos *objectos residuais*, o qual os Tribunais já tiveram ocasião de reafirmar.

Antes de mais, os resíduos são, por definição, coisas cuja produção não foi o objectivo principal da actividade que os gerou. Sejam resíduos da indústria extractiva ou transformadora, resíduos da actividade comercial ou resíduos de consumo, são coisas que não têm interesse para quem as produziu, e que, por isso mesmo, pretende desfazer-se delas.

Em seguida, se não forem correctamente geridos, os resíduos podem causar danos ambientais na hidrosfera, na atmosfera, na litosfera, na biosfera e até na *sociosfera*. Uma deposição ilegal de resíduos pode provocar contaminação das águas ou dos solos, poluição visual, gerar riscos para a saúde pública (os aterros podem estar na origem de pragas, desabamentos, explosões, incêndios), ter impactes climáticos significativos (tanto pelas emissões de gases da incineração dos resíduos, como pelos gases de decomposição da matéria biodegradável nos aterros) e, como se não bastasse, ocupam espaço.

Porém, o tratamento com vista à correcta eliminação, de modo ambientalmente compatível, pode representar um encargo pesado para o produtor ou detentor de resíduos. É também inevitável a vigilância das práticas de gestão de resíduos, para impedir formas ilegais de eliminação (como a queima a céu aberto, o abandono em matas ou valetas, a emissão para o meio aquático, a eliminação *gota a gota* nas estradas, etc.) e para promover uma valorização ambientalmente adequada (como «combustível alternativo», como «corrector de solos», como «material de enchimento», etc.).

2. PRINCÍPIOS FUNDAMENTAIS DO DIREITO DOS RESÍDUOS

A nossa primeira aproximação ao Direito dos Resíduos será uma abordagem principial, através de uma apresentação dos princípios estruturantes deste Direito, que nos permitirá compreender mais tarde os aspectos particulares do seu regime jurídico. A abordagem principial corresponde igualmente à sistematização preferida pela própria Lei dos Resíduos[6] que define, no Capítulo II, os princípios gerais da gestão de resíduos. A consagração legal dos princípios é uma novidade da lei portuguesa de 2006, pois nem as anteriores leis[7] nem a actual Directiva-quadro dos resíduos[8] adoptaram tal técnica.

---

[6] Decreto-Lei n.º 178/2006, de 05 de Setembro.

[7] Nomeadamente as três últimas: o Decreto-Lei n.º 239/97, de 9 de Setembro, o Decreto-Lei n.º 310/95, de 20 de Novembro, e o Decreto-Lei n.º 488/85, de 25 de Novembro.

[8] Directiva 2006/12/CE, do Parlamento Europeu e do Conselho, de 5 de Abril de 2006. No entanto, a nova Directiva 2008/98/CE, do Parlamento Europeu e do Conselho de 19 de

Apesar da densidade normativa do Direito dos Resíduos, composto por um volume significativo de normas legais que regulam tanto as operações de gestão (como transporte, tratamento, valorização ou eliminação de resíduos), como concretos fluxos de resíduos (resíduos de equipamentos eléctricos e electrónicos, de veículos em fim de vida, de pneus, de pilhas e acumuladores, de resíduos de construção e demolição, etc.), sobressaem neste Direito um conjunto de princípios jurídicos, importantes pela sua função de unificação e coerência normativa. A definição de um quadro principial é tanto mais justificada, quanto nem todas as operações de gestão de resíduos estão – nem poderiam estar – reguladas na lei. Com efeito, a imaginação dos operadores económicos, fruto da pressão do próprio Direito dos Resíduos, nomeadamente ao nível dos encargos financeiros com a gestão, tem permitido desenvolver novas técnicas de eliminação e, sobretudo, de valorização de resíduos.

2.1. Princípio da precaução

Em matéria de gestão de resíduos, o princípio da precaução[9] é convocado, quando estamos perante uma operação que envolva riscos de danos graves e irreversíveis, ou quando se trate de resíduos excepcionalmente perigosos e haja dúvidas científicas, por exemplo quanto à natureza dos riscos ou dos danos, ou quanto ao nexo de causalidade.

Este princípio é aplicável, por excelência, aos resíduos radioactivos[10],

---

Novembro de 2008 procede à revogação da Directiva de 1996, com efeitos a partir de 12 de Dezembro de 2010.

[9] Limitar-nos-emos a desenhar os contornos do princípio da precaução no âmbito do Direito dos Resíduos, dispensando-nos de expôr, desenvolvidamente, o seu conteúdo no Direito do Ambiente em geral. Sobre o princípio da precaução no direito Europeu do Ambiente ver, sobretudo, a Comunicação da Comissão Europeia, de 2 de Fevereiro de 2000 [COM(2000) 1 final]. Mas este é um princípio com um vasto tratamento doutrinal. Na doutrina internacional sobressai Nicolas de Sadeleer *Environmental Principles: From Political Slogans to Legal Rules* (OUP Oxford, 2005) que faz uma boa síntese das dimensões justiciáveis do princípio. Constitui ainda um abordagem muito interessante a deTim O'Riordan, James Cameron e Andrew Jordan em *Re-Interpreting the Precautionary Principle* (Cameron May, 2001).

[10] O transporte de resíduos radioactivos é regulado pelo Decreto-Lei n.º 138/96, de 14 de Agosto, que condiciona as operações de transferência, reenvio ou trânsito, à existência de um seguro de responsabilidade civil que tenha por objecto a garantia do pagamento

cujos níveis de risco são reconhecidamente elevados, mas não é de afastar a sua aplicação a outros resíduos menos perigosos, desde que a operação a que estão sujeitos comporte riscos de acidente ecológico com danos para o ambiente ou a saúde pública, como o risco de explosão, de incêndio, de contaminação de lençóis freáticos, de fuga de gases tóxicos, etc.

Esta foi precisamente a solução adoptada pelo Decreto-Lei n.º 178/2006, de 5 de Setembro, a Lei dos Resíduos, que prevê a possibilidade de serem decretadas medidas cautelares, em caso de emergência ou perigo grave para a saúde pública ou para o ambiente (artigo 72.º) resultantes de "qualquer operação de gestão de resíduos"[11].

A lei não exige, portanto, para a adopção de medidas cautelares, que se trate de resíduos ou de operações de gestão excepcionalmente perigosas. Não é de excluir, portanto, a adopção de medidas cautelares, por exemplo relativamente a um armazém de resíduos inertes, se o local de armazenagem não for adequado, por ameaçar desabar, e a derrocada puder pôr em risco um conjunto habitacional situado no sopé de uma encosta, ou ainda se se situar numa zona inundável, na eminência de uma cheia.

Esta norma reflecte bem as finalidades precaucionais do Direito dos Resíduos, ao permitir a adopção de medidas antecipatórias, e nomeadamente a suspensão da operação, antes da existência de provas científicas concretas, antes da prova judicial da existência de danos ambientais efectivos e não apenas quando estão envolvidos resíduos excepcionalmente perigosos, como os nucleares.

Recebeu-se, assim, no sector dos resíduos, a regra *in dubio pro* ambiente, solidamente enraizada nos ordenamentos jurídicos nacional e comunitário: nos casos mencionados caberá ao detentor dos resíduos o ónus da prova da inexistência de uma situação de emergência ou de perigo grave para a saúde pública, ou o ambiente resultante da gestão dos resíduos que detém.

---

das indemnizações que legalmente sejam exigíveis ao segurado, em razão da sua responsabilidade subjectiva ou objectiva, pelos danos causados a terceiros.

[11] Artigo 72.º: "Medidas cautelares: 1 – Os membros do Governo responsáveis pelas áreas do ambiente e da saúde podem, por despacho e em caso de emergência ou perigo grave para a saúde pública ou para o ambiente, adoptar medidas cautelares adequadas, nomeadamente a suspensão de qualquer operação de gestão de resíduos. 2 – As medidas cautelares caducam se não for tomada uma decisão definitiva sobre a situação jurídica em causa no prazo de seis meses, prorrogável uma única vez por igual período".

Ainda de harmonia com o regime jurídico do princípio da precaução, as medidas adoptadas a título cautelar não poderão considerar-se como definitivas, devendo ser revistas assim que for possível reunir as provas científicas em falta. Deste modo se compreende que a medida cautelar exemplificativamente referida na lei seja apenas a suspensão da operação de gestão.

Idênticas medidas precaucionais se encontram previstas em regimes legais sectoriais dos resíduos, como por exemplo os resíduos de construção e demolição[12], a transferência de resíduos entre Estados-membros[13], ou a gestão de bifenilos policlorados (PCB) e terfenilos policlorados (PCT)[14].

2.2. Princípio da prevenção

Curiosamente, foi a propósito da adopção de medidas nacionais de prevenção de resíduos pelos Estados-membros, que o Tribunal de Justiça das Comunidades proferiu um dos seus mais importantes acórdãos reconhecendo a admissibilidade de restrições à primeira liberdade fundamental da Comunidade Europeia: a circulação de mercadorias[15].

---

[12] Decreto-Lei n.º 46/2008, de 12 de Março de 2008.
[13] Decreto-Lei n.º 45/2008 de 11 de Março de 2008.
[14] Decreto-Lei n.º 277/99, de 23 de Julho, alterado pelo Decreto-Lei n.º 72/2007 de 27 de Março de 2007.
[15] Referimo-nos, naturalmente, ao processo C-302/86, no qual o Reino da Dinamarca foi julgado por ter adoptado medidas alegadamente discriminatórias, camufladas como medidas de protecção ambiental. Tais medidas consistiam a) em proibir a comercialização, no mercado dinamarquês, de bebidas em recipientes metálicos; b) condicionar o acesso de outros recipientes ao mercado, sujeitando os diferentes modelos de embalagens (maxime, garrafas) a uma aprovação prévia pelas autoridades dinamarquesas e exigindo a instituição de um sistema de depósito e retorno (relativamente fácil de cumprir para os produtores nacionais de bebidas, mas muito oneroso para os produtores de outros Estados-membros); c) fixar um limite máximo de venda no mercado dinamarquês (3000 hectolitros por produtor e por ano) de bebidas contidas em recipientes não aprovados.
Todo este sistema foi amplamente criticado pelas indústrias de outros Estados-membros, que apresentaram queixa à Comissão. Após um processo de investigação, que decorreu entre 1982 e 1986 (ainda o Acto Único Europeu não estava em vigor), a Comissão concluiu pela aceitabilidade da medida de proibição de embalagens metálicas, mas decidiu instaurar uma acção no Tribunal de Justiça, incidindo apenas sobre as outras duas medidas, com fundamento em violação do artigo 30 do Tratado, relativo à liberdade de circulação de mercadorias. O Tribunal pronunciou-se em 20 de Setembro de 1988, considerando, em

No âmbito do Direito dos Resíduos, o princípio da prevenção assume duas feições diferenciadas: prevenção de resíduos e prevenção de danos causados pelos resíduos. Estas duas acepções são abordadas conjuntamente no artigo 6.º da Lei dos Resíduos[16] e integram a definição de prevenção, do artigo 3.º q): "medidas destinadas a reduzir a quantidade e o carácter perigoso para o ambiente ou a saúde dos resíduos e materiais ou substâncias neles contidas". No mesmo sentido, mas a propósito da gestão de resíduos eléctricos e electrónicos (REEE) a prevenção é definida como "medidas destinadas a reduzir a quantidade e nocividade para o ambiente dos REEE e materiais ou substâncias neles contidas"[17].

2.2.1. Prevenção de resíduos

Em primeiro lugar, enquanto prevenção da produção de resíduos (ou simplesmente prevenção de resíduos), a regulação estadual destina-se a aprovar mecanismos que incentivem a produção mais limpa, que prolonguem o tempo de vida dos produtos, que evitem a sobre-embalagem, que promovam a reutilização ou a reciclagem. Neste sentido, a minimização de resíduos engloba tanto a prevenção qualitativa, como a prevenção quantitativa de resíduos.

A utilização de técnicas que produzam poucos resíduos – ou seja, a prevenção da produção de resíduos – é precisamente o primeiro critério a ter em conta na determinação das melhores técnicas disponíveis (tendo em

---

geral, as medidas adoptadas pela Dinamarca como puras medidas de protecção do ambiente, não discriminatórias e compatíveis com o Tratado. Apenas declarou, como infracção ao direito comunitário, o estabelecimento daquele limite máximo, por desproporcionalidade em relação ao fim visado. Sobre a aplicação do princípio da proporcionalidade à livre circulação de mercadorias, ver Nicholas Emiliou «The principle of proportionality in European law — A comparative study», in: *European Monographs*, Kluwer Law International, London, 1995, especialmente p. 115 e ss..

[16] Artigo 6.º: "Princípios da prevenção e redução. Constitui objectivo prioritário da política de gestão de resíduos evitar e reduzir a sua produção bem como o seu carácter nocivo, devendo a gestão de resíduos evitar também ou, pelo menos, reduzir o risco para a saúde humana e para o ambiente causado pelos resíduos sem utilizar processos ou métodos susceptíveis de gerar efeitos adversos sobre o ambiente, nomeadamente através da criação de perigos para a água, o ar, o solo, a fauna e a flora, perturbações sonoras ou odoríficas ou de danos em quaisquer locais de interesse e na paisagem".

[17] Decreto-Lei n.º 230/2004, de 10 de Dezembro.

conta os custos e os benefícios que podem resultar de uma acção e os princípios da precaução e da prevenção), de acordo com a lei que estabelece a prevenção e o controlo integrados da poluição e que prevê a atribuição de licenças ambientais a certas instalações industriais, pelo seu carácter especialmente oneroso para o ambiente[18].

O Direito das embalagens[19], na medida em que estabelece objectivos quantificados para a valorização de resíduos[20], é um exemplo típico de normas legais visando a prevenção de resíduos, pela redução do peso e volume dos resíduos sólidos urbanos. A prova da importância actual da prevenção na política de gestão de embalagens está bem patente no facto de, quase dez anos depois da entrada em vigor da actual lei da embalagem, ter sido aditado um artigo precisamente sobre a prevenção da produção de embalagens através do *ecodesign* e do consumo sustentável[21].

O Plano Estratégico para os Resíduos Sólidos Urbanos (PERSU II)[22] refere-se ao eco-consumo e à escolha informada dos consumidores pela promoção da educação e, particularmente, das crianças) através do fornecimento de informações técnicas compreensíveis, relevantes e credíveis, por via da rotulagem dos produtos ou de outras fontes de informação de fácil acesso.

---

[18] Decreto-Lei n.º 173/2008, de 26 de Agosto.

[19] Decreto-Lei n. 366-A/97 de 20 de Dezembro, alterado pelo Decreto-Lei n.º 162/2000 de 27 de Julho e pelo Decreto-Lei n.º 92/2006 de 25 de Maio.

[20] Os objectivos são: até 31 de Dezembro de 2011 alcançar uma percentagem de valorização ou incineração em instalações de incineração de resíduos com recuperação de energia de, no mínimo, 60% em peso dos resíduos de embalagens; uma reciclagem entre, no mínimo, 55% e, no máximo, 80% em peso dos resíduos de embalagens. Os objectivos mínimos de reciclagem para os materiais contidos nos resíduos de embalagens são 60% em peso para o vidro; 60% em peso para o papel e cartão; 50% em peso para os metais; 22,5% em peso para os plásticos, contando exclusivamente o material que for reciclado sob a forma de plásticos; 15% em peso para a madeira.

[21] Artigo 3.º-A, aditado pelo Decreto-Lei n.º 92/2006 de 25 de Maio: "Prevenção 1 – Todos os intervenientes no ciclo de vida da embalagem, desde a sua concepção e utilização até ao manuseamento dos respectivos resíduos, devem contribuir, na medida do seu grau de intervenção e responsabilidade, para o correcto funcionamento dos sistemas de gestão criados a nível nacional para o fluxo das embalagens e resíduos de embalagens, adoptando as práticas de ecodesign e de consumo sustentável mais adequadas face às disposições legais e às normas técnicas em vigor".

[22] Aprovado pela Portaria n.º 187/2007 de 12 de Fevereiro.

Outro exemplo claro de uma estratégia de prevenção de resíduos é dado pela Estratégia Nacional para as Compras Públicas Ecológicas[23]. Considerando o peso das compras públicas na economia nacional verificamos que esta não é uma medida despicienda na promoção do desenvolvimento sustentável.

Assim, a prevenção dos resíduos é vista como um objectivo simultaneamente ambiental e económico, na medida em que propicia uma poupança de recursos naturais e, ao mesmo tempo uma economia nos custos de gestão dos resíduos. Os resíduos sólidos são precisamente considerados como uma das áreas mais adequadas para a implementação de uma metodologia de compras públicas ecológicas, devido à existência de critérios ambientais claros. Esses critérios – características que permitem identificar o produto ou serviço com o melhor desempenho ambiental – são a prevenção da produção de resíduos e da emissão de poluentes prioritários, a eficiência energética, a redução de gases com efeito de estufa[24], a incorporação de materiais reciclados e a minimização dos impactes directos e indirectos na conservação da natureza e da biodiversidade.

Esta relação directa entre as políticas de resíduos e a conservação da natureza e da biodiversidade está muito presente no 6.º Programa Comunitário de Acção em matéria de Ambiente[25], mais concretamente no seu quarto objectivo estratégico sobre "recursos naturais e resíduos" onde se definem como acções prioritárias, entre outras, a eficácia e a redução da utilização de recursos, dissociando o crescimento económico dos efeitos ambientais negativos e a promoção de métodos e técnicas inovadoras de extracção e produção, com o propósito de encorajar a eco-eficiência e a utilização sustentável das matérias-primas, energia, água e outros recursos.

---

[23] Aprovada pela Resolução do Conselho de Ministros n.º 65/2007, de 7 de Maio.

[24] O PERSU II realça esta contribuição importante do sector dos resíduos para o combate às alterações climáticas, presente igualmente no Plano Nacional para as Alterações Climáticas aprovado através da Resolução do Conselho de Ministros n.º 119/2004, de 31 de Julho, revisto pela primeira vez em 2006, através da Resolução do Conselho de Ministros n.º 104/2006, de 23 de Agosto, e novamente através da Resolução do Conselho de Ministros n.º 1/2008, de 4 de Janeiro, que aprova as "novas metas 2007".

[25] Aprovado pela Decisão n.º 1600/2002/CE do Parlamento Europeu e do Conselho, de 22 de Julho.

2.2.2. Prevenção de danos

Quando falamos de prevenção qualitativa referimo-nos à redução de perigos para o Homem e para o Ambiente, resultantes dos próprios resíduos. Esta redução pode ser alcançada alterando a composição dos próprios produtos ou controlando as operações de gestão.

No caso da alteração da composição dos produtos, trata-se da consideração do produto como um pré-resíduo: aquando da concepção do produto, a eliminação ou valorização ambientalmente correcta é já tida em mente. Este processo é também designado por eco-concepção.

Exemplos concretos da consideração do princípio da prevenção nesta acepção, na nossa ordem jurídica, são, por exemplo, a proibição de comercialização de pilhas e acumuladores contendo um teor ponderal de mercúrio superior a 5 partes por milhão[26] ou a proibição de comercialização de bifenilos policlorados e de terfenilos policlorados ou produtos que os contenham[27].

No caso do controlo das operações de gestão, são estas operações que vão ser objecto de uma regulamentação precisa, visando evitar danos à saúde ou ao ambiente. Cada vez mais se ganha consciência de que há riscos sérios, associados tanto à eliminação, como a formas incorrectas de valorização. Por isso, a Lei dos Resíduos estabelece a regra da exigência de autorização prévia de todas as operações de gestão, incluindo a valorização[28].

Quanto à eliminação, podemos considerar que a maioria das formas possíveis estão "sob controlo", existindo normas legais, que estabelecem vários níveis de prevenção dos danos. É o caso da lei relativa à deposição de resíduos em aterro[29], onde tudo está previsto e as preocupações com a

---

[26] O Decreto-Lei n.° 6/2009 de 06 de Janeiro, estabelece o regime de colocação no mercado de pilhas e acumuladores e de recolha, tratamento, reciclagem e eliminação dos resíduos de pilhas e acumuladores.

[27] Os PCB e os PCT são substâncias químicas com propriedades plastificantes que costumavam ser usadas em electrónica. Estão classificados na categoria de poluentes orgânicos persistentes cujos efeitos cancerígenos actuam por bio-acumulação. A proibição de utilização está estabelecida no artigo 7.° do Decreto-lei n.° 277/99, de 23 de Julho, alterado pelo Decreto-Lei n.° 72/2007 de 27 de Março, que prescrevem a eliminação e a descontaminação de equipamentos que contenham PCB ou PCT.

[28] O Artigo 23. submete a licenciamento as operações de armazenagem, triagem, tratamento, valorização e eliminação de resíduos.

[29] Decreto-Lei n.° 152/2002 de 23 de Maio.

redução dos riscos vão desde a localização, até à monitorização do aterro durante 30 anos após a desactivação, passando pelos controlos necessários na gestão diária do aterro, pela instituição de garantias financeiras e por mecanismos de "mutualização" de riscos.

Já quanto à prevenção de riscos decorrentes da valorização, o legislador não foi tão longe e muitas operações de gestão não são objecto de regulamentação específica, estando apenas sujeitas ao regime de licenciamento geral. Como exemplo de normas de prevenção de danos resultantes da valorização de resíduos, temos a legislação sobre utilização agrícola de lamas de depuração[30]. Esta lei condiciona a utilização de lamas de tratamento de águas residuais, como fertilizante agrícola, à verificação de determinados parâmetros físico-químicos e de determinadas condições na produção agrícola. Deste modo exige-se o respeito de limites máximos de concentração de metais pesados, compostos orgânicos, dioxinas e outros poluentes nas lamas e proíbe-se que as lamas sejam utilizadas em certos tipos de culturas ou solos como culturas hortícolas e hortifrutícolas durante o período vegetativo, prados ou culturas forrageiras antes da apascentação do gado, solos destinados a produção biológica, etc..

Confirmando a importância da prevenção dos danos ambientais resultantes de actividades de gestão de resíduos, o novo regime jurídico da responsabilidade por danos ambientais acolhe no seu âmbito de aplicação as transferências transfronteiriças de resíduos que exijam uma autorização ou sejam proibidas na acepção do Regulamento Europeu e ainda as operações de gestão de resíduos, sujeitas a licença ou registo, incluindo a recolha, o transporte, a recuperação e a eliminação de resíduos e resíduos perigosos, incluindo a supervisão dessas operações e o tratamento posterior dos locais de eliminação.

De fora ficam apenas os danos eventualmente resultantes do espalhamento de lamas de águas residuais provenientes de instalações licenciadas para utilização agrícola de resíduos urbanos tratados[31].

Em Portugal, desde 2006, existe um instrumento público de prevenção e reparação dos danos resultantes de actividades lesivas para o ambiente: trata-se do Fundo de Intervenção Ambiental (FIA), criado pela Lei n.º 50/2006, de 29 de Agosto, a lei das contra-ordenações ambientais.

---

[30] Decreto-Lei n.º 118/2006, de 21 de Junho.
[31] Operação regulada Decreto-Lei n.º 118/2006, de 21 de Junho.

Já em 2008, a lei de responsabilidade por danos ambientais[32] vem esclarecer que entre as actividades, potencialmente danosas, que podem ser fonte de responsabilidade, estão todo o tipo de actividades de gestão de resíduos e, nomeadamente a recolha, o transporte, a recuperação e a eliminação de resíduos perigosos, incluindo a supervisão das operações e dos locais de eliminação.

Na mesma data, o funcionamento do FIA foi objecto de regulamentação[33], que veio estabelecer, como missão principal do FIA, o financiamento de iniciativas de prevenção e reparação de danos a componentes ambientais naturais ou humanos (resultantes da acção humana ou natural), que exijam uma intervenção rápida ou para os quais de não se possam mobilizar outros instrumentos jurídicos e financeiros, nomeadamente os casos em que os responsáveis não possam ressarcir os danos em tempo útil.

O FIA actua, portanto, na prevenção de ameaças graves e iminentes a componentes ambientais naturais ou humanos; na prevenção e reparação de danos a componentes ambientais naturais ou humanos resultantes de catástrofes ou acidentes naturais; na eliminação de passivos ambientais; na reparação de danos ambientais, cuja prevenção ou reparação não possa ser concretizada nos termos do regime de responsabilidade civil ambiental; na actuação em quaisquer outras situações de mora, dificuldade ou impossibilidade de imputação ou ressarcimento de danos a componentes ambientais naturais ou humanos.

2.3. PRINCÍPIO DO POLUIDOR PAGADOR

O princípio do poluidor pagador, tomado na sua acepção muito ampla, que abrange também o princípio do utilizador-pagador, tem reflexos tanto na gestão **profissional** como não profissional dos resíduos.

Aquele que, na lei dos resíduos, é denominado "princípio da responsabilidade"[34], mais não é, em nossa opinião, que o princípio do poluidor

---

[32] Decreto-lei n.º 147/2008, de 29 de Julho.
[33] Através do Decreto-Lei n.º 150/2008, de 30 de Julho.
[34] Artigo 5.º: "Princípio da responsabilidade pela gestão
1 – A gestão do resíduo constitui parte integrante do seu ciclo de vida, sendo da responsabilidade do respectivo produtor.
2 – Exceptuam-se do disposto no número anterior os resíduos urbanos cuja produ-

pagador. De facto, parece-nos mais correcto, a este propósito, aludir ao *poluidor pagador* do que ao princípio da responsabilidade, na medida em que não se trata aqui de um verdadeira responsabilidade. Com efeito, o que a lei prevê não é nem a sanção de crimes ou contra-ordenações ambientais ligadas aos resíduos, nem a reparação de eventuais danos ambientais provocados pelos resíduos, pelo que não se trata de responsabilidade em sentido próprio. Pelo contrário, o que o legislador pretende significar com a inclusão do "princípio da responsabilidade" no elenco dos princípios aplicáveis ao Direito dos Resíduos é que a gestão dos resíduos – e sobretudo os custos inerentes a essa gestão – deve ficar a cargo de um operador económico definido, que tenha com os resíduos uma relação preferencialmente genética ou, pelo menos, uma relação de proximidade.

A aplicação do princípio do poluidor pagador, neste âmbito, significa, portanto, que o responsável pelos resíduos é que deve suportar economicamente os seus custos sociais e ambientais.

Nesta medida, devemos igualmente considerar o princípio da equivalência, autonomizado no artigo 10.º da Lei dos Resíduos, como uma manifestação do princípio do poluidor pagador no seu sentido mais amplo: "O regime económico e financeiro das actividades de gestão de resíduos visa a compensação tendencial dos custos sociais e ambientais que o produtor gera à comunidade ou dos benefícios que a comunidade lhe faculta, de acordo com um princípio geral de equivalência".

Assim, a responsabilidade pela gestão dos resíduos caberá, em primeira instância, ao seu produtor[35] ou, no caso de resíduos produzidos fora do nosso país, ao importador.

ção diária não exceda 1100 *l* por produtor, caso em que a respectiva gestão é assegurada pelos municípios.

3 – Em caso de impossibilidade de determinação do produtor do resíduo, a responsabilidade pela respectiva gestão recai sobre o seu detentor.

4 – Quando os resíduos tenham proveniência externa, a sua gestão cabe ao responsável pela sua introdução em território nacional, salvo nos casos expressamente definidos na legislação referente à transferência de resíduos.

5 – A responsabilidade das entidades referidas nos números anteriores extingue-se pela transmissão dos resíduos a operador licenciado de gestão de resíduos ou pela sua transferência, nos termos da lei, para as entidades responsáveis por sistemas de gestão de fluxos de resíduos".

[35] O princípio da responsabilidade do produtor está consagrado com igual clareza no PERSU II, onde é considerado complementar aos princípios da precaução, da proximidade e da auto-suficiência.

Considerando que os fins da lei são promover a boa gestão de resíduos em qualquer circunstância, o abandono dos resíduos não opera a transformação de *res derelictae* em *res nullius* ou, dito de outro modo, a responsabilidade do produtor não se extingue com a perda da posse, mas apenas com a transferência dos resíduos para um operador licenciado de gestão de resíduos (por exemplo, sucatas, entulhos, embalagens, resíduos hospitalares, resíduos de material informático), ou para as entidades responsáveis por sistemas de gestão de fluxos de resíduos (resíduos eléctricos e electrónicos, óleos, pneus, veículos em fim de vida, medicamentos, etc.).

Na impossibilidade de determinar quem é o produtor, nos termos da lei, o responsável será o seu actual detentor, que é a pessoa singular ou colectiva que tenha resíduos "na sua simples detenção, nos termos da legislação civil". O detentor será então o possuidor, seja a que título for, no sentido da pessoa que tem um poder de facto sobre os resíduos ou seja, a sua posse (artigo 1251.º do Código Civil).

Caso especial de co-responsabilidade[36] é a dos pequenos produtores de resíduos sólidos urbanos. Tratando-se, na maior parte dos casos, de pequenos produtores não profissionais – isto é, consumidores mas igualmente produtores de resíduos de consumo – além de não ser exigível, não seria igualmente eficiente responsabilizar directamente cada munícipe, enquanto produtor de resíduos domésticos, pela gestão dos seus resíduos. Por isso, a esses produtores é pedida uma colaboração a montante, na prevenção de resíduos, e a jusante, respeitando as regras estabelecidas nos regulamentos de deposição de resíduos[37] e facilitando tanto a recolha de indiferenciados como a valorização (levada a cabo pelas entidades gestoras dos fluxos de resíduos).

Alguns regulamentos municipais de resíduos sólidos vão mais longe no estabelecimento da responsabilidade dos produtores de RSU, estabelecendo que a responsabilidade pela correcta deposição dos resíduos cabe aos proprietários ou gerentes de estabelecimentos comerciais e industriais,

---

[36] Artigo 8.º "Princípio da responsabilidade do cidadão. Os cidadãos contribuem para a prossecução dos princípios e objectivos referidos nos artigos anteriores, adoptando comportamentos de carácter preventivo em matéria de produção de resíduos, bem como práticas que facilitem a respectiva reutilização e valorização."

[37] Estes regulamentos estabelecem regras mais ou menos rigorosas relativamente a locais e horários de deposição de indiferenciados, deposição selectiva, taxas e contra-ordenações.

escritórios e similares; aos residentes de moradias ou de edifícios de ocupação unifamiliar ou colectiva; à administração, nos casos de edifícios em regime de propriedade horizontal que possuam um sistema colectivo de deposição; aos representantes legais de outras instituições e, nos restantes casos, os indivíduos ou entidades para o efeito designados, ou, na sua falta, todos os detentores de resíduos.

A deposição considerada correcta passa por colocar os resíduos sólidos urbanos nos recipientes e locais apropriados, nos dias e horas estabelecidos pelos Serviços Municipais. Os resíduos sólidos urbanos não devem ser colocados a granel, mas antes devem ser colocados no interior dos recipientes acondicionados hermeticamente, em sacos de plástico ou papel, não devendo também conter resíduos líquidos ou liquefeitos, cortantes ou passíveis de contaminação. A tampa do contentor deve manter-se sempre fechada.

Quanto aos horários de deposição de resíduos nos contentores próprios da via pública, prevêem-se, em regra, dois períodos: entre as 18:00 e as 23:00, para o uso de contentores de resíduos indiferenciados, e entre as 8:00 e as 22:00, para o uso dos contentores de recolha selectiva de vidro. A deposição selectiva das restantes fracções de resíduos (*maxime*, embalagens, papel, pilhas) pode ser feita a qualquer hora.

Após a deposição, a responsabilidade é transferida, pelo pagamento das tarifas destinadas à cobertura dos custos de recolha e gestão, para as entidades concessionárias dos sistemas de gestão de resíduos sólidos urbanos. Todavia, as formas de cálculo destas tarifas suportadas pelos munícipes sofrem grandes variações em todo o território nacional e, verifica-se na prática, que não são suficientes para suportar os custos reais associados à gestão dos RSU. Idealmente, a tarifa a pagar não deveria ser invariável, nem resultar de uma indexação (por exemplo aos consumos de água), como acontece em muitos casos. Pelo contrário, o tarifário deveria variar proporcionalmente ao volume, peso ou perigosidade dos resíduos produzidos. Esta regra, denominada "paga à medida que deitas fora"[38], tem a vantagem de orientar os comportamentos dos produtores de resíduos domésticos, constituindo um incentivo forte à prevenção de resíduos no momento da compra (dita *pré-ciclagem*) e à deposição selectiva das fracções separáveis.

---

[38] "Pay as you throw" ou PAYT, na designação anglo-saxónica.

Sistemas que permitem saber exactamente o peso ou o volume de resíduos produzidos por cada unidade doméstica, de forma a adequar a tarifa à produção efectiva, foram experimentados, como projectos-piloto, e estão em funcionamento em diversas regiões da Europa. Referimo-nos aos contentores individuais de resíduos (para uso em moradias uni-familiares), providos de um *chip*, que são recolhidos por uma viatura de recolha preparada com um sistema de leitura digital que identifica o caixote (por exemplo, por radiofrequência), e pesa ou mede o volume dos resíduos. Outro sistema baseia-se em contentores colectivos estanques, que só abrem a tampa utilizando um cartão magnético (adquirido previamente). Como o contentor apenas admite a deposição de uma determinada quantidade de resíduos em cada utilização, é possível desta forma controlar, através do recarregamento dos cartões magnéticos, a produção individual de lixo conseguindo um sistema de pagamento volumétrico bastante justo.

Um risco associado a estes sistemas é o abandono de resíduos na via pública ou até o parasitismo, a que podem dar origem, pela utilização de locais de deposição que não lhe estão afectados (usando papeleiras, contentores de vizinhos, etc.).

A preocupação com a repartição justa dos encargos com a boa gestão dos resíduos está também subjacente ao actual regime económico e financeiro da gestão de resíduos[39], que engloba as diversas taxas que oneram os operadores de gestão de resíduos e também o funcionamento do mercado organizado de resíduos.

Pode-se afirmar que, em geral, as taxas aplicáveis ao sector dos resíduos, além de funções fiscais têm também importantes funções extra-fiscais. Só a lei dos resíduos prevê taxas de licenciamento – que por sua vez podem ser gerais, para qualquer tipo de instalação de gestão, ou especiais, para instalações específicas, como aterros ou incineradoras –, taxas de registo, taxas de gestão[40] e taxas de movimentos transfronteiriços de resíduos[41].

Além destas, também as tarifas de deposição de resíduos em aterro são um bom exemplo de aplicação do princípio do poluidor pagador por

---

[39] Na Região Autónoma dos Açores, o regime económico-financeiro dos resíduos está previsto no Decreto Legislativo Regional n.º 40/2008/A, de 25 de Agosto.

[40] A Portaria n.º 1407/2006, de 18 de Dezembro estabelece as regras de liquidação da taxa de gestão de resíduos.

[41] Artigos 52.º a 60.º da Lei dos Resíduos.

via legal. Aqui a legislação vai mais longe e estabelece critérios mais finos de cálculo das tarifas. Segundo o Decreto-lei n.º 152/2002, de 23 de Maio, relativo à deposição de resíduos em aterro, esta operação está sujeita ao pagamento de uma tarifa cujo valor deve ser suficiente para «cobrir os custos decorrentes da instalação e da exploração do aterro, incluindo o custo da garantia financeira, ou seu equivalente, e as despesas previstas de encerramento e manutenção após o encerramento do aterro durante um período de, pelo menos, 30 anos, excepto no caso dos aterros para resíduos inertes, em que este prazo é de 5 anos». Desta forma, institui-se um regime de interiorização total dos custos de exploração de aterros, o que terá como consequência um aumento significativo dos custos de deposição de resíduos, (sobretudo se considerarmos que o período legal de 30 anos para monitorização após o encerramento será, em média, superior ao tempo de vida útil do aterro) e incentivando, consequentemente, por via indirecta, a valorização, em detrimento da eliminação.

Quanto às tarifas a cobrar pelas entidades gestoras de RSU, aos utentes do serviço, devem ser fixadas segundo critérios de equidade[42], garantindo a viabilidade económica da entidade gestora[43] mas também desempenhando a função de incentivar o respeito pela hierarquia de gestão dos resíduos[44], dando prioridade à prevenção, de seguida à reutilização e, por fim, à valorização de resíduos. Dito por outras palavras: apesar de se tratar de um serviço de interesse económico geral, as tarifas devem ser suficientemente elevadas, para funcionarem como desincentivos financeiros à produção de resíduos.

Finalmente, o mercado organizado de resíduos é o expoente máximo da aplicação do princípio do poluidor pagador à gestão de resíduos, na

---

[42] Conforme o Artigo 11.º do Decreto-Lei n.º 362/98 de 18 de Novembro, com as alterações introduzidas pelo DL n.º 151/2002, de 23 de Maio, que aprova o Estatuto do Instituto Regulador de Águas e Resíduos, cabe a este organismo regulador aprovar as tarifas nas concessões dos sistemas multimunicipais e municipais.

[43] A qual deve suportar os encargos resultantes do funcionamento do Instituto Regulador de Águas e Resíduos (Artigo 3.º do Decreto-Lei n.º 362/98 de 18 de Novembro, com as alterações introduzidas pelo DL n.º 151/2002, de 23 de Maio, que Aprova o Estatuto do Instituto Regulador de Águas e Resíduos).

[44] Artigo 58, n.º 4: "Taxa de gestão de resíduos. A taxa de gestão de resíduos deve ser repercutida nas tarifas e prestações financeiras cobradas pelas entidades devedoras de modo a garantir o cumprimento do disposto no artigo 7.º do presente decreto-lei" (Princípio da hierarquia das operações de gestão de resíduos).

medida em que incentiva, pela via do encontro entre a oferta e a procura, os produtores de resíduos a encontrar um destino útil para os seus resíduos. O funcionamento do mercado organizado vai premiar aqueles operadores económicos que aí coloquem os seus resíduos, pois a utilização do subproduto de uma actividade económica como matéria-prima secundária de outra, e o valor de mercado associado, evitam que os resíduos vão parar ao ambiente, e evita o surgimento de fardos ambientais carecidos de gestão final.

Nas próprias palavras da lei, o mercado dos resíduos garantirá a "alocação racional, eliminando custos de transacção, estimulando o seu reaproveitamento e reciclagem, diminuindo a procura de matérias-primas primárias e contribuindo para a modernização tecnológica dos respectivos produtores"[45].

Diferentemente da *indústria da reciclagem* (que se limita a aproveitar materiais recuperados e grosseiramente separados, sem quaisquer exigências de qualidade, que são obtidos directamente junto dos produtores, sem nenhum intermediário comercial, e que se sujeita a grandes oscilações da oferta e dos preços) no *mercado da valorização* transaccionam-se matérias-primas secundárias com elevados níveis de qualidade, estandardizadas, sendo o fornecimento contínuo assegurado através de um mercado de âmbito nacional ou até internacional e cujos preços são transparentes e estáveis.

Esta é precisamente uma das missões do Departamento de Fluxos Especiais e Mercados de Resíduos da Agência Portuguesa do Ambiente[46] e da Comissão de Acompanhamento da Gestão de Resíduos, entidade de consulta técnica, funcionando na dependência da Autoridade Nacional de Resíduos, a quem compete "acompanhar os aspectos técnicos, económicos e sociais ligados ao mercado de resíduos em Portugal, especialmente no que concerne aos fluxos de resíduos e materiais abrangidos por sociedades gestoras e aos resíduos que sejam transaccionados em bolsa de resíduos"[47].

---

[45] Artigo 62.º, n.º 1 da Lei dos Resíduos.

[46] O artigo 6.º da Portaria n.º 573-C/2007 de 30 de Abril, estabelece a estrutura nuclear da Agência Portuguesa de Ambiente, que deve "desenvolver acções conducentes à organização, promoção e regulamentação do mercado dos resíduos de modo a estimular o encontro oferta e procura destes bens, assim com a sua reutilização, reciclagem e valorização".

[47] Artigo 50.º/1 c) da Lei dos Resíduos.

A previsão legal de um mercado organizado de resíduos corresponde a uma tendência internacional em matéria de gestão de resíduos. As bolsas de resíduos, pontos de encontro privilegiados entre a oferta e a procura, podem resultar de iniciativa privada ou pública e têm como vantagens uma alocação mais racional dos resíduos, eliminando custos de transacção e contribuindo para a modernização tecnológica dos respectivos produtores[48]. As regras de organização do mercado dos resíduos destinam-se a garantir a igualdade no acesso ao mercado; transparência, universalidade e rigor da informação; segurança nas transacções e protecção do ambiente e da saúde pública.

2.4. PRINCÍPIO DA HIERARQUIA DE PRIORIDADES DE GESTÃO

A ideia de dar prioridade a certas operações de gestão de resíduos, que se consideram melhores, do ponto de vista ambiental e da saúde humana, relativamente a outras com impactes negativos, apenas surgiu, como princípio, na lei dos resíduos de 2006[49]. O princípio da hierarquia das prioridades de gestão corresponde, porém, a uma regra do bom senso, há muito citada em matéria de gestão de resíduos e transformada em sigla pelos movimentos ecologistas: 3R ou reduzir, reutilizar e reciclar são prioridades intuitivas da gestão de resíduos presentes, directa ou indirectamente na legislação e na Estratégia Comunitária de Gestão dos Resíduos[50].

---

[48] Artigo 62.º da Lei dos Resíduos.
[49] Artigo 7.º: "Princípio da hierarquia das operações de gestão de resíduos
1 – A gestão de resíduos deve assegurar que à utilização de um bem sucede uma nova utilização ou que, não sendo viável a sua reutilização, se procede à sua reciclagem ou ainda a outras formas de valorização.
2 – A eliminação definitiva de resíduos, nomeadamente a sua deposição em aterro, constitui a última opção de gestão, justificando-se apenas quando seja técnica ou financeiramente inviável a prevenção, a reutilização, a reciclagem ou outras formas de valorização.
3 – Os produtores de resíduos devem proceder à separação dos resíduos na origem, de forma a promover a sua valorização por fluxos e fileiras.
4 – Deve ser privilegiado o recurso às melhores tecnologias disponíveis com custos economicamente sustentáveis que permitam o prolongamento do ciclo de vida dos materiais, através da sua reutilização, em conformidade com as estratégias complementares adoptadas noutros domínios".
[50] Aprovada pela Resolução do Conselho, de 24 de Fevereiro de 1997.

Apesar de tudo, é possível estabelecer uma hierarquia apriorística das opções de gestão de resíduos, que pode servir de ponto de partida para uma análise concreta mais aturada das vantagens e inconvenientes das formas de gerir cada resíduo. Ora, em termos de hierarquia abstracta, a prioridade cabe indubitavelmente à prevenção, seguida da uma preferência pela valorização e, finalmente, pela eliminação.

Com efeito, eliminar um resíduo equivale a desperdiçar recursos que são escassos e que, na maior parte das vezes, podiam ser aproveitados. Sugestivamente, as expressões anglo-saxónicas «we can't afford to waste waste» – *não podemos dar-nos ao luxo de desperdiçar resíduos* – ou «no time to waste» – *não há tempo para resíduos* – simbolizam bem as potencialidades económicas que os resíduos valorizáveis encerram.

Seja como fonte de matérias-primas secundárias, seja como fonte energética alternativa, o que é certo é que a valorização de resíduos se vem revelando um negócio atraente e em expansão. O próprio epíteto de «reciclado», mencionado na rotulagem dos produtos, é usado como uma maisvalia comercial, embora nem sempre inteiramente correspondente à verdade, como acontece com o papel reciclado contendo apenas pequenas percentagens de celulose reciclada e, muitas vezes, proveniente de uma reciclagem pré-consumo (aproveitamento de aparas da produção de papel.

Cumprir ou não os objectivos de valorização depende, muitas vezes, do preenchimento das condições económicas indispensáveis à valorização: para a valorização (por exemplo, por reciclagem) ser uma opção economicamente aceitável, as receitas resultantes da valorização têm que ser maiores do que os custos inerentes à valorização, os quais, por sua vez, têm que ser menores do que os custos da eliminação. De facto, se os encargos com a valorização forem superiores aos ganhos, não será economicamente compensatório valorizar resíduos, transformando-os em coisas úteis. Uma solução, justificável se o interesse social da valorização for muito elevado, é a atribuição de auxílios (*maxime*, subsídios) à valorização. Por outro lado, se os custos da valorização forem mais elevados do que os custos da eliminação, economicamente, será mais racional a opção de eliminar os resíduos, sendo difícil censurar os agentes económicos que optarem pela eliminação em detrimento da valorização. Em alternativa, o aumento dos custos de eliminação constituiria o estímulo necessário à valorização.

Indirectamente, o princípio da valorização também decorre do princípio da prevenção, na acepção de prevenção de danos: se prevenir é evitar os impactes ambientais dos resíduos, a valorização, que tem o mérito de contribuir para a poupança de matérias-primas ou de combustíveis, promove, em princípio, a minimização desses impactes, sendo, por isso, de preferir.

Como exemplo, o Plano Estratégico para os Resíduos Sólidos Urbanos (Persu II)[51] estabelece em abstracto uma hierarquia que não é difícil de aceitar: prioridade da valorização energética sobre a deposição em aterro, sobretudo se não estiver prevista a captação e valorização energética dos gases do aterro, acrescentaríamos nós.

Em suma, nem sempre é possível definir soluções ideais em abstracto. Pelo contrário, deveremos antes olhar para as alternativas possíveis perante o caso concreto. É claro que, perante um caso concreto, pode acontecer que uma certa operação de valorização possa produzir maiores impactes (ambientais ou de saúde pública) do que uma correcta eliminação. Veja-se o caso da reutilização de policlorobifenilos, expressamente proibida por lei[52], da incineração de resíduos contendo determinados poluentes[53], ou da aplicação agrícola de lamas contendo metais pesados[54]. Trata-se, por isso, de uma preferência tendencial e não absoluta, pois, apesar de a valorização gozar de uma presunção de maior compatibilidade ambiental, está sujeita a testes concretos que podem levar a concluir pela inadequação ambiental, num determinado caso concreto, da operação de valorização considerada.

Pensemos, por exemplo, nas opções de valorização de garrafas de vidro para líquidos alimentares. Será que um sistema de consignação – implicando a entrega e a correspondente recolha do vasilhame e implicando ainda a lavagem e o reenchimento das garrafas vazias – é sempre a melhor solução possível?

A resposta depende dos custos ecológicos do processo, que estão relacionados com a escassez ou abundância relativas dos materiais empregues no processo de recolha, lavagem e reenchimento, assim como os impactes ambientais desses processos. Estes, por sua vez, dependem, entre outras coisas, das distâncias a percorrer entre os pontos de recolha (maior

---

[51] Aprovado pela Portaria n.º 187/2007 de 12 de Fevereiro.
[52] Artigo 7.º, n.º1 c), do Decreto-lei n.º 227/99, de 23 de Julho, alterado pelo Decreto-Lei n.º 72/2007 de 27 de Março.
[53] Mencionados no Anexo I do Decreto-Lei n.º 85/2005 de 28 de Abril.
[54] Anexo I do Decreto-Lei n.º 118/2006 de 21 de Junho.

distância equivale a maior dispêndio de combustíveis) e das necessidades higiénicas do processo (no caso de embalagens para líquidos alimentares as exigências de desinfecção antes do reenchimento podem levar a dispêndios excessivos de água de lavagem e detergentes).

O que quer dizer que só através *de análises de ciclo de vida*, aplicadas aos processos de valorização ou de eliminação viáveis, será possível tomar as decisões ambientalmente mais adequadas e mais responsáveis, e escolher a *melhor alternativa de gestão* em cada caso concreto.

Contudo, o dilema da escolha entre duas (ou mais) opções de gestão não se compara com a dificuldade de distinguir, relativamente a determinadas operações de gestão de resíduos, se elas constituem formas de valorização ou formas de eliminação de resíduos.

Sendo relativamente diferentes os regimes legais aplicáveis à eliminação e à valorização – com um conjunto muito maior de ónus e encargos impostos às operações de eliminação – compreende-se que alguns operadores de resíduos procurem camuflar operações de verdadeira eliminação sob o manto da valorização.

Porém, em muitos casos, as dúvidas nem sequer resultam de estratagemas ardilosamente engendrados pelos produtores de resíduos. Tanto em termos jurídicos, como em termos técnicos, se levantam dúvidas genuínas e sérias sobre a verdadeira natureza de certas operações, dúvidas que, se não forem sanadas, levantarão graves dificuldades tanto às autoridades responsáveis pela gestão como, em última instância, aos tribunais.

Sabendo que, ao nível europeu, está mais facilitada a circulação de resíduos para valorização do que para eliminação, como distinguir uma operação de outra?

À primeira vista, poder-se-ia pensar que a resposta residiria, muito simplesmente, na definição legal de eliminação e de valorização que incluem, cada uma, uma listagem de operações típicas.

Assim, nos termos da Lei, eliminação é "a operação que visa dar um destino final adequado aos resíduos nos termos previstos na legislação em vigor, nomeadamente:

    i) Deposição sobre o solo ou no seu interior, por exemplo em aterro sanitário;

    ii) Tratamento no solo, por exemplo biodegradação de efluentes líquidos ou de lamas de depuração nos solos;

    iii) Injecção em profundidade, por exemplo injecção de resíduos por bombagem em poços, cúpulas salinas ou depósitos naturais;

iv) Lagunagem, por exemplo descarga de resíduos líquidos ou de lamas de depuração em poços, lagos naturais ou artificiais;
v) Depósitos subterrâneos especialmente concebidos, por exemplo deposição em alinhamentos de células que são seladas e isoladas umas das outras e do ambiente;
vi) Descarga em massas de águas, com excepção dos mares e dos oceanos;
vii) Descarga para os mares e ou oceanos, incluindo inserção nos fundos marinhos;
viii) Tratamento biológico não especificado em qualquer outra parte do presente decreto-lei que produz compostos ou misturas finais que são rejeitados por meio de qualquer das operações enumeradas de i) a xii);
ix) Tratamento físico-químico não especificado em qualquer outra parte do presente decreto-lei que produz compostos ou misturas finais rejeitados por meio de qualquer das operações enumeradas de i) a xii), por exemplo evaporação, secagem ou calcinação;
x) Incineração em terra;
xi) Incineração no mar;
xii) Armazenagem permanente, por exemplo armazenagem de contentores numa mina;
xiii) Mistura anterior à execução de uma das operações enumeradas de i) a xii);
xiv) Reembalagem anterior a uma das operações enumeradas de i) a xiii);
xv) Armazenagem enquanto se aguarda a execução de uma das operações enumeradas de i) a xiv), com exclusão do armazenamento temporário, antes da recolha, no local onde esta é efectuada".

Por outro lado, valorização é a "operação de reaproveitamento de resíduos prevista na legislação em vigor, nomeadamente:

i) Utilização principal como combustível ou outros meios de produção de energia;
ii) Recuperação ou regeneração de solventes;
iii) Reciclagem ou recuperação de compostos orgânicos que não

são utilizados como solventes, incluindo as operações de compostagem e outras transformações biológicas;
iv) Reciclagem ou recuperação de metais e de ligas;
v) Reciclagem ou recuperação de outras matérias inorgânicas;
vi) Regeneração de ácidos ou de bases;
vii) Recuperação de produtos utilizados na luta contra a poluição;
viii) Recuperação de componentes de catalisadores;
ix) Refinação de óleos e outras reutilizações de óleos;
x) Tratamento no solo em benefício da agricultura ou para melhorar o ambiente;
xi) Utilização de resíduos obtidos em virtude das operações enumeradas de i) a x);
xii) Troca de resíduos com vista a submetê-los a uma das operações enumeradas de i) a xi);
xiii) Acumulação de resíduos destinados a uma das operações enumeradas de i) a xii), com exclusão do armazenamento temporário, antes da recolha, no local onde esta é efectuada."

Não podemos deixar de notar que a opção de transcrever os anexos IIA e IIB da Directiva quadro dos resíduos, onde se enumeram as treze operações de valorização e as quinze de eliminação de resíduos, torna a leitura do artigo 3.º algo confusa.

Além disso, infelizmente, a distinção é bastante menos simples do que estas listagens deixam parecer.

Na realidade, não só estas listagens não são taxativas, como incluem operações proibidas (caso da incineração no mar), o que só se compreende se tivermos presente que elas se limitam a transcrever duas listagens homólogas constantes da Directiva quadro dos resíduos[55] e relativamente às quais é ressalvada a sua natureza descritiva e não normativa: "o presente anexo destina-se a enumerar as operações de eliminação tal como surgem na prática. Em conformidade com o artigo 4.º, os resíduos devem ser valorizados sem pôr em perigo a saúde humana e sem a utilização de processos ou métodos susceptíveis de prejudicar o ambiente". No fundo, a

---

[55] Anexos II A e II B da Directiva 2006/12 do Parlamento Europeu e do Conselho, de 5 de Abril de 2006, relativa aos resíduos. Recordamos que a nova Directiva 2008/98/CE, do Parlamento Europeu e do Conselho de 19 de Novembro de 2008 procede à revogação da Directiva de 1996, com efeitos a partir de 12 de Dezembro de 2010.

utilidade principal destas listagens é facilitar o controlo, pelas entidades competentes, das operações de gestão propostas, pela indicação de um código estandardizado da operação (letra D seguida de um número de 1 a 15 para as operações de eliminação e letra R seguida de um número de 1 a 13 para as operações de valorização).

A agravar ainda mais a nossa dificuldade, há operações que são referidas simultaneamente nas duas listas, ou seja, que podem ser simultaneamente de valorização ou de eliminação. É o caso da incineração, que pode ser uma operação de valorização (i) ou de eliminação (x), consoante seja efectuada com ou sem aproveitamento energético, e é igualmente o caso da deposição de resíduos no solo que será operação de valorização (x) ou de eliminação (i) consoante dela resulte, ou não, benefício para a agricultura.

Por fim a sensibilidade da linha distintiva é acentuada em virtude de a realidade ser bem mais complexa. Vejamos alguns exemplos:

a) Como caracterizar a utilização de resíduos de pedra (resultantes da actividade da indústria extractiva) para o atulhamento de uma mina abandonada? Será uma operação de valorização ou de eliminação?

b) E o espalhamento de lamas orgânicas (resultantes da actividade de uma estação de tratamento de águas residuais sanitárias) em solos agrícolas? Será uma forma de valorização ou de eliminação?

c) Por fim, será uma operação de valorização, ou antes de eliminação, a incineração de resíduos industriais em altos-fornos industriais, em substituição do combustível fóssil?

Para casos como estes, a lei não aponta, com clareza, critérios que nos permitam distinguir valorização de eliminação, por isso, só perante o caso concreto podemos avaliar o carácter positivo ou negativo da operação.

Relativamente aos três exemplos avançados, podemos, no entanto, configurar algumas situações, em que se vê claramente o carácter fraudulento de tais operações, quando caracterizadas como de "valorização":

É fraudulento o enchimento de minas com gravilha se, apesar de haver disponibilidade de material de enchimento em abundância, (resultante da extracção da própria mina), este não for utilizado, em virtude de contrapartidas económicas recebidas pela utilização de resíduos minerais radioactivos, provenientes de uma mina de urânio situada a grande distância.

É fraudulento o aproveitamento agrícola de lamas, quando estes resíduos pastosos não respeitarem padrões de qualidade internacional e legalmente reconhecidos[56], designadamente quando estiverem de tal modo contaminadas com metais pesados, que a produção agrícola, mais do que um benefício, sofre um prejuízo (sem mencionar os riscos para a saúde pública se os produtos agrícolas chegarem ao mercado).

É fraudulenta a co-incineração industrial, quando o valor energético dos resíduos não for suficientemente elevado para permitir a potência desejável de queima, exigindo a adição de mais combustível, ou então quando a falta de homogeneidade do resíduo perturba o processo de queima e, logo, da qualidade do produto final, obrigando a complexas, morosas e onerosas operações de triagem, trituração e mistura, com vista à homogeneização dos resíduos a incinerar.

Foi precisamente a propósito da natureza das operações de queima de resíduos em fornos industriais – como combustível alternativo – e de queima de resíduos em incineradoras exclusivamente dedicadas à queima de resíduos – como fonte alternativa de produção de energia – que o Tribunal de Justiça veio adoptar um novo critério distintivo entre valorização e eliminação: a *indispensabilidade dos resíduos para o processo industrial ao qual são aplicados*.

Em acórdãos anteriores, o Tribunal de Justiça tinha avançado outros critérios, embora menos operativos, nomeadamente o da *definitividade* e o da *compatibilidade ambiental* da operação, mas agora a ideia que prevalece é a de que se o processo (industrial, agrícola ou outro), no qual são introduzidos os resíduos, tivesse lugar sempre, em qualquer caso, e independentemente da existência ou não de resíduos (embora, naturalmente, com recurso a outros materiais ou fontes energéticas), estaríamos perante uma operação de valorização.

Se, na falta dos resíduos, o processo de gestão de resíduos considerado não se desenvolver de todo, ou, estando o processo de gestão de resíduos em curso, se este terminar, então estaremos perante uma mera via de eliminação de resíduos. Não significa isto que não possa haver *vantagens ecológicas indirectas* resultantes da operação, como a grande vantagem da poupança de recursos naturais ou fontes energéticas. Significa apenas que esses benefícios ambientais eventuais são apenas um efeito indirecto da operação que não é suficientemente importante para transformar a natureza da operação de eliminação em valorização.

---

[56] Consagrados, em Portugal, no Decreto-Lei n.º 118/2006, de 21 de Junho.

Indubitavelmente, reconhecemos como significativas as poupanças de recursos resultantes da utilização, nas minas abandonadas, de um material de enchimento residual e não de um material "virgem" extraído propositadamente, bem como as vantagens resultantes da utilização de um fertilizante orgânico, embora residual, em detrimento de um fertilizante químico, e também as economias resultantes da utilização de um combustível residual alternativo e poupando combustíveis fósseis. Trata-se de inegáveis vantagens ecológicas (ainda que indirectas) das respectivas operações.

Deste modo, a conclusão do Tribunal Europeu[57] foi a de que a co-incineração de resíduos em fornos da indústria de cimento é, em regra, uma operação de valorização de resíduos, sendo que a incineração de resíduos sólidos urbanos numa instalação exclusivamente dedicada à incineração é sempre uma operação de eliminação, por muita energia que seja produzida no processo[58].

Segundo a jurisprudência do Tribunal Europeu, a utilização de resíduos num processo de queima industrial, em alternativa aos combustíveis fósseis, será considerada como uma operação de valorização em função de vários factores: de que a maior parte dos resíduos seja consumida durante a operação; de que a maior parte da energia libertada seja recuperada e utilizada; de que a energia produzida e recuperada seja superior à consumida no processo de combustão dos resíduos e, por fim, de que a energia excedente libertada na combustão seja efectivamente utilizada, ou imediatamente, sob a forma de calor produzido pela incineração, ou depois de transformada, sob a forma de electricidade.

Em contrapartida, o Tribunal considera que critérios como o valor calorífico dos resíduos, o teor em substâncias nocivas dos resíduos incinerados ou o facto de os resíduos terem ou não sido misturados, não podem ser tidos em consideração[59].

Finalmente, da lista taxativa de fundamentos de recusa das transferências de resíduos destinados a valorização, constantes do regulamento comunitário sobre transferências de resíduos resultam mais três critérios, todos fundados no princípio da proporcionalidade:

---

[57] Acórdão de 13 de Fevereiro de 2003, proferido no processo C-228/00.

[58] Acórdão de 13 de Fevereiro de 2003, proferido no processo C-458/00.

[59] Esta conclusão resulta do Acórdão do Tribunal de Justiça de 14 de Outubro de 2004, proferido no processo C-113/02 no qual o Tribunal Europeu considera que os critérios fixados pelo regime neerlandês de transferência de resíduos extravasam os fundamentos de objecção taxativamente enumerados no quadro jurídico comunitário.

a) a relação entre os resíduos susceptíveis e não susceptíveis de valorização,
b) o valor estimado dos materiais objecto de valorização final,
c) o custo da valorização e o custo da eliminação da fracção não valorizável dos resíduos.

Estes são três casos em que as autoridades competentes de destino ou de expedição podem levantar objecções à transferência de resíduos para valorização, por razões de ordem económica ou ambiental. Embora formalmente se trate apenas de motivos de recusa do "turismo" dos resíduos, faz sentido utilizar pelo menos dois destes critérios (o primeiro e o terceiro) como indicadores eficazes da natureza da operação. Se apenas uma percentagem mínima do volume de resíduos deslocados para território de outro Estado membro é valorizada, sendo a restante eliminada e se, além disso, os custos ambientais da operação de valorização ou da eliminação da fracção não valorizável são elevados, então não parece haver dúvidas quanto à classificação da operação em causa como sendo de eliminação.

2.5. Princípio da auto-suficiência

O princípio da auto-suficiência, primeiro dos princípios elencados na lei nacional dos resíduos, diz respeito apenas à eliminação e não à valorização de resíduos[60], e assume uma dupla feição, de auto-suficiência nacional e de auto-suficiência comunitária.

A auto-suficiência nacional está consagrada em Portugal no artigo 4.º da Lei dos Resíduos e traduz-se no imperativo de cada Estado se dotar de instalações de eliminação de resíduos, necessárias à garantia da sua própria auto-suficiência, ou seja, ter plena capacidade de gestão dos resíduos produzidos no seu território, reduzindo assim os movimentos transfronteiriços de resíduos ao mínimo. No caso português, a localização europeia relativamente periférica reforça ainda mais a necessidade de auto-suficiência nacional.

---

[60] Foi no Acórdão de 25 de Junho de 1998, proferido no processo C-203/96, que o Tribunal de Justiça decidiu que, no âmbito do regime comunitário das transferências de resíduos, considerações de auto-suficiência e de proximidade não são aplicáveis às transferências de resíduos destinados a eliminação mas apenas de valorização.

Assim, em respeito a este princípio, não é legítimo aos operadores de resíduos tomar decisões quanto ao local de eliminação, fundadas em considerações económicas relativas aos custos de eliminação.

No entanto, há algumas excepções admissíveis a esta regra, tanto por motivos de ordem geográfica, como por razões de escala[61]. Com efeito, a proximidade entre o local de produção e um local de eliminação adequada, situado noutro Estado membro da União Europeia, pode ser tal, que não se justifica, do ponto de vista ambiental global, o transporte desses resíduos a grande distância a fim de os eliminar adequadamente numa instalação de gestão nacional. Deste modo, o princípio da proximidade constitui, em medida muito limitada, uma excepção ao princípio da auto-suficiência. Por outro lado, também razões de dimensão podem justificar a exportação de tipos muito concretos de resíduos em alguns casos. As questões de escala assumem, no caso concreto português, uma grande relevância. Estamos a pensar em resíduos produzidos num Estado membro em quantidades muito limitadas e que necessitam de instalações de eliminação altamente especializadas (como as pilhas ou os clorofluorcarbonetos, por exemplo). Não se justifica, apenas por respeito ao princípio da auto-suficiência, que um Estado seja forçado a suportar custos desproporcionados para construir uma instalação de eliminação destinada a tratar quantidades ínfimas de resíduos, insuficientes para rentabilizar a instalação.

Por isso a Directiva quadro dos resíduos fala da criação de uma rede integrada e adequada de instalações de eliminação[62] que, em última instância, servirá de base à propalada auto-suficiência comunitária. O princípio da auto-suficiência comunitária significa, portanto, a assunção da responsabilidade da União Europeia pelos seus próprios resíduos, não sendo admissíveis transferências de resíduos para operadores situados fora da Europa.

---

[61] Regulamento (CE) n.º 1013/2006 do Parlamento Europeu e do Conselho, de 14 de Junho de 2006, relativo às transferências de resíduos, artigo 11.º, n.º 1 g).

[62] Artigo 5.º, n.º 1 da Directiva 2006/12 do Parlamento Europeu e do Conselho, de 5 de Abril de 2006 relativa aos resíduos: "Em cooperação com outros Estados-Membros, e sempre que tal se afigurar necessário ou conveniente, os Estados-Membros tomarão as medidas adequadas para a constituição de uma rede integrada e adequada de instalações de eliminação tendo em conta as melhores tecnologias disponíveis que não acarretem custos excessivos. Esta rede deverá permitir que a Comunidade no seu conjunto se torne auto-suficiente em matéria de eliminação de resíduos e que os Estados-Membros tendam para esse objectivo cada um por si, tendo em conta as circunstâncias geográficas ou a necessidade de instalações especializadas para certos tipos de resíduos".

Já no Regulamento Comunitário relativo à transferência de resíduos este princípio, causa justificativa de objecções às transferências de resíduos para eliminação, surge intimamente relacionado com outros dois: o princípio da prioridade da valorização (que podemos considerar um subprincípio concretizador do princípio da hierarquia das prioridades) e o da proximidade, que analisaremos já de seguida.

2.6. Princípio da proximidade

Intimamente relacionado com o princípio da auto-suficiência está o princípio da proximidade. Se o princípio da auto-suficiência parece apontar para um reerguer das fronteiras internas da Comunidade à circulação, entre os Estados-membros, de resíduos destinados a eliminação, o princípio da proximidade, pelo contrário, desconsidera as fronteiras nacionais.

O princípio da proximidade, consagrado na Directiva-quadro e no Regulamento sobre transferência de resíduos[63], mais não é do que a expressão, ao nível do Direito dos Resíduos, do princípio jurídico-ambiental da correcção na fonte. Numa acepção geográfica, ao corrigir na fonte, o que se pretende é que os resíduos sejam eliminados o mais próximo possível do local onde são produzidos, evitando assim o chamado «turismo dos resíduos».

Ora, a instalação de eliminação **mais próxima** do local de produção dos resíduos pode, num caso concreto, não se situar em território nacional, mas além fronteiras, pelo que facilmente se antevêem potenciais conflitos entre Estados-membros de importação e exportação de resíduos consoante atribuam maior importância aos princípios da auto-suficiência ou da proximidade.

Pensamos que, em caso de conflito, o princípio da auto-suficiência nacional na eliminação de resíduos deverá prevalecer sobre o princípio da proximidade, salvo duas excepções:

1. quando a desproporção entre a distâncias nacionais (entre as instalações de produção e de eliminação nacionais) e as distâncias inter-estaduais (entre a instalação de produção nacional e a instalação de eliminação do outro Estado membro) for manifestamente grande. Por exemplo,

---

[63] Artigo 5.º n.º 2 e e 11.º, n.º 1 a) respectivamente.

duzentos quilómetros até ao aterro nacional mais próximo e vinte quilómetros até um aterro estrangeiro.

2. se, num Estado membro, houver excesso de capacidade de eliminação instalada relativamente às necessidades nacionais previsíveis e formalizadas em planos de gestão de resíduos. Se tiver sido construída, por exemplo, uma instalação dedicada à incineração de resíduos industriais perigosos, que está prestes a ser desactivada face ao sucesso das medidas de prevenção e de valorização de resíduos entretanto implementadas, a importação de resíduos deverá ser permitida.

Esta última solução decorre, *a contrario*, da possibilidade que os Estados-membros têm de "impedir a circulação de resíduos não conformes com os seus planos de gestão", prevista na Directiva-quadro[64].

É de notar que, por força do princípio da subsidiariedade, este regime se aplica apenas aos transportes de resíduos *para fora e para dentro* do território da União Europeia e aos transportes *entre* Estados-membros mas não já aos transportes *dentro* de cada Estado membro.

Fora das relações interestaduais, nas simples transferências de resíduos dentro do território nacional, cada Estado é livre de instituir ou não o princípio da proximidade. Em Portugal não existe consagração legal expressa deste princípio, apesar de ele ser frequentemente invocado, sobretudo quando a rejeição social de instalações de gestão de resíduos consideradas como indesejáveis ao nível local se manifesta com maior exuberância. Os LULUs[65] são instalações de utilidade pública, reconhecidas como benéficas para a comunidade em geral, mas consideradas incómodas e não directamente úteis pelos vizinhos. Exemplos são muitos: uma prisão, uma clínica de tratamento de toxicodependentes, um hospital psiquiátrico ou até um aeroporto, todos podem assumir o estatuto de LULUs. Já os LULUs residuais são os usos indesejados do solo relativos à gestão de resíduos. Estamos a falar, portanto, das infra-estruturas necessárias ao tratamento ou eliminação de resíduos.

Todas estas instalações estão na origem de manifestações mais ou menos fortes do sindroma social NIMBY (sigla anglo-saxónica proveniente de *not in my backyard* ou *não no meu quintal*), que vão desde as

---

[64] Artigo 7.º, n.º 4.
[65] Correspondente à sigla anglo-saxónica *locally unwanted land uses* ou LULUs.

acções judiciais até aos protestos de rua, desde o *lobby* ao suborno, desde o boicote eleitoral à chantagem política.

O fenómeno do *nimbyismo*, amplamente estudado, decorre de uma postura das populações de recusa da construção e funcionamento local de instalações de gestão de resíduos. Querem os benefícios resultantes da existência das instalações – o tratamento dos resíduos – sem aceitar os incómodos decorrentes da proximidade das próprias instalações.

Embora paradoxal, verifica-se que as instalações de gestão de resíduos (aterros, incineradoras, centrais de compostagem, centros de triagem ou estações de transferência[66]), que foram criadas especificamente para resolver os problemas ambientais e de saúde pública resultantes de práticas incorrectas da eliminação de resíduos, estão a ser acusadas de agravar ainda mais os problemas que pretendiam resolver. Sendo instalações que apresentam um grau de perigosidade análogo a tantas outras actividades industriais e que estão obrigadas a aplicar as melhores técnicas disponíveis, são alvo de violentas reacções sociais de rejeição. Não deixa de ser surpreendente que os conflitos sociais a propósito da construção e funcionamento de instalações de gestão de resíduos tenham assumido proporções ainda maiores do que os conflitos a propósito da produção dos próprios resíduos.

A síndrome NYMBY relativamente aos LULUs *residuais*, associado à escassez de locais adequados, dificulta ainda mais a tomada de decisões, no âmbito do Direito do Ordenamento do Território, relativas à afectação do uso dos solos.

Por isso, além da escolha das prioridades de gestão, a melhor gestão ambiental e sanitária dos resíduos passa também pela escolha da melhor localização possível para as instalações que procederão às operações consideradas mais adequadas.

Em matéria de localização, a Lei dos Resíduos não fornece regras específicas, e só na legislação relativa à deposição de resíduos em aterro é que encontramos critérios relevantes para analisar a adequação da locali-

---

[66] O número de infra-estruturas de gestão de resíduos em Portugal tem vindo a crescer, o que corresponde a uma tendência desejável, por traduzir uma gestão mais correcta de resíduos, com exigências de tratamento e processamento prévio à valorização ou à eliminação. Em números redondos, actualmente existem em Portugal 80 estações de transferência, 30 centros de triagem, 30 aterros, 2 unidades de incineração com recuperação de energia e 10 unidades de valorização orgânica.

zação proposta e para definir afastamentos mínimos a observar relativamente às infra-estruturas do aterro, por razões ambientais (cursos de água e massas de água, por exemplo) e sociais (zonas residenciais, recreativas e agrícolas).

Como condição geral negativa, o aterro não pode causar, pela sua localização, qualquer risco grave para o ambiente ou para a saúde pública. Se verificar que a localização proposta é gravemente onerosa para o ambiente ou para a saúde, deverá o Presidente da Câmara Municipal recusar essa localização louvando-se, se estiverem envolvidos riscos para o domínio hídrico, no parecer da Comissão de Coordenação e Desenvolvimento Regional territorialmente competente.

Já pela positiva, a localização e concepção do aterro devem garantir a prevenção da poluição do ar, solo, águas subterrâneas e águas superficiais. A densificação desta condição passa pela definição de distâncias mínimas entre o perímetro do aterro e cursos de água, massas de água, zonas agrícolas, áreas residenciais, recreativas e outras áreas urbanas. Critérios a ponderar são também a existência de águas subterrâneas, águas costeiras, áreas protegidas, elementos do património natural ou cultural, as condições geológicas e hidrogeológicas do local e os riscos de cheias, aluimento, desabamento ou avalanches. Agora, as condições positivas de localização não impõem a definição de afastamentos mas podem bastar-se com a proposta de medidas correctoras, como geomembranas para impermeabilização dos solos, construção de taludes para estabilização dos terrenos, plantação de ecrãs arbóreos para protecção da paisagem, etc..[67]

Deste modo, na falta de critérios de localização de outras instalações de gestão de resíduos (para além dos aterros) na ordem jurídica nacional, parece-nos correcta a tomada em consideração dos critérios aplicáveis aos aterros, mesmo no âmbito de decisões de localização de instalações ligadas à gestão de resíduos que não sejam aterros, mas cujos impactes ambientais se possam considerar análogos.

---

[67] Todas estas condições estão estabelecidas no anexo I da Lei dos Aterros, o Decreto-Lei n.º 183/2009, de 10 de Agosto.

2.7. Princípio do planeamento

Apesar de não surgir, formalmente, entre os princípios enunciados na Lei de Resíduos, o princípio do planeamento encontra ampla consagração legal, não só através do denominado *princípio da regulação da gestão de resíduos*[68] mas sobretudo através de todo o Capítulo I, intitulado justamente "Planeamento da Gestão de Resíduos".

Aliás, a obrigação de planeamento da gestão de resíduos decorre da Directiva quadro dos resíduos, que cria, para os Estados-membros, o dever de elaborar planos de gestão que contenham normas técnicas gerais e disposições relativas a resíduos específicos e que incidam sobre o tipo, a quantidade e origem dos resíduos a valorizar ou a eliminar, medidas sobre a recolha, a triagem e tratamento dos resíduos e os locais ou instalações apropriados para a eliminação[69].

Sendo tantos os tipos diferentes de resíduos, tão diversas as operações de gestão e tão variadas as fontes produtoras, bem se compreende que, no sector ambiental dos resíduos, a planificação seja uma obrigação especialmente importante.

As vantagens de uma gestão de resíduos, com base na definição antecipada de estratégias de gestão e metas a longo prazo, são o reforço da eficácia da gestão, pela maior certeza dos objectivos, pela previsibilidade de todo o processo de gestão e por uma melhor articulação das políticas dos diferentes Estados-membros. Este aspecto é particularmente importante, considerando que assiste aos Estados-membros o direito de recusa da circulação de resíduos não conformes com os planos de gestão[70].

Prevista na lei, está a elaboração de um plano de gestão de resíduos de âmbito nacional, de planos de acção de âmbito multimunicipal, intermunicipal ou municipal e de, pelo menos, quatro planos de gestão de resíduos especiais: industriais, urbanos, agrícolas e hospitalares[71].

---

[68] Artigo 9.º da Lei dos Resíduos.
[69] Artigo 7.º n.º 1 e 2.
[70] Artigo 11 g) iii) do Regulamento sobre transferências de resíduos.
[71] Se quiséssemos fazer o ponto da situação, no primeiro trimestre de 2009, verificávamos que estavam em vigor a versão revista do Plano Estratégico para os Resíduos Sólidos Urbanos (PERSU II, aprovado pela Portaria 187/2007, de 12 de Fevereiro para o período 2007-2016), o Plano Estratégico de Gestão de Resíduos Industriais (PESGRI 2001, aprovado pelo Decreto-Lei n.º 89/2002 de 9 de Abril) que consolida também o Plano Nacional de Prevenção de Resíduos Industriais (PNAPRI), o Plano Estratégico dos Resí-

Por fim, os planos de gestão de resíduos estão sujeitos, eles próprios, a uma avaliação de impactes ambientais – também denominada avaliação estratégica – através da elaboração de um relatório ambiental, no qual identificam, descrevem e avaliam os eventuais efeitos significativos no ambiente, resultantes da aplicação do plano ou programa, e as suas alternativas razoáveis[72].

3. O CONCEITO DE RESÍDUO

Antes de passarmos à análise de aspectos gerais da gestão de resíduos, devemos antes debruçar-nos sobre a questão prévia e fundamental de saber o que é um resíduo.

Questão extremamente polémica, insistentemente abordada pelos Tribunais em julgamentos em matéria de resíduos, mas ainda hoje não inteiramente esclarecida, é a do conceito de resíduo. Desde 1975 até agora, o Tribunal de Justiça teve que se pronunciar sobre o carácter residual de substâncias como cinzas de incineração de resíduos, ácido clorídrico, entulho de mármore, alcatrão de filtros de fornos eléctricos, bagaço de azeitona, metais ferrosos e não ferrosos, aparas de madeira resultantes da trituração de resíduos de demolição, molibdénio e pedra de granito de pequena dimensão. Todas elas tinham em comum o facto de serem destinados a reentrar no processo produtivo e de serem reafectados a uma nova função económica.

Longe de ser uma questão meramente teórica, o controverso conceito jurídico de resíduo, desde há décadas em debate no Direito Europeu, tem a imensa importância prática de sujeitar o produtor ou detentor de um determinado produto ou substância ao rigoroso regime legal de gestão de resíduos, com o dever de obtenção de autorizações prévias obrigatórias, dever de pagamento de taxas, dever de registo, etc..

Trata-se, portanto, de uma questão prévia muito complexa, que a lei até hoje não esclareceu cabalmente e que a jurisprudência não tem igualmente conseguido dilucidar. Com efeito, a posição do Tribunal Europeu

---

duos Hospitalares (PERH, aprovado pelo Despacho Conjunto n.º 761/99, de 1 de Junho) e o Plano Estratégico de Gestão de Resíduos dos Açores (PEGRA, aprovado pelo Decreto Legislativo Regional n.º 10/2008/A de 12de Maio). Em elaboração estavam o Plano Estratégico de Resíduos Agrícolas (PERAGRI) e o Plano Nacional de Resíduos.

[72] Decreto-Lei n.º 232/2007, de 15 de Junho, relativo à avaliação estratégica.

tem sempre consistido em descartar todos os critérios possíveis de diferenciação entre resíduos e não resíduos: a perigosidade intrínseca da substância, o destino final, a utilidade comercial, a intenção declarada pelo detentor, etc..

3.1. O CONCEITO LEGAL DE RESÍDUO

Na realidade, o conceito legal de resíduo consagrado no Direito português sempre resultou da transposição fiel do Direito Europeu (mais concretamente a Directiva quadro dos resíduos tanto na sua versão de 1975 como na sua versão mais actual, de 2006).

Resíduo é, segundo o artigo 3.º u) da Lei dos Resíduos, «qualquer substância ou objecto de que o detentor se desfaz ou tem a intenção ou a obrigação de se desfazer, nomeadamente os identificados na Lista Europeia de Resíduos».

A Lista Europeia de Resíduos (LER)[73], elaborada pela Comissão Europeia, é uma lista harmonizada de mais de quinhentas categorias e subcategorias de resíduos, através da qual é atribuído um número de código a cada tipo de objecto ou substância. Na impossibilidade de enquadrar um determinado resíduo concreto em qualquer das subcategorias listadas, criaram-se subcategorias *subsidiárias*, designadas pelo código 99, que correspondem a «outros resíduos não especificados» em cada categoria.

Qual é, então, a utilidade da LER? Apesar da extrema importância deste *catálogo*, para o controlo da produção e da circulação intracomunitária de resíduos e, sobretudo, para a promoção dos mercados organizados de resíduos através da estandardização, para o fim concreto de esclarecer qual o conceito de resíduo, a utilidade não é muita.

Com efeito, a própria LER esclarece que «a inclusão de uma determinada matéria na lista não significa que essa matéria constitua um resíduo em todas as situações». A matéria só será um resíduo, quando preencher os requisitos da definição legal. Pode, portanto, acontecer que uma determinada substância não seja um resíduo, apesar de estar descrita na

---

[73] Aprovada pela Decisão da Comissão Europeia n.º 2000/532/CE, de 3 de Maio, alterada pelas Decisões da Comissão n.º 2001/118/CE, de 16 de Janeiro, n.º 2001/119/CE, de 22 de Janeiro e n.º 2001/573/CE, do Conselho, de 23 de Julho. Em Portugal, a LER foi republicada pela Portaria n.º 209/2004 de 3 de Março.

Lista Europeia de Resíduos, bastando que o seu detentor não tenha a *intenção* de se desfazer dela.

À definição de resíduo, transcrita *supra*, acrescenta o legislador português uma pequena lista de mais dezasseis categorias de resíduos. Vejamos qual o préstimo desta lista, que mais não é do que a transcrição das categorias de resíduos do Anexo I da Directiva quadro dos resíduos.

Destas, destacam-se as substâncias ou objectos dos quais o detentor tem obrigação de se desfazer (os chamados resíduos *por força da lei*): produtos que não obedeçam às normas aplicáveis; produtos fora de validade; matérias contaminadas (tais como óleos contaminados com bifenil policlorado) e qualquer matéria, substância ou produto cuja utilização seja legalmente proibida.

Outras categorias, igualmente constantes da mesma lista, correspondem a resíduos em sentido objectivo, isto é, substâncias cuja utilidade se esgotou pela utilização: matérias contaminadas ou sujas na sequência de actividades deliberadas, (tais como resíduos de operações de limpeza, materiais de embalagem ou recipientes, entre outros); elementos inutilizáveis (tais como baterias e catalisadores esgotados); substâncias que se tornaram impróprias para utilização, (tais como ácidos contaminados, solventes contaminados ou sais de têmpera esgotados) ou resíduos de processos antipoluição (tais como lamas de lavagem de gás, poeiras de filtros de ar ou filtros usados).

Incluem-se ainda na lista exemplificativa do artigo 3.º u) da lei nacional, as substâncias que se tornaram inúteis não em virtude da sua utilização normal, mas na sequência de um incidente. São as matérias acidentalmente derramadas, perdidas ou que sofreram qualquer outro acidente, incluindo quaisquer matérias ou equipamentos contaminados.

A abrir e a encerrar a mencionada lista exemplificativa, incluem-se duas categorias "residuais", que não têm outra utilidade que não seja demonstrar que as categorias anteriormente elencadas são apenas ilustrativas: são os "resíduos de produção ou de consumo não especificados "nos termos das subalíneas seguintes" e "qualquer substância, matéria ou produto não abrangido pelas subalíneas anteriores".

Porém, estas não são as categorias de resíduos que têm levantado maiores dúvidas, quanto à pertinência do conceito legal de resíduo.

As principais dúvidas reportam-se aos objectos ou substâncias surgidas como subproduto involuntário de um processo produtivo e os objectos ou substâncias cuja inutilidade é apenas subjectiva. Em ambos os casos, eles não são interessantes para o produtor, mas podem sê-lo para um terceiro, que até pode estar disposto a adquirir o resíduo em causa, pagando por ele um valor monetário, a fim de afectá-lo a uma nova função. São os resíduos de processos industriais (tais como escórias ou resíduos de destilação – ponto viii da lista legal); os resíduos de maquinagem ou acabamento (tais como aparas de torneamento e fresagem – ponto x), os resíduos de extracção e preparação de matérias-primas (tais como resíduos de exploração mineira ou petrolífera – ponto xi), as matérias, substâncias ou produtos contaminados provenientes de actividades de recuperação de terrenos (ponto xv), os produtos que não tenham ou tenham deixado de ter utilidade para o detentor (tais como materiais agrícolas, domésticos, de escritório, de lojas ou de oficinas – ponto xiv).

Em qualquer destes casos, a *intenção* do detentor é o elemento determinante, para sabermos se estamos ou não perante um resíduo: o resíduo é a substância ou objecto de que o detentor tem a *intenção de se desfazer*.

Analisando o enunciado normativo do conceito legal de resíduo, vemos que o legislador considera três situações diferentes:

a) a «histórica», em que o detentor *já se desfez* da substância ou objecto, ficando demonstrada, assim, a sua natureza residual;

b) a «legal», em que o detentor está *obrigado por lei a desfazer-se* do resíduo, pelo que a natureza residual das substâncias ou objectos é definitivamente presumida;

c) a «futura», em que o detentor da substância ou objecto ainda não se desfez da coisa, mas *pretende* vir a *desfazer-se* dela.

É relativamente a estes «resíduos futuros» que se levantam as maiores dificuldades, na medida em que podemos não dispor de qualquer indício objectivo da *intenção de se desfazer*.

E o que significa *desfazer-se* de alguma coisa?

Aqui, a doutrina tem desenvolvido duas interpretações distintas do significado de *desfazer-se*[74]:

1. Uma acepção subjectiva, à qual está associada uma conotação pejorativa: *desfazer-se* significaria apenas eliminar resíduos, em regra pelo

---

[74] Uma síntese das posições doutrinais pode encontrar-se em «Resíduos e matérias-primas secundárias na jurisprudência recente do Tribunal de Justiça» in: *Revista do CEDOUA*, n.º 2 de 1998, página 127 e ss.

abandono (situação que é sempre ilegal, conforme o artigo 9.º, n.º 3 da Lei dos Resíduos).
2. Uma acepção objectiva, que é axiologicamente neutra. Desfazer-se corresponde tão só a alterar o destino de uma coisa.

A acepção objectiva é necessariamente mais ampla, podendo compreender tanto a intenção de valorização como a intenção de eliminação de resíduos.

Importa então definir qual a relevância da susceptibilidade de reutilização económica de um objecto ou substância: serão o *carácter valorizável* ou o *valor económico* critérios determinantes para a qualificação de uma substância como *não resíduo*?

Vejamos as razões que militam a favor de um e de outro entendimento.

Apoiando o entendimento subjectivo, mais restritivo, que exclui os resíduos valorizáveis do âmbito do Direito dos Resíduos, encontramos fundamentalmente argumentos ligados à promoção da valorização. Com efeito, se impusermos aos gestores de resíduos valorizáveis as mesmas obrigações que aos gestores de resíduos destinados a eliminação, estaremos a estimular a eliminação e a desincentivar a valorização.

Favorecendo o entendimento objectivo, mais abrangente, que aplica o Direito dos Resíduos tanto aos resíduos para eliminação como aos destinados a valorização, encontramos duas linhas argumentativas: as razões ambientais e as razões de harmonização entre os vários ordenamentos jurídicos dos Estados Europeus.

Em primeiro lugar, são avançados juízos de protecção contra os danos ambientais provocados pelos resíduos. Na realidade, a poluição, a degradação dos componentes ambientais, e mesmo os perigos para a saúde e para a vida, tanto podem resultar de uma operação de eliminação, como de uma operação de valorização de resíduos.

De resto, muitas operações de valorização e de eliminação são materialmente idênticas. Pensemos em operações de gestão intermédias, como a triagem, a desmontagem ou a trituração, ou mesmo em operações finais, como a incineração ou a compostagem. Como determinar, então, se a operação tem uma natureza de valorização ou de eliminação? A única forma de distinguir será pelo objectivo principal mediato (no caso das operações intermédias) ou imediato (no caso das operações finais) da operação: se ele for a recuperação de materiais susceptíveis de aproveitamento económico ou a poupança de recursos escassos, tratar-se-á de uma operação de valorização; se o objectivo for essencialmente retirar o resíduo definitivamente do circuito económico, tratar-se-á de uma operação de eliminação.

Por outro lado, num mercado sem fronteiras, como é o europeu, a aplicabilidade do Direito dos Resíduos não poderia depender simplesmente do carácter valorizável de uma substância ou objecto.

De facto, a *valorizabilidade* de um objecto depende de factores instáveis, que variam no espaço e no tempo. É o caso do progresso técnico e científico, do preço das matérias-primas *virgens* (que os materiais reciclados viriam substituir), e até dos custos do processo de reciclagem e da eliminação de resíduos.

Estamos a pensar no avanço dos conhecimentos científicos e técnicos, que permitiu, a certa altura, passar a reciclar resíduos, para os quais anteriormente a única solução era a eliminação; nos custos crescentes de eliminação de resíduos em aterro, que tornam financeiramente cada vez mais compensatória a procura de alternativas de valorização de resíduos; na banalização de novas tecnologias, que viabiliza a valorização de muitos resíduos que exijam tratamentos complexos; e também na escassez de combustíveis, indutora da procura de fontes energéticas alternativas em matérias residuais, desde que tenham o poder calorífico suficiente.

Estes factores, que condicionam inegavelmente o carácter valorizável de uma substância, não só variam, naturalmente, de Estado membro para Estado membro, como são igualmente variáveis, até dentro de um mesmo Estado, ao longo dos tempos.

Onde e quando as matérias-primas forem mais caras, em virtude da existência de taxas sobre extracção de recursos, onde e quando o desenvolvimento científico e técnico for maior e onde e quando os custos de deposição de resíduos em aterro forem particularmente elevados, tenderá a considerar-se como valorizável um leque maior de substâncias e tenderá, portanto, a consagrar-se um catálogo de resíduos muito mais reduzido.

Nesta situação, com base no critério do carácter valorizável, correríamos o risco de que, numa transacção comercial de resíduos entre dois Estados-membros, um declarasse exportar resíduos, enquanto o outro afirmasse importar mercadorias.

Em suma, apesar de serem mercadorias especiais, os resíduos gozam de uma liberdade relativa de circulação, a qual é incompatível com as dúvidas que, nos casos referidos, podem ocorrer, no que respeita à natureza residual ou não residual de um objecto ou substância.

3.2. Afinamentos jurisprudenciais do conceito de resíduo

Na sequência do fenómeno já referido da europeização do Direito dos Resíduos, e na medida em que a noção legal de resíduo resulta directamente da transposição de uma directiva comunitária, as dúvidas de interpretação relativas ao conceito de resíduos, que têm surgido ao nível dos Estados-membros, têm sido resolvidas à luz do Direito Comunitário. Por isso, o Tribunal de Justiça tem sido o órgão que mais tem contribuído para a interpretação deste conceito, consagrando definitivamente a acepção mais ampla possível, o conceito objectivo de resíduo: resíduos são quaisquer substâncias de que o detentor tem intenção de se desfazer, independentemente de se destinarem a valorização ou a eliminação. De facto, o Tribunal amplia sucessivamente o âmbito do conceito até ao ponto de, em 2002, chegarem a ser considerados como *resíduos* da indústria extractiva de rocha ornamental, pedras de granito de pequeno calibre, armazenadas *por tempo indeterminado* junto ao local da extracção, com vista a uma posterior colocação no mercado, como material de construção ou enchimento. Daqui resultou necessariamente que os exploradores da pedreira, apesar de terem declarado a intenção de vir a vender a gravilha, tivessem sido considerados como *produtores de resíduos*; e que o local, onde as pedras foram acumuladas, fosse considerado como um aterro, devendo obter uma licença de funcionamento e conformar-se com as correspondentes disposições comunitárias relativas aos aterros[75].

Vários argumentos foram ponderados pelo Tribunal de Justiça ao longo de uma série de acórdãos, em que se foi consolidando o entendimento **objectivo** do conceito de resíduo: a relativa indefinição científica do carácter valorizável do resíduo (tudo é potencialmente valorizável), a desconsideração do valor económico positivo dos resíduos (o valor de mercado não é considerado), a irrelevância da composição inerte dos resíduos (a ausência de perigosidade não significa que o resíduo não seja susceptível de causar igualmente incómodos, desde logo porque, sendo sólido, ocupa espaço), a inatendibilidade da intenção declarada do detentor (uma coisa é a intenção de vir a valorizar, outra bem diferente é a efectiva valorização), a indiferença da submissão da substância a HACCP

---

[75] Acórdão Palin Granit, de 18 de Abril de 2002, proferido no processo C-9/000.

hazard analysis and critical control points ou análise dos riscos e controlo dos pontos críticos), etc.[76].

Em suma, no espaço europeu vale o entendimento de que, mesmo os resíduos por natureza valorizáveis, que o seu detentor tem intenção de valorizar, que têm um valor económico positivo, e que são sujeitos a regras apertadas de controlo de qualidade, podem estar sujeitos às regras gerais do Direito dos Resíduos, devendo ser geridos de forma compatível com o ambiente[77].

3.3. CATEGORIAS DE RESÍDUOS

Apesar da forte impressão causada pela Lista Europeia de Resíduos, com as suas mais de quinhentas categorias e subcategorias de resíduos, onde tudo cabe (desde resíduos da pirometalurgia da prata, do ouro e da platina, até resíduos de instalações de tratamento de resíduos) sabemos já que, nas próprias palavras da Comissão Europeia, "a inclusão de uma determinada matéria na lista não significa que essa matéria constitua um resíduo em todas as situações. A entrada só é relevante quando for satisfeita a definição [legal] de resíduo".

3.3.1. Categorias sectoriais

É na Lei dos Resíduos que se encontram as categorias mais operacionais de resíduos. Referimo-nos às categorias ditas *sectoriais* de resíduos, como os resíduos agrícolas, os resíduos de cuidados de saúde, os resíduos industriais e os resíduos urbanos. Na gestão destes resíduos *sectoriais*, a origem encerra aspectos suficientemente específicos para justificar a autonomização de regimes.

---

[76] Acórdão Zanetti, de 28 de Março de 1990, proferido nos processos apensos C-206/88 e C-207/88, Acórdão Resíduos da Walónia, de 9 de Julho de 1992, proferido no processo C-2/90, Acórdão Tombesi, de 25 de Junho de 1997, proferido nos processos apensos C-304/94, C-330/94, C-342/94 e C-224/95, Acórdão Inter-Environnement Wallonie, de 18 de Dezembro de 1997, proferido no processo C-129/96, Acórdão ARCO Chemie, de 15 de Junho de 2000, proferido nos processos apensos C-418/97 e C-419/97, Acórdão Alimentos para animais, de 18 de Dezembro de 2007, processo C-195/05.

[77] É este estado de coisas que a nova Directiva Europeia, 2008/98 de 19 de Novembro, virá alterar a partir de Dezembro de 2010.

3.3.1.1. Resíduos agrícolas e silvícolas

Os resíduos agrícolas (provenientes de explorações agrícolas, pecuárias ou similares) são, em grande parte, constituídos por resíduos animais (cadáveres de animais ou suas partes, estrume, chorume, outras substâncias naturais não perigosas) mas também por biomassa (matéria vegetal proveniente da agricultura (nomeadamente de podas de formações arbóreo-arbustivas) ou da silvicultura (nomeadamente de desbaste e de desrama, de gestão de combustíveis e da exploração dos povoamentos florestais, como os ramos, bicadas, cepos, folhas, raízes e cascas), resíduos vegetais provenientes da indústria de transformação de produtos alimentares, resíduos vegetais fibrosos provenientes da produção de pasta virgem e de papel, resíduos de cortiça, resíduos de madeira (com excepção daqueles que possam conter compostos orgânicos halogenados ou metais pesados).

Pela natureza orgânica da sua composição, pelo carácter regular ou cíclico da sua produção, estes resíduos permitem um encaminhamento para soluções de gestão diferenciadas como a valorização orgânica (por compostagem[78] ou processamento industrial para produção de alimentos para animais[79]) ou a valorização energética (através da produção de biocombustíveis[80]).

Provando esta variedade de operações de gestão às quais é possível sujeitar os resíduos agrícolas de natureza pecuária, o Decreto-Lei n.º 214/2008, de 10 de Novembro, que regula o exercício da actividade pecuária, admite a possibilidade de uma exploração pecuária ter, anexas, instalações de compostagem, de biogás, de incineração ou de co-incineração para gestão de resíduos e efluentes pecuários.

Dentro da categoria de resíduos agrícolas revestem-se de uma especial relevo os resíduos de embalagens vazias de produtos fitofarmacêuticos, pelos perigos que envolvem. A gestão desses resíduos é actualmente assegurada por uma entidade gestora constituída em 2005, a SIGERU.

---

[78] Decisão n.º 2006/799, da Comissão Europeia, de 3 de Novembro, que estabelece os critérios ecológicos e os respectivos requisitos de avaliação e verificação para a atribuição do rótulo ecológico comunitário aos correctivos de solos e aos suportes de cultura.

[79] O Decreto-lei n.º 148/99, de 4 de Maio (com alterações introduzidas também pelo Decreto-lei n.º 247/2002, de 8 de Novembro), prescreve medidas de controlo a aplicar a certos subprodutos e seus resíduos em animais vivos.

[80] Decreto-Lei n.º 62/2006, de 21 de Março, que regula os biocombustíveis.

A especificidade da categoria de resíduos agrícolas justificou também a elaboração, em 1999, do Plano Estratégico de Resíduos Agrícolas que virá a ser consolidado através do plano nacional de resíduos.

3.3.1.2. Resíduos de cuidados de saúde

Os resíduos de cuidados de saúde são os que resultam de procedimentos corporais invasivos, relacionados com seres humanos ou animais. Apesar de a lei os designar, restritivamente, por "hospitalares" eles englobam igualmente resíduos produzidos em centros de saúde, lares de terceira idade, laboratórios de análises clínicas, farmácias, clínicas veterinárias, centros de acupunctura, salões de *piercings* e tatuagens etc..

Apesar de tudo, a metonímia compreende-se pois, em termos quantitativos, a maioria dos resíduos ditos *hospitalares* resultam de actividades médicas desenvolvidas em unidades de prestação de cuidados de saúde de natureza hospitalar, em actividades de prevenção, diagnóstico, tratamento, reabilitação, investigação ou ensino, incluindo actividades médico-legais.

Efectivamente, a natureza destes resíduos parece justificar o tratamento especial que lhes é reservado. Muitos dos resíduos hospitalares podem ser qualificados como resíduos perigosos, envolvendo particulares riscos para a saúde pública e o ambiente. Para efeitos de gestão, o Despacho do Ministro da Saúde, n.º 242/96, de 13 de Agosto, distingue cinco grupos de resíduos, aos quais corresponde um acondicionamento em recipientes de cores diferentes com vista à clara identificação do seu conteúdo:

– Em recipientes pretos, os resíduos equiparados a urbanos (1) e os resíduos hospitalares não perigosos (2).
– Em recipientes brancos, os resíduos hospitalares com risco biológico (3).
– Em recipientes vermelhos, os resíduos hospitalares específicos (4)
– Em recipientes especiais adequados, os resíduos radioactivos (5).

(1) Os primeiros são resíduos provenientes de gabinetes, salas de reunião, de convívio, de vestiários, etc. que, pela sua natureza, são equiparáveis a resíduos urbanos e que não apresentam, por isso, exigências especiais quanto à sua gestão.

(2) Os segundos são resíduos de material ortopédico, como talas, gesso ou ligaduras, fraldas e resguardos descartáveis, material de protec-

ção individual utilizado nos serviços gerais, embalagens de medicamentos e frascos de soros vazios, etc. Estes, apesar de serem perfeitamente identificáveis como hospitalares, se não estiverem contaminados e não apresentarem vestígios de sangue, consideram-se como sanitariamente inócuos, não exigindo tratamento específico. Deste modo, *podem ser* também equiparados a resíduos urbanos.

(3) Os resíduos hospitalares com risco biológico são todos os resíduos contaminados ou suspeitos de contaminação e só podem ser eliminados como resíduos urbanos depois de um pré-tratamento eficaz, que poderá ser a incineração, a auto-clavagem, a radiação com microondas, ou outro adequado. São os resíduos provenientes de enfermarias de doentes infecciosos ou suspeitos, de unidades de hemodiálise, blocos operatórios, salas de autópsias, salas de patologia clínica, etc.

(4) Os chamados resíduos hospitalares específicos, sujeitos a incineração obrigatória, são peças anatómicas identificáveis, fetos, placentas, cadáveres de animais de experiências laboratoriais, produtos químicos e fármacos rejeitados, citostáticos e todos os materiais cortantes e perfurantes. Estes últimos devem ser acondicionados em contentores imperfuráveis.

(5) Por último, os resíduos radioactivos produzidos em meio hospitalar estão sujeitos ao regime legal especialmente estabelecido para todos os resíduos radioactivos.

Tal como os produtores industriais e os municípios, as unidades de saúde estão também obrigadas ao registo de resíduos hospitalares através do Sistema Integrado de Registo Electrónico de Resíduos (SIRER).

O Plano Estratégico dos Resíduos Hospitalares, aprovado pelo Despacho Conjunto dos Ministros do Ambiente e da Saúde, de 5 de Junho de 1999, estabeleceu objectivos de gestão específicos para estes resíduos para um período 2000 a 2005.

3.3.1.3. Resíduos industriais

Se compararmos os resíduos industriais com os resíduos urbanos, por exemplo, verificamos que se considerarmos o nível do produtor industrial individual, podemos falar em homogeneidade, previsibilidade e regularidade de produção, na medida em que cada produtor gera um fluxo constante de resíduos, de natureza tendencialmente uniforme e cuja composição se pode antever a partir de projecções sobre a evolução da actividade industrial.

Porém, esta previsibilidade não se traduz num conhecimento efectivo ou sequer numa cognoscibilidade, pelas autoridades públicas, da composição e das quantidades de produção global de resíduos industriais. Daí o carácter verdadeiramente crucial da transparência e da disponibilidade de informação no planeamento da política de resíduos industriais que se quer eficaz.

Os resíduos industriais são, por isso, a categoria sectorial que apresenta maiores potencialidades para ser gerido eficazmente, através de um mercado organizado de resíduos, onde os resíduos da indústria X vão servir como matéria-prima secundária da indústria Y.

E também por isso, a primeira aproximação do Plano Estratégico de Resíduos Industriais (PESGRI), aprovado pelo Decreto-Lei n.º 89/2002 de 9 de Abril, passou pela caracterização do sector e pela aposta no dever de registo da produção de resíduos como garantia de informação de qualidade, fiável e representativa. De uma primeira análise sectorial do universo dos resíduos industriais, resultou uma repartição em quatro subcategorias correspondentes a quatro vertentes da Classificação das Actividades Económicas[81]: indústria extractiva, indústria transformadora, produção e distribuição de electricidade, gás e água, e indústria da restauração. A aproximação sectorial aos resíduos industriais permite uma caracterização mais real destes resíduos, uma identificação mais fácil de prioridades e uma definição objectivos mais eficaz.

Assim, na indústria extractiva, a esmagadora maioria dos resíduos resulta de prospecção e exploração de minas e pedreiras e dos tratamentos posteriores das matérias extraídas, devendo o principal objectivo ser a recuperação de matérias inorgânicas com valor económico suficiente para ingressarem no circuito económico[82].

Porém, os resíduos mais comuns, mas também mais complexos, exis-

---

[81] A Classificação Portuguesa das Actividades Económicas (CAE-Rev 3.) foi aprovada pelo Decreto-lei n.º 381/2007, de 14 de Novembro, a fim de a harmonizar com a Nomenclatura das Actividades Económicas da Comunidade Europeia (NACE-Rev2) e com a Classificação Internacional de Tipo de Actividades (CITA — Rev. 4) das Nações Unidas.

[82] Também quanto à gestão de resíduos da indústria extractiva existe um documento de referência relativo às melhores técnicas disponíveis, aprovado em Julho de 2004 pelo Gabinete para a prevenção e controlo integrados da poluição (EIPPCB), un instituto científico do Centro de investigação Conjunta (JRC) da Comissão Europeia.

tentes no sector industrial, são os da indústria transformadora. É em relação a eles que as estratégias de prevenção e valorização têm maiores potencialidades.

Os resíduos das actividades de produção e distribuição de electricidade, gás e água, incluindo o tratamento de águas residuais, apresentam dificuldades específicas que dependem da natureza do processo físico ou químico de que resultaram.

Por último, a indústria de restauração, sendo um sector mal conhecido e pouco caracterizado do ponto de vista dos resíduos, apresenta também boas perspectivas no plano da valorização material.

A par destas subcategorias de resíduos industriais, são identificáveis alguns fluxos de resíduos especiais merecedores de uma definição das estratégias próprias de gestão, como as embalagens e os óleos industriais usados.

Importante, no PESGRI, é também a abordagem da questão dos solos contaminados por resíduos, analisando indicadores de contaminação local e difusa com vista à elaboração de um inventário nacional de locais contaminados[83].

Todavia, a preocupação do PESGRI não esteve tanto em desenvolver uma caracterização exaustiva dos resíduos industriais ou dos sítios contaminados, mas antes da definição de grandes linhas estratégicas calendarizadas com vista à gestão integrada destes resíduos. O PESGRI procede, portanto, a uma sistematização das melhores opções de tratamento, em respeito pela hierarquia de gestão, na qual se enquadra a adopção da estratégia de co-incineração de resíduos perigosos em cimenteiras, assimilando, deste modo, as conclusões da Comissão Científica Independente de Controlo e Fiscalização Ambiental da Co-Incineração.

Nesta mesma linha de gestão integrada, foram previstos na lei, em 2004, os centros integrados de recuperação, valorização e eliminação de resíduos perigosos (CIRVER), pelo Decreto-Lei n.º 3/2004, de 3 de Janeiro.

3.3.1.4. Resíduos urbanos

Particularmente difíceis de gerir, os resíduos sólidos urbanos (RSU) resultam sobretudo de actividades não económicas (por isso se denominam também resíduos domésticos) e, sobretudo, de fontes muito difusas,

---

[83] A Estratégia Temática para a Protecção dos Solos é também uma preocupação presente do PERSU.

que colocam, de forma mais aguda, o problema da remoção e encaminhamento dos resíduos para destinos finais adequados. Daí a necessidade de transferir para terceiros, que não o produtor, parte da responsabilidade pela gestão de tais resíduos.

Se analisarmos a sua composição, verificamos que os resíduos urbanos são muito heterogéneos, quanto à sua composição, e mais imprevisíveis, quanto à sua produção, do que os industriais, por exemplo. Incluem resíduos orgânicos e inorgânicos, inertes e perigosos, finos e volumosos e, sobretudo, uma quantidade crescente de embalagens.

O fluxo exponencialmente crescente de embalagens, que entram na composição dos resíduos urbanos, está directamente relacionado com a implantação da sociedade de consumo, a adopção, pelos habitantes das cidades, de estilos de vida cada vez mais "descartáveis", as alterações na composição dos agregados familiares reduzidos actualmente à família nuclear, a explosão do fenómeno social das pessoas que optam por viver sozinhas, etc.. Este facto justifica um especial esforço na gestão dos resíduos sólidos urbanos, tendo como objectivo o tratamento separado de certos fluxos de resíduos, e subtraindo da massa de resíduos urbanos alguns fluxos, seja pelo seu elevado potencial de valorização (como acontece com as embalagens de vidro, metal ou cartão) seja por serem especialmente perniciosos, do ponto de vista ambiental, como pilhas ou resíduos eléctricos e electrónicos.

O facto de a composição dos RSU englobar também resíduos perigosos, como pilhas e acumuladores, embora em pequena quantidade, não pode ser negligenciado, até pelo facto de perturbar o tratamento e a qualidade do produto final que, de outra forma, poderia ser submetido a processos de tratamento mecânico-biológico e utilizado como combustível alternativo, em unidades industriais.

A Portaria n.º 851/2009, de 7 de Agosto, aprova as normas técnicas relativas à caracterização uniforme da composição dos resíduos urbanos, facilitando a comparação estatística do cumprimento das metas de reciclagem, nomeadamente para efeitos de notificação à Comissão Europeia. Deste modo, os RSU são divididos em 14 categorias: finos (menos de 20 mm), bio-resíduos, papel/cartão, plástico, vidro, compósitos (incluindo as subcategorias de embalagens compósitas e electrodomésticos), têxteis, têxteis sanitários, metais (subdivididos em ferrosos e não ferrosos), madeira, perigosos (incluindo essencialmente químicos, lâmpadas, pilhas e acumuladores), verdes, volumosos e outros resíduos.

Uma peça importante na gestão de resíduos sólidos urbanos é o cidadão, encarado já não como produtor passivo de resíduos, mas cada vez mais como consumidor responsável e como agente, com um papel activo na gestão de resíduos, aderindo aos sistemas de deposição selectiva multimaterial (seja por deposição em ecopontos ou ecocentros, ou por recolha porta a porta, quando exista), e até, em certas condições, realizando directamente operações de gestão, como a compostagem doméstica.

Por fim, esta categoria de resíduos, que é predominantemente composta por resíduos domésticos, provenientes de habitações, enquadra igualmente outros resíduos produzidos em zona urbana e que, pela sua natureza, quantidade e composição, são semelhantes aos resíduos provenientes de habitações. Trata-se dos denominados resíduos equiparados a urbanos, produzidos no âmbito de actividades comerciais, e até hospitalares[84] ou industriais[85], situadas em zona urbana, desde que não ultrapassem uma produção diária de 1,1m^3 por produtor, valor que corresponde à capacidade média de um contentor de resíduos sólidos urbanos.

Muitos aspectos da deposição e remoção de resíduos urbanos ou equiparados encontram-se estabelecidos em Regulamentos Municipais, que definem esta actividade como o afastamento dos resíduos sólidos urbanos e equiparados dos locais de produção, mediante deposição, recolha e transporte, e podendo integrar ainda a limpeza pública.

Aí se prevê que a deposição possa ser indiferenciada (deposição de resíduos misturados, em sacos, em contentores individuais ou de utilização colectiva, em contentores de profundidade, em papeleiras) ou selectiva

---

[84] Desde que, pela sua natureza e composição, não sejam resíduos com risco biológico, como resíduos contaminados, infecciosos, cortantes, perfurantes ou outros que exijam um tratamento específico. Será certamente o caso dos resíduos produzidos em salas de espera ou de convívio, resíduos de restauração, resíduos do tratamento de jardins, etc. que não diferem dos vulgares resíduos domésticos (correspondente aos resíduos do Grupo I, do Despacho n.º 242/96, de 13 de Agosto de 1996).

[85] É o caso de actividades produtivas similares a actividades industriais, que se caracterizam por uma grande intensidade de mão-de-obra, como por exemplo: escultura em pedra, colchoaria, marcenaria, ourivesaria, fabricação de instrumentos musicais, de jogos e brinquedos, vassouras, escovas e pincéis, flores artificiais, objectos em cera, sumos de frutas e de produtos hortícolas, doces, compotas, geleias e marmelada, massas alimentícias, produção de azeite, aguardentes, vinhos comuns e licorosos, indústrias do leite e derivados, panificação, pastelaria, preparação, fiação e tecelagem de fibras ou fio de algodão, seda ou lã. (*vide* anexo I, secção 3 do regime de exercício da actividade industrial, aprovado pelo Decreto-Lei n.º 209/2008, de 29 de Outubro).

(deposição apenas das fracções valorizáveis em ecopontos, ecocentros, vidrões, ou pilhões, ou ainda cestos, no caso de recolha selectiva porta a porta).

As linhas estratégicas da gestão de RSU estão, actualmente, definidas no Plano Estratégico para os Resíduos Sólidos Urbanos. O PERSU II, válido em Portugal continental para o período de 2007 a 2016 (e com uma reavaliação prevista para 2010) consubstancia a revisão do anterior PERSU, de 1997, e também da Estratégia Nacional de Redução dos Resíduos Urbanos Biodegradáveis destinados aos Aterros (ENRRUBDA), aprovada em 2003.

Parte das orientações estratégicas definidas no PERSU II emanam do Plano de Intervenção de Resíduos Sólidos Urbanos e Equiparados (PIRSUE), aprovado pelo Despacho n.º 454/2006 (Série II), de 9 de Janeiro, plano que começou por diagnosticar os principais problemas inerentes à gestão de RSU em Portugal e identificar as principais linhas de intervenção.

De acordo com o disposto na Lei dos Resíduos, os planos específicos de gestão de resíduos – como é o PERSU – concretizam o plano nacional de gestão de resíduos na área específica de gestão de resíduos que regulam, estabelecendo as respectivas prioridades a observar, metas a atingir e acções a implementar e as regras orientadoras da disciplina a definir pelos planos multimunicipais, intermunicipais e municipais de acção.

O enquadramento legal da gestão de RSU resulta a abertura, a partir de 1993[86], da actividade de gestão de resíduos à iniciativa privada. Merece destaque a lei que estabelece o regime jurídico da concessão de exploração e gestão dos sistemas multimunicipais de tratamento de RSU, o Decreto-Lei n.º 294/94, de 16 de Novembro.

Passaram, então a co-existir diferentes modelos institucionais de gestão:

Os sistemas multimunicipais são formas de gestão de natureza empresarial, atribuída pelo Estado a sociedades concessionárias (de capitais exclusiva ou maioritariamente públicos), resultantes da associação de entidades do sector público.

Os sistemas municipais e intermunicipais poderão ter operação directa ou operação concessionada, por concurso, a entidade pública ou privada de natureza empresarial.

---

[86] Pelo Decreto-Lei n.º 372/93, de 29 de Outubro, que altera a Lei de delimitação de sectores (Lei n.º 46/77, de 8 de Julho), pelo Decreto-Lei n.º 379/93, de 5 de Novembro, que permite o acesso de capitais privados às actividades económicas de captação, tratamento e rejeição de efluentes e recolha e tratamento de resíduos sólidos, alterado pela Lei n.º 176/99, de 25 de Outubro.

As entidades gestoras de resíduos sólidos urbanos em gestão concessionada operam sob a alçada de uma entidade reguladora, o Instituto Regulador de Águas e Resíduos. De fora ficam a gestão directa e a gestão delegada de resíduos urbanos.

Ora, as crescentes exigências ambientais e de saúde pública impostas sobre as actividades de gestão de resíduos (e, em particular, a gestão de resíduos sólidos urbanos), impõem o desenvolvimento de soluções técnicas cada vez mais complexas, que vão exigir investimentos substanciais, com um elevado grau de imobilização corpórea e longos períodos de recuperação do capital investido.

Por outro lado, a redução dos custos de produção em função de uma maior integração espacial, explica a lógica regional do serviço de gestão de resíduos, como forma de ganhar dimensão e obter economias de escala.

As economias de processo geradas pela integração vertical, explicam igualmente que cada concessionário se ocupe das várias etapas do processo produtivo, desde a recolha de resíduos sólidos urbanos até à sua eliminação final adequada.

Estes factores fazem com que a gestão de resíduos seja um sector com características monopolísticas que importa minimizar, evitando riscos de práticas anti-concorrenciais, *maxime*, abusos de posição dominante.

Confrontados com monopólios naturais, os utilizadores estão impedidos de escolher a entidade gestora em função da relação preço-qualidade que considerem mais conveniente, até porque em situação de monopólio os preços são em regra mais elevados do que em concorrência. Porém, a gestão dos resíduos sólidos urbanos (tal como o abastecimento público de água às populações e o saneamento das águas residuais urbanas) constitui um serviço de interesse económico geral[87], com uma importância fundamental para a protecção da saúde pública e do ambiente, para assegurar a segurança colectiva e o bem-estar das populações, um serviço essencial para o regular funcionamento das actividades económicas e para a promoção da coesão social e territorial.

Por estas razões, as entidades gestoras de resíduos sólidos urbanos estão sujeitas a obrigações de serviço público, devendo respeitar, na sua

---

[87] Ver o Livro Verde da Comissão, de 21 de Maio de 2003, sobre serviços de interesse geral [COM(2003) 270 final] e a Comunicação da Comissão ao Parlamento Europeu, ao Conselho, ao Comité Económico e Social Europeu e ao Comité das Regiões, de 12 de Maio de 2004, intitulada "Livro Branco sobre os serviços de interesse geral" [COM(2004) 374 final)].

actividade, um conjunto de princípios e condições que lhes permitam cumprir as suas missões. Destes destacam-se: a universalidade e igualdade de acesso, a continuidade, qualidade e segurança do serviço, a aceitabilidade social, cultural e ambiental do serviço e a eficiência e equidade dos preços.

Através da regulação, pretende-se criar mecanismos, que evitem a prevalência das entidades gestoras de resíduos sólidos urbanos sobre os utilizadores do serviço, garantindo, na prestação deste serviço público estrutural, a qualidade e eficiência, que habitualmente resultariam do funcionamento das regras de concorrência. Na falta de uma concorrência real, pretende criar-se um mercado de "concorrência virtual", como forma de prosseguir a sustentabilidade ambiental, social e económica do serviço.

3.3.2. Categorias quanto aos impactes

Categorias importantes, por comportarem especificidades significativas de regime, são os resíduos inertes e os resíduos perigosos.

Os resíduos inertes são aqueles que não põem em perigo a qualidade das águas superficiais ou subterrâneas, nomeadamente por não sofrerem transformações físicas, químicas ou biológicas importantes e, em consequência, não serem solúveis nem inflamáveis, nem terem qualquer outro tipo de reacção física ou química. Também não são biodegradáveis, nem afectam negativamente outras substâncias com as quais entrem em contacto de forma susceptível de aumentar a poluição do ambiente ou prejudicar a saúde humana. A sua lixiviabilidade total, conteúdo poluente e ecotoxicidade do lixiviado são insignificantes.

Estes resíduos (de que são exemplo os resíduos de exploração de massas minerais ou pedreiras) beneficiam de um regime mais brando, designadamente, quanto ao licenciamento (licenciamento simplificado) ou à deposição em aterro (os aterros de resíduos inertes têm um regime próprio, dentro do regime geral dos aterros e mesmo relativamente aos aterros de resíduos de extracção mineral[88]).

Por sua vez, os resíduos perigosos são aqueles que apresentam, pelo menos, uma característica de perigosidade para a saúde ou para o ambiente, nomeadamente os identificados na LER. De facto, características como a inflamabilidade, a toxicidade, a nocividade, a corrosividade, a irri-

---

[88] Estabelecido pelo Decreto-Lei n.º 544/99, de 13 de Dezembro.

tabilidade, a cancerinogenicidade, ou a mutagenicidade, justificam que quem gere esses resíduos esteja submetido a controlos mais apertados. O regime mais severo faz-se sentir, por exemplo, ao nível do transporte (aplicável é o Regulamento Nacional do Transporte de Mercadorias Perigosas por Estrada[89] e não o regime geral do transporte de resíduos[90] e, mais uma vez, ao nível da deposição em aterro. Os aterros destinados a resíduos perigosos devem, obrigatoriamente, prever e pôr em prática um sistema de protecção ambiental activa, com barreiras de impermeabilização artificial inferior (na construção) e superior (aquando do encerramento), drenagem de águas, recolha de lixiviados e tratamento do biogás, e nada disto é exigido para os aterros de resíduos inertes.

Relativamente aos resíduos industriais perigosos, é o próprio Plano Estratégico para os Resíduos Industriais que frisa que apesar de não serem "muito representativos em termos percentuais", em qualquer caso são importantes em termos quantitativos e "seguramente muito relevantes sob o ponto de vista psicológico e social".

Na realidade, os riscos para o ambiente e saúde humana, que a gestão destes resíduos comporta, exigem um controlo rigoroso, de modo a garantir uma deposição final segura, seja ela tratamento físico-químico, valorização, ou aterro.

Foram estes objectivos que levaram à previsão legal, em 2004, dos Centros Integrados de Recuperação, Valorização e Eliminação de Resíduos Perigosos (CIRVER)[91].

De acordo com o Decreto-Lei n.º 3/2004, de 3 de Janeiro, "os CIRVER são unidades integradas que conjugam as melhores tecnologias disponíveis a custos comportáveis, permitindo viabilizar uma solução específica para cada tipo de resíduo, de forma a optimizar as condições de tratamento e a minimizar os custos do mesmo". Os CIRVER incluem unidades de classificação de resíduos (com laboratório, triagem e transferência), unidades de estabilização, unidades de tratamento de resíduos orgânicos, unidades de valorização de embalagens contaminadas, unidades de desconta-

---

[89] Decreto-Lei n.º 170-A/2007 de 4 de Maio, alterado pelo Decreto-Lei n.º 63-A/2008 de 3 de Abril.

[90] Descrito na Portaria n.º 335/97 de 16 de Maio.

[91] Para assegurar as melhores condições de funcionamento dos CIRVER foi publicada a Portaria n.º 172/2009, de 17 de Fevereiro, que aprova o Regulamento que define os procedimentos a adoptar na classificação, caracterização, transposte, tratamento e operações de valorização e eliminação de resíduos a efectuar nos CIRVER.

minação de solos, unidades de tratamento físico-químico e um aterro de resíduos perigosos (artigo 1.º) As várias unidades que compõem os CIRVER podem desenvolver, relativamente à maioria das tipologias dos resíduos industriais perigosos, processos físico-químicos e biológicos de valorização ou, quando esta não seja possível, de redução da quantidade e da perigosidade dos resíduos.

Terminado o procedimento de licenciamento em final de 2008, e em conformidade com o princípio da hierarquia das operações de gestão, os dois CIRVER em funcionamento irão articular-se, na gestão de resíduos perigosos, com as duas unidades de co-incineração, fazendo uma triagem prévia dos resíduos a co-incinerar e viabilizando uma solução específica para cada tipo de resíduo. Desta forma, minimiza-se o envio de resíduos perigosos para tratamento térmico em unidades industriais e optimiza-se (tanto na perspectiva industrial como ambiental) o processo de valorização energética, cabendo aos CIRVER preparar os combustíveis alternativos para co-incineração.

4. A GESTÃO DE RESÍDUOS

O Decreto-lei n.º 178/2006, de 5 de Setembro, é a actual Lei dos Resíduos, que regula, de forma geral, a gestão de todas as categorias de resíduos sólidos. A par da Lei dos Resíduos, existe ainda legislação específica sobre *certas* operações de gestão e sobre a gestão de *certos* resíduos.

Excluídos do âmbito da lei geral são apenas resíduos não sólidos (emissões gasosas e efluentes líquidos), os resíduos de biomassa (agrícola e florestal) e alguns resíduos que, pela sua natureza especial são regulados por legislação especial. É o caso dos resíduos especialmente perigosos, como resíduos radioactivos e explosivos e é também o caso de resíduos de extracção mineral e resíduos agrícolas (animais ou vegetais).

Como técnica legislativa de inspiração europeia, a Lei dos Resíduos avança com a definição, logo no seu artigo 3.º, dos conceitos mais relevantes. Ordenadas alfabeticamente, as noções dizem respeito aos resíduos, às operações de gestão, às instalações de gestão[92] e aos sujeitos dos resíduos:

---

[92] Neste ponto a actual lei não foi tão generosa como a lei anterior, o Decreto-lei n.º 239/97, de 9 de Setembro, que incluía ainda as definições de estações de transferência, estações de triagem, instalações de incineração e aterros.

a) Noções relativas aos **resíduos**: biomassa, biomassa agrícola, biomassa florestal, fileira de resíduos, fluxo de resíduos, passivo ambiental, resíduo, resíduo agrícola, resíduo de construção e demolição, resíduo hospitalar, resíduo industrial, resíduo inerte, resíduo perigoso, resíduo urbano.
b) Noções relativas às **operações** – legais ou ilegais – de **gestão**: abandono, armazenagem, descarga, descontaminação de solos, eliminação, prevenção, reciclagem, recolha, reutilização, tratamento, triagem, valorização.
c) Noções relativas às **instalações** de gestão dos resíduos: centro de recepção de resíduos, instalação.
d) Noções relativas ao **sujeito** responsável pelos resíduos (detentor, produtor).

Apesar de as definições legais terem utilidade para os operadores económicos, que são destinatários da lei dos resíduos, temos dúvidas quanto à necessidade da inclusão de algumas definições, como por exemplo a definição de "plano", válida tanto no domínio dos resíduos, como em outros domínios ambientais (poluição aquática ou atmosférica) e não ambientais (saúde, educação), ou de "descarga". Esta operação, apesar de ser considerada como sinónimo de deposição, aparece depois usada na lei para significar deposição em meio aquático ou ainda operação de deposição com uma conotação marcadamente pejorativa, como sinónimo de deposição ilegal.

Questionável é também a insistente inclusão, na lista das operações de eliminação, de formas de eliminação proibidas por lei. Esta escolha resulta da aceitação de uma censurável opção europeia, de incluir na lista de operações de eliminação o abandono, a incineração no mar e a injecção no solo. Apesar de tudo, no caso europeu, esta inclusão não é tão grave considerando, por um lado, a ressalva relativamente ao carácter não normativo do anexo ("o presente anexo destina-se a enumerar as operações de eliminação tal como surgem na prática") e por outro, a remissão expressa para a norma da Directiva, que prescreve uma eliminação compatível com a protecção do ambiente e da saúde pública[93].

---

[93] É o artigo 4.º que obriga os Estados-membros a tomar "as medidas necessárias para garantir que os resíduos sejam valorizados ou eliminados sem pôr em perigo a saúde humana e sem utilizar processos ou métodos susceptíveis de agredir o ambiente e, nomeadamente:
 a) Sem criar riscos para a água, o ar, o solo, a fauna ou a flora;

Se compararmos a actual lista de definições legais com a que vigorou até 2006, verificamos que houve conceitos, anteriormente constantes na lei, e que compreensivelmente foram eliminados, já que pouco ou nada acrescentavam ao entendimento do senso comum. Era o caso de *transporte*, entendido como "operação de transferir os resíduos de um local para outro"[94].

Outros conceitos tiveram o seu conteúdo *enriquecido*, como aconteceu com a "recolha" que deixou de ser uma mera "operação de apanha de resíduos com vista ao seu transporte" para passar a ser a "operação de apanha, selectiva ou indiferenciada, de triagem ou mistura de resíduos com vista ao seu transporte". A inclusão da triagem e da mistura na recolha é criticável, na medida em que aquelas operações podem não se seguir automaticamente à colecta de resíduos e podem até não ser efectuados pela mesma entidade. Ora, considerando que as operações de recolha de resíduos estão dispensadas de licença (artigo 23.º n.º 4), isso significa que actualmente está dispensada não só a colecta mas também a triagem e a mistura de resíduos. Por outro lado, o legislador não tirou as devidas consequências desta alteração, pois, noutros pontos da lei, continua a considerar a triagem como uma operação separada da recolha. Esta confusão conceitual é visível na própria delimitação do âmbito de aplicação da Lei, quando se diz que a gestão de resíduos compreende "toda e qualquer operação de recolha, transporte, armazenagem, triagem, tratamento, valorização e eliminação de resíduos, bem como as operações de descontaminação de solos e a monitorização dos locais de deposição após o encerramento das respectivas instalações"[95].

Ainda comparando com a versão anterior da Lei dos Resíduos, podemos notar a eliminação de alguns conceitos anteriormente existentes na Lei, como estações de transferência, instalações de incineração ou aterros. Se, em relação a estes últimos, a supressão não tem consequências, pois eles continuam a constar do ordenamento jurídico, consagrados em legislação própria, já a supressão das estações de transferência nos parece mais censurável, por se tratar de instalações que, apesar de acolherem apenas operações intermédias, são susceptíveis de gerar impactes ambientais e manifestações do sindroma social "não no meu quintal" também designado *nimbyismo*. Uma solução possível é considerar que as estações de

---
b) Sem causar perturbações sonoras ou por cheiros;
c) Sem danificar os locais de interesse e a paisagem".
[94] Artigo 3.º l) do Decreto-Lei n.º 239/97 de 9 de Setembro.
[95] Artigo 2.º.

transferência estão englobadas nos centros de recepção de resíduos, na medida em que são locais de armazenagem temporária de resíduos[96].

Por fim, para a extensa lista de definições estar completa, (e considerando que foram incluídos na lista conceitos ilegais, como abandono ou conceitos tão inócuos como planos) dois importantes conceitos deveriam ter sido incluídos: monitorização e mistura. A monitorização dos locais de deposição, após o encerramento das instalações, é a derradeira operação de gestão, que corresponde a uma gestão de resíduos do berço até ao caixão e que se prende com uma preocupação de sustentabilidade, a longo prazo, dos locais de deposição; a mistura é uma operação intermédia de gestão, que realiza os procedimentos inversos da triagem, embora pelos mesmos motivos: preparar a operação de gestão seguinte.

4.1. Dever primário de gestão: a autorização prévia das operações de gestão.

Antes de analisar o conteúdo material do dever de boa gestão de resíduos, importa definir, pela negativa, o âmbito de aplicação da lei. Quais os *resíduos* que ficam de fora?

A lei começa por afastar, por um lado, resíduos gasosos e líquidos mas não deixa de excluir também, pela especificidade da sua gestão, os resíduos radioactivos, os resíduos de prospecção, extracção, tratamento e armazenagem de recursos minerais, os cadáveres de animais, ou suas partes; explosivos abatidos à carga ou em fim de vida, todos, desde que sejam regulados por legislação especial. Por fim, merecem menção especial os resíduos de biomassa[97] florestal[98] e agrícola[99] as quais, pela sua especial inocuidade e elevado potencial de valorização, são igualmente excluídos.

---

[96] Artigo 3.º f): "Centro de recepção de resíduos: a instalação onde se procede à armazenagem ou triagem de resíduos inseridos quer em sistemas integrados de gestão de fluxos de resíduos quer em sistemas de gestão de resíduos urbanos".

[97] Matéria vegetal proveniente da agricultura ou da silvicultura, que pode ser utilizada como combustível para efeitos de recuperação do seu teor energético.

[98] Matéria vegetal proveniente da silvicultura e dos desperdícios de actividade florestal, incluindo apenas o material resultante das operações de condução, nomeadamente de desbaste e de desrama, de gestão de combustíveis e da exploração dos povoamentos florestais, como os ramos, bicadas, cepos, folhas, raízes e cascas.

[99] Matéria vegetal proveniente da actividade agrícola, nomeadamente de podas de formações arbóreo-arbustivas, bem como material similar proveniente da manutenção de jardins.

Em matéria de gestão de resíduos, os deveres fundamentais dos operadores reconduzem-se ao respeito dos princípios fundamentais e das regras legais aplicáveis à operação de gestão considerada, ou ao tipo concreto de resíduos em causa. A forma de garantir esse respeito é precisamente a sujeição de todas as operações de gestão a um procedimento de licenciamento prévio. Da eliminação à valorização, passando pelo tratamento e pela triagem e sem esquecer a simples armazenagem, os riscos de que uma má gestão ponha em causa, voluntária ou involuntariamente, a saúde pública ou o ambiente, são reais. Daí ter-se consagrado a excepcionalidade da dispensa ou isenção de licenciamento, substituindo-a, em relação a algumas operações consideradas inócuas, ou pelo menos envolvendo menos riscos, por uma comunicação prévia à autoridade de resíduos competente.

Analisando de uma forma sistemática todas as hipóteses previstas na Lei, temos então três categorias de situações possíveis:

a) o regime normal, em que o desenvolvimento de uma determinada operação de gestão depende de licenciamento prévio, a desenvolver perante as autoridades competentes em matéria de resíduos ou de um parecer emitido por estas, ou ainda deve seguir um procedimento específico em virtude da especificidade da operação de gestão,
b) o regime excepcional simplificado, sem procedimento formal de licenciamento,
c) o regime excepcional mais solene, em que a autorização assume a forma de uma licença ambiental.

Sistematizando, temos oito graus de crescente controlo administrativo correspondentes a oito situações diferentes previstas na Lei.

(Regime excepcional) Com licenciamento ambiental	Licenciamento "solene"	Artigo 41º + Decreto-Lei n.º 173/2008 de 26/08
(Regime normal) Com licenciamento	Licenciamento "completo"	Artigo 23º n.º1 e artigo 33º
	Licenciamento "simplificado"	Artigo 32º e artigo 33º
	Licenciamento industrial	Artigo 42º + Decreto-Lei n.º 209/2008, de 29/10
	Licenciamento de operações especiais	Artigo 43º, 44º + Legislação especial
(Regime excepcional) Sem licenciamento	Comunicação	Artigo 25º n.º1 a 6
	Solicitação	Artigo 25º n.º7 e 8
	Isenção	Artigo 23 n.º4

A sujeição a cada um dos graus mais ou menos apertados do controlo pelas autoridades depende da perigosidade dos resíduos e dos riscos inerentes à operação de gestão, à qual vão ser sujeitos. Vejamos mais em detalhe quais as operações abrangidas por cada *grau*.

Licenciamento ambiental	a) Instalações de eliminação ou de valorização de resíduos perigosos listados no anexo III da Portaria n.º 209/2004, de 3 de Março, que realizem as operações de eliminação referidas na parte A do mesmo anexo (excluindo as operações D3 e D11 que são proibidas e as operações de valorização R1, R5, R6, R8 e R9 referidas na parte B do mesmo anexo), com uma capacidade superior a 10 t por dia; b) Instalações de incineração de resíduos urbanos, abrangidas pelo Decreto-Lei n.º 85/2005, de 28 de Abril, com uma capacidade superior a 3 t por hora; c) Instalações de eliminação de resíduos não perigosos, que realizem as operações de eliminação D8 e D9, referidas na parte A do anexo III da Portaria n.º 209/2004, de 3 de Março, com uma capacidade superior a 50 t por dia; d) Aterros de resíduos urbanos ou de outros resíduos não perigosos, com excepção dos aterros de resíduos inertes, que recebam mais de 10 t por dia ou com uma capacidade total superior a 25 000 t.
Licenciamento "completo"	Todas as operações não incluídas nas restantes situações
Licenciamento "simplificado"	a) Gestão de resíduos em situações pontuais, dotadas de carácter não permanente ou em que os resíduos não resultem da normal actividade produtiva; b) Armazenagem de resíduos, quando efectuada no próprio local de produção, no respeito pelas especificações técnicas aplicáveis e por período superior a um ano; c) Armazenagem de resíduos, quando efectuada em local análogo ao local de produção, pertencente à mesma entidade, no respeito pelas especificações técnicas aplicáveis e por período não superior a um ano; d) Armazenagem e triagem de resíduos em instalações que constituam centros de recepção integrados em sistemas de gestão de fluxos específicos; e) Armazenagem, triagem e tratamento mecânico de resíduos não perigosos; f) Valorização de resíduos realizada em instalações experimentais ou a título experimental destinadas a fins de investigação, desenvolvimento e ensaio de medidas de aperfeiçoamento dos processos de gestão de resíduos; g) Valorização não energética de resíduos não perigosos, quando efectuada no próprio local de produção; h) Valorização interna não energética de óleos usados; i) Valorização de resíduos inertes, de betão e de betuminosos; j) Valorização de resíduos, tendo em vista a recuperação de metais preciosos; l) Recuperação de solventes, quando efectuada no próprio local de produção; m) Co-incineração de resíduos combustíveis não perigosos resultantes do tratamento mecânico de resíduos.
Licenciamento industrial	Fabricação de produtos petrolíferos a partir de resíduos. Fabricação de briquetes e aglomerados de hulha e lenhite
Licenciamento especial	a) Centros Integrados de Recuperação, Valorização e Eliminação de Resíduos b) Valorização agrícola de lamas de depuração c) Gestão de resíduos hospitalares d) Gestão de resíduos gerados em navios e) Incineração e co-incineração de resíduos f) Deposição de resíduos em aterro g) Entidades gestoras de sistemas de gestão de fluxos específicos de resíduos

Comunicação	1. Eliminação de resíduos não perigosos pelo seu produtor e no local de produção 2. Valorização de resíduos não perigosos	1. Desde que existam planos específicos de gestão de resíduos ou haja uma portaria conjunta adoptando normas específicas para cada tipo de operação e fixando os tipos e as quantidades de resíduos a eliminar ou valorizar. 2. Desde que não constituam perigo para a saúde humana e não usem processos ou métodos susceptíveis de gerar efeitos adversos sobre o ambiente (nomeadamente através da criação de perigos para a água, o ar, o solo, a fauna e a flora, perturbações sonoras ou odoríficas ou de danos em quaisquer locais de interesse e na paisagem).
Solicitação	Eliminação de resíduos não perigosos	1. Desde que fundamentados em razões de ordem ou saúde públicas, 2. Desde que seja solicitada por entidades públicas com competência específica na matéria (entidades judiciais, policiais, etc.).
Isenção	1. Recolha, transporte, armazenagem no local de produção por período não superior a um ano. 2. Valorização energética de biomassa.	

No caso das instalações sujeitas a licença ambiental[100], a imposição do regime, indubitavelmente mais *rigoroso*, da prevenção e controlo integrados da poluição, decorre tanto de considerações quantitativas como qualitativas. Trata-se, por um lado, de quatro casos de indústria pesada, quatro exemplos de categorias de mega-instalações de gestão de resíduos com grande dimensão, com capacidades de processamento diário ou total muito significativas. Por outro lado, o legislador articula o mencionado critério quantitativo com a consideração, agora de ordem qualitativa, do tipo de resíduos (perigosos ou não) e do fim da operação de gestão (eliminação ou valorização).

---

[100] Poderá acontecer que algumas instalações de gestão de resíduos estejam também enquadradas no regime do Comércio Europeu de Licenças de Emissões de gases com efeito de estufa e que por isso careçam ainda, complementarmente, de um Título de Emissão de gases com efeito de estufa. Será o caso das instalações de combustão com uma potência térmica nominal superior a 20 MW (com excepção de instalações para resíduos perigosos ou resíduos sólidos urbanos).

Resíduos	Operação de gestão\	Dimensão da instalação
Perigosos	Eliminação	> 10 t /dia
Perigosos	Valorização	> 10 t /dia
Urbanos	Incineração (eliminação ou valorização)	> 3 t / hora
Não perigosos	Eliminação	> 50 t / dia
Urbanos não perigosos	Eliminação (aterro)	> 10 t /dia
Urbanos não perigosos	Eliminação (aterro)	> 25 000 t (total)

Tratando-se de um licenciamento de acordo com o regime-regra, que é o licenciamento *completo*, o procedimento desenvolve-se perante as autoridades competentes nesta matéria: a autoridade nacional de resíduos (a Agência Portuguesa de Ambiente[101]) ou as autoridades regionais de resíduos[102], consoante a instalação em causa seja abrangida ou não pelo regime legal da avaliação de impacte ambiental.

O critério distintivo adoptado confirma a ideia de que a preocupação nuclear da actividade de gestão de resíduos é a prevenção e minimização de impactes. Ora, da lei de avaliação de impacte ambiental resulta que os projectos de gestão submetidos, em qualquer caso, a avaliação de impacte ambiental não são tão poucos como poderia pensar-se. Vejamos então quais são as categorias de projectos de gestão de resíduos dependentes de avaliação de impacte ambiental, e nas quais a autoridade competente é a Agência Portuguesa do Ambiente:

---

[101] A Agência Portuguesa do Ambiente foi criada pelo Decreto-Lei n.º 207/2006, de 27 de Outubro, que estabelece a Lei Orgânica do Ministério do Ambiente, do Ordenamento do Território e do Desenvolvimento Regional e assumiu as competências do extinto Instituto de Resíduos, que a antecedeu. A sua missão, atribuições e organização interna estão definidas no Decreto Regulamentar n.º 53/2007, de 27 de Abril e na Portaria n.º 573-C/2007 de 30 de Abril.

[102] São as Comissões de Coordenação e Desenvolvimento Regional do Norte, Centro, Lisboa e Vale do Tejo, Alentejo e Algarve, a Secretaria Regional do Ambiente e do Mar da Região Autónoma dos Açores e a Secretaria Regional do Ambiente e Recursos Naturais da Região Autónoma da Madeira.

Instalações destinadas...	Condição 1	Condição 2
ao reprocessamento de combustíveis nucleares irradiados		
à produção ou enriquecimento de combustível nuclear		
ao processamento de combustível nuclear irradiado ou resíduos altamente radioactivos		
à eliminação final de combustível nuclear irradiado exclusivamente à eliminação final de resíduos radioactivos		
exclusivamente à armazenagem de combustíveis nucleares irradiados ou outros resíduos radioactivos	armazenagem planeada para mais de 10 anos	num local que não seja o local da produção
à incineração, valorização energética, tratamento químico ou aterro	resíduos perigosos	
à incineração ou tratamento químico	resíduos não perigosos	capacidade superior a 100 toneladas por dia[103]
a operações de eliminação	resíduos perigosos (não incluídos no anexo I)	situadas em zonas sensíveis[104]
a operações de eliminação	resíduos perigosos (não incluídos no anexo I)	capacidade de eliminação superior a cinco toneladas por dia
a operações de eliminação	resíduos não perigosos (não incluídos no anexo I)	situadas em zonas sensíveis
a aterros	resíduos não perigosos (não incluídos no anexo I)	capacidade superior a 150 000 t/ano
a parques de sucata	não abrangidos por plano municipal de ordenamento do território	situados em zonas sensíveis
a parques de sucata	não abrangidos por plano municipal de ordenamento do território	com capacidade superior a 50000 m^3

---

[103] Decreto-Lei n.º 69/2000, de 3 de Maio, alterado pelo Decreto-Lei n.º 197/2005, de 8 de Novembro.

[104] Na acepção daquela lei, áreas sensíveis são "áreas protegidas, classificadas ao

Passando agora às operações mais inócuas de todas, destacamos o benévolo regime da isenção de autorização da valorização energética de biomassa, por gozar de uma presunção de bondade ambiental. De facto, sobretudo quando se trata de resíduos vegetais florestais, a sua utilização como combustível beneficia de um regime de grande favor, por corresponder a uma abordagem ambiental integrada, enquadrada no âmbito da política de prevenção de incêndios[105].

Continuando a analisar os diferentes regimes de autorização, é notória a prioridade às questões de ordem ou saúde pública, com a sujeição da eliminação de mercadorias apreendidas no âmbito de acções de combate à criminalidade económica (ex. contrafacção ou segurança alimentar), a um regime, igualmente brando, da mera solicitação pelas autoridades policiais.

Quanto ao licenciamento "simplificado", alguns dos casos previstos correspondem a situações de valorização *interna* (valorização pelo próprio produtor de resíduos no local da produção), e mais não são do que exemplos de *produção mais limpa*. É o que se passa com a valorização não energética de resíduos não perigosos ou com a recuperação de solventes quando efectuada no próprio local de produção e com a valorização interna não energética de óleos usados.

Nestes casos, as informações fornecidas pelo operador permitem às autoridades (as Comissões de Coordenação e Desenvolvimento Regional territorialmente competentes) um controlo sumário da operação de gestão, que é objecto de comunicação, podendo a actividade ser proibida se se verificar que não cumpre os requisitos formais ou materiais previstos na lei.

Nos casos do licenciamento "normal", os controlos instituídos visam permitir à entidade licenciadora verificar, com base no pedido apresen-

---

abrigo do Decreto-Lei n.º 19/93, de 23 de Janeiro, com as alterações introduzidas pelo Decreto-Lei n.º 227/98, de 17 de Julho; Sítios da Rede Natura 2000, zonas especiais de conservação e zonas de protecção especial, classificadas nos termos do Decreto-Lei n.º 140/99, de 24 de Abril, no âmbito das Directivas n.ºs 79/409/CEE e 92/43/CEE; áreas de protecção dos monumentos nacionais e dos imóveis de interesse público definidas nos termos da Lei n.º 13/85, de 6 de Julho (artigo 2.º b)".

[105] O Decreto-Lei n.º 124/2006, de 28 de Junho, que reconhece a floresta como um património essencial ao desenvolvimento sustentável do país, consagra o conceito de "gestão de combustível" entendida como a criação de descontinuidades da carga combustível nos espaços rurais, através da remoção da biomassa vegetal. Esta é uma das boas práticas que integram o Sistema de Defesa da Floresta Contra Incêndios e é suficientemente importante para justificar o já mencionado regime de favor relativamente à valorização energética de biomassa.

tado, se o projecto está em conformidade com as regras técnicas e com os planos de gestão aplicáveis e se, em última instância, respeita os princípios da auto-suficiência, da responsabilidade pela gestão, da prevenção e redução, da hierarquia, da responsabilidade do cidadão, da regulação da gestão e da equivalência.

O pedido deve ser suficientemente fundamentado, para permitir às autoridades competentes fazer um juízo de prognose relativo ao cumprimento de todas as obrigações pelo operador-requerente. O pedido deve ser instruído[106] nomeadamente, com uma memória descritiva da instalação, incluindo a sua localização geográfica; identificação dos resíduos manuseados, sua origem previsível, caracterização quantitativa e qualitativa e sua classificação; identificação e quantificação de outras substâncias utilizadas no processo; indicação das quantidades e características dos produtos acabados; descrição detalhada das operações a efectuar sujeitas a licenciamento; caracterização quantitativa e qualitativa dos efluentes líquidos e gasosos, bem como dos resíduos resultantes da actividade; descrição das medidas internas de minimização, reutilização e valorização dos resíduos produzidos; identificação do destino dos resíduos gerados internamente, descrição das medidas ambientais propostas para minimizar e tratar os efluentes líquidos e gasosos e respectiva monitorização, indicando o destino final proposto e fontes de risco internas e externas.

Porém, a garantia do cumprimento dos princípios e das normas aplicáveis é dada pela possibilidade de as autoridades competentes conformarem a execução do projecto de gestão pela imposição, através do acto autorizativo, de condições de localização, de construção, de exploração ou de encerramento, que constam das especificações anexas ao alvará[107].

Porém, as obrigações constantes do alvará são sempre obrigações *mínimas* pois, independentemente destes *deveres primários*, sobre o operador impendem sempre deveres *complementares*, certos ou eventuais: um dever *certo* de, por sua própria iniciativa, actualizar e adaptar a sua instalação e os seus procedimentos de gestão às melhores técnicas disponíveis[108] com vista à prevenção da poluição e um dever *eventual* de acatar

---

[106] O conteúdo do pedido está definido pela Portaria n.º 1023/2006, de 20 de Setembro.

[107] A Portaria n.º 50/2007, de 9 de Janeiro, aprova o modelo de alvará de licença para a realização de operações de gestão.

[108] Nos termos da definição legal, "melhores" são as técnicas mais eficazes para alcançar um nível geral elevado de protecção do ambiente no seu todo, "técnica" é o modo

as medidas adicionais sucessivamente impostas pela autoridade competente para reduzir ou compensar novos impactes ambientais ou de saúde pública, impactes não previstos, mas que resultaram do exercício normal e zeloso da actividade de gestão em conformidade com a licença[109].

Estes deveres, apesar de *complementares*, não deixam de ser *essenciais* – e não acessórios –, na medida em que o seu não cumprimento é causa de revogação da licença, sem prejuízo da aplicação do regime contra-ordenacional.

Na realidade, a previsão da solução drástica de revogação da licença é perfeitamente compreensível em casos tão graves como a realização, por operadores licenciados, de operações proibidas ou a violação reiterada dos termos da licença. Porém, ela é igualmente possível em casos de inviabilidade da redução ou compensação dos impactes não previstos, de incumprimento reiterado das medidas impostas (sejam quais forem as causas deste incumprimento), ou de não actualização, em função das melhores técnicas disponíveis.

É em relação a estas hipótese, e sobretudo ao primeiro caso, que nos questionamos se não haverá concurso de responsabilidades, resultante de um erro da Administração, na análise dos pressupostos de atribuição da licença.

Relativamente ao último caso, isto é, se ocorrem impactes completamente imprevistos e o operador se revelar incapaz, dentro das condições da licença, de os minimizar ou de os compensar, então ou houve má fé da parte do operador licenciado (caso em que a revogação da licença é a opção mais prudente) ou, se o operador estava de boa fé, então é o comportamento da Administração que parece merecer censura. De facto, os avanços do conhecimento científico, no âmbito das ciências ambientais, permitem hoje em dia antever, com alguma segurança, os impactes resul-

---

como a instalação é projectada, construída, conservada, explorada e desactivada, bem como as técnicas utilizadas no processo de produção e "disponíveis" as técnicas desenvolvidas a uma escala que possibilite a sua aplicação no contexto do sector económico em causa em condições económica e tecnicamente viáveis, tendo em conta os custos e os benefícios, quer sejam ou não utilizadas ou produzidas a nível nacional ou comunitário e desde que acessíveis ao operador em condições razoáveis, tal como se encontram dfinidas no Decreto-Lei n.º 173/2008 de 26 de Agosto, sobre a prevenção e controlo integrados da poluição.

[109] Ambos os deveres resultam do artigo 34.º da Lei dos Resíduos, sobre a "adaptabilidade da licença".

tantes da generalidade das operações de gestão de resíduos, em função das condições concretas em que são desenvolvidas, e reconhecer as técnicas e os processos necessários e adequados para preveni-los[110]. Por outro lado, se se tratar de uma operação e/ou de um tipo de resíduos cuja natureza não está bem estudada, e, por isso mesmo, susceptíveis (mesmo remotamente) de gerar impactes ambientais significativos, a evolução da ciência jurídica não só permite, como obriga a aplicar o princípio da precaução e não autorizar a operação (pelo menos nos moldes propostos) ou até, se os riscos forem excessivamente grandes, eventualmente não autorizar a actividade que gera semelhantes resíduos.

Quanto ao não cumprimento do dever de actualização em função das melhores técnicas disponíveis[111], a maneira como está formulado deve ser objecto de uma interpretação flexível.

Esta exigência de actualização técnica está na mesma linha da "melhoria contínua do desempenho ambiental"[112] prevista no Regulamento n.º 761/2001, do Parlamento Europeu e do Conselho, de 19 de Março de 2001, que permite a participação voluntária de organizações num sistema comunitário de ecogestão e auditoria (EMAS) mas, se não for correcta-

---

[110] Por exemplo, existem documentos de referência adoptados formalmente pela Comissão Europeia em Agosto de 2006 relativamente a incineração de resíduos e processos industriais de tratamento de resíduos, no âmbito do regime europeu de prevenção e controlo integrados da poluição, adoptado em Portugal pelo Decreto-Lei n.º 173/2008, de 26 de Agosto.

[111] O mesmo dever existe no âmbito do sistema de gestão de veículos em fim de vida que tem como objectivo "A melhoria contínua do desempenho ambiental de todos os operadores intervenientes no ciclo de vida dos veículos e, sobretudo, dos operadores directamente envolvidos no tratamento de VFV" (artigo 3.º, n.º 2 b) do Decreto-lei n.º 196/2003, de 23 de Agosto).

[112] "O objectivo do EMAS será a promoção de uma melhoria contínua do comportamento ambiental das organizações, através da:

a) Concepção e implementação de sistemas de gestão ambiental por parte das organizações em conformidade com o disposto no Anexo I;
b) Avaliação sistemática, objectiva e periódica do desempenho desses sistemas em conformidade com o disposto no Anexo I;
c) Prestação de informação sobre o comportamento ambiental e um diálogo aberto com o público e outras partes interessadas;
d) Participação activa do pessoal na organização, bem como na formação e no aperfeiçoamento profissionais adequados, que permitam uma participação activa nas tarefas referidas na alínea a)" (artigo 1.º, n.º 2).

mente entendida, uma obrigação de actualizar constantemente as técnicas utilizadas – e sabendo que as técnicas (incluindo o modo como a instalação é projectada, construída, conservada, explorada e desactivada, bem como as técnicas utilizadas no processo de produção[113]) estão em constante evolução – pode-se tornar excessivamente onerosa para um operador de resíduos cuja actividade, além de ambientalmente sustentável, deve ser igualmente sustentável de um ponto de vista económico. De facto, não podemos ignorar que, em termos económicos, há períodos mínimos de retorno dos investimentos, sobretudo se pensarmos que muitas destas actividades implicam uma grande percentagem de activo imobilizado, com períodos de retorno longos, o que impõe alguma razoabilidade na aplicação de uma cláusula de actualização *permanente*.

Acresce que, em virtude da importância dos bens jurídicos envolvidos – essencialmente o ambiente e a saúde pública – a estabilidade do acto de licenciamento não é um valor que beneficie de uma tutela muito forte, pelo que, se da aplicação das melhores técnicas disponíveis resultar a necessidade de uma alteração qualitativa dos métodos utilizados ou dos equipamentos instalados, pode surgir um novo dever para o operador: o dever de requerer uma nova licença, em conformidade com a natureza da nova operação de gestão[114], cujos termos serão averbados no alvará original[115].

Finalmente, a licença pode ainda ser suspensa por tempo indeterminado, enquanto durarem os trabalhos de adaptação da instalação aos novos deveres de prevenção, redução ou compensação de impactes.

Em suma, a importância de todos os mencionados controlos administrativos, preventivos ou sucessivos, das operações de gestão, é de tal modo grande, que o seu desrespeito determina a aplicação das mais sérias

---

[113] Mais uma vez, esta é a definição de "técnicas" constante do Decreto-Lei n.º 173/2008, de 26 de Agosto, que estabelece a prevenção e controlo integrados da poluição.

[114] Esta é a solução que decorre dos n.ºs 3.º e 5.º do artigo 35.º da Lei de Resíduos, intitulado "validade da licença": 3 "Quando a renovação da licença respeite a uma operação de gestão de resíduos em que se pretenda realizar uma alteração relativamente ao tipo, quantidade e origem do resíduo, bem como aos métodos e equipamentos utilizados na operação, o pedido de renovação é instruído com os elementos relevantes referidos no artigo 27.º"

5 "A entidade licenciadora pode determinar ao requerente a apresentação de um novo pedido de licenciamento, nos termos do artigo 27.º, quando verificar que da introdução de todas as alterações requeridas resultará a realização de uma operação substancialmente diferente da originalmente licenciada".

[115] Artigo 36, n.º4, da mesma lei.

sanções administrativas: por um lado, a nulidade dos actos que autorizem a realização de qualquer projecto de gestão sem que tenha sido previamente emitida a comunicação favorável, e por outro, a qualificação do exercício não licenciado de operações de gestão de resíduos como *contra-ordenação grave*, sujeitando o operador às já clássicas, mas sempre onerosas, sanções acessórias e, sobretudo, ao dever de reposição da situação anterior.

4.2. Deveres secundários de gestão: os deveres de informação

Outros deveres – estes de natureza acessória – dos operadores de resíduos são os deveres de informação sobre resíduos. A compreensão da importância deste dever pressupõe que se conheça o funcionamento do *mundo* dos resíduos e se saiba que grande parte dos problemas ambientais e de saúde pública associados à (má) gestão de resíduos resultam do desconhecimento, pelas autoridades competentes, dos resíduos existentes quanto à sua composição e quantidade, quanto à sua origem e ao seu destino.

De facto, várias são as razões que levam os produtores e os operadores de resíduos a ter relutância em comunicar os dados relativos aos resíduos produzidos, importados, transaccionados, valorizados ou eliminados. É que os resíduos podem revelar factos menos lícitos imputáveis à empresa, tanto ao nível ambiental como ao nível fiscal. Ao nível ambiental, o dever de declarar tudo – desde a origem, composição, acondicionamento até ao transporte ou o destino dos resíduos – obriga o produtor a arcar com os elevados custos de uma gestão correcta, impedindo práticas economicamente vantajosas, como o abandono, ou recurso a meios de transporte, valorização ou eliminação ilegais. Ao nível fiscal, o conhecimento das quantidades de resíduos produzidos permite facilmente perceber práticas de sub-facturação, como forma de fuga ao imposto sobre o valor acrescentado ou ao imposto sobre o rendimento das pessoas colectivas.

Daí a importância do conhecimento do *mundo* dos resíduos para evitar operações de gestão ilegal em detrimento do ambiente e da saúde pública[116], mas também para servir de suporte ao processo de tomada de

---

[116] São bem conhecidos os escândalos de má gestão de resíduos com consequências na saúde pública, nos Estados Unidos (o caso dos resíduos perigosos depositados no Love Canal nos anos 50 e 60 do Século XX), nos Países Baixos (a zona residencial edificada em

decisão e ao planeamento, correcto, a longo prazo e com uma visão nacional, da gestão de resíduos. A definição de objectivos quantitativos e qualitativos a alcançar, as identificação das actividades a realizar, a delimitação de competências e atribuições dos agentes envolvidos, a constituição de uma rede integrada e adequada de instalações de valorização e eliminação de resíduos, só são possíveis a partir de um conhecimento sólido da evolução histórica e da situação existente de modo a conseguir antever tendências de evolução futura.

Actualmente, o dever de informação relativamente aos resíduos é cumprido através de formulários denominados Mapas Integrados de Registo de Resíduos cujo preenchimento é efectuado informaticamente, sendo posteriormente enviados, por via telemática, através do portal da Agência Portuguesa do Ambiente (SIRAPA). Os mapas cobrem a produção, a recepção, o processamento, o transporte, a transacção e os movimentos transfronteiriços de resíduos por parte de produtores, corretores ou comerciantes de resíduos, transportadores, gestores de fluxos específicos, gestores de resíduos sólidos urbanos e outros operadores de gestão de resíduos.

As informações essenciais incluídas nos mapas dizem respeito à origem dos resíduos, à sua quantidade, classificação e destino, à identificação das operações realizadas e ao acompanhamento efectuado.

O processamento da informação constante dos mapas e sua organização em bases de dados digitais dá origem ao Sistema Integrado de Registo Electrónico de Resíduos (SIRER[117]).

O apertado controlo da confidencialidade do SIRER parece ser uma reminiscência do interesse da não revelação dos dados relativos aos resíduos. De acordo com o regime aplicável, "os titulares dos órgãos que exerçam competências relativamente ao SIRER, bem como o pessoal a eles afecto, independentemente da natureza jurídica do respectivo vínculo, estão obrigados a guardar sigilo sobre os dados de que tenham conhecimento por virtude do exercício das respectivas funções". A violação deste

---

Lekkerkerk sobre um local de deposição de resíduos perigosos, na década de 80) ou na Costa do Marfim (a deposição de resíduos perigosos em lixeiras por toda a cidade de Abidjan, em 2006, fruto da actuação de eco-máfias internacionais que se dedicam a encontrar destinos – ilegais – para resíduos perigosos, a troco de dinheiro).

[117] A Portaria 1408/2006, de 29 de Dezembro, regulamenta alguns aspectos de funcionamento do SIRER como regras de inscrição no sistema, periodicidade do registo, acesso e tratamento da informação, taxas e fiscalização.

dever de sigilo é pesadamente punida pois "constitui infracção grave para efeitos de responsabilidade disciplinar, sem prejuízo da responsabilidade civil e penal que ao caso couber".

Compreende-se, apesar de tudo, que uma total transparência do SIRER teria o grave risco de revelação de segredos industriais e comerciais protegidos por lei, justificando assim a resistência dos operadores económicos em cumprir o dever de registo[118]. Que os resíduos são a *sombra* dos produtos, é um facto incontornável: a composição e quantidade dos resíduos produzidos dão indícios claros sobre matérias-primas, reagentes e processos de produção, pelo que não deixa de ser compreensível a preocupação dos produtores relativamente às informações sobre resíduos e a obrigatoriedade de o SIRER garantir "a confidencialidade e integridade da informação constante do sistema informático"[119].

Mas é no momento do transporte de resíduos que as exigências de informação voltam a ser cruciais para garantir uma boa gestão. Apesar de as operações de transporte não estarem sujeitas a um procedimento de licenciamento formal, existem formas eficazes de controlar a aceitabilidade ambiental do transporte previsto, consoante se realize apenas dentro ou para fora do território nacional.

Quanto às transferências de resíduos em território nacional[120] é através do sistema de guias de transporte, formulários exaustivos, preenchidos em triplicado (pelo produtor ou detentor, pelo transportador e pelo destinatário) mantidos em arquivo durante cinco anos, que a informação relativa aos resíduos transportados é assegurada. A informação abrange o tipo de resíduo

---

[118] Consagrado há mais de duas décadas no Direito Português (para os resíduos sólidos urbanos, era a Portaria n.º 768/88, de 30 de Novembro que aprovava o modelo dos mapas de registo), o dever de registo através do preenchimento de "mapas de registo de resíduos" patenteava, durante os primeiros anos, índices muito baixos de cumprimento. Actualmente essa situação está ultrapassada embora o início de funcionamento do SIRER tenha sofrido um atraso significativo quando a Portaria 249-B/2008, de 31de Março, diferiu o prazo de preenchimento dos mapas de registo de resíduos relativos a 2007 para 31 de Março de 2009.

[119] Artigo 46.º da Lei dos Resíduos sobre o funcionamento do SIRER.

[120] Actualmente é a Portaria n.º335/97, de 16 de Maio (que se mantém, transitoriamente, em vigor até que seja aprovada a portaria conjunta dos Ministros da Administração Interna, do Ambiente, dos Transportes e da Saúde, prevista no n.º1 do artigo 21.º da Lei dos Resíduos) que regula o transporte de resíduos não perigosos em território nacional. Quanto ao transporte rodoviário de resíduos perigosos, aplica-se o Decreto-Lei n.º 170--A/2007, de 4 de Maio, alterado pelo Decreto-Lei n.º 63-A/2008 de 3de Abril.

(por referência aos códigos da LER), a quantidade de resíduos (em quilos ou litros), o estado dos resíduos (líquido, pastoso ou sólido), as condições de acondicionamento (tambor, barrica de madeira, jerricane, caixa, saco, embalagem composta, tanque, granel, embalagem metálica leve ou outras), o material da embalagem (aço, alumínio, madeira, plástico, vidro, porcelana ou grês), o transportador e o destinatário (nome e contactos) e o destino do resíduo (tipo de operação e local onde vai ser sujeito a essa operação).

A esta informação pontual acresce um dever de informação anual obrigatória dos operadores licenciados para o transporte rodoviário de resíduos por conta de outrem.

Quanto às transferências de resíduos entre Estados-membros da União Europeia, referimo-nos ao Regulamento Comunitário n.°1013/2006 do Parlamento Europeu e do Conselho, de 14 de Junho que abrange todas as transferências de resíduos, não só entre Estados membros, mas também importados de países terceiros para a Comunidade; exportados da Comunidade para países terceiros e ainda em trânsito na Comunidade (com proveniência de países terceiros ou a eles destinados). A regra aplicável à generalidade das operações de transferência de resíduos é a da sujeição a um procedimento prévio de notificação e consentimento escrito. A nível nacional, o Decreto-lei n.°45/2008, de 11 de Março, vem regulamentar o diploma europeu, designando a Agência Portuguesa do Ambiente como autoridade competente para fiscalizar tais notificações e autorizar ou recusar a transferência pretendida, e prescrevendo, nomeadamente, regras relativas à instrução do pedido de transferência e ao estabelecimento de garantias financeiras.

Outro exemplo de informação obrigatória é a que resulta do dever de inscrição num registo nacional de produtores. Este registo, que existe para as pilhas e acumuladores[121] e para os equipamentos eléctricos e electrónicos[122] tem como finalidade fornecer à entidade de registo dados sobre o tipo e quantidade de pilhas e acumuladores ou de equipamentos eléctricos e electrónicos colocados anualmente no mercado, bem como sobre se os produtores optaram ou não pelo sistema integrado de gestão.

---

[121] Artigos 23.° a 25.° do Decreto-lei n.° 6/2009, de 6 de Janeiro.
[122] Artigos 26.° a 28.° do Decreto-lei n.° 230/2004, de 10 de Dezembro.

5. OPERAÇÕES DE GESTÃO

Após o surgimento dos resíduos, na sequência de actos de produção ou de consumo, dá-se início à sua gestão. As operações necessárias à correcta gestão dos resíduos podem ser desenvolvidas pelo próprio produtor dos resíduos ou então podem ficar a cargo de um terceiro, operador autorizado para proceder a essa gestão.

As operações de gestão mais imediatas têm lugar quando o produtor de resíduos possui, ao lado da unidade industrial, onde os resíduos foram produzidos, uma instalação própria licenciada para eliminação ou valorização dos resíduos, ou até quando a própria unidade industrial de produção tem também funções de eliminação[123].

Pode acontecer, porém, que o produtor não tenha essa capacidade de gestão, ou não tenha interesse em desenvolver, directamente, essa gestão e pretenda transferir a sua responsabiliadade, legalmente, para um terceiro. De resto, no caso dos resíduos urbanos, a transferência para terceiros é a regra. Nesses casos, as primeiras operações de gestão serão eventualmente a armazenagem temporária, a recolha e o transporte dos resíduos produzidos.

Em seguida, desenrolar-se-á um conjunto de operações de gestão que se revelem mais adequadas, no caso concreto, em respeito do princípio da hierarquia de prioridades.

Todas estas operações se desenvolvem, nos termos da Lei, em instalações que são unidades fixas ou móveis, em que se desenvolvem operações de gestão de resíduos. As "instalações" móveis às quais se refere a lei são, antes de mais, os veículos em que é efectuado o transporte dos resíduos, mas poderá haver unidades móveis que tenham capacidade de desempenhar outras funções e possam, por isso, servir para desenvolver outras operações de tratamento, que não simplesmente o transporte.

Estamos a pensar, por exemplo, na regeneração de óleos em unidades móveis, operação que apresenta a vantagem de poder recolher os óleos minerais usados (lubrificantes industriais) junto dos produtores, regenerá-los e, quando recuperarem as propriedades originais, revendê-los entre-

---

[123] Três exemplos: uma indústria de serração de madeira que tem anexa uma unidade de produção de briquetes para aquecimento doméstico a partir de serradura; uma indústria cimenteira que queima, nos fornos, os resíduos produzidos na fábrica (óleos, papel, têxteis); uma indústria têxtil com um pequeno aterro anexo, que é utilizado para deposição de resíduos de produção.

gando-os directamente ao consumidor. Os custos de recolha e entrega são, assim, substancialmente diminuídos, sendo também poupado o custo de aquisição ou locação do imóvel para instalação de uma unidade fixa. Outros exemplos poderão ser os sistemas móveis de tratamento de águas residuais por osmose inversa, a funcionar junto de aterros de resíduos sólidos urbanos, captando e tratando os lixiviados produzidos pontualmente, onde se revele mais necessário, ou os camiões de recolha de resíduos sólidos urbanos dotados de um dispositivo interior de compactação de resíduos.

5.1. Tipos de operações de gestão

Se quisermos analisar todas as operações de gestão previstas na lei, enquadrando-as em duas grandes categorias, temos operações intermédias e operações finais, consoante correspondam apenas a um passo intercalar e provisório do processo de gestão ou a uma operação definitiva que conduzirá os resíduos ao seu destino último.

Em Portugal, a tendência para o crescimento do número de infra-estruturas de gestão de resíduos é um indicador da evolução sentida na gestão dos resíduos, onde as exigências de tratamento e processamento prévio à valorização ou à eliminação são cada vez maiores.

Sobre as operações de tratamento de resíduos existe um documento de referência sobre melhores técnicas disponíveis[124], aprovado em Agosto de 2006 no âmbito da Directiva sobre a Prevenção e Controlo Integrados da Poluição[125], transposta para Portugal pelo Decreto-Lei n.º 173/2008 de 26 de Agosto.

As operações intermédias são a armazenagem, a recolha, o transporte (e, associados ao transporte, a recepção e a descarga ou deposição), a triagem e o tratamento.

As operações de gestão final são a valorização ou a eliminação (e, associada a ela, a monitorização dos locais de deposição após o encerramento).

Tratá-las-emos separadamente.

---

[124] Abreviadamente designado BREFs, são documentos técnicos elaborados pelo Gabinete para a prevenção e controlo integrados da poluição (EIPPCB), um instituto científico do Centro de investigação Conjunta (JRC) da Comissão Europeia.
[125] Directiva n.º96/61/CE, de 24 de Setembro.

5.2. OPERAÇÕES DE GESTÃO INTERMÉDIA

Mesmo nas operações de gestão intermédia, é possível estabelecer uma distinção útil entre as operações intermédias mais óbvias, que são aquelas que não são um fim em si mesmas, e as operações intermédias que resultam de exigências de qualidade e melhoria da eficácia das operações finais de eliminação ou valorização.

As primeiras, às quais poderíamos chamar operações instrumentais, são a recolha, a armazenagem e o transporte. Nenhuma delas opera qualquer efeito de transformação[126] nos resíduos, mas antes se limitam a transportá-los no espaço (deslocação geográfica) ou a "transportá-los" no tempo (armazenagem).

Não significa isso, porém, que não comportem quaisquer perigos para o ambiente ou para a saúde: um acidente durante o transporte pode assumir proporções graves, uma pequena perda de mercadoria ao longo do percurso de transporte (em virtude de mau acondicionamento, acidental ou deliberado) pode contaminar os solos ao longo de quilómetros e quilómetros de vias públicas[127]. Por isso, a lei prevê indiferentemente, a obrigatoriedade de obtenção de licença, tanto para operações finais como para operações intermédias (fixas ou móveis), embora dê um tratamento mais favorável por exemplo à armazenagem, para a qual prevê, em muitos casos, o licenciamento simplificado[128] ou até a isenção[129].

Por outro lado, as operações intermédias mais benéficas são aquelas que operam transformações nos resíduos a fim de os tornar mais adequados para a operação seguinte, seja ela de valorização, seja ela de eliminação. São as operações de tratamento, definido na Lei como o processo

---

[126] Não estamos a referir-nos aos casos em que a viatura, em que são transportados os resíduos, possui um sistema interno de compactação, nem aos efeitos de biodegradação que ocorrem naturalmente durante a armazenagem de resíduos orgânicos em certas condições de temperatura e humidade.

[127] Para acorrer a situações como esta, a lei das contra-ordenações ambientais (Lei n.º 50/2006, de 29 de Agosto) prevê um regime sancionatório bastante eficaz, baseado em coimas de valores consideráveis e num leque alargado de sanções acessórias.

[128] Aplicável, *grosso modo*, à armazenagem no local de produção ou em local análogo, ou versando sobre resíduos não perigosos, ou integrada num sistema de gestão de fluxos específicos (*vide* artigo 32.º da Lei dos Resíduos).

[129] Para casos de recolha, transporte e armazenagem no local de produção por período não superior a um ano.

manual, mecânico, físico, químico ou biológico que visa alterar as características dos resíduos, de forma a reduzir o seu volume ou a sua perigosidade, bem como facilitar a sua movimentação, valorização ou eliminação após as operações de recolha.

5.2.1. A triagem

Uma das formas mais básicas, mas também das mais úteis, de gestão intermédia é a *triagem*, que consiste em separar os resíduos mediante processos manuais ou mecânicos, sem alteração das suas características, com vista à valorização ou a outras operações de gestão.

Em virtude das exigências crescentes de qualidade do mercado da valorização de resíduos, a triagem é uma operação particularmente importante se (ou enquanto) não houver deposição selectiva de resíduos. Isto significa que a tendência natural é para a triagem ser cada vez menos necessária, à medida que aumenta a consciência da co-responsabilidade de todos os produtores (incluindo os cidadãos-consumidores-produtores de resíduos) na gestão dos resíduos. Claro que a separação *na fonte* das fracções separáveis dos resíduos obrigará a uma maior especialização das operações de recolha, adaptadas às características de cada fracção de resíduos desviados da torrente dos resíduos indiferenciados. Recolha e transporte de embalagens, papel e cartão, óleos alimentares, têxteis, vidro, resíduos eléctricos e electrónicos, resíduos químicos, etc. têm exigências próprias, em termos de acondicionamento, manuseamento, periodicidade da recolha, etc..

5.2.2. O transporte

Outra das operações intermédias, especialmente regulada na lei em virtude dos riscos envolvidos, é o transporte de resíduos. O transporte é regido, ao nível internacional, pela Convenção de Basileia de 1989 sobre movimentos transfronteiriços de resíduos perigosos, ao nível europeu, pelo Regulamento Comunitário n.º 1013/2006, de 14 de Junho de 2006, sobre transferências de resíduos, e, ao nível interno, pelo Decreto-lei n.º 355/97, de 16 de Maio.

Começaremos pelo regime internacional embora vamos dedicar a maior parte da nossa atenção aos dois últimos.

5.2.2.1. Regime internacional

A Convenção de Basileia, celebrada em 1989, mas que só entrou em vigor em 1992, regula as transferências internacionais de resíduos perigosos, entre Estados signatários ou aderentes[130]. De acordo com este instrumento convencional de Direito Internacional, o movimento transfronteiriço de resíduos perigosos funda-se na regra do consentimento prévio informado do destinatário. Em qualquer caso, o transporte não deverá nunca ser autorizado, se o Estado destinatário não tiver a capacidade técnica, as instalações necessárias, ou os locais de eliminação convenientes para eliminação de forma ambientalmente segura e eficiente.

Já o Protocolo, celebrado igualmente em Basileia, em 22 de Setembro de 1995, com o propósito de regulamentar a Convenção, quanto aos aspectos da responsabilidade e das compensações por danos, ainda não entrou em vigor por falta de ratificações, apesar de o Estado Português, e mais 65 Estados, já se terem vinculado.

5.2.2.2. Regime comunitário

O Regulamento Comunitário n.º 1013/2006, do Parlamento Europeu e do Conselho, de 14 de Junho[131], relativo às transferências de resíduos, aplica-se a transferências de resíduos, entre Estados-membros (apenas no interior da Comunidade ou com trânsito por Estados terceiros) resíduos importados de Estados terceiros para a Comunidade; resíduos exportados da Comunidade para Estados terceiros e resíduos em trânsito na Comunidade, em proveniência de Estados terceiros ou a eles destinados[132].

Este Regulamento, na parte aplicável às transferências de resíduos entre Estados-membros da União Europeia, prevê regimes diferenciados para os envios de resíduos para eliminação ou para valorização, o que explica toda a jurisprudência comunitária surgida em torno da distinção

---

[130] A Convenção foi ratificada por 172 Estados. Em Portugal foi aprovada pelo Decreto n.º 37/93, de 20 de Outubro.

[131] O Regulamento da Comissão, n.º 1379/2007 de 26 de Novembro, altera os anexos I-A, I-B, VII e VIII do Regulamento de 2006.

[132] Considerando a complexidade e abrangência do regime do Regulamento, limitar-nos-emos a uma abordagem necessariamente simplificada e quase esquemática.

entre operações de valorização e de eliminação de resíduos, a propósito de transferências não autorizadas de resíduos entre Estados-membros da União Europeia.

Aspecto interessante do regime de circulação comunitária de resíduos é a necessidade de celebração, entre o notificante e o destinatário – eliminador ou valorizador – de um contrato, com vista a garantir que a operação autorizada (seja ela de eliminação ou de valorização), será efectivamente desenvolvida nos termos previstos. Para garantia desta obrigação o contrato inclui uma cláusula de retoma, obrigando o notificador a aceitar novamente a "repatriação" dos resíduos, caso a transferência, a valorização, ou a eliminação não sejam concluídas como previsto, ou se se verificar que a transferência foi ilegal.

Outra forma de assegurar o efectivo cumprimento é a constituição obrigatória de uma garantia financeira ou seguro equivalente, que cubra os custos de transporte, os custos de valorização ou eliminação, incluindo quaisquer operações intermédias necessárias e os custos de armazenagem durante 90 dias.

O controlo é feito *a posteriori*, quando o destinatário emite um certificado de eliminação ou valorização ecologicamente correcta.

Todo o sistema deve ser articulado com a consideração das categorias relevantes de resíduos, consagradas em três listas anexas.

Os resíduos da *lista verde* (anexo III) são, em princípio, resíduos não perigosos[133] e sempre que se destinarem a valorização em instalações devidamente autorizadas, não estarão sujeitos a outros controlos para além da emissão de um documento de acompanhamento (previsto no artigo 18.º e descrito no Anexo VII). Semelhante às guias de transporte nacional, dele constam a identificação, através de nome e contactos, do produtor, do actual detentor, do destinatário e dos transportadores, a descrição comercial usual dos resíduos e os códigos respectivos (segundo a Convenção de Basileia, o LER, a classificação da OCDE e o código nacional, se for diferente destes), a quantidade real em quilos ou litros, o tipo de operação à qual será sujeito (com indicação do código aplicável), o local de destino e a data prevista da transferência.

Os resíduos da *lista vermelha* (anexo V) cuja exportação é proibida, mesmo para valorização, sobretudo para países em vias de desenvolvi-

---

[133] A menos que tenham sido misturados ou se apresentem contaminados por resíduos perigosos.

mento[134] são substâncias perigosas (antimónio, arsénio, berílio, cádmio, chumbo, mercúrio, selénio, telúrio, tálio são apenas alguns exemplos), cujos riscos devem ser interpretados à luz da Directiva-quadro dos resíduos[135] e da Directiva relativa aos resíduos perigosos[136].

Por fim, os resíduos da *lista laranja* (anexo IV), cuja transferência, mesmo para valorização, depende de notificação e autorização prévia por escrito.

Tratando-se de resíduos destinados a eliminação além-fronteiras (*verdes* ou *laranja*), os responsáveis pelas operações de transferência devem sempre desenvolver um procedimento, exaustivamente descrito no regulamento, que se inicia com uma notificação, pelo detentor dos resíduos, dirigida às autoridades competentes de origem, de destino e de trânsito (em Portugal, a Agência Portuguesa do Ambiente) e prossegue com uma autorização, ou uma recusa de autorização, por escrito.

Na sequência da notificação, as autoridades competentes de expedição, destino ou trânsito, disporão de 30 dias (a contar da data do aviso de recepção) para decidir autorizar (com ou sem condições) ou levantar objecções à transferência.

Se as autoridades não se pronunciarem no prazo previsto, verifica-se uma autorização tácita presumida, que será válida pelo prazo de um ano.

Se forem estabelecidas condições, elas não podem ser mais rigorosas do que as aplicáveis às transferências semelhantes, efectuadas em território nacional. As autoridades competentes de destino podem, no mesmo prazo, prever a obrigatoriedade de a instalação que recebe os resíduos proceder a um registo regular das entradas e saídas de resíduos e operações de valorização ou eliminação associadas.

Todas as autoridades envolvidas podem levantar objecções à transferência de resíduos: as de destino, obviamente, mas também as de origem e até as de trânsito, embora em medida mais limitada. No caso de as autoridades envolvidas pretenderem levantar objecções, apenas podem invocar

---

[134] Decisão do Conselho da OCDE C (2001) 107/Final que procede à revisão da Decisão da OCDE C (1992) 39/Final sobre o controlo dos movimentos transfronteiriços de resíduos destinados a operações de valorização. O Regulamento do Conselho 1420/1999, de 29 de Abril estabelece regras e procedimentos comuns aplicáveis às transferências de determinados tipos de resíduos para certos países não membros da OCDE, proibindo a exportação de certas categorias de resíduos.

[135] Directiva 2006/12, de 5 de Abril.

[136] Directiva 91/691, de 12 de Dezembro.

as razões taxativamente fixadas no Regulamento. Entre as causas justificativas elencadas, algumas são comuns às operações de eliminação e às operações de valorização. Mas há também justificações específicas em função do destino final dos resíduos.

Começando pelas causas comuns à eliminação e à valorização, verificamos que a maioria se prende, directa ou indirectamente, com considerações de ordem ambiental:

- se o próprio notificador foi condenado anteriormente por incumprimento de legislação ambiental;
- se a operação não respeita a legislação nacional relativa à protecção do ambiente, ordem pública, segurança pública ou protecção damsaúde ou de normas comunitárias de protecção do ambiente juridicamente vinculativas relativas às operações em causa;
- se o estabelecimento de acolhimento não desenvolve uma protecção ambiental eficaz, porque não aplica as melhores técnicas disponíveis;
- se a operação não está em conformidade com a hierarquia das operações de gestão;
- se a operação não está em conformidade com os planos nacionais aprovados no âmbito da política de resíduos,
- se há incompatibilidade com obrigações decorrentes de convenções internacionais.

Mas se os resíduos em causa tiverem como destino a eliminação acrescem, a estas, mais três causas:

- se o Estado membro pretender exercer o direito que lhe assiste, nos termos da Convenção de Basileia, de proibir a importação de resíduos perigosos (ou os resíduos constantes do anexo II dessa Convenção);
- se se tratar de misturas de resíduos urbanos e equiparados recolhidos em habitações particulares;
- se a transferência ou eliminação prevista não cumprir o Direito Europeu, no que respeita à constituição de uma rede integrada de instalações de eliminação, tendo em conta circunstâncias geográficas ou a necessidade de instalações especializadas para determinados tipos de resíduos;
- se a operação não respeitar os princípios da proximidade ou da auto-suficiência comunitária e nacional.

Este último fundamento de objecção, que aparentemente permite fechar a porta, com grande facilidade, às indesejáveis importações de resíduos para eliminação, comporta, ele mesmo, uma excepção: estes princípios não são aplicáveis no caso de resíduos perigosos produzidos num Estado membro de expedição em quantidades globais anuais tão pequenas, que a construção de novas instalações de eliminação especializadas nesse Estado não teria viabilidade económica. Aplica-se, neste caso, a regra *de minimis* (reflexo do princípio da proporcionalidade) para permitir moderar a aplicação do princípio da auto-suficiência nacional, de forma a racionalizar, à escala europeia, a construção e utilização da rede comunitária de instalações de eliminação.

A consideração da escala nacional é, sem dúvida, um argumento com grandes potencialidades para ser invocado por um Estado como Portugal, em algumas das transferências, para eliminação de resíduos nacionais, para outros Estados membros[137].

Em caso de dúvida quanto à aplicabilidade desta excepção, e não havendo acordo entre os Estados envolvidos, o caso deverá ser submetido à Comissão Europeia.

Por fim, contra as transferências de resíduos para valorização, são invocáveis as seguintes razões:

- errada qualificação da operação (a transferência de resíduos destina-se, na realidade a eliminação e não a valorização)
- desrespeito dos princípios da hierarquia das operações de gestão, da planificação da política de resíduos e da regra da autorização prévia.
- distorção no funcionamento do mercado interno, quando o operador se propõe levar a cabo a valorização numa instalação com normas de tratamento menos rigorosas do que as estabelecidas no país de expedição;
- desproporção entre os resíduos susceptíveis e não susceptíveis de valorização, o valor estimado dos materiais objecto de valorização final ou o custo da valorização e o custo da eliminação da fracção não valorizável dos resíduos. Nestes casos, atendendo a questões de

---

[137] Em termos práticos, Portugal é um país de exportação e trânsito de resíduos (sobretudo para eliminação) e não é importador de resíduos. Além do princípio da auto-suficiência, esta situação é explicada essencialmente por razões de localização geográfica e de escala.

ordem económica ou ambiental as autoridades competentes concluem que a operação não se justifica.

Sabendo que dificilmente qualquer operação de valorização atingirá os 100% de recuperação de materiais ou de energia, e sabendo que a valorização comporta custos, aos quais acresce o custo do transporte, esta é a cláusula que mais discricionariedade atribui aos Estados, que pretendam levantar objecções às transferências para valorização.

5.2.2.3. Regime nacional

O transporte de resíduos em território nacional não beneficia de um regime unificado. Com efeito, o regime varia consoante os resíduos sejam ou não perigosos, consoante o meio de transporte e, em certa medida, até consoante o tipo de resíduo em causa.

Assim, o Regulamento Nacional do Transporte de Mercadorias Perigosas por Estrada[138] abrange o transporte de resíduos perigosos; a Portaria n.º 417/2008, de 11 de Junho, regula o transporte de resíduos de construção e demolição; o Decreto-lei n.º 45/2008, de 11 de Março[139], o transporte de resíduos hospitalares e de quaisquer resíduos por via marítima; o Decreto-Lei n.º 124-A/2004, de 26 de Maio[140], o transporte ferroviário de mercadorias perigosas; por último, a Portaria n.º 335/97, de 16 de Maio, rege o transporte de todas as restantes categorias de resíduos, com excepção da biomassa (agrícola ou florestal), que está sujeita apenas às regras gerais sobre transporte, constantes, por exemplo, do Código da Estrada, ficando fora das prescrições impositivas do Direito dos Resíduos.

Começando do regime mais rigoroso para o mais brando, eis o enquadramento legal sistematizado.

---

[138] Aprovado pelo Decreto-lei n.º 170-A/2007, de 4 de Maio, alterado pelo Decreto-Lei n.º 63-A/2008 de 3de Abril.

[139] Este é o mesmo diploma que regulamenta aspectos burocráticos e competenciais relativos às transferências entre Estados membros da União Europeia.

[140] Alterado pelo Decreto-Lei n.º 391-B/2007 de 24 de Dezembro.

Transporte	Rodoviário de substâncias perigosas	Decreto-lei n.º 170-A/2007, de 4 de Maio[141]
	Ferroviário de substâncias perigosas	Decreto-Lei n.º 124-A/2004, de 26 de Maio
	Por via marítima	Decreto-lei n.º 45/2008, de 11 de Março
Resíduos	Resíduos hospitalares	Decreto-lei n.º45/2008, de 11 de Março
	Restantes categorias de resíduos	Portaria n.º 335/97, de 16 de Maio
	Resíduos de construção e demolição	Portaria n.º 417/2008 de 11 de Junho
	Biomassa	Código da Estrada

Verificamos então que, na adopção de um regime especial para uma categoria de resíduos relativamente inócuos, do ponto de vista ambiental, como são os resíduos de construção e demolição, pontuaram considerações de simplificação. O objectivo do legislador foi reduzir a complexidade dos controlos e das obrigações associadas que impendem sobre os produtores, transportadores e gestores finais destes resíduos, limitando ao essencial as informações contidas nas guias de transporte de resíduos de construção e demolição e reduzindo de 5, para 3 anos, o período de arquivamento obrigatório das guias, após o transporte.

Já a Portaria n.º 335/97, de 16 de Maio, mesmo aplicando-se apenas a resíduos não perigosos, estipula um conjunto de condições de transporte, que garantem o transporte dos resíduos em condições ambiental e sanitariamente seguras.

Entre as condições do transporte figura, em primeiro lugar, a qualidade do transportador, que só pode ser o produtor de resíduos, operadores licenciados para a gestão de resíduos hospitalares ou urbanos, o eliminador ou valorizador licenciado, ou empresas devidamente licenciadas para o transporte rodoviário de mercadorias por conta de outrem.

Em segundo lugar, no caso de ocorrerem danos em consequência do transporte, o produtor, o detentor e o transportador de resíduos respondem solidariamente pelos eventuais danos.

Em seguida, prescrevem-se condições de acondicionamento, de modo a evitar acidentes ou minimizar os seus impactes: os resíduos líquidos e pastosos devem ser acondicionados em embalagens estanques, cuja taxa

---

[141] Alterado pelo Decreto-Lei n.º 63-A/2008 de 3 de Abril.

de enchimento não exceda 98%; os resíduos sólidos podem ser acondicionados em embalagens ou transportados a granel, em veículo de caixa fechada ou veículo de caixa aberta, mas sempre com a carga devidamente coberta; todos os elementos de um carregamento devem ser convenientemente arrumados no veículo e escorados, de forma a evitar deslocações entre si ou contra as paredes do veículo; e quando, no carregamento, na descarga ou durante o percurso, ocorrer algum derrame, a zona contaminada deve ser imediatamente limpa.

Finalmente, obrigam-se os operadores envolvidos a preencher guias de acompanhamento, que comprovam a natureza, o estado físico, a quantidade dos resíduos transportados e certificam a sua entrega ao destinatário.

A transferência de resíduos hospitalares, por sua vez, além de todas as exigências postas aos resíduos em geral, depende ainda de um parecer a emitir pela Direcção Geral de Saúde.

Por outro lado, como já tínhamos referido, no contexto das operações de transporte, a categoria de resíduos perigosos assume uma particular importância. De acordo com a Portaria n.º 209/2004, de 3 de Março[142], são perigosos os resíduos que apresentarem uma ou mais das *características de perigo* elencadas no anexo II. Deste modo, temos resíduos explosivos, comburentes, facilmente inflamáveis, inflamáveis, irritantes, nocivos, tóxicos, cancerígenos, corrosivos, infecciosos, teratogénicos, mutagénicos, ecotóxicos, substâncias e preparados que, em contacto com a água, o ar ou um ácido, libertem gases tóxicos ou muito tóxicos e, por fim, substâncias susceptíveis de, após eliminação, darem origem a uma outra substância (por exemplo, um produto de lixiviação).

Ora, no caso do transporte de resíduos que possuam qualquer uma das *características de perigo*, o Regulamento Nacional do Transporte de Mercadorias Perigosas por Estrada[143], de 2007, estabelece uma armadura de requisitos, dispositivos e procedimentos de segurança.

Estabelece, antes de mais, a obrigatoriedade de as entidades responsáveis pelo transporte de mercadorias perigosas terem, pelo menos, um *conselheiro de segurança*[144] encarregado de colaborar na prevenção de

---

[142] Esta Portaria reproduz o Catálogo Europeu de Resíduos, de 1994, que veio a ser substituído pela Lista Europeia de Resíduos, de 2000.

[143] Aprovado pelo Decreto-Lei n.º 170-A/2007 de 4 de Maio, modificado em 2008 pelo Decreto-Lei n.º 63-A/2008, de 3 de Abril.

[144] Ficam excluídas as empresas que só esporadicamente efectuem actividades de transporte de mercadorias perigosas em pequenas quantidades.

riscos para as pessoas, para os bens ou para o ambiente, inerentes àquelas operações e de assegurar que todos os intervenientes tomam as medidas apropriadas, consoante a natureza e a dimensão dos perigos previstos, para evitar danos ou minimizar os seus efeitos.

Complementarmente, esta Portaria, determina ainda a obrigatoriedade e frequência de realização de cursos de formação profissional sobre riscos e perigos das mercadorias perigosas, para os condutores e para os *conselheiros de segurança*. Estes cursos são leccionados por entidades formadoras reconhecidas, e podem ser de formação profissional inicial ou de reciclagem de conhecimentos sempre que ocorram modificações na regulamentação. Além do conhecimento da regulamentação sobre transporte de mercadorias perigosas, a formação tem como fim sensibilizar os envolvidos no transporte, quanto aos riscos, os meios de os prevenir e os procedimentos de contenção e minimização de danos em situações de emergência. A emissão e a revalidação do certificado detalhado de formação dependem ainda de uma inspecção especial, que demonstre que o condutor está em condições de saúde, física e psicológica, adequadas. Além de tudo isto, antes de cada transporte, são entregues ao condutor fichas de segurança: instruções escritas indicando a natureza do perigo representado pelas substâncias, e as medidas de emergência (gerais, especiais e adicionais) a adoptar em acaso de acidente ou incidente.

Em seguida o Regulamento Nacional de Transportes de Mercadorias Perigosas por Estrada descreve as obrigações dos principais intervenientes: o expedidor, o transportador, o destinatário, o carregador, o embalador, o enchedor, o operador de cisternas, etc.. Entre muitas outras, constituem obrigações dos intervenientes no transporte: não expedir mercadorias cujo transporte seja proibido, ou sem autorização; emitir documento de transporte; fornecer fichas de segurança; utilizar embalagens adequadas, marcadas e etiquetadas, sem deteriorações e respeitando as taxas de enchimento; fazer verificações e ensaios regulares do material de transporte (embalagens, veículos-cisternas, contentores, etc.); utilizar apenas veículos devidamente sinalizados, que cumpram as condições técnicas exigidas para o transporte em causa; não transportar passageiros; entregar as mercadorias apenas a um transportador devidamente identificado e licenciado; cumprir normas de segurança no manuseamento; respeitar proibições de carregamento comum e de carga, descarga ou estacionamento em locais públicos ou aglomerados urbanos; tratando-se de mercadorias de alto risco, garantir a existência de equipamentos ou sistemas de protecção operacionais, que impeçam o roubo do veículo ou da carga.

O incumprimento de qualquer destas obrigações dá lugar à aplicação imediata das medidas correctivas necessárias, designadamente a imobilização do veículo.

5.2.3. Outras operações de gestão intermédia

Se olharmos agora para a lista de operações, exemplificativamente incluídas na definição legal de eliminação e de valorização, encontramos lá várias outras operações intermédias: o tratamento biológico (como compostagem ou biometanização), o tratamento físico-químico (como evaporação, secagem ou calcinação), a mistura, a reembalagem, a troca ou a acumulação. A acumulação é um conceito não definido na lei, mas que corresponde a uma forma especial de armazenagem temporária, cujo objectivo é ir juntando gradualmente cada vez mais resíduos, até que a quantidade acumulada atinja um determinado valor que torna viável a sua utilização.

Porém, todas estas e ainda outras operações podem assumir uma dupla natureza: tanto podem ser meros passos prévios ao processo de gestão final de resíduos (ou seja, gestão intermédia), como podem ser, em si mesmas, operações de gestão última. Que a valorização de resíduos exija algum investimento em operações de gestão prévia, a fim de tornar os resíduos aptos para reentrar no processo produtivo, é perfeitamente compreensível; que a eliminação também o exija, é que já não é tão óbvio, mas é verdade e reflecte regras actuais de boa gestão de resíduos. Estamos a pensar, por exemplo, no processo da compostagem, não com o propósito de utilizar os resíduos em benefício da agricultura, mas apenas como forma de estabilização prévia e redução do volume dos resíduos urbanos, antes de os eliminar através de deposição em aterro.

5.3. Operações de gestão final

Procurar uma solução definitiva para os resíduos é a grande e incontornável questão do Direito dos Resíduos. Mas, ao contrário do que poderíamos pensar – e até do que seria desejável – as operações de gestão final não são formas de fazer *desaparecer* eficazmente os resíduos. Também em matéria de resíduos é a lei física da *conservação da matéria* que comanda as operações. Na realidade, a lei de Lavoisier – na natureza nada se perde, nada se cria e tudo se transforma – vale também para os resíduos, que não desaparecem e apenas se podem transformar.

Por isso, no fundo, o que se pretende com a gestão final dos resíduos é apenas pô-los «longe dos olhos» e portanto, «longe do coração»[145]. Afastar... para despreocupar. Significativamente, a expressão alemã para eliminação, *Entsorgung*, reflecte precisamente essa origem etimológica.

Ora, as operações de gestão final podem consistir em eliminação ou em valorização de resíduos. Comparando, genericamente, os impactes ambientais destes dois tipos de operações, será a eliminação que, aparentemente, comporta maiores incómodos embora, como já dissemos, a valorização não esteja isenta de riscos. Sintetizando: a eliminação provoca, tipicamente, impactes atmosféricos (queima), impactes sobre o solo (aterro), impactes sobre a água (lagunagem, submersão). Dependendo das condições e do local de eliminação, poderá comportar também impactes sobre a biodiversidade e a saúde pública. Mas a eliminação acarreta ainda o problema adicional da ocupação de espaço – um bem cada vez mais escasso –, problema que não se verifica com tanta premência na valorização, pois, em regra, os resíduos são reintroduzidos (embora sob outra aparência) em circulação na esfera económica.

Vamos abordar agora as principais operações de gestão final, que têm previsão legal expressa, começando pelas operações de eliminação e passando, em seguida, às operações de valorização.

As normas, que dispõem sobre a eliminação de resíduos, constituem o cerne, por excelência, do Direito dos Resíduos. Com efeito, embora, racionalmente, as instalações de gestão de resíduos possam ser consideradas como análogas a quaisquer unidades produtivas, não apresentando, objectivamente, um grau de perigosidade superior a muitas instalações industriais, elas não deixam de motivar comportamentos emocionais e atitudes *nimbyistas* que justificam uma especial atenção do Direito.

Entre as disposições do Direito da eliminação de resíduos encontramos regras específicas sobre a eliminação de certos tipos de resíduos que,

---

[145] Por isso, o PERSU II frisa a importância do fornecimento de informação clara ao consumidor sobre o destino dos resíduos sólidos urbanos e à divulgação de tarifários como forma de sensibilização do cidadão para a importância dos esforços de prevenção e valorização material por reciclagem.

pela sua perigosidade, devem obrigatoriamente ser objecto de *destruição*, *inertização*[146] ou *armazenagem* definitiva e não de qualquer forma de reaproveitamento, mesmo que sejam substâncias ou objectos com valor comercial. É o caso do dióxido de titânio, dos PCB[147], do amianto, do mercúrio, dos resíduos contendo clorofórmio, dos resíduos radioactivos e dos resíduos de animais contaminados com encefalopatia espongiforme dos bovinos.

5.3.1. Deposição em aterro

A importância da existência de um quadro legal da deposição de resíduos em aterro é enorme, para um país como Portugal, onde essa é a mais frequente solução de eliminação de resíduos, recebendo mais de 50% dos resíduos produzidos em território nacional. Isto justifica que nos demoremos um pouco mais na apreciação do regime legal de deposição de resíduos em aterros.

Apesar da habitual desconfiança com que os *vizinhos ambientais* de um aterro encaram a construção e a entrada em funcionamento de uma tal instalação de gestão, esta tem sido considerada em Portugal como a melhor solução de eliminação. Para esta ideia contribui também o facto de, apesar de a deposição de resíduos em aterro não ser, em si mesma, uma operação de valorização mas antes uma operação de eliminação, ela poder, apesar de tudo, comportar algumas possibilidades de valorização energética se for assegurada a recuperação e valorização do biogás.

A regulamentação da deposição de resíduos em aterro, em Portugal, começou em 1999, com duas leis: uma sobre aterros de resíduos industriais banais[148] (entretanto revogada) e outra só sobre aterros da indústria extractiva[149]. O processo de transposição da Directiva 1999/31, de 26 de Abril, sobre o aterro de resíduos, para a ordem jurídica interna, culminou com a

---

[146] Por vitrificação ou pirólise, por exemplo.
[147] Denominação genérica dada aos policlorobifenilos, policlorotrifenilos, ao monometilotetraclorodifenilmetano, monometilodiclorodifenilmetano e monometilodibromodifenilmetano.
[148] Era o Decreto-lei n.º 321/99, de 11 de Agosto.
[149] Decreto-lei n.º 544/99, de 13 de Dezembro, que, durante três anos, constituiu uma primeira transposição, muito incompleta, da Directiva 1999/31, de 26 de Abril, sobre o aterro de resíduos.

publicação, em 23 de Maio de 2002, do Decreto-lei n.º 152/2002, posteriormente revogado pelo Decreto-lei n.º 183/2009, de 10 de Agosto, que estabelece o regime jurídico da deposição de resíduos em aterros bem como os requisitos de concepção, construção, exploração, encerramento e manutenção e pós-encerramento e de aterros.

Este diploma, no fundo, é o reconhecimento dos impactes potenciais dos aterros, aos quais por vezes se chama «bombas-relógio», pelos perigos retardados que comportam. Os aterros são instalações de deposição permanente ou, pelo menos, por tempo indeterminado[150], de resíduos e os seus efeitos, temporalmente dilatados, podem fazer-se sentir nas águas, nos solos e na atmosfera, além do impacte, frequentemente esquecido, resultante da oneração do solo. De facto, a oneração de parcelas do território nacional por períodos temporais relativamente longos, com aterros, é um *luxo* que deveríamos evitar, sobretudo sabendo que a dimensão geográfica e populacional do nosso país nem sempre permite os afastamentos que seriam desejáveis.

Na realidade, ao tempo de vida útil de um aterro, que em teoria não deveria ser inferior a duas décadas, muitas vezes vê-se reduzido a menos de uma, face à dificuldade de execução de uma política de efectiva prevenção de resíduos. Porém, a este tempo acresce um período que pode ser de 30 anos ou mais após o encerramento, durante o qual têm que ser assegurados controlos frequentes das condições climatéricas, das emissões do aterro, da sua estabilidade, etc.. E o pior é que, mesmo após o período legal de monitorização, pós-encerramento, não é seguro (por razões que vão desde a captação de gases à estabilidade geológica) que os locais ocupados por antigos aterros encerrados possam ser reafectados a utilizações muito diferentes e, designadamente, a construção.

A possibilidade de utilizar um aterro, posteriormente ao encerramento, depende muito da sua natureza e será certamente mais fácil no caso dos aterros para resíduos inertes e muito mais improvável no caso dos aterros para resíduos perigosos. Tratando-se de aterros para resíduos não peri-

---

[150] Já referimos que se pronunciou neste sentido o Tribunal de Justiça, no Acórdão Palin Granit, de 18 de Abril de 2002 (processo C-9/00) a propósito da deposição, sobre o solo e por tempo indeterminado, de gravilha resultante da extracção de blocos de granito, numa pedreira na Finlândia. Este material foi considerado, pelo Tribunal, como um resíduo e, naturalmente, o local onde as pedras eram acumuladas, aguardando uma futura colocação comercial, foi qualificado como... um aterro.

gosos (mas também não inertes), como são os aterros de resíduos sólidos urbanos, a possibilidade de *reutilização* do local do aterro para outra função, após o encerramento, dependerá muito da estabilização do material depositado, a qual, por sua vez, varia em função da quantidade de matéria orgânica que contenham. Por isso mesmo, a lei estabelece metas quantificadas para redução da quantidade de resíduos biodegradáveis, nos resíduos sólidos urbanos. Assim, até Julho de 2013, os resíduos urbanos biodegradáveis destinados a aterros deverão ser reduzidos para 50% da quantidade total, em peso, dos resíduos urbanos biodegradáveis produzidos em 1995; e, até Julho de 2020, os mesmos resíduos deverão ser reduzidos para 35% mais uma vez da quantidade total, em peso, dos resíduos urbanos biodegradáveis produzidos em 1995. Porém, é sabido como é mais difícil alcançar metas que consistam numa redução percentual, quando o ponto de referência é um valor, à partida, muito elevado. E de facto, comparativamente com a produção de resíduos sólidos urbanos *per capita*, nos restantes países da Europa[151], a capitação portuguesa era mais baixa, mas incluía uma percentagem significativamente maior de resíduos orgânicos. Este fenómeno corresponde a duas tendências verificadas (e consideradas aparentemente inevitáveis), na produção de resíduos sólidos urbanos, em função do desenvolvimento dos países: o aumento da quantidade total de resíduos sólidos urbanos produzidos anualmente por pessoa, e a alteração da composição média dos resíduos pela redução da fracção orgânica que, fatalmente, é compensada, e de longe, pelo aumento da fracção de embalagens.

Por todas estas razões, a Lei dos Aterros de 2002, que põe algum cuidado na regulamentação do licenciamento, da construção, da exploração e do encerramento dos aterros, não dedica tanta atenção à localização. Começaremos por este ponto.

De facto, a localização de instalações de eliminação é um dos aspectos mais melindrosos da gestão final dos resíduos, sobretudo considerando que, curiosamente, qualquer aterro, mesmo bem concebido e aparentemente bem localizado em termos técnicos, sofre maiores resistências

---

[151] Referimo-nos à Europa à 15, isto é a Europa Comunitária antes dos últimos alargamentos, primeiro para 25 e depois para 27 Estados membros. As metas referidas resultam do reconhecimento da impossibilidade de cumprir as metas estabelecidas em 2002, as quais deveriam ter sido alcançadas primeiro em 2009, e depois em 2016.

sociais do que uma lixeira antiga, apesar dos riscos ambientais e de saúde pública, inegavelmente superiores, inerentes às lixeiras[152].

Deste modo, na escolha da melhor localização de aterros convergem interesses profundamente conflituantes: por um lado, o princípio jurídico-ambiental da correcção na fonte e o seu congénere do Direito dos Resíduos, o princípio da proximidade, apontam para que os aterros se devem localizar perto das *fontes produtoras* de resíduos (tratando-se de resíduos urbanos, nas cercanias dos aglomerados urbanos), minimizando assim os custos económicos e até ambientais do transporte de resíduos (consumo de combustíveis e riscos de acidentes). Por outro lado, são também razões ambientais, às quais agora acrescem as sociais, que apontam para um desejável afastamento (o maior possível) entre os aterros e qualquer presença humana, com o intuito, compreensível, de redução dos incómodos e até dos riscos inerentes ao funcionamento do aterro, sobretudo se for de resíduos perigosos[153].

Estas tensões, pelo potencial de conflito social que despoletam, deveriam ter dado origem a uma regulamentação muito mais objectiva e mensurável a que encontramos, tanto no Direito Europeu, como no Direito nacional. De facto, a versão final da Directiva de 1999, sobre os aterros, não seguiu na linha proposta pela Comissão em 1993 no seu projecto da directiva, em que quantificava afastamentos mínimos de forma muito objectiva. Por seu lado, o legislador nacional, que podia ter aproveitado a oportunidade da transposição da Directiva para densificar os factores de afastamento, indicando perímetros mínimos de protecção em relação às zonas sensíveis, ou localizações absolutamente proibidas, optou por não o fazer. Os inconvenientes são, na nossa opinião, maiores do que as vantagens, na medida em que se deixa abertura para uma ampla margem de litigação (provavelmente por razões mais *nimbyistas* do que outras) que

---

[152] O processo de encerramento das 341 lixeiras identificadas em Portugal decorreu entre 1996 e 2002, ano em que já havia 37 aterros em funcionamento.

[153] Não podemos esquecer que a proximidade excessiva de uma instalação insalubre foi já considerada, pelo Tribunal Europeu dos Direitos do Homem, em 1994, como uma violação de direitos humanos (caso *Lopes Ostra vs. Espanha*). No caso, tratava-se de uma estação de tratamento de águas residuais situada a 12 metros de uma habitação que, pelos incómodos originados, foi considerada como uma violação do *dever de respeito da vida privada e familiar*. Como consequência, o Estado Espanhol, julgado responsável pela infracção, foi condenado ao pagamento de uma indemnização no valor de quatro milhões de pesetas, mais um milhão e meio de custas e despesas.

podia ter sido evitada, atendendo aos benefícios ambientais de uma solução célere do problema dos resíduos.

Assim, o legislador nacional, decalcando a solução do Direito europeu, limitou-se a estabelecer uma cláusula geral, segundo a qual a localização será adequada se o funcionamento de um aterro não apresentar qualquer risco grave para o ambiente ou para a saúde, atendendo à distância do perímetro do local em relação a áreas residenciais e recreativas, cursos de água, massas de água e outras zonas agrícolas e urbanas, atendendo à existência de águas subterrâneas ou costeiras, áreas protegidas; às condições geológicas e hidrogeológicas, aos riscos de cheias, de aluimento, de desabamento de terra ou de avalanches e à protecção do património natural ou cultural.

Analisando os vários critérios, que tornam uma determinada localização incompatível com a instalação de um aterro, verificamos que foram, antes de mais, razões de prevenção de riscos que justificam que os aterros não devam estar demasiado próximos de águas subterrâneas, de áreas costeiras ou agrícolas, ou zonas com riscos de cheias, aluimentos, desabamentos ou avalanches.

A estas acrescem razões mais antropocêntricas, que justificaram que zonas residenciais, recreativas, urbanas e onde se encontrem elementos do património cultural fossem declaradas incompatíveis com a implantação de aterros. Porém, são já razões ecocêntricas que explicam o afastamento prescrito em relação a áreas protegidas e elementos do património natural.

A abordagem, que nos parece mais operacional e sobretudo mais favorável à segurança jurídica, consistiria em estabelecer afastamentos mínimos ou até quantificar, de alguma forma, os afastamentos desejáveis entre o aterro e zonas humana ou ecologicamente sensíveis.

Esta opção, como já vimos, não foi seguida como solução geral, tendo-se o legislador nacional limitado a indicar afastamentos objectivamente quantificados, no caso dos aterros de resíduos da indústria extractiva, no já referido Decreto-Lei de 1999. A extensão das distâncias mínimas de protecção, relativamente a estes aterros, depende da *altura referida ao ponto de menor cota do limite mais próximo do objecto a defender* (a menos que o objecto a defender esteja integrado na respectiva exploração). Independentemente da bondade dos valores legalmente consagrados, entendemos que a técnica legislativa é de louvar e deveria até ser generalizada a todos os aterros e a outros tipos de instalações de eliminação.

Sintetizamos os valores de afastamento na tabela seguinte:

Distância mínima entre o aterro e...	Altura <10 m	Altura >10m
Prédios rústicos vizinhos, murados ou não.	10 m	20 m
Caminhos públicos.	15 m	30 m
Condutas de fluidos, linhas eléctricas de baixa tensão, linhas de telecomunicações e teleféricos.	20 m	40 m
Nascentes de água, estradas da rede municipal, linhas férreas, cursos de água de regime permanente, canais, postos eléctricos de transformação ou de telecomunicações, locais de uso público e edifícios.	50 m	100 m
Estradas da rede nacional e linhas eléctricas de alta tensão.	70 m	140 m
Perímetros urbanos, monumentos nacionais, locais classificados de valor turístico, instalações e obras das Forças Armadas e forças e serviços de segurança, escolas e hospitais.	150 m	300 m
Locais ou zonas classificadas com valor científico ou paisagístico.	400 m	600 m

Estes valores indicativos não foram retomados na nova Lei dos Aterros de 2009, tendo-se perdido uma excelente oportunidade de evitar conflitos ambientais que invariavelmente retardam a entrada em funcionamento dos novos aterros.

Além da localização, os aspectos técnicos da construção são igualmente objecto de regulamentação legal, na medida em que a boa execução de um projecto de aterro pode determinar a eliminação ou redução significativa dos impactes ambientais resultantes da sua exploração. As exigências quanto à construção dependem, mais uma vez, da classe de aterro que esteja em causa: aterro para resíduos inertes, aterro para resíduos não perigosos ou aterro para resíduos perigosos. Em relação a estes últimos, as exigências serão, naturalmente acrescidas, em termos de técnicas de construção. Referimo-nos essencialmente aos denominados sistemas de protecção ambiental activa, destinados a captar as inevitáveis *emissões poluentes* dos aterros de resíduos não inertes, *maxime* os lixiviados e os gases do aterro. Estes sistemas, consistindo basicamente em dispositivos de impermeabilização, redes de drenagem e mecanismos de captação, podem permitir também superar dificuldades, resultantes das condições geológicas, hidrogeológicas e até climáticas.

Outra dimensão importante, à qual a lei dedica uma atenção considerável é o controlo do funcionamento do aterro durante a fase de exploração. O controlo começa no momento da admissão dos resíduos e estende-se ao funcionamento da própria instalação. De extrema importância é o controlo dos próprios resíduos admitidos, segundo critérios de tipo, origem, composição, consistência, lixiviabilidade e outras particularidades ou características relevantes.

O reconhecimento deste facto levou a Comissão Europeia a adoptar, em 2002, uma extensa Decisão[154] definindo os critérios e processos aplicáveis à admissão dos resíduos em aterros, de acordo com os princípios estabelecidos na Directiva relativa à deposição de resíduos em aterro[155].

Esta decisão foi, aliás, uma das causas directas da publicação da nova Lei dos Aterros de 2009, em substituição da de 2002.

Durante a exploração, o operador deverá controlar, entre outros: os assentamentos, o enchimento, os lixiviados, as águas superficiais e subterrâneas, os gases, os dados meteorológicos e todas as anomalias verificadas. Mas mesmo depois do encerramento definitivo, o aterro e os resíduos, aí depositados, não são abandonados: a monitorização após o encerramento terá lugar durante um período de, pelo menos, 30 anos, com uma periodicidade anual, semestral ou trimestral, consoante os parâmetros a monitorizar. Relativamente às reacções físicas e químicas que ocorrem nos aterros de resíduos não inertes, este período de 3 décadas não parece excessivamente longo, sobretudo se tivermos em conta que, durante a discussão do projecto de directiva, o Parlamento Europeu chegou a propor que o controlo se mantivesse por 80 anos.

Finalmente, revela-se digna de nota a norma relativa ao cálculo da tarifa a cobrar pela deposição de resíduos em aterro. Em conformidade com o princípio do poluidor pagador, no cálculo devem entrar *todos* os custos decorrentes da instalação e exploração do aterro. Analisando todos os procedimentos necessários à instalação de um aterro, verificamos que estes custos incluem: os encargos com a aquisição ou a expropriação do prédio onde será instalado o aterro; o preço dos estudos e projectos necessários à concepção do projecto (incluindo a avaliação de impacte ambiental); o custo envolvido nos procedimentos autorizativos necessários (licença de exploração e respectivas taxas, licença ambiental, quando exigível, etc.); as

---

[154] Decisão do Conselho n.º 2003/33/CE de 19 de Dezembro.
[155] Directiva 1999/31/CE, de 26 de Abril.

despesas necessárias à preparação do local (aplanamento, impermeabilização) e à edificação de infra-estruturas (rede de captação de gases e lixiviados, estação de tratamento de águas residuais, casa do guarda, báscula, lava--rodas, arborização, etc.); os encargos da exploração (material de cobertura, mão-de-obra, equipamentos, desinfectantes, água, energia, etc.) e da garantia financeira (perdas resultantes da imobilização do capital); a estimativa dos custos de selagem e encerramento, e ainda de todos os controlos periódicos que têm que ser efectuados, durante o período de exploração de aterros e que pode ir além dos, 30 anos, no caso de aterros para resíduos perigosos (condições climatéricas, eluato, assentamentos, etc.)[156].

5.3.2. Incineração

O regime da incineração é algo paradoxal na medida em que, dependendo da natureza dos resíduos a incinerar, esta operação pode estar sujeita aos mais apertados controlos ambientais existentes no ordenamento jurídico português ou estar praticamente isenta de qualquer controlo.

Com efeito, sobretudo (mas não só) se se tratar da incineração de resíduos perigosos, a instalação em causa pode cair no âmbito de aplicação da lei de avaliação de impacte ambiental[157], do regime de prevenção de acidentes industriais graves[158], da lei de prevenção e controlo integrados da poluição[1579] e até do comércio europeu de licenças de emissões de gases com efeito de estufa[160].

---

[156] A tomada em consideração de todos estes factores, seguramente significará, em Portugal, uma subida sensível do tarifário praticado.

[157] Decreto-Lei n.º 69/2000, de 3 de Maio, alterado e republicado pelo Decreto-Lei n.º 197/2005, de 8 de Novembro.

[158] É o Decreto-Lei n.º 254/2007, de 12 de Julho que define *substâncias perigosas* como as substâncias, misturas ou preparações enumeradas na lei ou que satisfaçam os critérios de perigosidade igualmente constantes da lei e presentes ou previstas sob a forma de matérias-primas, produtos, subprodutos, resíduos ou produtos intermédios, incluindo aquelas para as quais é legítimo supor que se produzem em caso de acidente.

[159] Decreto-Lei n.º 173/2008, de 26 de Agosto

[160] Decreto-Lei n.º 233/2004 de 14 de Dezembro, alterado pelos Decretos-Leis n.os 243-A/2004, de 31 de Dezembro, 230/2005, de 29 de Dezembro e 72/2006 de 24 de Março, este último procedendo à sua republicação integral.

Pelo contrário, tratando-se de operações de incineração de biomassa (florestal ou agrícola) não dependem de licenciamento (nem mesmo simplificado) nem sequer estão abrangidas pela Lei dos Resíduos[161].

A nossa lei considera a incineração, e bem, como uma forma de tratamento térmico. Com efeito, a incineração abrange processos como a combustão, a pirólise ou a gaseificação e, na realidade, o que faz é transformar termicamente os resíduos sólidos em *outros resíduos*, no mesmo estado ou em diferente estado físico, *maxime* líquido e gasoso. Após esta transformação, resíduos sólidos resultantes serão significativamente reduzidos no seu peso e volume total, ocupando significativamente menos espaço, o que representa uma grande vantagem face à situação crítica actual em termos do tempo de vida dos aterros existentes.

No que respeita à prevenção de danos ambientais associados a esta operação de gestão, o que se pretende é que a incineração não resulte numa mera transferência de poluição, dos resíduos, para o ar, a água ou o solo.

Por isso, o regime jurídico do Decreto-lei n.º 85/2005, de 28 de Abril, assenta em dois pressupostos: primeiro, o das vantagens ambientais da incineração de resíduos perigosos, (designadamente industriais e hospitalares); e segundo, o da consciência da necessidade da prevenção e controlo dos riscos ambientais e de saúde pública eventualmente envolvidos nesta operação.

O sistema de controlo do processo de incineração de resíduos vai desde a recepção dos resíduos até ao tratamento dos resíduos finais resultantes do tratamento térmico.

Antes de mais, as categorias e quantidades de resíduos, que podem ser tratados na instalação, são enumerados obrigatoriamente na licença, devendo haver um sistema de controlo prévio, pelo operador, da conformidade com a licença, destas categorias e quantidade de resíduos.

Quanto ao funcionamento da instalação, é regulado na lei, tal como para os aterros, o procedimento de recepção dos resíduos. Previamente à recepção dos resíduos, o operador da instalação deverá dispor de uma descrição dos resíduos e das características de risco a eles associadas, permitindo-lhe decidir, em tempo útil, sobre a sua aceitabilidade para efeitos de

---

[161] Já quando se trate de instalações de incineração ou co-incineração que sejam anexas a uma exploração pecuária (e mesmo que constituam parte integrante do processo da respectiva exploração pecuária) não podem deixar de respeitar os requisitos do Decreto-Lei n.º 85/2005, de 28 de Abril.

incineração. Aquando da aceitação dos resíduos, o operador da instalação deverá recolher amostras a fim de verificar a conformidade com a descrição apresentada e verificar a existência de todos os documentos legalmente exigidos, nomeadamente quanto ao transporte e à identificação dos resíduos.

Quanto ao armazenamento, determina-se que os resíduos sejam armazenados de forma a prevenir a libertação não autorizada e acidental de substâncias poluentes para o solo, águas de superfície e águas subterrâneas e mesmo o armazenamento das águas da chuva contaminadas ou de águas contaminadas provenientes de derrames ou de operações de combate a incêndios deve estar previsto.

Deverá sempre proceder-se ao tratamento prévio dos resíduos, para garantir que o teor de carbono orgânico total das escórias e das cinzas de fundo seja inferior a 3% ou que a sua perda por combustão deve ser inferior a 5% do peso sobre a matéria seca do material.

A fim de garantir a eficácia do processo de queima e, consequentemente da *transformação térmica* dos resíduos, exige-se a manutenção de uma temperatura elevada durante um tempo relativamente longo. No contexto da incineração de resíduos estes conceitos significam concretamente que os gases resultantes do processo atingem (mesmo nas condições menos favoráveis), de forma controlada e homogénea, 850.°C durante dois segundos. Tratando-se, contudo, de incineração de resíduos perigosos com um teor superior a 1% de substâncias orgânicas halogenadas, expresso em cloro, a temperatura deverá atingir os 1100.°C durante, pelo menos, dois segundos.

As exigências legais relativamente à temperatura e ao tempo de queima não são compatíveis com falhas ou avarias do sistema instalado, nem com situações anormais de funcionamento, como paragens ou arranques. Prevendo estas situações, a lei obriga os operadores a instalar sistemas redundantes, para garantir a fiabilidade do processo e a bondade ambiental da operação de tratamento térmico.

No caso das instalações de incineração, cada linha da instalação de incineração deve ser equipada com, pelo menos, um queimador auxiliar, o qual deve ser activado automaticamente, sempre que a temperatura dos gases de combustão, após a última injecção de ar de combustão, desça para valores inferiores a 850.°C ou 1100.°C, respectivamente. Os referidos queimadores auxiliares devem também ser utilizados durante as operações de arranque e de paragem, a fim de garantir a manutenção permanente da temperatura de 850.°C ou de 1100.°C durante aquelas operações e enquanto a câmara de combustão contiver resíduos não queimados.

Por outro lado, todas as instalações de incineração ou de co-incineração de resíduos devem possuir e ter em funcionamento um sistema automático que impeça a alimentação de resíduos no arranque, enquanto não for atingida ou sempre que não seja mantida a temperatura mínima (850.°C ou de 1100.°C) ou sempre que haja perturbações ou avarias dos dispositivos de tratamento.

Apesar de a lei se limitar a estabelecer os requisitos mínimos, tratando-se de unidades de incineração dedicada, dependentes de uma licença ambiental, as autoridades devem ir mais além e exigir a aplicação das melhores técnicas disponíveis, tal como estão consagradas no documento de referência relativo à Incineração de Resíduos, aprovado em Agosto de 2006, e correspondente às categorias 5.1 e 5.2 do ponto 5 do Anexo I da Lei de Prevenção e Controlo Integrados da Poluição (Decreto-Lei n.º 173/2008, de 26 de Agosto).

Relativamente às emissões gasosas, (o grande receio das populações nos processos de incineração), temos actualmente limites substancialmente mais baixos do que há alguns anos atrás: 10mg/m^3 quanto às partículas totais, 50mg/m^3 de dióxido de enxofre, 200mg/m^3 ou 400mg m^3 de monóxido de azoto e dióxido de azoto[162], 1mg/m^3 de fluoreto de hidrogénio, 10mg/m^3 de cloreto de hidrogénio e 10mg/m^3 de substâncias orgânicas, expressas como carbono orgânico total.

As obrigações de medição e a frequência de medição dos poluentes atmosféricos, e os deveres de monitorização e controlo dos parâmetros, requisitos e procedimentos de amostragem, são fixados, caso a caso, na licença, mas implicam sempre monitorizações em contínuo de NOx, CO, partículas totais, COT, HCl, HF e SO2.

Também os aparelhos de monitorização devem ser submetidos, pelo menos uma vez por ano, ao controlo metrológico, efectuado por laboratórios acreditados no âmbito do Sistema Português da Qualidade e a uma operação de calibração mediante medições paralelas, utilizando métodos de referência, pelo menos de três em três anos.

Um dos pontos sensíveis da legislação anterior era as "tolerâncias", agora denominadas "condições excepcionais de funcionamento". Ora,

---

[162] Conforme a capacidade da instalação e consoante se trate de uma instalação existente ou nova.

actualmente, as "condições excepcionais de funcionamento" têm que ser autorizadas pela autoridade competente, mediante pedido fundamentado do operador. Esta autorização, que deve constar expressamente da licença, tem que ser comunicada à Comissão Europeia, com indicação exacta da motivação das derrogações concedidas e das verificações efectuadas.

Tão importante como a diminuição dos valores-limite de emissão e a redução das "tolerâncias", numa gestão moderna dos resíduos por incineração, é toda a regulamentação adicional sobre valorização energética (obrigatoriedade de recuperação do calor gerado pelo processo de incineração ou co-incineração) e gestão dos resíduos finais.

A este propósito é dever do operador proceder sempre à caracterização adequada de resíduos resultantes do próprio processo de incineração[163] para determinar a forma mais adequada da sua valorização ou eliminação.

Quanto ao transporte e armazenamento temporário dos resíduos produzidos pelo processo de incineração, e que se encontrem sob forma susceptível de dispersão, nomeadamente partículas de caldeiras e resíduos secos provenientes do tratamento dos efluentes gasosos, devem sempre ser efectuados de modo a evitar descargas no ambiente, designadamente através do recurso à utilização de recipientes fechados.

É de realçar que a incineração de resíduos, regulada pelo diploma, tanto pode ser levada a cabo numa instalação especificamente dedicada à incineração, como numa instalação industrial produtiva, na qual os resíduos sejam usados como combustível alternativo. Neste caso deve fazer-se ainda uma distinção entre a queima de resíduos *em bruto* e a queima de *combustíveis derivados de resíduos*, após um processo de extracção, por tratamento mecânico e biológico, das fracções com maior poder calorífico, obtendo um produto relativamente homogéneo, que garante a estabilidade do processo de queima. A operação de utilização dos *combustíveis derivados de resíduos* em instalações industriais denomina-se *co-incineração* e o método de cálculo dos valores-limite de emissão tem em consideração a proporção entre a quantidade de resíduos e a quantidade de combustível "normal" (fóssil).

Considerando que as condições legais da incineração e da co-incineração são semelhantes, não deveria haver diferenças substanciais entre

---

[163] Incluindo necessariamente a determinação da sua fracção solúvel total na fracção solúvel de metais pesados.

ambos os processos de tratamento térmico de resíduos, do ponto de vista dos impactes ambientais. Mesmo a vantagem da co-incineração, pela possibilidade de inertização dos resíduos sólidos do processo de queima – cinzas –, pode ser apenas aparente. A incorporação das cinzas, no produto final – por exemplo, cimento –, depende de elas serem adequadas, do ponto de vista ambiental e de saúde pública, o que implica fazer testes de lixiviação e eventualmente estabelecer restrições a certas utilizações do cimento (por exemplo para depósitos ou construções que estejam em contacto com água potável).

Porém, a experiência tem demonstrado que a conflituosidade social potencial da co-incineração de resíduos é muito superior, sobretudo quando ela se realiza através de alterações em unidades industriais pré-existentes em cuja localização, ao tempo do licenciamento inicial não foi tida em consideração a proximidade das populações ou de zonas sensíveis.

5.3.3. Outras operações

Tal como a incineração e a co-incineração, que podem ter a natureza de operações de eliminação ou de valorização, consoante se processem com ou sem recuperação de energia, também a utilização agrícola, pecuária e energética podem assumir uma ou outra feição, em função do preenchimento das condições avançadas pela jurisprudência europeia.

Referir-nos-emos brevemente a elas, a título ilustrativo, como operações que, sendo, em princípio, de valorização, devem obedecer a determinados requisitos estabelecidos por lei a fim de evitar riscos para a saúde e para o ambiente.

5.3.3.1. Valorização agrícola

As lamas de tratamento de águas são uma das classes de resíduos cujo crescimento se prevê exponencial, em virtude do avanço da política de gestão das águas e do alargamento desejável do número de instalações de tratamento de águas residuais. Pela sua composição (água e matéria orgânica) as lamas parecem ser especialmente adequadas para fertilização de solos agrícolas. Porém, as lamas podem igualmente conter materiais, como por exemplo metais pesados, cuja utilização agrícola pode pôr em perigo a saúde pública e o ambiente, o que justifica os cuidados que encontramos na lei.

As lamas, a que se refere o Decreto-lei n.º 118/2006, de 21 de Junho, podem provir de estações de tratamento de águas (residuais ou não), de fossas sépticas, de efluentes do processamento de frutos, legumes, cereais, óleos, açúcar, bebidas alcoólicas, da indústria de lacticínios, panificação, pasta de papel, etc.. As lamas orgânicas de depuração devem ser tratadas de forma a garantir que a sua composição respeita os parâmetros fixados na lei, por exemplo quanto a metais pesados, dioxinas, compostos orgânicos ou microrganismos patogénicos.

Complementarmente, para evitar que a deposição de lamas em solos agrícolas, seja uma mera forma de eliminação de resíduos, prescrevem-se restrições à sua aplicação estabelecendo valores máximos, em toneladas por hectare, para evitar que uma excessiva aplicação de lamas acabe por contaminar, por acumulação, os solos onde são aplicadas.

O espalhamento de lamas, ainda que praticado em benefício da agricultura, é susceptível de causar alguns incómodos de vizinhança (designadamente cheiros, insectos e parasitas em geral) e riscos de contaminação de águas, o que faz com que, também em relação às lamas, sejam estabelecidos afastamentos mínimos, que são os seguintes:

aglomerados populacionais, escolas ou zonas de interesse público	200 m
habitações ou captações de água para consumo humano	100 m
captações para água de rega, margens de águas marítimas ou águas navegáveis sob jurisdição de autoridades portuárias	50 m
outras águas navegáveis ou flutuáveis	30 m
águas não navegáveis nem flutuáveis	10m

Outras limitações prendem-se com o tipo de culturas e de solos beneficiados (ou afectados) pela aplicação: culturas hortícolas ou frutícolas durante o período vegetativo, 10 meses antes da colheita de culturas hortícolas ou frutícolas que estejam em contacto com o solo e sejam consumidas cruas, em solos destinados a produção biológica, três semanas antes da colheita ou apascentação do gado em prados de culturas forrageiras.

Por fim, é igualmente proibido aplicar lamas em condições de alta pluviosidade.

Respeitados estes cuidados, compreende-se a exclusão do espalhamento de lamas da lista de operações de gestão de resíduos enquadráveis no âmbito da lei de responsabilidade ambiental[164].

No mesmo sentido de promover a compatibilidade ambiental das operações de valorização de resíduos em benefício da agricultura, embora com exigências acrescidas, aplica-se a Decisão da Comissão Europeia de 2006, que estabelece os critérios ecológicos e os respectivos requisitos de avaliação e verificação para a atribuição do rótulo ecológico comunitário aos correctivos de solos e aos suportes de cultura[165]. Esta decisão permite a certificação ecológica dos correctivos produzidos a partir da decomposição de resíduos sólidos orgânicos e de lamas, embora proibindo a utilização de lamas de depuração de águas residuais.

5.3.3.2. Valorização pecuária

A prática de criação intensiva de gado alimentado com preparações de origem animal – designadamente farinhas de ossos, sangue, cascos, chifres, penas, peixe, gelatinas e torresmos secos – apesar de amplamente disseminada, vem sendo questionada, pelo risco de contaminação sucessiva dos animais para consumo humano com agentes patogénicos prejudiciais ao próprio Homem. Daí a necessidade de controlos rigorosos da produção de alimentos compostos para animais e do estabelecimento de algumas proibições e obrigações relativamente aos resíduos animais contaminados.

É o Decreto-lei n.º 245/99, de 28 de Junho, com as alterações introduzidas pelo Decreto-lei n.º 247/2002, de 8 de Novembro, que estabelece os princípios relativos à organização dos controlos oficiais no domínio da alimentação animal. Este diploma prevê a realização de controlos documentais (por análise dos documentos de acompanhamento dos alimentos para animais), controlos de identidade (por inspecção visual) e controlos físicos (por colheita de amostras para análise laboratorial) que devem ser

---

[164] O Decreto-Lei n.º 147/2008 de 29 de Julho.

[165] Segundo a Decisão n.º 2006/799, da Comissão Europeia, de 3 de Novembro, correctivos de solos são materiais adicionados ao solo no local para, principalmente, manter ou melhorar as suas propriedades físicas e que são susceptíveis de melhorar as suas propriedades ou actividades químicas e/ou biológicas. Suportes de cultura são materiais, outros que não o solo no local, em que são cultivadas as plantas.

efectuados regularmente, sem aviso prévio e sempre que haja suspeita de não conformidade com a legislação em vigor.

O Decreto-lei n.º 148/99, de 4 de Maio (com alterações introduzidas também pelo Decreto-lei n.º 247/2002, de 8 de Novembro), prescreve medidas de controlo a aplicar a certos subprodutos e seus resíduos em animais vivos. Proíbe a utilização de certas substâncias ou produtos para administração animal, prevendo controlos por sondagem e sem aviso prévio. Se forem detectados excessos de substâncias não autorizadas, o proprietário deverá destruir de forma adequada, e a suas expensas, os animais positivos.

O caso específico da contaminação dos bovinos com a doença de Creutzfeldt-Jakob resultante da alimentação do gado com alimentos, produzidos a partir de resíduos animais processados, levou à adopção de medidas urgentes de protecção contra a propagação da encefalopatia espongiforme dos bovinos[166] através da eliminação, por incineração, das carcaças, após o abate dos animais contaminados, e de medidas rigorosas ao nível da alimentação do gado.

5.3.3.3. Valorização energética

A valorização energética de resíduos revela uma importância estratégica, com vista à promoção do desenvolvimento sustentável, desde logo pela articulação que permite entre as várias políticas envolvidas, das quais destacamos a política de resíduos, a política de florestas e a própria política energética.

O Decreto-lei n.º 189/88, de 27 de Maio, estabeleceu, pela primeira vez, as regras aplicáveis à produção de energia eléctrica, a partir de recursos renováveis. Onze anos mais tarde, esse Decreto foi alterado e republicado pelo Decreto-lei n.º 168/99, de 18 de Maio, que regula a actividade de produção de energia eléctrica do Sistema Eléctrico Independente[167],

---

[166] São os Decretos-lei n.º 387/98 e 393-B/98, ambos de 4 de Dezembro; o Decreto-lei n.º 288/99, de 28 de Julho, que vem alterar o Decreto-lei n.º 387/98 e ainda o Decreto-lei n.º 211/2000, de 2 de Setembro, que revoga um artigo do Decreto-lei n.º 288/99.

[167] Em 2001, através do Decreto-Lei n.º 339-C/2001, de 29 de Dezembro, volta a reconhecer-se o contributo ambiental de certas instalações baseadas em fontes renováveis e a prever-se a remuneração diferenciada da energia produzida, em função da tecnologia utilizada, com especial destaque para tecnologias emergentes, como a energia solar fotovoltaica e a das ondas.

mediante a utilização de resíduos industriais, agrícolas ou urbanos. As finalidades do diploma são, nomeadamente, garantir a observância dos critérios de segurança na exploração da rede eléctrica, assegurar a manutenção da qualidade do serviço fornecido aos consumidores da rede pública e minimizar os impactes ambientais da operação. Na fixação do tarifário de venda da energia, pelo centro produtor à rede pública, ter-se-á em consideração, entre outros, «os benefícios de natureza ambiental proporcionado pelo uso de recursos endógenos, utilizados no centro produtor».

Mas foi a partir da aprovação da Estratégia Nacional para a Energia, em 2005[168], que se deu o salto qualitativo na articulação da política energética com a política de ambiente, impulsionando a estratégia de desenvolvimento sustentável do País. A redução efectiva da intensidade carbónica da economia portuguesa passa por respeitar o compromisso de produzir, em 2010, 39% da sua electricidade final com origem em fontes renováveis de energia. Alguns diplomas legais vieram, sucessivamente, concretizar este desiderato.

Em primeiro lugar, a lei dos biocombustíveis[169] que, em 2006 deu início à promoção do mercado de biocombustíveis e de outros combustíveis renováveis, em substituição dos combustíveis fósseis, reconhecendo, por exemplo, que a utilização de óleos alimentares usados e gorduras animais para a produção de biocombustíveis se apresenta como uma alternativa ecológica à sua eliminação, alternativa que é relevante para os pequenos produtores dedicados, que utilizam resíduos biológicos como matéria-prima para a produção de biocombustíveis.

Nos termos desta lei, os biocombustíveis são uma denominação genérica que engloba produtos tão diferentes como o «bioetanol», o «biodiesel», o «biogás», o «biometanol», o «bioéter dimetílico», ou o «biohidrogénio» mas que têm em comum serem produzidos a partir de biomassa, entendida como a fracção biodegradável de produtos e resíduos provenientes da agricultura (incluindo substâncias vegetais e animais), da silvicultura e das indústrias conexas, bem como a fracção biodegradável dos resíduos industriais e urbanos.

Porém, a introdução dos biocombustíveis no mercado só deixa de ser uma possibilidade, para se transformar numa realidade, se houver uma dis-

---

[168] Pela Resolução do Conselho de Ministros n.º 169/2005 de 24 de Outubro.
[169] Decreto-Lei n.º 62/2006, de 21 de Março.

ponibilidade suficientemente generalizada de biocombustíveis em todo o território nacional e se eles forem competitivos.

E a competividade resulta de outras medidas de promoção, das quais as primeiras foram de natureza fiscal.

Ainda em 2006 (e novamente em 2007), o Código dos Impostos Especiais de Consumo[170] é alterado para consagrar uma isenção fiscal por um período de seis anos, para uma percentagem dos biocombustíveis comercializados por cada produtor, prevendo um volume de isenção equivalente a 5,75 % dos combustíveis rodoviários em 2010.

Também em 2007, o Decreto-Lei n.º 225/2007, de 31 de Maio, aprova mais medidas ligadas às energias renováveis contribuindo para a concretização dos objectivos da estratégia nacional para a energia. Deste modo, começa por alterar os critérios de remuneração da electricidade produzida a partir de fontes de energia renovável, beneficiando as centrais de biogás, em qualquer das suas vertentes: gás de aterro, biogás do tratamento biológico de efluentes agro-pecuários ou agro-industriais; biogás proveniente do tratamento biológico das lamas das estações de tratamento das águas residuais; e, por fim biogás do tratamento biológico da fracção orgânica dos resíduos sólidos urbanos (tanto obtida por recolha selectiva como proveniente da recolha indiferenciada sujeita a tratamento mecânico e biológico). Esta é considerada como uma forma de apoiar o esforço de redução do depósito de matéria orgânica nos aterros cujas metas e calendarização foram estabelecidas na Lei dos Aterros.

Também quanto às centrais de incineração, a remuneração é diferenciada no caso da incineração de resíduos sólidos urbanos em bruto e da incineração de resíduos na forma de combustíveis derivados de resíduos, isto é, quando dos mesmos tenham sido extraídas, por tratamento mecânico e biológico ou equivalente, as fracções recicláveis ou susceptíveis de outras formas mais nobres de valorização.

Por outro lado, ainda a lei das energias renováveis de 2007, vem agilizar substancialmente os mecanismos de licenciamento em conformidade com o regime de favor estabelecido, na Lei dos Resíduos, para a valorização energética de biomassa florestal, consistindo na dispensa do regime de licenciamento normal. Eliminam-se, portanto, todos os obstáculos burocrá-

---

[170] Aprovado inicialmente pelo Decreto-Lei n.º 566/99, de 22 de Dezembro, mas alterado todos os anos, pelo menos duas vezes por ano. Até hoje sofreu dezanove alterações.

ticos reputados como desnecessários, através da adopção do princípio de que a declaração de impacte ambiental ou a decisão do procedimento de incidências ambientais, quando favoráveis ou condicionalmente favoráveis, justificam a superação de alguns procedimentos complementares de aprovação ou autorização. O resultado é a melhoria da articulação do licenciamento com a legislação ambiental aplicável (designadamente avaliação de impacte ambiental ou licença ambiental), pela integração de procedimentos, e a consequente e desejável aceleração do acesso à produção de energia renovável. Outro argumento, também ele forte, invocado para justificar esta simplificação procedimental é a importância da valorização da biomassa florestal, como medida da estratégia nacional de prevenção dos incêndios.

Regressando novamente aos expedientes de concretização dos objectivos energéticos estratégicos de 2005, um contributo importante foi dado pela Resolução do Conselho de Ministros n.º 21/2008, de 5 de Fevereiro, ao definir metas nacionais de incorporação de biocombustíveis nos combustíveis fósseis. Verificando que alguns construtores automóveis estão a adaptar os motores de forma a permitir a incorporação de maiores percentagens de biocombustíveis, a qual pode chegar a atingir os 100% em alguns veículos, decidiu aumentar para 10% o objectivo de incorporação de biocombustíveis nos combustíveis fósseis de 5,75%, em teor energético, em 2010, superando assim o valor indicativo da política energética da União Europeia. As vantagens, mais uma vez, são sobretudo ambientais, com destaque para o benefício decorrente da valorização dos resíduos.

Paralelamente, a Lei n.º 51/2008, de 27 de Agosto, considerando importante a consciencialização dos consumidores relativamente à origem da energia, obriga os comercializadores de energia a incluir, na facturação detalhada, informação relativamente às fontes primárias de energia renovável utilizadas, em percentagem.

Finalmente em 2009, o Decreto-Lei n.º 49/2009, de 26 de Fevereiro, veio estabelecer um sistema de quotas mínimas de incorporação obrigatória de biocombustíveis em gasóleo[171], associado a um mecanismo de *certificados de incorporação*. Este sistema, aplicável apenas aos biocombustíveis não incluídos no regime de isenção de imposto sobre produtos

---

[171] As quotas ascendem, em 2009, a 6%, em volume, do total de gasóleo rodoviário por estas introduzido no consumo no território nacional português; e em 2010, a 10%, em volume, do total de gasóleo rodoviário por estas introduzido no consumo no território nacional português.

petrolíferos e energéticos, assenta num documento emitido pela Direcção-
-Geral de Energia e Geologia e que certifica a introdução no consumo de
1000 litros de biocombustíveis. Além de inspecções para verificação do
cumprimento, os comerciantes de biocombustíveis ficam ainda sujeitos ao
pagamento de compensações calculadas com base no valor de € 560 por
1000 litros de biocombustíveis não incorporados ou não vendidos.

Porém, a severidade do regime instituído é dificilmente compatível,
primeiro, com os custos elevados de produção de biocombustíveis presentes no mercado, que dificultam o cumprimento das metas estabelecidas, e
depois, com a desigualdade entre os produtores cujo biocombustível beneficia do regime de isenção de imposto sobre produtos petrolíferos. Estas
considerações explicam que, cerca de um mês depois, a Portaria n.º 353-
-E/2009, de 3 de Abril, tenha vindo estabelecer os limites máximos de
preço e de volume de venda de biocombustíveis (a partir dos quais se
criam excepções à obrigatoriedade de incorporação de biocombustíveis no
combustível fóssil) e limites máximos de venda de biocombustíveis pelas
entidades que introduzam gasóleo rodoviário no consumo[172], no sentido
de assegurar maior equidade entre os produtores.

5.4. Operações de gestão integrada

Um conceito muito relevante, para uma gestão moderna de resíduos,
é o de fluxos de resíduos. O conceito de fluxos leva-nos a considerar globalmente a gestão de toda uma categoria de resíduos que, embora transversais, quanto à sua origem, e diversificados, quanto à sua composição,
revelam dificuldades de gestão e requisitos de tratamento similares, o que
justifica inteiramente a unificação do regime e a abordagem dita integrada,
considerando o produto ao longo do seu ciclo de vida, desde o berço até
ao caixão, com o objectivo de promover a valorização dos materiais contidos nos resíduos e, como sempre, a poupança de recursos naturais.

---

[172] Concretamente, os limites para 2010 são: Iberol 6 810 459 944 m², Torrejana
62 494 58 338 m², Biovegetal 520 5 152 763 m², Prio 5 246 551 499 m², Sovena
3 696 549 894 m², Enerfuel 14 995 14 635 m².

5.4.1. A gestão sustentável de fluxos de materiais

A gestão integrada aplica-se a certos tipos de resíduos, identificados legalmente como fluxos, e envolve a adopção de medidas destinadas à prevenção (seja de resíduos, seja de danos causados pelos resíduos) enquanto o resíduo ainda é... um produto.

Trata-se de adoptar, em relação a um determinado fluxo de produtos ou materiais, simultaneamente medidas de eco-concepção enquanto os produtos ainda são "pré-resíduos" (para prevenção quantitativa e qualitativa de resíduos, no âmbito de uma política integrada de produtos[173]) e medidas eficazes promovendo, na medida do possível, a recuperação e a valorização material, depois de se tornarem resíduos.

Deste modo, tão importante como a deposição selectiva e a recolha dos resíduos em causa, é o desenvolvimento de novas aplicações, novos materiais e novos produtos, produzidos a partir dos resíduos recolhidos selectivamente e, eventualmente, também o desenvolvimento de estratégias de *marketing* para assegurar o escoamento dos produtos reciclados no mercado.

No fundo, o que se pretende com a gestão integrada, baseada numa lógica de ciclo de vida, é assegurar uma gestão sustentável na perspectiva ambiental, mas também na perspectiva económica e social.

A gestão integrada dos vários fluxos de resíduos regulados por lei tem em comum a organização dos sistemas de gestão. Com efeito, os sistemas de gestão integrada são sistemas de *co-responsabilidade* nos quais assumem obrigações, conjuntamente, vários intervenientes no sistema. São, portanto, *cadeias* de responsabilidades diferenciadas, que envolvem os industriais, os comerciantes, os consumidores e entidades criadas expressamente para promover a gestão integrada. Eis, simplificadamente, o conteúdo das obrigações dos vários intervenientes:

– **Os produtores**. Fala-se, a este propósito, de responsabilidade *alargada* do produtor, para incluir a responsabilidade pelo produto, mesmo após o fim da sua vida útil. Os produtores assumem obrigações quanto à composição ou à marcação dos produtos, obriga-

---

[173] *Integrated product policy*, na expressão inglesa, que tem no Direito Comunitário um documento oficial, o Livro Verde sobre a política integrada relativa aos produtos, adoptado pela Comissão Europeia, em 7 de Fevereiro de 2001, [COM(2001) 68 final9].

ções de retoma e de valorização de materiais recuperados, e ainda obrigações financeiras para com as entidades gestoras.
- **Os comerciantes e os distribuidores.** A responsabilidade destes operadores traduz-se no dever de informação dos clientes e consumidores sobre a deposição e formas de valorização, no dever de retoma e encaminhamento dos resíduos entregues selectivamente.
- **Os produtores de resíduos** (consumidores ou utilizadores finais). Assumem, essencialmente, o dever de colaborar na gestão do fluxo, depondo selectivamente os resíduos, pelas formas previstas.
- **As entidades gestoras.** Os seus deveres principais são o dever de celebrar contratos de transferência de responsabilidade com os produtores ou importadores, deveres de investigação, deveres de promover acções de sensibilização, etc..

A gestão integrada obrigatória é actualmente uma realidade, para sete fluxos: embalagens, equipamentos eléctricos, materiais de construção, óleos, pilhas, pneus e veículos automóveis. No futuro, poderá ainda vir a abranger resíduos orgânicos (restos de cozinha e similares), solventes, óleos alimentares, sucatas, fraldas descartáveis, etc..

Na análise, forçosamente breve, do Direito *Integrado* dos Resíduos[174], começaremos o nosso percurso pelos equipamentos eléctricos e electrónicos, prosseguindo depois para as pilhas e acumuladores, embalagens, veículos em fim de vida, óleos e pneus. Terminaremos com os resíduos de construção e demolição, de acordo com uma lógica crescente de controlos administrativos, que será explicada com mais detalhe no final do capítulo.

5.4.1.1. Equipamentos eléctricos e electrónicos

Outro importante fluxo de resíduos, submetido a um sistema de gestão integrada, são os equipamentos eléctricos e electrónicos (EEE) regulados pelo Decreto-lei n.º 230/2004, de 10 de Dezembro[175], entendidos como os equipamentos cujo funcionamento adequado depende de corren-

---

[174] Ao qual se poderia também chamar Direito dos fluxos de materiais, dentro do espírito da *Kreislaufwirtschaft Gezets* alemã.

[175] Corrigido pelo Decreto-lei n.º 174/2005, de 25 de Outubro, quanto ao âmbito de aplicação.

tes eléctricas ou campos electromagnéticos para funcionar correctamente, bem como os equipamentos para geração, transferência e medição dessas correntes e campos, e concebidos para a utilização com uma tensão nominal não superior a 1000 V para corrente alterna e 1500 V para corrente contínua[176].

Este é um fluxo cuja gestão apresenta algumas dificuldades, tanto pela diversidade de materiais componentes, como pela multiplicidade e dispersão das fontes produtoras.

Se compararmos, por exemplo, com os veículos em fim de vida, verificamos que em ambos os casos se encontram presentes materiais tão variados como plásticos de todos os tipos, metais ferrosos, não ferrosos e preciosos, produtos químicos perigosos (em estado gasoso, líquido e sólido), vidros, borrachas, etc.. Porém, a imensidão da tarefa de controlar ambientalmente a produção de EEE torna-se patente se compararmos o número de fabricantes de automóveis com o número de fabricantes de EEE... Esta profusão de fontes justifica, por isso, mais do que em qualquer outro fluxo, a importância do registo de produtores de EEE[177].

Comparando agora com as embalagens, vemos que, mesmo quanto à composição, os EEE estão longe de ter a homogeneidade de qualquer embalagem, sendo, antes pelo contrário, integrados por materiais perigosos (tais como metais pesados), materiais dificilmente recicláveis (como certos plásticos), materiais quase sem valor económico (como a sílica) ou com elevado valor de mercado (como os metais preciosos presentes nos circuitos impressos do equipamento informático: prata, ouro e platina).

Quanto aos deveres dos intervenientes, os produtores de EEE têm deveres de eco-concepção com duas finalidades: por um lado, limitar a utilização de substâncias ou preparações perigosas[178], de forma a reduzir o

---

[176] Como por exemplo grandes electrodomésticos de arrefecimento, aquecimento ou lavagem; pequenos electrodomésticos como ferros de engomar, torradeiras, fritadeiras, máquinas de café, relógios ou balanças; equipamentos informáticos e de telecomunicações; equipamentos de som ou imagem; equipamentos de iluminação e lâmpadas; ferramentas eléctricas e electrónicas; brinquedos e equipamento de desporto e lazer; aparelhos médicos; instrumentos de monitorização e controlo, como detectores de fumo ou termóstatos; distribuidores automáticos de bebidas, de produtos sólidos, de dinheiro e todo o tipo de produtos.

[177] Nos termos do Despacho de 23 de Março de 2006, é a ANREEE a entidade competente.

[178] Desde 1 de Julho de 2006 que certos equipamentos só podem ser colocados no mercado nacional se não tiverem chumbo, mercúrio, cádmio, crómio hexavalente, polibromobifelino (PBB) ou éter de difenilo polibromado (PBDE).

carácter nocivo e a quantidade de resíduos a eliminar, e por outro para fomentar o "design for disassembly", que consiste em projectar o produto tendo em vista a sua futura desmontagem[179] e a valorização das partes componentes, se possível pela reutilização ou pela reciclagem.

Tratando-se de produtos consumidores de energia[180], o Decreto-lei n.º 26/2009, de 27 de Janeiro, estabelece o enquadramento aplicável à definição dos requisitos de concepção ecológica, a fim de melhorar o desempenho ambiental do produto ao longo de todo o seu ciclo de vida. No diploma estão previstos procedimentos de avaliação da conformidade, com o propósito de determinar o cumprimento dos parâmetros de concepção ecológica, entre os quais se conta, naturalmente, a produção de resíduos[181].

---

[179] Exemplo de estratégias de desmantelamento do equipamento é o uso de apenas um tipo de parafuso para todas as peças de uma máquina, ou o uso de parafusos feitos de um plástico especial que, sob o efeito de radiação, perdem a rosca, ou de molas que a certa temperatura fazem saltar as partes componentes do produto, que acaba por se desmontar sozinho.

[180] Produtos que, uma vez colocados no mercado ou em serviço, dependem de uma fonte de energia – electricidade, combustíveis fósseis e fontes de energia renováveis – para funcionar da forma prevista, ou produtos para a produção, transferência ou medição dessa energia, incluindo peças dependentes de uma fonte de energia a incorporar em produtos consumidores de energia abrangidos e colocadas no mercado ou em serviço como peças individuais para utilizadores finais, cujo desempenho ambiental possa ser avaliado de forma independente.

[181] Os parâmetros de concepção ecológica, estabelecidos na parte I do Anexo I, são:
a) Peso e volume do produto;
b) Utilização de materiais resultantes de actividades de reciclagem;
c) Consumo de energia, água e outros recursos ao longo do ciclo de vida;
d) Utilização de substâncias classificadas como perigosas para a saúde e/ou para o ambiente, nos termos dos Decretos-leis n.os 82/95, de 22 de Abril, e 27-A/2006, de 10 de Fevereiro, tendo em conta a legislação relativa à comercialização e utilização de substâncias específicas, como o Decreto-lei n.º 230/2004, de 10 de Dezembro, alterado pelo Decreto-lei n.º 174/2005, de 25 de Outubro;
e) Quantidade e natureza dos materiais consumíveis necessários para a utilização e a manutenção correctas;
f) Facilidade de reutilização e de reciclagem, expressa em número de materiais e componentes utilizados, uso de componentes normalizados, tempo necessário para a desmontagem, complexidade das ferramentas necessárias para a desmontagem, utilização de normas de codificação de componentes e materiais para a identificação dos componentes e materiais que podem ser reutilizados e reciclados (incluindo marcação de partes de plástico de acordo com as normas ISO), utilização de materiais facilmente recicláveis, fácil acesso a componentes e

Complementarmente, cada vez que um novo tipo de EEE é colocado no mercado, é ainda obrigação dos produtores fornecer, aos diversos operadores de REEE, informações sobre os diversos componentes e materiais utilizados, a localização das substâncias e preparações perigosas e a reutilização e o tratamento.

Em termos de gestão, os produtores de EEE podem optar por enquadrar-se num sistema integrado, que lhes permite a transferência de responsabilidade para uma entidade gestora – neste caso, a Amb3E[182] ou a ERP[183] – ou assumirem sozinhos os encargos da recolha, transporte e valorização.

Quanto aos produtores de REEE (ou seja, os consumidores ou utilizadores últimos) apesar de pagarem, através do preço, os custos do funcionamento do sistema, não vêem esse valor discriminado na factura, tal como também acontece com as pilhas, mas diferentemente do que se passa com os pneus. Assumem, além disso, a obrigação de entregar os seus resíduos nos sistemas de recolha selectiva, seja por entrega directa nos centros de recepção[184] definidos para o efeito[185], seja através de entrega ao comer-

    materiais valiosos ou outros e fácil acesso a componentes e materiais que contenham substâncias perigosas;
g) Incorporação de componentes usados;
h) Preocupação em evitar a utilização de soluções técnicas em detrimento da reutilização e reciclagem de componentes e de aparelhos;
i) Extensão do tempo de vida, expressa em tempo de vida mínimo garantido, tempo mínimo para a disponibilização de peças sobressalentes, modularidade, possibilidade de actualização e reparação;
j) Quantidade de resíduos gerados e quantidade de resíduos perigosos gerados;
k) Emissões para o ar (gases com efeito de estufa, agentes acidificantes, compostos orgânicos voláteis, substâncias que empobrecem a camada de ozono, poluentes orgânicos persistentes, metais pesados, partículas finas e partículas em suspensão), sem prejuízo do disposto no Decreto-lei n.º 432/99, de 25 de Outubro;
l) Emissões para a água (metais pesados, substâncias com efeito negativo sobre o equilíbrio de oxigénio e poluentes orgânicos persistentes);
m) Emissões para o solo (especialmente fugas e derramamentos de substâncias perigosas durante a fase de utilização dos produtos e potencial de lixiviação aquando da eliminação como resíduo).

[182] Alvará de 1 de Janeiro de 2006.
[183] Alvará de 26 de Janeiro de 2006.
[184] Os centros de recepção devem dispor de locais de armazenagem adequada, devidamente impermeabilizados, munidos de sistema de recolha de derrames e protegidos da intempérie (Anexo III).
[185] Tal como acontece com as pilhas e acumuladores, constituídos no âmbito dos sis-

ciante aquando da aquisição de um equipamento novo. Em qualquer dos casos, nunca a entrega do REEE trará quaisquer encargos acrescidos para o produtor do resíduo.

A centralidade da informação ao consumidor está aqui em grande evidência, sendo obrigação das entidades gestoras afectar verba às campanhas de informação e sensibilização para a boa gestão de REEE.

Tal como acontece com as pilhas e acumuladores, espera-se que o consumidor proceda à entrega do resíduo de EEE espontaneamente e sem qualquer estímulo que não seja a possibilidade de beneficiar de recolha domiciliária gratuita do EEE, no caso do o comerciante assegurar a entrega de um equipamento funcionalmente equivalente.

5.4.1.2. Pilhas e acumuladores

Se compararmos a razão de ser da existência do fluxo de resíduos de pilhas e acumuladores com os resíduos de construção e demolição, verificamos que as primeiras estão no extremo oposto aos segundos. Se os RCD eram volumosos, mas inertes, os resíduos de pilhas e acumuladores representam um volume pequeno, mas uma perigosidade muito elevada.

O perigo deve-se à composição interna das pilhas – sempre metais pesados, como mercúrio, níquel, cádmio ou chumbo – que fazem com que uma deposição conjunta com os resíduos urbanos possa ter efeitos ambientais graves e comportar problemas sérios de saúde pública. Este é, por isso, um dos fluxos mais úteis, porque faz desviar, dos resíduos sólidos urbanos, uma fracção que os torna inaptos para operações de valorização energética (por incineração ou co-incineração), valorização material (por digestão aeróbia ou anaeróbia[186]) ou mesmo eliminação em aterro[187].

A actual lei de gestão de resíduos de pilhas e acumuladores (RPA) (Decreto-lei n.º 6/2009, de 6 de Janeiro) é aplicável a qualquer fonte de energia eléctrica obtida por transformação directa de energia química,

---

temas multimunicipais, intermunicipais ou municipais de gestão de resíduos, ou junto dos comerciantes ou em pontos de recolha organizados pelas entidades gestoras.

[186] Como já vimos, a lei estabelece limites ao teor de metais pesados presentes nos resíduos destinados a aplicação agrícola.

[187] O interior dos aterros de resíduos sólidos urbanos pode atingir pressões, temperaturas e níveis de acidez muito elevados que aumentam a probabilidade de que as pilhas e baterias expludam.

constituída por uma ou mais células primárias não recarregáveis ou por um ou mais elementos secundários recarregáveis, independentemente da sua forma, volume, peso, materiais constituintes ou utilização[188] e cria obrigações, tanto para os fabricantes de pilhas, como para os fabricantes dos produtos que exigem pilhas.

Os fabricantes de pilhas estão obrigados, genericamente, a conceber pilhas e acumuladores que progressivamente contenham menos substâncias perigosas, designadamente através da substituição dos metais pesados como o mercúrio, o cádmio e o chumbo, por forma a diminuir o seu impacte negativo no ambiente e na saúde humana, sendo já proibida a colocação no mercado de pilhas com teores de mercúrio ou cádmio superiores a determinados valores.

Os fabricantes de aparelhos que exigem incorporação de pilhas ou acumuladores devem assegurar que os mesmos são concebidos de modo a facilitar a remoção dos RPA e vêm acompanhados de instruções que informem o utilizador final sobre o tipo de pilhas ou acumuladores neles incorporados e sobre a remoção segura dos RPA.

Ambos (tanto os fabricantes de pilhas, como os fabricantes de aparelhos ou veículos) têm ainda deveres de informação:

- o dever de proceder ao seu registo como produtores de pilhas e acumuladores, informando a entidade responsável pelo registo, sobre o tipo e quantidade de pilhas e acumuladores colocados anualmente no mercado e sobre o sistema de gestão (individual ou integrado) pelo qual optaram;
- o dever de proceder à rotulagem das pilhas e acumuladores e dos produtos que os contêm, com um símbolo alusivo à proibição de deposição conjunta com os resíduos domésticos (descrito na lei como "contentor de lixo barrado com uma cruz").

Após a recolha, cabe, como sempre, aos produtores, o tratamento, a reciclagem e a eliminação dos RPA. Este dever pode ser cumprido individualmente ou através de um sistema integrado, transferindo para a entidade gestora, Ecopilhas[189], essa responsabilidade.

---

[188] Incluindo baterias ou acumuladores industriais, baterias ou acumuladores para veículos automóveis, pilhas-botão ou pilhas ou acumuladores portáteis.

[189] O Alvará da Ecopilhas é de 14 de Outubro de 2002.

Mas o sucesso do sistema de gestão instituído reside na co-responsabilização dos utilizadores, que estão obrigados à deposição selectiva dos RPA, entregando-os nos pontos de recolha selectiva existentes, junto dos sistemas de gestão de resíduos (multimunicipais, intermunicipais ou municipais) ou outros pontos de recolha. Para assegurar a maior cobertura da rede de recolha, tendo em conta a densidade populacional e a acessibilidade, a lei prevê que também os comerciantes e a entidade gestora intervenham criando centros de recolha mais próximos das populações.

A entidade gestora, Ecopilhas, responsabiliza-se por colocar pontos de recolha em escolas e unidades de saúde. Os comerciantes, por sua vez, estão obrigados a aceitar a entrega de RPA da mesma natureza daqueles que colocam no mercado, sem encargos para os utilizadores e sem que estes tenham que adquirir novas pilhas e acumuladores[190].

A entrega pode ainda ser feita em articulação com outros fluxos de resíduos como VFV (para baterias de veículos) e REE (para RPA portáteis[191]).

Daí a aposta forte, como competência da entidade gestora, na informação e sensibilização dos consumidores surgindo, pela primeira vez discriminado na lei, o conteúdo do dever de informação e sensibilização:

– Informação sobre a obrigação de não depositar resíduos de pilhas e acumuladores como resíduos urbanos indiferenciados, contribuindo para a sua recolha selectiva;
– Informação sobre os sistemas de recolha selectiva disponíveis e os respectivos locais de deposição voluntária;
– Informação sobre as funções da entidade gestora no âmbito da gestão de resíduos de pilhas e acumuladores;
– Informação sobre os efeitos para o ambiente e a saúde humana decorrentes da presença de substâncias perigosas nos resíduos de pilhas e acumuladores;

---

[190] Este é um regime diferente do concebido para os resíduos eléctricos e electrónicos.

[191] Qualquer pilha, pilha-botão, bateria de pilhas ou acumulador que seja fechado hermeticamente, possa ser transportado à mão e não seja uma bateria ou acumulador industrial, nem uma bateria ou acumulador para veículos automóveis, nomeadamente as pilhas constituídas por um elemento único, como, por exemplo, as pilhas AA e AAA, bem como as pilhas e acumuladores utilizados em telemóveis, computadores portáteis, ferramentas eléctricas sem fios, brinquedos e aparelhos domésticos.

– Informação sobre o significado do símbolo, bem como dos símbolos químicos do mercúrio (Hg), do cádmio (Cd) e do chumbo (Pb).

No entanto, esta preocupação com a informação parece estar em contradição com a não discriminação, na factura, do valor suportado pelo consumidor em virtude do sistema de gestão instituído (contrariamente ao que se passa com os pneus e os resíduos eléctricos e electrónicos).

5.4.1.3. Embalagens

As embalagens eram, inegavelmente, um dos fluxos de resíduos que, pelo peso crescente que representam no quantitativo dos materiais residuais a gerir nas sociedades industrializadas, importava urgentemente regular. Por isso, em 1995, foram o primeiro tipo de resíduos a ser legalmente regulado, enquanto fluxo, de forma completa, articulada e coerente, dentro dos princípios e do espírito da gestão ao longo do ciclo de vida.

Trata-se de um regime complexo, que tenta conciliar as exigências ambientais relativas às embalagens, com considerações decorrentes do Direito do Consumo (por exemplo, o direito de opção do consumidor, relativamente a embalagens reutilizáveis e não reutilizáveis[192]), do Direito Comercial, como as liberdades de comércio e de concorrência (na medida em que as regras ambientais conformadoras das embalagens não podem constituir restrições injustificadas a estas liberdades europeias fundamentais[193]) e dos Direitos de Propriedade Industrial e Comercial[194].

É precisamente no caso das embalagens que se torna particularmente visível a transversalidade e a utilidade do conceito legal de *fluxos*.

As embalagens, independentemente da sua origem doméstica, industrial ou agrícola, independentemente do material de que sejam compostas (como metal, cartão ou plástico), independentemente de se destinarem a acondicionar directamente um produto, ou a re-acondicionar outras emba-

---

[192] Consagrado no artigo 2.º, n.º 8 da Portaria n.º 29-B/98, de 15 de Janeiro.
[193] Artigo 1.º, n.º 1, *in fine*, do Decreto-lei n.º 366-A/97, de 20 de Dezembro, na versão introduzida pelo Decreto-lei n.º92/2006, de 25 de Maio.
[194] Artigo 4.º, n.º 2 do Decreto-lei n.º 366-A/97, de 20 de Dezembro.

lagens, têm particularidades comuns, que justificam um tratamento autónomo, de acordo com regras uniformes[195].

As particularidades das embalagens resultam de elas desempenharem um papel essencial na utilização, mas acessório em relação ao produto. As embalagens são fundamentais porque, sem elas, não seria possível o transporte, a armazenagem, a distribuição, ou a conservação do produto. Mas, ao contrário do produto, as embalagens não são desejadas em si mesmas. Na maior parte dos casos, se o adquirente pudesse prescindir da embalagem, fá-lo-ia. Por isso, muitas vezes, a embalagem constitui um *fardo* para o adquirente do produto embalado, do qual ele se vai livrar, assim que lhe for possível.

Ora, o produtor de resíduos de embalagem (que, no caso dos resíduos sólidos urbanos é o consumidor final) deve ter informação sobre qual o comportamento correcto a adoptar na gestão desse específico resíduo. Essa informação pode ser transmitida, por exemplo, através de sinalização específica, aposta sobre a embalagem, ou veiculada através de campanhas de sensibilização desenvolvidas pela entidade gestora, a Sociedade Ponto Verde[196].

As embalagens podem (e em alguns casos, devem) ser marcadas com símbolos que dão indicações aos consumidores sobre o sistema de gestão ao qual a embalagem está submetida – sistema de consignação ou sistema integrado –, à natureza reutilizável ou não reutilizável da embalagem, ao material de que é composta[197], etc.. Consideramos, no entanto, criticável que esta marcação das embalagens (com símbolos correspondentes aos materiais que as compõem), cuja utilidade para efeito de reciclagem é manifesta, se mantenha, apesar de tudo, como facultativa.

A diversidade de materiais integrados no fluxo das embalagens, enquanto elementos componentes das mesmas, explica a variedade das formas de gestão aplicáveis às embalagens: a reutilização que é, por exce-

---

[195] A sua gestão é coordenada por uma entidade centralizada – a Sociedade Ponto Verde, a SIGERU ou a Valormed – que assegura a retoma, valorização e reciclagem dos resíduos de embalagem, através de vínculos contratuais com os fabricantes de embalagens e de materiais de embalagem (papel, cartão, vidro, plástico, madeira, aço e alumínio).

[196] A licença da Sociedade Ponto Verde, de Dezembro de 2004, foi alterada em 2009 pela Portaria n.º 10287/2009, de 20 de Abril, que estabelece princípios e normas aplicáveis à gestão de embalagens e resíduos de embalagens.

[197] PET, PVC, PS para plásticos, FE, ALU para metais, ou PAP, para papel e cartão são algumas das abreviaturas usadas para marcar, facultativamente, as embalagens.

lência, o destino final prioritário das embalagens, mas também a reciclagem, a reciclagem orgânica, ou a valorização são alguns dos destinos possíveis para as embalagens. Por esta razão conseguimos encontrar na lei da embalagem alguns conceitos que a própria Lei dos Resíduos, com as suas 31 definições ordenadas alfabeticamente, não contém, e que adquirem no âmbito das embalagens um sentido específico. É o caso da *reutilização*, operação pela qual uma embalagem, concebida e projectada para cumprir, durante o seu ciclo de vida, um número mínimo de viagens ou rotações, é enchida de novo, com ou sem apoio de produtos auxiliares, presentes no mercado, que permitam o novo enchimento da própria embalagem, ou reutilizada para o mesmo fim para que foi concebida. As embalagens reutilizadas só passarão a ser resíduos de embalagem quando deixarem de ser reutilizadas.

Actualmente, o Decreto-lei n.° 366-A/97, de 20 de Dezembro[198], aplica-se a todos os produtos feitos de materiais de qualquer natureza utilizados para conter, proteger, movimentar, manusear, entregar e apresentar mercadorias, tanto matérias-primas como produtos transformados, desde o produtor ao utilizador ou consumidor, incluindo todos os artigos descartáveis utilizados para os mesmos fins. Este diploma classifica ainda as embalagens em três tipos: embalagens de venda, grupadas ou de transporte.

- Embalagens de venda ou *primárias*, são as que compreendem qualquer embalagem concebida de modo a constituir uma unidade de venda para o utilizador final ou consumidor no ponto de compra;
- Embalagens grupadas ou *secundárias*, são as que compreendem qualquer embalagem concebida de modo a constituir, no ponto de compra, uma grupagem de determinado número de unidades de venda, quer estas sejam vendidas como tal ao utilizador ou consumidor final, quer sejam apenas utilizadas como meio de reaprovisionamento do ponto de venda (este tipo de embalagem pode ser retirado do produto sem afectar as suas características);
- Embalagens de transporte ou *terciárias*, que englobam qualquer embalagem concebida de modo a facilitar a movimentação e o transporte de uma série de unidades de venda ou embalagens grupadas. A embalagem de transporte não inclui os contentores para transporte rodoviário, ferroviário, marítimo e aéreo.

---

[198] Alterado, primeiro em 27 de Julho de 2000, pelo Decreto-lei n.° 162/2000, e depois em 2006, pelo Decreto-lei n.°92/2006, de 25 de Maio.

A definição e as classificações legais, aparentemente claras, têm levantado, na prática, dúvidas sérias de aplicação, que conduziram a pormenores de regulamentação quase barrocos, como aconteceu, em 2006, quando a lei veio estabelecer "critérios auxiliares para a definição de embalagem". No Anexo I, do Decreto-lei n.º 92/2006, de 25 de Maio, esclarecem-se os destinatários da lei de que não se encontravam abrangidos pelas prescrições legais, os vasos destinados a conter plantas durante toda a sua vida, as caixas de ferramentas, os saquinhos de chá, as camadas de cera que envolvem o queijo e as peles de salsichas e enchidos, mas que deveriam realmente considerar-se abrangidos pelo âmbito legal, as etiquetas autocolantes, os agrafos ou os utensílios de medição de doses integrados nos recipientes de detergentes...

Como princípios que devem presidir ao fabrico das embalagens são de realçar o da prevenção (quantitativa e qualitativa) e o da hierarquia das operações de gestão. A este propósito é especialmente importante o Decreto-lei n.º 407/98, de 21 de Dezembro, que estabelece regras sobre a composição de embalagens:

– **O princípio da prevenção qualitativa**, na medida em que «as embalagens devem ser fabricadas de forma a que o respectivo peso e volume não excedam o valor mínimo necessário para manter níveis de segurança, higiene e aceitação adequados para o produto embalado e para o consumidor»[199]. Tratando-se de embalagens valorizáveis, a minimização é compatível, se permitir, apesar de tudo, um certo número de viagens ou rotações, em condições de utilização normais previsíveis e se o seu manuseamento com vista ao reenchimento respeitar a saúde e segurança dos trabalhadores[200].
– **O princípio da prevenção quantitativa**, ou de minimização de impactes ambientais, um princípio que proíbe a comercialização, por razões de protecção do ambiente e da saúde, de embalagens contendo valores elevados de determinadas substâncias perigosas (designadamente metais pesados). Nas palavras da lei, «as embalagens devem ser concebidas, produzidas e comercializadas de forma a [...] minimizar o impacte sobre o ambiente quando são valorizados e eliminados os resíduos de embalagens ou o remanescente das

---

[199] Anexo A.II.a).
[200] Anexo A.III.a).

operações de gestão de resíduos de embalagens» e «as embalagens devem ser fabricadas de modo a minimizar a presença de substâncias nocivas e outras substâncias e matérias perigosas no material das embalagens ou de qualquer dos seus componentes no que diz respeito à sua presença em emissões, cinzas ou lixiviados, aquando da incineração ou descarga em aterros sanitários, dos resíduos de embalagens ou do remanescente das operações de gestão de resíduos de embalagens»[201].

– Por fim, **o princípio do respeito pela hierarquia das operações de gestão**, que obriga a atribuir prioridade à reutilização: «as embalagens devem ser concebidas, produzidas e comercializadas de forma a permitir a sua reutilização (...)»[202], seguida da reciclagem material: «as embalagens valorizáveis sob a forma de reciclagem material devem ser fabricadas de forma a permitir a reciclagem de uma certa percentagem, em peso, dos materiais utilizados no fabrico de produtos comercializáveis (...)»[203]. Só depois vem a valorização energética (as embalagens valorizáveis sob a forma de valorização energética devem ter um poder calorífico inferior mínimo que permita optimizar a valorização energética»[204]), logo depois a compostagem («no caso de embalagens valorizáveis sob a forma de composto, os resíduos das embalagens tratados para efeitos de compostagem devem ser recolhidos separadamente e ser biodegradáveis, de forma a não entravar o processo ou actividade de compostagem no qual são introduzidos»[205]) e, finalmente, as outras formas possíveis de valorização («no caso de embalagens biodegradáveis, os respectivos resíduos devem ter características que permitam uma decomposição física, química, térmica ou biológica de que resulte que a maioria do composto final acabe por se decompor em dióxido de carbono, biomassa e água»[206]).

---

[201] Anexo A.II.c.).
[202] Anexo A.II.b).
[203] Anexo A IV. a).
[204] Anexo A.IV.b).
[205] Anexo A.IV.c).
[206] Anexo A.IV.c).

Os objectivos de gestão podem ser prosseguidos através de sistemas de consignação ou sistemas integrados.

O *sistema de consignação*, mais oneroso para os participantes do que o sistema integrado, é aplicável tanto a embalagens reutilizáveis como não reutilizáveis, mas faz mais sentido para as primeiras. Este sistema exige que os embaladores devam conferir às embalagens características de resistência e durabilidade, que permitam a sua manutenção sob a mesma forma e sem alterações no circuito económico. Quanto aos comerciantes, devem comercializar embalagens reutilizáveis a par das não reutilizáveis, para garantia do direito de escolha do consumidor (tratando-se de estabelecimentos hoteleiros de restauração, ou de bebidas, – designados pelo acrónimo HORECA – estão obrigados a comercializar apenas embalagens reutilizáveis). Em seguida, devem cobrar o depósito aos consumidores no acto de venda das embalagens submetidas ao sistema de consignação, e restituir o depósito no acto de devolução da embalagem. Devem ainda assegurar a recolha e armazenagem das embalagens e não devem introduzir embalagens reutilizáveis nos circuitos normais de recolha de resíduos. Os operadores económicos de embalagens, por sua vez, devem proceder à recolha das embalagens entregues.

O *sistema integrado*, que não garante a reutilização mas apenas outras formas de valorização das embalagens, assegura uma gestão mais simplificada, na medida em que as obrigações de recolha e valorização podem ser transferidas ou para as entidades expressamente licenciadas para assumir as competências de gestão de embalagens não reutilizáveis ou para os municípios[207].

Actualmente as entidades gestoras são a Sociedade Ponto Verde[2068], responsável também pelo sub-sistema VERDORECA (existente desde 1999, para resíduos de embalagens de hotéis, restaurantes e cafés); a Valormed para as embalagens de medicamentos[209] e a SIGERU para as embalagens de produtos fitofarmacêuticos[210].

Os custos do funcionamento da entidade gestora das embalagens ficam sempre a cargo dos embaladores ou importadores de embalagens, o

---

[207] Os municípios, enquanto responsáveis pela recolha selectiva e triagem de resíduos de embalagens, têm direito a contrapartidas financeiras, a título compensatório.

[208] Desde 1996, com licença renovada em 2004.

[209] Desde 2000, com licença renovada em 2007.

[210] Desde 2006.

que significa que embora os embaladores sejam os primeiros responsáveis pelo funcionamento do sistema, em conformidade com o princípio do poluidor pagador, em última instância, quem suporta o encargo são os consumidores ou utilizadores.

Assim, a quota-parte da responsabilidade do consumidor-produtor de resíduos consiste, por um lado, em suportar, através do preço, uma parte proporcional do custo de funcionamento do sistema de gestão desse fluxo de resíduos, e por outro, em depor selectivamente o resíduo (separadamente das restantes fracções de resíduos e separadamente dos resíduos indiferenciados) a fim de permitir a sua recolha selectiva, pela entidade gestora, e a sua valorização material. Importante para o balanço económico e ambiental da operação é a optimização dos circuitos de recolha das fracções valorizáveis dos resíduos sólidos urbanos.

Após a recolha selectiva, os resíduos são recolhidos triados[221], em função dos materiais que os constituem, para efeito de valorização, sendo retomados pelos produtores que, associados, se dedicam à valorização dos materiais recuperados. Têm particular importância as fileiras: dos vidros, dos plásticos, dos metais, da matéria orgânica, do papel e cartão e as respectivas entidades gestoras: Plastval, Embar, Fimet ou Recipac.

5.4.1.4. Veículos automóveis

A justificação para o regime, especialmente favorável para o consumidor, do sistema de gestão de veículos em fim de vida decorre da conjugação de várias circunstâncias: primeiro, o veículo em fim de vida, do qual o seu detentor se pretende desfazer, pode estar em condições de ser reutilizado. Segundo, o veículo em fim de vida pode ainda ter algum valor comercial[212], o que, à luz do mercado, o torna susceptível de uma venda

---

[211] A triagem é o acto de separação de resíduos mediante processos manuais ou mecânicos, sem alteração das suas características, com vista à sua valorização ou a outras operações de gestão. A triagem é especialmente importante para as embalagens de plástico e metal, uma vez que as fracções de papel, cartão e vidro já deveriam ser depostas selectivamente. Se a separação de metais, entre ferrosos e não ferrosos, é um processo mecânico simples, que funciona através de electroímanes, já a separação entre plásticos é um processo mais complexo, em regra manual, que muito beneficiaria com a marcação obrigatória dos plásticos.

[212] Apesar de tudo, o facto de ter valor comercial não significa que não tenha um valor de mercado negativo ou nulo, de acordo com o método de cálculo definido na lei:

em segunda mão. Do outro lado da balança, estão razões ambientais e de segurança rodoviária, que aconselham a que o veículo em causa deixe de circular. Finalmente, as mesmas razões ambientais, e ainda outras de saúde pública, impõem que os veículos que não preencham as duas primeiras condições não sejam objecto de abandono.

Daí a necessidade de pagar ao detentor do resíduo para que ele o entregue às autoridades, coisa que não acontece com mais nenhum dos fluxos de resíduos especialmente regulados.

Para atingir a desejada protecção ambiental, foi necessário encontrar mecanismos que garantissem a «fluidez» deste fluxo de materiais. Encontrou-os o Decreto-lei n.º 196/2003, de 23 de Agosto[213], em primeiro lugar, incentivando os proprietários de veículos em fim de vida a entregá-los num centro de recepção de veículos, para um tratamento de fim de vida ambientalmente correcto. Em segundo lugar, assegurando que o veículo é desmantelado ou fragmentado em conformidade com a ordem jurídica, através de processos ambientalmente compatíveis. Em terceiro lugar, promovendo a valorização material, por reutilização e reciclagem dos componentes e dos materiais recuperados. Em quarto lugar, garantindo que os veículos novos terão impactes ambientais reduzidos.

Ora, o incentivo à entrega do veículo, pelo proprietário, aos operadores de desmantelamento licenciados, assumiu, desde que o sistema de gestão de veículos em fim de vida foi criado, em 2000, a forma de um crédito fiscal[214]. Este crédito pode ser deduzido, após apresentação de um certificado de destruição do veículo[215], ao montante do imposto automóvel devido por ocasião da aquisição de um automóvel ligeiro novo, cujo nível de emissões de CO_2 não ultrapasse os 120g/km.

"quando a diferença entre os custos com a recepção, o transporte a partir do centro de recepção e o tratamento de um VFV for superior ao valor dos seus materiais e componentes".

[213] Alterado e republicado pelo Decreto-lei n.º 64/2008, de 8 de Abril.

[214] A lei chega a prevenir situações de fraude estabelecendo que "A entrega de um VFV num centro de recepção ou num operador de desmantelamento não é, contudo, livre de encargos se: *a)* O VFV em causa foi equipado de origem com motores, veios de transmissão, caixa de velocidades, catalisadores, unidades de comando electrónico e carroçaria mas não contiver algum destes componentes; ou *b)* Ao VFV em causa tiverem sido acrescentados resíduos" (artigo 14.º/10).

[215] A emissão deste certificado não comporta qualquer encargo para o detentor do veículo, nem direito a qualquer reembolso pelo operador de desmantelamento.

Até ao final de 2009, o crédito fiscal foi fixado no valor de € 1000, se o veículo entregue para abate tiver mais de 10 anos, ou € 1250, se tiver mais de 15[216].

O aspecto mais criticável de todo o regime do encaminhamento de veículos em fim de vida prende-se, precisamente, com este crédito fiscal. Na verdade, é certo que o sistema, tal como está instituído, promove a modernização do parque automóvel nacional, caracterizado por ser relativamente obsoleto e, por isso também, ambientalmente mais nocivo e até potenciador da insegurança rodoviária. Porém, ele acaba por fomentar a manutenção de um parque automóvel excessivamente grande, ao qual estão associados os clássicos problemas de poluição, congestionamentos de tráfego, dificuldades de estacionamento nas cidades, etc..

O erro está, por isso, no facto de o crédito fiscal apenas poder ser exercido mediante aquisição de outro veículo ligeiro novo.

Desejável seria que o crédito pudesse servir para compensar qualquer dívida fiscal do contribuinte. Se se quisesse manter a relação com o sistema de transportes, poderia permitir-se a utilização do crédito na aquisição de bilhetes ou passes em transportes públicos, ou atribuir um crédito fiscal de valor equivalente em sede de imposto sobre o rendimento das pessoas singulares, na aquisição de certos meios de transporte mais ecológicos (como bicicletas a pedais ou motorizadas eléctricas), ou ainda, em alternativa, um simples abatimento ou dedução à matéria colectável, para quem optasse por se deslocar a pé ou *à boleia*.

Realizar-se-iam, assim, além do já mencionado objectivo de promoção da segurança rodoviária e redução dos níveis de sinistralidade, três objectivos ambientais de uma vez só: retirar da circulação velhos automóveis poluentes, garantir o seu desmantelamento ou fragmentação ambientalmente correctas e promover o recurso a *meios de transporte alternativos*, relativamente ao veículo ligeiro particular, ambientalmente muito mais oneroso.

Olhando agora para as obrigações dos fabricantes de veículos[217], estes devem, em colaboração com os fabricantes de materiais e equipamentos, e através de um sistema individual ou em gestão integrada[218], assegurar quatro objectivos ambientais:

---

[216] Artigo 2.º do Decreto-Lei n.º 292-A/2000, de 15 de Novembro.

[217] Estas obrigações devem ser articuladas com as decorrentes da legislação sobre pneus usados, óleos usados e acumuladores usados.

[218] A entidade gestora é a Valorcar, cuja licença foi aprovada pelo Despacho conjunto n.º 525/2004, de 21 de Agosto.

– redução das substâncias perigosas,
– concepção ecológica com vista ao desmantelamento,
– incorporação de percentagens crescentes de materiais reutilizados ou reciclados nos veículos novos sem, no entanto, descurar as questões de segurança e de protecção ambiental,
– prestação de informação ambiental aos compradores e informação sobre o desmantelamento (componentes, localização de substâncias perigosas, etc.) aos operadores de gestão.

Curiosamente, o leque de operadores de gestão é agora alargado, pois inclui também autoridades policiais ou municipais com competências na remoção de veículos abandonados na via pública e companhias de seguros em cuja esfera patrimonial entrem "salvados"[219].

O processo de controlo da efectiva incorporação de materiais reutilizados, reciclados ou valorizados passa pelo procedimento de homologação de veículos novos, nos termos do Decreto-lei n.º 149/2008, de 29 de Julho. Segundo este diploma, cabe ao Instituto de Mobilidade e dos Transportes Terrestres, mediante informação técnica pormenorizada fornecida pelo fabricante, verificar se foram desenvolvidas estratégias de promoção da reutilizabilidade ou reciclabilidade do veículo em percentagens que se pretendem elevadas, de uma ordem de grandeza superior aos 85%. A homologação do veículo será ou não concedida em função do preenchimento das condições ambientais referidas.

Por último, o controlo de conformidade do desmantelamento e fragmentação é também uma dimensão importante do regime legal dos VFV, sendo regulados tanto os procedimentos[220] como as instalações onde têm lugar[221].

---

[219] "Veículo que, em consequência de acidente, tenha sofrido danos que impossibilitem definitivamente a sua circulação ou afectem gravemente as suas condições de segurança, e que integre a esfera jurídica patrimonial de uma companhia de seguros por força de um contrato de seguro automóvel" (artigo 2.º i)).

[220] "As operações de desmantelamento e de armazenagem devem ser efectuadas por forma a garantir a reutilização e a valorização, especialmente a reciclagem, dos componentes de VFV, devendo os materiais e componentes perigosos ser removidos, seleccionados e separados por forma a não contaminar os resíduos da fragmentação" (artigo 20.º, n.º 2).

[221] Sistema de controlo dos documentos dos VFV, sistema de registo de quantidades de componentes e materiais retirados e encaminhados, vedação que impeça o livre acesso às instalações, equipamento de combate a incêndios, zona de armazenagem de VFV imper-

5.4.1.5. Óleos

Os óleos foram o primeiro fluxo de resíduos a ser regulado por lei, em Portugal, no início da década de 90[222]. Esta regulamentação, embora precursora, pecava por ser incompleta e por vir demasiado tarde, na medida em que ela tinha como fim transpor a Directiva 75/439/CEE, de 16 de Junho, pondo fim a práticas nacionais, muito generalizadas, de utilização de óleos industriais usados como combustível em fornos da indústria alimentar e, nomeadamente na indústria da panificação. Esta Directiva, considerada a primeira Directiva ambiental comunitária, serviu de pretexto para que o Tribunal de Justiça, dando largas à sua jurisprudência especialmente criativa, afirmasse que o ambiente é um *objectivo essencial da Comunidade Europeia*[223].

Os óleos, abrangidos pelo sistema de gestão, são apenas óleos industriais lubrificantes de base mineral, óleos dos motores de combustão e dos

---

meabilizada, equipada com sistema de recolha e tratamento de águas pluviais, águas de limpeza e de derramamentos, dotado de decantadores e separadores de óleos e gorduras, zona de desmantelamento devidamente coberta, zona de armazenagem de componentes e materiais retirados, zona de armazenagem de pneus usados, etc..

[222] Através do Decreto-lei n.° 88/91, de 23 de Fevereiro.

[223] Efectivamente, na década de 80, ainda antes do Acto Único Europeu, o Tribunal de Justiça declarou expressamente no processo de reenvio prejudicial n.° 240/83, que a protecção do ambiente contra o perigo da poluição era um dos objectivos essenciais da Comunidade. Este processo de reenvio prejudicial foi formulado por um Tribunal francês a propósito da Directiva 75/439, relativa aos óleos usados, na qual, em homenagem ao princípio da prevenção dos danos ao ambiente, se estabelecia o dever de os Estados-membros tomarem as medidas necessárias para garantir a recolha e tratamento de óleos usados por regeneração, com preferência absoluta sobre a combustão. Foi este regime que levou a Associação de Defesa dos Incineradores de Óleos Usados, em França, a questionar a validade da Directiva comunitária, que consideravam violadora dos Tratados, não só pelo desrespeito dos princípios da liberdade de circulação de mercadorias – na sua opinião, os óleos usados não deixam de ser uma mercadoria – e da liberdade de concorrência, como, sobretudo, pela falta de atribuições da Comunidade Europeia para *legislar* em matéria de ambiente.

Neste processo de reenvio prejudicial iniciado pelo *Tribunal de Grand Instance* de Créteil, o Tribunal de Justiça das Comunidades afirmou que «o princípio da liberdade de comércio não deve ser visto em termos absolutos mas está sujeito a certos limites justificados pelo objectivo de interesse geral prosseguido pela Comunidade, desde que os direitos em questão não sejam substancialmente afectados. (...) Não há razão para concluir que a directiva tenha excedido esses limites. (...) A directiva deve ser vista na perspectiva da protecção do ambiente, que é um dos objectivos essenciais da Comunidade».

sistemas de transmissão, e óleos minerais para máquinas, turbinas e sistemas hidráulicos e outros óleos que, pelas suas características, lhes possam ser equiparados. Os óleos domésticos que, quantitativa e qualitativamente, têm muito menores impactes ambientais e para a saúde pública, ficam fora deste sistema.

Os objectivos de gestão dos óleos industriais são a prevenção da produção, em quantidade e nocividade, destes resíduos e a adopção das melhores técnicas disponíveis nas operações de recolha/transporte, armazenagem, tratamento e valorização, de forma a minimizar os riscos para a saúde pública e para o ambiente. A expressão destes objectivos, sob forma quantificada, consta da licença de gestão de óleos usados atribuída à entidade gestora – Sogilub – em 2005[224].

De entre as formas de valorização, a prioridade cabe, no entanto, à regeneração. Trata-se de uma forma de reciclagem material, própria dos óleos (para a qual foi estabelecida uma meta de, pelo menos, 25% dos óleos recolhidos), que consiste numa operação de refinação que implica, nomeadamente, a separação dos contaminantes, produtos de oxidação e aditivos que os óleos usados contenham.

A natureza dos óleos faz com que, em regra, a sua valorização possa ser integral, de tal modo que, na hierarquia das operações de gestão nem sequer surge a eliminação. Com efeito, o poder calorífico e a homogeneidade física dos óleos faz com que eles sejam um combustível ideal para qualquer processo de queima (ressalvada naturalmente, a eventual presença de substâncias poluentes que o tornem desadequado para tal utilização) pelo que, após a regeneração e a reciclagem, a incineração será, por excelência, o exemplo de "outras formas de valorização" previstas na lei.

Tal como no caso dos restantes fluxos, também os produtores de óleos industriais podem optar por um de dois sistemas: o individual e o integrado. No primeiro, os encargos com a gestão são assumidos isoladamente pelo próprio produtor que deverá, para o efeito, ter uma licença própria, no segundo, a responsabilidade é transferida para a entidade gestora.

Um aspecto interessante da lei é a importância da informação para o correcto funcionamento do sistema de gestão de óleos.

---

[224] Despacho conjunto dos Ministros do Ambiente, Ordenamento do Território e Desenvolvimento Regional e da Economia e Inovação, n.º662/2005, de 6 de Setembro de 2005.

Primeiro, consagra-se o dever de informar os utilizadores sobre os métodos de recolha dos óleos usados. Esta informação é prestada no local de venda, pelo comerciante ou distribuidor de óleos usados.

Em segundo lugar, é o dever de informar os utilizadores que adquirem óleos novos, total ou parcialmente produzidos a partir de óleos regenerados, sobre a sua composição percentual. Esta informação deve constar, obrigatoriamente, da embalagem.

5.4.1.6. Pneus

Os pneus usados representam um importante fluxo de resíduos, para o qual o destino final mais tradicional era a eliminação, seja por incineração em fornos industriais, seja por deposição directa em aterro. Porém, nenhum destes destinos está isento de impactes ambientais, sendo que os mais graves são, no caso da incineração, a poluição atmosférica[225], e no caso dos aterros, a ocupação de espaço. Estas foram algumas das razões que levaram a que a legislação mais recente viesse sucessivamente levantando dificuldades a qualquer destes dois destinos. Relativamente à eliminação em aterro, a deposição de pneus foi mesmo proibida, desde Janeiro de 2003, com a excepção do seu emprego como material de construção de aterros[226].

Segundo o Decreto-lei n.º 111/2001, de 6 de Abril, os objectivos do sistema de gestão são a prevenção da produção e a promoção da recauchutagem, da reciclagem e de outras formas de valorização, estabelecendo, para o efeito, metas quantificadas.

Em termos operacionais, estes objectivos podem ser alcançados pela acção directa do produtor (que se responsabiliza pela recolha, transporte e destino final adequado dos pneus que coloca no mercado) ou, alternativamente, pelo estabelecimento de um *sistema integrado* análogo ao que começou por existir apenas para a gestão de embalagens, e que permite a transferência da responsabilidade do produtor, para uma entidade gestora do sistema.

---

[225] Causada, nomeadamente, pelo *negro de fumo*, substância que aumenta a resistência mecânica das borrachas.
[226] Artigo 6.º do Decreto-lei n.º 183/2009, de 10 de Agosto.

Para este efeito foi criada a Valorpneu[227], entidade licenciada para exercer a actividade de gestão de pneus usados que tem como missões, designadamente, a criação de uma rede de recolha de pneus e a orientação deste fluxo para os destinos mais adequados, em conformidade com o princípio da prioridade das operações de gestão, e em função das metas estabelecidas.

Durante três anos, o sistema funcionou sem envolvimento directo do utilizador final de pneus, que não tinha quaisquer encargos com a gestão de pneus (nem no momento da compra do pneu, nem no momento da entrega do pneu usado) mas, em 2004, uma alteração legislativa[228] veio permitir facturar ao utilizador final o valor correspondente à contrapartida financeira devida à Valorpneu, por cada pneu. Em compensação, e como forma de fechar o ciclo de vida dos pneus, os utilizadores finais continuaram a ter o direito de entregar, sem encargos, os pneus usados, do mesmo modelo e quantidade, no acto da compra dos pneus novos (ou recauchutados).

É de notar que o acréscimo de riscos de acidentes rodoviários, que o objectivo de recauchutagem de pneus poderia representar, é compensado pela regulamentação mais estrita da colocação no mercado de pneus recauchutados para automóveis ligeiros de passageiros ou pesados de mercadorias, a qual é feita através de dois instrumentos de Direito Internacional: as disposições uniformes relativas à homologação do fabrico de pneus recauchutados para os automóveis ligeiros de passageiros e seus reboques[229] e as disposições uniformes relativas à homologação do fabrico de pneus recauchutados a utilizar nos automóveis de mercadorias, pesados de passageiros e respectivos reboques[230].

Este Decreto-lei, que se aplica a quaisquer pneus (provenientes de quaisquer veículos ou equipamentos, motorizados ou não), começa por proibir o abandono e a gestão de pneus por entidades não licenciadas, norma que, face à actual Lei dos Resíduos, não passa de uma redundância. A esta, junta também a proibição de incineração sem recuperação energética, o que não afasta a prática, ambientalmente questionável, de combustão de pneus triturados em fornos industriais, em regime de co-incineração.

---

[227] O Alvará foi emitido em 7 de Outubro de 2002.
[228] Através do Decreto-lei n.° 43/2004, de 2 de Março.
[229] Aprovadas em Portugal pelo Decreto n.° 9/2002, de 4 de Abril.
[230] Aprovadas em Portugal pelo Decreto n.° 10/2002, igualmente de 4 de Abril.

5.4.1.7. Materiais de construção

Os resíduos de construção e demolição (RCD) são uma categoria recente, surgida na lei apenas em 2008 (através do Decreto-lei n.º 46/2008, de 12 de Março) e que engloba os resíduos provenientes de obras de construção, reconstrução, ampliação, alteração, conservação e demolição e da derrocada de edificações. Podem surgir em grande abundância na sequência, por exemplo, de guerras ou catástrofes naturais.

São resíduos que se caracterizam pelo seu volume e peso consideráveis, embora possuam uma natureza, em regra, não perigosa ou até inerte. Esta natureza justificou a aprovação de regras especiais, simplificando as informações a prestar aquando do seu transporte[231].

A valorização material destes resíduos é um imperativo, não só ambiental, mas também económico, relacionado, por um lado, com a escassez das matérias-primas, e por outro, com a escassez de espaço para deposição de resíduos de grande volumetria e baixa perigosidade.

A valorização de RCD passa, em muitos casos, pela reutilização de agregados reciclados grossos ou misturas betuminosas, como matérias-primas secundárias, na mesma ou em outras obras de construção.

Deste modo, com o intuito de promover a valorização interna dos RCD, e pondo em prática o princípio da prevenção e a produção mais limpa, cria-se o dever de o responsável da obra reutilizar solos e rochas não perigosas, provenientes dos trabalhos de preparação da própria obra, e dispensam-se de licenciamento todas as operações de reutilização (ou de tratamento com vista à reutilização) de RCD na própria obra (armazenagem, triagem, fragmentação, reciclagem ou ensaios).

A triagem é uma operação especialmente importante que, além de não carecer de licença quando realizada na obra, é obrigatória para todos os RCD que não sejam objecto de reutilização, e é também condição indispensável, prévia à deposição de RCD em aterro.

Para reforçar ainda mais a prossecução dos objectivos da lei, este regime foi articulado com o das obras públicas e particulares: a obrigatoriedade de cumprimento da lei relativa à gestão de RCD (Decreto-lei n.º 46/2008) é mesmo referida no regime jurídico da urbanização e edificação e no código dos contratos públicos.

---

[231] Portaria n.º 417/2008, de 11 de Junho.

A prova de que o regime de gestão dos RCD é um verdadeiro regime de gestão integrada, que olha para os materiais ao longo de todo o seu ciclo de vida é a obrigatoriedade de elaboração de um plano de prevenção de RDC cujo cumprimento, verificado através de vistoria, é condição de recepção da obra e o dever de favorecer "métodos construtivos que facilitem a demolição orientada para a aplicação dos princípios da prevenção e redução e da hierarquia das operações de gestão de resíduos". Afinal, pensar no fim de vida de uma casa ou de outra construção quando ela ainda está em projecto ou em obra, é um raciocínio não muito habitual, que vai contra o mito da *eternidade* das construções, enraizado no senso comum.

5.4.2. Apreciações conclusivas

Se quisermos comparar os diferentes sistemas de gestão integrada de fluxos de resíduos, à luz das suas características mais relevantes, chegamos à conclusão de que na regulação dos diferentes fluxos não existe uma matriz nem uma linha única de regulamentação. Mas, se em alguns casos essa falta de uniformidade de regimes se ficou a dever a especificidades do fluxo regulado, noutros, esta disparidade não se compreende, sendo até de pôr a hipótese de revisão da legislação.

Passaremos em revista, de forma bastante tópica, onze critérios essenciais, para definir o carácter do sistema instituído, listando-os em função do momento em que são mais relevantes, ao longo do ciclo de vida do produto, desde a concepção do produto até à eliminação.

1. Dever de registo de fabricantes. Consagrado apenas para os REEE e para as pilhas.
2. Especial dispersão das fontes produtoras: caso dos produtores de EEE, pilhas e embalagens.
3. Dever de eco-concepção. De uma forma mais ou menos directa, está presente em todos os fluxos regulados.
4. Prestação de informação técnica sobre novos produtos colocados no mercado: apenas REEE e VFV.
5. Inclusão obrigatória, no produto, de rotulagem transmitindo informação relevante para a sua gestão final, enquanto resíduo. Prevista para REEE, pilhas, embalagens e óleos.

6. Proibição de comercialização de produtos contendo materiais proibidos (*maxime*, teores máximos de metais pesados). Válido para REEE, pilhas, embalagens e VFV.
7. Importância da informação e sensibilização do consumidor, utilizador final ou produtor de resíduos, enquanto interveniente com um papel a desempenhar no sistema de gestão. Especialmente relevante nos fluxos de resíduos de origem *não profissional*, (REEE, pilhas, embalagens, VFV, pneus) mas também mencionado nos óleos.
8. Responsabilidade financeira do consumidor final (o que algumas leis chamam "custo ambiental"). Está prevista a discriminação dos custos na factura apenas para embalagens em sistemas de consignação e para pneus. Nos REEE e pilhas prevê-se o pagamento, pelos utilizadores finais (ou seja, os produtores de resíduos) de um valor imputável aos custos de gestão do sistema, mas que não é objecto de facturação discriminada.
9. Estabelecimento de requisitos ambientais de construção e funcionamento dos centros de recepção de resíduos que desenvolvem operações de armazenagem temporária. Necessário quanto aos REEE, pilhas, VFV, óleos e pneus.
10. Possibilidade de valorização do resíduo por reutilização. Não é possível para as pilhas mas é possível para os REEE, as embalagens (designado reenchimento), os VFV, os óleos (regeneração), os pneus (recauchutagem) e os RCD.
11. Consideração da eliminação como operação de gestão inadmissível. Acontece apenas nos óleos.

Sintetizando: numa tabela, os dados apresentados tornam ainda mais perceptíveis as diferenças entre os vários sistemas e a intervenção, mais precoce ou mais tardia, do direito da gestão dos fluxos, ao longo do ciclo de vida do produto-resíduo. Vejamos:

	REE	RPA	EMB	VFV	OLE	PNE	RCD
Registo de fabricantes	X	X					
Dispersão das fontes produtoras	X	X	X				
Dever de eco-concepção	X	X	X	X	X	X	X
Informação sobre novos produtos	X			X			
Rotulagem	X	X	X		X		
Proibição de comercialização	X	X	X	X			
Sensibilização do consumidor	X	X	X	X	X	X	
Custo ambiental	X	X	X			X	
Centros de recepção	X	X		X	X	X	
Valorização por reutilização	X		X	X	X	X	X
Inadmissibilidade da eliminação					X		

Um dos aspectos, em que a falta de uniformidade do regime é mais flagrante, é o do papel dos produtores de resíduos (que, em regra, serão consumidores individuais, embora nem sempre seja assim). Sem dúvida, os produtores de resíduos, fim de linha da cadeia económica tradicional, têm, na gestão de qualquer dos fluxos de resíduos, o papel fundamental de proceder ao retorno dos produtos em fim de vida, através da deposição selectiva dos fluxos, com vista à sua valorização. Porém, nem sempre a natureza das obrigações assumidas é idêntica.

Começa por haver produtores de resíduos, que são obrigados a pagar um valor, separado do valor do produto, pelo *pré-resíduo* que adquirem, como acontece no caso dos pneus. Esse valor não lhes é reembolsado, nem que o resíduo seja deposto selectivamente nos locais e pelas formas correctas. Em seguida, há os produtores de resíduos que pagam, juntamente com o preço do produto, um valor que não é discriminado na factura nem é reembolsado. É o caso das embalagens em sistemas integrados de gestão, *vulgo*, embalagens com "ponto verde", dos REE e das pilhas e acumuladores. Por fim há os produtores de resíduos que pagam, pelo *pré-resíduo*, um valor separado, mas que serão reembolsados se depuserem selectivamente o resíduo pela forma correcta. É o caso do pagamento do chamado "depósito" das embalagens em regime de consignação.

Num escalão abaixo, há também a situação dos produtores de resíduos, sobre quem não impendem encargos financeiros concretos, mas em que o dever de depor selectivamente os resíduos (ou de os valorizar directamente, na medida em que isso seja possível), é condição do exercício da actividade e objecto de um controlo apertado. É o caso dos resíduos de construção e demolição. Situação ligeiramente diferente é a dos produtores de resíduos que pagam, mas têm a vantagem de poder beneficiar, em certas condições, de uma recolha domiciliária dos resíduos, como se passa com os equipamentos eléctricos e electrónicos e também das embalagens, em alguns Municípios.

No final, estão os produtores de resíduos que recebem uma compensação financeira pelo facto de deporem selectivamente o seu resíduo, como resulta do incentivo fiscal concedido ao abate de veículos em fim de vida (solução criticável, como vimos, quanto às condições da sua concessão).

6. O FUTURO DO DIREITO DOS RESÍDUOS

Num horizonte previsível, e não muito distante, é seguro que o panorama do Direito dos Resíduos, tal como o descrevemos anteriormente, vai mudar. Vamos expor a causa e, sumariamente, o sentido dessas mudanças.

A causa directa da pequena *revolução* que se operará no Direito dos Resíduos, em Portugal e em toda a Europa é uma nova directiva comunitária, a Directiva n.º 2008/98, de 19 de Novembro, que revogará a Directiva quadro de 2006, actualmente em vigor, a partir do dia 12 de Dezembro de 2010.

Esta Directiva, que comporta uma visão mais realista, mas ao mesmo tempo mais exigente, da realidade de que trata este direito, vai forçar os Estados membros a adaptar os seus ordenamentos jurídicos internos às novas linhas gerais orientadoras da prevenção e gestão de resíduos na União Europeia.

Uma das mudanças mais radicais que se vai fazer sentir será a nova conformação do âmbito de aplicação do Direito dos Resíduos. Muito criticado pelos operadores económicos, o entendimento europeu acerca do conteúdo objectivo do direito dos resíduos[232], reafirmado pelo Tribunal de Justiça ao longo de décadas, era um entendimento abrangente e severo, que causava revolta e incompreensão generalizadas. Com efeito, os operadores de gestão de resíduos e as próprias autoridades competentes, não

---

[232] Expusémo-lo nos capítulos 3.1. e 3.2.

compreendiam, por exemplo, que a valorização interna ou endógena de resíduos, estivesse indiscriminadamente submetida ao regime geral dos resíduos; e não aceitavam, nomeadamente, que após tratamentos específicos visando a valorização dos resíduos, o produto processado ainda continuasse a ser considerado um resíduo,

É este novo paradigma que está consagrado na Directiva n.º 2008/98, que exclui do seu âmbito a nova categoria de "subprodutos", há muito reivindicada pela indústria[233], e que cria o conceito de "fim do estatuto de resíduo" (artigos 5.º e 6.º).

Outras inovações, sem terem o carácter *bombástico* da que acabámos de referir, não deixam de ser relevantes por representarem uma significativa clarificação conceitual, ou manifestarem uma mais adequada compreensão da realidade e do funcionamento do sector dos resíduos. Passaremos a enumerá-las pela ordem da sua sistematização legal:

1. Onde a Directiva de 2006 consagrava sete definições, a nova Directiva acrescenta agora mais treze, num total de 20, das quais destacamos as noções de "corretor", "recolha selectiva" e "preparação para reutilização" (artigo 3.º).
2. A hierarquia das opções de gestão de resíduos surge enunciada com uma clareza muito maior quanto aos seus "degraus", acrescendo-lhe agora uma ponderação à luz de critérios extra-ambientais como a "exequibilidade técnica", a "viabilidade económica" e os "impactes globais em termos ambientais, de saúde humana e sociais". Pela primeira vez a gestão de resíduos é colocada no pano de fundo, mais amplo, do desenvolvimento sustentável, moderando algum fundamentalismo ambientalista e dando abertura para discussões acerca da viabilidade económica e da aceitabilidade social das soluções tecnicamente viáveis e ambientalmente desejáveis (artigo 4.º).
3. A responsabilidade alargada do produtor, deixa de ser uma vaga afirmação sem conteúdo, para ser densificada quanto aos vários deveres dos produtores e correspectivos direitos dos utilizadores dos produtos (produtores de resíduos). Mencionam-se a este propósito, os deveres de retoma, de eco-concepção, de reforço da durabilidade dos produtos, etc. (artigo 8.º).

---

[233] E também com consagração em alguns ordenamentos jurídicos europeus em leis cuja compatibilidade com o actual Direito Europeu é duvidosa.

4. Uma aposta maior numa gestão estratégica, por objectivos e a médio ou longo prazo, resultante das novas regras relativas a planos de gestão, que beneficiam agora de uma descrição quase exaustiva do seu conteúdo mínimo (artigo 28.º), e, sobretudo, relativas a planos de prevenção de resíduos, relativamente aos quais o legislador nacional poderá lançar mão de um elenco de dezasseis exemplos de medidas de prevenção para consagrar nos seus programas (artigo29.º).

Estas são, em suma, algumas das transformações que se deverão sentir, um pouco por toda a Europa, e Portugal incluído, pelo menos em Dezembro de 2010, se não for antes.

BIBLIOGRAFIA

«A produção mais limpa e a co-incineração de resíduos perigosos na cimenteira da Cimpor, em Souselas», in: *RevCEDOUA*, 1-2000.

A componente sócio-económica na Gestão de Resíduos, Actas do *Workshop* organizado pela Associação Portuguesa de Engenheiros de Ambiente, Lisboa, 1999.

ABRAM, David J. – «Regulating the International Hazardous Waste Trade: a proposed global solution», in: *Columbia Journal of Transnational Law*, vol. 28, no.1, 1990.

ADAME MARTÍNEZ, Miguel Ángel – *Régimen jurídico de los traslados transfronterizos de residuos peligrosos*, Editorial Comares , 2003.

ALBERTAZZI, B. – «La nuova disciplina dell'incenerimento dei rifiuti pericolosi: modesti I tempi di adequamento», in: *Rifiuti Solidi: – Rivista Tecnico-scientifica*, vol XIV, n.5, Settembre-Ottobre 2000.

ANKER, Helle Tegner – «Integrated resource management. Lessons for Europe?», in: *European Environmental Law Review*, July 2002.

ARAGÃO, Maria Alexandra – «A 'compra responsável' e a prevenção de resíduos sólidos domésticos», in: *6.ª Conferência Nacional sobre a Qualidade do Ambiente* (vol 1), Universidade Nova de Lisboa, Lisboa, 1999.

ARAGÃO, Maria Alexandra – «Industrial symbiosis: no time to waste», in: *Industrial Ecology, International Society for Industrial Ecology,* Leiden, 2001.

ARAGÃO, Maria Alexandra – «Instrumentos científicos e instrumentos jurídicos: perspectivas de convergência rumo à sustentabilidade no Direito Comunitário do Ambiente», in: *Revista Jurídica do Urbanismo e do Ambiente*, n.º 20, 2003.

ARAGÃO, Maria Alexandra – «Os resíduos e a sua gestão internacional», in: *O Direito e a Cooperação Ibérica* II, Iberografias 7, Campo das Letras, 2006.

ARAGÃO, Maria Alexandra – «Resíduos e matérias primas secundárias na jurisprudência recente do Tribunal de Justiça» *in: Revista do CEDOUA*, n.º 2, 1998.

ARAGÃO, Maria Alexandra – «Resíduos, subprodutos e aterros: a justiça ambiental enredada na sua própria teia», *in: Revista do CEDOUA* n.º 2, 2002.

ARAGÃO, Maria Alexandra – «Resíduos: enquadramento legal e deveres dos detentores», in: *Seminário Tratamento de Resíduos Perigosos*, Fórum Regional do Centro das Profissões Liberais, Novembro de 2005.

ARAGÃO, Maria Alexandra – «Responsible buying for household waste prevention», in: *2000 and beyond: which choices for waste management?*, International Solid Waste Association, AGTM, Paris, 2000.

ARAGÃO, Maria Alexandra – «The impact of EC environmental law on Portuguese law», *in: Reflections on the 30 years of EU environmental law. A high level of protection?*, Europa Law Publishing, Amsterdam, 2005.

ARAGÃO, Maria Alexandra – *O Direito dos Resíduos*, Cadernos CEDOUA, Almedina, 2003.

ARAGÃO, Maria Alexandra – *O Princípio do Nível Elevado de Protecção e a renovação ecológica do Direito do Ambiente e dos Resíduos*, Almedina, 2006.

ASSOCIATION DES CITÉS ET RÉGIONS POUR LE RECYCLAGE – *La terre. Mode d'employ. Consommer des produits sans déchets et des produits recyclés*, 2003.

ASSOCIATION DES VILLES POUR LE RÉCICLAGE – *Étude sur la fiscalité des déchets ménagers et assimilés* Cahier Technique, Bruxelles, Juin, 1997.

ASSOCIATION DES VILLES POUR LE RECYCLAGE – *Réseau d'Echanges d'information entre les villes et communautés urbaines sur la gestion des déchets urbains, et particulièrement sur les collectes sélectives*, Bruxelas, 1996.

ASSOCIATION DE VILLES POUR LE RÉCICLAGE – *How to Better Regulate Waste Prevention, Reuse, Recycling and composting at the European Level?*, Brussels, 2006.

ASSOCIATION DE VILLES POUR LE RÉCICLAGE – *Integrated policies, planning and treatment of waste*, Majorca, 2003.

ASSOCIATION DE VILLES POUR LE RÉCICLAGE – *Les politiques de prévention des déchets en Europe*, in: "2èmes Rencontres Nationale de la Prévention des déchets», Paris, octobre 2005.

ASSOCIATION DE VILLES POUR LE RÉCICLAGE – *Nuevos instrumentos y limites para el reciclaje de la residuos municipales*, 2000.

ASSOCIATION DE VILLES POUR LE RÉCICLAGE – *Towards Waste-Free Lifestyles – European conference on local authority actions* Turku, 2004

ASSOCIATION DE VILLES POUR LE RÉCICLAGE – *Citizen's Parliament «Sustainable Consumption»*, Brussels, 2003.

ASSOCIATION DE VILLES POUR LE RÉCICLAGE – *The concept of "Bettet Regulation" developed for the waste sector at the EU level*, ACR+ Conference, Dublin, May 2006.

ASSOCIATION DE VILLES POUR LE RÉCICLAGE – *The Implementation of Producers Responsibility in Waste Management*, April 2002

ASSOCIATION DE VILLES POUR LE RÉCICLAGE – *Waste and Climate Change* – London, 2008.

ASSOCIATION OF CITIES FOR RECYCLING – *European cities and recycling – Technical report*, Brussels, 1996.
ASSOCIATION OF CITIES FOR RECYCLING – *Minimisation and recycling of municipal waste in European Cities*, Bruxelles, 2000.
ASSOCIATION OF CITIES FOR RECYCLING – *Public-private partnership in recyclables flow management. Towards a european forum on recycling? (Technical report)*, Varese, October 1995.
ASSOCIATION OF CITIES FOR RECYCLING – *Seminar on the consumption of recycled products: European Policy and Local Stakes*, Brussels, 2000.
ASSOCIATION OF CITIES FOR RECYCLING – *The green dot – Tariffs to be made transparent and to be regulated on the european level (technical report)*, Brussels, March, 1995.
ASSOCIATION OF CITIES FOR RECYCLING; Grupo Intersectorial de Reciclagem; Câmara Municipal de Oeiras – Lipor *Guia da reciclagem dos resíduos de embalagens domésticas*, Bruxelas, 1997.
ATKINSON, Nicola – "The regulatory lacuna: waste disposal and the clean up of contamined sites" in: *Journal of Environmental Law*, vol. 3, No. 2, Oxford University Press, 1991.
BAILEY, Ian – New Environmental Policy Instruments in the European Union: Politics, Economics, and the Implementation of the Packaging Waste Directive, Ashgate Publishing, 2003.
BASTOS, Cristina, *et alii*. – *Resíduos sólidos urbanos, atitudes a representações sobre lixo doméstico e reciclagem*, Observa, 2000.
BAUER, Gerd – *A gestão de resíduos sólidos urbanos na cidade de Münster (Alemanha)*, Abril, 1994.
BÖHM, Gideon – *Umweltpolitische Instrumentte und Abfallwirtschaftsrecht*, Deutscher Univeristäts Varlag, Wiesbaden, Gabler, 1999.
BONTOUX, Laurent; LEONE, Fabio – *The legal definition of waste and its impact on waste management in Europe*, Institute for Prospective Technological Studies (Sevilla), 1997.
BOTHE, Michael; Peter Spengler – *Rechtliche Steuerung vom Abfallströmen*, Nomos Verlagsgesellschaft, Baden-Baden, 2001.
BOZZOLA, L. – «Normative per la gestione dei rifiuti nei paese della Unione Europea», in: *Rifiuti Solidi: – Rivista Tecnico-scientifica*, vol XIV, n.5, Settembre-Ottobre 2000.
BUTTI, Luciano – «Il principio 'Chi inquina paga' nella recente disciplina comunitaria e nazionale sui rifiuti» in: *I Rifiuti*, "Quaderni della Rivista Giuridica dell'Ambiente" n.5 Giuffré editore Milano, 1992.
CALSTER, Geert Van – *Handbook of EU Waste Law*, Oxford University Press, 2007
CASTELLANETA, Maria – "Nozione comunitaria di rifiuti e ordinamento italiano" in: *Diritto comunitario e degli scambi internazionali*, anno XXXI, n.° 3 Luglio, Settembre 1992.

Cavallo, Roberto e Emanuela Rosio – *The importance of communication in integrated waste management*, AVR-ACR – Association de Villes pour le Réciclage , 2004.
Cheyne, Ilona; Michael Purdue – "Fitting definition to purpose: the search for a satisfactory definition of waste" in: *Journal of Environmental Law*, vol. 7 No. 2, Oxford University Press, 1995.
Comissão Científica Independente de Controlo e Fiscalização Ambiental da Co-incineração – *Relatório sobre o tratamento de resíduos industriais perigosos*, Aveiro, 22 de Maio de 2000, http://incineracao.online.pt
Comissão Europeia – *Avançar para uma utilização sustentável dos recursos: Estratégia Temática de Prevenção e Reciclagem de Resíduos*. COM(2005) 666 final. Bruxelas, 21de Dezembro de 2005.
Cubel Sánchez, Pablo – *Comercio Internacional de residuos peligrosos*,Tirant lo Blanch, 2001.
Dagognet, François – *Des Détritus, des Déchets, de l'abject. Une Philosophie Écologique*, Institut Synthélabo pour le Progrès de la Connaissance, le Plessis-Robinson, 1997.
Danno all'ambiente e responsabilitá. Lo smaltimento dei rifiuti dell'industria cartaria e conciaria", Casa editrice Dott. Antonio Milani, 1992.
Das Kreislaufwirtschaftsgesetz in der Praxis. Umweltrechts Symposion des Instituts für Umwelt- und Planungsrecht der Universität Leipzig am 22. und 23.04.1998.
Davy, Benjamin – *Essential injustice: when legal institutions cannot solve environmental and land use disputes*, Springer-Verlag, Wien, New York, 1997.
Deregulierung im Abfallracht, Materialien zur Veranstaltung in Köln am 02/03 Dezember 1998, K. Gutke Verlag, Köln, 1999.
Dolde,Klaus-Peter; Andrea Vetter – *Rechtfragen der Verwertung und Beseitigung von Abfällen*, Erich Schmidt Verlag, Berlin, 1999.
Dufeigneux, Jean-Louis, Alain Têtu, Rémy Risser, Marie Renon-Beaufils – *Le service public des déchets ménagers*. Volumes I et II, La Documentation Française, 2004.
Easterling, Dong; Howard Kunreuther – *The dilemma of siting a high-level nuclear waste repository*, Kluwer Academic Publishers, London, 1995.
Ebreo, Angela; Joanne Vining – «Motives as predictors of the public's attitudes toward solid waste issues», in: *Environmental Management*, vol. 25, no.2, 2000.
Emberton, J.R.; Parker A. – "Problemas associados à construção sobre lixeiras antigas" in: *Ingenium – Revista da Ordem dos Engenheiros*, Novembro 1991.
Environmental Law From Resources to Recovery, West Publishing Co. St. Paul Minnesota, 1993.
European Waste Management – *Legal Aspects*, Octobre 2000.

FARINHA, Adília Maria Ramos; BARATA, Eduardo Jorge Gonçalves – *A gestão dos resíduos sólidos urbanos na Região Centro*, Comissão de Coordenação da Região Centro, Coimbra, 1995.

FERREIRA, Francisco Cardoso – Resíduos industriais: os erros, as necessidades e uma nova atitude», in: *Revista do Ambiente*, Abril 1999.

FLÜCK, Jurgen – "The term waste, in EU Law" in: *European Environmental Law Review*, March 1994.

FRANZ, Walter – *Grundfragen der Abfallverwertung*, Dunker & Humbolt, Berlin, 2001.

GABA, Jeffrey M. e Donald W. Stever – *Law of Solid Waste, Pollution Prevention and Recycling*, Clark Boardman Callaghan, 1992.

GARCIA-ALCALÁ, Calixto Díaz-Regañón – *El régimen jurídico-privado de los residuos*, Editorial Montecorvo, Madrid, 1998.

GERMAN RESERCH FOUNDATION *Land use options for peripheral regions*, University Giessen, Giessen, Germany 1998.

GESSENICH, Stefan – *Das Kreislaufwirtschafts- und Abfallgesetz: Risiken und Chancen*, Eberhard Blottner, Verlag, Taunusstein, 1998.

GIAMBARTOLOMEI, Giancarlo – «Legislazione nazionale e provedimenti comunitari in materia di rifiuti» in: *Il foro amministrativo*, Anno LXVII, Ginffré editore, 1991.

GIAMPIETRO, Franco; BOCCIA, Maria Grazia – *I rifiuti. Gli oli usati: prodotto o rifiuto?*, volume I, Giuffrè Editore, Milano, 1995.

GIAMPIETRO, Franco; Maria Grazia Boccia – *I Riffiuti*, Volume II, Giuffrè Editore, 1996.

GIESBERTS, Ludger; Herbert Posser – *Grundfragen des Abfallrechts*, Verlag C.H. Beck, München, 2001.

GIESBERTS/POSSER – *Grundfragen des Abfallrechts*, Verlag C.H. Beck, München, 2001.

GOMES, Carla Amado – «A co-incineração de resíduos industriais perigosos. Notas à margem de uma polémica», *in: Revista Jurídica do Urbanismo e do Ambiente*, n.º 13, 2000.

GONNELLI, Paolo; Maria Paola Gonnelli – *Normativa comunitaria sui rifiuti*, CEDAM (casa editrice Dott. Antonio Milani), 1996.

HANNEQUART, J. e S. Marguliew, F. Radermaker, C. Saintmard – *Towards an Integrated Product Policy (IPP+) – How to bring about some change in European policy on resources, products and waste?*, AVR-ACR – Association de Villes pour le Réciclage, 2004.

HANNEQUART, Jean-Pierre – *Le droit europeen des déchets*, Institut Bruxellois pour la gestion de l'environnement, Octobre, 1993.

HANNEQUART, Jean-Pierre – *European Waste Law*, Kluwer Law International, 1998

HANNEQUART, Jean-Pierre – *Le droit europeen des déchets*, Institut Bruxellois pour la gestion de l'environnement, Octobre 1993.

HEMPEN, Susanne; Frank Jager – «Germany's new waste management act. Towards the management of material flows in closed substance cycles» in: *European Environmental Law Review*, May 1995.

HUGHES, D. J. – «The scope for imposing conditions on waste disposal licences (case law analysis)», in: *Journal of Environmental Law*, vol. 2, n.º 1, Oxford University Press, 1990.

HUNTER, Philip J. – «Wasted? An analysis of recent significant cases on waste management law and its interpretation in Scotland», in: *Environmental Law Management*, John Wiey & Sons n.2, 2000.

JANS, J. H. – «The status of the self-sufficiency and proximity principles with regard to the disposal and recovery of waste in the European Community», in: *Journal of Environmental Law*, vol. II no.1, 1999.

JARASS, Hans; Dietrich Ruchay; Clemens Weidemann – *Kreislaufwirtschafts und Abfallgesetz. Kommentar.* Verlag C. H. Beck, München, 2002.

JAZZETTI, Alessandro – *La normativa in materia di rifiuti*, Instituto per l'ambiente Giuffrè editore (Milano) 1997.

JONAS, Eva – *Waste disposal morality as an instrument of social control – a psychological perspective*, Max Planck Project Group on the Law of Common Goods, Bonn, February 2000, http://www.mpp-rdg.

KONZAK, Olaf – «Inhalt und Reichweite des europäischen Abfallbegriffs», in: *Natur und Recht*, 1985, Heft 3.

KRÄMER, Ludwig – «El Derecho comunitario relativo a la gestion de los residuos» in: *Derecho medio ambiental de la Unión Europea*, McGraw-Hill, Madrid, 1996.

KRÄMER, Ludwig – «l'Europe de la gestion integrée des déchets reste à créer», in: *L'Écomanager*, n.º 37, Bruxelles, Octobre 1997.

KRIEGER, Stephan – «Basel, Brüssel und Bonn: Der Anwendungsbereich des Abfallrechts», in: *Natur und Recht*, 1985, Heft 4.

KRIEGER, Stephan – «Inhalt und Granzen des Verwertungsbegriffs im deutschen, supra-und internationalen Abfallrecht», in: *Natur und Recht*, 1995, Heft 7.

KROMAREK, Pascale – «Environmental protection and free movement of goods: the Danish bottles case (case law analysis)» in: *Journal of Environmental Law*, vol. 2 n.º 1, Oxford University Press, 1990.

KUNIG, Philip – «Do direito do lixo para o direito da correcta gestão dos ciclos de materiais? Comentários acerca da legislação alemã sobre os resíduos e a sua evolução», *in: Revista Jurídica do Urbanismo e Ambiente* n.º 1, 1994.

La protection juridique des sols dans les états membres de la Communauté Européenne, Pulim, Presses de l'Université de Limoges et du Limousin, Limoges, 19-20 avril 1990.

LANGLAIS, Alexandra – Le droit et les déchets agricoles, Logiques Juridiques, 2004.

LASAGABASTER Herrarte, Iñaki (Dir.) – *Derecho Ambiental. Parte Especial Ii. Productos Químicos, Transgénicos, Residuos*, Lete, Editorial, 2007.
LAURENCE, Duncan S. e Robert G Lee – Waste Regulation Law, Tottel Publishing, 1999.
LAVOILLOTTE, Marie-Pierre – Les contrats privés d'élimination des déchets. Contribution des contrats de droit privé à la protection de l'environnement, PU Aix-Marseille, 2002.
LEE, Maria – «New generation regulation? The case of end-of-life vehicles», in: *European Environmental Law Review*, April 2002.
LEMOS, Luís Leal (coordenador) – *Contributos para a gestão de resíduos sólidos urbanos na Região Centro*, Comissão de Coordenação da Região Centro, Coimbra, 1997.
LEOCI, Benito – *La Gestione dei rifiuti*, Edizioni Scienficiche Italiane, Napoli, 1994.
LEROY, Olivier – *La communauté Européenne et la gestion des Déchets*, Impact Europe, Kraainem, Belgique, 1985.
LOCHER, Matthias – *Produktionsverantwortung: die Pflichtenzung Vermeidung und Verwertung von Abfällen bei der industriellen und gewerblichen Produktion*, Dunker Humbolt, Berlin, 2000.
LONDON, Caroline; Michael Llamas – *Protection of the environment and the free movement of goods*, Butterworths, 1995.
LÖWE, Nicole – *Konzeption einer nachhaltigen Abfallwirtschaft*, Peter Lang Gmbh, Frankfurt am Main, 2000.
LÜBBE-WOLFF, Gertrude – *Umweltverträgliche Abfallverwertung*, Nomos Verlagsgesellschaft, Baden-Baden, 2001.
MARTINHO, Maria da Graça Madeira; GONÇALVES, Maria Graça Pereira – *Gestão de resíduos*, Universidade Aberta, Lisboa, 1999.
OBERHOLZER-Gee, Felix; Bruno S. Frey – "Fairness in decisions on siting noxious facilities – Theory and empirical result", in: *Environmental standards in the European Union in an interdisciplinary framework*, Antwerpen, 1994.
ÖKO-INSTITUT – *Waste prevention and minimization*, Institute for Applied Ecology, Darmstadt, July 1999.
PACKARD, Vance – *The waste makers*, Longman, 1960.
PASQUALI, Leonardo – Le régime juridique des mouvements transfrontiéres de déchets, PU Aix-Marseille, 2005.
PEARCE, David e Ingo Walter – *Resource conservation. Social and economic dimensions of recycling*, New York University, Longman, 1997.
PICHAT, Philippe – *A gestão dos resíduos*, Instituto Piaget, Lisboa, 1998.
PICHERAL, Caroline "L'ambivalence de la notion de déchet dans la jurisprudence de la C.J.C.E.", in: *Revue Juridique de l'Environnement*", Strasbourg, 1995.
POCKLINGTON, David – *The Law of Waste Management*, Shaw & Sons, 1997.

POCKLINGTON, David – «Industry soundings: increased ambit for the waste framework directive», in: *Environmental Law and Management*, vol.15, issue 3, 2003.
POCKLINGTON, David – «Moving waste up the hierarchy?», in: *Environmental Law and Management*, vol.15, issue 2, 2003.
POCKLINGTON, David – «The role of mandatory targets in waste management legislation», in: *Environmental Law and Management*, vol.15, issue 5, 2003.
POCKLINGTON, David – «U.K. perspectives on the definition of "waste" in E.U. legislation», in: *European Environmental Law Review*, March 1999.
PRIEUR, Michel – Déchets industriels et environnement, Centre International de Droit Comparé, 1992.
PRIEUR, Michel – "Les déchets radioactifs, une loi de circonstance pour un probléme de societé", in: *Revue Juridique de l'Environnement*" n.° 1, 1992.
PROIETTI, Stefano – *L'application de taxes et redevances locales a la colecte des dechets menagers competences et practiques des autorités locales européennes* Rapport Technique, ACR-AVR, Bruxelles, Septembre 1999.
PROVEDORIA DE JUSTIÇA – *Eliminação de resíduos pelo sector cimenteiro*, recomendação n.° 6/A/99, Lisboa, 1999.
PURDUE, Michael – "Defining waste (case law analysis)", in: *Journal of Environmental Law*" vol. 2 n.° 2, Oxford University Press, 1990.
PURDUE, Michael – «The distinction between using secondary raw materials and the recovery of waste: the directive definition of waste" in: *Journal of Environmental Law*, vol. 10 N.° 1, Oxford University Press, 1998.
QUEIRÓS, Margarida – «Ambiente e sublimação da territorialidade: uma leitura do processo da co-incineração», in: *II colóquio de Geografia de Coimbra*, Instituto de Estudos Geográficos e Centro de Estudos Geográficos, Faculdade de Letras da Universidade de Coimbra, 3 e 4 de Maio de 1999.
QUERCUS – Associação Nacional de Conservação da Natureza – "Campanha de recolha selectiva de cartuchos de impressoras e fotocopiadoras Laser" in: *Planeta Azul, Boletim do Núcleo Regional de Coimbra da Quercus*, vol. 2 n.° 3, Janeiro-Fevereiro 1996.
REBOVICH, Donald J. – Dangerous Ground: The World of Hazardous Waste Crime, Transaction Publishers, 1992.
REESE, Moritz – *Kreislaufwirtschaft im integrierten Umweltrecht*, Nomos Verlagsgesellschaft, Baden-Baden, 2000.
REID, Donald A.; Morton Fraser Milligan – "The packaging and packaging waste directives" in: *European Environmental Law Review*, August/September 1995.
REIJNDERS, L. – «A normative strategy for sustainable resource choice and recycling», in: *Ressources, Conservation and Recycling*, vol. 28, n.1-2, January 2000.

RIFKIN, Jeremy; Ted Howard *Entropy – A new world view*, The Viking Press, New York, 1980.
RIVERY, Éric Morgan; Laurence Note-Pinte "La gestion des déchets industrials – action passée, présente et future de la communauté", in: *Révue du Marché Commun et de l'Union Européenne*, n.º 358", Mai 1992.
ROSMANINHO, Maria Isabel; NETO, Maria Susana – *Os instrumentos económicos na gestão dos resíduos sólidos*, Gabinete de Estudos e Planeamento da Administração do Território, 1988.
ROSSEM, Arthour van – «The distinction between using secondary raw materials and the recovery of waste: the directive definition of waste" in: *Journal of Environmental Law*, vol. 10 N.º 1, Oxford University Press, 1998.
SADELEER, Nicolas de – *Le droit communautaire et les déchets*, LGDJ / Montchrestien, 1998.
SADELEER, Nicolas de – "La circulation des déchets et le marché unique européen" in: *Revue du marché unique européen* 1 – 1994.
SANTAMARÍA ARINAS, René – *Régimen jurídico de la producción y gestión de resíduos*, Editorial Aranzadi, 2007.
SANTAMARIA ARINAS, René Javier – *Administración Pública Y prevención ambiental: el régimen jurídico de la producción de resíduos peligrosos*, Instituto Vasco de la Administración Pública, 1996.
SCHMIDT, Alke – "Transboundary movements of waste under E.C. law: the emerging regulatory framework", in: *Journal of Environmental Law"*, vol. 4, Oxford University Press, 1992.
SERRANO LOZANO, Rubén – *El régimen jurídico de los residuos de envases*, Dykinson 2007.
SMITH, John Thomas II – "The challenges of environmentally sound and efficient regulation of waste – the need for enhanced international understanding", in: *Journal of Environmental Law"*, vol. 5 n.º 1, Oxford University Press, 1993.
SMITH, Turner T. – "Hazardous wastes: The knowing endangerment offence (case law analysis)", in: *Journal of Environmental Law*, vol. 2 n.º 2, Oxford University Press, 1990.
SPRANKLING, John G. e Gregory S. Weber – The Law of Hazardous Wastes and Toxic Substances in a Nutshell, Thomson West, 2007.
STENGLER, Ella – *Die Verwertung und die Beseitigung von Abfällen nach nationalem Recht und nach EG-Recht*, Peter Lang Gmbh, Frankfurt am Main, 2000.
STOLENBERG, Uwe – *Betriebliche Abfallwirtschafts konzepte und Abfallbilanzen*, Erich Schmidt Verlag, Berlin, 1997.
STRUß, Stephan – *Abfallwirtschaftsrecht*, Carl Heymanns Verlag K.G. Köln, 1991.
STÜBER, Stephan – *Standortauswahl für Großvorhaben, Materieliche Kriterien der Standortauswahl am Beispiel von Deponien*, Erich Schmidt Verlag, Hamburg, 2000.

TISSEUIL, J.-L – «Conditions pour le développement du recyclege», in: *TSM, Techniques, Sciences, Méthodes*, n.º 5, Mai 2000.
TRAVERSI, G [et. al.] – *Sistemi integrati qualità-ambiente-sicurezza. Linee guida per l'applicazione delle norme ISO 9002-ISO 14001-BS8800 nele imprese che esercitano attività di logistica dei rifiuti*, Istituto di certificazione della qualità, Milano, Ottobre 1999.
TROMANS, Stephen – "The difficulties of enforcing waste disposal licence conditions (case law analysis)", in: *Journal of Environmental Law*, vol. 3, n.º 2, Oxford University Press, 1991.
VAN HORN, Robin L. [et al.] – «Methodology for conducting screening-level ecological risk assesment for hazardous waste sites», in: *Journal of Environmental Law*, vol. 5, n.º 2 Oxford University Press, 1993.
VERSTEYL, Von Ludger-Anselm – *Abfall und Altlasten*, Deutscher Taschenbuch Verlag, München, 2002.
VINAIXA MIQUEL, Mònica – *La responsabilidad civil por contaminación transfronteriza derivada de residuos*, Universidad de Santiago de Compostela, 2006.
WHEELER, Marina – "The legality of restrictions on the movement of wastes under community law (case law analysis)", in: *Journal of Environmental Law*, vol. 5 n.º 1, Oxford University Press, 1993.
WILMOWSKY, Peter von – "Waste disposal in the internal Market: the state of play after the ECJ's ruling on the walloon import ban", in: *Common Market Law Review*, 30: 541-570, 1993.
WILMOWSKY, Peter Von e Gerhard Roller – Civil Liability for Waste: A Legal Analysis of the Proposed Ec Directive, Peter Lang Pub Inc, 1992.
WINISDOERFFER, Y. – "Déchets", in: *Revue Juridique de l'Environnement*, 1994.

DIREITO ADMINISTRATIVO DO AMBIENTE

CARLA AMADO GOMES

1. DELIMITAÇÃO DO OBJECTO DO ESTUDO

O tema deste estudo é o *Direito Administrativo do Ambiente* – fórmula que pode induzir o leitor na convicção de que se trata de uma visão parcial do Direito do Ambiente, o qual se desdobraria noutros sub-ramos estruturantes que ficam de fora desta abordagem. Na verdade, para nós, o Direito do Ambiente, enquanto *ramo de Direito estabelece os modelos de aproveitamento dos bens ambientais naturais, prevenindo lesões graves, regulando as formas de reparação de danos significativos, reprimindo os infractores e incentivando todos os cidadãos e empresas a adoptar condutas ambientalmente amigas*, emerge da seara do Direito Administrativo, sendo pontualmente apoiado por instrumentos típicos do Direito Penal (crimes ambientais) ou do Direito Fiscal (impostos ecológicos). Por outras palavras, o que queremos deixar claro, desde já, é o nosso afastamento das concepções privatistas do Direito do Ambiente, que partem de pressupostos personalistas e primacialmente antropocêntricos e tendem a circunscrever a temática às relações de vizinhança.

O Direito (Administrativo) *do Ambiente é Direito Público*: incide sobre bens públicos e colectivos; tutela relações entre sujeitos que se não encontram numa relação de paridade; versa sobre uma realidade de interesse geral, cuja lesão se pauta por critérios de reparação diversos dos que regem as relações do foro jurídico-privado. Daí que a análise a que vamos proceder se desenvolva a partir de duas linhas de força: por um lado, a afirmação da publicidade do bem; por outro lado, a caracterização do objectivismo da tutela. Estes pressupostos têm consequências substantivas e adjectivas que se apontarão, numa abordagem forçosamente sintética.

2. O AMBIENTE COMO BEM JURÍDICO

O Direito do Ambiente é um Direito jovem, que ganha forma pelas piores razões: a tomada de consciência da finitude dos recursos naturais, fruto de séculos de aproveitamento desregulado e precipitada pela Revolução Industrial do século XIX, em geral; a percepção da fragilidade do meio ambiente, em razão da ocorrência, numa sucessão dramática, de vários acidentes com petroleiros de grande impacto mediático, em particular. No final dos anos 1960, morria a crença na Natureza como fonte de utilidades perpétuas e nascia um foco de preocupação que não mais abandonaria a agenda política, interna e internacional. Pode, assim, afirmar-se que o Direito do Ambiente nasce como um "Direito contra"[1], mas tem crescido como um direito de reconciliação (ou da reconciliação possível) entre o Homem e o meio[2], no que traduz uma tentativa de sustar a degradação do estado dos recursos sem com isso pôr em causa o modelo de desenvolvimento sócio-económico que sustenta a civilização ocidental.

2.1. O "DESPERTAR ECOLÓGICO" DE FINAIS DOS ANOS 1960

Foi KISS que situou em finais de 1960 o "despertar da era ecológica" da comunidade internacional[3]. Não pretende com isso dizer que o século XX tenha sido até aí um deserto no que tange à tutela do ambiente – há algumas convenções internacionais celebradas logo no princípio do século que visam a protecção das focas, ou a preservação de certas espécies cinegéticas africanas. Contudo, a sua vocação é utilitarista e a sua técnica revela-se assistemática. O que o eminente jusambientalista almeja é caracterizar como que uma "catarse" de **acontecimentos** que vieram a desaguar numa **data** que constitui um marco para o Direito do Ambiente[4].

---

[1] Raphael ROMI, **Science et droit de l'environnement: la quadrature du cercle**, in *Actualité Juridique – Droit Administratif*, 1991, pp. 432 segs, 432.

[2] Apelando a esta ideia Jacqueline MORAND-DEVILLER, **Le Droit de l'environnement**, Paris, 1987, pp. 5 segs.

[3] Alexandre KISS, **Direito Internacional do Ambiente**, in *Direito do Ambiente*, INA, 1994, pp. 147 segs, 147.

[4] Uma proposta de faseamento da evolução do Direito Internacional do Ambiente pode ver-se em Alexandre KISS e Jean-Pierre BEURIER, **Droit International de l'Environnement**, 3.ª ed., Paris, 2004, pp. 27 segs.

Os **acontecimentos** são, entre outros: a publicação de obras marcantes na temática da protecção ecológica – *Silent Spring* (1962), de Richard Carson, ou *Environmental Revolution* (1969), de Max Nicholson –, que fazem eco dos apelos dos cientistas à contenção na exploração do recursos naturais; a notícia da contaminação de mercúrio na baía de Minamata (Japão), cujos reflexos para a saúde pública começaram então a conhecer-se; o naufrágio do petroleiro *Torrey Canyon*, em 1967, ao largo das costas inglesa, francesa e belga, com efeitos devastadores no plano da poluição marinha. A **data** é 1968: ano em que o Conselho da Europa emite a *Declaração sobre a luta contra a poluição do ar*, aprova a *Carta Europeia da Água,* e promove a assinatura do *Acordo Europeu sobre o emprego de certos detergentes.* Também em 1968, os Chefes de Estado e de Governo africanos assinaram a *Convenção africana sobre a conservação da Natureza e dos recursos naturais,* que sucedeu à Convenção de Londres (de 1933), instrumento modelar em razão da sua vocação global e do acolhimento de dois princípios em sede de conservação da Natureza: o de que a protecção das espécies deve ser feita no seu habitat, e o de que o Estado em cujo território residem espécies raras fica investido numa especial responsabilidade pela sua preservação. Finalmente, ainda em 1968, a Assembleia Geral das Nações Unidas aprovou a Resolução 2398 (XXIII), de 3 de Dezembro, na qual se previa a realização de uma conferência mundial para a discussão de problemas ambientais – a Conferência de Estocolmo.

Desde então, a multiplicação de instrumentos de protecção do ambiente deu origem a uma rede legal complexa e de árdua concatenação, na qual se sobrepõem convenções de aplicação mundial e convenções de vocação regional, com proliferação de regimes e sistemas de resolução de conflitos. A tutela ambiental, nas suas diversas vertentes, afirma-se como um desígnio internacional, fortemente dependente da cooperação entre os Estados e reflexo de novos valores de solidariedade, inter e intrageracional.

2.2. A TAREFA ESTADUAL DE PROTECÇÃO DO AMBIENTE

Os ordenamentos nacionais foram assimilando a necessidade de protecção ambiental e inserindo no seu tecido legislativo normas e sistemas de tutela dos bens naturais a partir de 1970. Alguns Estados anteciparam-se à Declaração de Estocolmo, avançando para o estabelecimento de quadros normativos de sustentação da nova política: é claramente o caso dos

Estados-Unidos da América, um dos primeiros Estados do mundo ocidental a aprovar uma lei-quadro da protecção ambiental – o *National Environmental Policy Act* (NEPA) –, logo em 1969. Outros, como Portugal, aproveitaram o ímpeto revolucionário para incorporar a tarefa de protecção do ambiente no texto constitucional, acolhendo na Lei Fundamental de 1976 um "artigo ambiental" – o artigo 66.º – o qual, acompanhado, desde a revisão constitucional de 1982, da norma de reserva de competência legislativa relativa da Assembleia da República para estabelecer as bases da protecção da Natureza [artigo 168.º/2/g), actual 165.º/1/g)], e da norma que lhe confere a titulação formal de "tarefa fundamental" no artigo 9.º/e), constitui a referência primeira do Direito do Ambiente português.

Sublinhem-se, porém, dois aspectos[5]:

i) O entusiasmo constitucional demorou algum tempo a contagiar o legislador ordinário, porventura em razão do estabelecimento de outras prioridades de intervenção, no plano social e económico. Na verdade, só passados onze anos, a Assembleia da República fez uso da competência de elaborar as Bases da protecção do Ambiente, através da Lei 11/87, de 7 de Abril (= LBA). Esta, por seu turno, veio a conhecer autêntica dinamização apenas na década de 1990, por força da necessidade de transposição das directivas oriundas da Comunidade (Económica) Europeia, à qual Portugal aderiu em 1985 (com o Tratado de Adesão a entrar em vigor em 1 de Janeiro de 1986). Instrumentos como a declaração de impacto ambiental (DL 186/90, de 6 de Junho), a licença ambiental (DL 194/00, de 21 de Agosto), a Rede Natura 2000 (DL 140/99, de 24 de Abril), são fruto da necessidade de cumprir compromissos comunitários. Por seu turno, ao estabelecer o regime da Rede Nacional de Áreas Protegidas (DL 19/93, de 23 de Janeiro), ou da Reserva Ecológica Nacional (DL 93/90, de 19 de Março), o legislador claramente aproveitou o impulso comunitário no sentido de dar concretização às directivas emanadas em sede ambiental para conferir exequibilidade à Lei de Bases do Ambiente[6];

---

[5] Mais desenvolvidamente sobre estes dois aspectos, Carla AMADO GOMES, **O ambiente na Constituição: errância e simbolismo**, in *Textos dispersos de Direito do Ambiente (e matérias relacionadas)*, II, Lisboa, 2008, pp. 23 segs.

[6] Referimo-nos aos diplomas originais, nos quais se verteram pela primeira vez os regimes dos institutos mencionados no texto – actualmente, todos (salvo o DL 140/99) se encontram já revogados e substituídos por novos.

ii) A novidade da matéria provocou uma certa indefinição do objecto de protecção, que se tem agudizado desde 1976. Com efeito, gozando de uma certa concisão na versão original da Constituição da República Portuguesa (= CRP), o artigo 66.º/2 foi alargando o seu âmbito, constituindo hoje – fruto da revisão constitucional de 1997 – um caso claro de *obesidade normativa*, que agrega numa noção amplíssima de ambiente realidades como o património cultural, natural e construído; o ordenamento do território; o urbanismo; a qualidade arquitectural das povoações; a saúde pública (pela via da qualidade de vida)... A (in)definição de *ambiente* constante do artigo 5.º/2/a) da LBA tão-pouco ajuda a esclarecer o intérprete e aplicador. A operatividade do Direito do Ambiente e da política de ambiente obrigam a uma focalização mais fina do objecto, que deve circunscrever-se aos bens ambientais naturais listados no artigo 6.º da LBA: ar, luz, água, solo, subsolo, fauna e flora.

A missão de protecção e promoção da qualidade dos bens ambientais naturais gera, para o Estado e demais entidades públicas com atribuições nesta área, incumbências de ordem vária. Uma síntese possível das funções do "Estado de Ambiente" pode ver-se abaixo:

1. Política:

    1.1. No plano interno;
    1.2. No plano internacional

2. Legislativa:

    2.1. Normas organizativas (estruturais e competenciais);
    2.2. Normas substantivas (prevenção, sancionamento, responsabilização, fomento);
    2.3. Normas adjectivas (reguladoras da legitimidade de intervenção em procedimentos administrativos e em processos judiciais)

3. Executiva:

    3.1. De polícia:

        3.1.1. Autorizativa;
        3.1.2. Repressiva;
        3.1.3. Reparatória

    3.2. De fomento:

        3.2.1. Incentivos fiscais;

3.2.2. Subvenções;
3.2.3. Certificados verdes;
3.2.4. Títulos de emissão de gases com efeito de estufa

3.3. Formativa:

3.3.1. Através de campanhas de sensibilização do público em geral;
3.3.2. Através da introdução de disciplinas de educação ambiental nos *curriculae*

3.4. Informativa:

3.4.1 De carácter geral;
3.4.2. No âmbito de procedimentos administrativos

4. Jurisdicional

2.3. AS CARACTERÍSTICAS DOS BENS AMBIENTAIS

Subtraídos os interesses *excedentários* do âmago do objecto do Direito do Ambiente, o resultado da operação equivale aos bens ambientais naturais. Na verdade, gozando a saúde pública, o ordenamento do território, o urbanismo, o património cultural, de bases constitucionais específicas nos artigos 64.°, 65.° e 78.° da CRP, respectivamente, o sentido útil do artigo 66.°/2, bem como do artigo 9.°/e), ambos da CRP, reside exclusivamente na autonomização de um bem cuja protecção aí ganhe relevo particular. Por outras palavras, só o enfoque preciso nos bens ambientais naturais justifica a identificação da tarefa de protecção do ambiente como missão distinta das demais intervenções, ainda que em eventual articulação com aquelas.

Para além desta depuração conceptual, cumpre sublinhar que a protecção que o Direito do Ambiente promove se baseia numa dimensão dos bens ambientais naturais que se abstrai da sua natureza corpórea (ou patrimonial). Dito de outra forma, relativamente aos bens ambientais naturais que assumem existência corpórea – fauna; flora; solo e subsolo; água, quando em superfícies delimitadas –, há que distinguir a tutela das utilidades materiais que produzem da tutela da sua dimensão imaterial. *Enquanto coisas,* os bens ambientais naturais são objecto de direitos patrimoniais, são individualmente apropriáveis e geram utilidades divisíveis. *Enquanto valores de equilíbrio do ecossistema*, tais bens ganham dimensão imaterial, não são individualmente apropriáveis e são fruto de utilidades indivisíveis. O Direito do Ambiente ocupa um espaço próprio e diverso do âmbito da regulação dos direitos reais eventualmente existentes sobre estes bens.

Naturalmente que, dada a natural apetência dos bens ambientais para a satisfação de necessidades humanas, as normas de protecção incidem apenas sobre aqueles cuja existência se encontra ameaçada (*v.g.*, descrição das espécies ameaçadas de extinção em listas; imposição de quotas de caça e pesca), ou sobre aqueles cuja relevância para o equilíbrio do sistema natural em que se inserem justifica a imposição de medidas restritivas do direito de propriedade e/ou da liberdade de circulação (*v.g.*, classificação de uma área como reserva natural; integração de um terreno em zona de REN). Não é todo e qualquer bem ambiental que assume relevância imaterial justificativa de condicionantes à sua utilização e fruição, mas apenas aqueles que, pela sua originalidade ou situação se revelarem componentes essenciais do ecossistema, devem ver essa aura de imaterialidade devidamente acautelada contra actuações que possam fazer perigar a sua integridade (cfr., por exemplo, o artigo 15.º/2, 5 e 6 da LBA).

É neste contexto que têm vindo a ganhar relevo noções como "património comum" e "interesse nacional", familiares às temáticas da protecção do ambiente e do património cultural (vejam-se os artigos 15.º/4 da LBA, onde se alude ao "património silvícola do País", e 15.º/2 da Lei 107/01, de 8 de Setembro, onde se encontra a noção de "imóvel de interesse nacional"). A imaterialidade deste tipo de bens investe-os numa especial aptidão para a gestão e fruição colectivas, que dissocia nua propriedade e uso, numa operação de abstracção que recorda o desdobramento entre *propriedade eminente* e *propriedade útil* do período feudal. O máximo expoente desta expressão de solidariedade de gestão é a figura do "património comum da Humanidade", baseada na ideia lançada por Avid Pardo em 1967, em discurso proferido na Assembleia Geral da Organização das Nações Unidas referindo-se aos oceanos, e concretizada (teoricamente) na Convenção das Nações Unidas para o Direito do Mar de 1982 (em vigor desde 1992), na figura da Área (Parte XI: artigos 133.º segs)[7].

---

[7] Os artigos 136.º segs da Convenção, em especial, definem os princípios que regem a Área e os seus recursos, considerados "património comum da Humanidade". Um outro

Sublinhe-se, contudo, que enquanto no contexto interno a noção de *património comum* actua sobretudo no plano simbólico, impondo ao proprietário do bem natural condicionamentos de gestão das suas utilidades mas não o despojando delas (salvo afectação de tal forma intolerável que justifique a expropriação: *v.g.*, no caso de classificação de uma área como "reserva integral", nos termos do artigo 22.°/1/a) e n.° 2 do DL 142/08, de 24 de Julho)[8], no plano internacional a noção de *património comum da Humanidade* aplica-se a áreas que são *res nullius*, fazendo reverter os seus proveitos para a comunidade internacional em geral e não apenas para os Estados que, em função do seu maior poderio económico e tecnológico, deteriam os meios para um aproveitamento exclusivo[9].

2.4. A AUTONOMIA CIENTÍFICA DO DIREITO DO AMBIENTE

A definição de objectos merecedores de protecção autónoma – os bens ambientais naturais – fez despontar um novo ramo do saber jurídico.

---

exemplo é o da Lua e outros corpos celestes, classificados como património comum da Humanidade pelo Acordo de Nova Iorque de 1979.

Sobre a noção de "património comum da Humanidade", entre tantos, vejam-se, Alexandre KISS, **La notion de patrimoine commun de l'humanité**, in *Récueil des Cours de l'Académie de Droit International*, 1982/II, pp. 103 segs; Paulo OTERO, **A Autoridade internacional dos fundos marinhos**, Lisboa, 1988, pp. 40 segs; Jean CHARPENTIER, **L'Humanité: un patrimoine, mais pas de personnalité juridique,** in *Les hommes et l'environnement. Études en hommage à A. Kiss,* Paris, 1998, pp. 17 segs; José Manuel PUREZA, **O património comum da humanidade: rumo a um direito internacional da solidariedade?**, Lisboa, 1998, pp. 173 segs.

[8] Sobre o sentido e limites da noção de "património comum", vejam-se Isabelle SAVARIT, **Le patrimoine commun de la nation, déclaration de principe ou notion juridique à part entière?**, in *Revue Française de Droit Administratif*, 1998/2, pp. 305 segs; Cédric GROULIER, **Quelle efectivité juridique pour le concept de patrimoine commun?**, in *Actualité Juridique – Droit Administratif*, 2005/19, pp. 1034 segs; Agathe VAN LANG, **Droit de l'environnement**, 2.ª ed., Paris, 2007, pp. 179 segs.

[9] Para maiores desenvolvimentos, vejam-se Malgosia FITZMAURICE, **International protection of the environment**, in *Récueil des Cours de l'Académie de Droit International*, 2001-I, pp. 13 segs, 150 segs, e Jutta BRUNNÉE, **Common areas, common heritage and common concern**, in *The Oxford Handbook of International Environmental Law*, Oxford/New York, 2007, pp. 550 segs.

Partindo de diferentes premissas, nomeadamente da consideração da atmosfera e da hidrosfera como "partes comuns" do Globo, independentemente da sua localização, Paulo MAGALHÃES, **O condomínio da Terra**, Coimbra, 2007, *max.* pp. 77 segs.

Mais do que uma realidade geradora de preocupação política, nacional e internacional, e além de substrato de disciplinas académicas, a protecção ambiental convoca um conjunto de elementos que contribuem para a caracterização da autonomia científica do tecido normativo que dela se ocupa.

Com efeito, o ambiente tem ao seu serviço uma estrutura orgânica crescentemente complexa – basta atentar nos diplomas estabelecedores da orgânica do Ministério do Ambiente desde 1993 (ano em que, pela primeira vez, se criou esta entidade, no âmbito do XII Governo Constitucional, através do DL 187/93, de 24 de Maio, sustentáculo do Ministério do Ambiente e dos Recursos Naturais; nos últimos anos, tem-se verificado a junção, ao nível ministerial, das áreas do Ambiente e do Ordenamento do Território[10]); conta com um leque de princípios específicos (cfr. os artigos 66.º/2 da CRP, e 3.º da LBA, lidos selectivamente – cfr. *infra*, §4.º, 4.3.1.1.); e dispõe de instrumentos próprios, embora filiados em figuras clássicas do Direito Administrativo como os actos administrativos autorizativos, os actos sancionatórios, os regulamentos, o procedimento administrativo (cfr. o artigo 27.º da LBA) – *vide infra*, §§4.º e 5.º.

A proximidade do Direito Administrativo não deve conduzir à conclusão da absorção do Direito do Ambiente por aquele. Há uma relação de *paternidade funcional*, mas a independência do Direito do Ambiente afere-se pelo seu objecto e pelas especificidades que o caracterizam. É um ramo especial do grande tronco dogmático constituído pelo Direito Administrativo. Do mesmo passo, o facto de a protecção do ambiente estar subjacente a várias políticas do Estado (*v.g.*, fiscal; de ordenamento do território; do turismo) só atesta a *transversalidade* do problema, não significando a sua diluição noutros ramos do Direito. Denotar-se-á, mais uma vez, a funcionalidade de instrumentos típicos de outros ramos (*v.g.*, imposto ecológico[11]) em face do ambiente, ou a necessidade de ponderação de interesses eventualmente conflituantes através da lógica de integração dos objectivos ambientais em políticas sectoriais (*v.g.*, promoção do turismo ecológico).

---

[10] O DL 207/06, de 27 de Outubro descreve o actual organigrama do Ministério do Ambiente, do Ordenamento do Território e do Desenvolvimento Regional.

[11] Cfr. Carlos LOBO, **Imposto ambiental: análise jurídico-financeira**, in *RJUA* (1.ª parte), n.º 2, 1994, pp. 11 segs e (2.ª parte), n.º 3, 1995, pp. 13 segs.

Assim, e como esboçámos no §1.º, o Direito do Ambiente pode definir-se como *o conjunto de princípios e normas que disciplinam as intervenções humanas sobre os bens ambientais naturais, de forma a impedir destruições irreversíveis para a subsistência equilibrada dos ecossistemas, a fomentar a sensibilização para a promoção da qualidade do ambiente, a sancionar as condutas que lesem a integridade e capacidade regenerativa daqueles bens, e a reparar e/ou compensar os danos ecológicos*[12].

3. O EQUÍVOCO DO "DIREITO AO AMBIENTE"

O artigo 66.º/1 da CRP acolhe uma fórmula que tem sido interpretada pela doutrina portuguesa como consagradora de um direito subjectivo público, um direito de terceira (ou quarta) geração: o "direito ao ambiente"[13]. No entanto, e não descurando o carácter apelativo da ideia, deve sublinhar-se que tal noção é juridicamente inócua (porque vazia) e axiologicamente perversa (dado que assenta em pressupostos incorrectos). Na perspectiva jurídica, é imprestável, pois não ganha autonomia relativamente aos direitos pessoais ou patrimoniais. Do ponto de vista axiológico, é enganosa, uma vez que induz o sujeito na convicção da livre disponibilidade e egoística fruição de um bem do qual não dispõe livremente, porque lhe não pertence.

3.1. A DESMONTAGEM NECESSÁRIA DA FÓRMULA DO ARTIGO 66.º/1 DA CRP

Uma leitura apressada da primeira parte do artigo 66.º/1 da CRP pode até seduzir para a ideia do direito subjectivo, mas um olhar mais atento leva-nos a concluir que, se fosse para dar outro nome aos direitos de personalidade[14] – mantendo, contudo, o regime de tutela, fundamentalmente ancorado nos artigos 70.º segs do Código Civil –, não valeria a pena ter introduzido o preceito no texto constitucional. Tratar-se-ia de uma

---

[12] Para mais desenvolvimentos, veja-se Carla AMADO GOMES, **Ambiente (Direito do)**, in *Textos dispersos de Direito do Ambiente*, I, 1.ª reimp., Lisboa, 2008, pp. 73 segs.

[13] Um recenseamento destas posições pode ver-se em Carla AMADO GOMES, **Risco e modificação do acto autorizativo concretizador de deveres de protecção do ambiente**, Coimbra, 2007, pp. 102 segs.

[14] Não terá sido essa, certamente, a intenção do legislador quando enigmaticamente (e inutilmente) introduziu uma nova "categoria" de direitos "ambientais" na alínea d) do artigo 9.º da CRP, na sequência da revisão constitucional de 1997...

duplicação inútil. Já a segunda parte da norma, invariavelmente relegada para segundo plano, aponta para uma dimensão original, que merece ser destacada: a do dever de protecção do ambiente. Desvendar os lados *solar* e *lunar* do artigo 66.º/1 da CRP é o propósito das linhas que se seguem.

3.1.1. O interesse de facto de fruição de bens colectivos

O sentido do n.º 1 do artigo 66.º da CRP passa pela identificação do bem jurídico *ambiente*. Das várias alíneas do n.º 2 do preceito, onde se filia a sede de tutela objectiva, não resulta clara a composição do universo ambiental, dado que o legislador, numa deriva revisionista que se acentuou na revisão constitucional de 1997, transformou o "artigo ambiental" da CRP num caso paradigmático de excesso conteudístico. Na verdade, *ambiente*, numa leitura superficial do artigo 66.º/2, abarca realidades tão díspares como a saúde (referência ao *ambiente urbano*), o ordenamento do território, o urbanismo, o património cultural, que encontram sedes específicas de tutela noutros normativos constitucionais. A esta amplíssima noção não terá sido alheia a indefinição constante do artigo 5.º/2/a) da LBA, nem a vocação abrangente da política comunitária de ambiente (cfr. o artigo 174/1 do Tratado de Roma).

Contudo, a inequívoca transversalidade da política ambiental não deveria ter impedido o legislador constituinte de traçar linhas delimitadoras mais precisas do bem *ambiente*, prevenindo confusões que podem comprometer a eficácia da concretização dos objectivos de prevenção da poluição, de preservação das espécies ameaçadas, de gestão racional dos recursos naturais, esses sim, constituintes do núcleo duro da tarefa de protecção do ambiente.

Esta pouca finura do traço presente no artigo 66.º/2, assente numa visão ampla e predominantemente antropocêntrica do ambiente, contribui para acentuar a perspectiva personalista que pontifica na primeira parte do n.º 1 do preceito. A fórmula do *direito ao ambiente* move-se em torno da pessoa e das suas necessidades, físicas e psíquicas, de bem-estar sanitário e económico. O objecto do "direito ao ambiente", enquanto reportado a uma substancialidade material, não existe: esta ficção jurídica constitui uma espécie de "testa de ferro", inútil e perversa, de posições jurídicas perfeitamente autonomizadas como o direito à vida (artigo 24.º da CRP), à integridade física e psíquica (artigo 25.º da CRP), ao desenvolvimento da personalidade nos seus múltiplos matizes (artigo 26.º/1 da CRP).

A inutilidade traduz-se, portanto, na duplicação de bases de protecção jurídica da pessoa e da sua esfera jurídica. A perversão, por seu turno, prende-se com o esvaziamento do sentido da norma se o relacionarmos com a protecção das pessoas. O ambiente, como o entendemos – e como a operatividade da tarefa cometida a entidades públicas e privadas requer – é uma grandeza individualmente inapropriável, de utilidades indivisíveis. A abordagem da primeira parte do n.º 1 do artigo 66.º tem subjacente uma lógica de aproveitamento individual dos bens ambientais naturais, cujo *quantum* é praticamente impossível de aferir e juridicamente nocivo de conceber, por afrontar o valor da solidariedade inerente à gestão racional de bens de fruição colectiva [cfr. a alínea e) do n.º 2 do artigo 66.º da CRP].

A compreensão da posição jurídica efectivamente decorrente na primeira parte do n.º 1 do artigo 66.º da CRP – muito influenciada pelas declarações internacionais, que fazem do "direito ao ambiente" uma espécie de porta-estandarte de valores como o desenvolvimento e a qualidade de vida dos povos – ganha na articulação com o artigo 52.º/3/a) da CRP. Aí se afirma a legitimidade alargada dos sujeitos para prevenir, fazer cessar e obter reparação contra ofensas à integridade dos bens ambientais naturais. A pulverização de direitos processuais e procedimentais pelos sujeitos que aproveitam as qualidades daqueles bens reporta-se à sua dimensão imaterial, de fruição colectiva e constitui a chave da explicitação do sentido da norma.

3.2. AS DIMENSÕES PRETENSIVAS DA NORMA DO ARTIGO 66.º/1 DA CRP: MANIFESTAÇÕES PROCEDIMENTAIS E PROCESSUAIS

O "direito ao ambiente" nada mais é do que uma síntese de posições procedimentais e processuais instrumentais à gestão democrática (do aproveitamento) dos bens ambientais. Aquilo que os cidadãos podem exigir das entidades públicas não se traduz na prestação de porções de ar, água, convívio com fauna e flora, mas antes na possibilidade de aceder a informações relativas a questões ambientais, de participar em procedimentos autorizativos ambientais e de propor acções judiciais com vista à salvaguarda da integridade dos bens naturais.

Na verdade, o interesse de facto de fruição de bens colectivos, para além de um *status fruendi*, que obedece a regras de gestão racional, é também um *status activae processualis*[15], indutor da sensibilização para a necessidade de um esforço solidário no sentido da preservação dos bens ambientais. Porque o imperativo de protecção do ambiente investe cada indivíduo na *dupla qualidade de credor e devedor*[16]: é um dever de cada pessoa, cujo cumprimento reverte, quer a favor de si própria, quer a favor dos restantes membros da comunidade, existentes e futuros. O interesse na preservação e promoção da qualidade dos bens ambientais pressupõe uma certa concepção de vida em comunidade, ou seja, é um interesse de realização comunitária, solidária[17], assente numa cidadania activamente empenhada no respeito e promoção da causa ecológica – uma *ecocidadania*.

Esta *ecocidadania* encontra concretização em momentos vários. O mais relevante traduz-se, porventura, na participação em procedimentos de avaliação de impacto ambiental – mecanismo alçado a princípio fundamental na Declaração do Rio de Janeiro de 1992 (princípio 17). Enquanto bens de fruição colectiva, os bens ambientais são especialmente vocacionados para um aproveitamento conjunto e este, por seu turno, consolida o sentimento de responsabilidade comunitária pela sua gestão racional[18].

Nas palavras de PRIEUR, "porque o ambiente respeita a todos, quando se trata de partilhar os recursos naturais comuns, a sua gestão deve ser realizada por todos. A democratização da gestão dos bens comuns é inerente à qualidade generalizada de tais bens"[19]. A participação pública, constituindo um imperativo da Administração dialógica e concertada para que aponta o artigo 267.º/5 da CRP, ganha nos procedimentos autorizativos ambientais um sentido mais profundo, (cfr. o artigo 66.º/2 do CRP)[20] de afirmação de

---

[15] Apelando à qualificação de JORGE MIRANDA, **Manual de Direito Constitucional**, IV, 4.ª ed., Coimbra, 2008, pp. 87-88

[16] Jean SYMONIDES, **The human right to a clean, balanced and protected environment**, *in Diritti dell'uomo e ambiente. La partecipazione dei cittadini alle decisioni sulla tutela dell'ambiente*, a cura di Teresa Tonchia, Pádua, 1990, pp. 239 segs, 246.

[17] Neste sentido, Karel VASAK, **Le droit international des droits de l'homme**, *in RCADI*, 1974/IV, pp. 333 segs, 344; Georg HANDL, **Human rights and protection of the environment: a mildly «revisionist» view**, *in Derechos humanos, desarrollo sustentable y medio ambiente*, Brasília, 1992, pp. 117 segs, 133.

[18] Cfr., a título de exemplo, os artigos 4.º/1 da Lei 83/95, de 31 de Agosto, e 14.º e 15.º do DL 69/00, de 3 de Maio (alterado e republicado pelo DL 197/05, de 8 de Novembro).

[19] Michel PRIEUR, **La Convention d'Aarhus, instrument universel de la démocratie environnementale**, *in Revue Juridique de l'Environnement*, 1999 (n.º especial), pp. 9 segs, 9.

[20] Sobre o princípio da participação pública no actual contexto constitucional português, veja-se CARLA AMADO GOMES, Participação pública e defesa do ambiente: um silêncio crescentemente ensurdecedor, em curso de publicações nos CJA.

pertença a um núcleo social unido em torno de uma lógica de solidariedade intrageracional[21].

O acesso à justiça ambiental, alargado nos termos da legitimidade popular a qualquer cidadão que usufra das potencialidades do bem, é uma decorrência lógica do direito de participação no procedimento autorizativo. A continuidade na defesa do interesse de facto da protecção do ambiente, manifestada no procedimento, reclama a possibilidade de acesso a juízo com vista à prevenção de riscos, à reparação de danos e à repressão de condutas violadoras da legalidade ambiental.

A tríade das dimensões pretensivas do interesse de facto na protecção do ambiente fica completa com um terceiro direito, que pode ou não funcionar como instrumental aos dois já enumerados: o direito de acesso à informação ambiental. Detenhamo-nos um pouco sobre ele.

3.2.1. Em especial, o direito de acesso à informação ambiental

Se a sustentabilidade da democracia depende do nível de informação dos cidadãos (e da capacidade de a apreender e analisar criticamente), a sustentabilidade ambiental tem com o acesso à informação uma ligação estrutural. Quanto maior a difusão das qualidades do bem se revele, maior deve ser o empenhamento colectivo na sua preservação.

A propósito do envolvimento do público na tomada de decisões com incidência ambiental, sintetiza SCOVAZZI no sentido de que "o conceito de participação do público comporta alguns elementos substanciais irrenunciáveis: que o público conheça os dados da situação (direito à informação); que possa exprimir a sua opinião (direito a ser ouvido); que tal opinião seja tida em consideração pelo órgão decisor (direito a ser tido em consideração); que o público conheça o teor da decisão e os motivos que a determinaram (uma vez mais, direito à informação)"[22]. O acesso à informação

---

[21] A lógica da gestão democrática tem feito o seu caminho também no contexto da protecção do património cultural, que tem com o ambiente grande similitude. Cfr. André-Hubert MESNARD, **Démocratisation de la protection et de la gestion du patrimoine culturel immobilier en France,** in *Revue du Droit Public et de la Science Politique,* 1986/3, pp. 25 segs.

[22] Tullio SCOVAZZI, **La partecipazione del pubblico alle decisioni sui progetti che incidono sull'ambiente,** in *Rivista Giuridica dell'Ambiente,* 1989/3, pp. 485 segs, 487.

ambiental assume, por si só, uma dimensão de *participação política*, que se traduz num simples desejo de estar informado sobre as intervenções, públicas e privadas, em bens de fruição colectiva. Depois, poderá revelar uma feição *pedagógica*, dotando o indivíduo do conhecimento essencial à determinação da sua interacção, nos planos pessoal e profissional, com o ambiente. Finalmente, descortina-se ainda uma vertente *instrumental* do direito à informação ambiental, no seu entrelaçamento com o direito à participação na tomada de decisões com incidência ambiental.

Documento determinante para a configuração do direito de acesso à informação ambiental é a Convenção de Aarhus, de 1998. Versando sobre o acesso à informação (artigos 4.° e 5.°), sobre a participação em procedimentos tendentes à aprovação de actividades específicas (artigo 6.°) e de planos, programas e políticas em matéria de ambiente (artigos 7.° e 8.°), e ainda sobre o acesso à justiça em sede ambiental (artigo 9.°), esta Convenção, ratificada pela Assembleia da República em 2003[23], está na base da directiva 2003/4/CE, do Parlamento Europeu e do Conselho, de 28 de Janeiro. A transposição desta directiva, por seu turno, levou Portugal à aprovação da Lei 19/06, de 12 de Junho, onde se encontra descrito o regime do acesso à informação ambiental (=LAIA). Esta lei assume-se, em virtude do seu objecto, como especial face à pré-existente lei de acesso aos documentos administrativos (Lei 65/93, de 26 de Agosto, actualmente revogada pela Lei 46/07, de 24 de Agosto =LADA), a qual é, sem embargo, de aplicação subsidiária (cfr. o artigo 18.° da LAIA).

Assim, a necessidade de promover a "cidadania ambiental" vincula as autoridades públicas ao cumprimento de diversas tarefas, no âmbito da divulgação da informação – sempre que possível, através de meios electrónicos – em matéria ambiental[24], conforme dispõe o artigo 4.° da LAIA.

A actualização da informação é um imperativo em sede ambiental, em razão da célere mutação do estado de preservação dos elementos naturais e da progressiva consciencialização das entidades públicas e privadas

---

[23] Resolução da Assembleia da República 11/2003, *in DR*, I, de 25 de Fevereiro de 2003.

[24] A lei define "informação sobre ambiente" na alínea b) e respectivas subalíneas do artigo 3.°. Chamamos a atenção para o facto de, mau grado adoptar uma noção ampla de ambiente – elementos naturais e suas interacções com factores humanos e de ambiente construído –, o diploma identificar claramente os bens ambientais em sentido estrito, na subalínea *i.).*

para a necessidade da sua protecção. O artigo 5.º da LAIA dispõe sobre este dever de actualização, activa e sistemática, da informação ambiental, que deverá ser progressivamente disponibilizada "em bases de dados electrónicas facilmente acessíveis ao público através de redes públicas". A informação a compilar e actualizar inclui desde convenções internacionais a dados ou resumos dos dados resultantes do controlo das actividades que afectam ou podem afectar o ambiente; de autorizações a acordos com impacto significativo sobre o ambiente; de estudos de impacto ambiental ao relatório anual sobre o estado do ambiente, entre outros (cfr. as alíneas do n.º 3 do artigo 5.º da LAIA). Este relatório é objecto de publicação anual (n.º 4 do artigo 5.º da LAIA).

O acesso à informação sobre ambiente pode traduzir-se em duas modalidades: a (mera) consulta de dados e a obtenção documentada de dados informativos (cfr. os n.ºs 2 e 3 do artigo 6.º da LAIA, respectivamente). Esta última, que a lei identifica como "disponibilização da informação", pode ser requerida por qualquer pessoa, sem que necessite de justificar o seu interesse (artigo 6.º/1). Deverá fazê-lo por escrito, em requerimento assinado de onde constem: os elementos essenciais da sua identificação e indicação do local de residência (artigo 6.º/2); a determinação precisa dos elementos de informação que pretende[25] (cfr. o artigo 8.º da LAIA) – sublinhe-se que a autoridade administrativa deve, por seu turno, esclarecer os métodos de avaliação do estado dos componentes ambientais subjacentes à informação fornecida nessa sede (artigo 7.º da LAIA); o formato em que deseja ver-lhe fornecida a informação (cfr. o artigo 10.º da LAIA)[26].

O requerente tem direito a uma resposta sobre o pedido de disponibilização da informação no prazo de 10 dias[27], seja ela positiva [artigo

---

[25] Caso o pedido não seja formulado de forma precisa, a autoridade administrativa deve convidar o requerente a aperfeiçoá-lo, no prazo de 10 dias após a recepção (artigo 8.º da LAIA).

[26] "As razões da recusa de disponibilização total ou parcial das informações, sob o formato pretendido, devem ser comunicades ao requerente no prazo máximo de 10 dias úteis contados desde a data de recepção do pedido" (artigo 10.º/2 da LAIA). Repare-se que não se trata aqui de indeferir o pedido de informação, mas tão-só de recusar prestá-lo sob o formato desejado – facto que, se é certo que não remete para os fundamentos de indeferimento enunciados no artigo 11.º/6 da LAIA, não deixa de legitimar o exercício dos meios de impugnação a que alude o artigo 14.º da LAIA.

[27] A lei nada diz sobre o prazo de consulta – naturalmente, nos casos em que a Administração não tiver a informação imediatamente disponível. Raciocinando analogicamente,

9.º/1/a) da LAIA] – sempre que o pedido tenha por objecto informação que a autoridade pública, no âmbito das respectivas atribuições e por determinação legal, deva ter tratada e coligida[28] –, ou negativa (artigo 13.º da LAIA). Ainda que o artigo 9.º/1/b) da LAIA aponte o prazo de um mês (nos casos em que a autoridade pública não tenha a informação tratada e coligida)[29], entendemos que a Administração deve sempre responder-lhe, ainda que suspensivamente, no prazo de 10 dias, a fim de o esclarecer da dilação.

A resposta ao pedido de disponibilização da informação pode ser positiva, parcialmente positiva (cfr. o artigo 12.º da LAIA), negativa, ou nenhuma das três, em virtude de o acesso à informação dever ser diferido para momento posterior (artigo 11.º/2 e 5 da LAIA). Superior importância revela nesta sede o n.º 6 do artigo 11.º da LAIA, onde se listam os fundamentos de indeferimento (à semelhança do artigo 4/4 da Convenção de Aarhus, e do artigo 4/4 da directiva 2003/4/CE).

A lei alberga ainda três cláusulas flexibilizadoras dos fundamentos de recusa de acesso à informação ambiental. São elas:

– o n.º 7 do artigo 11.º, que *neutraliza* o efeito fundamentante da recusa nos casos das alíneas a), d), f), g) e h) do n.º 6, sempre que o pedido de informação se referir a fontes de emissões poluentes;
– o n.º 8 do artigo 11.º, que impõe a *interpretação restritiva* dos fundamentos de indeferimento e os submete ao crivo da proporcionalidade;
– o artigo 12.º, onde se estabelece o *princípio da preferência da disponibilização parcial* sobre a não disponibilização, sempre que a destrinça entre dados acessíveis e não acessíveis seja facticamente possível.

---

pensamos que, caso a pesquisa incida sobre elementos imediatamente disponíveis, a sua consulta – ou a informação sobre o modo de consulta mais eficaz – deve ser facultada de imediato pelo serviço competente (ou até um limite de 10 dias) e, caso os elementos se não encontrem coligidos, o requerente deverá ter acesso à informação num prazo que não deve exceder, em regra, um mês (estabelecendo um paralelo com as situações de disponibilização da informação expressamente reguladas no artigo 9.º da LAIA).

[28] Para as situações de apresentação do requerimento a órgão incompetente, cfr. o artigo 11.º/1, 4 e 5 da LAIA.

[29] Em situações excepcionais, estabelece o n.º 2 do artigo 9.º, se o volume ou a complexidade da informação o justificarem, os prazos podem ser prorrogados até ao máximo de dois meses, devendo o requerente ser informado do facto no prazo de 10 dias.

A consulta de listas e registos de informação sobre ambiente, bem assim como qualquer consulta que tiver lugar junto da entidade pública detentora da informação, é gratuita (artigo 16.º/1 da LAIA). A disponibilização do suporte da informação, em contrapartida, pode ser taxada (artigo 16.º/2). As organizações não governamentais do ambiente e equiparadas, abrangidas pela Lei 35/98, de 18 de Julho, gozam de uma isenção de 50% no pagamento das taxas devidas pelo acesso à informação sobre ambiente.

3.3. A DIMENSÃO IMPOSITIVA DA NORMA DO ARTIGO 66.º/1 DA CRP: OS DEVERES DE PROTECÇÃO DO AMBIENTE

A par de dimensões pretensivas, identifica-se no artigo 66.º/1, 2.ª parte, da CRP, uma vertente impositiva, claramente remetida para um lado sombrio da norma: o dever de protecção do ambiente[30]. Note-se que, não consubstanciando os bens ambientais naturais grandezas susceptíveis de aproveitamento individual – logo, não sendo reconduzível o seu modo de aproveitamento e gestão à figura do direito subjectivo –, poder-se-ia questionar a densificação através do dever. Cumpre explicar este passo.

Por um lado, o facto de a CRP falar num dever não acarreta a necessidade de configuração de um correlativo direito. Como os jusconstitucionalistas sublinham, há deveres autónomos, que subsistem por si só, sem articulação com qualquer posição de carácter pretensivo[31]. Tome-se o exemplo do dever de defesa da pátria[32], o qual implica tendencialmente a restrição/suspensão de um conjunto de liberdades (de circulação, de exercício da profissão, de consciência) diverso do bem jurídico que o justifica

---

[30] Alguns Autores destacam a vertente do dever, embora a aliem à dimensão do direito subjectivo ao ambiente. Neste sentido, Tiago ANTUNES, **Ambiente: um direito, mas também um dever**, in Estudos em memória do Professor Doutor António Marques dos Santos, II, Coimbra, 2005, pp. 645 segs, *passim;* e Fernanda FONTOURA DE MEDEIROS, **Meio Ambiente. Direito e dever fundamental**, Porto Alegre, 2004, *max.* pp. 109 segs.

[31] Distinguindo *deveres fundamentais autónomos* de *deveres fundamentais associados a direitos*, José Carlos VIEIRA DE ANDRADE, **Os direitos fundamentais na Constituição portuguesa de 1976**, 2.ª ed., Coimbra, 2001, pp. 161 segs.

[32] Especificamente sobre o dever de defesa da pátria, Juan DE LUCAS, **La polémica sobre los deberes de solidaridad**, in Revista del Centro de Estudios Constitucionales, n.º 19, 1994, pp. 9 segs., 53 segs.

– a salvaguarda da integridade do território nacional[33]. No caso do ambiente, a indeterminabilidade essencial das faculdades de apropriação individual deste tipo de bens – ainda que só a título de uso – leva a que os deveres fundamentais que impendem sobre os cidadãos no sentido da sua defesa não tenham qualquer correspondência em direitos, devido, precisamente, à impossibilidade de densificação do conteúdo destes. O dever não pressupõe nem implica o direito; legitima, sim, a existência de competências administrativas no sentido da sua conformação (balizada pela lei) e da supervisão do seu cumprimento[34].

Por outro lado, a necessidade de proteger o ambiente reflecte-se diferenciadamente sobre os membros da comunidade, isto é, adquire configurações díspares tendo em consideração o impacto das actividades desenvolvidas no meio ambiente e nos seus componentes. Em primeiro lugar, sobre todos os cidadãos recaem deveres de *non facere*, de respeito pela integridade dos bens ambientais naturais e de não produção de danos significativos em virtude de gestão irracional. Em segunda linha, e agora já muito multifacetadamente, sobre sujeitos que desenvolvem actividades de médio e alto potencial lesivo, impendem deveres *de facere*: de adopção de técnicas de minimização da poluição, de construção de redes de saneamento, de introdução de equipamentos de monitorização. A estes vêm normalmente associados *deveres de pati*, de suportação de acções de fiscalização levadas a cabo pelos órgãos competentes. Finalmente, pode o legislador também instituir deveres *de dare,* de prestação: por exemplo, impondo tributos ambientais.

Estes deveres, sobretudo quando *de facere*, configuram deveres perfeitos, na medida em que o legislador, nos vários diplomas sectoriais, comina o seu não acatamento com a aplicação de contra-ordenações – a sanção penal só surge em casos de violação muito grave (cfr. os artigos 278.º, 279.º e 281.º do Código Penal). A nossa Lei Fundamental não determina a obrigação de o legislador punir penalmente os comportamentos lesivos do meio ambiente – embora a tarefa fundamental de protecção

---

[33] Cfr. Claudio CARBONE, **I doveri pubblici individuali nella Costituzione**, Milão, 1968, pp. 55 segs.

[34] Neste sentido, Santiago VARELA DÍAZ, **La idea de deber constitucional**, *in Revista Española de Derecho Constitucional*, n.º 4, 1982, pp. 69 segs, 84; Carlos PAUNER CHULVI, **El deber constitucional de contribuir al sostenimiento de los gastos públicos**, Madrid, 2001, pp. 35, 38 e 39.

do ambiente se deva considerar amputada se inexistir uma vertente repressiva de tais condutas. Poderia mesmo dizer-se que, em razão da necessidade de sensibilização social da população para uma mudança de mentalidades num sentido mais ecologicamente orientado, o normal seria – pelo menos em face de comportamentos de risco reduzido – a utilização de técnicas formativas e informativas: pense-se nas campanhas de divulgação das vantagens ambientais da separação de resíduos. No entanto, a recente directiva comunitária sobre protecção do ambiente através do Direito Penal (Directiva 2008/99/CE, do Parlamento Europeu e do Conselho, de 19 de Novembro) obriga os Estados a criar tipos penais para punir as infracções mais graves (com dolo ou negligência grave) das normas ambientais comunitárias até 26 de Dezembro de 2010 – sobrepondo-se, controversamente[35], à passividade do legislador constituinte.

Assim e retomando uma caracterização a que procedemos noutro local[36], podemos afirmar que o dever fundamental de protecção do ambiente é *pluriforme* (porque assume conformações distintas), oscilando de acordo com vários factores. Inclusivamente, e isso será o normal, pode haver concorrência entre os diferentes tipos de obrigações em que se corporiza o dever na mesma pessoa, o que faz dele um dever *composto* (no sentido de ser um feixe de vinculações, de sinais eventualmente contrários). Além disso, deve realçar-se ainda o facto de este dever contar com alguns direitos que lhe são instrumentais – o que não é o mesmo que instrumentalizados –, como direitos de acesso à informação, de participação procedimental e de intervenção jurisdicional, o que contribui para a sua qualificação como um dever *heterogéneo* (porque inclui direitos na sua órbita).

Refira-se também que o dever de protecção do ambiente, pelo menos sempre que contextualizado no âmbito de actividades cujos efeitos sejam susceptíveis de ocasionar danos consideráveis ao ambiente, é tendencialmente *perfeito*, em virtude da sancionabilidade das condutas que atentem de forma grave contra a integridade dos bens ambientais. Por último,

---

[35] Cfr. o nosso comentário ao Acórdão do Tribunal de Justiça de 13 de Setembro de 2005, Caso C-173/03, no qual o Tribunal deu, esfingicamente, cobertura à tese da Comissão Europeia de que a Comunidade tem competência em sede penal ambiental – **Jurisprudência dirigente ou vinculação à Constituição? Pensamentos avulsos sobre o Acórdão do TJCE de 13 de Setembro de 2005**, *in RMP*, n.º 107, 2006, pp. 213 segs.

[36] Carla AMADO GOMES, **Risco e modificação...**, *cit.*, pp. 192 segs.

sublinhe-se a coexistência, no dever de protecção do ambiente, de deveres materiais (de comportamentos directamente relacionados com a promoção da qualidade ambiental ou com a prevenção de danos), e funcionais (instrumentais dos primeiros: *v. g.*, publicitação da informação relativa à actividade da empresa).

4. AS FONTES DO DIREITO DO AMBIENTE

O Direito do Ambiente, apesar da sua juventude, depressa se infiltrou nas diversas "camadas" do ordenamento jurídico, constituindo actualmente um "ecossistema jurídico complexo"[37]. Depois do alerta dado pela Organização das Nações Unidas através da realização da conferência de Estocolmo (1972), sucederam-se convenções e declarações internacionais dedicados ao ambiente a um ritmo até então desconhecido. De uma primeira fase, até à Conferência do Rio (1992), caracterizada pela intervenção geograficamente centrada, progrediu-se para uma abordagem de tendência global, por recursos ambientais.

A esta nova missão não ficou alheia a Comunidade Económica Europeia. Poucos meses após a Conferência de Estocolmo, os Chefes de Estado e de Governo reunidos em Paris decidiram integrar a protecção do ambiente nas atribuições comunitárias, numa clara articulação entre melhoria da qualidade do ambiente e da qualidade de vida das populações. De 1972 em diante, a produção normativa com reflexos directos e indirectos no tecido legislativo ambiental tem sido constante e assume hoje um volume esmagador.

Despertado para a nova realidade pela Revolução de 1976, o legislador português tardou 11 anos a elaborar a Lei de Bases do Ambiente. É nesta – e nas directivas comunitárias – que se filiam os instrumentos de protecção do ambiente existentes no ordenamento português.

4.1. O DIREITO INTERNACIONAL DO AMBIENTE

Seria impensável recensear neste ponto todas as convenções, protocolos e declarações (entre outros) que constituem fonte de Direito Interna-

---

[37] Agathe VAN LANG, **Droit...**, *cit.*, p. 21.

cional do Ambiente para o legislador português[38]. Mais útil parece, por um lado, encontrar características típicas das normas deste novo ramo do Direito, vincando a sua diferença relativamente às normas do clássico Direito Internacional e, por outro lado, chamar a atenção para alguns défices que, em nossa opinião, comprometem a eficácia do desígnio de tutela ambiental internacional.

Assim, e por um lado, as normas de Direito Internacional do Ambiente ganham singularidade[39]:

i) Porque os *problemas ambientais são causados, na sua grande maioria, por condutas privadas*, as normas do Direito Internacional do Ambiente – ao contrário das de Direito Internacional Público clássico, orientadas para combater actuações dos Estados – visam regular condutas, públicas e privadas, relativas à gestão da utilização de bens comuns;

ii) Porque *os problemas ambientais têm uma base física e tecnológica*, enquanto as questões de Direito Internacional Público clássico têm raiz política (guerra; proteccionismo comercial; protecção dos direitos humanos);

iii) Porque *os problemas ambientais revelam uma forte componente de incerteza*, que dificulta a sua detecção e gestão – ao contrário das questões típicas que envolvem a aplicação do Direito Internacional Público, suscitadas a propósito de uma invasão, de um genocídio, de um embargo, factos concretos e claramente determináveis (embora a imputação possa ser dúbia). O dano ambiental demora a revelar-se, na sua existência e magnitude, e a forma de o combater é dificultada pela transversalidade que em muitos casos se verifica. Ao contrário da decisão face a uma invasão de tropas estrangeiras, as decisões sobre o risco colocam dilemas vivenciais extremos e reportam-se simultaneamente ao imediato e ao longo curso – o decisor político vê-se confrontado com novos desafios, cuja resolução deve passar pela divulgação da informação e pela racionalidade procedimental da decisão;

---

[38] Um resumo já muito desactualizado pode ver-se em Pedro SILVA PEREIRA, **Direito Internacional Público do Ambiente: as Convenções Internacionais e as suas implicações para Portugal,** in *Direito do Ambiente,* INA, 1992, pp. 165 segs.

[39] Cfr. a síntese de Daniel BODANSKY, Jutta BRUNÉE e Ellen HEY, **International Environmental Law: mapping the field**, in *The Oxford Handbook of International Environmental Law,* Oxford/New York, 2007, pp. 1 segs.

iv) Porque *à gestão das questões ambientais preside uma intensa dinâmica*, que resulta de contínuas evoluções na investigação científica. Os processos de regulação e as próprias normas de Direito Internacional são contaminados por esta vocação adaptativa: é comum a prática de estabelecer grandes linhas de orientação em convenções-quadro e deixar para protocolos subsequentes, negociados e aprovados pela Conferência das Partes, a regulação detalhada das actuações a desenvolver, muitas vezes com resultados bem mais ambiciosos do que os plasmados no instrumento inicial. Do mesmo passo, o dinamismo inerente aos fenómenos ambientais levou à interiorização da necessidade de actualização periódica de quotas de pesca, de limites de emissão de certos gases, de dados relativos a espécies ameaçadas;

v) Porque *os problemas ambientais estão interrelacionados e envolvem uma abordagem holística, global, deslocalizada*. Esta vertente foi sendo assimilada pelos Estados no decurso dos anos 1980 – um sinal desta tendência foi a assinatura da Convenção das Nações Unidas para o Direito do Mar, em 1982, cuja Parte XII é inteiramente dedicada à protecção do ambiente marinho –, atingindo o seu máximo na Conferência do Rio, através da assinatura de duas convenções-quadro, uma sobre a protecção da biodiversidade, outra sobre a luta contra as alterações climáticas. Desta última, como se sabe, resultou um dos mais originais – que não forçosamente efectivos... – protocolos que o Direito Internacional do Ambiente conhece: o Protocolo de Quioto[40].

Por outro lado, porque a protecção do ambiente não se restringe ao território de um Estado, ou a uma região determinada, antes incide sobre recursos cuja gestão equilibrada se repercute por todo o ecossistema, a lógica da classificação de certos bens como "património comum da Humanidade", e a sua sujeição a uma gestão internacional, tenderia a impor-se. No entanto, o princípio de que os Estados são soberanos sobre os recursos sitos em território sobre sua jurisdição, devendo apenas indemnizar por danos provocados por emissões transfronteiriças (princípios 21 da Declaração de Estocolmo, e 2 da Declaração do Rio, fazendo eco claro da juris-

---

[40] Cfr. Farhana YAMIN, **The Kyoto Protocol: origins, assessment and future challenges**, in Review of European Community law and International environmental law, 1998/2, pp. 113 segs.

prudência *Trail Smelter*, 1938/41[41]), tem impedido, não só a operacionalização da lógica de gestão comum como, menos ambiciosamente, a criação de um quadro normativo regulatório verdadeiramente eficaz no plano da protecção do ambiente. A delicadeza das questões ambientais – tanto do ponto de vista da preservação da soberania, como da alteração de mentalidades das populações – faz com que o *soft law* abunde neste novo domínio do Direito Internacional, deixando sem sanção as violações das obrigações prescritas nas convenções[42].

Note-se que estas normas incluídas em convenções e declarações subscritas por Estados e Organizações Internacionais se distinguem das normas aprovadas por empresas e corporações de empresas multinacionais no sentido de delinear padrões de comportamentos de exploração, produção e distribuição *ambientalmente amigos* através de Códigos de Conduta[43]. Estas normas, não sendo vinculativas, constituem constrangimentos informais e referências éticas que distinguem certas empresas aos olhos da opinião pública, cuja observância as torna bem vistas no plano social e económico e pode mesmo influenciar a concessão de financiamentos por parte do Banco Mundial[44]. Um outro plano onde estas *guidelines* revelam a sua valia é o da responsabilidade, uma vez que podem afigurar-se decisivas para o julgador na aferição do pressuposto da culpa numa situação de dano ecológico[45].

Outros aspectos que contribuem para um défice de eficácia das normas e instrumentos do Direito Internacional do Ambiente prendem-se com a tutela jurisdicional. Aqui, os principais óbices a uma intensificação da cobertura normativa das questões ambientais relacionam-se, de uma banda, com o afunilamento da legitimidade para desencadear a sindicân-

---

[41] Sobre esta decisão, veja-se Carla AMADO GOMES, **Jurisprudência ambiental internacional. Apontamentos sobre a protecção do ambiente na jurisprudência internacional**, in *Elementos de apoio à disciplina de Direito Internacional do Ambiente*, Lisboa, 2008, pp. 365 segs, 376 segs.

[42] Cfr. Pierre-Marie DUPUY, **Soft law and the international law of the environment**, in *Michigan Journal of International Law*, 1991/1, pp. 420 segs.

[43] Cfr. Jean-Baptiste RACINE, **La valeur juridique des codes de conduite privés dans le domaine de l'environnement**, in *Revue Juridique de l'Environnement*, 1996/4, pp. 409 segs.

[44] Cfr. Alexandre KISS e Jean-Pierre BEURIER, **Droit International...**, *cit.*, p. 86.

[45] Cfr. Alexandre KISS e Dinah SHELTON, **Judicial Handbook on Environmental Law**, Hertfordshire, 2005, p. 12.

cia dos órgãos jurisdicionais. Tomando o exemplo do Tribunal Internacional de Justiça (que conta, desde 1993, com uma secção dedicada às questões ambientais, curiosamente não solicitada a propósito do litígio que opôs Hungria e República Checa em 1997 – caso *Gabcikovo-Nagymaros*[46]), vemos que só Estados podem apresentar-se perante o Tribunal, e que apenas podem levar ao seu conhecimento ofensas reportadas a bens ou pessoas que se encontrem em território sob sua jurisdição. Por outras palavras, não podem, em regra, agir em defesa de recursos sitos em zonas livres de qualquer jurisdição (espaço atmosférico; alto-mar), nem pretender salvaguardar a integridade de recursos objecto de má gestão por parte do Estado (terceiro) que os detém.

De outra banda, a jurisdição dos tribunais internacionais – arbitrais; tribunais especializados (*v.g.*, Tribunal Internacional para o Direito do Mar); Tribunal Internacional de Justiça – em questões ambientais não é obrigatória. De cada vez que um litígio se coloca, e caso o desentendimento redunde numa contenda judicial (uma vez esgotadas as vias extrajudiciais de resolução de litígios, que são as mais frequentemente utilizadas), todas as partes devem aceitar expressamente a jurisdição do tribunal em causa, sob pena de este não ter competência para se debruçar sobre a questão. Esta condição de aquisição de jurisdição, que é a norma no Direito Internacional clássico (começando a ceder no plano do Direito Penal Internacional, mas ainda assim com as reticências que se conhecem[47]), revela-se especialmente prejudicial no domínio do ambiente, pois deixa aos Estados uma ampla margem de liberdade de resolução de litígios referentes a bens que, embora se encontrem nos seus domínios soberanos, revestem interesse geral para toda a população do Globo.

A criação de um Tribunal Internacional para o Ambiente, já algumas vezes ventilada pela doutrina[48], deveria ser acompanhada de um alargamento da legitimidade a organizações não-governamentais ambientais (ONGAs), actores desinteressados cuja actuação se desprende de considerações geopolíticas. As ONGAs, que desde a Conferência de Estocolmo

---

[46] Sobre esta decisão, veja-se Carla AMADO GOMES, **Jurisprudência ambiental internacional...**, *cit.*, pp. 389 segs.

[47] Cfr. Fernando ARAÚJO, **O Tribunal Penal Internacional e o problema da jurisdição universal**, *in RFDUL*, 2002/1, pp. 71 segs, 99 segs.

[48] Cfr. os contributos reunidos por Amadeo POSTIGLIONE (coord.), **Per un tribunale internazionale dell'ambiente**, Milão, 1990.

vêm desempenhando um papel cada vez mais activo na promoção da tutela ambiental, seriam a *voz do ambiente* junto dos tribunais internacionais[49].

As normas de Direito Internacional do Ambiente contidas em convenções regulamente ratificadas por Portugal são objecto de recepção automática, entrando em vigor depois de publicadas no Diário da República e desde que vigorem no plano internacional (artigo 8.º/2 da CRP). Na sua maior parte, trata-se de normas não exequíveis por si mesmas, cuja eficácia dependerá de incorporação em legislação nacional, devendo observar-se as normas de repartição de competências entre órgãos com competência legislativa constitucionalmente aplicáveis.

4.2. O DIREITO COMUNITÁRIO DO AMBIENTE

A evolução do Direito Comunitário do Ambiente tem sido vertiginosa[50]. Desde a Cimeira de Paris, realizada em 1972, que a Comunidade, através dos seus órgãos legiferantes, tem adoptado inúmeras medidas em sede de protecção do ambiente, ora filiadas na regulação da concorrência entre empresas, ora ancoradas numa perspectiva ampla de promoção da qualidade de vida dos cidadãos europeus. De uma base competencial questionável, entre 1972 e 1987 – oscilou entre o apelo ao (então) artigo 100 e aos (então) artigos 235 e 2 do Tratado de Roma –, foi com o Acto Único Europeu que a política comunitária de ambiente se constitucionalizou, nos artigos 130R/S/T (hoje 174 a 176), assumindo-se como atribuição transversal subjacente a qualquer política comunitária (artigo 6 do Tratado de Roma).

O instrumento preferencial de actuação da Comunidade neste domínio é a directiva – precisamente por se tratar de uma política partilhada entre Comunidade e Estados-membros. Vinculada aos princípios da precaução, prevenção, correcção na fonte, e poluidor-pagador (artigo 174/2

---

[49] Sobre os novos papéis das Organizações não-governamentais no plano do Direito Internacional do Ambiente, sobretudo pós-Rio, Peter SPIRO, **Non-governmental Organizations and civil society,** in *The Oxford Handbook of International Environmental Law,* Oxford/New York, 2007, pp. 770 segs.

[50] Sobre este ponto, vejam-se Juan PICON RISQUEZ (coord.), **Derecho ambiental de la Unión Europea,** Madrid, 1996, pp. 1 segs; Carmen PLAZA MARTÍN, **Derecho Ambiental de la Unión Europea,** Valencia, 2005, pp. 41 segs; Simon CHARBONNEAU, **Droit Communautaire de l'Environnement,** Paris, 2006, pp. 61 segs.

do Tratado de Roma), a Comunidade aprova as medidas nos termos do procedimento de co-decisão (artigo 175/1), devendo, em alguns casos especiais, subordinar-se à decisão por unanimidade (artigo 175/2). Constituindo a legislação ambiental fonte de custos para Estados e empresas, o n.º 3 do artigo 175 prevê as possibilidades, quer de atribuição de apoios financeiros com vista à implementação das medidas, quer de concessão de derrogações (temporárias) para adaptação das estruturas, físicas e normativas, existentes.

O Direito Comunitário dispõe de um aparelho específico de controlo da uniformidade da sua aplicação, pedra de toque do princípio da lealdade comunitária (artigo 10 do Tratado de Roma). Aqui reside a principal explicação do seu maior grau de eficácia comparativamente com as normas de Direito Internacional do Ambiente: o incumprimento dos Estados gera perseguições por parte da Comissão Europeia, que pode eventualmente propor acções por incumprimento nos termos dos artigos 227 e 228 do Tratado de Roma, caso o procedimento pré-contencioso não surta resultados. Além disso, a incorrecta aplicação das normas de Direito Comunitário do Ambiente pode ser sindicada junto dos tribunais nacionais, através do mecanismo do reenvio prejudicial, com vista ao apuramento da validade ou do sentido de uma determinada norma (artigo 234 do Tratado de Roma). Acresce a possibilidade – muito limitada, todavia – de impugnação da validade de normas comunitárias junto do Tribunal de Justiça, ao abrigo da acção de anulação prevista no artigo 230 do Tratado de Roma. Este último meio processual revela um défice de protecção do interesse ambiental por não consentir o alargamento da legitimidade a cidadãos e associações não directa e individualmente afectados pelo acto em causa[51].

A actuação da Comunidade no plano ambiental adquire actualmente uma vastidão e uma intensidade assinaláveis, sancionadas pelo Tribunal de Justiça[52]. Institutos centrais como a avaliação de impacto ambiental, a licença ambiental, a responsabilização por dano ecológico (v. *infra*), plenamente implantados nos ordenamentos dos Estados-membros, têm ori-

---

[51] Cfr. Carla AMADO GOMES, **A impugnação jurisdicional de actos comunitários lesivos do ambiente, nos termos do artigo 230 do Tratado de Roma: uma acção nada popular,** in *Textos dispersos...*, I, *cit.*, pp. 293 segs., *max.* 307 segs.

[52] Uma amostragem da jurisprudência ambiental comunitária pode ver-se em Carla AMADO GOMES, **A jurisprudência ambiental comunitária: uma selecção**, em curso de publicação nos *Estudos em homenagem ao Prof. Doutor Paulo de Pitta e Cunha.*

gem comunitária. Em Portugal, a força motriz do Direito Comunitário ambiental é um dado inquestionável. Basta compulsar as datas de início de vigência da grande maioria dos diplomas – presentemente já substituídos, em resultado de modificações das directivas cuja transposição operaram – para rapidamente nos apercebermos de que a década de 1990, imediatamente pós-adesão, é a era do "despertar regulatório ambiental" português. O Direito ambiental português é, fundamentalmente, Direito Comunitário Ambiental concretizado.

4.3. O DIREITO INTERNO

Mais do que 1976, ano de entrada em vigor da Constituição e do seu artigo (ambiental) 66.º, o ano de 1987 constitui o ponto de partida formal para a construção da estrutura regulatória ambiental em Portugal. É com a aprovação da Lei de Bases do Ambiente que se lançam as fundações necessárias às múltiplas ramificações, funcionais e sectoriais, posteriores.

4.3.1. A Lei de Bases do Ambiente e a legislação sectorial

Ao abrigo da competência que lhe foi confiada pelo artigo 165.º/1/g) da CRP – à data, 168.º/1/g) –, a Assembleia da República aprovou a Lei de Bases do Ambiente[53]. A fulcralidade desta lei para a coesão do edifício regulatório ambiental ficara entretanto bem demonstrada, pela negativa, através da declaração de inconstitucionalidade com força obrigatória geral de duas normas do DL 321/83, de 5 de Julho, que pretensamente criara a Reserva Ecológica Nacional sem a precedência de uma lei de enquadramento[54]. Cinco anos após a explicitação da competência da Assembleia da

---

[53] Cfr. o *DAR*, I, n.º 29, de 10 de Janeiro de 1987, pp. 1219 segs (a lei foi aprovada por larga maioria, tendo sido apenas objecto de votos contra do CDS e do deputado independente Borges de Carvalho).

[54] Acórdão do Tribunal Constitucional 368/92, que procede à declaração de inconstitucionalidade com força obrigatória geral das normas do diploma referido por se tratar de uma intervenção inovatória do Governo em matéria de bases do sistema de protecção do ambiente, pertencente à reserva da Assembleia da República, após três julgamentos de inconstitucionalidade em fiscalização concreta. O texto do acórdão pode ler-se, acompanhado de anotação de José Joaquim GOMES CANOTILHO, *na Revista de Legislação e Jurisprudência*, Ano 125, 1993, n.ºs 3829/3830, pp. 121 segs.

República para estabelecer as grandes linhas de sustentatação e orientação da política de ambiente, surge a LBA, "passo muito importante na nossa ordem jurídica para a tomada de consciência dos problemas ecológicos, e para a sua regulamentação normativa"[55].

A LBA está dividida em 9 capítulos:

I – Princípios e objectivos (artigos 1.º a 5.º);
II – Componentes ambientais naturais (artigos 6.º a 16.º);
III – Componentes ambientais humanos (artigos 17.º a 26.º);
IV – Instrumentos da política de ambiente (artigos 27.º a 32.º);
V – Licenciamento e situações de emergência (artigos 33.º a 36.º);
VI – Organismos responsáveis (artigos 37.º a 39.º);
VII – Direitos e deveres dos cidadãos (artigos 40.º a 44.º);
VIII – Penalizações (artigos 45.º a 48.º);
IX – Disposições finais (artigo 49.º a final)

Enquanto lei de enquadramento, a LBA encontra-se na dependência de concretização legal posterior, através de decretos-lei de desenvolvimento. Tais decretos tardaram e, conforme já adiantámos no ponto anterior, surgiram sobretudo por força da necessidade de dar cumprimento a obrigações assumidas junto da Comunidade Europeia[56]. Mecanismos como a avaliação de impacto ambiental, prevista nos artigos 27.º/1/g), 30.º e 31.º da LBA, ou a licença ambiental, a que aludem os artigos 27.º/1/h) e 33.º da LBA, ambos listados como instrumentos de protecção do ambiente, surgem apenas na década de 1990 – o segundo no final desta, por transposição da directiva 96/61/CE, do Conselho, de 24 de Setembro (DL 194/00, de 21 de Agosto). Noutros casos ficaram sem efeito, por longos anos esquecidos pelo legislador de desenvolvimento: são disso exemplo disposições como os artigos 41.º (responsabilidade objectiva), e 43.º (seguro

---

[55] Diogo FREITAS DO AMARAL, **Análise preliminar da Lei de Bases do Ambiente**, in *SJ*, n.º 241/243, 1993, pp. 43 segs, 44 (note-se que o Autor, na continuação do texto, considera que a aprovação da LBA foi "uma ocasião perdida do ponto de vista jurídico", desenvolvendo uma apreciação muito crítica).

[56] Como, aliás, reconhecia António Capucho na sua Declaração de voto, a "lei de bases, sendo um instrumento jurídico da maior importância, de pouco servirá sem a necessária legislação complementar". A tarefa de desenvolvimento da lei, a levar a cabo pelo Governo, resultaria, nalguns casos, "da mera entrada em vigor (...) de directivas comunitárias" – *DAR*, I, n.º 29, de 10 de Janeiro de 1987, p. 1219.

obrigatório) – que só em 2008 despertaram para a vida, através do DL 174/2008, de 29 de Julho, sobre responsabilização por dano ecológico (v. *infra*, **§6.º**). Noutros casos, ainda, o legislador foi traído pela novidade da matéria, enredando-se na alusão a figuras destituídas de sentido. Pensamos nos enigmáticos "embargos administrativos do ambiente" (artigo 42.º), ou na confusão infeliz entre dano ambiental e dano ecológico que exsuda do artigo 40.º. *Last but not least,* a consideração da "poluição" como componente ambiental humano (artigo 21.º) é porventura o momento mais infeliz da LBA...

Apesar das imperfeições, a LBA constitui a âncora de vasta legislação sectorial. Para além dos intrumentos de política ambiental que se filiam directamente no artigo 27.º, supra mencionados, diplomas como a Lei da Água e o Regime de utilização dos recursos do domínio hídrico (Lei 58/05, de 29 de Dezembro, e DL 226-A/07, de 31 de Maio, respectivamente); a legislação sobre qualidade do ar (DL 276/99, de 23 de Julho, alterado pelo DL 279/07, de 6 de Agosto), o regime de protecção das espécies de fauna e flora protegidas (DL 142/08, de 24 de Julho: regime da conservação da Natureza), entre outros, constituem desenvolvimento do quadro geral que a LBA delineou.

4.3.1.1. Os princípios do Direito do Ambiente: uma selecção

O Direito do Ambiente, pela sua novidade mas também em razão da comoção que a luta pela preservação dos recursos provoca – aos juristas, aos cientistas, aos jornalistas, à opinião pública em geral... –, presta-se por vezes a um discurso proclamatório, eivado de convicções ético-filosóficas e utilizado como forma de pressão política. Por razões operativas e cruamente realistas torna-se, todavia, essencial destrinçar as directrizes políticas dos princípios jurídicos. Um princípio, por mais fluido que seja, deve traçar uma orientação, conter traços essenciais que o distinguem de outras fórmulas, propiciar ao intérprete/aplicador um apoio coerente; enfim, ser normativo – o que nem sempre acontece (*i*.). Acresce que nem todos os "princípios" de Direito do Ambiente o são exclusivamente – ou seja, o facto de o Direito do Ambiente ser Direito Administrativo do Ambiente, aproveitando-se do *instrumentarium* daquele, conduz à apropriação de princípios gerais pelo ramo especial (*ii*). Finalmente, há "princípios" que se sobrepõem entre si, quer a princípios gerais, quer a princípios especiais (*iii*.).

i) Exemplos de "falsos princípios" *jurídicos* de Direito do Ambiente são: o desenvolvimento sustentável, que nada mais é do que uma equação de ponderação circunstanciada e conjuntural do interesse de preservação ambiental e dos interesses de desenvolvimento económico[57]; a solidariedade intergeracional", prenhe de simbolismo e intenção ética, mas destituída (no estado actual) de condições de operacionalização real[58]; a precaução, com a sua deriva formulativa e desrazoável radicalismo[59].

ii) Princípios não exclusivos do Direito do Ambiente – embora se possa relevar a sua especial valia neste domínio – são a cooperação, a participação, a integração. Todas estas máximas condicionam a actuação, do político, do legislador e do administrador, no contexto da prossecução das várias missões que pesam sobre os seus ombros – com especial destaque, porventura, para a necessidade de *integrar* o interesse "ambiental" de forma transversal (mas essa ponderação não só decorre em muito de uma concepção amplíssima de ambiente, como se verifica noutras áreas: *v.g.*, as políticas de promoção da saúde pública, de apoio à juventude, aos idosos, aos deficientes).

iii) Princípios sobrepostos – e, consequentemente, de suprimir – são a correcção na fonte relativamente à prevenção[60] (bem como, para quem considere sustentar-se aí um princípio, a precaução); o poluidor-pagador em face do princípio da igualdade na repartição dos encargos públicos; a unidade de gestão e acção em face da unidade e coerência de acção da Administração Pública (267.º/2 da CRP); da procura do nível mais ade-

---

[57] Chantal CANS chama-lhe uma "espécie de projecto político global" envolto numa "nebulosa de realidades (**Le développement durable en droit interne: apparence du droit et droit des apparences**, *in Actualité Juridique – Droit Administratif*, 2003/5, pp. 210 segs, 210), enquanto Pierre-Marie DUPUY o identifica como "um rasto ziguezagueante", aludindo à sua imprecisão (**Où en est le Droit International de l'Environnement à la fin du siècle?**, *in Revue Générale de Droit International Public*, 1997/4, pp. 873 segs, 889). Veja-se também Gilles FIEVET, **Réflexions sur le concept de développement durable: prétention économique, principes stratégiques et protection des droits fondamentaux**, *in Revue Belge de Droit International*, 2001/1, pp. 128 segs.

[58] Cfr. Carla AMADO GOMES, **Risco e modificação...**, *cit.*, pp. 155 segs.

[59] Cfr. Carla AMADO GOMES, **Risco e modificação...**, *cit.*, pp. 264 segs; *idem*, **Princípios jurídicos ambientais e protecção da floresta: considerações assumidamente vagas**, *in Textos dispersos...*, II, *cit.*, pp. 47 segs, *max.* 57 segs.

[60] No sentido de que a prevenção absorve a correcção na fonte, Agathe VAN LANG, **Droit...**, *cit.*, p. 74. Note-se que, numa perspectiva positiva, a prevenção implica a tomada de medidas de antecipação e/ou minimização dos riscos de poluição.

quado de acção em função da lógica de subsidiariedade (artigo 6.º da CRP); enfim, do equilíbrio e da recuperação face à necessidade de gestão racional dos recursos naturais [artigo 66.º/2/d) da CRP].

Esta redução "à expressão mais simples" leva-nos a identificar três princípios como essenciais à compreensão e coesão do Direito do Ambiente – sem prejuízo da sua articulação com outros princípios de alcance geral com préstimo para os objectivos sectoriais prosseguidos.

4.3.1.1.1. Prevenção

O primeiro dos princípios que escolheríamos como pilar do Direito do Ambiente é, naturalmente, a prevenção [artigos 66.º/2/a) da CRP; 3.º/a) da LBA]. Estando-se em presença de bens frágeis, alguns mesmo não regeneráveis, a antecipação de efeitos lesivos produzidos pela acção humana é determinante. No contexto da sociedade tecnológica, a prevenção alarga-se ao risco, ao evento incerto quanto à eclosão e/ou quanto às consequências, quer sob a veste de actos autorizativos, quer traduzida em de regulamentos administrativos (planos). Num domínio caracterizado pela *proibição sob reserva de permissão*, o acto autorizativo é peça-chave de gestão da incerteza verificada no plano dos factos, configurando a expressão mais significativa da prevenção.

Deve assinalar-se, todavia, que a prevenção nem sempre redunda em evitação de lesões para o ambiente, tendo que resignar-se, na grande maioria dos casos, a minimizar danos. Na verdade, o estádio civilizacional a que se chegou não permite acalentar a ilusão de inocuidade de actuação humana sobre o ambiente, sobretudo das actividades com maiores impactos poluentes. Um juízo de razoabilidade impede que prevenção signifique evitação de *todo e qualquer* risco – por essa razão a lógica da precaução se afigura de afastar. Daí que prevenir se traduza sobretudo no estabelecimento de medidas de minimização que permitirão ao sujeito desenvolver a sua actividade, no exercício do seu direito de iniciativa económica, sem lesar intoleravelmente os bens de fruição colectiva.

Este imperativo de ponderação do interesse de protecção ambiental e do direito de iniciativa económica/de investigação/de actuação do sujeito destinatário da autorização plasmado na autorização recomenda – *rectius*, impõe – a adopção de decisões expressas, que espelhem efectivamente a consideração de todos os interesses relevantes e a desconsideração de todos os interesses irrelevantes. A valoração positiva (e indiscriminada) do silêncio do órgão decisor, malfadadamente tão comum no contexto legislativo ambiental, é o pior inimigo da prevenção do risco e merece veemente condenação, quer pelo Tribunal de Justiça das Comunidades Europeias[61], quer à luz da Constituição e da LBA.

Instrumento privilegiado da prevenção é o procedimento de avaliação de impacto ambiental, que desemboca num acto que conforma todas as subsequentes decisões nos procedimentos autorizativos com incidência ambiental, incorporando as condições e limitações impostas ao operador. Identicamente, a licença ambiental, agora num contexto mais estrito de prevenção integrada da poluição, permite minimizar o impacto poluente das actividades industriais através do estabelecimento de limites de emissão (sobre ambos, v. *infra*, §5.º).

4.3.1.1.2. Gestão racional dos recursos naturais

A par da prevenção de danos significativos para os bens ambientais naturais, e insuflada de intuitos preventivos, está a gestão racional dos recursos [artigo 66.º/2/d) da CRP]. A gestão racional constitui a forma de prosseguir activamente o objectivo de prevenção, não condenando ao retrocesso económico e tecnológico a actividade humana. Gere-se racionalmente não só prevenindo danos a bens não regeneráveis, como veiculando o aproveitamento de recursos essenciais à vida humana e ao progresso tecnológico, com respeito pela sua fragilidade e tendencial finitude. Institutos como as quotas de pesca, os limites de emissão de poluentes para a atmosfera, para a água, para o solo, a identificação de espécies ameaçadas ou mesmo em vias de extinção, concretizam o objectivo de prevenção de forma positiva, tentando encontrar o ponto de equilíbrio entre a necessidade de continuar a utilizar o recurso e a necessidade – muitas vezes imperiosa – da sua preservação[62].

---

[61] Veja-se o Acórdão do Tribunal de Justiça de 14 de Junho de 2001 (proc. C-230/00), anotado por José Eduardo FIGUEIREDO DIAS na *Revista do CEDOUA*, 2001/2, pp. 72 segs.

[62] Uma síntese dos objectivos da gestão racional dos bens naturais pode ver-se no

Gerir racionalmente é, assim, gerir preventivamente, não deixando chegar o bem ao limite da sua regenerabilidade ou ao termo da sua existência. A gestão racional obriga a um acompanhamento constante do estado dos bens naturais, o qual pode determinar alterações às condições inicialmente colocadas à sua utilização (num sentido restritivo ou ampliativo). A mutabilidade das circunstâncias do meio natural, no qual a técnica se introduziu de forma irreversível, obriga à adaptação dos títulos de utilização consoante as necessidades induzidas pelos dados de facto. Tal como a prevenção, a gestão racional é dinâmica.

4.3.1.1.3. Responsabilização por dano ecológico

O último painel do tríptico é a responsabilização por danos causados ao ambiente [artigos 52.º/3/a) da CRP; 3.º/h) da LBA]. Escusado será dizer que também aqui se pressente o eco da prevenção, o seu intuito dissuasor e pedagógico. De certa forma, a responsabilização repugna à prevenção, pois confronta-a com o seu fracasso. Mas a natureza das coisas impõe a sua consideração, até porque, como se referiu, evitar todo o dano numa sociedade em que o risco é uma grandeza omnipresente e irreprimível, é utópico.

A responsabilidade visa, em primeira linha, reconstituir o *statu quo* anterior à lesão. Isso se extrai do artigo 48.º/1 da LBA. Estamos aqui perante a vertente civil da responsabilidade, essencialmente reparatória e eventualmente também compensatória. O agente da lesão responde perante

---

ponto 10 da *World Charter for Nature*, aprovada pela Assembleia Geral da Organização das Nações Unidas pela Resolução A/RES/37/7, de 28 de Outubro de 1982:

"Natural resources shall not be wasted, but used with a restraint appropriate to the principles set forth in the present Charter, in accordance with the following rules:

(a) Living resources shall not be utilized in excess of their natural capacity for regeneration;

(b) The productivity of soils shall be maintained or enhanced through measures which safeguard their long-term fertility and the process of organic decomposition, and prevent erosion and all other forms of degradation;

(c) Resources, including water, which are not consumed as they are used shall be reused or recycled;

(d) Non-renewable resources which are consumed as they are used shall be exploited with restraint, taking into account their abundance, the rational possibilities of converting them for consumption, and the compatibility of their exploitation with the functioning of natural systems".

a comunidade pelo dano causado através do seu património e sem que essa obrigação reconstitutiva traga consigo qualquer intenção vexatória ou punitiva.

A CRP aponta, de alguma sorte, para a obrigação de reparação do dano ecológico no artigo 52.°/3/a) (embora gerando equívocos quando se refere ao "lesado ou lesados", no corpo do preceito). Não se pronuncia, no entanto, quanto ao estabelecimento de outro tipo de sanções aplicáveis aos prevaricadores da normatividade ambiental (como faz, por exemplo, a sua congénere espanhola de 1978, no artigo 45/3). Parece decorrer do objectivo de protecção do ambiente, contudo, a necessidade de um qualquer tipo de punição como forma de dissuasão do sujeito da prática de novas infracções e como sinal de condenação por parte da comunidade.

Com efeito, a LBA refere tanto a via contra-ordenacional como a via penal (artigos 47.° e 46.°). O ordenamento jurídico contempla ambas: os crimes ecológicos foram introduzidos no Código Penal na reforma de 1995 (artigos 278.°, 279.° e 281.°, tendo estas normas sofrido alterações na reforma de 2006); as contra-ordenações são presença assídua nos diplomas sectoriais, e o legislador elaborou mesmo uma Lei-quadro das contra-ordenações ambientais em 2006 (v. *infra*, §**5.°, 5.4.**), facto que atesta a centralidade desta figura no contexto da repressão/prevenção de condutas ambientalmente nocivas.

A responsabilização por dano ecológico, constituindo embora uma realidade de fim-da-linha, é uma das marcas da autonomia do bem jurídico ambiente, na medida em que a sua concretização acarreta o estabelecimento de um conjunto de critérios adaptados à reconstituição da "normalidade" ambiental. A reparação *in natura*, a reparação por equivalente, a implementação de medidas compensatória e, final e eventualmente, a atribuição de uma quantia pecuniária, obedecem a soluções diversas das aplicáveis em sede de reparação de dano pessoal e patrimonial, a que nos reportaremos *infra* (**§6.°**).

Uma questão curiosa no contexto da efectivação da responsabilidade por dano ecológico é a de saber se, constituindo o ambiente um bem de fruição colectiva, poderá conceber-se a indemnização da colectividade pela dor da perda, ou pela impossibilitação de utilização temporária do bem e das suas qualidades (*v.g.*, frequência balnear da costa de uma região assolada por uma maré negra)[63]. Parece-nos que, no que esta indemniza-

---

[63] Sobre o "dano moral ambiental", vejam-se José Rubens MORATO LEITE, **Dano**

ção ultrapassar as medidas de recuperação do estado dos bens (imediata ou não), estaremos fora da reparação do dano ecológico e, na realidade, já em presença de danos, patrimoniais e não patrimoniais ligados ao aproveitamento, económico ou de lazer, dos bens ambientais. Não nos repugna, no entanto, admitir a viabilidade destes pedidos desde que as quantias eventualmente arbitradas a título indemnizatório revertam a favor da prevenção e promoção dos valores do ambiente (da colectividade geográfica em questão) – solução que constituiria um *tertium genus* entre o dano ecológico e o dano pessoal.

5. OS INSTRUMENTOS DO DIREITO DO AMBIENTE: VISTA PANORÂMICA

Vamos dividir esta análise por quatro categorias de instrumentos com aplicação em diferentes dimensões da protecção do ambiente: preventivos, reparatórios, repressivos e de fomento. A sua reunião é essencial para alcançar o duplo objectivo do Direito do Ambiente: preservar e promover[64]. Num domínio em que a mudança de mentalidades é a chave do sucesso, não bastam as tradicionais medidas de polícia, que previnem e reprimem. É preciso incentivar, encorajar, educar para os valores do ambiente. Por uma questão de economia de espaço, restringimos os instrumentos de fomento ao mecanismo mais "moderno" (no duplo sentido que a expressão carrega) – o mercado de títulos de emissões de CO_2 –, mas não devem esquecer-se o rótulo ecológico, as campanhas de informação, a educação ambiental.

5.1. INSTRUMENTOS PREVENTIVOS, EM GERAL:

Uma visita rápida ao universo dos instrumentos de prevenção e gestão dos recursos naturais deve ser iniciada pela apresentação de algumas

---

ambiental: do individual ao colectivo extrapatrimonial, 2.ª ed., São Paulo, 2003, esp. pp. 265 segs; e João Carlos de CARVALHO ROCHA, **Responsabilidade civil por dano ao meio ambiente**, in *Política Nacional do Meio Ambiente, 25 anos da Lei n.º 6.938/1981*, coord. de João Carlos de Carvalho Rocha, Tarcísio H. P. Henriques Filho e Ubiratan Cazetta, Belo Horizonte, 2007, pp. 217 segs, 236 segs.

[64] Cfr. Yves Yézougo, **Évolution des instruments du Droit de l'Environnement**, in *Pouvoirs – Droit et Environnement*, n.º 127, 2008, pp. 23 segs.

realidades de carácter mais abrangente, para depois nos determos em dois procedimentos os quais, em razão da sua relevância e especificidade no contexto da prevenção de efeitos lesivos para o ambiente (numa concepção mais ampla e mais restrita), se revelam incontornáveis.

5.1.1. Os planos especiais de ordenamento do território

De acordo com o artigo 12.°/1 do DL 380/99, de 22 de Setembro (alterado e republicado pelo DL 46/09, de 20 de Fevereiro: Regime jurídico dos instrumentos de gestão territorial = RJIGT), "os instrumentos de gestão territorial identificam os recursos e valores naturais, os sistemas indispensáveis à utilização sustentável do território, bem como estabelecem as medidas básicas e os limiares de utilização que garantem a renovação e valorização do património natural". No n.° 2 esclarece-se que estes planos incidem sobre: a orla costeira e zonas ribeirinhas, as albufeiras de águas públicas, as áreas protegidas, a rede hidrográfica e outros recursos naturais relevantes para a conservação da natureza e da biodiversidade. A alínea c) do n.° 3 explicita ainda que estes planos "estabelecerão usos preferenciais, condicionados e interditos, determinados por critérios de conservação da natureza e da biodiversidade, por forma a compatibilizá-los com a fruição pelas populações"[65].

Mais adiante, os artigos 42.° e segs desenvolvem este quadro de forma incompleta. Isto porque, nos termos do n.° 3 daquele dispositivo, o legislador qualifica como planos especiais de ordenamento do território quatro tipos de planos: de ordenamento das áreas protegidas (cfr. o artigo 23.° do DL 142/08, de 24 de Julho); de ordenamento de albufeiras de águas públicas; de ordenamento de orla costeira (e zonas ribeirinhas?) – DL 309/93, de 2 de Setembro, com alterações introduzidas pelo DL 218/94, de 20 de Agosto); e os planos de ordenamento dos estuários (cfr. o DL 129/2008, de 21 de Julho). Ora, segundo o n.° 2 do artigo 12.° devem existir *também* planos de rede hidrográfica – admitindo que a cláusula

---

[65] Sobre os planos especiais de ordenamento do território, vejam-se Fernanda Paula OLIVEIRA, **Planos especiais de ordenamento do território: tipicidade e estado da arte**, in *Revista do CEDOUA*, n.° 17, 2006/1, pp. 71 segs; e Dulce LOPES, **Planos especiais de ordenamento do território: regime e experiência portuguesa em matéria de coordenação, execução e perequação,** in *Revista do CEDOUA*, n.° 17, 2006/1, pp. 83 segs.

residual deste preceito se destina a suportar a criação eventual de novos planos de protecção da natureza e biodiversidade em diplomas avulsos[66]. Estes últimos vêm a ser, afinal, referenciados na Lei da Água (Lei 58/05, de 29 de Dezembro), cujo artigo 104.º parece reportar-se-lhes (embora lhes chame "planos de gestão de bacia hidrográfica"), decretando a vigência dos actuais planos (cfr. o artigo 29.º da Lei 58/05) até elaboração dos novos.

Do regime de elaboração destes planos especiais de ordenamento gostaríamos de ressaltar:

i) A incorporação de um relatório ambiental, elaborado no contexto da avaliação ambiental estratégica regulada no DL 232/07, de 15 de Junho – artigo 45.º/2/b) do RJIGT. Este "múltiplo" da avaliação de impacto ambiental (cfr. *infra*, **5.1.1.1.**) visa a aferição estratégica das potencialidades de uma determinada zona e a compatibilização de tais possibilidades com as condicionantes ambientais verificadas na área;

ii) A concertação, quer com entidades de base territorial, quer com entidades detentoras de competências ambientais específicas, através da constituição de uma comissão de acompanhamento que tem por missão promover soluções que garantam a aplicação efectiva das normas do plano – artigo 47.º do RJIGT;

iii) A participação pública, a ser anunciada com antecedência mínima de 5 dias e por um período não inferior a 30 – artigo 48.º/4 do RJIGT;

iv) A aprovação em Conselho de Ministros, por resolução – artigo 49.º do RJIGT[67].

---

[66] Esvaziando assim um aparente princípio de tipicidade que decorreria do RJIGT – cfr. Fernanda Paula Oliveira, **Planos especiais...**, *cit.*, p. 74 (embora a propósito dos planos de ordenamento de parque arqueológico).

[67] Cumpre ressalvar aqui o regime das áreas protegidas. Nos termos do artigo 51.º/1 e 4 do DL 142/08, de 24 de Julho, os planos de ordenamento das áreas protegidas de âmbito nacional (cfr. o artigo 11.º/2 e 3 do diploma citado) são aprovados pela autoridade nacional – ou seja, o Conselho de Ministros (note-se que só os parques nacionais e as reservas naturais têm obrigatoriamente de contar com um regime enquadrado por planos). Quanto às áreas protegidas de âmbito regional e local (bem como os monumentos naturais de âmbito nacional), não dispõem de plano de ordenamento, aplicando-se-lhes o regime constante dos actos de criação e dos planos municipais de ordenamento do território (artigo 51.º/3 do DL 142/08).

Sobre o actual quadro jurídico regulador da protecção da Natureza, José Mário Ferreira de Almeida, **O velho, o novo e o reciclado no Direito da Conservação da Natureza**, *in Actas das Jornadas de Direito do Ambiente – O que há de novo no Direito do*

Estes planos vinculam directamente entidades públicas e privadas (artigo 3.º/2 do RJIGT)[68] e, em virtude das condicionantes que absorvem, constituem um quadro de referência do exercício de competências autorizativas concretas. A protecção dos componentes ambientais vai implicar proibições, mas sobretudo limitações ao uso habitual do espaço, quer por proprietários, quer por visitantes. A intensidade destas limitações – que promovem a gestão racional das qualidades do bem – é determinada pelo estado do meio ambiente, pela capacidade de regeneração dos recursos que se sediam nesses espaços, pela sua capacidade de absorção de poluição, pela sua maior ou menor fragilidade perante a presença humana e as actividades em que se traduz. Tratar-se-á, na grande parte dos casos, de introduzir no instrumento de planeamento critérios de ponderação construídos a partir da análise dos dados de facto, remetendo depois para o decisor concreto, agindo nos quadros da proporcionalidade, a conformação da situação jurídica do proprietário/usuário do espaço em termos de estabelecimento de deveres de *facere*, de *non facere*, de *dare* e de *pati*.

5.1.2. Os actos autorizativos ambientais

O acto autorizativo ambiental é a decisão através da qual o órgão administrativo competente concretiza a conciliação entre o interesse individual, de carácter pessoal ou patrimonial do destinatário e o interesse público da gestão racional dos componentes ambientais. Num domínio em que a fragilidade, escassez e relevância pública dos bens impõe a regra da proibição sob reserva de permissão, a figura da autorização desponta simultaneamente como chave da dinamização de posições jurídicas fundamentais ambientalmente condicionadas e de salvaguarda do interesse da preservação do ambiente.

Em boa verdade, o legislador revela pouco critério na denominação dos institutos. Chama licença à "licença ambiental", no seio do DL 173/08, de 26 de Agosto (v. *infra*, **5.2.1.**); mas já quanto à conformação do exercí-

---

Ambiente?, Faculdade de Direito de Lisboa, 15 de Outubro de 2008, org. de Carla Amado Gomes e Tiago Antunes, Lisboa, 2009, pp. 39 segs.

[68] Note-se que, não sendo dotado de eficácia vinculativa face aos particulares, a Rede Natura 2000 constitui um importante plano sectorial no domínio ambiental (cfr. os artigos 35.º segs do RJIGT).

cio da actividade industrial, a lei oscila entre "autorização prévia", "declaração prévia" e "registo", sendo certo que não dispensa a "licença de exploração" (cfr. o DL 209/08, de 29 de Outubro)... O ânimo de simplificação que tem dominado o legislador fá-lo enveredar por fórmulas aparentemente redutoras da burocracia mas que, afinal, criam dúvidas de implementação que redundam na aproximação entre os novos "actos" e as matrizes clássicas – atente-se na *paradigmática* recondução da "comunicação prévia" a um "acto administrativo" pelo artigo 36.°A do DL 555/99, de 16 de Dezembro, na redacção que lhe foi dada pela Lei 60/07, de 4 de Setembro.

Mais do que o *nomen juris* com que o legislador crisma os actos autorizativos, importante é sublinhar a necessidade de intervenção administrativa em domínios em que a prevenção de danos ecológicos e sanitários deve ser o seu norte. Face a uma realidade com as características do ambiente, a ponderação de interesses há-de realizar-se por apelo não só a regras técnicas como a máximas de proporcionalidade – adequação, necessidade e equilíbrio. Ponto é que seja expressa, plasmando com clareza as opções do órgão que tem a seu cargo a gestão do ambiente, sectorial ou globalmente considerado. Daí que a inclinação legislativa – perigosamente reafirmada em diplomas recentes[69] – para a introdução da decisão tácita no universo dos procedimentos autorizativos ambientais seja de condenar vivamente, por pôr em causa o imperativo da prevenção que a Constituição, o Direito Comunitário e a LBA proclamam. A valoração positiva do silêncio esvaziará, na grande maioria dos casos, os princípios da prevenção e da gestão racional dos bens naturais, na medida em que legitima a demissão da Administração da sua tarefa de ponderação de interesses – além de neutralizar o princípio da participação dos interessados a que o legislador português está, internacional, comunitária e internamente vinculado.

A valoração positiva do silêncio revela-se igualmente nociva no plano endoprocedimental, quando se transforma em *nihil obstat* a não pronúncia de órgãos consultivos com competências especificamente ambientais em procedimentos autorizativos no seio dos quais a ponderação do

---

[69] Vejam-se os artigos 17.° do DL 173/08, de 26 de Agosto (licenciamento ambiental); 25.° e 31.° do DL 209/08, de 29 de Outubro (licenciamento industrial); e 21.° e 27.° do DL 214/08, de 10 de Novembro (licenciamento pecuário) – todos consagrando o deferimento tácito.

interesse de prevenção de danos ecológicos, não sendo a questão principal, se constitui (ou deveria constituir) como prejudicial à emissão de decisão favorável – *v.g.*, edificação em zona de paisagem protegida; navegação através de estuário onde se abrigam espécies piscícolas protegidas. Em situações deste tipo, e apesar do sacrifício que isso constituiria para o destinatário da autorização final, dever-se-ia adoptar a solução da valoração negativa do silêncio (ou, de outra perspectiva, a obrigatoriedade e vinculatividade do parecer), precludindo assim a validade de emissão de decisão favorável pelo órgão com competência decisória[70]. Ao destinatário restaria impugnar este acto através de acção administrativa especial, alegando défice de ponderação dos elementos relevantes, requerendo a sua anulação e a condenação do órgão consultivo – que funciona como co-autor e portanto deve formar litisconsórcio passivo necessário com o órgão competente para homologar o parecer – à formulação da ponderação devida (cfr. o artigo 51.º/4 do CPTA).

Igualmente relevante neste ponto é a chamada de atenção para a dupla vinculação, técnica e jurídica, a que o decisor se encontra adstrito. A mutabilidade da realidade de facto que enfrenta, que a introdução incessante de novas tecnologias mantém em ebulição, investe a Administração numa função de gestora da incerteza. Neste quadro, é à técnica que recorre para concretizar o conteúdo dos deveres de prevenção ínsitos no acto autorizativo, quer no momento da emissão, quer durante a vida útil deste.

5.1.2.1. As "melhores técnicas disponíveis" e as directivas de autovinculação

A presença da técnica nos processos naturais baralhou a abordagem clássica da Administração ao acto autorizativo. No âmbito das suas competências de polícia, os poderes públicos lidavam habitualmente com perigos: factos cuja eclosão é determinável através de juízos de experiência ou de ciência e cuja lesividade se encontra devidamente atestada, sendo que a sua iminência determina a ingerência das autoridades no sentido da sua prevenção ou minimização. O advento do risco obriga a Administração a antecipar o momento preventivo e a lançar mão de instrumentos de com-

---

[70] Mais desenvolvidamente, Carla AMADO GOMES, **Risco e modificação...**, *cit.*, pp. 565 segs, *max.* 572-574.

posição do acto autorizativo que nele introduzam cláusulas indutoras de reacção adaptativa à realidade, física e técnica, em permanente mutação.

A fórmula que melhor exprime esta nova etapa dos poderes de conformação da relação jurídica administrativa é, porventura, a figura das "melhores técnicas disponíveis" (MTDs)[71]. Instituto de raízes anglosaxónicas, as MTDs traduzem o compromisso entre o imperativo de antecipação de riscos e a necessidade de manter um determinado nível de crescimento económico, sobretudo no plano do desenvolvimento industrial. Ao operador exige-se que utilize na sua instalação as inovações técnicas mais recentes e avançadas no sentido da eliminação ou minimização da poluição sem, todavia, lhe impor bitolas de prevenção tão elevadas e onerosas que o asfixiem[72].

A eleição das MTDs é peça fulcral do procedimento de licenciamento ambiental e constitui garantia de segurança e igualdade para os operadores, além de representar um dado inarredável para a conformação da relação autorizativa de controlo integrado da poluição (v. *infra*, **5.2.**). A alta tecnicidade do processo de identificação, selecção e determinação do que deverá entender-se por MTDs, evolutivamente, convida à pronúncia de órgãos com competência especializada, como a Comissão Consultiva para a prevenção e controlo integrado da poluição, que congrega representantes nomeados pelos Ministros responsáveis pelo ambiente, agricultura, economia e saúde, bem assim como representantes das associações ou confederações representativas dos sectores de actividade abrangidos pela aplicação do regime do licenciamento ambiental (artigo 8.º do DL 173/08, de 26 de Agosto)[73].

Na determinação das MTDs, que é feita para cada sector industrial, ganham relevo as "directivas de auto-vinculação". Através destas directivas, emanadas de órgãos consultivos – como a Comissão Consultiva atrás

---

[71] Para uma definição de MTDs, veja-se o artigo 2.º/l) do DL 173/08, de 26 de Agosto.

[72] Uma síntese da evolução do conceito de melhores técnicas disponíveis pode ver-se em Carla AMADO GOMES, **Risco e modificação...**, *cit.*, pp. 447 segs.

[73] A composição da Comissão Consultiva consta da Portaria 1252/01, publicada no *DR*, II, de 20 de Julho. Nos termos do artigo 2.º/4, com vista à selecção das MTDs aplicáveis em cada sector de actividade, poderão ser constituídos grupos de trabalho integrando peritos em nome individual, representantes de outras entidades públicas, das universidades, de organizações não governamentais e outros – extensão que induzirá transparência e independência aos trabalhos da Comissão.

mencionada – especialmente aptos à análise e selecção das melhores técnicas presentes no mercado, os órgãos decisores vão poder valer-se de orientações padronizadas, sector a sector, que lhes permitirão conformar os deveres de prevenção dos operadores da forma mais tecnicamente avançada possível e economicamente viável a um operador médio. A redução da margem de livre apreciação que esta cláusula veicula é evidente, como cristalina é também a igualdade que promove entre operadores do mesmo sector[74].

Deve assinalar-se, contudo, que estas directivas, embora constituam elemento de informação a todos os títulos relevante para os operadores económicos, não têm eficácia externa (cfr. o artigo 112.º/5 da CRP). O mesmo é dizer que os tribunais podem descartá-las como elemento de fundamentação de um acto autorizativo cuja anulação lhes seja solicitada com base em melhor informação carreada pelos autores – e necessariamente apoiada em apreciações técnicas igualmente credíveis. Acresce que a própria Administração se pode afastar destas directivas, sempre que as circunstâncias exijam uma protecção superior (em razão de factores geográficos, meteorológicos ou outros), ou quando a ponderação do interesse económico da empresa justificar um abaixamento do nível óptimo de protecção em favor de outros factores socialmente relevantes. Naturalmente que tal derrogação (que pode constituir mesmo uma revogação, quando operada pelo órgão que as emanou, em virtude da necessidade de actualização dos padrões de exigência a novas soluções surgidas no mercado) deverá apoiar-se numa fundamentação especialmente desenvolvida, sob pena de violação dos princípios da igualdade, imparcialidade ou proporcionalidade [cfr. o artigo 124.º/1/d) do CPA].

5.1.2.2. A gestão do risco e a instabilidade do acto autorizativo

A incerteza que pontifica no Direito do Ambiente afecta muito sensivelmente a estabilidade do acto autorizativo. Como se observou no ponto antecedente, a invasão dos processos naturais pela técnica faz desta simultaneamente problema e solução, pela via da fórmula das MTDs. A margem de livre apreciação que esta cláusula veicula – mesmo que reduzida atra-

---

[74] Sobre estas directivas, vejam-se Tiago ANTUNES, **O ambiente entre o Direito e a Técnica,** Lisboa, 2003, pp. 53 segs; Carla AMADO GOMES, **Risco e modificação...,** *cit.*, pp. 466 segs e bibliografia aí citada.

vés de directivas de auto-vinculação – não suprime toda a discricionariedade do procedimento autorizativo dado que, como vimos, podem verificar-se circunstâncias de facto que recomendam o aumento ou a redução da intensidade dos deveres de prevenção. A gestão do risco não se esgota, portanto, na fórmula das MTDs e na sua configuração como norma habilitante de conformação do conteúdo do acto autorizativo num sentido dinâmico e prospectivo. A Administração deve poder contar com outros instrumentos que lhe permitam introduzir a dose de prognose necessária à adaptação do acto autorizativo a novas circunstâncias, físicas, técnicas e mesmo jurídicas[75].

Exemplos da percepção da mutabilidade das condições do meio e da sua estreita relação com o conteúdo do acto autorizativo podem encontrar-se em vários diplomas. No DL 69/00, de 3 de Maio (alterado e republicado pelo DL 197/05, de 8 de Novembro), o artigo 29.º/3 expressamente atribui à Autoridade da Avaliação de Impacto Ambiental a possibilidade de alterar o conteúdo da declaração de impacto ambiental de forma a adaptá-la a circunstâncias não previstas. A Lei 58/05, de 29 de Dezembro, no artigo 67.º/3, prevê várias situações justificativas do exercício da competência de revisão do título autorizativo de utilização dos recursos hídricos. Um terceiro exemplo pode ir buscar-se ao artigo 49.º do DL 209/08, de 29 de Outubro, no qual se estabelecem as condições de reexame de um título de exploração de instalação industrial.

Descontando as previsões expressas da competência de actualização, as alternativas passam pela aposição de cláusulas modais e pela introdução de condições nos actos autorizativos ambientais que captem para a Administração o poder de controlar a adequação do quadro regulativo traçado à realidade fáctica e técnica mutante. Sempre que tais soluções não decorram directamente das leis sectoriais aplicáveis em cada subsector

---

[75] A abertura da norma à capacidade de conformação administrativa coloca problemas delicados do ponto de vista da reserva de lei, que recenseámos no nosso **Risco e modificação**..., *cit.*, pp. 200 segs, que passam pela fragilização da determinabilidade da norma e pela necessária compensação no plano procedimental e processual. Esta rotação do centro de gravidade da decisão sobre a gestão do risco do Legislativo para o Executivo é incontornável e obriga ao reforço da legitimação da função administrativa a partir dos princípios da participação, da transparência, da imparcialidade, bem assim como no plano do controlo judicial das metodologias da gestão do risco. Elizabeth FISHER enquadra esta nova perspectiva sob a denominação de "administrative constitutionalism" – **Risk regulation and administrative constitutionalism,** Oxford and Portland, 2008, *passim*.

ambiental, valerá a norma do artigo 121.º do CPA como sede do poder conformativo prospectivo. Ao destinatário da autorização, que se encontra no uso da sua liberdade de iniciativa económica (ou da sua liberdade de investigação), podem ser exigidas contrapartidas, na economia da relação autorizativa e com respeito pelos cânones da proporcionalidade.

Problemáticos se afiguram, todavia, dois aspectos: por um lado, o de saber se o artigo 121.º do CPA alberga a possibilidade de aposição de uma reserva de modo determinativa da revogação do acto em face do incumprimento deste – por força do verdadeiro "colete de forças" que constitui o regime de revogação de actos constitutivos de direitos válidos, plasmado nos artigos 140.º segs do CPA; e, por outro lado, como resolver uma situação de alteração do conteúdo do acto autorizativo por força de uma necessidade de actualização técnica de tal forma intensa que faça perigar o equilíbrio financeiro do titular da autorização.

A resolução destas questões passa, no primeiro caso, pela aceitação (e construção) de um regime de revisão do acto autorizativo ambiental à margem do estrito quadro resultante das normas do CPA[76]. No segundo caso, e ultrapassado o problema da admissibilidade da revogação substitutiva do acto, total ou parcial, não é de descartar, nem a atribuição de uma indemnização por facto lícito ao operador – provada que esteja a incapacidade absoluta de prosseguir a actividade, e a especialidade e anormalidade do prejuízo (cfr. o artigo 16.º da Lei 67/07, de 31 de Dezembro) –, nem a concessão de linhas de apoio específicas a industriais de sectores onde sobrevenham inovações técnicas especialmente onerosas, ou que sejam confrontados com uma alteração do contexto físico de tal forma importante que imponha alterações profundas nos processos de produção. Não deve esquecer-se a dimensão social da actividade industrial, pelo que sacrificar desamparadamente a laboração de instalações ambientalmente lesivas mas socialmente benéficas deve evitar-se, apelando – quando objectivamente se justifique – a soluções baseadas nos princípios da justa repartição dos encargos públicos e da prossecução do interesse público através da ponderação equilibrada de todos os aspectos em presença.

---

[76] Cfr. uma tentativa neste sentido em Carla AMADO GOMES, **Risco e modificação...**, *cit.*, pp. 730 segs. Muito crítico desta possibilidade, só a admitindo perante situações caracterizadas de "estado de necessidade", Luís PEREIRA COUTINHO, **Notas sobre a alteração de licença urbanística**, em curso de publicação na *Revista de Direito do Ambiente e Ordenamento do Território*.

5.1.3. Os contratos de adaptação e de promoção ambiental

Tendo em mente que a poluição é um dos maiores inimigos do ambiente numa sociedade fortemente industrializada como a nossa, o legislador, logo em 1987, previu a possibilidade de celebração, entre o Governo e os operadores, de contratos-programa com vista à redução gradual da poluição, desde que tal não importasse em riscos significativos para o ambiente (cfr. o artigo 35.º/2 e 3 da LBA). Foi porventura esta abertura que justificou a criação dos contratos de promoção e adaptação ambiental[77], previstos no DL 236/98, de 1 de Fevereiro (com alterações introduzidas pelo DL 243/01, de 5 de Setembro), e que se traduz em poder a Administração celebrar com um privado um contrato que derroga as normas sobre valores-limite de emissões poluentes para o meio hídrico[78].

Estes contratos são celebrados pelas associações representativas do sector empresarial ao qual as normas de descarga se aplicam, e a eles devem aderir as empresas que pretendam ver-lhes aplicado o seu regime, num prazo de três meses após a assinatura. São celebrados com a Agência Portuguesa do Ambiente, após consulta ao Instituto da Água e ao Ministério competente em razão da matéria. As normas de descarga sectoriais redefinidas em razão do contrato celebrado são fixadas por portaria conjunta do Ministro do Ambiente e do Ministro responsável pelo sector de actividade económica a que pertence a associação outorgante. O incumprimento pode acarretar a exclusão da empresa do contrato, por decisão do Presidente da Agência Portuguesa do Ambiente (cfr. os artigos 68.º e 78.º do DL 236/98, para os contratos de promoção e adaptação ambiental, respectivamente).

Apesar da proximidade de regime, patente nas condições de celebração e de vigência a que acabamos de aludir, estes contratos têm – como a diversa designação indicia – objectivos diferentes:

i) O contrato de adaptação ambiental, ancorado no 78.º do DL 236/98, visa permitir a derrogação das normas de descarga no sentido de degradar o índice de protecção aplicável, no intuito de aliviar as empresas do cumprimento de standards cuja implementação técnica importa custos eleva-

---

[77] Note-se que o DL 236/98 não foi revogado pela Lei 58/05, de 29 de Dezembro.

[78] Desenvolvidamente sobre estes contratos, Mark KIRKBY, **Os contratos de adaptação ambiental. A concertação entre a Administração Pública e os particulares na aplicação de normas de polícia administrativa**, Lisboa, 2001, *max.* pp. 72 segs.

dos. Esta hipótese coloca-nos perante um problema de árdua resolução. Aceitar que o legislador, através da criação de um instrumento contratual, apoie a manutenção do *status quo* de degradação ambiental e não que o combata, ou incentive activamente os operadores à sua alteração, constitui uma demissão das responsabilidades públicas de protecção do ambiente, uma violação dos compromissos assumidos perante a Comunidade Europeia (*maxime*, no plano da concorrência entre empresas, que logo acusará as distorções provocadas pela não adopção de medidas de controlo da poluição por parte de alguns operadores no mercado[79]), e um atentado aos princípios norteadores de uma política coerente e eficaz de protecção ambiental.

Melhor andou, mais tarde, o legislador, ao remeter a figura da "adaptação ambiental" para o plano da reposição da legalidade no âmbito de procedimentos de contra-ordenação, no artigo 96.° da Lei 58/05, de 29 de Dezembro. Neste preceito, é clara a assunção da ilegalidade da posição do operador ("o infractor"), lançando-se mão do instrumento contratual com vista à reposição da legalidade, caso a caso, transitoriamente e como alternativa à revogação do título autorizativo por incumprimento das condições estabelecidas neste. O contrato de adaptação surge aqui em concretização de um imperativo de proporcionalidade, visando evitar males maiores sem com isso comprometer o objectivo da lei: prevenir a degradação da qualidade dos recursos hídricos[80];

ii) Já os contratos de promoção ambiental, sediados no artigo 68.° do DL 236/98, traduzem de igual modo uma dimensão concertada da actuação administrativa no plano da protecção do ambiente, propiciando um diálogo que se pretende fortalecedor da consciência ambiental das empresas. Estes instrumentos vinculam as empresas aderentes a normas de descarga de águas residuais para o meio hídrico e solo mais exigentes do que as aplicáveis ao sector de actividade em causa.

A celebração destes contratos altera, destarte, o nível de protecção do meio hídrico no tocante a descargas poluentes. Para aquele sector, o novo

---

[79] Não é inocuamente que o n.° 2 do artigo 78.° exige que estes contratos se conformem com "as regras comunitárias aplicáveis", o que só poderá acontecer caso estas fixem parâmetros mais generosos do que as normas nacionais.

[80] É, aliás, para esta vertente de alternativa que aponta a arrumação sistemática da figura dos contratos-programa na LBA – cfr. Mark KIRKBY, **Os contratos de adaptação ambiental...**, *cit.*, p. 59.

patamar de exigência torna-se obrigatório – mesmo para empresas não aderentes, facto que, se repugna do ponto de vista da autonomia privada negativa, faz sentido em nome da harmonização de condições de concorrência.

Rapidamente se conclui que os contratos de promoção ambiental são um instrumento simpático, porque incentivam à elevação dos padrões de protecção ambiental – embora o diploma não esclareça sobre as vantagens que as empresas obtêm pelo facto de se sujeitarem a regras mais exigentes[81]. No entanto, eles partilham com os primeiros um defeito endémico, na medida em que, *com eficácia externa,* induzem a modificação de normas legais. Ora, isso é atentatório da proibição de "deslegalização" constante do artigo 112.°/5 da CRP, facto que determina a inconstitucionalidade de ambas as figuras. Uma coisa é admitir a celebração de contratos de promoção ambiental caso a caso, com efeitos inter-partes, sendo certo que o ónus da perda de competitividade (em virtude do eventual aumento de custos) correria por conta da empresa outorgante. Outra, bem diferente, é alterar (ainda que incrementando) o parâmetro de protecção fixado na norma, por instrumento contratual e extensível mesmo a empresas não outorgantes (cfr. os n.ºs 9 e 10 do artigo 68.°).

Melhor seria, portanto, ter o legislador aberto a possibilidade de celebrar contratos de promoção ambiental sem lhes associar mecanismos que os dotam de eficácia externa[82]. Quanto à derrogação "para baixo" (corporizada nos contratos de adaptação), ainda que ela traduza a constatação de um estado de facto – por outras palavras, a impotência das empresas perante exigências elevadas e inerentes custos acrescidos –, deveria ter-se optado pelo estabelecimento de um período transitório formal ou, informalmente, levar-se em consideração a excessiva onerosidade como atenuante na aplicação da contra-ordenação respectiva. Inaceitável é, a pretexto da concretização da LBA, introduzir um "cavalo de Tróia" num sector ambiental – o meio hídrico – que põe em causa os objectivos de prevenção e correcção na fonte que aquele diploma fundador estabelece.

---

[81] Chamando identicamente a atenção para esta intrigante ausência, Mark KIRKBY, **Os contratos de adaptação ambiental...,** *cit.*, p. 73, nota 60.

[82] Admitindo a utilização do instrumento contratual em sede ambiental com respeito pelos limites constitucionais, Mark KIRKBY, **Os contratos de adaptação ambiental...,** *cit.*, pp. 80-81; Tiago ANTUNES, **O ambiente entre o Direito...,** *cit.*, pp. 91 segs.

Cumpre observar, para terminar este ponto que, para além destes exemplos (não exemplares) de contratos ambientais nominados, a técnica contratual não é desconhecida no Direito do Ambiente. Nem podia deixar de ser assim, tratando-se de Direito Administrativo especial e tendo em mente a permeabilidade deste à consensualização. O artigo 35.º do DL 412/08, de 24 de Julho, fornece um bom exemplo da penetração da contratualização no domínio ambiental, apelando à participação de entidades públicas e privadas em acções de conservação da Natureza, "por recurso a parcerias, acordos, contratos de gestão e de concessão ou por meio de quaisquer outros instrumentos contratuais" (n.º 2). E o Código dos Contratos Públicos tão pouco ficou indiferente (embora pudesse ter ido mais longe) ao acolhimento de elementos de promoção dos valores ambientais através de contratos a que se aplique: atente-se na referência aos rótulos ecológicos em sede de especificações técnicas do caderno de encargos (artigo 49.º/7).

5.2. Instrumentos preventivos, em especial:

Depois de passados em breve revista os instrumentos de tutela ambiental em geral, seleccionámos dois mecanismos que nos parecem cruciais para a prevenção de danos ecológicos e para a promoção da gestão racional dos bens naturais. São actos parciais, que condensam determinadas ponderações construídas em sede de dois procedimentos específicos e autónomos, cuja realização se impõe relativamente a actividades que desencadeiem impactos ambientais mais sensíveis, sobretudo no plano das emissões poluentes.

5.1.1. A declaração de impacto ambiental

A declaração de impacto ambiental (=DIA) é o acto central do procedimento de avaliação de impacto ambiental, descrito no DL 69/00, de 3 de Maio, alterado e republicado pelo DL 197/05, de 8 de Novembro (=RAIA)[83]. O diploma filia-se na directiva 97/11/CE, do Conselho, de 3

---

[83] Sobre o regime do DL 69/00, antes da revisão de 2005, veja-se Alexandra ARAGÃO e José Eduardo FIGUEIREDO DIAS, **O novo regime da AIA: avaliação de previsíveis impactes legislativos**, in *Revista do CEDOUA*, 2000, n.º 1, pp. 71 segs.

de Março, que alterou a 1.ª directiva da AIA, a directiva 85/337/CEE, do Conselho, de 3 de Março, bem assim como na directiva 2003/35/CE, do Parlamento Europeu e do Conselho, de 26 de Maio. Estas directivas importam para o espaço europeu um mecanismo experimentado nos Estados-Unidos da América desde os anos 1970, e internacionalmente qualificado como pilar da minimização de impactos ambientais pela Declaração do Rio (princípio 17)[84].

Este procedimento é aplicável a "projectos" [cfr. o artigo 2.º/o) do RAIA] públicos e privados susceptíveis de produzirem efeitos significativos no ambiente, conforme *tipificados* no Anexo I ou *enunciados* no Anexo II – artigo 1.º/3/a) e b) do RAIA[85]. A este procedimento podem ainda sujeitar-se outros projectos que, de acordo com o Anexo V do RAIA e apesar de não alcançarem os limiares do Anexo II, a entidade coordenadora (com eventual consulta, não vinculativa, à Autoridade da AIA) entenda poderem causar efeitos significativos no ambiente (artigo 1.º/4 e 2.ºA do RAIA). Acrescem ainda projectos que, por despacho conjunto dos Ministros do Ambiente e do Ministro responsável pela área na qual se inserem, se considere necessário submeter a avaliação de impacto ambiental (artigo 1.º/5 do RAIA).

Todos estes projectos (ressalvados os dispensados, ao abrigo do artigo 3.º, por decisão dos Ministros do Ambiente e da pasta relacionada[86],

---

[84] Cfr. Mário de MELO ROCHA, **A avaliação de impacto ambiental como princípio do Direito do Ambiente nos quadros internacional e europeu**, Porto, 2000, pp. 117 segs.

[85] A modificação do artigo 1.º do DL 69/00 é consequência directa do *Caso do Túnel do Marquês*, no qual se oscilou entre um entendimento exemplificativo e taxativo do âmbito do preceito, na versão de 2000. Veja-se o Acórdão do STA, I, de 24 de Novembro de 2004 (proc. 1011/04-11), no qual se optou por uma interpretação taxativa das hipóteses de realização de AIA (contrariando a leitura feita em 1.ª instância).

[86] Este subprocedimento, excepcional em virtude do desvio que constitui ao princípio da prevenção, merece-nos algumas considerações críticas, ainda que de forma tópica:

– A expressão "circunstâncias excepcionais" é demasiado ampla, constituindo uma espécie de norma habilitante em branco. A não inserção de qualquer referência exemplificativa torna extraordinariamente difícil o controlo do exercício desta competência, salvo erro manifesto;

– A preterição da necessidade de apresentação do EIA contraria o princípio de que é o proponente que deve demonstrar a ausência de impactos relevantes associados ao projecto, remetendo para a Administração a carga da aferição dos riscos que aquele eventualmente envolve;

– O parecer da Autoridade da AIA no qual se encontrará a referência a medidas de

bem assim como os referenciados no n.º 6 do artigo 1.º do RAIA, ligados à defesa nacional) deverão merecer uma DIA favorável ou condicionalmente favorável (artigo 17.º do RAIA), a emitir pelo Ministro do Ambiente (artigo 18.º do RAIA), para poderem prosseguir o seu percurso até ao licenciamento final. A DIA favorável ou condicionalmente favorável tem efeitos conformativos relativamente a actos sequenciais que com ela devam compaginar-se, os quais serão nulos se a contrariarem (artigo 20.º/3 do RAIA); no caso de ser desfavorável, tem efeitos preclusivos relativamente a todos os actos integrantes do hipotético procedimento posterior (artigo 20.º/1 do RAIA).

A avaliação de impacto ambiental, enquanto procedimento, desenvolve-se ao longo de várias fases, nas quais intervêm outras entidades para além do Ministro do Ambiente. Sem querer entrar aqui em descrições detalhadas do procedimento, julgamos dever chamar a atenção para cinco pontos:

i) O procedimento de AIA pode fazer-se preceder de uma fase facultativa, que se traduz na definição preliminar do âmbito do EIA (artigo 11.º do RAIA). Trata-se de uma possibilidade reconhecida ao proponente de promover a fixação, pela Comissão de Avaliação[87], dos aspectos que deverão constar do EIA a apresentar posteriormente, vinculando aquele órgão durante 2 anos, salvo alteração de circunstâncias (artigos 11.º/9 e 21.º/2 do RAIA). Esta vinculação implica que a Comissão de Avaliação, uma vez chamada a pronunciar-se sobre a conformidade do EIA (com o Anexo III),

---

minimização a adoptar pelo proponente, bem como a eventuais formas de avaliação diversas da avaliação de impacto – ou a realização parcial desta, como sugere o n.º 1 do artigo 3.º: mas como, se nem sequer se exige um EIA? – não é vinculante para os Ministros que emitirão a decisão de dispensa. Com efeito, na ausência de referência à vinculatividade do parecer da Autoridade, este é obrigatório mas não vinculativo (artigo 98.º/2 do CPA);
– A revisão que o diploma sofreu em 2005 deveria ter adoptado a solução decorrente do n.º 11 do artigo 3.º à nova legislação processual administrativa. Com efeito, não faz sentido a manutenção da figura do indeferimento tácito perante a nova acção administrativa especial de condenação da Administração à prática do acto legalmente devido...

Também de forma muito crítica, Vasco PEREIRA DA SILVA, **Verde. Cor de Direito. Lições de Direito do Ambiente**, Coimbra, 2002, pp. 156-158.

[87] A Comissão de Avaliação é o órgão técnico da AIA. A sua composição é mutante, variando em função das características do projecto – cfr. o artigo 9.º do RAIA.

na fase de saneamento do pedido, não possa opor-se ao seguimento do procedimento (salvo, claro está, defronte da superveniência de circunstâncias que contrariem a proposta, tal como foi deferida anteriormente). Refira-se que esta fase, sendo em regra facultativa, se torna obrigatória no caso de projectos candidatos à classificação como PIN+, nos termos dos artigos 3.º/2/c) e 8.º/e) do DL 285/07, de 17 de Agosto[88];

ii) O procedimento de AIA inicia-se com a apresentação de um projecto à entidade coordenadora, que pode revestir a forma de projecto de *concepção e execução* da infra-estrutura que o proponente deseja implantar, ou cingir-se a um *anteprojecto* ou *estudo prévio*, destituído da indicação de qualquer calendário e descrição da fase de execução dos trabalhos. O facto de se tratar de um anteprojecto não contunde com a possibilidade de obtenção de uma DIA favorável ou condicionalmente favorável (salvo se for um projecto classificado como PIN+: cfr. o artigo 17.º/2 do DL 285/07); no entanto, a incompletude dos elementos apresentados vai obrigar ao prolongamento do procedimento por uma fase de apreciação da conformidade do projecto de execução com a DIA previamente emitida, a desenvolver pela Comissão de Avaliação ou pela entidade licenciadora (artigo 28.º/1 do RAIA). Na hipótese de caber à Comissão de Avaliação a apreciação da conformidade, esta deve pronunciar-se através de parecer vinculante a transmitir à Autoridade da AIA num prazo de 40 dias. Ape-

---

[88] Os projectos PIN+ são *projectos de potencial interesse nacional de importância estratégica*, devendo ser canalizados para esta classificação pela Comissão de Avaliação e Acompanhamento dos projectos PIN (atendendo aos critérios estabelecidos no artigo 1.º/2, 3 e 4 do DL 174/08, de 26 de Agosto), a qual proporá a classificação como PIN+ aos Ministros competentes em razão da matéria, caso considere reunidos os critérios cumulativos enunciados no artigo 2.º/3 e 4 do DL 285/07, de 17 de Agosto. O principal efeito procedimental do licenciamento dos projectos classificados como PIN+ é a simplificação, através do modelo da coordenação de competências. O artigo 8.º do DL 285/07 estabelece os traços do regime especial a que ficam sujeitos estes procedimentos, entre os quais: a realização de conferências decisórias com todas as entidades intervenientes nos procedimentos envolvidos; a simultaneidade de procedimentos, a unicidade da consulta pública (num prazo mínimo de 22 dias); o prazo global de decisão (60 dias, regra, com possibilidade de extensão a 120); a valoração positiva do silêncio, tanto no plano endoprocedimental como decisório.

Saliente-se, todavia, que a aprovação de um projecto como PIN+ depende, na sua eficácia, de acto integrativo a proferir pelo Conselho de Ministros, num prazo até 1 ano contado desde a classificação do projecto como PIN+ – artigos 29.º/1 e 33.º/1 do DL 285/07.

sar de algum laconismo legislativo, julgamos que as alternativas de decisão que se colocam à Autoridade são as seguintes:

– ou conclui pela conformidade, deixando caminho livre ao operador para prosseguir os trabalhos;
– ou conclui pela desconformidade, ficando o proponente obrigado a iniciar nova AIA sobre o projecto de execução (será a esta hipótese que a lei se reporta quando fala em "necessidade de reformulação", no n.º 5 do artigo 28.º, *in fine*);
– ou conclui pela conformidade condicionada à introdução de medidas correctivas pelo operador (artigo 28.º/5).

Espantoso é que, apesar da vinculatividade do parecer da Comissão de Avaliação, que deve ser sujeito a homologação da Autoridade da AIA e comunicado à entidade licenciadora e ao operador num prazo de 5 dias após recebimento (artigo 28.º/6), o RAIA admita o deferimento tácito do pedido de apreciação da conformidade, caso decorram 50 dias sobre a sua recepção e nada seja decidido pela Autoridade da AIA (artigo 28.º/7). A surpresa advém, naturalmente, da violação da lógica de prevenção subjacente ao diploma, mas vai ao encontro da solução consagrada em sede geral, de deferimento tácito do pedido, a que aludiremos *infra*;

iii) A emissão da DIA não põe fim ao procedimento de AIA. Como acabámos de referir, pode dar-se um desdobramento no caso de aquela recair sobre anteprojectos. Mas independentemente desta extensão, qualquer procedimento de AIA conta com uma fase de pós-avaliação, que permite o acompanhamento, pela Autoridade da AIA, do cumprimento das condições impostas ao operador na DIA que lhe foi destinada (atente-se em que, na esmagadora maioria das situações, a DIA é condicionalmente favorável, o que implica a aposição de um conjunto de medidas de minimização cujo cumprimento deverá ser observado, sob pena de aplicação de contra-ordenação, nos termos do artigo 37.º/1/b) do RAIA, eventualmente cumulada com sanção acessória de acordo com o artigo 38.º do RAIA).

Esta fase de pós-avaliação, a que alude o artigo 27.º do RAIA, segue a DIA até à desactivação do projecto e assenta em *observatórios* paralelos: de uma banda, desenvolvidos pelo próprio operador, através de monitorização plasmada em relatórios a apresentar com uma determinada periodicidade, fixada na DIA (ou no EIA) – artigo 29.º; de outra banda, a realização de auditorias por parte da Autoridade de AIA, com vista a confirmar a veracidade da informação contida nos relatórios (artigo 30.º do RAIA), ou na sequência de alguma queixa apresentada por qualquer interessado, uma vez que tanto os relatórios como os resultados da auditorias são publicitados (cfr. os artigos 31.º e 23.º/2 do RAIA).

A dinâmica da DIA reflecte-se não só nesta projecção para um momento posterior à emissão, como na mutação que o seu conteúdo pode sofrer, por força da superveniência de novas circunstâncias imprevistas à data da emissão, das quais possam decorrer efeitos adversos significativos para o ambiente. O n.º 3 do artigo 29.º do RAIA habilita a Autoridade da AIA a impor ao proponente a adopção de medidas de minimização novas, no que configura um bom exemplo de recriação de deveres de *facere* filiados no acto autorizativo parcial que a DIA consubstancia[89];

iv) A DIA, como começámos por afirmar, constitui o culminar da fase de avaliação, embora os seus efeitos não se esgotem aí. Tendo em atenção a lógica de antecipação de impactos significativos para o ambiente e a sua minimização, a solução do deferimento tácito consagrada no artigo 19.º do RAIA – realce-se: para projectos que sofram avaliações intrafronteiras; para procedimentos de avaliação de impactos transfronteiriços, o legislador afastou a valoração do silêncio, impondo ao operador a propositura de uma acção administrativa especial de condenação do Ministro do Ambiente à emissão da DIA, conforme os artigos 19.º/7 e 33.º/3 do RAIA, e 66.º segs do CPTA – é contraproducente. Note-se que a DIA pode emergir de uma completa ausência de procedimento; ou de um procedimento amputado da fase essencial de participação pública, oral ou escrita, cuja ausência determina a invalidade material do acto por violação do direito à participação dos interessados; ou implicar a "validação" de um EIA que não reúne os elementos essenciais (*maxime*, não contém medidas de minimização)...

A consagração do valor positivo do silêncio equivale, *na prática*, à dispensa do procedimento de avaliação de impacto ambiental sem que

---

[89] Esta norma levanta problemas de vária ordem, de entre os quais realçamos:
- O facto de estas medidas serem ditadas por entidade sem competência dispositiva no procedimento de AIA, e sem qualquer intervenção da Comissão de Avaliação;
- O efeito que estas alterações podem produzir em actos subsequentes, os quais têm na DIA uma condição essencial de parametricidade (cfr. o artigo 20.º/3 do RAIA);
- A ausência de referência às consequências do não acatamento destas medidas inovatórias (quanto ao condicionamento da actuação do proponente e à implantação física do projecto).

estejam reunidas as condições de atenuação de ponderação que resultam do artigo 3.º/4 do RAIA – por mínimas que sejam. Na verdade, ao remeter a entidade licenciadora para o EIA apresentado e para "os restantes elementos referidos no n.º 1 do artigo 17.º" do RAIA, "quando disponíveis" (artigo 19.º/5 do RAIA), no caso de deferimento tácito, o legislador pode estar a encaminhá-la para uma ponderação em branco, que não poderá ser adequadamente suprida (arriscando, no limite, o vício de incompetência, relativa ou absoluta).

Bem sabendo que o acto de deferimento tácito está *blindado* contra alegações de vícios formais (sob pena de incoerência interna), pensamos que a sua presença em momentos autorizativos posteriores não deve inibir o órgão competente de, invocando défice de elementos de ponderação (e isso dependerá de *a quanto procedimento* na realidade corresponder a decisão tácita), indeferir o pedido de autorização (que efeitos conformativos reveste um acto que esconde uma total ausência de procedimento?). Isto sem embargo de os interessados deverem ser admitidos a propor acção administrativa especial de impugnação da validade do deferimento tácito (eventualmente cumulada com pedido de condenação na efectiva realização do procedimento de AIA, ou de reconstrução deste nas fases lacunares – cfr. o artigo 47.º do CPTA), invocando violação dos princípios da prevenção, da participação, da imparcialidade...

v) Se a solução do deferimento tácito é uma afronta ao Direito Ambiental constitucional, legal e comunitário (uma vez que o princípio tem acolhimento nos artigos 66.º/2/a) da CRP, 3.º/a) da LBA, e 174/2 do Tratado de Roma), a não consagração da vinculatividade pela negativa do parecer da Comissão de Avaliação não é menos criticável. Atente-se em que a pronúncia da Comissão de Avaliação traduz a avaliação técnica do EIA e dos demais elementos instrutórios relevantes (pareceres de entidades externas; observações do público; visitas de campo), constituindo a única tomada de posição credível e informada sobre os interesses em jogo e sobre as formas da sua conciliação (artigo 16.º/1 do RAIA). Na ausência de referência à natureza vinculativa do parecer da Comissão de Avaliação, vale a regra geral do artigo 98.º/2 do CPA. Logo, o relatório da Autoridade da AIA pode fazer letra morta do seu sentido e, sobretudo, o Ministro tem caminho livre para, apesar da desfavorabilidade, emitir DIA favorável ou condicionalmente favorável (valendo-se, para *reduzir o impacto negativo da decisão,* das medidas minimizadoras previstas no EIA apresentado pelo proponente) – quando decida expressamente... Em nosso entender, o Ministro do Ambiente deveria estar vinculado a um parecer negativo da Comissão de Avaliação quanto à emissão de DIA favorável – assim se respeitariam os princípios da prevenção e da prossecução do interesse público ambiental. Todavia, seria admissível que recusasse a emissão de DIA perante um parecer favorável, caso entendesse inoportuna a viabilização do projecto.

Enfim, a DIA constitui, *teoricamente*, um importante instrumento de prevenção de impactos no ambiente – tomado numa acepção muito ampla, uma vez que o procedimento de AIA pondera interesses ecológicos, mas também sociais, económicos, culturais, sanitários. *Na prática,* porém, os desvios admitidos pelo RAIA relativamente à observância do princípio da prevenção deixam dúvidas quanto ao efectivo comprometimento do legislador com o desígnio da protecção do ambiente.

5.1.1.1. Os múltiplos da declaração de impacto ambiental

A avaliação de impacto ambiental sofre um desdobramento a jusante e a montante. Na verdade, por um lado, a associação da AIA a *projectos* [na expressão da alínea o) do artigo 2.º do RAIA, "concepção e realização de obras de construção ou de outras intervenções no meio natural ou na paisagem"] revelou-se curta para promover uma autêntica avaliação de riscos em termos de alternativas de utilização de um determinado espaço. Em Portugal, o caso paradigmático da exiguidade do termo "projecto" foi o da decisão de localização da Ponte Vasco da Gama, impugnada judicialmente com o argumento de preterição de procedimento de AIA e validada pelo Supremo Tribunal Administrativo com fundamento em que uma decisão de localização não consubstanciaria um "projecto"[90]. Por outro lado, relativamente a áreas especialmente sensíveis como as integradas na Rede Natura 2000 foi preciso conceber um instrumento de prevenção de impactos que permitisse cobrir, residualmente, qualquer intervenção não sujeita a AIA em razão da não inscrição em nenhum dos Anexos do RAIA – nem assimilável.

Assim, para avaliar impactos e alternativas de planos e programas, a Comunidade Europeia aprovou a directiva sobre avaliação ambiental

---

[90] Cfr. os Acórdãos do STA, I, de 14 de Março de 1995; e do STA, Pleno, de 14 de Outubro de 1999 (proc. 31.535).

estratégica, que Portugal transpôs através do DL 232/07, de 15 de Junho (=RAAE) – *i.)*. No que toca à avaliação de impactos em zonas de Rede Natura 2000, o legislador introduziu a avaliação de incidências ambientais, prevista no artigo 10.º do DL 140/99, de 24 de Abril, alterado e republicado pelo DL 49/05, de 24 de Fevereiro – *ii.)*. Se o primeiro mecanismo resulta densificado na lei com um apreciável grau de detalhe, o segundo constitui um enigma para o aplicador. Aproximemo-nos um pouco.

i) A avaliação ambiental estratégica, nas palavras do Preâmbulo do RAAE, "constitui um processo contínuo e sistemático, que tem lugar a partir de um momento inicial do processo decisório público, de avaliação da qualidade ambiental de visões alternativas e perspectivas de desenvolvimento incorporadas num planeamento ou numa programação que vão servir de enquadramento a futuros projectos" (§4.º). O seu posicionamento prévio e independente da existência de um qualquer projecto deixa-lhe campo aberto para uma verdadeira ponderação de alternativas, de hipóteses de aproveitamento de uma determinada zona[91].

O núcleo deste procedimento reside num relatório ambiental (cfr. o artigo 6.º do RAAE), a elaborar pela entidade que aprovará o plano ou programa. Este documento, que constitui não "uma descrição final da situação mas sim uma análise inicial de base" (§5.º do Preâmbulo), vai ser sujeito a discussão pública por período não inferior a 30 dias (salvo circunstâncias excepcionais reconhecidas em despacho conjunto do Ministro do Ambiente e do Ministro competente em razão da matéria) – artigo 7.º do RAAE –, devendo as suas conclusões, aditadas do resultado da consulta pública, ser levadas à ponderação na elaboração do plano ou programa (artigo 9.º do RAAE). Formalmente, esta ponderação merecerá autonomização através de uma declaração ambiental, a enviar à APA aquando da aprovação do plano ou programa, devendo ser publicitada na página da Internet da entidade que aprovou o plano ou programa e também na página da APA (artigo 10.º do RAAE).

---

[91] Sobre a AAE, vejam-se Fernando ALVES CORREIA, **A avaliação ambiental de planos e programas: um instituto de reforço da protecção do ambiente no Direito do Urbanismo**, in *Revista de Legislação e Jurisprudência*, n.º 3496, 2007, pp. 4 segs.; Yves JÉGOUZO, **L'évaluation des incidences sur l'environnement des plans et programmes**, in *Actualité Juridique – Droit administratif*, 2005/38, pp. 2100 segs.

TIAGO SOUZA D'ARTE e Miguel Raimundo, *O regime da avaliação ambiental de planos e programas e a sua integração no edifício da avaliação ambiental*, in RJUA, n.os 29/30, 2008, pp. 125 segs.

Temos assim, no que concerne à avaliação ambiental estratégica, um relatório ambiental que vai integrar a fundamentação das opções assumidas no plano, assemelhando-se a um parecer. Na verdade, é a própria entidade que aprova o plano que elabora também o relatório ambiental, daí que seja difícil reconhecer-lhe a natureza de acto opiniativo. De todo o modo, a fragilidade das conclusões do relatório ambiental – que se compreende, dado o carácter altamente abstracto da ponderação a efectuar – é patente numa norma como o n.º 4 do artigo 13.º do RAAE, que admite a divergência entre uma DIA e uma declaração ambiental inserida num plano ou programa que descreva o projecto sobre que incide a primeira de forma "suficientemente detalhada". Esta radical diferença entre DIA e Declaração Ambiental no que toca à dimensão conformativa levanta dúvidas agudas em caso de avaliação ambiental estratégica e avaliação de impacto ambiental simultâneas, nos termos dos artigos 13.º/1 e 3.º/8 do RAAE, dado que esta última norma determina a "absorção" da AIA pela avaliação ambiental, acrescentando, elipticamente, que serão neste procedimento "incorporadas as obrigações decorrentes" do regime da AIA[92]...

ii) O artigo 10.º do DL 140/99 dispõe sobre a obrigatoriedade de realização de uma avaliação de incidências ambientais. O n.º 6 do preceito descreve o conteúdo da avaliação de incidências, que tem como elemento fundamental a "identificação e avaliação conclusiva dos previsíveis impactos ambientais, designadamente os susceptíveis de afectar a conservação de *habitats* e de espécies da flora e da fauna" [alínea c)], integrando a fundamentação do plano, programa ou projecto a implantar em área de Rede Natura 2000, sempre que seja susceptível "de afectar essa zona de forma significativa" (n.º 1 do artigo 10.º).

Algo surpreendentemente, o artigo 10.º não estabelece qualquer procedimento com vista à realização da avaliação de incidências, limitando-se a afirmar que esta análise deve ser precedida, "sempre que necessário, de consulta pública" (n.º 7). Certo é que, nos termos da economia do diploma, esta figura terá um alcance meramente residual, dado que:

---

[92] Em nossa opinião, esta referência não pode deixar de traduzir, pelo menos, a necessidade de o procedimento simultâneo terminar com uma decisão com as características da DIA, ou seja, de efeito conformativo se favorável e preclusivo se desfavorável, sob pena de esvaziamento da finalidade da avaliação de impacto ambiental e de fraude à lei e ao Direito Comunitário.

- sempre que o plano ou programa esteja sujeito a avaliação ambiental estratégica, esta consome a avaliação de incidências (artigo 3.º/8 do RAAE);
- sempre que o projecto esteja sujeito a avaliação de impacto ambiental, este procedimento consome a avaliação de incidências (artigo 10.º/2/a) do DL 140/99, que remete para o artigo 1.º/3 do RAIA)[93];
- sempre que, por determinação de despacho conjunto do Ministro do Ambiente e do Ministro responsável pela área do projecto, este deva ser sujeito a avaliação de impacto ambiental, este procedimento consome a avaliação de incidências [artigo 10.º/2/b) do DL 140/99, que remete para o actual n.º 4 do RAIA];
- sempre que o projecto ou actuação não seja susceptível de avaliação ambiental estratégica nem de avaliação de impacto ambiental, pode ainda dar-se o caso de a zona de Rede Natura 2000 em causa não estar sujeita a plano especial de ordenamento do território (por não estar *ainda* sujeita), nem sofrer nenhum condicionamento (por se encontrar meramente referenciada num plano director municipal cujos relatórios não incluam, na fundamentação, restrições especiais) e ter que haver parecer favorável da CCDR ou do ICNB prévio à realização daqueles (artigo 10.º/5 e 9.º/2, 3 e 5 do DL 140/99).

A valia deste regime (?) de avaliação de incidências – independentemente da sua forma – é duvidosa. Note-se, por um lado, que apesar de o artigo 9.º/2 exigir parecer favorável da CCDR ou do ICNB, a sua não emissão sofre uma valoração positiva para efeitos de viabilização do projecto (cfr. o artigo 9.º/5), além de o parecer negativo ser passível de recurso hierárquico para o Ministro do Ambiente (com competência de revisão ou reexame?). Por outro lado, e mais preocupante, apesar de o n.º 9 do artigo 10.º partir de uma postura de proibição sob reserva de permissão quanto às acções a desenvolver em Rede Natura 2000, os n.ºs seguintes abrem caminho a um leque de excepções sensivelmente amplo.

---

[93] Note-se que o regime da AIA foi alterado alguns meses após a revisão do DL 140/99. Daí que as alíneas do artigo 10.º/2 não prevejam o procedimento de extensão da obrigatoriedade de AIA por decisão da entidade coordenadora, eventualmente precedida de parecer da Autoridade da AIA (APA ou CCDR), de acordo com os artigos 1.º/4 e 2.ºA do RAIA. Consideramos que a remissão do artigo 10.º/2/a) vale tanto para o n.º 3 como para o n.º 4 do artigo 1.º do RAIA, facto que confere à AIA uma vocação aplicativa tentacular (sempre por apelo aos critérios constantes do Anexo V do RAIA).

Com efeito, por um lado, no n.º 10, admite-se que, por despacho conjunto do Ministro do Ambiente e do Ministro competente em razão da matéria qualquer acção, plano ou projecto que tenham merecido uma avaliação negativa sejam viabilizados "por razões imperativas de reconhecido interesse público, incluindo de natureza social ou económica". Por outro lado, no n.º 11, permite-se contornar um juízo negativo em sede de avaliação ambiental, relativamente a uma zona na qual se encontrem espécies prioritárias, invocando razões de saúde ou segurança pública, ou consequências benéficas para o ambiente, ou ainda outras razões imperativas de reconhecido interesse público como tal identicamente reconhecidas pela Comissão Europeia, mediante parecer prévio desta. Em ambos os casos se exige a aprovação (e aplicação) de medidas compensatórias[94] no sentido da atenuação da ofensa ambiental praticada.

5.2.1. A licença ambiental

A licença ambiental constitui a resposta da Comunidade Europeia ao problema da disseminação de licenças de emissões poluentes e à transferência de poluição entre componentes que a descoordenação da sua atribuição potencialmente provoca. Com efeito, ao analisar a título isolado a prevenção da poluição relativamente a um determinado componente ambiental, corre-se o risco de promover o deslocamento das emissões para outro componente, com efeitos eventualmente ainda mais adversos. Acresce a necessidade de concentração de actos autorizativos num único título – e procedimento – como forma de minimizar custos, burocráticos e económicos. Através da directiva 96/61/CE, do Conselho, de 24 de Setembro, entretanto alterada pelas directivas 2003/35/CE, do Parlamento Europeu e do Conselho, e 2008/1/CE, do Parlamento Europeu e do Conselho, de 15 de Janeiro, a Comunidade Europeia acolheu a licença ambiental como instrumento preferencial de promoção da prevenção e controlo integrado da poluição[95].

---

[94] Que o diploma não define, mas cujos contornos se encontram hoje no DL 147/08, de 29 de Julho, relativo à responsabilidade por dano ecológico – Anexo V.

[95] Sobre este ponto, vejam-se José Eduardo Figueiredo Dias, **A licença ambiental no novo regime da PCIP**, in *Revista do CEDOUA,* 2001/1, pp. 65 segs, e Carla Amado Gomes, **O licenciamento ambiental: panorâmica geral e detecção da articulação necessária com outros procedimentos autorizativos**, in *Textos dispersos..., II, cit.*, pp. 301

O DL 173/08, de 26 de Agosto, traça hoje o regime do licenciamento ambiental (=RLA). A LBA já apontava para a necessidade de licenciamento prévio de todas as actividades intensamente poluentes, nos artigos 27.º/h) e 33.º, embora não adoptasse expressamente o modelo da licença única. De resto, o RLA tão pouco logrou a concentração total de licenças, na medida em que continua a autonomizar a licença de resíduos (artigo 24.º) e os títulos de utilização dos recursos hídricos (artigo 26.º), fazendo-os conviver em anexo à licença ambiental. As instalações sujeitas ao regime do comércio europeu de licenças de emissão de gases com efeito de estufa contam ainda com a anexação de um outro título, que fixa o limite mínimo permitido (artigo 25.º) – ver *infra*, **5.5.**.

A licença ambiental é concedida pela Agência Portuguesa do Ambiente (artigo 9.º/1 do RLA), às instalações que desenvolvam qualquer das actividades identificadas no Anexo I ao RLA [artigos 3.º/1 e 2.º/h) do RLA], à excepção das que se dediquem exclusivamente "à investigação, desenvolvimento ou experimentação de novos produtos ou processos" (artigo 3.º/2 do RLA). As alterações substanciais da instalação ficam do mesmo modo sujeitas a licenciamento ambiental [artigos 10.º/2 e 2.º/b) do RLA][96], bem assim como a renovação da licença por verificação do termo [artigos 18.º/2/g), e 20.º/1 e 2 do RLA][97]. Instalações abrangidas cuja capacidade de produção fique abaixo dos limiares estabelecidos no Anexo I (e enquanto tal se verifique)[98] podem requerer isenção do licenciamento

---

segs (à luz do anterior regime). Ver ainda, sobre o DL 173/08, de 26 de Agosto, Carla AMADO GOMES, **O licenciamento ambiental revisitado,** *in O Direito*, 2008/5, pp. 1053 segs, e Pedro DELGADO ALVES, **O novo regime jurídico do licenciamento ambiental**, *in Actas das Jornadas de Direito do Ambiente – O que há de novo no Direito do Ambiente?*, Faculdade de Direito de Lisboa, 15 de Outubro de 2008, org. de Carla Amado Gomes e Tiago Antunes, Lisboa, 2009, pp. 195 segs.

[96] As alterações não substanciais são registadas por mero aditamento à licença inicial – artigo 10.º/3.

[97] Este procedimento de renovação envolve um menor peso burocrático para o operador, na medida em que fica apenas vinculado à apresentação dos elementos que careçam de actualização (artigo 20.º/2 do RLA).

[98] O RLA prevê um sistema de controlo das instalações isentas que passa por verificações anuais da capacidade de produção, mediante vistoria a levar a cabo pela entidade coordenadora (artigo 4.º/5 do RLA). Caso se conclua no sentido da ultrapassagem da capacidade de produção, a entidade coordenadora revoga a decisão de isenção e comunica o facto à IGAOT para instrução do procedimento contra-ordenacional (artigo 4.º/6 do RLA).

ambiental à entidade coordenadora do licenciamento final, subordinada a parecer vinculativo da APA (artigo 4.º do RLA).

O procedimento de licenciamento ambiental desenvolve-se por várias fases, que nos eximiremos de descrever em detalhe. À semelhança do que fizemos em sede de avaliação de impacto ambiental, destacaremos cinco nódulos problemáticos do RLA:

i) Com a revisão do RLA, a licença ambiental passou a ser elemento integrante da licença de exploração da instalação, nos termos do artigo 9.º/3 [ver também os artigos 17.º/3 e 21.º/4 do RLA, e 30.º/6/b) do DL 209/08, de 29 de Outubro: Regime do exercício da actividade industrial]. Por outras palavras, a exploração da instalação está pendente do deferimento do pedido de licença ambiental, sendo inválida se este não existir ou tiver sido indeferido (artigo 9.º/4 do RLA). O que significa que, se a licença ambiental é condição de validade da licença de exploração, esta é, por seu turno, condição de eficácia daquela, uma vez que os efeitos de facto da sua emissão só se activam com o início de funcionamento da instalação.

Daqui decorrem as seguintes consequências:

– *primo*, o prazo de validade a que se reporta o artigo 18.º/2/g) do RLA – cujo máximo é de 10 anos – só deve começar a contar a partir da data de início de exploração da instalação. Não ignoramos que a licença ambiental tem como que pré-efeitos puramente jurídicos, nomeadamente como suporte de emissão da licença de exploração, efeitos esses que caducam se após dois anos contados da sua notificação ao operador a exploração se não tiver iniciado (artigo 21.º/2 do RLA). No entanto, constituindo a prevenção e minimização das emissões poluentes de relevo significativo para o ar, água e solo, bem assim como a produção de ruído e de resíduos, o objecto da licença ambiental, parece-nos que a eficácia desta fica pendente da emissão da licença de exploração, não devendo ser descontado ao operador "tempo morto" procedimental do prazo de validade da licença;

– *secundo*, qualquer alteração superveniente da licença ambiental, sobretudo se traduzida na revisão de limites de emissão, na modificação significativa das MTDs que veiculem uma redução considerável das emissões sem importar encargos excessivos, ou em exigências técnicas suplementares decorrentes da segurança operacional da actividade [cfr. o artigo 20.º/3/a), b) e c) do RLA] deve reflectir-se sequencialmente no conteúdo da licença de exploração, sob pena de invalidade superveniente desta (artigos 9.º/1 e 4, e 20.º/3 do RLA, por analogia);

– *tertio*, o prazo de impugnação de uma licença ambiental por sujeitos diversos do titular deve ser identicamente reportado ao início da exploração, sem embargo de a publicitação do deferimento ocorrer na sequência da tomada de decisão, promovida pela APA [artigos 19.º/a) e 18.º do RLA][99]. Note-se que o efeito prático da licença só pode ser plenamente testado com o funcionamento efectivo, isto é, a lesão do meio ambiente (e da saúde) só é aferível após o início de exploração [cfr. os artigos 51.º/4 e 58.º/2/b) do CPTA]. Isto sem embargo de o operador dever, em princípio, proceder a testes de verificação da aptidão das técnicas utilizadas para proporcionar o cumprimento dos limites impostos, cujos resultados serão levados em conta pela APA no momento da decisão [cfr. os artigos 16.º/6/d) e e), e 14.º/2 do RLA];

ii) Apesar da orientação propiciada pelas directivas de auto-vinculação quanto à selecção das MTDs, e da tendencial redução de liberdade de decisão que promovem, a APA encontra bastante margem de manobra para agravar ou desagravar deveres de protecção do ambiente do operador, bem como para indeferir o pedido de licença ambiental. Com efeito, a APA não só pode impor condições mais restritivas no sentido da salvaguarda da qualidade ambiental, nos termos do artigo 18.º/3 e 5 do RLA como, em contrapartida, está habilitada a flexibilizar as exigências que o licenciamento em concreto requereria em nome de razões de ordem sócio-económica, desde que opte por técnicas equivalentes (artigo 18.º/4 do RLA). Acresce a larguíssima discricionariedade que lhe é atribuída pela alínea f) do n.º 6 do artigo 16.º em sede de indeferimento: ao utilizar a expressão "relevo suficiente", o legislador investiu a APA numa ampla margem de livre apreciação das desconformidades que o pedido de licença pode revelar em face de normas legais e regulamentares aplicáveis, praticamente insindicável (salvo por apelo ao "erro manifesto") por traduzir

---

[99] O titular pode ter interesse em sindicar a validade da licença, por exemplo, invocando desproporcionalidade das condições que lhe foram impostas pela APA, as quais condicionarão o conteúdo de actos posteriores, nomeadamente da licença de exploração.

"valorações próprias do exercício da função administrativa" (cfr. o artigo 71.º/2 do CPTA). A técnica aparentemente garantística de enumeração taxativa dos fundamentos de indeferimento fica totalmente comprometida com o *deslize* da alínea f)...;

iii) Ao contrário do seu antecessor, o actual RLA enveredou, lamentavelmente, pela técnica da valoração do silêncio da APA, transformando-o em deferimento do pedido de licença ambiental. Esta solução, como já tivemos oportunidade de frisar a propósito do regime da avaliação de impacto ambiental, é potencialmente lesiva dos valores da prevenção de riscos para a saúde e para o ambiente que o regime do RLA pretende acautelar. É verdade que o legislador tentou atenuar os efeitos perversos da solução, proibindo a formação de decisão silente favorável nos casos de verificação de alguma (ou algumas) condição(ões) de indeferimento listada(s) no n.º 6 do artigo 16.º [com excepção, obviamente, da alínea f) já mencionada]. Porém, isso só contribuiu para uma complicação adicional pois, além de um acto de deferimento *tácito*, o RLA criou um acto de indeferimento *implícito*.

Sublinhe-se que a lei exime a APA de proferir decisão expressa mas impõe-lhe o dever de emitir certidão comprovativa do deferimento (artigo 17.º/2 do RLA) – bem assim como de devolver ao operador a taxa de apreciação do pedido, pela totalidade (artigo 30.º/4 do RLA)! Sem esta certidão, o operador não poderá prosseguir o procedimento de licenciamento, designadamente obter a licença de exploração (*vide* o artigo 9.º/2 do RLA, *in fine*). Para contornar eventuais paralisias decorrentes da ausência de emissão da certidão, o RLA indica uma via de ultrapassagem do problema: a intimação para passagem de certidão, processo sumário regulado nos artigos 104.º e segs do CPTA (por remissão do artigo 22.º/2 do RLA). Mas não indica, paralelamente, uma via de certificação do indeferimento implícito que ocorrerá em caso de verificação de alguma das situações referenciadas nas alíneas a) a e) do artigo 16.º/6.

Acrescente-se ainda uma outra tentativa do RLA para *minorar os estragos* do deferimento tácito, desta feita através do *reenvio* da entidade coordenadora do licenciamento final – nomeadamente, no momento da emissão da licença de exploração que integra a licença ambiental – para "o conteúdo do pedido de licença ambiental, bem como o cumprimento dos valores limite de emissão aplicáveis" (artigo 17.º/3 do RLA), valores esses que o operador, independentemente de ter obtido tacitamente a licença, está obrigado a cumprir (artigo 17.º/4 do RLA). Ora, não vedando o RLA a formação de decisão positiva silente em caso de pedido desconforme com o disposto no artigo 11.º [a detectar na fase de saneamento, nos termos do artigo 13.º/2/b) do RLA], a licença ambiental pode ser praticamente um cheque em branco, dado que as disposições legais e regulamentares teoricamente aplicáveis àquele tipo de instalação, no concreto sector de actividade a que se reconduz, poderiam ter que ser adaptadas em função das condições a que se refere o artigo 18.º/3 e 5 já mencionado, através de uma ponderação que não existiu...

iv) O artigo 20.º/3 do RLA consagra a figura da revisão da licença por superveniência de factores físicos ou técnicos que importem numa necessidade de adaptação do conteúdo daquela a uma nova realidade fáctica. Repare-se que, além de constituir um acto prévio, por ser condição de emissão da licença de exploração, a licença ambiental é também um acto precário por força do termo final a que o artigo 18.º/2/g) do RLA a sujeita[100]. Do artigo 20.º/3 do RLA decorre uma segunda causa de precariedade: a possibilidade de antecipação do termo final em razão da superveniência de novas circunstâncias.

Mesmo que se considerasse ser a licença ambiental, *por si só*, um acto constitutivo de direitos – o que é duvidoso, não propriamente em virtude da sua intrínseca precariedade, mas por força da sua incapacidade de geração de efeitos fácticos e quase nula produção de efeitos jurídicos na esfera do operador sem o vector de eficácia propulsionado pela licença de exploração –, a regulação do artigo 20.º/3 do RLA sempre a eximiria da aplicação das apertadas regras dos artigos 140.º e 141.º do CPA, que impossibilitariam a revisão (por se aproximar da revogação substitutiva). A sujeição a revisão constitui um risco para qualquer operador das actividades abrangidas pelo RLA, as quais, pela intensidade de desgaste do meio ambiente que importam, devem ser objecto de acompanhamento constante, quer por parte da Administração, quer pelo próprio operador (através de monitorização a submeter à APA nos termos dos artigos 28.º e 29.º do RLA).

Isto significa que a revisão acentua a continuidade da licença, cujo conteúdo se alterou sensivelmente sem, não obstante, a descaracterizar enquanto fundamento de emissão ou de validade da licença de exploração – muda-se *a* licença, não se muda *de* licença. Donde, a circunscrição da

---

[100] Sobre estas categorias, veja-se Filipa CALVÃO, **Os actos precários e os actos provisórios no Direito Administrativo**, Porto, 1998.

figura da revisão a um núcleo mínimo de identificabilidade do acto autorizativo, que deverá ainda reconhecer-se no conjunto de direitos e deveres impostos ao operador na licença inicial. Por outras palavras, o risco de mutação da licença ambiental corre por conta do operador, sem que a Administração o deva indemnizar por qualquer dano emergente que advenha do custo adicional de novas técnicas ou de diminuição da produção com vista à redução de emissões.

Ressalvaríamos desta conclusão, porventura, hipóteses de revisão intensa (anote-se, ainda assim, o cuidado da alínea b) do n.º 3 do artigo 20.º do RLA, ao referir que a alteração das MTDs deve fazer-se sem que tal signifique a imposição de custos excessivos) e muito antecipada da licença, que redunde na incapacidade de suportação dos custos de inovação e na impossibilidade de amortização dos custos de instalação. Julgamos ser de equacionar a indemnização por facto lícito, caso a Administração se veja forçada a revogar a licença com eficácia *ex nunc* (cfr. o artigo 16.º da Lei 67/07, de 31 de Dezembro)[101], ou mesmo, num paralelismo com a situação de modificação unilateral do contrato administrativo [cfr. os artigos 302.º/c), e 311.º segs do Código dos Contratos Públicos], a concessão de uma indemnização de imprevisão para ajudar a suportar os custos da transição[102];

v) O RLA refere, por duas vezes, a possibilidade de intervenção de entidades acreditadas – cuja definição consta do artigo 2.º/f) do RLA – no procedimento de licenciamento ambiental. Por um lado, no artigo 10.º/4 (que remete para o n.º 3 do mesmo preceito) estabelece que o pedido de alteração não substancial da instalação validado por entidade acreditada tramita num prazo reduzido em metade comparativamente com o prazo normal. Por outro lado, no artigo 16.º/3, determina a redução a metade de todos os prazos procedimentais previstos no diploma[103] – facto que faz duvidar da utilidade do artigo 10.º/4...

Os contextos de aplicação das duas normas são vincadamente distintos. Na verdade, a redução operada pelo artigo 10.º/4 compreende-se

---

[101] Alertando para esta hipótese, Vasco PEREIRA DA SILVA, **Verde. Cor de Direito...**, *cit.*, p. 205.

[102] Cfr. Carla AMADO GOMES, **Risco e modificação...**, *cit.*, pp. 741 segs

[103] Nesse particular, a técnica utilizada pelo legislador no DL 209/08, de 29 de Outubro, é mais recomendável. O diploma consagra um artigo (13.º) à figura e competências genéricas das entidades acreditadas, sem embargo de, ao longo do articulado, ir referindo efeitos concretos da sua intervenção no procedimento de licenciamento industrial.

numa lógica de simplificação procedimental formal, que tende a aliviar a Administração de verificações burocráticas para se poder dedicar à sua tarefa inelimínável: a ponderação de interesses (com base em elementos, documentais e outros, fidedignos). Repare-se que o legislador circunscreveu expressamente a redução a metade aos casos de intervenção em procedimentos de alteração não substancial, ou seja, aqueles em que a alteração é insusceptível de produzir efeitos significativos no plano das emissões poluentes (o que acontece aos outros casos, de alteração substancial? Aplica-se a redução a metade ditada pelo artigo 16.°/3 ou faz-se prevalecer a intenção legislativa restritiva manifestada no 10.°/4?).

Já a redução viabilizada pelo artigo 16.°/3 do RLA, de indiscriminada amplitude, tem efeitos de simplificação material, de valia altamente duvidosa do ponto de vista da qualidade da ponderação decisória. Se o legislador tivesse inserido uma norma similar ao artigo 10.°/4 do RLA no momento de saneamento, concretizado no artigo 13.° do RLA, compreenderíamos a intenção e até a aplaudiríamos (nomeadamente, no n.° 1). Mas a consagração em sede de prazo de decisão, aplicável a *qualquer* prazo endoprocedimental, tem efeitos perversos que vão muito além das potencialidades que a intervenção de uma entidade acreditada efectivamente propicia. Pense-se na redução a metade do prazo-regra de 55 dias[104]: que sentido faz reduzir para 1 dia e meio o prazo a que se reporta o n.° 4 do artigo 11.° do RLA por força da intervenção de entidades acreditadas? E como explicar que a "autoridade" destas possa emagrecer ainda mais os já esquálidos prazos de participação pública a que alude o n.° 4 do artigo 15.° do RLA?

5.2.1.1. A realização simultânea dos procedimentos de avaliação de impacto ambiental e de licenciamento ambiental

A revisão do regime do licenciamento ambiental operada pelo DL 173/08 abriu ao operador a possibilidade de requerer a realização simultâ-

---

[104] O prazo de 75 dias não só é aplicável aos casos – raros – em que uma licença ambiental possa prescindir do suporte em DIA (por isso o desconsideramos como prazo-regra), como e sobretudo, às situações de dispensa de DIA e de DIA tácita. Neste sentido, Vasco PEREIRA DA SILVA, **Verde. Cor de Direito...**, *cit.*, pp. 199-200 (reportando-se ao DL 194/00).

nea daquele procedimento com a avaliação de impacto ambiental – artigo 12.º/3 do RLA (bem assim como com o procedimento de prevenção de acidentes graves: v. *infra*). Esta hipótese, que tem como pressuposto a apresentação de um projecto de execução, promove ganhos em tempo, mas não é isenta de riscos, na medida em que será diferente o volume da perda de investimento consoante os procedimentos forem sucessivos (menor, porque fraccionado) ou paralelos (maior, porque multiplicado), em caso de indeferimento do pedido. Daí que o RLA deixe ao operador, em exclusivo, a iniciativa da opção.

Em circunstâncias normais – ou seja, com sequencialidade dos procedimentos –, a apresentação de um pedido de licença ambiental não é concebível sem que o operador junte: ou a DIA favorável/condicionalmente favorável; ou o parecer de conformidade da DIA com um projecto de execução, emitido pela Comissão de Avaliação (nos termos do artigo 28.º/4, 5 e 6 do RAIA), no caso de a AIA decorrer em fase de anteprojecto; ou a decisão de dispensa de AIA; ou a prova de que terminou o prazo para emissão de DIA, tendo-se formado decisão positiva tácita da mesma – todas estas condições se encontram descritas no artigo 12.º/1 do RLA. Em caso de realização simultânea, o operador tem que juntar ao pedido de licença ambiental um EIA sobre um projecto de execução.

Note-se que esta realização simultânea não equivale a uma perfeita sincronia temporal de fases de ambos os procedimentos (saneamento; instrução; participação pública), muito menos à elevada coordenação procedimental promovida pela técnica da conferência decisória – à semelhança do que ocorre no regime dos PIN+ (cfr. o artigo 8.º do DL 285/07, de 17 de Agosto). Há, é certo, marcas de simplificação no RLA: veja-se o artigo 13.º/3, que prevê a realização de conferências instrutórias por iniciativa da APA (particularmente úteis neste contexto); bem como o 15.º/8, reduzindo o momento de consulta pública a um único período[105]. Contudo, em face da drástica redução de prazos que a intervenção de entidades acreditadas pode promover – sublinhe-se: no quadro do licenciamento ambiental e *só* deste –, certamente a ponderação decisória terá que aguardar pela emissão

---

[105] Assinale-se que em sede de licenciamento ambiental a consulta pública é exclusivamente escrita – artigo 15.º/6 –, certamente em razão da complexidade da informação veiculada. No caso da AIA, a participação pode ser tanto escrita como oral, cabendo à Autoridade da AIA avaliar as formas mais adequadas de auscultação do público (artigo 14.º/4 do RAIA).

da DIA (ou pelo decurso do prazo para a emissão desta). Assim se compreende a norma do artigo 16.°/4/a) do RLA, que concede 10 dias à APA para proceder a esta ponderação (que, de todo o modo, em face da "facilitação" decisória veiculada pelo acto tácito, pode nem acontecer...)[106].

Decorrência particularmente preocupante desta solução é a redução dos prazos de consulta pública promovida pela coordenação de procedimentos. Ficando circunscrita a um único momento, o período de participação em ambas as vertentes do procedimento é de 20 dias – artigo 15.°/4 (e 8) do RLA. De acordo com o n.° 2 do artigo 14.° do RAIA, o período de participação pública é de 30 a 50 dias para projectos tipificados no Anexo I e de 20 a 30 dias em todos os restantes casos. Ora, é cristalina a conclusão de que, pelo menos para projectos de instalações referenciados no Anexo I do RAIA, o tempo fixado para a participação pública é excessivamente exíguo. Não havendo relação de parametricidade entre o RAIA e o RLA, deverá apelar-se a uma interpretação conforme ao princípio de participação que a Constituição acolhe, enquanto expoente da democracia participativa, nos artigos 267.°/5 e 6.°/5, bem como ao artigo 6/3 da Convenção de Aarhus, fazendo prevalecer, para projectos de instalação reconduzíveis ao Anexo I do RAIA, pelo menos o prazo mínimo de 30 dias previsto no artigo 14.°/2 do RAIA.

5.2.1.2. A realização simultânea dos procedimentos de aprovação do Relatório de Segurança, no contexto do regime da prevenção de acidentes graves, e de licenciamento ambiental

A articulação do licenciamento ambiental com o regime de prevenção de riscos de acidentes graves causados por certas actividades industriais (acolhido pelo DL 254/2007, de 12 de Julho =RPAG) nem sempre se apresenta necessária. Cotejem-se os anexos dos diplomas e depressa se

---

[106] Repare-se que a simultaneidade deveria constituir um elemento de concretização efectiva dos procedimentos. De certa forma, a menção da alínea a) do n.° 4 do artigo 16.° à "emissão da DIA" – e não também, como no artigo 12.°/1/d), ao decurso do prazo para a sua emissão –, poderia levar a crer que, em casos de simultaneidade, *pelo menos* a DIA teria que ser expressa. Porém, o n.° 7 do artigo 16.° admite, na alínea b), que a atribuição da licença ambiental pode fazer-se sobre uma DIA tácita – independentemente da sucessividade ou paralelismo de procedimentos...

concluirá que a sobreposição acontece apenas em certas situações, sendo as mais relevantes as respeitantes às instalações que se destinem à produção de compostos químicos inorgânicos de base (Anexo I, 4., do RLA, e Anexo I, Parte I, do RPAG). Cumpre identicamente atentar nas exclusões previstas no artigo 3.º/2 do RPAG, e na ressalva do seu n.º 3.

Com efeito, da leitura do n.º 3 do artigo 3.º do RPAG conclui-se pela necessidade de consideração de dois procedimentos: por um lado, para *todos* os estabelecimentos listados no Anexo I, o legislador prevê um dever de notificação da sua construção, do início do seu funcionamento ou da introdução de uma alteração substancial à APA, através da entidade coordenadora, devendo a notificação conter as informações a que alude o Anexo II ao RPAG. Por outro lado, aos operadores dos *estabelecimentos* listados no Anexo I que *revelem um nível superior de perigosidade* (coluna 3), o RPAG acrescenta um outro dever: a elaboração de um Relatório de Segurança (artigo 10.º)[107]. Este Relatório de Segurança terá de merecer a aprovação da APA, conforme dispõe o artigo 11.º do RPAG, antes da emissão da licença de construção ou da emissão da licença de exploração, sob pena de, na ausência daquela aprovação, tais actos serem fulminados de nulidade, de acordo com o n.º 2 do preceito indicado. A aprovação, sublinhe-se, é expressa[108] – na sua ausência, o operador terá que recorrer à acção administrativa especial para condenação da APA à prática do acto devido.

O desígnio de aceleração procedimental que anima o nosso legislador levou à criação da possibilidade de desenvolvimento paralelo dos procedimentos de licenciamento ambiental e de aprovação do Relatório de Segurança (quando exigível), por solicitação do operador – artigo 12.º/3 do RLA. O pedido de licença ambiental, nos termos dos artigos 11.º/1/n) e 12.º/2 do RLA, deve incluir, ou o parecer da APA dando luz verde à localização do estabelecimento industrial projectado – nos casos em que

---

[107] A alínea f) do artigo 2.º do RPAG define "Nível superior de perigosidade" como o do "estabelecimento onde estejam presentes substâncias perigosas em quantidades iguais ou superiores às quantidades indicadas na col. 3 das partes 1 e 2 do anexo I ao presente decreto-lei, que dele faz parte integrante, ou quando a regra da adição assim o determine".

[108] Cfr. o artigo 12.º/1 do RPAG. Caso o Relatório mereça a aceitação da APA, esta deve comunicar tal decisão à entidade coordenadora, à IGAOT e à Autoridade Nacional de Protecção Civil (ANPC) – n.º 4.

não deva ser sujeito a AIA: artigo 5.º/4 do RPAG[109] –, ou o Relatório de Segurança (para estabelecimentos de especial perigosidade). Quer o parecer, quer o Relatório de Segurança aprovado pela APA, são condições essenciais de emissão da licença ambiental nos 10 dias seguintes ao surgimento de qualquer um deles – artigo 16.º/4/b) e 7/c) do RLA[110].

Note-se que o Relatório de Segurança é revisto e, se necessário, actualizado:

i) Sempre que o operador introduzir uma alteração substancial na instalação (com reflexos imediatos sobre a licença ambiental – artigo 10.º/2 do RLA) – artigo 13.º/1 do RPAG;

ii) De cinco em cinco anos a contar da aprovação pela APA – artigo 14.º/1/a) do RPAG;

iii) Em qualquer momento, se uma alteração de circunstâncias o exigir, nomeadamente, um aperfeiçoamento de técnicas de segurança – artigo 14.º/1/b) do RPAG;

iv) Sempre que o cruzamento de informação de estabelecimentos integrados num grupo "de efeito dominó"[111] o exija – artigo 14.º/1/c) do RPAG.

Nas três últimas hipóteses, em princípio, a revisão do Relatório de Segurança implicará apenas alterações no esquema de segurança da instalação, não provocando mudanças relevantes no plano de controlo inte-

---

[109] Esta disposição (e sua conjugação com o RLA) constitui, para nós, um mistério: por um lado, porque dificilmente concebemos a instalação/funcionamento de uma qualquer actividade listada no RPAG que não deva merecer AIA (e o legislador não se refere aos casos de dispensa); por outro lado, porque, e ainda que não sujeita a AIA, deverá ficar sujeita, no mínimo, a um dever de notificação e, no máximo, à apresentação de um Relatório de Segurança. Ora, o RLA parece colocar as situações em alternativa.

[110] A falta de notificação não parece inviabilizar a emissão da licença ambiental, embora constitua contra-ordenação grave [artigo 33.º/1/b) do RPAG]. A falta de alusão ao cumprimento do dever de notificação é de lamentar, pois trata-se de estabelecimentos de risco, ainda que mais baixo. Provavelmente o legislador subentendeu a exigência desse cumprimento no âmbito da aprovação do Relatório de Segurança, mas o certo é que há instalações que estão isentas da apresentação deste...

[111] "Efeito dominó": uma situação em que a localização e a proximidade de estabelecimentos abrangidos pelo presente decreto-lei são tais que podem aumentar a probabilidade e a possibilidade de acidentes graves envolvendo substâncias perigosas ou agravar as consequências de acidentes graves envolvendo substâncias perigosas ocorridos num desses estabelecimentos" – artigo 2.º/d) do RPAG.

grado da poluição gizado na licença ambiental. Porém, caso as alterações no plano da segurança não sejam devidamente absorvidas pelo operador, levando ao "chumbo" do Relatório de Segurança pela APA, consideramos que tanto a licença de exploração da instalação como a licença ambiental ficam suspensas na sua eficácia, devendo a IGAOT, a pedido da APA, ordenar a suspensão de funcionamento da instalação até aprovação do Relatório de Segurança (cfr., por analogia, o artigo 12.º/2 do RPAG, articulado com os artigos 34.º do RPAG, e 30.º/1/g) da Lei 50/06, de 29 de Agosto).

5.3. INSTRUMENTOS REPARATÓRIOS (REMISSÃO)

A reparação de uma ofensa ambiental opera pela via da responsabilidade civil. Este instituto será tratado em Capítulo autónomo (v. *infra*. § **6.º**).

5.4. INSTRUMENTOS REPRESSIVOS: AS CONTRA-ORDENAÇÕES AMBIENTAIS

O facto de a Constituição instituir o ambiente como bem jurídico e de incluir a sua protecção no conjunto de tarefas do Estado enunciadas no artigo 9.º não determinaria, por si só, a necessidade de construção de um sistema de sancionamento diverso do civil, *maxime* penal. Nem o artigo 66.º, nem o artigo 52.º da CRP incluem, à semelhança da norma da sua congénere espanhola no artigo 45/3[112], um *indirizzo* para o legislador ordinário no sentido de criar tipos penais ecológicos. Repare-se que o artigo 66.º/1 da CRP lança as bases de deveres de protecção do ambiente a cargo de entidades singulares e colectivas, mas não refere quaisquer sanções. Por seu turno, o artigo 52.º/3/a) da CRP fala em "prevenção, cessação ou a perseguição judicial" dos infractores das normas jusambientais – mas tão-pouco esclarece sobre a natureza dessa perseguição. Por fim, o princípio da interferência mínima que decorre da articulação entre o princípio da proporcionalidade ínsito nos artigos 18.º/2 e 3, e 29.º, ambos da CRP,

---

[112] Em especial sobre o sentido e alcance do artigo 45/3 da Constituição espanhola, veja-se Esther MISOL SÁNCHEZ, **Delito ecológico: relaciones administrativo-penales,** *in Revista de la Facultad de Derecho de la Universidad Complutense*, Vol. 75, 2000, pp. 585 segs.

reserva a tipicidade penal para situações de ofensas significativamente graves do ponto de vista social – as quais são mais facilmente identificáveis nos casos de prejuízos pessoais e patrimoniais.

Não havendo obrigação de criação de sanções expressamente decorrente da Lei Fundamental, certo é que a impunidade dos agentes de danos ecológicos surge inconcebível no contexto de prevenção para que a Constituição aponta. O valor colectivo, transgeracional, do bem *ambiente*, torna inevitável o estabelecimento de uma associação entre a vertente reparatória e a vertente repressiva que exprima um juízo de censura social, o qual pode não chegar à tradução em privação da liberdade mas deve, pelo menos, atingir o patamar da sanção administrativa.

O nosso legislador optou por ambos: de uma banda, criou crimes ecológicos na revisão do Código Penal de 1995[113] (artigos 278.º, 279.º e 281.º)[114]; e, de outra banda, no contexto dos regimes sectoriais, sempre reservou um dos últimos capítulos ou títulos dos diplomas à vertente repressiva sob a forma de contra-ordenações. Quiçá a criação de tipos penais, poucos anos após a emergência dos primeiros diplomas da complexa teia de regulação ambiental que temos actualmente – desencadeada nos anos 1990, por força da necessidade de implementar os numerosos actos comunitários a que o final do período de transição obrigava – tenha sido extemporânea: a sensibilização ecológica é tarefa de décadas, e a pressão da privação da liberdade pode ser até contraproducente. Já a existência de contra-ordenações avulta como peça fundamental para a credibilidade de uma verdadeira "ordem ecológica".

Julgamos que as vertentes penal e contra-ordenacional não se auto-excluem[115]. Certamente deverá reservar-se a via penal para os casos mais

---

[113] Revisão operada pelo DL 48/95, de 15 de Março. Uma descrição dos novos tipos introduzidos pode ver-se em Jorge dos REIS BRAVO, **A tutela penal dos interesses difusos,** Coimbra, 1997, pp. 33 segs.

[114] Sobre a dependência (e subalternização) do Direito Penal em face do Direito Administrativo, a propósito do crime de poluição tipificado no artigo 279.º do Código Penal, veja-se Paulo de SOUSA MENDES, **Vale a pena o direito penal do ambiente?,** Lisboa, 2000, pp. 94 segs (sublinhe-se a anterioridade em face da reforma de 2006). Mais sinteticamente e em geral, Germano MARQUES DA SILVA, **Tutela penal do ambiente (Ensaio introdutório),** *in Textos de Direito do Ambiente*, Porto, 2003, pp. 9 segs, e Maria Fernanda PALMA, **Acerca do estado actual do Direito Penal do Ambiente,** *in O Direito*, 2004/I, pp. 77 segs.

[115] Analisando vantagens e desvantagens das tutelas penal e contra-ordenacional em sede ambiental, indicando a segunda como privilegiada mas chegando a conclusão idêntica à do texto, Vasco PEREIRA DA SILVA, **Verde. Cor de Direito...,** *cit.*, pp. 275 segs, *max.* 285.

graves, deixando a sua implementação nas mãos do julgador, mais próximo da realidade – e sensibilidade – social. Ponto é que os operadores económicos sintam firmeza da parte das entidades com competência de fiscalização no sentido da afirmação, através da repressão de ofensas, do ambiente como bem jurídico de fundamental importância para a colectividade.

Sem querer abordar a matéria dos crimes ecológicos, deve sublinhar-se que a principal desvantagem técnica que era apontada por alguns no sentido da sua ineficácia no combate às ofensas ambientais foi afastada com a revisão do Código Penal de 2007[116]. Na verdade, a possibilidade de punir penalmente pessoas colectivas foi introduzida no artigo 11.º/2 do Código Penal, arredando o argumento de que, tendo o ambiente como principais inimigos empresas, industriais e comerciais, o Direito Penal não seria capaz de inflingir sobre estas entidades qualquer punição, o que redundaria em impunidade[117]. Contudo, a via contra-ordenacional permanece como a mais célere (uma vez que, na aplicação da contra-ordenação, dispensa os tribunais) e mais eficaz (pois associa coimas a sanções acessórias, estas últimas potencialmente letais para operadores económicos).

A relevância da via contra-ordenacional na tutela ambiental – e a frequência da sua utilização – impôs-se de forma tão evidente ao legislador que o levou a aprovar uma lei-quadro das contra-ordenações ambientais, que convive com o DL 433/82, de 27 de Outubro, onde se verte o regime geral das contra-ordenações[118]. A Lei 50/06, de 29 de Agosto (=RCA), traça hoje o quadro de referência da lógica repressiva contra-ordenacional, dedicando a Parte I à noção de contra-ordenação ambiental e a Parte II ao procedimento de contra-ordenação (para além de uma Parte III sobre o Cadastro Nacional, de uma Parte IV dedicada ao Fundo de Intervenção Ambiental, e de uma Parte V com disposições finais).

Um estudo aprofundado, ou mesmo a mera descrição detalhada das soluções da RCA está fora das nossas intenções, desde logo em face da natureza sintética deste texto. Limitar-nos-emos a uma vista panorâmica do seu articulado, destacando algumas normas que nos merecem maior relevo:

---

[116] Pela Lei 59/07, de 4 de Setembro.

[117] Sobre o sentido desta norma, veja-se Augusto SILVA DIAS, **Ramos emergentes do Direito Penal relacionados com a protecção do futuro**, Coimbra, 2008, pp. 112 segs.

[118] Com alterações introduzidas pelos seguintes diplomas: DL 356/89, de 17 de Outubro; DL 244/95, de 14 de Setembro; e Lei 109/01, de 24 de Dezembro.

i) Do artigo 1.º/2 do RCA resulta a definição de contra-ordenação ambiental: "todo o facto ilícito e censurável que preencha um tipo legal correspondente à violação de disposições legais e regulamentares relativas ao ambiente que consagrem direitos ou imponham deveres, para o qual se comine uma coima". As contra-ordenações são classificadas como leves, graves e muito graves (artigo 21.º do RCA), a cada escalão classificativo correspondendo uma coima. A moldura desta pode ser agravada, de modo geral, no caso de a ofensa ser perpetrada por pessoa colectiva e, de modo especial, "quando a presença de uma ou mais substâncias perigosas afecte gravemente a saúde, a segurança das pessoas e bens e o ambiente" (elevada para o dobro nos limites mínimo e máximo: artigo 23.º do RCA). As contra-ordenações são sempre puníveis a título negligente (salvo disposição em contrário) – artigo 9.º/2 do RCA –, reservando-se a punibilidade da tentativa para as graves e muito graves, com limites mínimos e máximos reduzidos a metade (artigo 10.º do RCA).

As classificações das coimas feitas no quadro do RCA têm que encontrar correspondência nos tipos especialmente definidos nos diplomas sectoriais. Sublinhe-se que, nos termos do artigo 77.º do RCA, as normas referentes às coimas e respectivos valores "só são aplicáveis a partir da publicação de diploma que, alterando a legislação vigente sobre matéria ambiental, proceda à classificação das contra-ordenações aí tipificadas". Isto sob pena de a tentativa de articulação (*v.g.*, em função do montante da coima) poder constituir agravamento da posição do infractor e implicar violação do princípio *nulla poena sine legge* (cfr. o artigo 32.º/10 da CRP);

ii) Como já se frisou, as sanções acessórias constituem o principal instrumento de prevenção e repressão no capítulo contra-ordenacional. Tratando-se de infractores com algum poder económico, a liquidação do montante da coima poderia ser-lhes indiferente em face do lucro obtido através da prevaricação. Em síntese, valer-lhes-ia a pena pagar para infringir. Daí que o RCA tenha estabelecido a possibilidade de aplicação de um lote muito amplo de sanções acessórias (muitas delas previstas nos diplomas sectoriais) cumulativamente com coimas correspondentes a contra-ordenações graves e muito graves (artigos 29.º e 30.º do RCA). Tendo em atenção o forte conteúdo restritivo de direitos dos lesados como a liberdade de iniciativa económica, a liberdade de exercício de profissão e a propriedade, o RCA estabeleceu os pressupostos de aplicação de tais medidas, apelando a critérios de funcionalidade e proporcionalidade (artigos 31.º e segs). Refira-se também que a prática de contra-ordenações graves e muito graves, além de ser passível de punição através de coimas e sanções acessórias, é objecto de publicitação, nos termos do artigo 38.º do RCA – facto que potencia o gravame sofrido pelo lesante, vexando-o junto do seu público e concorrentes.

Uma vez aplicada a coima e a eventual sanção acessória (ou mais que uma), a autoridade administrativa pode suspender total ou parcialmente a sua execução, conforme dispõe o artigo 39.º/1 do RCA. Trata-se de um mecanismo que traduz a ideia de "pena suspensa", reflectindo a lógica de intervenção mínima que rodeia o tema das contra-ordenações. "A suspensão pode ficar condicionada ao cumprimento de certas obrigações, designadamente as consideradas necessárias para a regularização de situações ilegais, à reparação de danos ou à prevenção de perigos para a saúde, segurança das pessoas e bens e ambiente" (artigo 39.º/2 do RCA). A suspensão pode ser fixada entre um e três anos, contados desde o término do prazo de impugnação da decisão administrativa junto dos tribunais (artigo 39.º/3 do RCA).

O artigo 40.º do RCA estabelece os prazos prescricionais: cinco anos para o procedimento por contra-ordenação grave ou muito grave; três anos para o procedimento por contra-ordenação leve; três e dois anos para as coimas e sanções acessórias resultantes de contra-ordenações graves e muito graves, e leves, respectivamente;

iii) Um dos objectivos do RCA foi a regulação detalhada do procedimento contra-ordenacional, em razão da necessidade de salvaguarda dos direitos de defesa do arguido. Toda a Parte II do RCA é dedicada a normas procedimentais, das quais nos permitiríamos destacar, e sem embargo do interesse que o conjunto reveste, apenas uma, dadas as potencialidades que revela em sede ambiental: o artigo 41.º, no qual se elencam as medidas cautelares.

Este dispositivo tem que ser lido em articulação com o artigo 30.º do RCA, ao qual já aludimos, e onde encontramos a lista de sanções acessórias. Trata-se de antecipar a tutela de situações de risco para a saúde e segurança das pessoas e para a qualidade dos bens ambientais naturais, ou apenas da salvaguarda da correcta instrução do procedimento contra-ordenacional (artigo 41.º/1 do RCA). A vertente preventiva ou minimizadora destas medidas insufla-as de relevo no plano ambiental, uma vez que a infracção pode ser detectada pelas autoridades num momento em que é ainda meramente formal, podendo redundar em dano grave caso o comportamento do arguido se mantenha inalterado até final do procedimento.

Dada a natureza provisória e instrumental das sanções acessórias[119], o legislador teve o cuidado de determinar a sua caducidade em função de determinados factos, indicados no n.º 2 do artigo 41.º: revogação pela autoridade administrativa ou por decisão judicial; início do cumprimento de sanções acessórias de efeito equivalente; superveniência de decisão administrativa que decida não condenar o arguido na sanção acessória da qual a medida constitui antecipação; ultrapassagem do prazo de instrução (cfr. o artigo 48.º do RCA: 180 dias). Atente-se em que, caso tenha sido decretada a suspensão provisória da actividade do arguido e este venha a ser condenado (administrativa ou judicialmente), o tempo decorrido em suspensão preventiva será descontado por inteiro do tempo de cumprimento da sanção acessória em que foi condenado (artigo 41.º/5 do RCA)[120];

iv) Uma das críticas movidas à via contra-ordenacional antes do aparecimento do RCA prendia-se com a indiferença dos grandes poluidores perante o montante das coimas, deslizantemente reduzido por força da não actualização. O RCA veio resolver esse problema, estabelecendo uma regra de actualização anual dos montantes mínimos e máximos, por decreto-lei, tendo por limite o valor da inflação verificado no ano anterior. Destarte, o fosso entre a gravidade da conduta e a inocuidade da sanção reduz-se – sem embargo de sublinharmos o carácter decisivo das sanções acessórias.

Uma palavra deve deixar-se a propósito do destino das coimas. Nos termos do artigo 73.º do RCA, 50% dos montantes cobrados a este título revertem para o Fundo de Intervenção Ambiental (=FIA), criado pelo

---

[119] Sublinhe-se a preocupação do legislador em acolher as medidas cautelares sob a égide do procedimento sancionatório, destacando-as do âmbito das medidas provisórias (que o são) previstas, em geral, no CPA (artigos 84.º e 85.º), e do embargo, a que o RCA dedica o artigo 19.º. Este "destaque" tem consequências da maior relevância no plano da justiciabilidade destas decisões: não só são sindicadas junto dos tribunais competentes para julgar as sanções (acessórias) aplicadas a título definitivo, que são os tribunais comuns (v. *infra* no texto), como a sua impugnação não goza da possibilidade de se fazer preceder/acompanhar da suspensão provisória de eficácia prevista no artigo 128.º do CPTA. Facto que coloca a Vítor GOMES "sérias dúvidas sobre se o regime legal satisfaz o sentido material da garantia constitucional de adopção de medidas cautelares adequadas contra actos administrativos lesivos (art. 268.º, n.º 4, da CRP)" – **As sanções administrativas na fronteira das jurisdições. Aspectos jurisprudenciais**, *in CJA*, n.º 71, 2008, pp. 6 segs, 11.

[120] Que, de qualquer modo, não poderá exceder três anos, conforme o disposto no artigo 30.º/4 do RCA.

artigo 69.º do RCA e regulamentado pelo DL 150/08, de 30 de Julho. Esta é uma excelente forma de concretização do princípio do poluidor-pagador, na medida em que as quantias pagas em razão da violação de normas jusambientais são, em quantidade significativa, afectas à prevenção e reparação de danos ambientais – v. *infra* –, bem assim como ao apoio a projectos de recuperação do ambiente promovidos por entidades públicas (cfr. os artigos 3.º e 10.º do DL 150/08);

v) O último ponto que desejamos focar é o da jurisdição em matéria contra-ordenacional. Por razões essencialmente práticas, a impugnação das decisões condenatórias – bem assim como das medidas cautelares – proferidas em sede de procedimento contra-ordenacional faz-se junto dos tribunais comuns. Essa opção é patente na parte final da alínea l) do n.º 1 do artigo 4.º do ETAF e explica-se, de acordo com FREITAS DO AMARAL e AROSO DE ALMEIDA, em razão das insuficiências da rede nacional de tribunais administrativos[121]. A inclusão do julgamento das contra-ordenações na esfera de jurisdição dos tribunais do contencioso administrativo "só parece poder ser equacionada num contexto em que já esteja instalada por todo o território nacional e a funcionar em velocidade de cruzeiro uma rede de tribunais administrativos capaz de dar a adequada resposta, sem o risco de gerar disfuncionalidades no sistema"[122].

Esta preferência pela jurisdição comum coloca problemas delicados no confronto com o artigo 212.º/3 da CRP, sendo certo que a doutrina tende a ver neste dispositivo uma cláusula de reserva tendencial, não absoluta[123] – entendimento sancionado pelo Tribunal Constitucional, no Acórdão 522/2008, precisamente no capítulo das contra-ordenações ambientais. Na verdade, e fazendo nossas as palavras de VÍTOR GOMES, "não se exigirá grande esforço demonstrativo para afirmar que a decisão da autoridade administrativa que aplica uma sanção constitui um acto administra-

---

[121] Cfr. o artigo 61.º do DL 433/82, de 27 de Outubro, que estabelece o critério da área da infracção como determinativo da competência do tribunal.

[1212] Diogo FREITAS DO AMARAL e Mário AROSO DE ALMEIDA, **Grandes linhas da reforma do contencioso administrativo**, Coimbra, 2002, p. 24.

[123] Cfr. José Manuel SÉRVULO CORREIA, **Acto administrativo e âmbito da jurisdição administrativa,** *in Estudos em homenagem ao Prof. Doutor Rogério Soares*, Coimbra, 2001, pp. 1155 segs, 1163, e José Carlos VIEIRA DE ANDRADE, **A justiça administrativa (Lições)**, 8.ª ed., Coimbra, 2006, pp. 112-114.

tivo (...) Tal tipo de decisão pode mesmo vir servir de exemplo de «acto lesivo» na mais vera essência"[124].

Note-se, aliás, que é essa a opção de um diploma recente, vertido no DL 214/08, de 10 de Novembro, sobre o regime de licenciamento da actividade pecuária[125]. O artigo 52.º deste diploma estabelece um elenco de medidas cautelares em tudo idêntico ao do artigo 41.º do RCA, não deixando dúvida quanto à sua recondução à categoria de actos administrativos e, subsequentemente, à entrega do controlo da sua validade aos tribunais administrativos. Esta duplicidade intra-sistemática é perversa, mas constitui a melhor opção. Na realidade, sobretudo na vertente da sanção acessória, na qual se exprime a obrigação de um comportamento reconstitutivo regulado por normas jusadministrativas, é difícil sustentar a aptidão dos tribunais comuns para ajuizarem da adequação e razoabilidade de tal decisão. Talvez por isso se justificasse repensar a sugestão de PAULO OTERO e FERNANDA PALMA no sentido de atribuir competência aos tribunais administrativos para conhecerem das sanções administrativas compósitas, ou seja, aquelas que aliam coima e sanção acessória[126].

É verdade que a proximidade entre o direito contra-ordenacional e o penal é grande – *vide* o artigo 32.º do DL 433/82, de 27 de Outubro, que manda aplicar subsidiariamente o Código Penal em sede de ilícito de mera ordenação social –, e que essa dimensão de especialização pode pesar a favor dos tribunais comuns. Mas não é menos certo que a crescente especialização de certos sectores do Direito Administrativo e a preferência pela reconstituição natural – sempre afirmada e não dispensada pela vertente punitiva – recomenda a gradual entrega da revisão da decisão a uma instância habilitada a lidar com as exigências de satisfação de interesses públicos materiais e não apenas com a afirmação formal de um juízo de censura sobre um comportamento ilícito[127].

---

[124] Vítor GOMES, **As sanções...**, *cit.*, p. 12.

[125] Sobre este regime, veja-se Dinamene de FREITAS, **O regime de exercício da actividade pecuária (REAP). Apresentação e notas**, *in Actas das Jornadas de Direito do Ambiente – O que há de novo no Direito do Ambiente?*, Faculdade de Direito de Lisboa, 15 de Outubro de 2008, org. de Carla Amado Gomes e Tiago Antunes, Lisboa, 2009, pp. 165 segs.

[126] Maria Fernanda PALMA e Paulo OTERO, **Revisão do regime legal do ilícito de mera ordenação social: parecer e proposta de alteração legislativa**, *in Revista da Faculdade de Direito da Universidade de Lisboa,* 1996/2, pp. 557 segs.

[127] No sentido da manutenção do regime-regra (de impugnação junto dos tribunais comuns) acompanhado da aceitação de desvios relativos a determinados sectores de actua-

5.5. INSTRUMENTOS DE FOMENTO: O COMÉRCIO DE LICENÇAS DE EMISSÃO DE GASES COM EFEITO DE ESTUFA*

O comércio europeu de licenças de emissão (CELE) – instituído pelo DL 233/04, de 14 de Dezembro, o qual foi modificado, pela última vez, e republicado pelo DL 72/06, de 24 de Março[128] – constitui um dos mais recentes e inovadores instrumentos de tutela do ambiente consagrados no nosso ordenamento jurídico. Pode ser qualificado como um instrumento de fomento na medida em que, ao associar um preço à emissão de gases poluentes[129], cria um estímulo ou um incentivo económico à redução da poluição.

Não se trata, porém, de um mecanismo voluntário, mas antes de um regime obrigatório ou vinculativo[130] de protecção do ambiente. Simplesmente, estamos perante um instituto jus-ambiental que, ao invés de recorrer às técnicas tradicionais de "comando e controlo" (como a fixação administrativa autoritária de *standards* ambientais ou de valores-limite de emissão, por exemplo), confere aos operadores económicos flexibilidade para que sejam eles próprios a auto-regularem as suas emissões poluentes: se emitirem menos, poderão vender algumas das suas licenças de emissão e, por essa via, encaixar algum lucro; se, pelo contrário, emitirem mais, terão de adquirir as necessárias licenças de emissão, suportando os res-

---

ção administrativa particularmente complexos do ponto de vista técnico (ambiente; urbanismo; contratação pública; saúde), cuja expressão sancionatória poderia vir a ser canalizada para os tribunais administrativos, Vítor GOMES, **As sanções...**, *cit.*, p. 14 – ou para secções especializadas dentro destes (António DUARTE DE ALMEIDA, **O ilícito de mera ordenação social na confluência de jurisdições: tolerável ou desejável?** *in CJA*, n.º 71, 2008, pp. 15 segs, 22).

* Este ponto foi redigido pelo Dr. Tiago Antunes, a quem agradecemos o contributo especializado.

[128] Estes diplomas surgem na sequência da directiva 2003/87/CE, do Parlamento Europeu e do Conselho, de 13 de Outubro, a qual transpõem. Sobre o regime desta directiva, veja-se **La nuova direttiva sullo scambio di quote di emissione**, coord. de Barbara Pozzo, Milano, 2003.

[129] Assim "internalizando" aquilo que, na ciência económica, costuma ser estudado como uma "externalidade ambiental negativa". Cfr. Fernando ARAÚJO, **Introdução à Economia**, 3.ª ed., Coimbra, 2005, pp. 541 segs. Veja-se também Carlos COSTA PINA, **Mercado de direitos de emissão de CO_2**, *in Estudos Jurídicos e Económicos em Homenagem ao Prof. Doutor António de Sousa Franco*, I, Lisboa, 2006, pp. 467 segs.

[130] Para as instalações poluentes abrangidas pelo respectivo âmbito de aplicação, naturalmente. Cfr. *infra*, **5.2.1.** .

pectivos encargos. No fundo, confia-se na "mão invisível" do mercado como factor, não só de maior eficiência económica, como também – neste caso – de controlo da poluição[131].

De facto, o CELE prossegue, simultaneamente, um objectivo ambiental e um objectivo económico[132]. O objectivo ambiental é alcançado por via da estipulação, *a priori*, do tecto máximo de poluição que pode ser globalmente emitida. O objectivo económico é obtido por via da livre circulação das licenças de emissão[133], o que, individualmente, permite aos agentes económicos negociar entre si com vista a maximizar os respectivos proveitos e, globalmente, permite atenuar os custos do combate à poluição.

Isto é, ao atribuir-se ao mercado a tarefa de alocação das emissões, através do encontro entre a oferta e a procura, é natural que essas emissões acabem por se concentrar naqueles sectores ou indústrias onde a sua redução seria mais onerosa (e que, consequentemente, estão dispostos a pagar mais para poderem continuar a poluir), o que significa – *a contrario sensu* – que em termos globais os esforços de abate da poluição acabarão por ser feitos, essencialmente, pelos operadores cujas emissões podem ser evitadas mais facilmente e/ou com menores encargos, atingindo-se assim – potencialmente – uma distribuição eficiente ou óptima da poluição (sob o ponto vista económico, pelo menos[134]). Deste modo, o objectivo ambiental – de contigentação ou mesmo redução das emissões poluentes – será alcançado com o menor prejuízo possível.

O que só acontece porque aqui, ao contrário do que é tradicional na regulação administrativa de actividades poluentes, os particulares têm autonomia para decidir e negociar entre si os seus próprios níveis de poluição. Não obstante, exige-se que para cada tonelada de poluição emitida o particular possua uma correspondente licença de emissão, a qual tem um

---

[131] Cfr. Tiago ANTUNES, **The use of market-based instruments in Environmental Law (a brief European – American comparative perspective),** no prelo.

[132] Embora – há que reconhecê-lo –, o segundo seja preponderante.

[133] Daí que o CELE seja qualificado como um sistema de «*cap and trade*», o que significa que, à partida, é definido o volume total de emissões que compõem o mercado (*cap*), sendo esta quantidade total de emissões repartida em unidades – de uma tonelada de CO_2 cada – que são livremente transaccionáveis (*trade*).

[134] Já de um ponto de vista ecológico, esta distribuição da poluição poderá não ser tão interessante, nomeadamente se conduzir à formação de "*hot spots*", isto é, locais onde se concentram ou acumulam grandes quantidades de emissões poluentes.

determinado preço de mercado. Pelo que, portanto, o CELE pode configurar uma interessante concretização do princípio do poluidor-pagador[135].

Vejamos, em síntese, quais os principais traços do regime jurídico aplicável ao CELE[136]:

i) O mercado em causa abrange as emissões de gases com efeito de estufa (GEE)[137] embora, de momento, nos termos do Anexo I, apenas se aplique às emissões de dióxido de carbono (CO_2) – daí ser vulgarmente conhecido como "mercado de carbono";

ii) Todavia, não se encontram cobertas por este regime todas as emissões de CO_2, mas apenas as provenientes de determinados sectores económicos definidos no Anexo I (as quais representam cerca de 40% do total de emissões de GEE) como, por exemplo, os sectores da energia, dos metais ferrosos, do cimento, do vidro, da cerâmica, da pasta de papel, etc.[138] (artigo 3.º/1);

iii) As instalações emissoras de CO_2 que se integrem nestes sectores de actividade devem – desde que ultrapassem os limiares fixados no Anexo I – possuir um título de emissão de gases com efeito de estufa (artigo 7.º/1);

iv) No caso de as referidas instalações se encontrarem igualmente abrangidas pelo regime da prevenção e controlo integrados da poluição (PCIP), o título de emissão de gases com efeito de estufa é anexado à licença ambiental (artigo 25.º/1 do RLA), não devendo esta fixar valores-limite de emissão de CO_2 (artigo 18.º/7 do mesmo diploma)[139];

v) Do título de emissão de gases com efeito de estufa decorre, para os operadores das instalações poluentes em apreço, um complexo de posições jurídicas activas e passivas: por um lado, ficam habilitados a emitir

---

[135] Para que assim seja, todavia, é necessário que a atribuição inicial das licenças de emissão não ocorra a título gratuito – o que, como veremos *infra*, não é o caso.

[136] Salvo quando expressamente mencionado, todas as referências legais citadas dizem respeito ao DL 233/04, de 14 de Dezembro, na versão resultante do DL 72/06, de 24 de Março.

[137] A saber: Dióxido de carbono [CO_2], Metano [CH_4], Óxido nitroso [N_2O], Hidrofluorocarbonetos [HFC], Perfluorocarbonetos [PFC], Hexafluoreto de enxofre [SF6] (cfr. Anexo II).

[138] Ficando de fora, nomeadamente, as fontes difusas, como aquelas que se encontram, por exemplo, nos sectores residencial, dos transportes ou da agricultura.

[139] A menos que tal seja necessário para assegurar que não é causada qualquer poluição local significativa, isto é, para evitar a formação dos *supra* referidos "*hot spots*".

CO_2 para a atmosfera (artigo 10.º/1) e passam a receber da APA, anualmente, um determinado número de licenças de emissão; por outro lado, ficam adstritos a deveres de monitorização contínua, verificação e comunicação dos seus níveis de emissão de CO_2 (artigo 10.º/3/c), d) e e)) e assumem a obrigação de devolver à APA, anualmente, um número de licenças de emissão equivalente ao total de emissões por si efectuadas no ano civil anterior (artigo 10.º/3/e));

vi) O CELE encontra-se estruturado em distintas e sucessivas fases temporais: a primeira fase decorreu entre 2005 e 2007; a segunda fase iniciou-se em 2008 e estender-se-á até ao final de 2012 (correspondendo, portanto, ao período de cumprimento do Protocolo de Quioto);

vii) Para cada uma destas fases é elaborado um Plano Nacional de Atribuição de Licenças de Emissão (PNALE), que estabelece a quantidade total de licenças de emissão a atribuir pelo Estado Português e o respectivo método de atribuição (artigo 13.º/1);

viii) O PNALE é obrigatoriamente submetido a consulta pública e deve obedecer aos critérios constantes do Anexo III (artigo 13.º/3), sendo essa conformidade atestada pela Comissão Europeia, após o que o PNALE pode ser definitivamente aprovado por resolução do Conselho de Ministros (artigo 13.º/6);

ix) Durante a primeira fase (2005-2007), o PNALE devia prever a atribuição gratuita de, pelo menos, 95% das licenças de emissão (artigo 14.º/1); durante a segunda fase (2008-2012), a atribuição gratuita deve abarcar, pelo menos, 90% das licenças de emissão (artigo 14.º/2)[140];

x) Devem ser contempladas com a atribuição de licenças de emissão as instalações detentoras de um título de emissão de gases com efeito de estufa à data da aprovação do PNALE (artigo 16.º/1 a 3)[141];

xi) A atribuição das licenças de emissão é anual, isto é, até 28 de Fevereiro de cada ano as instalações deverão receber uma parcela das licenças de emissão a que têm direito segundo as regras definidas no PNALE (artigo 16.º/6);

---

[140] Na prática, em Portugal, quer o PNALE I, quer o PNALE II determinaram a atribuição gratuita da totalidade das licenças de emissão. Cfr. as Resoluções do Conselho de Ministros n.º 53/05, de 3 de Março (PNALE I) e n.º 1/08, de 4 de Janeiro (PNALE II).

[141] Sendo que as instalações posteriores ao PNALE poderão também ter direito à atribuição gratuita de licenças de emissão, por via da "reserva para novas instalações" (artigo 16.º/4 e 5).

xii) Cada licença de emissão corresponde à emissão de uma tonelada de CO_2 (artigo 2.º/f));

xiii) As licenças de emissão apenas produzem efeitos durante a fase temporal do CELE a que dizem respeito (artigo 18.º/1); a partir da segunda fase (2008-2012), porém, as licenças de emissão não utilizadas passam a ser "transportadas" para a fase subsequente (artigo 18.º/4) – a isto se dá o nome de "*banking*";

xiv) A partir do momento em que as licenças de emissão são atribuídas e se encontram no mercado, a sua transmissão entre particulares é perfeitamente livre – daí estar em causa um mercado ou um sistema de comércio de licenças de emissão (CELE);

xv) Todo e qualquer sujeito – mesmo que não seja detentor de um título de emissão de gases com efeito de estufa nem, sequer, operador de uma instalação emissora de CO_2 – pode adquirir licenças de emissão e negociá-las (artigo 17.º/1 e 2), ainda que com intuitos meramente financeiros ou até especulativos[142];

xvi) As licenças de emissão circulam livremente no espaço comunitário, sendo reconhecidas por todos os Estados-Membros (artigo 17.º/3);

xvii) Existe um sistema de registos nacionais que, em conjugação com um administrador central comunitário, acompanha em permanência o percurso de cada licença de emissão, controla todas as suas vicissitudes (atribuição, transferência, devolução, anulação, etc.) e conhece, em cada momento, a quem pertencem (artigo 19.º);

xviii) Até 31 de Março de cada ano, os operadores das instalações poluentes abrangidas devem enviar à APA um relatório que contabilize as emissões de CO_2 libertadas no ano civil anterior (artigo 22.º/3), o qual deve ter sido previamente submetido a um processo de verificação por uma entidade independente devidamente acreditada para o efeito (artigo 23.º);

xix) Em função das emissões verificadas, os operadores devem devolver à APA, até 30 de Abril de cada ano, tantas licenças de emissão quantas as toneladas de CO_2 que tenham emitido no ano civil anterior (artigo 17.º/4);

xx) O incumprimento da obrigação referida na alínea anterior faz incorrer o operador em penalizações várias, designadamente de cariz

---

[142] Com isto, pretendeu o legislador alcançar uma maior sofisticação do mercado, assegurar a sua liquidez, reduzir os custos de transacção e facilitar o encontro entre a oferta e a procura através da actividade de intermediários, *brokers*, *traders*, etc..

pecuniário – no valor de 100 € por cada tonelada de CO_2 em excesso, isto é, relativamente à qual não tenha sido devolvida a correspondente licença de emissão (artigo 25.º/1)[143].

Toda esta arquitectura regulatória serve de contexto ao funcionamento de um novo mercado, um mercado onde se compram e vendem toneladas de CO_2 e que, pela sua originalidade e pioneirismo, suscita diversas interrogações: no plano da ética (será legítimo negociar a poluição?), do Direito Constitucional (haverá direitos a poluir?)[144], do Direito Administrativo (qual a natureza jurídica das licenças de emissão transaccionáveis?), da Ciência da Administração (qual o papel que fica reservado para a Administração ambiental a partir do momento em que se institui um mercado de poluição?)[145], etc.. Interrogações que ficam assinaladas, mas cujo aprofundamento não cabe nesta sede.

6. A RESPONSABILIDADE CIVIL POR DANO ECOLÓGICO

Num domínio em que a prevenção deve constituir a regra de ouro de acção – e que se traduz no princípio da proibição sob reserva de permissão de todas as actividades que possam causar impactos significativos no ambiente –, conceder relevo ao instituto da responsabilidade civil pode parecer contraproducente. Na verdade, a ênfase deve ser dada à evitação – ou minimização do dano –, não à sua reparação. Porventura em nome desta lógica, a directiva 2004/35/CE, do Parlamento e do Conselho, de 21 de Abril, sobre o regime da responsabilidade civil por dano ecológico invoca, a par do princípio do poluidor-pagador, o princípio da prevenção como fundamento do quadro regulatório instituído. O DL 147/08, de 29 de Julho, que transpôs esta directiva para o ordenamento interno, abraça identicamente uma versão ampla de responsabilização por dano ecológico, que

---

[143] Durante a primeira fase do CELE (2005-2007), esta penalização foi fixada num valor mais modesto, de 40 € por cada tonelada de CO_2 excedentária (artigo 25.º/2).

[144] Cfr. Tiago ANTUNES, **O Comércio de Emissões Poluentes à luz da Constituição da República Portuguesa**, Lisboa, 2006, *passim*.

[145] Cfr. Tiago ANTUNES, **Agilizar ou mercantilizar? O recurso a instrumentos de mercado pela Administração Pública – implicações e consequências**, in *Estudos Jurídicos e Económicos em Homenagem ao Prof. Doutor António de Sousa Franco*, III, Lisboa, 2006, pp. 1059 segs.

inclui a prevenção[146] – porque prescinde do dano como base de imposição de deveres aos operadores.

O DL 147/08, actual regime de prevenção e reparação do dano ecológico (=RPRDE), pretendeu contribuir para o esclarecimento da noção de *dano ecológico*. Essa é a intenção declarada pelo legislador no Preâmbulo (atente-se nos §§1.º e 2.º) e articulada no Anexo V do diploma, no qual se elencam e descrevem as formas de reparação daquele tipo de dano. Infelizmente, ao inserir um capítulo II dedicado à responsabilidade civil, o legislador retomou a ambiguidade que se vivia do antecedente, confundindo danos ambientais com danos ecológicos. Na verdade, e descontado o alargamento relativo à responsabilidade objectiva (artigo 7.º do RPRDE) em face do escasso espaço que lhe abre o Código Civil – e que poderia ter sido promovido em diploma de alteração a este Código –, os artigos 7.º, 8.º e 9.º do RPRDE não têm cabimento numa lei sobre responsabilidade civil por dano ecológico, pois nenhuma das especificidades de reparação e compensação deste se detectam na responsabilidade civil por danos pessoais e patrimoniais.

Não é este o local para proceder a uma análise demorada do regime plasmado no RPRDE – já a essa tarefa nos devotámos em texto anterior[147]. Sem embargo, gostaríamos, antes de sumariamente dar conta das soluções legais em sede de responsabilidade subjectiva e objectiva, de chamar a atenção para cinco questões:

---

[146] Esta dimensão preventiva da responsabilidade vai ao encontro de uma corrente que pretende transformar a responsabilidade intergeracional de imperativo ético em imperativo jurídico. Tal transformação passa por uma distensão do conceito clássico de responsabilidade civil, fazendo desta um instrumento conservatório do *status quo* ecológico, operacionalizado através do princípio da gestão racional dos recursos naturais. Esta mutação do instituto corresponderia a uma terceira geração da responsabilidade civil, que teria começado por ser uma *responsabilidade-sanção*, até ao século XIX (centrada no agente do dano e sua penalização), para passar para um patamar de *responsabilidade-indemnização*, no século XX (centrada na vítima e no ressarcimento do dano), até alcançar um nível de *responsabilidade-antecipação*, no século XXI (fundada na prevenção de riscos maiores e no intuito de preservação do património ecológico, bioético, cultural, tendo em consideração o legado a deixar às gerações futuras) – cfr. Catherine THIBIERGE, **Avenir de la responsabilité, responsabilité de l'avenir**, *in Recueil Dalloz, Chroniques*, 2004/9, pp. 577 segs.

[147] Carla AMADO GOMES, **A responsabilidade civil por dano ecológico: reflexões preliminares sobre o novo regime instituído pelo DL 147/2008, de 29 de Julho,** in *O que há de novo no Direito do Ambiente?* Actas das Jornadas de Direito do Ambiente, Faculdade de Direito da Universidade de Lisboa, org. de Carla Amado Gomes e TiagoAntunes, Lisboa, 2009, pp. 235 segs..

i) O âmbito de aplicação do regime de prevenção e reparação do dano ecológico é delimitado no artigo 2.º do RPRDE, mas não só. Às situações descritas no n.º 2 deste preceito aditam-se as hipóteses cobertas pelos artigos 33.º e 35.º do RPRDE – normas sobre prescrição e aplicação do regime no tempo –, que vão mais de um ano além do devido, em virtude da transposição tardia da directiva (deveria ter sido transposta até 30 de Abril de 2007, mas só o foi em 1 de Agosto de 2008).

Acresce a ambiguidade da fórmula utilizada pelo n.º 1 do artigo 2.º, que responsabiliza qualquer agente, público ou privado que, no exercício de *uma actividade económica, lucrativa ou não*, provoque uma alteração significativa adversa (e mensurável) do estado-dever de um determinado componente ambiental natural: esta "actividade ocupacional" abarcará actividades de lazer? e de carácter assistencial? É certo que os deveres de prevenção e reparação a que se reportam os artigos 14.º e 15.º do RPRDE ganham especial sentido relativamente a instalações (ainda que não somente as relacionadas com as actividades descritas no Anexo III), mas a reparação do dano deveria ser imputável a *qualquer* responsável devidamente identificado, desenvolvendo ou não uma actividade "económica"[148];

ii) Os bens susceptíveis de sofrer alterações significativas do seu estado-dever são objecto de selecção pelo legislador – sendo certo que a directiva permite a extensão do regime a outros bens naturais para além da água, espécies e habitats da Rede Natura 2000, e solo. Do artigo 11.º do RPRDE retira-se que danos ecológicos podem ocorrer relativamente à água e a espécies protegidas no quadro do ordenamento nacional. Quanto ao solo, na verdade, o dano dificilmente se pode configurar como ecológico, na medida em que não está em causa a possibilidade de contaminação de outros bens ambientais naturais[149]. Ora, tal selecção deixa de fora dois (ou três) componentes ambientais naturais elencados na LBA: o solo (e subsolo) e o ar. Sendo certo que a aferição e mensurabilidade do dano nestes sectores pode revelar-se particularmente difícil, não se vê razão para a sua exclusão, à partida, do RPRDE. Tal operação não só leva a crer que o legislador distingue entre bens ambientais *de primeira* e *de segunda*,

---

[148] Pense-se nos frequentadores de parques e reservas naturais que podem, ainda que fora de qualquer contexto industrial ou comercial, provocar graves danos ecológicos ao ecossistema caso desrespeitem as normas de conduta aplicáveis.

[149] Por outras palavras: a definição de dano ao solo que consta do artigo 11.º/e) *iii)* do RPRDE aponta para que o dano se traduza num prejuízo para a saúde humana.

como coloca o RPRDE em colisão com a LBA, a cuja obediência paramétrica está vinculado;

iii) A dupla dimensão, económica e ecológica, de certos bens ambientais naturais (água e espécies de flora e fauna), explica a referência do artigo 10.º do RPRDE mas complica, inevitavelmente, a abordagem unitária do dano ecológico. Pense-se no proprietário de 500 sobreiros, mortos em consequência de contaminação dos lençóis freáticos por um agente poluente proveniente de uma instalação próxima. Constituindo um dano ecológico inequívoco, uma vez que se trata de uma espécie protegida, gravemente afectada em quantidade e em qualidade, a sua primeira "revelação" é como prejuízo patrimonial do titular (dano emergente e lucro cessante).

A reparação deste dano passará pela reconstituição *in natura* promovida pelo lesante – replantio –, mas também pela compensação das perdas, presentes e futuras, causadas ao proprietário: incumprimento de contratos de compra e venda da cortiça, com responsabilidade contratual inerente. Já as eventuais compensações devidas a título de dano ecológico acrescerão a estas, na medida em que a reaquisição do estado inicial do ecossistema na sequência da perda provisória das qualidades do bem deverá ser promovida nos termos do Anexo V, 1.1.3. e 1.2.3. do RPRDE: uma vez que já se obteve o replantio, o dano ecológico remanescente traduz-se na degradação do nível de equilíbrio do ecossistema local, podendo concretizar-se na introdução de melhorias suplementares "quer no sítio danificado quer num sítio alternativo" ou, no limite, numa quantia monetária a entregar ao FIA.

Repare-se que, *sendo a reparação do dano desencadeada pelo proprietário do bem* (quando este seja corpóreo), *não se colocará o problema da dupla reparação* a que alude o artigo 10.º do RPRDE – embora a solicitação de medidas compensatórias nos termos do Anexo V implique um "desdobramento de personalidade" do autor, pois nessa medida já estará a actuar altruisticamente, em benefício da colectividade. A valia da norma citada avultará na situação inversa, em que o dano ao bem ambiental natural é denunciado por autores populares (cfr. o artigo 18.º/1 e n.º 2/b) do RPRDE), contra o proprietário ou contra terceiro, e a sua reparação, na vertente da reconstituição natural, impede o titular de, em momento posterior, vir a reclamar indemnização autónoma (salvo quanto a danos patrimonais remanescentes);

iv) Um dos problemas mais agudos com que a temática da responsabilidade por dano ecológico se debate é o da causalidade, quer por dificuldade de encontrar um responsável (em casos de poluição difusa; em casos de poluição latente), quer por superabundância de presumíveis responsáveis (causalidade cumulativa, aditiva e alternativa[150]). O RPRDE resolveu todas estas questões remetendo para o FIA a suportação dos custos da reparação de danos ecológicos cujo responsável não seja precisamente identificável (artigos 23.º/1 e 19.º/4, *in fine*, do RPRDE). Em contrapartida, ficando estabelecido o nexo de causalidade – por apelo à teoria da causalidade adequada (artigo 5.º do RPRDE) –, e havendo pluralidade de operadores, respondem solidariamente e, perante a impossibilidade de individualização do grau de culpa, em partes iguais (facto que releva em sede de regresso), nos termos do disposto no artigo 4.º do RPRDE. Esta solução, tendo em consideração a alternativa de construir presunções de culpa, e o recurso a fundos para lhes responder (cfr. o artigo 22.º do RPRDE), só não é atentatória do princípio do poluidor-pagador na medida em que, como vimos, o FIA é alimentado em metade do seu pecúlio por coimas cobradas aos infractores das normas jusambientais (e não exclusivamente pelo erário público);

v) A epígrafe do Capítulo III do RPRDE – consagrado à "responsabilidade administrativa" – é totalmente descabida. Perante a afirmação de princípio, constante do Preâmbulo e do articulado (*vide* o artigo 19.º/1 do RPRDE), de que é sobre o operador que recai a suportação dos custos de prevenção e reparação do dano, seja ele público ou privado, a referência à responsabilidade administrativa deve ter-se por não escrita. Num diploma em que a "responsabilidade" constitui o núcleo da regulamentação – e mesmo que abordada numa perspectva ampla –, o legislador deveria ter-se eximido de utilizar o termo noutro sentido, qual seja, o de apresentar a Administração como *garante do cumprimento da tarefa partilhada de protecção do ambiente* (cfr. o artigo 66.º/2 da CRP), quer directa, quer subsidiariamente. Este capítulo não incide sobre um regime específico de responsabilidade administrativa por danos ecológicos, mas sim sobre os deveres de informação, prevenção e reparação que recaem sobre operadores e autoridades competentes em face de danos para o ambiente, actuais e iminentes.

---

[150] Cfr. Ana PERESTRELO DE OLIVEIRA, **Causalidade e imputação na responsabilidade civil ambiental**, Coimbra, 2007, pp. 101 segs.

6.1. A RESPONSABILIDADE SUBJECTIVA

A responsabilidade subjectiva por dano ecológico tem a sua base no artigo 13.º do RPRDE. Abrange qualquer actividade "ocupacional" (cfr. o artigo 2.º/1 do RPRDE), e é accionada sempre que o sujeito, com quebra de deveres de diligência normal ou com dolo (cfr. o artigo 483.º do CC)[151], praticar actos que, num contexto causal idóneo e verosímil (cfr. o artigo 5.º do RPRDE), sejam aptos a provocar uma alteração adversa significativa do estado do meio hídrico ou do estado-dever de espécies e habitats protegidos ao abrigo do quadro normativo nacional aplicável.

A diligência normal do sujeito afere-se em razão do lote de deveres que lhe são fixados, desde logo, na autorização (caso se trate de uma instalação) ou por acto normativo disciplinador da sua conduta (*v.g.*, regulamento de um parque nacional). A estes deveres gerais, que são gizados em função de um quadro de riscos típicos, delimitados com base nos melhores conhecimentos disponíveis, podem aditar-se deveres especiais, que despontam em situações de agravamento de risco, ou decorrem de riscos associados cuja prevenção não foi precisamente acautelada ou não está a ser devidamente accionada pelo operador/sujeito. A iniciativa da adopção destes deveres especiais é, em primeira linha, do operador (que conhece os termos em que exerce a actividade), cabendo à APA a posição de garante da sua atitude preventiva e reparatória (cfr. os artigos 14.º, 15.º e 17.º do RPRDE).

Deve sublinhar-se que a estes deveres pode ainda cumular-se um terceiro grupo, a que podemos chamar patológico, e que decorre da tipificação de condutas nos diplomas sectoriais como contra-ordenações (inclusive, do próprio RPRDE: artigo 26.º). O RCA reconhece poderes de fiscalização às autoridades administrativas, que passam pela realização de acções de inspecção, oficiosas ou por denúncia (artigo 18.º), das quais pode resultar a abertura de procedimentos contra-ordenacionais em cujo âmbito o operador fica obrigado ao pagamento de coimas e à adopção "das medidas que se mostrem adequadas à prevenção de danos ambientais, à reposição da situação anterior à infracção e à minimização dos efeitos decorrentes da mesma" [artigo 30.º/1/j) do RCA]. Recorde-se que, nos termos do artigo 41.º do RCA, estas medidas preventivas podem ser impos-

---

[151] Ou, na terminologia do RPRDE, do incumprimento de "deveres de protecção" – numa alusão deslocada em sede de causalidade (artigo 5.º).

tas a título cautelar, perante a iminência do dano ou do seu agravamento [artigo 41.º/1/g) do RCA] – facto que pode evitar o "trânsito" para o RPRDE.

Não surpreende, por isso, uma disposição como o artigo 30.º do RPRDE que, por um lado, neutraliza o eventual desdobramento de deveres de reparação que pode resultar da existência de dois procedimentos – instruídos por entidades diferentes (no âmbito do RCA, pela IGAOT; no âmbito do RPRDE, pela APA). O n.º 1 do artigo 30.º está claramente pensado para hipóteses de *precedência de activação do RPRDE sobre o RCA*, ou seja, situações em que o dano se verificou, o operador está a desenvolver acções de reparação e posteriormente é-lhe movido um procedimento contra-ordenacional por violação de normas de protecção do ambiente – no âmbito do qual não ficará novamente vinculado ao cumprimento de deveres já adoptados (no que configura, na prática, uma proibição de *non bis in idem*).

Daqui não se extrai que os procedimentos se anulem reciprocamente – antes pelo contrário, como ressalva o n.º 2 do artigo 30.º. Caso o RPRDE leve a dianteira, restará para o RCA a vertente contra-ordenacional no que respeita à aplicação da coima, bem como a dimensão sancionatória acessória em tudo o que se não reconduzir à reposição. Já se o RCA foi accionado em primeiro lugar, pode até nem haver lugar a reparação, uma vez que as medidas cautelares supriram essa necessidade; todavia, caso o dano não tenha sido evitado, a IGAOT deve determinar a medida da coima e as sanções acessórias a aplicar ao operador, as quais, no que toca à componente reparatória, deverão pautar-se pelos critérios do Anexo V do RPRDE.

Note-se que, nos termos do RPRDE, as medidas reparatórias devem ser objecto de proposta do operador, a submeter à APA (artigo 16.º) – salvo quando, por razões de urgência de actuação, a APA já tenha elaborado um plano, em articulação com os interessados (*maxime*, vizinhos) e com entidades com competência especializada no sector ambiental em causa (artigo 16.º/3 e 4). Este procedimento consensualizado está arredado do RCA, e do n.º 1 do artigo 30.º do RPRDE não deriva qualquer articulação entre ambos os procedimentos – o n.º 2 atesta que tal não acontece. Conviria porventura ter pensado numa solução para estes casos, sob pena de desdobramento de critérios e consequente desigualdade – quer no plano da censurabilidade, quer no plano da eficácia de reparação do dano ecológico.

Havendo ilicitude, causalidade e dano, o sujeito está obrigado a adoptar as medidas de reparação e a suportar os custos (artigo 19.°/1 do RPRDE), salvo se a ilicitude se dever a facto de terceiro ou a ordem de autoridade administrativa (artigo 20.°/1 e 2 do RPRDE) – diferente é o caso de solidariedade da Administração em virtude de emissão de autorização deficitária na ponderação das circunstâncias de risco[152]. Caso a autoridade administrativa, recorrendo ao FIA, tenha tido que agir, subsidiária ou directamente, deve solicitar o reembolso do montante despendido no prazo de cinco anos sobre a data de conclusão da operação de reparação (artigo 19.°/3 do RPRDE)[153], sendo certo que pode decidir não recuperar integralmente os custos caso o montante se venha a revelar desproporcionado (remetendo então o remanescente para o FIA: n.° 4 do artigo 19.°)[154]. A partir de Janeiro de 2010, os operadores das actividades listadas no Anexo III deverão constituir garantias financeiras para fazer face a estes custos, nos termos do artigo 22.° (e 34.°) do RPRDE.

6.2. A RESPONSABILIDADE OBJECTIVA

O artigo 41.° da LBA esboçava, em 1987, aquilo que alguns autores consideraram um princípio geral de responsabilidade objectiva em sede ambiental[155]. Pela nossa parte, sempre considerámos que só com grande

---

[152] Cfr. Carla AMADO GOMES, **A responsabilidade civil extracontratual da Administração por facto ilícito. Reflexões avulsas sobre o novo regime da Lei 67/2007, de 31 de Dezembro,** in *Três textos sobre o novo regime da responsabilidade civil extracontratual do Estado e demais entidades públicas,* Lisboa, 2008, pp. 25 segs, 55-57.

[153] Esta acção de regresso deverá ser proposta nos tribunais comuns, se o lesante for uma pessoa jurídica de estatuto privado, e nos tribunais administrativos se se tratar de entidades públicas [artigo 37.°/2/f) do CPTA].

[154] Repare-se que esta hipótese difere daquela em que a entidade administrativa, ao concertar com o infractor o plano de recuperação dos bens lesados, nos termos do artigo 16.°/2 do RPRDE, se apercebe da plenitude das medidas de reparação primária projectadas ou da desproporção entre o custo da adopção de medidas complementares e os benefícios ambientais a obter (Anexo V, 1.3.3.). Aqui, as medidas nem chegam a ser tomadas, enquanto que na situação referida no texto, o foram mas o seu custo ultrapassou a estimativa inicialmente fixada.

[155] Assim se pronunciaram Diogo FREITAS DO AMARAL (**Lei de Bases do Ambiente e Lei das Associações de defesa do ambiente,** in *Direito do Ambiente,* INA, 1992, pp. 367 segs, 371-372.), e Vasco PEREIRA DA SILVA, **Responsabilidade administrativa em matéria de ambiente,** Lisboa, 1997, p. 35.

generosidade seria possível retirar tal conteúdo de uma norma a que falhava densidade a vários níveis[156]. De todo o modo, com o RPRDE, a responsabilidade objectiva torna-se realidade.

A disposição da qual resulta a imputação de danos causados sem violação de deveres de diligência, gerais ou especiais, é o artigo 12.º do RPRDE. Daí se retira a delimitação deste tipo de responsabilidade a um universo de actividades tipicamente perigosas, que o diploma elenca no Anexo III – indo assim ao encontro do compromisso inevitável entre prevenção de riscos ambientais e salvaguarda da liberdade de iniciativa económica. Esta disposição não pode ser lida, todavia, sem o concurso do artigo 20.º/3 do RPRDE, no qual se estabelece a isenção da obrigação de suportação dos custos em caso de danos provocados por actividades listadas no Anexo III ao abrigo de autorização, bem como de danos resultantes de riscos imprevisíveis com base no melhor conhecimento científico à data da ocorrência do facto lesivo [subalíneas *i)* e *ii)* da alínea b) do preceito referido].

Apesar de alguma ambiguidade, julgamos que do artigo 20.º/3 do RPRDE é possível extrair três conclusões:

i) O facto de estar isento de suportar os custos não exime o operador da obrigação de adopção atempada das medidas de prevenção e reparação – isto sob pena de responsabilização civil a título subjectivo, acrescida de responsabilidade contra-ordenacional (cfr. o artigo 26.º do RPRDE);

ii) A isenção da obrigação de pagamento vale para as hipóteses de actividades (do Anexo III) autorizadas – essa é, dir-se-ia, a primeira condição de licitude –, *desde que o funcionamento esteja contido dentro dos parâmetros da autorização* [subalínea i) da alínea b) do n.º 3]. Isto significa, cremos, que "a emissão ou um facto expressamente permitido" remete para condições de *funcionamento normal* da instalação; donde, a isenção de suportação dos custos só é invocável perante danos causados por funcionamento normal, e já não em caso de acidente (relativamente a cuja prevenção foram adoptados todos os deveres gerais de cuidado). Por outras palavras, *o operador suporta os custos da reparação de danos ecológicos causados por factos decorrentes do funcionamento anormal da instalação*, sendo certo que, ainda assim, beneficia das isenções previstas no artigo 2.º/2 do RPRDE.

---

[156] Cfr. Carla AMADO GOMES, **Risco e modificação**..., *cit.*, pp. 375 segs.

iii) A isenção da obrigação de pagamento é também invocável em face de riscos imprevisíveis – os chamados "riscos de civilização" – associados a actividades típicas (listadas no Anexo III) mas que não são passíveis de identificação, com base nos melhores conhecimentos disponíveis, nem no momento da emissão da autorização (o que faria com que se tratasse, na verdade, de responsabilidade por facto ilícito decorrente do défice de ponderação de circunstâncias de risco, solidária entre operador e entidade autorizante), nem no momento da eclosão da lesão.

Como já referimos no ponto anterior, os custos não suportados pelo operador são-lhe reembolsados pelo FIA (não estabelecendo o RPRDE qualquer prazo de prescrição do direito ao reembolso: aplica-se o disposto no artigo 19.º/3 por analogia?).

7.º A TUTELA CONTENCIOSA AMBIENTAL: PANORÂMICA GERAL

7.1. A DUALIDADE DE JURISDIÇÃO EM SEDE AMBIENTAL E A PREFERÊNCIA PELO CONTENCIOSO ADMINISTRATIVO

A alteração do artigo 45.º da LBA pela Lei 13/02, de 19 de Fevereiro (que aprovou o ETAF) veio pôr fim a um longo equívoco sobre a presumível unidade de jurisdição do contencioso ambiental no seio dos tribunais comuns. Esta "reserva" prendia-se, arriscaríamos, com a visão predominantemente subjectivista (e antropocêntrica) em que a LBA assenta, tendendo a identificar os litígios ambientais com questões relativas à defesa dos direitos de personalidade dos lesados, com eventual efeito mediato favorável sobre bens ambientais naturais. Actualmente, a remissão constante do n.º 1 do artigo 45.º da LBA para "a jurisdição competente" obriga à caracterização da natureza da relação jurídica como condição prévia de determinação do foro competente.

O facto de a utilização de bens ambientais naturais estar sujeita a um princípio de gestão racional – logo, a uma lógica de proibição sob reserva de permissão – acarreta a intervenção da Administração prévia ao desenvolvimento de um largo conjunto de actividades, de forma mais ou menos intensa. Donde, a proliferação de actos autorizativos e de normas de onde decorrem parâmetros de actuação dos operadores, cuja validade deve ser sindicada junto dos tribunais administrativos – cfr. o artigo 4.º/1/b) do ETAF. Este factor, aliado à "captura" das acções propostas por autores populares contra entidades públicas por violações (activas e omissivas; materiais e jurídicas) de normas jusambientais, nos termos do artigo 4.º/1/l) do ETAF, faz da jurisdição administrativa o foro preferencial do contencioso ambiental.

Ou seja, *de uma situação de preferência – formal – dos tribunais comuns, passámos,* pela natureza administrativa da relação jurídica autorizativa (cfr. o artigo 1.º/1 do ETAF), *para um quadro de preferência – material – dos tribunais administrativos.* A leitura conjugada das alíneas b) e l) do n.º 1 do artigo 4.º do ETAF permite, com efeito, concluir com segurança que:

- *a)* sempre que esteja em causa a validade de uma autorização, independentemente de se estar a defender interesses individuais (*v.g.*, danos à saúde) ou colectivos (*v.g.*, danos a uma espécie animal), os tribunais administrativos são inquestionavelmente competentes – trata-se aqui do núcleo da reserva de função afirmada nos artigos 212.º/3 da CRP e 1.º/1 do ETAF, e confirmada na alínea b);
- *b)* sempre que esteja em causa a violação de normas de protecção do interesse ambiental por entidades públicas responsáveis pela ofensa – material ou juridicamente, isto é, porque produzem poluição acima dos limiares aceitáveis, ou por serem responsáveis pela adopção de um acto autorizativo que permite a um terceiro tal emissão –, o foro competente é o administrativo, nos termos da alínea l);
- *c)* sempre que esteja em causa a violação de normas de protecção do interesse ambiental por entidades públicas consubstanciada numa omissão de fiscalização de instalações ou actividades autorizadas, a acção tendente à condenação daquelas na prática das diligências necessárias à reposição da legalidade (nomeadamente, na imposição dos deveres de prevenção associados à autorização) é proposta nos tribunais administrativos[157] – alínea l), entendendo-se

---

[157] Através de acção administrativa comum, na medida em que está em causa a condenação no desenvolvimento de actuações materiais e eventualmente de aplicação de sanções – que porventura melhor caberia no âmbito da acção administrativa especial. Contudo, ou porque as sanções contra-ordenacionais não são consideradas, para efeitos contenciosos, actos administrativos; ou por a aplicação de sanções estar sujeita a um princípio de oportunidade (balizado por considerações de proporcionalidade), que dificilmente quadra com um dever de agir propulsionado pela acção de condenação à prática de acto administrativo devido, tendemos a considerar a acção administrativa comum meio idóneo para vei-

"violação" no sentido de incluir situações omissivas quando se configura um dever legal de agir.

As dúvidas surgem nos casos seguintes:

d) Há ofensa a normas jusambientais traduzida na exploração de uma actividade, por um privado, sem autorização, sendo ela necessária. A sindicância da actividade lesiva desenvolvida clandestinamente provoca apreensão, na medida em que, quer na vertente do pedido inibitório, quer na vertente ressarcitória – mesmo do dano ecológico –, não existe "marca" da relação jurídica administrativa por ausência de autorização [que *cativaria* o litígio através da alínea b)], nem actuação ou omissão de entidade pública [a qual convocaria a aplicação da alínea l)].

Para AROSO DE ALMEIDA, também nestas hipóteses se configura a violação de um dever de agir da Administração que traz o litígio para a órbita administrativa[158]. Apesar de gostarmos da conclusão, julgamos que ela parte de uma premissa de omnipresença da Administração ambiental que, num grande número de casos (pequenos poluentes, explorações localizadas em sítios ermos), não se verificará. Esse seria o cenário ideal resultante da tarefa de protecção do ambiente cometida primacialmente às entidades públicas pela Constituição e restante bloco legal aplicável, mas é algo irrealista – e essa tenderá a ser também a convicção dos julgadores.

Julgamos que, em cenários deste tipo, a jurisdição administrativa **só será competente** caso o autor demonstre que alertou as autoridades e estas se remeteram à inércia: aí, analogamente à previsão do artigo 37.°/3 do CPTA[159], **poderá** dar-se a captação do litígio

---

cular tal pedido [eventualmente acompanhado de providências cautelares, nos termos do artigo 112.°/2/f) do CPTA].

[158] Mário AROSO DE ALMEIDA, **Tutela jurisdicional em matéria ambiental**, *in* Textos de Direito do Ambiente, Porto, 2003, pp. 77 segs, 81.

[159] Frisamos a analogia, uma vez que o artigo 37.°/3 do CPTA tem aplicação directa a hipóteses de afectação de direitos subjectivos, não de interesses difusos. A ausência de referência a tais casos pode derivar em três conclusões possíveis:

– que a acção administrativa comum se não aplica quando promovida por autores populares – argumento que, indo ao encontro do carácter marcadamente subjectivista deste meio processual, redundaria numa amputação intolerável da tutela jurisdicional efectiva destes interesses em face do artigo 52.°/3/a) da CRP;

pelo foro administrativo[160], uma vez consubstanciada formal e circunstanciadamente a omissão de agir, devendo a acção administrativa comum ser proposta contra o privado prevaricador (pedidos de cessação da actividade lesiva e de restauração do bem lesado) e contra a Administração que relaxou os seus deveres de fiscalização (pedidos de fiscalização e de restauração do bem) – e feita a prova da inércia;

e) Há ofensa a normas jusambientais traduzida na exploração de uma actividade, por um privado, munido de autorização validamente concedida mas abusando dos seus termos. Caso esta conduta seja sindicada sem pôr em causa a legalidade da autorização, quer o pedido se destine à cessação, quer inclua também a reparação do eventual dano ecológico, os tribunais competentes serão, em princípio, os tribunais comuns. A alternativa do foro administrativo **só**

– pelo contrário, que a acção administrativa comum, no caso de intervenção de autores investidos em legitimidade popular contra privados, dispensa a "denúncia prévia" a que alude o n.º 3 do artigo 37.º do CPTA. Esta leitura, que maximiza a tutela efectiva de interesses difusos, não se compadece com a magnitude de tarefas da Administração ambiental e afecta um princípio de "precedência da tomada de posição administrativa" cuja expressão mais perfeita se reflecte na construção da acção administrativa especial para condenação à prática de acto legalmente devido – mas que radica, em última análise, no entendimento possível da "reserva de função administrativa" que se depreende de normas como os artigos 266.º/1, 199.º/g) e 235.º/2 da CRP;

– enfim, que a acção administrativa comum é utilizável por autores populares para defesa de interesses difusos contra privados, aplicado-se analogicamente o pressuposto de captação da competência do foro administrativo resultante do n.º 3 do artigo 37.º do CPTA, conforme se afirma no texto.

[160] A utilização do verbo *poder* prende-se com o facto de, através da denúncia, o autor abrir uma segunda via de acesso à justiça junto dos tribunais administrativos, mas não estar vinculado a optar por ela – desde que deixe a Administração de fora da contenda. Note-se que a duplicação de réus favorece a expectativa de resolução do problema e aumenta as hipóteses de alcançar reparação do dano; mas também potencia a complexidade da tramitação processual e não exclui que, na vertente estritamente indemnizatória (se a houver), a Administração consiga fazer a prova do cumprimento dos deveres de fiscalização que razoavelmente lhe incumbem, com isso conseguindo a absolvição do pedido e a "transferência" (por incompetência material do tribunal administrativo) da discussão para nova acção, junto dos tribunais comuns. Este quadro só se alterará se e quando o legislador determinar a competência dos tribunais administrativos em sede de interesses difusos *em razão da natureza do bem,* e não da natureza do sujeito [como actualmente acontece, nos termos do artigo 4.º/1/l) do ETAF].

se abrirá caso o autor prove a denúncia prévia às autoridades competentes, nos termos explanados em *d)*;

f) Há ofensa a normas jusambientais que redunda numa alteração adversa mensurável a um estado-dever de um componente ambiental (espécies de fauna ou flora protegidas; água; solo e subsolo; atmosfera sobrejacente), ofensa essa levada a cabo por um privado e denunciada pelo proprietário do bem, que se sente atingido na sua esfera jurídica individual, patrimonial e/ou extrapatrimonial (caso o bem revestisse valor afectivo). Neste caso, a dimensão patrimonial do bem antecipa/consome a sua dimensão ecológica e a reparação, ainda que ocorrendo, total ou parcialmente, nos termos do Anexo V do RPRDE, vai ser exigida junto do foro comum, uma vez que o objecto do processo se traduz na indemnização de um dano que, conforme perspectivado pelo autor, é privado. Esta é a hipótese que foge de todo a qualquer tentativa de atracção para a justiça administrativa, pois mesmo que existisse uma norma, na LBA ou no RPRDE, a determinar a competência dos tribunais em razão da natureza do bem (colectivo e público), aqui ele surgiria na sua outra *veste*, facto que sempre remeteria o litígio para a justiça comum.

Fora dos tribunais administrativos ficam os litígios relativos à aplicação de sanções contra-ordenacionais (e medidas cautelares tomadas no seio deste procedimento), como tivemos oportunidade de referir no §5.º, 5.4., bem assim como as questões relativas a direitos de personalidade e outros, sempre que se desenrolem estritamente entre privados, ainda que sob a capa do "direito ao ambiente" – tratar-se-á aqui de acções inibitórias (e ressarcitórias) visando a defesa de interesses individuais.

7.2. A LEGITIMIDADE POPULAR, INSTITUTO CENTRAL DA TUTELA AMBIENTAL

A natureza dos bens ambientais naturais, objecto do que entendemos ser o Direito do Ambiente, impõe uma compreensão alargada do tradicional conceito de legitimidade, procedimental e processual. A resposta a essa necessidade reside na legitimidade popular, figura que o nosso ordenamento acolhe, na Lei Fundamental e na lei ordinária. Convém, antes de nos reportarmos às soluções acolhidas na Lei 83/95, de 31 de Agosto (Lei da participação procedimental e da acção popular =LAP), fazer um pequeno *flashback* com vista a apurar as origens da noção.

Quando, em 1976, o legislador constituinte introduziu o artigo 49.º no elenco de direitos de participação política, dotando-o da epígrafe "Direito de acção popular", estava a conferir sede constitucional a um instituto legal acolhido pelo Código Administrativo de 1936/40, no artigo 822.º. Este preceito disciplinava a chamada "acção popular correctiva", mecanismo de dinamização da participação política em sede autárquica e que permitia aos eleitores de uma determinada circunscrição administrativa requerer em juízo a anulação de decisões administrativas que reputassem ilegais, invocando o mero facto da ilegalidade. Na verdade, tratava-se de uma espécie de acção pública para defesa da legalidade objectiva protagonizada, não pelo Ministério Público, mas por particulares[161]. O facto de se traduzir num alargamento da legitimidade processual levou a que fosse cognominada de "acção popular" para a distinguir da acção destinada à tutela de "interesses directos, pessoais e legítimos" (cfr. o artigo 46.º/1 do Regulamento do Supremo Tribunal Administrativo).

Apesar de, desde 1976, a Constituição enunciar um conjunto de valores relativos a bens de fruição colectiva susceptíveis de ser tutelados pela comunidade (saúde pública, ambiente, património cultural), não indicava quaisquer instrumentos que veiculassem essa protecção alargada, nem a entidades colectivas, nem a pessoas singulares, com finalidade altruísta[162]. Ou seja, até 1989, a "acção popular" a que a Constituição se reportava era à modalidade consignada no Código Administrativo. A partir de 1989, tornou-se claro que a noção sofreria uma "refundação", na medida em que o artigo 52.º/3 (anterior 49.º) passou a reportar-se a duas modalidades totalmente diversas da enunciada no Código Administrativo (a qual subsistia em virtude de não revogação, expressa ou tácita – ou mesmo caducidade face à norma constitucional que, em rigor, não obstava à sua manutenção, embora pudesse desde aí questionar-se a sua garantia constitucional). Com

---

[161] O mecanismo traduzia-se, segundo Marcello CAETANO (**Manual de Direito Administrativo**, II, 9.ª ed., Lisboa, 1972, p. 1338) numa "larguíssima faculdade de fiscalização cívica dada aos cidadãos para defesa dos interesses das colectividades locais".

[162] Anote-se, no entanto, a alteração (de pouca dura...) sofrida pelo n.º 3 do artigo 66.º na revisão constitucional de 1982, que passou a distinguir a lesão de bens naturais da "lesão directa" na esfera pessoal (na lógica da assimilação entre direito ao ambiente e direitos de personalidade), para efeitos de indemnização.

efeito, as alíneas a) e b) do n.º 3 do artigo 52.º da CRP traduzem fenómenos de alargamento da legitimidade, procedimental e processual, claramente de outro matiz: tutela de interesses difusos *stricto sensu*, na alínea a); tutela de interesses públicos na vertente de bens do domínio público, na alínea b). Incompreensível é, da nossa perspectiva, a referência, no corpo do preceito, à possibilidade de "requerer para o lesado ou lesados a correspondente indemnização"[163] em virtude da ofensa àqueles bens – de fruição colectiva, imateriais, de utilidades indivisíveis e individualmente inapropriáveis.

Com a entrada em vigor do Código do Procedimento Administrativo, em 1992 – que só parcialmente deu exequibilidade ao artigo 52.º/3 da CRP –, a estas duas modalidades juntou-se uma terceira (ou quarta, se contarmos com a transitada do Código Administrativo). Persistia, no entanto, a omissão constitucional quanto à *regulação processual* do exercício do direito de acção para defesa de interesses difusos e do domínio público. Com um atraso de seis anos, a LAP foi aprovada em 1995 e não veio contribuir para a clarificação da noção de interesses difusos e realidades conexas.

A LAP tem uma dupla incidência, procedimental e processual. No plano procedimental, desenvolve a regulação dos artigos 53.º/2 e 3, 117.º e 118.º, e 100.º e segs do CPA, particularizando um determinado tipo de actuação da Administração: a elaboração e aprovação de decisões de localização de investimentos públicos e planos urbanísticos (artigos 4.º e segs). O que releva nesta disciplina é a co-essencialidade da participação pública como elemento de validade da decisão administrativa. O *supraconceito* da prossecução do interesse público como justificação da existência de uma função administrativa [incontornável, desde logo, por injunção constitucional – artigos 266.º/1 e 199.º/g) da CRP] ganha, com o Estado Social, uma miríade de concretizações. Os múltiplos interesses públicos que constituem hoje a missão do poder administrativo merecem consideração atenta e compatibilização cuidada.

---

[163] A nossa perplexidade prende-se, naturalmente, com a incompatibilidade entre a estrutura dos interesses difusos e a natureza dos bens do domínio público e a ressarcibilidade individual de um prejuízo. Se a Constituição utilizasse "pelo autor" em vez de "para o lesado...", a fórmula já seria admissível – o autor seria um instrumento da reconstituição natural do bem lesado ou um promotor do arbitramento de uma indemnização que reverteria para um fundo comum. Tal como está, limita-se a reflectir a intensa confusão em que caiu o legislador na Lei Básica, que ecoa na LAP, quando se aplica indistintamente a interesses difusos e interesses individuais homogéneos – v. *infra*, nota 165.

A *ponderação de interesses* é, destarte, uma dimensão imprescindível do exercício da função administrativa e a sua importância avulta no contexto das decisões que contendem com a gestão/utilização/aproveitamento de bens de fruição colectiva, os quais, em razão da sua estrutura, provocam uma refracção de utilidades por universos tendencialmente amplos. Bom exemplo da apreensão desta fenomenologia é o artigo 65.°/5 da CRP (introduzido na revisão constitucional de 1997), ao garantir a participação dos interessados na elaboração dos instrumentos de planeamento urbanístico[164].

No plano processual, a LAP dispõe sobre as especificidades processuais do instituto da legitimidade popular, quer seja actuado no contencioso cível, quer no contencioso administrativo (cfr. o artigo 12.°). De entre estas especificidades destacaríamos quatro: o regime especial de indeferimento da petição inicial, que visa desincentivar litigância não séria (artigo 13.°); o reforço dos poderes inquisitórios do julgador (artigo 17.°); o regime especial de eficácia dos recursos jurisdicionais, que privilegia o efeito suspensivo sempre que outro efeito pudesse redundar num prejuízo de difícil reparação para o bem objecto do processo (artigo 18.°); e o regime especial de preparos (isenção) e custas (isenção, salvo decaimento total; neste caso, custas entre um décimo e metade das custas normalmente devidas), conforme o estabelecido no artigo 20.°.

A "acção popular" não é um tipo de acção; é um mecanismo de extensão da legitimidade, procedimental e processual. Mas para defender o quê e a quem? O *âmbito objectivo* decorre do artigo 1.°/2 da LAP, que fixa os interesses tutelados pela Lei: saúde pública, ambiente, qualidade de vida, protecção do consumo de bens e serviços, património cultural e o domínio público. O preceito segue de perto ambas as alíneas do n.° 3 do artigo 52.° da CRP, indiciando uma enumeração exemplificativa[165].

---

[164] Sobre o alcance desta norma, veja-se o Acórdão do Tribunal Constitucional 163/2007 e o que sobre ele escrevemos na nossa Participação pública, cit..

[165] Repare-se na utilização de dois advérbios de modo pelo legislador: "nomeadamente", na Constituição; "designadamente", na LAP. Este argumento não colhe, no entanto, para José Manuel SÉRVULO CORREIA, que defende serem as enunciações taxativas, constituindo o elenco de interesses enunciados "um processo de filtragem" destinado a prevenir "a absoluta generalização da *actio popularis*" (**Direito do Contencioso Administrativo,** Lisboa, 2005, p. 666).

Salvo o devido respeito, parece-nos não ter sido essa a intenção do legislador em virtude da utilização dos advérbios referidos. Todavia, mesmo que esta opção não se verifi-

O *âmbito subjectivo*, por seu turno, resulta do artigo 2.º/1 e 2 da LAP, que distribui a legitimidade popular por quaisquer cidadãos no gozo dos direitos civis e políticos – numa aproximação ao clássico direito de acção popular do Código Administrativo, mas sem justificação relativamente aos interesses difusos *stricto sensu* e dubitativamente no que concerne aos bens do domínio público –, a associações e fundações defensores dos interesses indicados no artigo 1.º/2, e a autarquias locais, em relação aos interesses de que sejam titulares residentes na área da respectiva circunscrição. A referência do artigo 2.º/1, *in fine,* à legitimação das mencionadas entidades "independentemente de terem ou não interesse directo na demanda" é, à semelhança da menção da indemnização no n.º 3 do artigo 52.º da CRP, geradora de perplexidade[166].

Ausência inexplicável do leque de entidades identificadas no artigo 2.º é a do Ministério Público. Com efeito, e sem embargo de no conjunto de interesses coberto pelo n.º 2 do artigo 1.º da LAP se integrar o domínio público – realidade correspondente a um interesse público por excelência –, o legislador não atribuiu ao defensor da legalidade objectiva iniciativa procedimental ou processual em sede de tutela de interesses difusos e públicos, mas tão só legitimidade substitutiva, em caso de desistência do autor, nos termos do artigo 16.º/3 da LAP. Esta lacuna foi rapidamente suprida pelo artigo 26.ºA do Código do Processo Civil, na revisão a que este Código foi sujeito em 1995[167], e veio a ser reforçado pela nova alínea e) do artigo 3.º/1/e) [bem como pelo artigo 5.º/1/e)] do Estatuto do Minis-

---

casse, a inclusão da "qualidade de vida" sempre seria conceito indeterminado bastante para promover a abertura a outros interesses não nomeados. Apelando a uma enumeração exemplificativa por apelo à cláusula aberta de direitos fundamentais, Jorge MIRANDA, **Manual de Direito Constitucional**, VII, Coimbra, 2007, p. 118.

[166] Este paradoxo é decifrável a partir de uma leitura atenta da LAP, que nos revela a sua aplicação quer a interesses difusos e interesses de fruição de bens do domínio público, quer a realidades como os interesses individuais, na circunstanciada configuração de interesses individuais homogéneos. Com efeito, só a essa luz são compreensíveis normas como as dos artigos 15.º/1 (direito de exclusão), 19.º/1 (restrição da eficácia *erga omnes* do caso julgado aos que não exerceram o direito de exclusão), e 22.º, *maxime* o n.º 2 (fixação global da indemnização). Ou seja, parte das especificidades processuais que a lei contempla não se aplica aos interesses difusos – enquanto realidades indivisíveis e inapropriáveis –, mas apenas a situações de dano massificado (de posições jurídicas individuais) com origem na mesma fonte de risco (é nítida a influência do instituto das *class actions* neste ponto). Em suma: a referência ao "interesse directo na demanda" releva para os interesses individuais homogéneos, não para os interesses difusos e relativos a bens do domínio público.

[167] Reforma propulsionada pelo DL 329-A/95, de 12 de Dezembro.

tério Público (sobre o âmbito competencial em sede de interesses difusos e iniciativa principal processual na matéria, respectivamente), na redacção dada pela Lei 60/98, de 27 de Agosto[168].

Já no contencioso administrativo, a rectificação (formal) foi mais tardia, só tendo vindo a ocorrer com a entrada em vigor do Código de Processo nos Tribunais Administrativos (em Janeiro de 2004) que, no seu artigo 9.°/2, expressamente defere ao Ministério Público (a par das restantes entidades a que a LAP alude) a competência funcional para intentar acções com vista à prevenção, cessação e reparação de ofensas em bens de fruição colectiva.

Em suma: nos planos procedimental e processual, a legitimidade popular é decisiva na titulação do(s) autor(es), público ou privado, nacional ou estrangeiro[169], como defensor(es) de um interesse altruísta, para cuja tutela a figura da legitimidade individual se revela "curta" e eventualmente perversa[170]. A perversão surge sempre que o autor pretender o ressarcimento do dano (ecológico) e este se não circunscrever, por impossibilidade ou insuficiência, à restauração natural ou por equivalente. A solução plasmada no artigo 22.°/2 da LAP, aplicável em sede de indemnização de interesses individuais homogéneos, não é transponível para o contexto da lesão de bens de fruição colectiva, sob pena de locupletamento do(s) autor(es) à custa da comunidade. A criação do FIA e o esclarecimento da proibição de atribuição de quantias pecuniárias a sujeitos isolados em razão de dano ecológico pelo RPRDE [Anexo V, 1.d) *in fine,* e 1.1.3., *in fine* – no plano das medidas compensatórias] vieram neutralizar esta ambiguidade nociva do artigo 22.°/2 da LAP.

---

[168] O Estatuto do Ministério Público consta da Lei 47/86, de 15 de Outubro (posteriormente alterada pelas Leis 2/90, de 20 de Janeiro; 23/92, de 20 de Agosto; 10/94, de 5 de Maio), tendo sido republicado pela Lei 60/98, de 27 de Agosto, em razão da magnitude das alterações que sofreu.

[169] Sobre a desvinculação da legitimidade popular para defesa de interesses difusos dos direitos políticos, veja-se Carla AMADO GOMES, **D. Quixote, cidadão do mundo: da apoliticidade da legitimidade popular para defesa de interesses transindividuais, Anotação ao Acórdão do STA, I, de 13 de Janeiro de 2005**, *in Textos dispersos..., II, cit.*, pp. 9 segs.

[170] Um sumário dos problemas discutidos pelos institutos da acção popular e da acção pública no domínio ambiental pode ver-se no nosso "Não pergunte o que o ambiente pode fazer por si; pergunte-se o que pode fazer pelo ambiente". Reflexões breves sobre a acção pública e a acção popular na defesa do ambiente, escrito que a integrar os Estudos em homenagem ao Prof. Doutor Diogo Freitas do Amaral.

7.2.1. O papel das ONGAs

Pode parecer desajustado e mesmo redutor referir as Organizações não governamentais do ambiente neste momento do texto. Na verdade, a menção melhor se enquadraria num ponto dedicado aos sujeitos, que optámos por não inserir dada a grande pulverização de entidades intervenientes no plano da defesa do ambiente, quer a título subsidiário (cfr. o elenco para que aponta o artigo 2.º/1 da LAP[171]), quer a título principal (cfr. o DL 207/06, de 27 de Outubro, onde constam as entidades que, no seio ou sob tutela do Ministério do Ambiente, do Ordenamento do Território e do Desenvolvimento Regional, desenvolvem a tarefa de protecção do ambiente). Prescindindo dessa análise, deixamos agora uma breve nota sobre a actuação procedimental e processual destas organizações na defesa do ambiente[172].

Deve desde logo alertar-se para que a legitimidade em que estão investidas vale tanto para o plano procedimental como para o processual, sendo a intervenção no segundo um corolário lógico (ainda que não necessário) da presença no primeiro. Para além de disposições concretamente atributivas de legitimidade procedimental como, por exemplo, o artigo 2.º/r), 14.º/4 e 22.º e segs do RAIA, ou o artigo 18.º/2/b) do RPRDE, a Lei 35/98, de 18 de Julho (Lei das organizações não governamentais do ambiente =LONGAs), reconhece-lhes, em geral, "legitimidade para promover junto das entidades competentes os meios administrativos de defesa do ambiente, bem como para iniciar o procedimento administrativo e intervir nele" (artigo 9.º/1). No plano especificamente processual, o artigo 10.º da LONGAs enumera as actuações ao alcance destas organizações com vista à defesa do ambiente, insistindo na desnecessária fórmula do "independentemente de terem ou não interesse directo na demanda"...

---

[171] Do qual, além da estranha ausência do Ministério Público – já referida –, não consta o Provedor de Justiça, ao qual entendemos dever ser alargada a legitimidade processual no plano da defesa judicial de interesses difusos. Veja-se Carla AMADO GOMES, **O Provedor de Justiça e a tutela de interesses difusos**, in *Textos dispersos...*, *II*, *cit.*, pp. 235 segs, 289 segs.

[172] Para além da intervenção em procedimentos administrativos e processos judiciais, as ONGAs gozam ainda do direito de participação na elaboração da legislação ambiental (artigo 6.º da LONGAs) e do direito de representação junto de várias entidades da Administração central e local, nos termos do artigo 7.º da LONGAs).

Sublinhe-se, a propósito deste inútil inciso, que o princípio da especialidade das ONGAs – que são pessoas colectivas privadas, constituídas nos termos do Código Civil, sem fins lucrativos e cuja finalidade ou área de intervenção principal é a defesa do ambiente, natural e construído (cfr. o artigo 2.º da LONGAs), às quais pode ser reconhecido, nos termos do artigo 4.º da LONGAs, o estatuto de utilidade pública – impede, de acordo com o artigo 3.º/b) da LAP, que estas associações tenham intervenção processual (por falta de interesse) em litígios cujo objecto escape aos seus objectivos estatutários. Por outras palavras, nem as ONGAs terão, no âmbito da prossecução da finalidade cuja existência as anima e justifica, interesse "directo" na promoção de interesses de fruição colectiva – dada a inapropriabilidade, individual ou comunitária, destes –, nem poderão deixar de revelar um interesse estatutário na intervenção no litígio[173]. Isto sem embargo de os seus associados gozarem sempre de legitimidade popular, isoladamente ou em grupo, na sua veste de cidadãos no gozo dos seus direitos civis.

As ONGAs agem a título principal e a título cautelar, tanto na jurisdição comum como na administrativa. Podem pedir a correcção e cessação de actividades lesivas, a reparação de danos ecológicos, e a punição, penal e contra-ordenacional dos infractores de normas de protecção jusambientais[174]. Nas suas intervenções processuais, as ONGAs gozam de isenção de preparos e custas, nos termos do artigo 11.º/2 da LONGAs. Esta disposição prevalece, no que toca às ONGAs, sobre o artigo 20.º da LAP, que estabelece idêntica isenção em sede de preparos mas não exime totalmente o autor popular do pagamento de custas, em caso de decaimento.

---

[173] Saliente-se que esta restrição é, na prática, facilmente contornada devido à amplitude da noção de ambiente que decorre, desde logo, da Lei Fundamental. A própria LONGAs considera associação de defesa do ambiente "a defesa e valorização do património natural e construído, bem como a conservação da Natureza" (artigo 2.º/1). Ou seja, ressalvadas restrições decorrentes de definições estatutárias geográfica e/ou materialmente determinadas (*v.g.*, *A raposinha matreira* – Associação de protecção das raposas da Beira Interior; *ANIMAL* – Associação de defesa dos animais), a natureza dos bens ambientais presta-se a uma difusão do interesse procedimental e processual que tende a esbater a relevância do artigo 3.º/b) da LAP.

[174] No âmbito do procedimento contra-ordenacional, as ONGAs desenvolvem ainda um importante papel de *amicus curia,* na medida em que podem apresentar pareceres técnicos, sugestões de exames e quaisquer outras diligências probatórias tendentes à caracterização da infracção – artigo 10.º/d), *in fine*, da LONGAs.

7.3. A INEXISTÊNCIA DE MEIOS DE TUTELA CONTENCIOSA AMBIENTAL ESPECÍFICOS

Quando, em 1987, o legislador da LBA nela inseriu o artigo 42.º tinha concerteza em mente a criação de um meio (processual? procedimental?) especificamente dedicado à tutela ambiental. Porém, a letra traiu-lhe as intenções, tendo na verdade gerado um enigma. É que, por um lado, nem o "embargo administrativo" é um processo, mas sim um procedimento (cfr. os artigos 102.º e 103.º do DL 555/99, de 16 de Dezembro, na redacção que lhe foi dada pela Lei 60/07, de 4 de Setembro); nem, enquanto procedimento, é suficiente para sustar a grande maioria das ofensas ao ambiente (como se *embarga* uma emissão poluente?...). Por outro lado, se a LBA se reportar a um meio processual, será ao embargo de obra nova (artigos 412.º a 420.º do CPC)[175], que identicamente se afigura curto para atalhar à consumação de um vasto leque de danos ecológicos. Como a norma nunca logrou concretização, a doutrina afadigou-se na busca de um sentido útil para o artigo 42.º da LBA.

Já noutro local recenseámos estas tentativas[176], pelo que nos eximiremos de reatar aqui tais considerações, de resto infrutíferas. O que nos parece relevante ressaltar neste ponto é o seguinte:

i) A intenção do artigo 42.º da LBA é apontar caminhos processuais especialmente céleres de defesa dos interesses ecológicos. Esses meios consubstanciar-se-ão em providências cautelares, especificadas e não especificadas, consoante as concretas necessidades de tutela;

ii) A alteração do artigo 45.º da LBA pela Lei 13/02, de 19 de Fevereiro, já recenseada em **7.1.**, veio abrir as portas do contencioso administrativo aos litígios ambientais, sempre que revistam natureza jusadministrativa. Assim, é hoje claro que, nem o artigo 42.º da LBA se reporta exclusivamente ao embargo de obra nova, nem a justiça cautelar ambiental se circunscreve ao contencioso comum. Daqui resulta que a providência cautelar (ou as providências cautelares) a seleccionar para atalhar à consumação de um dano ecológico, ou para minorar os seus efeitos, tanto

---

[175] Neste sentido se pronunciava Diogo FREITAS DO AMARAL, **Análise preliminar**..., *cit.*, p. 50.

[176] Cfr. Carla AMADO GOMES, **As operações materiais administrativas e o Direito do Ambiente,** 1.ª ed., Lisboa, 1999, pp. 60-63 (e bibliografia citada).

pode residir no CPC como no CPTA, ou seja, pode sediar-se nos artigos 381.º e segs do CPC, ou nos artigos 112.º e segs do CPTA.

Por outras palavras, o artigo 42.º é uma norma puramente remissiva para um dos foros possíveis de apreciação do litígio, os quais aplicarão as providências cautelares adequadas e suficientes à garantia da utilidade da decisão final. Com isto fica demonstrada a inexistência de meios processuais urgentes específicos para tutela do ambiente.

Resta saber se, à semelhança do que o legislador tentou fazer em sede de contencioso urbanístico (vide o artigo 69.º do DL 555/99, de 16 de Dezembro, alterado e republicado pela Lei 60/07, de 4 de Setembro)[177], o contencioso ambiental não poderia acolher um processo urgente, da iniciativa do Ministério Público, envolvendo um efeito suspensivo automático (logo, não sujeito ao levantamento na sequência de invocação de lesão do interesse público a que alude o artigo 128.º do CPTA – mas passível de contraditório no âmbito do processo), para atalhar a actuações, públicas e privadas, especialmente gravosas para o ambiente. A entrega da iniciativa processual ao Ministério Público constituiria um selo de garantia relativamente à seriedade da pretensão, e a tramitação urgente poderia obviar a situações de facto consumado de difícil retroversão.

7.4. A COMPLEXIDADE DA REVISÃO DE DECISÕES DE AVALIAÇÃO E GESTÃO DO RISCO PELO JULGADOR

Uma das maiores dificuldades com que o juiz se defronta no contencioso ambiental traduz-se na revisão das decisões administrativas em zonas de incerteza. Sendo certo que a avaliação do risco é tendencialmente objectiva, remetida para juízos técnicos baseados em directivas de autovinculação ou em pareceres de comissões de peritos, restando ao julgador lançar pedidos de ajuda a entidades externas para confirmarem ou infirmarem os elementos que estruturam a decisão, não é menos verdade que a

---

[177] A alusão a uma "tentativa" deve-se a que, em nossa opinião, os objectivos do legislador não foram plenamente alcançados com o regime plasmado no artigo 69.º. Para mais desenvolvimentos, veja-se o nosso **A tutela urgente no Direito do Urbanismo: algumas questões**, in *Textos dispersos de Direito do Património Cultural e de Direito do Urbanismo*, Lisboa, 2008, pp. 183 segs, 226-227.

margem de ponderação que a gestão do risco implica deverá ficar fora da alçada do juiz, sob pena de penetração intolerável no núcleo intangível da função administrativa.

Esta dupla afirmação impõe desenvolvimentos. Por um lado, no que tange a confirmação de juízos técnicos de avaliação do risco, deve sublinhar-se, em primeiro lugar, que a convocação de peritos pelo juiz só deve ocorrer quando a lide configure, tal como lhe é apresentada, um contraditório quanto a uma valoração técnica de determinados pressupostos fácticos (e não uma pura invocação de juízos de existência desacompanhados de qualquer revestimento avaliativo) – embora a mera suscitação da dúvida possa levar o juiz, no limite, a convocar oficiosamente a intervenção de peritos para o esclarecer sobre os fundamentos da caracterização do risco, em nome do princípio do inquisitório (cfr. o artigo 579.º do Código do Processo Civil, subsidiariamente aplicável ao contencioso administrativo por força do disposto no artigo 1.º CPTA). Em segundo lugar, deve realçar-se que a admissibilidade de contraditório pericial há-de ser admitida ainda que a prova oferecida pelo réu (sobre quem pesará, por força da inversão do ónus da prova propiciada pelo princípio da prevenção, tal encargo) se baseie na opinião maioritária sobre o factor de risco em análise[178]. Em terceiro lugar, por fim, urge frisar que a inversão do ónus da prova a cargo do réu (presumível lesante, actual ou potencial) não significa que este deva comprovar a ausência total de risco, mas tão só que convença o julgador de que, à luz dos melhores conhecimentos disponíveis, este é residual ou totalmente imprevisível.

Trata-se, no fundo, de extrair da lógica de prevenção alargada – ou da prevenção entendida enquanto técnica de antecipação de riscos – garantias

---

[178] Cfr. a evolução da jurisprudência do *Supreme Court* norte-americano, que começou por admitir apenas provas científicas baseadas na "general acceptance in the particular field in which it belongs" (decisão *Frye*, 1923), para passar a aceitar, com a decisão *Daubert* (1993), opiniões minoritárias sobre a questão científica em análise, desde que "relevant" and reliable". Para admitir uma contra-prova da teoria geralmente aceite, o tribunal deve atestar da idoneidade da metodologia adoptada pelos contra-peritos, baseando-se para tal num teste assente em cinco premissas:

– a teoria foi sujeita a testes extra-laboratoriais?
– a teoria foi avaliada por pares e publicitada em publicações da especialidade?
– a teoria admite margens de erro?
– a teoria contempla técnicas de controlo de resultados?
– a teoria merece aceitação no seio da comunidade científica?

de idoneidade metodológica. Não basta, para justificar a concessão de uma medida cautelar ou a condenação em responsabilidade por facto ilícito, invocar a existência de um risco como "facto notório"[179] ou apelar à fundamentação da pretensão numa corrente científica minoritária ou maioritária – é imperativo atestar a solidez e a credibilidade da teoria junto do julgador. O contencioso do risco é primordialmente um contencioso de *legitimação das bases da decisão sobre o risco a partir de teorias plausíveis,* não necessariamente irrefutáveis.

Por outro lado, no que concerne à revisibilidade da ponderação administrativa vertida na conformação dos direitos e deveres dos operadores, a questão resume-se ao problema do controlo da margem de livre decisão. Naquilo que a decisão sobre o risco contiver de juízo de prognose sobre pressupostos abertos à dúvida (*v.g.*, autorizações de pesca de espécie com índices de regeneração muito próximos dos mínimos concedidas a pescadores que dessa actividade retiram o seu sustento), o tribunal não deve ultrapassar a fronteira do controlo pela negativa, ou seja, da não desnecessidade, da não inadequação, da não intolerabilidade da decisão administrativa em face do concreto quadro de protecção de interesses e valores que se lhe apresenta. Vectores como a imparcialidade e a proporcionalidade afiguram-se decisivos simultaneamente como parâmetros de validade interna da decisão administrativa e de limites de admissibilidade aos poderes de revisão do julgador.

O controlo jurisdicional da margem de livre decisão, quer no que se refere à eleição da opção técnica, quer no tocante ao exercício de prognoses de valoração da incerteza em função dos interesses em presença, é admissível apenas a título de verificação da plausibilidade da decisão (uma espécie de *mínimo de objectividade exigível*[180]) por confronto com o *iter* decisório exposto na fundamentação e passível de reconstrução a partir da consulta aos elementos do procedimento[181]. O juiz deve, sublinha

---

[179] Como sucedeu no Anotação ao Acórdão do TCA Norte de 29 de Março de 2007 (proc. 758/06.3BECBR), por nós anotado nos *CJA*, n.º 63, 2007, pp. 55 segs: *And now something completely different*: **A co-incineração nas malhas da precaução.**

[180] Na expressão de AFONSO QUEIRÓ, **Lições de Direito Administrativo**, I, polic. Coimbra, 1976, p. 583. Veja-se também J. LUCAS CARDOSO, **Do problema dos conceitos indeterminados em Direito Administrativo**, *in Revista Polis*, n.º 1, 1994, pp. 11 segs, 39 segs.

[181] Cfr. Wolfgang Rüdiger BREUER, **Gerichtliche Kontrolle der Technik,** *in NVwZ*, 1988/2, pp. 104 segs, 113.

BREUER, quedar-se dentro das "fronteiras da substituibilidade da decisão"[182]. É, portanto, de rejeitar que refaça o juízo ponderativo da Administração Pública, embora se lhe deva reconhecer, no contexto da sua função de controlo de validade da decisão, a possibilidade de analisar a correcção abstracta de aplicação dos parâmetros de proporcionalidade[183].

A auto-contenção exigida do juiz é fortemente posta à prova pelos arautos do activismo judicial induzido pelo "princípio da precaução". O julgador ver-se-ia investido, com base nesta máxima, na faculdade – ou mesmo obrigação – de rectificar as escolhas de gestão do risco realizadas pela Administração, podendo reduzir a zero a hipótese de risco em nome da relevância dos bens (ambientais ou humanos) a salvaguardar com base em dúvidas pouco sustentadas. Cumpre chamar aqui à colação a jurisprudência *Wyhl* (1985)[184], do Tribunal Constitucional alemão, onde fixou a obrigação de prevenção do risco até ao limite da impossibilidade *prática* de exclusão.

Assim, de acordo com o *Bundesverfassungsgericht*, a prevenção de riscos não deve ficar limitada pela necessidade de verificação de um nexo de causalidade entre facto e dano hipotético, mas deve ir mais além, estendendo-se a uma suspeita de perigo ou a uma potencial fonte de receio (*Gefahrenverdacht oder Besorgnispotential*)[185]. No exercício das suas competências de prevenção de riscos (no caso, no âmbito da *Atomgesetz*), a Administração deve ter em consideração, não apenas os dados científicos objecto de consenso na comunidade científica, mas também todas as opiniões que revistam um mínimo de solidez e credibilidade (*alle vertretbaren wissenschaftlichen Erkenntnisse in Erwägung ziehen*)[186]. Bem assim como o julgador, que deverá ancorar o seu julgamento revisivo da análise administrativa em opiniões cientificamente sustentadas, mesmo que minoritárias (desde que plausíveis), sendo-lhe vedado apelar a "fantasmas de risco, numa construção puramente intelectual"[187].

---

[182] Wolfgang Rüdiger BREUER, **Ausbau des Individualschutzes gegen Umweltbelastungen als Aufgabe des öffentlichen Rechts**, *in DVBl*, 1986, Heft 17, pp. 849 segs, 858.

[183] Wolfgang Rüdiger BREUER, **Gerichtliche...**, *cit.*, p. 111; Dieter CZAJKA, **Der Stand von Wissenschaft und Technik als Gegenstand richtlicher Sachaufklärung**, *in DÖV*, 1982/3, pp. 99 segs, 108.

[184] Decisão de 19 de Dezembro de 1985 (*Wyhl*), *in Entscheidungen des Bundesverfassungsgerichts*, Band 72, pp. 300 segs.

[185] Decisão *Wyhl*, *cit.*, p. 315.

[186] Decisão *Wyhl*, *cit.*, p. 316.

[187] C. NOIVILLE, **Principe...**, *cit.*, p. 276.

7.5. A MAIS VALIA DOS PROCESSOS URGENTES

Ciente de que a celeridade processual constitui um factor decisivo na protecção do interesse ambiental, dada a fragilidade da grande maioria dos bens que o integram (*maxime*, se não regeneráveis), o legislador tentou, no artigo 42.º da LBA, forjar uma via processual específica. A falta de concretização do preceito não tolhe, como vimos, a efectivação da tutela contenciosa por outras formas.

7.5.1. As providências cautelares do CPC e do CPTA

Não cabe na economia deste texto a análise detida das providências cautelares. Limitar-nos-emos a deixar algumas notas sobre a sua utilidade para a tutela efectiva do interesse ambiental.

Em primeiro lugar, deve sublinhar-se o carácter acessório e provisório das providências cautelares. As providências visam salvaguardar o efeito útil de um processo principal, pelo que, se forem concedidas, o requerente fica com o ónus de propor acção principal sob pena de caducidade da decisão cautelar [cfr. os artigos 383.º/1 e 389.º/1/a) do CPC; 113.º/1 e 123.º do CPTA]. A sua concessão verte-se na regulação interina do litígio, podendo traduzir-se numa conservação do estado de partida da relação controvertida ou numa antecipação do estado de chegada daquela (cfr. os artigos 381.º/1 do CPC; 112.º/1 do CPTA). São processos formalmente autónomos, podendo ser intentados antes, quando ou durante a instauração da acção principal, correndo por apenso a esta (cfr. os artigos 383.º/2 do CPC; 113.º/2 e 3 do CPTA).

Em segundo lugar, cumpre relembrar o princípio da preferência das providências especificadas face às não especificadas (cfr. os artigos 383.º/3 do CPC; 112.º/2 do CPTA). Por uma questão de adequação formal, e de facilitação do trabalho do juiz, sempre que uma providência existente e regulamentada assegurar tutela eficaz para a pretensão do requerente, é essa que deve escolher-se. Isto não significa que acoplada a ela não possam estar outras, especificadas e não especificadas, desde que a situação o justifique e mesmo que a parte o não requeira (cfr. o artigo 392.º/3 do CPC; 120.º/3 do CPTA). Face à dupla subsidiariedade que se verifica neste domínio, fruto da remissão constante do artigo 112.º/2 do CPTA para as providências especificadas do CPC[188], entendemos que deverá verificar-se, em primeiro lugar, se existe providência especificada no CPC, com as devidas adaptações; depois, e na negativa, se existe providência especificada no CPTA; finalmente, realizada esta análise, aplicar uma providência não especificada, construída dentro do "espírito" do contencioso administrativo.

Em terceiro lugar, convém sublinhar o princípio da interferência mínima que impera nesta sede, e que impõe a ponderação entre a lesão que a providência causará ao requerido e o benefício que proporcionará ao requerente – que, recorde-se, poderá ser o Ministério Público ou um qualquer autor investido em legitimidade popular. Quer o CPC (no artigo 387.º/2), quer o CPTA (no artigo 120.º/2) insistem neste ponto, precisamente porque se trata da administração de justiça provisória, com base numa apreciação perfunctória dos factos, o que potencia a margem de erro.

A urgência que pressupõe a solicitação (e concessão) das providências cautelares traduz-se: na acentuada redução de prazos de tramitação e decisão; em que o juiz deve preferir a sua apreciação sobre os restantes processos; e no facto de correrem em férias (cfr. os artigos 144.º/1 e 382.º do CPC; 36.º/1/e) e n.º 2 do CPTA). No processo administrativo, as providências cautelares partilham a natureza urgente com as impugnações (do contencioso eleitoral e pré-contratual: artigos 97.º a 99.º, e 100.º a 103.º do CPTA) e com as intimações (para prestação de informações, consulta de processos e passagem de certidões, e para protecção de direitos, liberdades e garantias: artigos 104.º a 108.º, e 109.º a 111.º do CPTA). No âmbito do contencioso ambiental, as impugnações revelam-se despiciendas.

No contexto das providências especificadas do CPC, o embargo de obra nova é a providência que se encontra melhor posicionada para atalhar a certas ofensas aos bens ambientais naturais – embora possa não bastar por si só, necessitando de complemento por providência não especificada. Disposição algo ambígua é o artigo 414.º do CPC, onde se estabelece que as obras promovidas por pessoas colectivas públicas e concessionários não podem ser embargadas "quando, por o litígio se reportar a uma relação jurídica-administrativa, a defesa dos direitos ou interesses lesados se deva efectivar através dos meios previstos na lei de processo administrativo contencioso".

---

[188] Sobre o sentido e alcance desta norma, veja-se Carla AMADO GOMES, **A tutela urgente...**, *cit.*, pp. 205-206.

Julgamos que o que o legislador pretende afirmar é a tendencial suficiência do contencioso administrativo para reger certos litígios que envolvam obras ilegais, nomeadamente a suspensão de eficácia do acto (autorizativo) administrativo. Não deve esquecer-se, contudo, que a maior parte das obras levadas a cabo por entidades públicas está isenta de licença (cfr. o artigo 7.º do DL 555/99, de 16 de Dezembro, na redacção que lhe foi dada pela Lei 60/07, de 4 de Setembro), o que inviabilizará o pedido de suspensão (nesse concreto contexto subjectivo) e determinará a preferência pelo embargo, sobretudo na sua vertente informal e ultra-rápida de embargo extrajudicial (artigo 412.º do CPC) –, a requerer junto dos tribunais administrativos.

Quanto ao contencioso administrativo, e no que toca a providências especificadas, quer a suspensão da eficácia de actos (artigos 128.º e 129.º do CPTA), quer de normas imediatamente exequíveis (artigo 130.º), pode ser de grande utilidade para a defesa do interesse ecológico. Pense-se, de uma banda, na suspensão de actos autorizativos – a qual, nos termos do artigo 128.º/1 do CPTA, decorre imediatamente da citação da entidade administrativa que os emitiu e prevalece até tomada de posição desta no sentido da necessidade de dar continuação à execução, em nome de imperativos de interesse público –, que pode levar o juiz a impedir a continuação de utilização de um título ilegalmente obtido. Imagine-se, de outra banda, uma norma constante de um plano especial que admite formas de aproveitamento de um espaço protegido com prejuízo da integridade dos seus componentes. Acrescente-se que, nos termos do artigo 131.º do CPTA, em casos de "especial urgência", o requerente pode solicitar ao juiz administrativo o decretamento provisório da providência, a decidir num prazo de 48 horas e com audição do requerido "por qualquer meio" (n.º 2)[189].

A especial fragilidade dos bens ambientais naturais poderia fazer crer num automatismo da concessão da tutela cautelar. Na verdade, não é assim, cumprindo aplicar-se os critérios de ponderação constantes dos artigos 387.º/2 do CPC, e 120.º/2 do CPTA, devendo o julgador adoptar uma posição particularmente exigente face a pedidos de natureza antecipatória[190].

---

[189] Note-se que esta decisão, como o próprio nome indica, é provisória – ou seja, está sujeita a confirmação ou alteração do juiz no momento em que decreta (ou não) a medida cautelar a título definitivo (cfr. o n.º 6 do dispositivo citado no texto).
[190] Uma síntese dos limites do "amplo poder de polícia judiciária" do juiz cautelar em sede de providências antecipatórias pode ver-se no Acórdão do Tribunal Central Admi-

Não será de afastar, decerto, uma tendência para subalternizar interesses económicos em razão de interesses ambientais, em razão da insubstituibilidade destes. Mas tal "preferência" deverá assentar numa prova minimamente credível da gravidade (ou mesmo irreversibilidade) da lesão em caso de continuidade da actuação do requerido, sob pena de parcialidade do julgador e violação do princípio da proporcionalidade que norteia a concessão das providências.

Argumento especialmente adequado a proporcionar uma tutela cautelar célere é o critério da evidência acolhido pela alínea a) do n.º 1 do artigo 120.º do CPTA, que configuraria uma situação de decretamento quase automático da providência. Conforme se lê no Acórdão do Tribunal Central Administrativo Norte de 10 de Abril de 2008 (proc. 00617/07.2BEBRG),

"O critério legal é o do carácter evidente da procedência da acção, designadamente por manifesta ilegalidade do acto, que se impõe para lá de qualquer dúvida razoável (e não seja fruto apenas de uma impressão do julgador), e que se impõe à primeira vista, ou melhor, sumária e perfunctoriamente, sem necessidade das indagações jurídicas próprias de um processo principal.

Trata-se de casos de ilegalidade ostensiva, que justificam, por conseguinte, que o juízo de proporcionalidade quanto à decisão de emissão da medida cautelar se constranja perante a exigência de reposição da legalidade".

Impõe-se, todavia, caracterizar a "manifesta ilegalidade", a qual é assimilada, pelo mesmo tribunal[191], à violação de preceitos materiais que a lei comine com a nulidade. Os vícios formais (ou a grande maioria) tendem a escapar a esta delimitação, uma vez que podem ser supridos posteriormente à prática do acto[192], tornando inútil e mesmo contraproducente a intervenção do Tribunal, em homenagem a uma lógica de aproveita-

---

nistrativo Sul de 14 de Setembro de 2004 (proc. 00251/04), decidindo o recurso interposto pela Câmara Municipal de Lisboa da decisão de primeira instância que mandou suspender as obras do Túnel do Marquês e promover a realização de um procedimento de avaliação de impacto ambiental [**Do Direito, D) 2.**)].

[191] Em Acórdão de 20 de Janeiro de 2005, proc. 1314/04.6BEPRT.

[192] Nas palavras do Tribunal no acórdão citado na nota anterior,

"Existem vícios formais com potência invalidante que, pela menor importância da forma ou por motivos de economia de actos públicos, possibilitam ao juiz recusar a anulação, declarando a irrelevância do vício, ou realizar o aproveitamento do acto".

mento do acto (ou sanação retroactiva do mesmo). Posição que, em bom rigor, terá mais consequências no plano das acções principais do que nas cautelares – nestas apenas inviabiliza a utilização da alínea a) do preceito citado, não excluindo (teoricamente) a concessão de tutela provisória com outra base.

7.5.2. As intimações do CPTA

Como assinalámos, as intimações ínsitas no CPTA partilham com as providências cautelares a natureza de processos urgentes [cfr. o artigo 36.º/1/c) e d)]. Vejamos rapidamente que potencialidades revelam no contencioso ambiental.

7.5.2.1. A imprestabilidade da intimação para protecção de direitos, liberdades e garantias em sede ambiental (artigos 109.º segs)

A intimação acolhida nos artigos 109.º a 111.º do CPTA constitui uma das novidades mais marcantes do CPTA. Sobre ela já nos detivemos mais que uma vez[193]; daí que nos eximamos, neste local, de tecer considerações sobre o sentido e alcance do meio urgente dedicado à tutela especialmente célere de direitos, liberdades e garantias e passemos a realçar a sua reduzida utilidade em sede de protecção do ambiente[194].

Devemos sublinhar que esta posição radica directamente na nossa compreensão do objecto do Direito do Ambiente e na negação da autonomia do *direito ao ambiente*. Quando intenta com sucesso uma intimação

---

[193] Carla AMADO GOMES, **Pretexto, contexto e texto da intimação para protecção de direitos, liberdades e garantias,** in *Estudos em homenagem ao Prof. Doutor Inocêncio Galvão Telles*, V, Coimbra, 2003, pp. 541 segs; *idem*, **Contra uma interpretação demasiado conforme à Constituição do artigo 109.º/1 do CPTA,** in *Estudos Jurídicos e Económicos em homenagem ao Prof. Doutor António de Sousa Franco*, I, Lisboa, 2006, pp. 391 segs.

[194] Por último sobre o alcance da acção prevista no artigo 109.º do CPTA, Jorge REIS NOVAIS, **"Direito, liberdade ou garantia": uma noção imprestável na justiça administrativa?,** Anotação ao Acórdão do TCA Sul de 6 de Junho de 2007, in *CJA*, n.º 73, 2009, pp. 48 segs (fazendo tábua rasa das categorias formais e defendendo os critérios da determinabilidade e justiciabilidade da posição jurídica em causa).

nos termos do artigo 109.º do CPTA, o requerente fica investido no direito de exigir da entidade agressora uma conduta, activa ou omissiva, de conteúdo conformado pela pretensão subjectiva que reclama. Ora, no âmbito dos interesses de fruição de bens colectivos, não existem verdadeiros direitos a pretensões individualizadas, mas tão só interesses de facto de conteúdo subjectivamente indeterminável (em razão da inapropriabilidade de tais bens)[195].

Não podemos, assim, deixar de manifestar a nossa discordância com a posição de VIEIRA DE ANDRADE, quando se pronuncia no sentido da admissibilidade da acção popular, inclusivamente por iniciativa do Ministério Público, no âmbito da defesa de bens colectivos tais como o ambiente, a saúde pública, o ordenamento do território[196]. Nas palavras do Autor, a legitimidade concretizar-se-ia "desde que tal respeite a disponibilidade legítima dos direitos pelos respectivos titulares". Ora, salvo o muito devido respeito, ou se trata de pretensões jurídicas individualizadas, tais como o direito à vida, à integridade física, ao repouso, ou mesmo de propriedade – e caberá lançar mão da intimação, uma vez verificados os pressupostos da urgência e indispensabilidade; ou, em contrapartida, estamos perante interesses de fruição de bens colectivos – aos quais não correspondem prestações universais e individualizadas[197].

Assim, com vista à prevenção de lesões graves nos bens de fruição colectiva que suportam os interesses ecológicos, valem os mecanismos de tutela cautelar, potenciados pela possibilidade de decretamento provisório baseada em "especial urgência" e, por outro lado, eventualmente *sumarizados* nos termos e com os limites estabelecidos no artigo 121.º do CPTA,

---

[195] Veja-se, para o domínio do ambiente, o nosso **O direito ao ambiente no Brasil: um olhar português**, in *Estudos em homenagem ao Prof. Doutor J. Silva Cunha*, Coimbra, 2005, pp. 159 segs.

[196] José Carlos VIEIRA DE ANDRADE, **A protecção dos direitos fundamentais na justiça administrativa reformada**, in *Revista de Legislação e Jurisprudência*, n.º 3929, 2001, pp. 226 segs, 230. Neste sentido, veja-se também Sofia DAVID, **Das intimações**, Coimbra, 2005, p. 126.

[197] Vejam-se os exemplos avançados por Isabel FONSECA (**O processo cautelar comum no novo contencioso administrativo: por novos caminhos de tempo dividido**, in *Scientia Iuridica*, n.º 299, 2004, pp. 237 segs, 285-286) – que mais não são do que situações de lesão invidualizada de direitos de carácter pessoal (embora, no segundo caso, a tutela ambiental *stricto sensu* se obtenha, por forma mediata) –, no contexto da utilização do mecanismo previsto no artigo 121.º do CPTA, por referência a hipóteses susceptíveis de integrar o âmbito de protecção do artigo 109.º do CPTA.

em conjugação com o artigo 120.°/1/a) do CPTA, naquilo que já qualificámos como uma espécie de *via verde*[198]. Sublinhe-se, todavia, que a intimação para protecção de direitos, liberdades e garantias poderá traduzir-se numa via de tutela mediata do equilíbrio ecológico, sempre que o requerente, ao pretender fazer cessar uma conduta, jurídica ou material, lesiva dos seus direitos à integridade física ou psíquica, obtenha também, reflexa e involuntariamente, um resultado favorável à reposição daquele equilíbrio.

7.5.2.2. A utilidade da intimação para prestação de informações, consulta de processos e emissão de certidões (artigos 104.° e segs)

A intimação prevista nos artigos 104.° e segs tem um campo de utilização óbvio no contexto ambiental que se prende, precisamente, com a prestação de informação ambiental retida pela Administração e não fornecida mesmo após a intervenção da Comissão de Acesso à Documentação administrativa, nos termos do artigo 15.° da Lei 46/07, de 24 de Agosto, por remissão do artigo 14.°/2 da LAIA. Sendo bem patentes os fundamentos de indeferimento do pedido de acesso à informação no artigo 11.°/6 da LAIA, o requerente pode propor uma intimação quando veja ilegalmente sonegado o seu direito, independentemente de querer vir a fazer uso da acção administrativa, comum ou especial, para questionar actuações informais, actos materiais ou actos administrativos que lesem ou ameacem lesar o ambiente.

A utilização deste meio, salvo se outra coisa resultar de lei especial, pressupõe a urgência na satisfação do pedido do requerente. Deve ser apresentada até ao limite de 20 dias: ou após o decurso do prazo para prestação da informação; ou após o indeferimento do pedido; ou na sequência de deferimento parcial (artigo 105.° do CPTA). A entidade requerida tem 10 dias para responder (artigo 107.°/1 do CPTA) e, após a eventual realização de alguma diligência que o juiz entenda necessária, a decisão é proferida. Se for favorável, a entidade dispõe de um prazo nunca superior a 10 dias para conceder a informação, sob pena de aplicação de sanções pecuniárias compulsórias e do apuramento de responsabilidades, disciplinar e criminal (artigo 108.° do CPTA).

---

[198] Carla AMADO GOMES, **O regresso de Ulisses: um olhar sobre o novo sistema de protecção cautelar no contencioso administrativo**, *in CJA,* n.° 39, 2003, pp. 3 segs, 12.

Este não é, todavia, o único préstimo deste meio processual especialmente rápido para satisfazer pretensões procedimentais. Conforme referimos em § **5.º, 5.2.1.**, o legislador urdiu um mecanismo de certificação da prática de actos de deferimento tácito em sede de licenciamento ambiental que implica o recurso à intimação (cfr. o artigo 22.º/2, por remissão para o artigo 17.º, ambos do RLA). A intimação surge aqui como a via mais célere de obter a comprovação do acto tácito, não havendo que lançar mão da acção administrativa especial para condenação à prática de acto legalmente devido uma vez que a decisão – ficcionada... – pré-existe[199].

---

[199] Ao contrário, será a acção administrativa especial a via adequada para obter a condenação da Administração a praticar o acto de indeferimento expresso que resulta da impossibilidade de formação de indeferimento tácito, nos casos previstos no artigo 16.º/6 do RLA. Caso a Administração não tome posição, mas não haja base de formação do acto tácito positivo, o operador poderá ter interesse em provocar a prática do acto de indeferimento, para poder então sindicar a sua validade junto dos tribunais.

BIBLIOGRAFIA

A nota bibliográfica que se segue não pretende reunir as referências incluídas nas notas de rodapé, antes visando fornecer um quadro de leituras úteis no contexto de uma introdução a temas da Teoria Geral do Direito do Ambiente, em Portugal e no plano comparado.

AA.VV., Actas das Jornadas de Direito do Ambiente – *O que há de novo no Direito do Ambiente?*, Faculdade de Direito de Lisboa, 15 de Outubro de 2008, org. de Carla Amado Gomes e Tiago Antunes, Lisboa, 2009

AMADO GOMES, Carla,
- Textos dispersos de Direito do Ambiente, I, 1.ª reimp., Lisboa, 2008
- Textos dispersos de Direito do Ambiente (e matérias relacionadas), II, Lisboa, 2008
- Risco e modificação do acto autorizativo concretizador de deveres de protecção do ambiente, Coimbra, 2007

ANTUNES, Tiago,
- O ambiente entre o Direito e a Técnica, Lisboa, 2003
- Ambiente: um direito, mas também um dever, *in Estudos em memória do Professor Doutor António Marques dos Santos,* II, Coimbra, 2005, pp. 645 segs
- O comércio de emissões poluentes à luz da Constituição da República Portuguesa, Lisboa, 2006
- Agilizar ou mercantilizar? O recurso a instrumentos de mercado pela Administração Pública – Implicações e consequências, *in Estudos Jurídicos e Económicos em homenagem ao Prof. Doutor António Sousa Franco,* III, Lisboa, 2006, pp. 1059 segs
- The use of market-based instruments in Environmental Law (a brief European – American comparative perspective), no prelo

ARAGÃO, Maria Alexandra,
- Considerações sobre a interpretação e o efeito nacional do Direito Comunitário para a protecção das aves e dos seus *habitats*. A propósito da localização da nova ponte sobre o Tejo em Lisboa, *in RJUA*, n.º 4, 1995, pp. 83 segs

- O princípio do poluidor pagador. Pedra angular da política comunitária do ambiente, Coimbra, 1997
- O novo regime da AIA: avaliação de previsíveis impactes legislativos, *in CEDOUA*, 2000, n.º 1, pp. 71 segs (em co-autoria com José Eduardo FIGUEIREDO DIAS)

BELL, Stuart, e McGILLIVRAY, Donald, Environmental Law, 6.ª ed., Oxford, 2006

COLAÇO ANTUNES, Luís Filipe,
- A tutela dos interesses difusos em Direito Administrativo: para uma legitimação procedimental, Coimbra, 1989
- Para uma noção jurídica de ambiente, *in SJ*, 1992, n.ºs 235/237, pp. 77 segs
- O direito do ambiente como Direito da complexidade, *in RJUA*, n.º 10, 1998, pp. 39 segs

CROSETI, Alessandro, Diritto dell'ambiente, 2.ª ed., Roma, 2003

DI FABIO, Udo, Risikoentscheidungen im Rechtstaat, Tübingen, 1994

DIAS GARCIA, Maria da Glória, O lugar do Direito na protecção do Ambiente, Coimbra, 2007

ESTEVE PARDO, José,
- Técnica, riesgo y Derecho. Tratamiento del riesgo ecológico en el Derecho Ambiental, Barcelona, 1999
- Derecho del medio ambiente, Madrid/Barcelona, 2005

FIGUEIREDO DIAS, José Eduardo,
- Tutela ambiental e contencioso administrativo (Da legitimidade processual e suas consequências), Coimbra, 1997
- A suspensão da eficácia e a polissemia da noção de interesse público: um salto em frente na protecção cautelar do ambiente, Anotação ao Acórdão do STA, I, de 17 de Setembro de 1996, *in CJA*, n.º 7, 1998, pp. 10 segs
- O novo regime da AIA: avaliação de previsíveis impactes legislativos, *in CEDOUA*, 2000/1, pp. 71 segs (em co-autoria com Alexandra ARAGÃO)
- A licença ambiental no novo regime da PCIP, *in CEDOUA*, 2001/1, pp. 65 segs
- Que estratégia para o direito ambiental norte-americano do século XXI: o "cacete" ou a "cenoura"?, *in BFDUC*, 2001, pp. 291 segs

FISHER, Elizabeth, Risk regulation and administrative constitutionalism, Portland, 2007

GOMES CANOTILHO, José Joaquim,
- Procedimento administrativo e defesa do ambiente, *in RLJ*, 1990/91, n.ºs 3794 e segs
- A responsabilidade por danos ambientais – Aproximação juspublicística, *in Direito do Ambiente*, INA, 1992, pp. 397 segs
- Actos autorizativos jurídico-públicos e responsabilidade por danos ambientais, *in BFDUC*, 1993, pp. 1 segs

- Relações jurídicas poligonais, ponderação ecológica de bens e controlo judicial preventivo, *in RJUA*, n.º 1, 1994, p. 55 segs
- Protecção do ambiente e direito de propriedade (crítica de jurisprudência ambiental), Coimbra, 1995
- Privatismo, associativismo e publicismo na justiça administrativa do ambiente (as incertezas do contencioso ambiental), *in RLJ*, 1995, n.ºs 3857 a 3861
- Juridicização da ecologia ou ecologização do Direito, *in RJUA*, n.º 4, 1995, pp. 69 segs
- Constituição e "tempo ambiental", *in CEDOUA*, 1999/2, pp. 9 segs
- Estado constitucional ecológico e democracia sustentada, *in CEDOUA*, 2001/2, pp. 9 segs

GOMES CANOTILHO, José Joaquim, e MOREIRA, Vital, Anotação ao artigo 66.º, *in Constituição da República Portuguesa Anotada*, I, 4.ª ed., Coimbra, 2007, pp. 841 segs

GONZÁLEZ-CAPITEL, F. Rosembuj, El precio del aire: Análisis jurídico del mercado de derechos de emisión, Barcelona, 2005

KLOEPFER, Michael, Umweltgerichtigkeit, Berlin, 2006

KLOEPFER, Michael, Umweltrecht, 3.ª ed., München, 2004

MIRANDA, Jorge, Anotação ao artigo 66.º, *in Constituição Portuguesa Anotada*, org. de Jorge Miranda e Rui Medeiros, Coimbra, 2005, pp. 681 segs

MORATO LEITE, José Rubens, e AYALA, Patryck, O Direito Ambiental na sociedade de risco, 2.ª ed., Rio de Janeiro, 2004

PEREIRA DA SILVA, Vasco, Verde. Cor de Direito. Lições de Direito do Ambiente, Coimbra 2002

SADELEER, Nicolas de,
- Les principes du polluer-payeur, de prévention et de précaution, Bruxelas, 1999
- Les avatars du principe de précaution en Droit public, *in RFDA*, 2001/3, pp. 547 segs

SENDIM, José de Sousa, Responsabilidade civil por danos ecológicos. Da reparação do dano através da restauração natural, Coimbra, 1998

SHELTON, Dinah, e KISS, Alexandre, Judicial Handbook on Environmental Law, Hertfordshire, 2005

VON LANG, Agathe, Droit de l'Environnement, 2.ª ed., Paris, 2007

DIREITO DE POLÍCIA

Miguel Nogueira de Brito

«...aquilo a que chamamos polícia afecta de tal modo profunda e poderosamente toda a vida do Estado e do indivíduo, e limita a liberdade do último em nome do desenvolvimento do primeiro de um modo tão decisivo e ao mesmo tempo sensível, que se pode dizer que sem a mais completa clareza sobre a polícia nenhum direito público, ou pelo menos nenhum direito administrativo, pode ser encarado como algo harmónico e coerente.»
Lorenz von Stein, *Die Verwaltungslehre, Teil 4: Polizeirecht*, 2. Neudruck der Ausgabe Stuttgart 1867, Scientia Verlag, Aalen, 1975, p. 1

PARTE I
Introdução

1. CONCEITO DE POLÍCIA

1.1. Pluralidade de sentidos do conceito de polícia

A primeira grande dificuldade trazida pelo nosso tema consiste na pluralidade de significados associados à expressão "polícia". Tal pluralidade resulta, antes de mais, da diversidade do conceito de polícia nos direitos continentais de regime administrativo e nos direitos anglo-saxónicos, sendo ainda certo que existem também diferenças assinaláveis quanto ao conceito em causa entre os países susceptíveis de serem enquadrados nos direitos continentais.

Para além disso, aquela pluralidade de significados decorre ainda de ser possível, e necessário, distinguir um conceito material (ou funcional), institucional (ou orgânico), e um conceito formal de polícia. Tais conceitos não são coincidentes, nem tão pouco o são as realidades que designam. Assim, o conceito de polícia em sentido material assenta num critério respeitante ao conteúdo de um tipo de actividade do Estado ou, talvez melhor, ao respectivo objectivo. Isto significa que é indiferente, para o recorte do aludido critério material, a questão de saber quais as instituições e entidades públicas que desempenham tal tipo de actividade, ou perseguem um determinado fim. O contrário se passa quando esteja em causa o conceito institucional (ou orgânico) de polícia, uma vez que neste âmbito importa apenas averiguar se uma determinada autoridade administrativa deve ser considerada uma autoridade de polícia, sem curar de saber qual a actividade que desempenhe. Por último, o conceito formal de polícia caracteriza exclusivamente as actividades levadas a cabo pela polícia em sentido institucional, independentemente de saber se essas actividades podem ser materialmente qualificadas como sendo de polícia[1].

1.1.1. Breve nota de direito comparado

Nos direitos continentais, onde existe um Direito Administrativo ligado, na sua génese, ao modelo francês de origem napoleónica, a polícia é essencialmente encarada como um dos modos típicos da actividade administrativa; no direito anglo-saxónico, pelo contrário, a polícia era tradicionalmente apenas um sistema altamente descentralizado de forças de manutenção da ordem, tendo cada uma delas por vértice da respectiva estrutura hierárquica uma autoridade independente[2]. A ausência de um conceito funcional ou material de polícia no direito anglo-saxónico, a par de um conceito institucional ou orgânico aí claramente visível, fica a dever-se, segundo Sérvulo Correia, à inexistência na dogmática do direito administrativo inglês de uma figura como a do acto administrativo e, portanto, do acto de polícia[3].

---

[1] Cfr. Wolf-Rüdiger Schenke, *Polizei- und Ordnungsrecht*, 4. neubearbeitete Auflage, C. F. Müller Verlag, Heidelberg, 2007, n.º 1, p. 1.

[2] Existem em Inglaterra e no País de Gales 43 forças de polícia, segundo afirma Leonard Jason-Lloyd, *An Introduction to Policing and Police Powers*, 2nd edition, Cavendish Publishing, London, 2005, p. 3.

[3] Neste preciso sentido, cfr. Sérvulo Correia, "Polícia", in José Pedro Fernandes (dir.), *Dicionário Jurídico da Administração Pública*, vol. 6, 1994, p. 394.

O que acaba de ser dito não significa, muito pelo contrário, que as principais preocupações do moderno direito de polícia nas ordens jurídicas continentais não sejam também objecto de tratamento nos ordenamentos do *common law*, como adiante se verá.

Se a conceptualização dogmática do direito de polícia parece ser específica dos direitos continentais, nem por isso se podem menosprezar as apreciáveis diferenças de perspectiva que entre estes se verificam. Assim, no direito francês a noção central sobre a qual se estrutura o direito de polícia é a de ordem pública[4]. Desde a Revolução francesa, o conceito de ordem pública é definido através da trilogia da segurança pública (assegurar a passagem segura e cómoda na via pública), tranquilidade pública (reprimir os atentados à tranquilidade, como rixas e disputas com amotinação na via pública ou agrupamentos nocturnos que perturbam o repouso) e salubridade pública (fidelidade do retalho de géneros alimentícios que se vendem a peso ou à medida, salubridade dos comestíveis expostos para venda)[5]. A esta «*trilogia municipal*», assim designada porque especifica as competências da polícia municipal, acrescentam-se ainda diferentes exigências que, por si sós, podem constituir o fundamento de uma medida administrativa de polícia geral, sendo encaradas como extensões da ordem pública. São elas a moral pública (interdição de combates de boxe, proibição da prática do nudismo, encerramento de prostíbulos, interdição da exibição pública de certos filmes), o respeito da dignidade da pessoa humana (prática do lançamento de anões, interdição das «*soupes au couchon*», isto é, distribuição de refeições aos sem-abrigo à base de carne de porco, com o propósito de afastar os de confissão muçulmana), a protecção dos indivíduos contra si próprios (medidas que visam forçar os sem-abrigo, contra a sua vontade, a saírem das ruas e a dar entrada em centros de acolhimento, em caso de risco de vida, resultante de temperaturas fortemente negativas) e, finalmente, a protecção de menores (interdição de frequentar certos locais de diversão nocturna)[6]. No essencial, a noção de

---

[4] Cfr. Marie-Caroline Vincent-Legoux, *L'Ordre Public: Étude de Droit Comparé Interne*, PUF, Paris, 2001, p. 34.

[5] Cfr. Charles Édouard Minet, *Droit de la Police Administrative*, Librairie Vuibert, Paris, 2007, p. 34; Vincent Tchen, *La Notion de Police Administrative: De l'État de Droit aus Perspectives d'Évolution*, La Documentation Française, Paris, 2007, pp. 52 e ss.

[6] Cfr. Charles Édouard Minet, *Droit de la Police Administrative*, cit., pp. 37 e ss.

ordem pública do direito de polícia francês visa legitimar a possibilidade de as autoridades que são titulares de poderes de polícia restringirem as liberdades públicas e os direitos fundamentais com base em regulamentos e actos individuais.

De modo diferente, para o direito alemão o conceito básico do direito de polícia é o de perigo. A polícia em sentido material diz respeito à actividade do Estado, através da função administrativa, que visa controlar ou reagir em face de um perigo, atendendo às respectivas consequências para a ordem pública, por um lado, e para a segurança pública, por outro. Estes conceitos são empregues na legislação dos diversos *Länder*, com as principais competências na matéria, e são entendidos como verdadeiras cláusulas gerais, cabendo aos tribunais e à doutrina densificá-los[7]. Ao contrário do que sucede em França, o conceito de segurança pública não é considerado uma simples determinação da noção de ordem pública, antes se reportando a um bem social autónomo[8]. Por outro lado, ao pendor casuísta do direito de polícia francês, essencialmente construído em torno das decisões do *Conseil d'État*, opõe-se a sólida construção dogmática do direito alemão[9]. Mais questionável será, porventura, pretender que «*no desenvolvimento alemão, a burguesia não trouxe, revolucionariamente, a democracia, mas antes, através de uma progressiva adaptação das relações de poder preexistentes, o Estado de Direito. Os franceses tomaram de assalto a Bastilha; os alemães inventaram a jurisdição administrativa e o princípio da proporcionalidade*»[10]. Esta partilha entre acção e reflexão

---

[7] Cfr. Wolf-Rüdiger Schenke, *Polizei- und Ordnungsrecht*, cit., n.º 48 e ss., p. 23 e ss.; Pieroth/Schlink/Kniesel, *Polizei- und Ordnungsrecht mit Versammlungsrecht*, 4. Auflage, Verlag C. H. Beck, Munique, 2007, pp. 119-120. Como nota Baptista Machado, *Introdução ao Direito e ao Discurso Legitimador*, Almedina, Coimbra, 1983, p. 116, as cláusulas gerais exprimem-se através de conceitos indeterminados, contrapondo-se à regulamentação casuística ou tipificada das situações a regular. Característico da cláusula geral é pois a sua grande abertura, deixando bastante indefinidos os casos a que virá a aplicar--se. Ao ponto voltar-se-á adiante.

[8] Cfr. Sérvulo Correia, "Polícia", *cit.*, p. 397.

[9] Cfr. Paolo Napoli, "«Police» et «Polizei»: Deux Notions à l'Âge Libéral", in , Olivier Beaud e Patrick Wachsmann (dir.), *La Science Juridique Française et la Science Juridique Allemande de 1870 à 1918*, Presses Universitaires de Strasbourg, Strasbourg, 1997, pp. 79 e 92-93.

[10] Cfr. Pieroth/Schlink/Kniesel, *Polizei- und Ordnungsrecht mit Versammlungsrecht*, cit., pp. 6-7.

na construção do Estado moderno encontra, com efeito, um obstáculo considerável – Napoleão. Deste se pode dizer que «*alterou a face da terra – através de canhões e vitórias, mais ainda através das instituições e organização do Estado*»[11].

1.1.2. Polícia administrativa e polícia judiciária

A pluralidade de sentidos do vocábulo "polícia" e da expressão "direito de polícia" conhece ainda uma outra manifestação em todos os países integrados nos sistemas jurídicos romano-germânicos. Trata-se da distinção entre polícia judiciária e polícia administrativa, estabelecida desde os primórdios do direito administrativo francês. A polícia judiciária surge, materialmente, como uma actividade auxiliar da justiça penal; a polícia administrativa, por seu turno, visa a manutenção habitual da ordem pública[12], ou ainda a actividade de controlo de perigos e suas consequências para a ordem e segurança públicas[13]. Como seria natural esperar, é frequente que as mesmas entidades e os mesmos agentes exerçam simultaneamente competências de polícia judiciária e de polícia administrativa.

---

[11] As palavras são, convenientemente, de um autor alemão: cfr. Walter Leisner, *Napoleons Staatsgedanken auf St. Helena*, Duncker & Humblot, Berlim, 2006, p. 13.

[12] Cfr. Sérvulo Correia, "Polícia", *cit.*, p. 405; cfr., ainda, Catarina Sarmento e Castro, *A Questão das Polícias Municipais*, Coimbra Editora, Coimbra, 2003, pp. 97-104. Segundo João Raposo, *Direito Policial*, Tomo I, Almedina, Coimbra, 2006, p. 29, «a polícia judiciária é a modalidade de polícia que tem por objecto a prevenção de crimes e a investigação daqueles que, não obstante, foram cometidos, com vista à repressão da criminalidade; e a polícia administrativa, em sentido restrito, a modalidade de polícia que tem por objecto garantir a segurança de pessoas e bens, a ordem pública e os direitos dos cidadãos (polícia administrativa geral ou de segurança pública) ou assegurar a protecção de outros interesses públicos específicos, definidos por lei (polícias administrativas especiais)». Por seu turno, Charles-Édouard Minet, *Droit de la Police Administrative*, cit., p. 7, estabelece uma distinção entre os ambos os conceitos assente num critério finalista: a polícia administrativa seria essencialmente preventiva, enquanto a polícia judiciária teria um fim repressivo. Simplesmente, segundo nota Sérvulo Correia, *ob. cit.*, pp. 405-406, «*não deixa de ser um acto de polícia judiciária a detenção de malfeitores que se encontram preparados para executar um rapto, como não cessa de ser acto de polícia administrativa a dispersão de uma manifestação realizada na via pública sem preenchimento dos requisitos legais*».

[13] Cfr. Lorenz von Stein, *Die Verwaltungslehre, Teil 4: Polizeirecht*, cit., pp. 15 e ss.

A principal diferença entre as duas polícias é de regime: em regra, os actos da polícia judiciária são regulados pelo Direito Processual Penal e não pelo Direito Administrativo; o poder de direcção ou supervisão dos agentes que praticam actos de polícia judiciária é, também em princípio, exercido por um magistrado judicial ou do Ministério Público; os actos de polícia judiciária são sindicáveis nos tribunais comuns, enquanto a discussão da legalidade dos actos de polícia administrativa é travada nos tribunais administrativos[14].

Atendendo precisamente ao que acaba de ser dito, não serão incluídos no âmbito da presente exposição os modos de actuação da polícia judiciária, ainda que algumas medidas de polícia, como a identificação de pessoas, possam ser comuns a ambos os tipos de polícia[15] e ainda que a mesma actuação da polícia possa ser considerada na perspectiva da perseguição penal e da prevenção de perigos[16].

---

[14] Cfr. Sérvulo Correia, "Polícia", cit., p. 406.

[15] Com efeito, a medida de identificação surge prevista no artigo 28.º, n.º 1, alínea a), da Lei n.º 53/2008, de 29 de Agosto (Lei da Segurança Interna) e também, embora com um alcance mais restrito, no artigo 251.º do Código de Processo Penal. No primeiro caso, está em causa a «*identificação de pessoas suspeitas que se encontrem ou circulem em lugar público, aberto ao público ou sujeito a vigilância policial*»; no segundo, a identificação de suspeitos. Será necessário clarificar se o conceito de «*pessoa suspeita*» se identifica com o de suspeito. A nova Lei da Segurança Interna assume um carácter restritivo em relação à anterior, uma vez que no artigo 16.º, n.º 1, alínea b), da Lei n.º 20/87, de 12 de Junho, a medida de polícia agora em causa era definida como a «*identificação de qualquer pessoa que se encontre ou circule em lugar público ou sujeito a vigilância policial*». Seja como for, de acordo com o artigo 253.º do Código de Processo Penal, os órgãos de polícia criminal que tenham adoptado a medida de identificação, para além das restantes previstas no citado artigo 251.º, estão obrigados a elaborar um relatório onde mencionem, resumidamente, as investigações efectuadas, os resultados produzidos, a descrição dos factos apurados e as provas recolhidas. Este relatório deve, depois, ser remetido à autoridade judiciária competente (sobre o assunto, cfr. Bruno Vinga Santiago, "A Prevenção e a Investigação Criminais nos Preliminares da Acção Penal", in *Revista Portuguesa de Ciências Criminais*, Ano 17, n.º 3, Julho-Setembro de 2007, pp. 422 e ss.). Verifica-se, assim, que a medida de identificação conhece um regime, no âmbito da "polícia judiciária", mais exigente do que aquele a que se encontra submetida no seio da "polícia administrativa", em que pode ser configurada como uma medida geral de polícia (sobre a distinção legal entre medidas gerais e medidas especiais de polícia, cfr. infra § 7, ponto 2).

[16] Neste sentido, cfr. Wolf-Rüdiger Schenke, *Polizei- und Ordnungsrecht*, cit., n.º 11 e ss., p. 5.

Próxima da distinção que acaba de ser mencionada, mas dela distinta e já sem se basear na evolução histórica francesa, é aquela que aparta da polícia de segurança a polícia administrativa, em sentido estrito. No âmbito da polícia de segurança está em causa a protecção preventiva da ordem jurídica contra agressões ilegais, como sucede no âmbito da polícia de estrangeiros ou da polícia do direito de manifestação; a polícia administrativa incluiria todas as demais actividade policiais, não incluídas na polícia de segurança, nem na polícia judiciária, como por exemplo a polícia da protecção civil, dos géneros alimentares, dos edifícios, das actividades perigosas[17]. Como adiante melhor se verá, a polícia de segurança coincide largamente com a polícia em sentido orgânico, enquanto a polícia administrativa seria simplesmente constituída pelas demais actividades da polícia em sentido material ou funcional. Por outro lado, a polícia de segurança prende-se essencialmente com a responsabilidade do perturbador de acção ou comportamento; já a polícia administrativa, em sentido estrito, diz também respeito à responsabilidade do perturbador de condição[18].

1.2. POLÍCIA EM SENTIDO MATERIAL

1.2.1. Evolução histórica do conceito material de polícia

Não interessa, no presente contexto, fazer um levantamento histórico exaustivo dos usos das expressões "polícia" e "direito de polícia", mas tão só compreender a evolução dos conceitos a elas correspondentes na transição do Estado de Polícia do século XVIII para o Estado de Direito do século XIX, primeiro, e, depois, no decorrer do século XX, deste último em direcção ao Estado Social de Direito[19].

---

[17] Cfr. Otto Mayer, *Deutsches Verwaltungsrecht*, I. und II. Band, unveränderter Nachdruck der 1924 erschienenen 3. Auflage, Duncker & Humblot, Berlin, 2004, Band I, pp. 211-212; Walter Jellinek, *Verwaltungsrecht*, dritte Auflage unveränderter Neudruck, Lehrmittel Verlag, Offenburg, 1948, pp. 425-426. Otto Mayer, *ob. cit.*, p. 212, não reconhece qualquer utilidade à distinção em causa, entendimento esse que não é partilhado no texto.
[18] Sobre estes conceitos, cfr. infra § 6.
[19] De resto, como acertadamente nota Pierangelo Schiera, «*se, de facto, é indubitável a origem latina ("politia") e grega ("politeia") do termo alemão "Polizei", através da mediação provável de termos semelhantes borgonheses, italianos e franceses, não é menos*

O Estado de Polícia designa um período de desenvolvimento da ideia de Estado, sensivelmente coincidente com o absolutismo monárquico, em que as tarefas a realizar pelo monarca se deixam de limitar à administração da justiça, como sucedia na Idade Média, para passarem a incluir toda a actuação do Príncipe destinada a promover o bem-estar e a comodidade dos súbditos. Neste contexto, as tarefas do monarca no âmbito da "polícia" subordinam-se a uma ordem de valores que não está juridicamente formalizada e não pode sê-lo completamente; para além disso, a assunção de tais tarefas põe em causa a neutralidade de quem as empreende e de quem auxilia a sua prossecução[20]. Esta distinção fundamental entre as tarefas incluídas no âmbito da "polícia" e as que relevam da administração da justiça encontra-se de um modo muito claro já no *Traité des Seigneuries* de Charles Loyseau, de 1678. Aí se diz, com efeito, que «*le droict de Police consiste proprement à pouvoir faire des reglements particuliers pour tous les Citoyens de son détroit et territoire: ce qui excede la puissance d'un simple Juge, qui n'a pouvoir que de prononcer entre le demandeur et defendeur; et non pas de faire des reglements sans postulation d'aucun demandeur, ny audition d'aucun defendeur, et qui concernent et lient tout un peuple: mais ce pouvoir approche et participe devantage de la puissance du Prince, que non pas celui du Juge, attendu que les reglements sont comme loix et ordonnances particulieres, qui aussi sont appellées proprements* Edicts»[21]. Podemos afirmar que a actividade de polícia constitui uma das vias da afirmação do Estado moderno centralizado[22].

---

certo que o âmbito coberto pelo moderno conceito de "polícia" dificilmente se concilia com o antigo, em relação ao qual, pelo contrário, se coloca não como especificação, mas como superação e inversão. Partindo do significado platónico-aristotélico do termo, no sentido de ordenamento abrangente da "polis", e passando pelo conceito escolástico de "politia ordinata", que indica a composição dualista do antigo mundo cristão, a formulação conceptual da "Polizei" apresenta características realmente novas» (cfr. "A 'polícia' como síntese de ordem e de bem-estar no moderno Estado centralizado", in António Manuel Hespanha, *Poder e Instituições na Europa do Antigo Regime*, Colectânea de Textos, Fundação Calouste Gulbenkian, Lisboa, 1984, pp. 312-314).

[20] Cfr. Maria da Glória Ferreira Pinto Dias Garcia, *Da Justiça Administrativa em Portugal: Sua Origem e Evolução*, Universidade Católica Editora, Lisboa, 1994, pp. 149-151; Marcello Caetano, *Manual de Direito Administrativo*, vol. II, 9.ª ed., Almedina, Coimbra, 1980 (reimpressão), pp. 1145-1147.

[21] Cfr. Charles Loyseau, *Traité des Seigneuries*, Chap. IX, § 3, p. 47, in *Les Oeuvres de Maistre ... Avocat en Parlement. Contenant les Cinq Livres du Droit des Offices, les Traitez des Seigneuries, des Ordres & simples Dignitez, du Déguerpissement & Délaisse-*

O poder de polícia equivale assim ao poder absoluto do príncipe em epítome. As suas principais características consistem, por um lado, no reforço do poder real que agora surge como orientado à definição e determinação da boa ordenação da comunidade e à promoção do seu bem-estar e, por outro lado, na afirmação do princípio segundo o qual os fins justificam os meios – «*ius ad finem dat ius ad media*», segundo a formulação dada em 1769 por um autor alemão, von Kreittmayr[23]. O Estado de Polícia é assim um Estado de Bem-Estar, mas é também um Estado que não garante quaisquer direitos aos seus súbditos, não lhes confere vias judiciais para a protecção dos seus direitos, não conhece a separação entre poder legislativo e poder executivo. Trata-se, em suma, de um Estado que assume uma atitude paternalista em face da sociedade. E o traço específico da polícia consiste, na verdade, em promover a felicidade dos súbditos, ao mesmo tempo que se aumenta o poder do Estado[24].

Em Portugal, pode reconduzir-se à ideia de Estado de Polícia o governo do Marquês de Pombal, cabendo ainda apontar como principal exemplo, nesse contexto, de elaboração doutrinal do direito de polícia a obra de Pascoal de Melo Freire. Assim, nas *Instituitiones juris civilis Lusitaniae*, de 1789-1794, o autor inclui na designação de polícia «*as leis económicas, as sumptuárias, as leis sobre funerais, saúde, alimentação; as leis criminais; as leis sobre os edifícios, vias públicas, educação particular e pública dos cidadãos, sua precedência, seus direitos e deveres; leis sobre diversas formas de tratamento social, sobre os vadios e mendigos, sobre colégios e universidades, e bem muitas outras coisas que seria longo enumerar*»[25]. Para além disso, no seu *Novo Código de Direito Público de*

---

ment par Hypotheque, de la Garantie des Rentes, & des Abus des Justices de Village, Lyon, 1701.

[22] Cfr. Rogério Ehrhardt Soares, *Interesse Público, Legalidade e Mérito*, Coimbra, 1955, p. 56.

[23] Cfr. von Kreittmayr, *Grundriß des Allgemeinen, Deutsch- und Bayrischen Staatsrechts*, 1769, p. 15, cit. em Pieroth/Schlink/Kniesel, *Polizei- und Ordnungsrecht mit Versammlungsrecht*, cit., p. 2.

[24] Cfr. Michel Foucault, *Sécurité, Territoire, Population. Cours au Collège de France (1977-1978)*, Édition établie sous la direction de François Ewald et Alessandro Fontana, par Michel Senellart, Seuil/Gallimard, 2004, p. 335.

[25] Cfr. a tradução de Miguel Pinto de Menezes, in *Boletim do Ministério da Justiça*, n.° 162, 1967, p. 101.

Portugal, de 1789, o mesmo autor define a polícia como a actividade que «*tem por fim a felicidade interna*»[26].

Como é fácil de entender, a actividade de polícia surge, no contexto do Estado de Polícia, como uma actividade eminentemente discricionária, «subtraíd[a] à lei e regid[a] pelas vicissitudes e circunstâncias do bem comum e da segurança pública»[27].

A partir da Revolução Francesa e do Iluminismo começam a desenhar-se tendências para limitar o poder e a actividade de polícia, submetendo-os à lei e aos direitos do homem. Ao mesmo tempo, é cada vez mais posta em causa a ideia de que a tarefa da polícia consista na promoção da felicidade. Já em 1770 afirmava Johann Stephan Pütter, na sua obra *Institutiones Iuris Publici Germanici*, que «*Politia est cura avertendi mala futura; promovendae salutis cura non est proprie politiae*», fórmula depois interpretada pelos liberais como constituindo os pródromos do Estado de Direito[28]. Na filosofia política e jurídica de Kant encontra-se bem assente a ideia de que ao Estado não cabe promover a felicidade dos cidadãos, mas apenas assegurar o seu direito[29].

---

[26] Cit. em Marcello Caetano, *Manual de Direito Administrativo*, vol. II, cit., p. 1146.

[27] Cfr. Marcello Caetano, *Manual de Direito Administrativo*, vol. II, cit., p. 1147.

[28] Cit. em Wolf-Rüdiger Schenke, *Polizei- und Ordnungsrecht*, cit., n.° 3, p. 2, e, com transcrição algo diversa, Walter Jellinek, *Verwaltungsrecht*, cit., p. 424; cfr. Michael Stolleis, *Histoire du Droit Public en Allemagne: Droit Public Impérial et Science de la Police, 1600-1800* (tradução do original alemão), PUF, Paris, 1998, p. 583, nota 102.

[29] São, de facto, múltiplas as expressões deste princípio na obra de Kant: «*as máximas políticas não devem derivar do bem-estar ou da felicidade de cada Estado, aguardadas como consequência da sua aplicação, por conseguinte não derivam do fim que cada Estado para si estabelece como objecto (do querer), como princípio supremo (mas empírico) da sabedoria política, mas do puro conceito do dever jurídico (da obrigação moral, cujo princípio* a priori *é dado pela razão pura), sejam quais forem as consequências físicas que se pretendam*» (cfr. *A Paz Perpétua*, p. 162); «*Um governo que se erigisse sobre o princípio da benevolência para com o povo à maneira de um pai relativamente aos seus filhos, isto é, um governo paternal (*imperium paternale*), onde, por conseguinte, os súbditos, como crianças menores que ainda não podem distinguir o que lhes é verdadeiramente útil ou prejudicial, são obrigados a comportar-se apenas de modo passivo, a fim de esperarem somente do juízo do chefe do Estado a maneira como devem ser felizes, e apenas da sua bondade que ele também o queira – um tal governo é o maior despotismo que pensar se pode*» (cfr. *Sobre a Expressão Corrente*, p. 75); «*o bem-estar não tem princípio algum, nem para quem o recebe, nem para aquele que o reparte (um põe o bem-estar nisto, outro naquilo); porque se trata do [elemento] material da vontade, que é empírico e, por isso, insusceptível da universalidade de uma regra*» (cfr. *O Conflito das Faculdades*, p. 104); «*A melhor forma de governo não é aquela em que é mais cómodo viver (eudemonismo),*

No que toca de um modo especial ao conceito de polícia, são abandonados e substituídos os dois princípios que o caracterizavam no regime anterior. Atendendo, de um modo especial, aos desenvolvimentos do direito alemão, podemos dizer, por um lado, que a tarefa da polícia deixa de ser entendida como respeitando a tudo aquilo que possa interessar ao bem-estar do Estado, antes dizendo respeito apenas à defesa em face dos perigos. É este o sentido do célebre caso *Kreuzberg*, decidido pelo Supremo Tribunal Administrativo da Prússia em 1882, em que se entendeu não caberem nas atribuições da polícia, definidas por lei fundamentalmente em função da ideia de controlo de perigos, mas antes na ideia de bem-estar, a proibição de uma determinada construção com fundamento em razões estéticas[30]. Por outro lado, para além da redução do âmbito das tarefas da polícia, há também um novo entendimento quanto ao modo de prosseguir essas tarefas: é progressivamente abandonada a ideia segundo a qual é legítimo lançar mão de todos os meios entendidos como necessários para prosseguir as tarefas da polícia, em prol da ideia segundo a qual apenas se pode lançar mão dos meios efectivamente necessários para o efeito. É precisamente neste contexto que a doutrina e a jurisprudência administrativa alemãs desenvolvem o princípio da proporcionalidade[31].

---

mas aquela em que ao cidadão é geralmente assegurado o seu direito» (cfr. *Vorarbeiten zu Metaphysik der Sitten*, p. 257). Sobre esta rejeição filosófica do princípio do bem-estar, a que corresponderia um declínio da ciência da polícia e a ascensão do direito administrativo, cfr., ainda, Michael Stolleis, *Histoire du Droit Public en Allemagne*, cit., pp. 582-584. Uma certa recuperação do conceito de polícia é ensaiada no pensamento político restauracionista de Hegel: sobre o assunto, cfr. Miguel Nogueira de Brito, *A Justificação da Propriedade Privada numa Democracia Constitucional*, Almedina, Coimbra, 2008, p.612

[30] Cfr. Pieroth/Schlink/Kniesel, *Polizei- und Ordnungsrecht mit Versammlungsrecht*, cit., pp. 5-6; V. Götz, *Allgemeines Polizei- und Ordnungsrecht*, cit., p. 18. Note-se que a decisão judicial em causa não exclui a possibilidade de invocar razões estéticas como fundamento de uma proibição de construir, mas apenas exigiu que essas razões tivessem um fundamento legal específico, distinto do genérico fundamento legal das medidas de polícia, na altura constante do § 10, II, 17 do *Allgemeines Landrecht für die preußischen Staaten*, de 1794, nos termos do qual «o ofício da polícia consiste em tomar as medidas necessárias à conservação da tranquilidade pública, segurança e ordem e ao afastamento de perigos que ameacem a comunidade ou os seus membros».

[31] Cfr. Vitalino Canas, "Princípio da Proibição do Excesso e Polícia", in Manuel Monteiro Guedes Valente (coord.), *I Colóquio de Segurança Interna*, Almedina, Coimbra, 2005, pp. 191-192, e, mais desenvolvidamente, "A Actividade de Polícia e a Proibição do Excesso: As Forças e Serviços de Segurança em Particular", in Jorge Bacelar Gouveia e Rui Pereira (coords.), *Estudos de Direito e Segurança*, Almedina, Coimbra, 2007, pp. 450-452.

É necessário, no entanto, ceder a tentações de encarar meramente em termos de progresso evolucionista a passagem do Estado de Polícia para o Estado de Direito. Na verdade, esse tipo de pensamento pressupõe que são as mesmas as questões colocadas ao tipo de governo subjacente a cada um desses regimes e ignora, por outro lado, as continuidades que se estabelecem entre eles. Ora, as questões a que pretendem responder as sucessivas artes de governar no Ocidente são fundamentalmente diversas, o que não significa, ao mesmo tempo, que não se estabeleçam importantes linhas de continuidade entre elas, como salienta Michel Foucault nas suas lições magistrais sobre o assunto. O Estado de Polícia exprime uma ruptura com o tipo de governo existente no período medieval, no sentido em que no seu contexto não importa saber, como antes, se se governa em conformidade com a lei moral, natural ou divina, mas apenas se se observa a razão de Estado. A questão que se coloca no Estado de Polícia é a de saber se o governo é suficientemente profundo e adequado a conduzir o Estado ao máximo das suas forças. Com a passagem do Estado de Polícia ao Estado Liberal de Direito muda uma vez mais a questão do governo: o que agora está em causa é saber se o governo se situa entre o a mais e o a menos, entre o máximo e o mínimo que é fixado pela natureza das coisas, isto é, o livre funcionamento, ou funcionamento natural, do mercado. Ao governo ilimitado do Estado de Polícia, o Estado Liberal de Direito faz suceder um princípio de «*autolimitação da razão governamental*».

Michel Foucault ilustra essa transformação de modo expressivo:

> «em 1751 aparece um artigo anónimo no *Journal Économique*. Foi de facto escrito pelo Marquês de Argenson, que acabava de deixar os seus negócios em França, e o Marquês de Argenson, lembrando o que o comerciante Le Gendre dizia a Colbert – quando Colbert lhe perguntava: "Que puis-je faire pour vous?", Le Gendre tinha respondido: "Ce que vous pouvez faire pour nous? Laissez-nous faire" –, Argenson (...) diz: e agora o que pretendo fazer é comentar este princípio: "laissez-nous faire", pois, mostra ele, é bem esse o princípio essencial que deve respeitar, que deve ser seguido por todo o governo em matéria económica»[32].

---

[32] Cfr. Michel Foucault, *Naissance de la Biopolitique. Cours au Collège de France (1978-1979)*, Édition établie sous la direction de François Ewald et Alessandro Fontana, par Michel Senellart, Seuil/Gallimard, 2004, pp. 21 e 22-23.

O que aqui importa salientar da análise, verdadeiramente iluminante, de Foucault são, antes de mais, as continuidades e descontinuidades entre as artes de governo subjacentes ao Estado de Polícia e ao Estado Liberal de Direito. Assim, o Estado de Polícia caracteriza-se por um certo tipo de relação com as instituições judiciárias e o pensamento jurídico: se estes foram intrínsecos ao desenvolvimento do poder real durante o período medieval, eis que se tornam, no seio do Estado de Polícia, como exteriores e exorbitantes em relação ao exercício do governo segundo a razão de Estado. Os limites de direito são exteriores ao Estado segundo a razão de Estado[33]. Pelo contrário, a transição do Estado de Polícia para o Estado Liberal de Direito consiste muito simplesmente em encontrar um princípio de limitação da arte de governar que não seja mais extrínseco, como o era o direito no século dezassete, mas um princípio intrínseco, que permite a regulação interna da racionalidade governamental. Esse princípio autolimitador torna-se, a partir do século dezoito, a economia política, como antes o havia sido o direito. Mas precisamente aqui surge um ponto de contacto entre o Estado liberal e o Estado de Polícia: a arte de governar segundo o princípio de limitação intrínseco fornecido pela economia política não é, por seu turno, um elemento externo e negador em relação à razão de Estado, mas consiste antes no «*ponto de inflexão da razão de Estado na curva do seu desenvolvimento*». Trata-se, no fundo, da «*razão do menor governo como princípio de organização da própria razão de Estado*»[34]. É neste ponto que o mercado deixa de ser um lugar de justiça para se tornar, cada vez mais, um lugar de verdade.

O segundo aspecto que importa reter é o seguinte. A arte de governo na génese do liberalismo clássico assenta, como se disse, num princípio interno de limitação da acção do governo. Coloca-se assim o problema de saber como formular em termos de direito essa limitação. E na verdade é possível identificar dois discursos na génese do Estado Liberal de Direito que visam a limitação do poder público. Por um lado, o discurso jurídico, que assume a existência de certos direitos originários aos quais estaria vinculado o soberano; por outro lado, o discurso utilitarista que define o limite de competência do governo com base nas fronteiras da utilidade de uma intervenção governamental. Na base destes dois discursos estão duas concepções heterogéneas da liberdade: a liberdade como algo que é detido

---

[33] Cfr. Michel Foucault, *Naissance de la Biopolitique*, cit., p. 11.
[34] Cfr. Michel Foucault, *Naissance de la Biopolitique*, cit., p. 30.

originariamente por todo o indivíduo e se exprime pelo exercício de um certo número de direitos fundamentais; a liberdade enquanto algo que é simplesmente entendido como a independência dos governados em face dos governantes. Ora, entre estes dois sistemas heterogéneos – o da axiomática revolucionária, dos direitos do homem e do direito público, por um lado, e, por outro, o caminho empírico e utilitário que define a esfera de independência dos governados a partir da limitação da acção dos governantes – existem, sem dúvida, múltiplas afinidades, mas também se estabelece uma conexão nos termos da qual se dá a preponderância de um deles e a regressão do outro. O sistema que regride é aquele que limitava extrinsecamente a razão de Estado; o que se impõe é aquele nos termos da qual a razão de Estado se começou a autolimitar intrinsecamente. Trata-se da via radical que procura definir a limitação jurídica do poder público em termos de utilidade governamental[35]. Uma das razões da imposição desta via radical, que principiou por se opor ao reconhecimento dos direitos individuais – Bentham, por exemplo, referia-se-lhes como *nonsense upon stilts*[36] –, foi precisamente o modo como acabou por estabelecer uma relação "de conveniência" com o discurso dos direitos. A outra, e fundamental, consiste evidentemente no modo como permitiu a perpetuação da própria razão de Estado, ainda que segundo outros meios.

Finalmente, o terceiro e último aspecto a sublinhar consiste no modo como se articulam as relações internacionais no Estado de Polícia e no Estado Liberal de Direito. No primeiro caso, a objectivos ilimitados da governamentalidade na ordem interna correspondiam objectivos limitados na ordem externa, concretizados na ideia da balança da Europa e impulsionados pelas concepções mercantilistas que faziam ver o sistema económico como um jogo de soma zero. Nestas condições, o equilíbrio europeu consistia em interromper o jogo da concorrência através da diplomacia. No segundo caso, temos precisamente o oposto: a objectivos limitados na ordem interna opõem-se objectivos ilimitados na ordem externa. Uma vez que os processos económicos deixam de ser encarados como finitos, torna-

---

[35] Cfr. Michel Foucault, *Naissance de la Biopolitique*, cit., p. 45.
[36] Cfr. Bentham, "Nonsense Upon Stilts, Or Pandora's Box Opened, Or the French Declaration of Rights Prefixed to the Constitution of 1791 Laid Open and Exposed – With a Comparative Sketch of What Has Been Done on the Same Subject in the Constitution of 1795, And a Sample of Citizen Sieyès", in *Rights, Representation and Reform: Nonsense Upon Stilts and Other Writings on the French Revolution*, pp. 317 e ss.

se necessária a abertura de um mercado mundial que permita evitar os conflitos de um mercado finito. Ao mesmo tempo, essa abertura implica uma diferença de estatuto entre a Europa e o resto do mundo[37].

A importância dos três aspectos mencionados para o tema que nos ocupa, isto é, a evolução do conceito de polícia na transição do Estado de Polícia para o Estado de Direito é fácil de compreender. Em todo o caso, Michel Foucault, mesmo sem ter em vista o conceito de polícia no moderno Estado de Direito, encarregou-se de a esclarecer: a cultura do liberalismo é uma cultura do perigo; é inerente à arte liberal de governar uma extensão sem precedentes dos procedimentos de controlo; é característico desta nova arte de governar que o acréscimo de liberdades em termos de direitos fundamentais (da segunda geração e subsequentes) se faça através de um acréscimo de intervenção e controlo, dando assim azo a uma estreita conexão entre as crises do liberalismo e as crises do capitalismo[38]. E todavia, não seria correcto pensar que o direito de polícia é um resquício ineliminável do velho Estado de Polícia no novo Estado de Direito; antes será, porventura, mais correcto ver no moderno direito de polícia uma das principais manifestações da disjunção entre a razão de Estado, característica do primeiro, e a razão do menor Estado, típica do segundo. Como afirma Michel Foucault, «*de ora em diante, o governo não tem de intervir, não tem mais poder directo sobre as coisas e sobre as pessoas, não pode ter poder, nem legitimidade, nem base no direito e na razão para intervir, senão na medida em que o interesse, os interesses, os jogos de interesses atribuem a tal indivíduo ou a tal coisa, ou a tal bem, ou a tal riqueza ou a tal processo, um certo interesse para os indivíduos, ou para o conjunto dos indivíduos ou para os interesses postos em causa de um tal indivíduo no interesse de todos, etc. O governo apenas se interessa pelos interesses*»[39]. É bem este o horizonte de funcionamento do princípio da proporcionalidade.

Seja como for, fecha-se assim o primeiro ciclo deste breve apontamento histórico: a inferência dos meios a partir dos fins, base do Estado de Polícia, é substituída pelo princípio da proporcionalidade, uma das bases fundamentais do Estado de Direito, a par do princípio da legalidade. E, de facto, a ideia de que o princípio da proporcionalidade é um dos aspectos

---

[37] Cfr. Michel Foucault, *Naissance de la Biopolitique*, cit., p. 57.
[38] Cfr. Michel Foucault, *Naissance de la Biopolitique*, cit., pp. 68 e ss.
[39] Cfr. Michel Foucault, *Naissance de la Biopolitique*, cit., p. 47.

em que se desdobra o princípio do Estado de Direito tornou-se um dado adquirido na interpretação de todos os textos constitucionais modernos[40], incluindo a interpretação do artigo 2.° da Constituição portuguesa, tal como a desenvolve o nosso Tribunal Constitucional[41]. De qualquer modo, não será, talvez, supérfluo notar aqui que o artigo 272.°, n.° 2, da Constituição contém desde a sua redacção originária uma referência explícita (a primeira) ao princípio da proporcionalidade, ao estabelecer que «*As medidas de polícia são as previstas na lei não devendo ser utilizadas para além do estritamente necessário*».

No início destas considerações sobre a evolução histórica do conceito de polícia foi ainda mencionada a necessidade de enquadrar as transformações sofridas pelo conceito de polícia na passagem do Estado de Direito para o Estado Social. Significará esta passagem um retomar das antigas concepções sobre a actividade da polícia como envolvendo de algum modo a prossecução da felicidade e do bem-estar?[42] Sem cair em tal extremo, a verdade é que actualmente são muitas vezes apontados, neste contexto, argumentos contra o conceito material de polícia. Assim, sustenta-se que a função da liberdade na limitação da actividade de polícia ao controlo de perigos se apresenta cada vez mais vazia, atendendo a que quer o controlo de perigos, por um lado, quer as actividades de prestação, de planeamento e de intervenção social da Administração, por outro lado, se apresentam igualmente determinadas pela separação de poderes e pela subordinação aos direitos fundamentais. Neste contexto, pode afirmar-se que a impossibilidade de manter de forma clara uma separação entre con-

---

[40] Cfr. Gomes Canotilho e Vital Moreira, *Constituição da República Portuguesa Anotada*, 4.ª ed. revista, Coimbra Editora, Coimbra, 2007, p. 207; Jorge Reis Novais, *Os Princípios Constitucionais Estruturantes da República Portuguesa*, Coimbra Editora, Coimbra, 2004, pp. 161 e ss.

[41] Cfr. a formulação do Acórdão do Tribunal Constitucional n.° 187/01, mas recorrente na jurisprudência deste Tribunal: «*o princípio da proporcionalidade, enquanto princípio geral da limitação do poder público, pode ancorar-se no princípio geral do Estado de Direito. Impõem-se, na realidade, limites resultantes da avaliação da relação entre os fins e as medidas públicas, devendo o Estado-legislador e o Estado-administrador adequar a sua projectada acção aos fins pretendidos, e não configurar as medidas que tomam como desnecessária ou excessivamente restritivas*».

[42] E, na verdade, parece inegável que a Administração de prestação tem um precedente na polícia de bem-estar: cfr. Drews/Wacke /Vogel/Martens, *Gefahrenabwehr: Allgemeines Polizeirecht (Ordnungsrecht) des Bundes und der Länder*, 9., völlig neubearbeitete Auflage, Carl Heymannns Verlag, Köln/Berlin/Bonn/München, 1986, p. 41.

trolo de perigos e conformação social poria em causa a própria possibilidade de delinear com clareza os contornos de um conceito material de polícia. Mais importante do que distinguir entre controlo de perigos e conformação social seria a distinção entre a concepção das tarefas de vigilância e controlo de perigos, levada a cabo em estreita conexão com a concepção de tarefas de conformação social, por um lado, e a actividade de execução de ambas as tarefas, por outro lado[43]. Dito de outro modo, nas palavras de Sérvulo Correia, o «*Estado tende naturalmente a estender ao âmbito material do seu intervencionismo as suas tarefas de prevenção de danos*»[44]. Por outro lado, pode ainda apontar-se a tendência para limitar o conceito de polícia ao controlo e prevenção de perigos genéricos. Assim, por exemplo, as medidas de controlo e prevenção de epidemias e doenças contagiosas tenderiam a ser encaradas no âmbito da "Administração de saúde" e já não como relevando de uma "polícia da saúde"[45].

A questão não deve ser, no entanto, encarada em termos conceptuais. O que verdadeiramente importa é saber se através de um conceito material de polícia se consegue dar algum sentido à particularidade da tarefa do controlo de perigos e manter a distinção entre esta actividade da Administração e a sua actividade de prestação ou conformação social, sem pôr em causa, naturalmente, a evidente proximidade entre ambas de um ponto de vista político e de política legislativa[46]. Nesta perspectiva, já Lorenz von Stein acentuou que se se conceber a função da polícia como a defesa da sociedade em face de perigos resulta claro que a mesma não pode ter nenhum sistema para si, mas antes se liga ao sistema da administração, constituindo como que o lado negativo de cada parte orgânica desta última[47]. Seja como for, um dos propósitos deste estudo é precisamente o de avaliar o significado, nas condições actuais, da tarefa do Estado que consiste no controlo de perigos.

Neste contexto, é importante salientar que em vez de se apontar como obstáculo à autonomia do direito de polícia as dificuldades em delimitar

---

[43] Cfr. Pieroth/Schlink/Kniesel, *Polizei- und Ordnungsrecht mit Versammlungsrecht*, cit., p. 12.

[44] Cfr. Sérvulo Correia, "Polícia", *cit.*, p. 403.

[45] Cfr. Hartmut Maurer, *Allgemeines Verwaltungsrecht*, 16. Auflage, Verlag C. H. Beck, München, 2006, § 1, n.º 15, p. 7.

[46] Cfr. Pieroth/Schlink/Kniesel, *Polizei- und Ordnungsrecht mit Versammlungsrecht*, cit., pp. 12-13.

[47] Cfr. Lorenz von Stein, *Die Verwaltungslehre, Teil 4: Polizeirecht*, cit., p. 3.

claramente as actividades administrativas de controlo de perigos e de conformação social, dever-se-ia reconhecer precisamente que a diferenciação entre essas mesmas actividades está na origem do moderno direito de polícia. Com efeito, ao mesmo tempo que a polícia, a partir do século dezoito, se subordina progressivamente aos princípios da legalidade e da proporcionalidade e deixa de estar orientada à promoção da felicidade dos súbditos, dá-se também a circunstância de a vida humana se tornar objecto do poder. Para que isso pudesse acontecer foi necessário que, com a expansão demográfica do século dezoito ligada ao aumento da produção agrícola, as populações se tenham tornado um objecto susceptível de se submeter à interpretação estatística. Nasce, assim, ao mesmo tempo que a compreensão da polícia como expressão da «*razão do menor Estado*», a biopolítica como racionalização dos problemas colocados à prática governamental por fenómenos próprios de um conjunto de seres vivos constituídos em população: saúde, higiene, natalidade, longevidade, etc.[48] O desenvolvimento de uma biopolítica, sob a forma do crescimento das actividades de prestação do Estado, não põe em causa a polícia administrativa pela simples razão que, cada vez mais, se torna possível falar também da emergência, a partir do século vinte, de uma «*biopolítica das catástrofes*», na medida em que os governos integram nas suas políticas a preocupação com o evitar das catástrofes, tais como as relacionadas com a doença das «*vacas loucas*», a gripe das aves, sangue contaminado, Tchernobyl, Exxon Valdez e outros desastres[49].

1.2.2. Transformações e tendências recentes, em especial a subjectivização e a privatização

Por último, cabe ainda apontar algumas transformações recentes do direito da polícia[50]. A primeira dessas transformações consiste na subjectivização do direito de polícia, e é sobretudo perceptível naqueles países

---

[48] Cfr. Foucault, "Les Mailles du Pouvoir", in *Dits et Écrits*, IV – 1980-1988, édition sous la direction de Daniel Defert et François Ewald, Éditions Gallimard, Paris, 1994, pp. 192-193.
[49] Cfr. Frédéric Neyrat, *Biopolitique des Catastrophes*, Éditions MF, s. l., 2008, p. 42.
[50] Cfr. Pieroth/Schlink/Kniesel, *Polizei- und Ordnungsrecht mit Versammlungsrecht*, cit., pp. 13 e ss.

onde existe uma maior elaboração dogmática do direito de polícia, como sucede na Alemanha.

O direito de polícia clássico orientava-se pela ideia de que um perigo existe objectivamente, ou não; alguém causa objectivamente, ou não, um perigo; a polícia actua, legal ou ilegalmente, segundo pressupostos objectivos. Pelo contrário, como salientam Pieroth, Schlink e Kniesel, o moderno direito de polícia não se limita a colocar a questão de saber se ocorreu um perigo objectivo, mas considera suficiente que as autoridades de polícia se tenham representado, em termos defensáveis, a ocorrência de um perigo. Ao mesmo tempo, é cada vez mais estranho ao moderno direito de polícia que alguém seja considerado como causador de um perigo e responsabilizado pela sua eliminação, se não tiver qualquer intervenção na sua causação e antes for, porventura, especialmente atingido ou ameaçado por esse mesmo perigo. Como consequência deste primeira transformação do direito de polícia, tende a considerar-se a actuação das autoridades de polícia como conforme ao direito, se a respectiva actuação não for censurável, e ilegal, se aquele que for submetido à sua actuação não puder ser censurado pela ocorrência da situação de perigo. Repare-se que, nas considerações anteriores, não está em causa fazer depender a actuação da polícia no campo do controlo de perigos da existência de uma actuação culposa de um particular, mas apenas admitir que a ausência de culpa deste possa, ainda assim, ser relevante no plano indemnizatório.

Um outro aspecto desta primeira transformação diz respeito à atribuição de verdadeiros direitos subjectivos aos particulares nas suas relações com as autoridades de polícia. Nesta perspectiva, cabe salientar que, no desempenho das suas tarefas, a polícia não responde apenas perante a comunidade, em termos objectivos, aceitando-se a ideia de que o indivíduo que é ameaçado por um perigo tem um direito subjectivo a uma decisão correcta quanto aos seus pressupostos sobre o "se" e o "como" da medida de polícia adoptada. Em certas circunstâncias entende-se até que existe um direito subjectivo a uma determinada intervenção da polícia, direito esse que pode mesmo ser atribuído a quem tenha dado causa à situação de perigo.

São apontados vários fundamentos para esta subjectivização do direito de polícia: a própria dinâmica interna do conceito de probabilidade que está subjacente à verificação de um perigo; a necessidade de reagir aos desenvolvimentos técnicos e científicos das sociedades modernas, que trazem não só níveis antes desconhecidos de bem-estar, mas também elevados potenciais de perigo; a função de ordenação de comportamentos do direito; a vontade política de transformar o direito de controlo de perigos, suavizando o rigorismo inerente a uma concepção objectiva de perigo, quer na perspectiva da actuação dos agentes de polícia, quer na perspectiva dos que são visados por essa actuação[51]. Todas estas tentativas de fundamentação se afiguram insuficientes ou incorrectas, e têm a sua origem, em última análise, na dificuldade em distinguir com suficiente clareza entre agressões ilegais sem culpa e agressões conformes ao direito[52]. Seja como for, não é possível negar que um conceito subjectivo de perigo se mostra mais conforme a uma jurisprudência e a uma doutrina cada vez mais sensíveis a um método jurídico em que a ponderação de princípios, valores e interesses ocupa um lugar central[53].

As restantes transformações a registar são comuns a todos os países ocidentais. Por um lado, está em causa o reconhecimento como parte integrante do direito da polícia o direito dos indivíduos à sua autodeterminação quanto aos respectivos dados pessoais, o que resulta também do reconhecimento da importância do controlo da informação nas actividades da polícia. Por outro lado, há a apontar a importância crescente dada à precaução dos perigos e ao combate preventivo à criminalidade organizada, campos em que, precisamente, se torna crítico o direito à autodeterminação em matéria de informação que acaba de ser mencionado. Aliás, o lugar central que adquirem os aspectos relacionados com a informação está bem patente na Resolução do Conselho de Ministros n.º 45/2007, de 19 de Março[54], quando aí se afirma que «*No domínio da investigação criminal, é manifesta a necessidade de um sistema de informação criminal moderno, essencial à prevenção e repressão da criminalidade, que promova a troca de informações criminais de forma transversal, partilhado por todos os órgãos de polícia criminal, em articulação com organizações internacionais e organismos e serviços estrangeiros homólogos*». Ainda

---

[51] Cfr. Ralf Poscher, *Gefahrenabwehr: Eine dogmatische Rekonstruktion*, Duncker & Humblot, Berlin, 1999, pp. 83 e ss.; Pieroth/Schlink/Kniesel, *Polizei- und Ordnungsrecht mit Versammlungsrecht*, cit., pp. 75 e ss.

[52] Como o demonstra a investigação de Ralf Poscher, *Gefahrenabwehr*, cit., esp. pp. 108-109.

[53] Cfr. Pieroth/Schlink/Kniesel, *Polizei- und Ordnungsrecht mit Versammlungsrecht*, cit., pp. 78-79.

[54] Publicada no *Diário da República*, 1.ª série, n.º 55, de 19 de Março.

nos termos do mesmo diploma, «*No domínio da informação, urge assumir e praticar uma cultura de partilha de informações e a adopção de formas eficazes de articulação institucional entre os vários serviços envolvidos, o único meio de evitar a duplicação de recursos e a excessiva compartimentação da informação e garantindo a existência de um fluxo contínuo e profícuo de informações entre os serviços competentes*».

Para além destas transformações, há ainda a apontar as seguintes tendências do moderno direito de polícia: centralização, europeização, internacionalização, regionalização e privatização[55]. Aqui pode apenas fazer-se uma breve referência a esta última. A privatização é, porventura, o mais poderoso elemento de continuidade entre o Estado de Polícia e o Estado de Direito, ou, se se preferir, uma sobrevigência da lógica de actuação do primeiro sob as vestes diáfanas do segundo, bem ilustrada, no seu extremo, pelo modo como a Administração Bush conduziu a política de segurança na sequência do 11 de Setembro de 2001. A fim de se ter uma noção sobre o alcance possível das medidas de privatização no domínio da segurança, vale a pena aqui transcrever algumas passagens de um relatório de 2006 publicado pelo *Council on Foreign Relations*, uma instituição privada (mas entre cujos membros se conta um número importante de altos funcionários do governo americano) sediada em Nova Iorque e que visa promover a compreensão da política externa e do papel dos E.U.A. no mundo. Assim, no quadro das exigências de uma política governamental que elimine os desincentivos e crie incentivos que encorajem as entidades privadas a adoptarem o imperativo da segurança, pode ler-se, no mencionado relatório:

> «In the aftermath of a disaster, CEOs know that the security environment they might aspire to create today will be transformed. Following a disaster, Washington has a near-perfect track record, regardless of which political party has been in charge, of rushing to enact new laws and regulations to address perceived deficiencies. The government's latent power to change the rules, particularly when security is involved, works as a chill on private sector investment in long term strategic solutions. It is hard to justify costly expenditures to put in place new capabilities when there is a significant risk that

---

[55] Cfr. Pieroth/Schlink/Kniesel, *Polizei- und Ordnungsrecht mit Versammlungsrecht*, cit., pp. 16 e ss.

requirements may change overnight after a terrorist strike. Alternatively, the compassionate federal impulse to provide emergency assistance to the victims of disasters affects the market's approach to managing its exposure to risk. Some company executives may decide to live with suboptimal security if they believe that, in the end, the government will help them and should the worst come to pass»[56].

A propósito da privatização costuma estabelecer-se uma distinção básica entre duas questões fundamentais por ela colocadas: *(i)* Quando pode o Estado obrigar os privados a proverem à sua própria segurança, a seu custo e com os seus recursos? Em que medida pode o Estado admitir a prossecução de tarefas de segurança por empresas privadas? *(ii)* Em que condições está o Estado autorizado a prosseguir as suas próprias tarefas de segurança através de privados e já não através das autoridades de polícia[57]? É fácil de compreender como ambos os grupos de questões colocam problemas distintos.

Quanto ao primeiro grupo, parece evidente que os privados podem apenas exercer os direitos privados que assistem a todos ou que lhes são confiados pelas pessoas (privadas) que os contratam. Por outras palavras, está aqui em causa o exercício, por agentes de segurança privada, de poderes de uso da força que pertencem a todos, como sucede no contexto da legítima defesa ou da detenção em flagrante delito, mas também o exercício de «poderes derivados» por parte desses mesmos agentes de segurança privada, isto é poderes que pertencem às entidades privadas que os contratam, como por exemplo as faculdades de «acção directa» para defesa da propriedade ou o poder de decidir quem pode entrar e permanecer num local[58]. Excluídos do seu âmbito de actuação estão actividades que se reconduzem a concretas medidas de polícia, como a identificação de pes-

---

[56] Cfr. Stephen E. Flynn e Daniel B. Prieto, *Neglected Defense: Mobilizing the Private Sector to Support Homeland Security*, CSR n.º 13, March 2006, Council of Foreign Relations, www.cfr.org.

[57] Cfr. Christoph Gusy, *Polizeirecht*, 6. Auflage, Mohr Siebeck, Tübingen, 2006, p. 74, n.º 161.

[58] Cfr., a este propósito, o disposto no artigo 14.º, sobre o acesso aos estabelecimentos de restauração e de bebidas, do Decreto-Lei n.º 234/2007, de 19 de Junho, que estabelece o regime jurídico a que fica sujeita a instalação e a modificação de estabelecimentos de restauração ou de bebidas, bem como o regime aplicável à respectiva exploração e funcionamento.

soas suspeitas ou a realização de buscas[59]. O problema suscitado por este exercício de direitos privados consiste no modo como se põe em causa o carácter subsidiário e excepcional de institutos como o da legítima defesa e da acção directa. Trata-se, na verdade, de uma profissionalização desses institutos[60], contrária à sua razão de ser. A esta questão regressar-se-á adiante[61]. É ainda necessário ter presente que a tarefa das polícias é fundamentalmente distinta, de um ponto de vista jurídico, daquela de que são incumbidas as empresas de segurança privada. Se ambas surgem incumbidas de funções de «segurança», é necessário ter presente que esta não é um bem jurídico em si mesmo, mas apenas uma condição em que podem encontrar-se os bens jurídicos. Ora, os bens jurídicos cuja segurança é posta a cargo das polícias são distintos dos bens jurídicos privados, cuja segurança os privados podem prosseguir. As polícias protegem a segurança pública no interesse público e, assim, também bens jurídicos privados, na medida em que seja necessária uma intervenção policial para impedir a perda de tais bens. Pelo contrário, as entidades de segurança privada protegem os direitos e interesses daqueles que as contratam. Tais entidades não assumem a defesa da ordem jurídica no seu conjunto, mas apenas a imposição unilateral de direitos[62].

A clara percepção do que acaba de ser dito – isto é, da diferença irredutível entre a segurança privada e a segurança pública – alcança-se, por exemplo, através do modo como Robert Nozick procura explicar, sem sucesso, o surgimento do Estado a partir de uma situação de estado de natureza em que os direitos de defesa de cada um fossem assegurados pelo

---

[59] Cfr. Christoph Gusy, *Polizeirecht*, cit., pp. 74-75, n.ºs 161-162.; Pedro Gonçalves, *Entidades Privadas com Poderes Públicos: O Exercício de Poderes Públicos de Autoridade por Entidades Privadas com Funções Administrativas*, Almedina, Coimbra, 2005, p. 373. Sobre os serviços de segurança privada mencionados no texto, cfr. os artigos 2.º e 6.º do Decreto-Lei n.º 35/2004, de 21 de Fevereiro, alterado pelo Decreto-Lei n.º 198/2005, de 10 de Novembro.

[60] Cfr. Pedro Gonçalves, *Entidades Privadas com Poderes Públicos*, cit., pp. 389 e 970.

[61] Cfr. infra § 7, ponto 4.1.

[62] Cfr. Gusy, *Polizeirecht*, cit., pp. 73-74, n.º 161; Pedro Gonçalves, *Entidades Privadas com Poderes Públicos*, cit., p. 971. Como notam Pieroth/Schlink/Kniesel, *Polizei- und Ordnungsrecht mit Versammlungsrecht*, cit., p. 106, aos privados e, portanto, às empresas de segurança privada, assiste apenas, tendo em vista a protecção da segurança pública, o direito de detenção em flagrante delito, previsto no artigo 255.º, n.º 1, alínea b), do Código de Processo Penal.

próprio ou por agências de segurança privada por si contratadas. Segundo Nozick, podemos admitir que no âmbito do estado de natureza, as pessoas terão propensão a confiar a sua defesa contra as violações dos seus direitos pelos outros a «*agências protectoras*». A existência inevitável de conflitos entre clientes de diferentes agências protectoras levará a conflitos armados entre estas. Haveria assim uma tendência para, em cada área geográfica, se estabelecer uma só «*agência protectora dominante*», seja por coordenação entre as diferentes agências rivais, com a instituição de um sistema judicial de tipo federal, seja em resultado de uma agência eliminar as suas rivais[63]. Há, no entanto, uma diferença intransponível, que Nozick não consegue superar mesmo para a constituição de um Estado mínimo, entre uma «*agência protectora dominante*» e um Estado. A diferença reside nisto: uma «*agência protectora*», mesmo dominante, cobra preços pelos seus serviços a quem os possa ou queira contratar, enquanto um Estado cobra impostos para, designadamente, custear esses mesmos serviços, mas não faz depender dessa cobrança a protecção dos direitos à segurança e à protecção judicial de todos, em condições de igualdade, mesmo daqueles que não poderiam pagar esses serviços num cenário de estado de natureza[64].

O segundo grupo de questões coloca ainda adicionalmente, desde logo, os problemas atinentes à necessidade de efectuar uma destrinça entre privatização funcional, em que a autoridade privada auxilia e colabora

---

[63] Cfr. Robert Nozick, *Anarchy, State, and Utopia*, Blackwell, Oxford, 1991 (1974), p. 16.

[64] Nozick, *Anarchy, State, and Utopia*, cit., pp. 110 e ss., procura explicar que os independentes que não contratassem os serviços da agência protectora dominante seriam, ainda assim, abrangidos pela respectiva prestação, com base num princípio de compensação. Com efeito, os clientes da agência teriam vantagens evidentes em evitar que os independentes recorressem à força para fazer valer os seus direitos perante eles e, assim, teriam de compensá-los pela perda dos seus direitos de auto-defesa. Simplesmente, os independentes incapazes de pagar os serviços da agência podem pretender ser abrangidos por tais serviços sem ser a título de compensação. Para além disso, uma vez que as agências protectoras são empresas comerciais, as mesmas tenderiam a oferecer diferentes níveis de protecção aos seus clientes, bem como a excluir certos tipos de serviços, o que não ocorre num Estado. São certamente considerações desta ordem que levam Walter Leisner, autor de uma das mais radicais propostas de privatização do direito público, a admitir que esta privatização sempre teria como limite a actuação da polícia na manutenção da segurança e ordem públicas (cfr., neste sentido, *"Privatisierung" des Öffentlichen Rechts: Von der "Hoheitsgewalt" zum gleichordnenden Privatrecht*, Duncker & Humblot, Berlim, 2007, p. 82).

com a Administração, e uma privatização orgânica de tarefas públicas, assente num acto com relevo no plano organizativo, em que existe uma transferência de responsabilidades públicas sujeita a reserva de lei. No âmbito da privatização funcional, encontramos aqueles casos em que uma entidade da Administração responsável pela gestão de um espaço público delimitado, mas sem dispor de funções e competências públicas de polícia, pode confiar a empresas de segurança privada a vigilância desse espaço. Tais empresas exercem aí os direitos privados de todos. No âmbito da privatização orgânica, haveria já lugar a uma «*estadualização*» de entidades privadas e, nessa medida, a respectiva vinculação pelo direito público[65]. Pois bem, atendendo às diferenças estruturais entre a prestação de serviços de segurança pelo Estado e pelos privados, acima afloradas, entende-se que não é possível, em princípio, a privatização orgânica de competência públicas de polícia. O fundamento constitucional desta proibição retiramo-lo do artigo 272.° da Constituição, do qual se deve extrair um princípio de reserva das atribuições e competências da polícia ao Estado, bem como do carácter excepcional e meramente defensivo do emprego da força pelos particulares resultante do artigo 21.° da Constituição. Com efeito, se a Constituição, no seu artigo 111.°, n.° 2, estabelece um princípio de indisponibilidade dos poderes públicos e se as funções da polícia são definidas pela própria Constituição, no seu artigo 272.°, não parece que haja lugar a qualquer possibilidade de privatização de tais funções. A isto acresce ainda a circunstância de a nossa Constituição pressupor, nos moldes em que consagra o direito de resistência, o carácter excepcional e meramente defensivo do emprego da força pelos privados[66].

Retomemos as duas questões anteriormente formuladas: em que medida podem os privados ser encarregados de tarefas de segurança? Em

---

[65] Sobre esta distinção entre privatização funcional e privatização orgânica, cfr. Pedro Gonçalves, *Entidades Privadas com Poderes Públicos*, cit., p. 391; e ainda Pieroth/Schlink/Kniesel, *Polizei- und Ordnungsrecht mit Versammlungsrecht*, cit., p. 107.

[66] Sobre isto, cfr. Pedro Gonçalves, *Entidades Privadas com Poderes Públicos*, cit., pp. 956 e ss. O autor, *ob. cit.*, pp. 988-989, sustenta que embora a Constituição não consagre uma reserva da função pública, ela pressupõe um sistema de Administração Pública composto por entidades e organizações que actuam exclusivamente em vista da prossecução do interesse público. Tais entidades e organizações revestirão assim, em regra, natureza de direito público. Julgamos, no entanto, que no caso das actividades de polícia existe uma conexão, não apenas tendencial, mas verdadeiramente necessária, entre entidades públicas e exercício de poderes de autoridade.

que medida pode o Estado confiar a privados tarefas de segurança pública? A função garantística do direito público, e do direito de polícia em particular, a própria existência do Estado Constitucional, dependem da clareza que formos capazes de colocar nas respostas a tais questões. E as respostas aqui propostas (ou, talvez melhor, as repostas a que aqui se adere) são, julgamo-lo, suficientemente claras: os privados podem exercer actividades de segurança nos limites dos direitos privados de legítima defesa, acção directa e detenção em flagrante delito que assistem a todos; a atribuição a privados de tarefas de segurança pública está vedada pela Constituição[67].

1.2.3. A polícia em sentido material como a actividade dos poderes públicos que visa a prevenção e defesa em face de perigos; a distinção entre prevenção e precaução

A viabilidade de um conceito material de polícia assenta na consideração de que ao Estado, em virtude de a sua actuação se encontrar orientada para a prossecução de determinadas tarefas definidas pela lei e pela Constituição, são atribuídos poderes de intervenção de alcance diverso. Ora, esses poderes de intervenção são, em princípio, mais amplos no domínio do controlo de perigos do que em outros domínios da sua actividade. Aliás, a concretização de tais poderes de intervenção através de medidas de polícia e de sanções administrativas de carácter preventivo não se encontra sequer sujeita a reserva relativa de lei da Assembleia da República[68].

A ideia de controlo de perigos como base de um conceito material de polícia pode ser desdobrada nas noções de prevenção e precaução de perigos e ainda na eliminação de danos decorrentes de um perigo. A ideia de controlo de perigos em sentido estrito deve ser entendida como sinónimo de prevenção de perigos. Nesta medida, pode dizer-se que existe um perigo quando uma situação de facto ou um comportamento são aptos a

---

[67] Parece-nos, com efeito, que não basta afirmar a impossibilidade, em caso algum, de uma delegação de poderes de autoridade ter o efeito de colocar o exercício dos mesmos ao abrigo das exigências que a Constituição subordina o respectivo exercício pelos poderes públicos Sobre as dificuldades deste tema no direito norte-americano, no contexto de desenvolvimentos fatídicos conhecidos de todos, cfr. Paul R. Verkuil, *Outsourcing Sovereignty: Why Privatization of Government Functions Threatens Democracy and What We Can Do About It*, Cambrige University Press, Cambridge, 2007, pp. 15 e 121 e ss.

[68] Sobre o assunto, cfr. infra, § 4.

causar, com suficiente probabilidade e em tempo determinado, pelo decurso dos acontecimentos, um dano para bens jurídicos protegidos[69]. O perigo que se pretende prevenir corresponde ao estado que antecede o provável dano para um bem jurídico protegido. É este, verdadeiramente, o núcleo da ideia de controlo de um perigo. A precaução de perigos, por seu turno, consiste na actividade destinada a impedir o surgimento de um perigo, isto é, da situação ou comportamento anteriores ao provável dano[70]. Neste contexto, é fácil compreender que a actividade de precaução em relação aos perigos alarga o âmbito de situações que justificam a actuação de polícia[71]. Finalmente, quando o perigo não foi evitado e ocorreu o dano sobre os bens jurídicos dele decorrente importa eliminar este último. É claro que apenas faz sentido falar da eliminação de um dano enquanto parte da actividade de polícia se o dano se mantém quando essa actividade tem lugar; pelo contrário se o dano se encontra consumado poderá haver lugar a diversos tipos de sanções, que todavia não se incluem já, em princípio, no âmbito da actividade de polícia administrativa[72]. O que acaba de ser dito deve, no entanto, ser entendido sem prejuízo da existência de sanções administrativas de carácter essencialmente preventivo e que devem, em função desse carácter, ser consideradas no âmbito do conceito material de polícia.

Como é fácil de compreender, é em torno do princípio da precaução, com expressão sobretudo nas questões do ambiente, terrorismo, criminalidade organizada, controlo de doenças como a BSE ou uso de substâncias aditivas em produtos alimentares, que se jogam as questões políticas de maior relevo em torno da actividade de polícia.

Desde logo, é possível avançar vários entendimentos do princípio da precaução. De acordo com as visões mais cautelosas e menos exigentes, o

---

[69] Cfr. Drews/Wacke /Vogel/Martens, *Gefahrenabwehr: Allgemeines Polizeirecht (Ordnungsrecht) des Bundes und der Länder*, cit., p. 220; Pieroth/Schlink/Kniesel, *Polizei- und Ordnungsrecht mit Versammlungsrecht*, cit., pp. 63-64; Ralf Poscher, *Gefahrenabwehr*, cit., p. 17; Erhard Denninger, "Polizeiaufgaben", in H. Lisken e E. Denninger, *Handbuch des Polizeirechts*, 3., neubearbeitete und erweiterte Auflage, Verlag C. H., München, 2001, p. 214, n.º 29; Volkmar Götz, *Allgemeines Polizei- und Ordnungsrecht*, 13. Auflage, Vandenhoeck & Ruprecht, Göttingen, 2001, p. 61; Catarina Sarmento e Castro, *A Questão das Polícias Municipais*, cit., p. 67.

[70] Cfr. Wolf-Rüdiger Schenke, *Polizei- und Ordnungsrecht*, cit., n.º 10, p. 4.

[71] Cfr. Catarina Sarmento e Castro, *A Questão das Polícias Municipais*, cit., p. 69.

[72] Cfr. Drews/Wacke /Vogel/Martens, *Gefahrenabwehr*, cit., p. 220; Gusy, *Polizeirecht*, cit., pp. 50, n.º 103, e 52, n.º 107.

princípio da precaução sugere apenas que a falta de provas concludentes da existência de um perigo não deve constituir fundamento para a ausência de regulamentação do mesmo. Justifica-se a existência de controlos, por exemplo, mesmo que não seja possível estabelecer uma conexão definitiva entre a exposição a substância cancerígenas e efeitos adversos sobre a saúde humana. Esta versão do princípio é claramente adoptada no artigo 3.º, n.º 3, da Convenção Quadro das Nações Unidas sobre Alterações Climáticas, de 9 de Maio de 1992: «*Quando haja ameaças de danos graves ou irreversíveis, a falta de certeza científica não deve ser utilizada para justificar o adiamento da tomada de tais medidas, tendo em conta, no entanto, que as políticas e as medidas relacionadas com as alterações climáticas devem ser eficazes relativamente ao seu custo, de tal modo que garantam a obtenção de benefícios globais ao menor custo possível. Para se conseguir isto, tais políticas e medidas devem ter em consideração os diversos contextos socio-económicos, ser acessíveis, cobrirem todas as fontes, sumidouros e reservatórios de gases com efeito de estufa e adaptar-se e englobar todos os sectores económicos*»[73].

De acordo com uma versão mais exigente, adoptada por alguns ambientalistas, o princípio exigiria que quando uma actividade suscita ameaças para a saúde humana ou o ambiente devem ser tomadas medidas de precaução, ainda que algumas relações de causa e efeito não tenham sido totalmente estabelecidas cientificamente. Em tais casos, o ónus da prova caberia ao proponente da actividade, e não ao público em geral.

Finalmente, numa versão ainda mais forte, o princípio da precaução significaria que devem ser adoptadas medidas para corrigir um problema logo que existem provas de que podem ocorrer danos, e não depois de estes terem ocorrido. Neste caso, não só o ónus da prova é do proponente da actividade, como ainda se exige que este estabeleça cientificamente que não ocorrerão danos em resultado dessa actividade. Trata-se de um ónus de difícil, senão impossível, satisfação[74].

É importante salientar que o princípio da precaução foi expressamente adoptado pela Comissão Europeia em 2000[75]. Para alguns autores,

---

[73] Publicada no *Diário da República* de 21 de Junho de 1993, data da respectiva aprovação, e ratificada em 21 de Dezembro do mesmo ano.

[74] A distinção entre os três tipos de entendimentos do princípio da precaução é de Cass Sunstein, *Laws of Fear: Beyond the Precautionary Principle*, Cambridge University Press, Cambridge, 2005, pp. 18-19.

[75] Cfr. http://eur-lex.europa.eu/LexUriServ/site/pt/com/2000/com2000_0001pt01.pdf.

o princípio da precaução, pelo menos nas suas fórmulas mais exigentes, tem um efeito paralisador, ao ignorar que existem riscos em todos os lados das situações sociais. De acordo com este entendimento, a regulamentação exigida pelo princípio dá origem, ela própria, a riscos e, deste modo, o princípio proscreve aquilo que simultaneamente prescreve[76].

Como se intui facilmente do exposto, é especialmente crítica a delimitação do núcleo do conceito material de polícia, isto é, a prevenção de perigos, em face da precaução de riscos[77]. De um modo geral, pode afirmar-se que a precaução contra riscos que ainda não se hajam concretizado em situações de perigo cabe, em princípio, a entidades específicas que actuam nos termos de previsão legal expressa[78]. Por outro lado, não é impossível a coexistência, no mesmo domínio normativo, das noções de prevenção e precaução, sendo que as medidas mais agressivas para os particulares surgem normalmente no âmbito da dimensão de prevenção. Assim, no regime de licenciamento industrial estão previstos, por um lado, deveres gerais de segurança e de prevenção de riscos, que têm subjacente a dimensão da precaução, e, por outro lado, uma cláusula geral de medidas de polícia, subordinada à ideia de prevenção[79].

Em face do exposto, podemos talvez afirmar que o princípio da prevenção lida com o risco *«probabilizável»*, enquanto o princípio da precaução joga com o risco potencial, que escapa ao cálculo e nos coloca no plano da incerteza. Isso significa também que o risco calculável pode constituir objecto de uma acção de prevenção facilmente justificável, enquanto o risco potencial implica uma resposta, mobilizada através do princípio da precaução, mais difícil de legitimar[80]. Por outro lado, coloca-se ainda o problema de saber se existe algum critério para distinguir os

---

[76] Cfr. Cass Sunstein, *Laws of Fear*, cit., p. 14.

[77] O problema não é exclusivo do direito de polícia: cfr. Carla Amado Gomes, *A Prevenção à Prova no Direito do Ambiente, em Especial os Actos Autorizativos Ambientais*, Coimbra Editora, Coimbra, 2000, pp. 21 e ss.; Ana Gouveia e Freitas Martins, *O Princípio da Precaução no Direito do Ambiente*, AAFDL, Lisboa, 2002, esp. pp. 74 e ss.

[78] Cfr. Gusy, *Polizeirecht*, cit., p. 53, n.º 109; Erhard Denninger, "Polizeiaufgaben", cit., p. 204, n.º 3.

[79] Cfr. os artigos 4.º e 5.º do Decreto-Lei n.º 109/91, de 15 de Março, na redacção do Decreto-Lei n.º 282/93, de 17 de Agosto, e o artigo 13.º daquele mesmo diploma, quanto à segunda. Cfr., ainda, Ana Gouveia e Freitas Martins, *O Princípio da Precaução no Direito do Ambiente*, cit., p. 87.

[80] Cfr. Frédéric Neyrat, *Biopolitique des Catastrophes*, cit., p. 43.

conceitos de «*risco*» e «*perigo*». De um modo geral, a exposição que antecede, sem perder de vista a noção de que as duas palavras designam realidades largamente coincidentes, tem subjacente a ideia de que o perigo impõe a respectiva prevenção, enquanto o risco apela à precaução. Todavia, é também possível sustentar, em sentido não coincidente, que se pode delimitar os dois conceitos com precisão, no plano económico: os riscos seriam calculáveis, enquanto com um perigo se tornaria impossível lidar segundo a lógica económica dos seguros privados[81].

1.2.4. Sistematização das actividades de polícia na perspectiva do seu fundamento jurídico

A questão do fundamento jurídico da actividade de polícia tem uma resposta diversa consoante essa actividade seja susceptível, ou não, de restringir um direito fundamental. No caso de essa restrição não ocorrer, a actividade de polícia tem o seu fundamento bastante nas normas que definem as atribuições das autoridades e serviços de polícia. Assim, a actuação do agente que auxilia a pessoa idosa a atravessar uma rua com tráfego intenso, ou adverte o dirigente de uma manifestação para o temporal que se aproxima, está suficientemente justificada através da ideia de prevenção de um perigo e não carece de qualquer fundamento legal mais preciso. Pelo contrário, se a actuação da polícia tem um efeito restritivo sobre um direito fundamental, torna-se necessária a existência de uma norma de competência, para além da norma que define as atribuições da autoridade de polícia. Essa norma deve autorizar a emissão de um regulamento de polícia, quando a actuação em causa pretenda ser válida num número indeterminado de casos, ou de um acto administrativo, uma ordem ou outro tipo de medida, quando a actuação pretenda ser válida num caso individual. Assim, para forçar os cães de determinadas raças, consideradas perigosas, a usar açaime e trela é necessário um regulamento, senão mesmo uma lei, uma vez que está em causa um direito de propriedade; para obrigar o proprietário de um cão que mordeu o carteiro a usar açaime e trela, tem de ser praticado um acto administrativo.

---

[81] Cfr. Ulrich Beck, *Weltrisikogesellschaft: Auf der Suche nach der verlorenen Sicherheit*, Suhrkamp, Frankfurt am Main, 2007, pp 62-63.

A autorização para a restrição de um direito fundamental em casos individuais pode visar um acto jurídico ou uma simples operação material. A notificação para comparecer numa esquadra de polícia ou para abandonar um determinado lugar, e deixar de o usar para um determinado efeito sujeito a licença, é um acto proibitivo ou prescritivo. O mesmo não sucede com uma busca domiciliária, o arrombamento de uma porta ou a inspecção de documentos de um particular. Nestes últimos casos está essencialmente em causa uma actuação de facto.

A autorização da restrição de um direito fundamental em casos individuais pode ser efectuada através de uma medida padrão, especialmente dirigida ao caso individual, ou com base numa cláusula geral. A formulação clássica de uma cláusula geral de polícia é a constante do § 14, I, da Lei Prussiana sobre Polícia Administrativa (PreußPVG), de 1 de Junho de 1931: «*as autoridades de polícia devem adoptar as medidas que considerem necessárias para afastar da colectividade ou de algum dos seus membros perigos que possam ameaçar a segurança e ordem públicas*». Por seu turno, exemplo de uma enumeração taxativa das medidas de polícia é a que consta dos artigos 28.° e 29.° da nova Lei de Segurança Interna, aprovada pela Lei n.° 53/2008, de 29 de Agosto.

Nos termos do artigo 28.°, n.° 1, deste diploma, são medidas de polícia: «*a) A identificação de pessoas suspeitas que se encontrem ou circulem em lugar público, aberto ao público ou sujeito a vigilância policial; b) A interdição temporária de acesso e circulação de pessoas e meios de transporte a local, via terrestre, fluvial, marítima ou aérea; c) A evacuação ou abandono temporários de locais ou meios de transporte*». De acordo com o n.° 2 do mesmo artigo, «*Considera-se também medida de polícia a remoção de objectos, veículos ou outros obstáculos colocados em locais públicos sem autorização que impeçam ou condicionem a passagem para garantir a liberdade de circulação em condições de segurança*».

Para além destas, o artigo 29.° do mesmo diploma qualifica como «*medidas especiais de polícia*» as seguintes:

«a) A realização, em viatura, lugar público, aberto ao público ou sujeito a vigilância policial, de buscas e revistas para detectar a presença de armas, substâncias ou engenhos explosivos ou pirotécnicos, objectos proibidos ou susceptíveis de possibilitar actos de violência e pessoas procuradas ou em situação irregular no território nacional ou privadas da sua liberdade;

b) A apreensão temporária de armas, munições, explosivos e substâncias ou objectos proibidos, perigosos ou sujeitos a licenciamento administrativo prévio;
c) A realização de acções de fiscalização em estabelecimentos e outros locais públicos ou abertos ao público;
d) As acções de vistoria ou instalação de equipamentos de segurança;
e) O encerramento temporário de paióis, depósitos ou fábricas de armamento ou explosivos e respectivos componentes;
f) A revogação ou suspensão de autorizações aos titulares dos estabelecimentos referidos na alínea anterior;
g) O encerramento temporário de estabelecimentos destinados à venda de armas ou explosivos;
h) A cessação da actividade de empresas, grupos, organizações ou associações que se dediquem ao terrorismo ou à criminalidade violenta ou altamente organizada;
i) A inibição da difusão a partir de sistemas de radiocomunicações, públicos ou privados, e o isolamento electromagnético ou o barramento do serviço telefónico em determinados espaços.»[82]

Pois bem, a exigência de tipificação da medida restritiva, exigindo uma competência específica para a sua adopção, ou, pelo contrário, a sua expressão através de uma cláusula geral dependem da intensidade da restrição do direito fundamental pressuposta por essa medida ou da circunstância de os casos em que a medida ocorre apresentarem uma constelação típica idêntica. Quanto mais intensos forem o carácter restritivo da medida e a identidade dos casos em que ocorrem, maior a exigência de tipificação das medidas. A identificação de pessoas, por exemplo, deve ter na sua base uma clara e específica previsão legal. O mesmo já não se passará com o reboque de um automóvel, em determinados casos, atendendo à menor intensidade do carácter restritivo da medida em causa. Pelo contrário, a sujeição a uma análise de sangue do traficante de droga que mordeu o agente de polícia que o deteve, por se recear que o primeiro é doente de SIDA e o segundo foi infectado, ainda que consubstancie uma forte inten-

---

[82] Sobre a relevância jurídica da distinção entre estas «*medidas especiais de polícia*» e as previstas no precedente artigo 28.º, cfr. infra, § 7, ponto 2.

sidade restritiva de um direito fundamental, é de tal modo atípica que a exigência da sua consagração específica não seria razoável[83].

Nestes termos, e sem considerar as exigências de cada concreto ordenamento jurídico, o fundamento jurídico para uma medida de polícia pode ser uma norma de atribuição, o que será suficiente quando a actuação da autoridade policial não envolva a restrição de um direito fundamental, podendo ainda exigir-se, se tal for o caso, uma específica norma de competência. A norma de competência, por seu turno, pode prever tipificadamente as medidas a adoptar ou, pelo contrário, enquadrar estas últimas no âmbito de uma cláusula geral.

1.3. POLÍCIA NOS SENTIDOS INSTITUCIONAL E FORMAL

O conceito de polícia em sentido institucional ou orgânico prende-se com a pertença a um determinado grupo de autoridades ou entidades administrativas, as autoridades de polícia[84]. Este conceito pressupõe a existência de actividades de polícia em sentido material que não são exercidas por autoridades de polícia em sentido institucional ou orgânico, e vice-versa.

O conceito material de polícia que acaba de ser recortado tem sobretudo sentido num país, como a Alemanha, em que a actividade é desempenhada segundo dois sistemas. Em alguns dos *Länder*, entre os quais a Baviera e Berlim, foi introduzido o designado sistema da separação, em que a actividade de controlo de perigos é predominantemente desempenhada pelas autoridades da Administração geral. A competência da polícia nestes *Länder* limita-se fundamentalmente ao controlo de perigos em casos de urgência, à colaboração na perseguição de actividades criminosas

---

[83] Para a matéria dos parágrafos precedentes, cfr. Pieroth/Schlink/Kniesel, *Polizei- und Ordnungsrecht mit Versammlungsrecht*, cit., pp. 38-41.

[84] Cfr. Wolf-Rüdiger Schenke, *Polizei- und Ordnungsrecht*, cit., n.º 14, p. 7. Diferentemente, Sérvulo Correia, "Polícia", *cit.*, p. 406, João Raposo, *Direito Policial*, cit., pp. 24-26, e Catarina Sarmento e Castro, *A Questão das Polícias Municipais*, cit., p. 32, parecem definir a polícia como o conjunto de autoridades e serviços ou corpos administrativos que têm como tarefa predominante ou exclusiva o exercício de uma actividade de polícia em sentido material. Esta definição revela-se escassamente útil pois, como o primeiro autor não deixa de reconhecer (cfr. Sérvulo Correia, *ob. cit.*, p. 407), existem muitos serviços espalhados pelas estruturas orgânicas da Administração que praticam actos de polícia em sentido material, mas não são polícia em sentido orgânico.

e contra-ordenacionais e à protecção de pessoas e bens. Por outras palavras, a designação de «*polícia*» fica aqui reservada à polícia de segurança pública e à polícia judiciária, estando as actividades de polícia administrativa especial confiadas a «*serviços de ordem*». Daí que se fale a propósito deste sistema de uma «*despolicialização*», a que não deixa de ser alheia a desconfiança em relação ao poder de polícia na sequência do período nazi, tanto mais que o sistema em causa é sensivelmente correspondente às zonas de ocupação inglesa e norte-americana. No contexto de um sistema como este é natural que muitas das actividades relacionadas com o controlo de perigos sejam levadas a cabo por outras entidades da administração, não incluídas na polícia em sentido institucional. Para além disso, consequência do sistema em causa é também a circunstância de muitas matérias normalmente incluídas no âmbito da polícia surgirem regulamentadas em conjunto com outras matérias que excedem aquele âmbito. Pelo contrário, nos *Länder* de Baden-Württemberg, Bremen, Saarland e Sachsen mantém-se um sistema de unidade. Aqui a polícia em sentido institucional ou orgânico abrange todas as autoridades e serviços que desempenham actividades de polícia em sentido material. Nestes *Länder* são abrangidos no conceito de polícia em sentido institucional um maior número de autoridades administrativas do que nos sistemas de separação. A distinção entre os dois sistemas atenua-se apenas na medida em que também nos sistemas de unidade se efectua uma separação entre polícia administrativa e polícia de execução[85].

Pois bem, como configurar o sistema português em face da dicotomia que acaba de ser esboçada? Parece claro que o sistema português teria de ser caracterizado como um sistema misto. No caso das actividades policiais de âmbito nacional teríamos um sistema de separação, uma vez que existem largos sectores de actividade materialmente policial, designadamente os sectores confiados às polícias administrativas especiais[86], que não são levados a cabo por polícias em sentido institucional. Assim sucede com os serviços de bombeiros, a protecção civil, a Autoridade de Segurança Alimentar e Económica e com numerosas inspecções-gerais (a Inspecção-Geral de Finanças, Inspecção-Geral das Actividades Económicas, Inspecção-Geral do Trabalho, etc.). Já no âmbito das polícias municipais a

---

[85] Cfr. Wolf-Rüdiger Schenke, *Polizei- und Ordnungsrecht*, cit., n.os 14 e 15, pp. 7-8.
[86] Sobre este conceito, cfr. infra, § 2, ponto 2.

questão muda de figura. Com efeito, parece mais correcto falar aí de um sistema de unidade, pois as polícias em causa desempenham tendencialmente, no contexto das atribuições das autarquias locais, todas as actividades que materialmente podem ser configuradas como sendo de polícia, ainda que o façam apenas a título subsidiário no que diz respeito às actividades de polícia de segurança[87].

Finalmente, polícia em sentido formal seriam as actividades desenvolvidas pela polícia em sentido institucional ou orgânico, independentemente de configurarem uma actividade de polícia em sentido material. Neste âmbito são de considerar não apenas a actividade de controlo de perigos, mas também outras actividades administrativas e ainda a colaboração no combate ao crime e na perseguição penal, bem como a aplicação de contra-ordenações.

2. DIREITO DE POLÍCIA

2.1. DIREITO DE POLÍCIA NO CONTEXTO DO DIREITO DA SEGURANÇA INTERNA

Em Portugal, como noutros países, a segurança interna pode ser encarada como tarefa do Estado, de algum modo consagrada na alínea b) do artigo 9.º da Constituição («*Garantir os direitos e liberdades fundamentais e o respeito pelos princípios do Estado de direito democrático*»), garantia de exercício dos direitos, expressamente reconhecida no artigo 27.º, n.º 1,

---

[87] Cfr. Catarina Sarmento e Castro, "Polícias Municipais: Passado, Presente e Futuro", in Jorge Bacelar Gouveia e Rui Pereira (coords.), *Estudos de Direitos e Segurança*, Almedina, Coimbra, 2007, p. 144-148. A este propósito é ilustrativo o Regulamento de Organização e Funcionamento do Serviço de Polícia Municipal da Câmara Municipal de Loures (Aprovado na 4.ª Reunião Ordinária da Câmara Municipal, realizada em 18 de Fevereiro de 2003, e na 2.ª Reunião da 1.ª Sessão Ordinária da Assembleia Municipal, realizada em 13 de Março de 2003), disponível em www.cm-loures.pt/doc/regulamentos/Reg PMunicipal.pdf. Estabelece o respectivo 11.º, n.º 2, que «*A Polícia Municipal de Loures coopera com as forças de segurança na manutenção da ordem e tranquilidade pública e na protecção das comunidade locais*». Por seu turno, o artigo 12.º, n.º 1, dispõe que «*A Polícia Municipal exerce as suas funções em matéria de edificação e urbanização, parque habitacional, comércio, saúde pública, averiguações e intimações, circulação rodoviária e estacionamento de veículos, defesa da natureza, do ambiente e dos recursos cinegéticos, criminalidade, ruído e outras competências*».

da Constituição («*Todos têm direito à liberdade e à segurança*»)[88], e ainda designação de conjunto de diversas tarefas da Administração, no âmbito da sua actividade de prestação e do controlo de perigos, e da justiça. Sob esta designação costumam ser incluídas a investigação criminal pelas autoridades judiciárias competentes, com a assistência da polícia criminal, a prevenção do crime através da polícia, a aplicação das tradicionais medidas de polícia no âmbito, por exemplo, de identificação de pessoas ou realização do direito de manifestação, o controlo de perigos[89]. Surge, assim, como natural a cooperação entre as entidades responsáveis pela execução destas diversas actividades, atendendo, desde logo, à proximidade funcional que inquestionavelmente se verifica entre elas. É essa, de resto, a perspectiva adoptada na recente Resolução do Conselho de Ministros n.º 45/2007, de 19 de Março. Em tal diploma, ao mesmo tempo que se reconhecem as vantagens em «*manter uma força de segurança de natureza militar, uma força de segurança de natureza civil, uma polícia judiciária centrada na criminalidade complexa, organizada e transnacional e, face à relevância crescente do fenómeno migratório, um serviço especializado de imigração e fronteiras*», afirma-se também a necessidade de «*criação de um sistema integrado de segurança interna (SISI), liderado por um secretário-geral (SG-SISI), com estatuto equiparado a secretário de Estado e directamente dependente do Primeiro-Ministro*».

Ao mesmo tempo, é duvidoso que a ideia de segurança seja apta a fundar uma unidade de função entre as entidades às quais cumpre assegurar a «*segurança interna*». Por um lado, como anteriormente se disse, na esteira de Gusy, a segurança não é um bem em si mesmo, mas uma condição em que se encontram bens jurídicos protegidos[90]. Por outro lado, a

---

[88] Repare-se, todavia, que parece ser de afastar uma leitura «*securitária do direito à segurança, entendido como direito à segurança da comunidade ou "dos cidadãos"*», a favor de uma "leitura conjunta" de ambos os direitos (neste sentido, cfr. José Lobo Moutinho, "Artigo 27.º", in Jorge Miranda e Rui Medeiros, *Constituição Portuguesa Anotada*, Tomo I, Coimbra Editora, Coimbra, 2005, pp. 300-301).

[89] Cfr., ainda, a noção de segurança interna proposta por Catarina Sarmento e Castro, *A Questão das Polícias Municipais*, cit., p. 300, e seguida por Pedro Machete, "A Polícia na Constituição da República Portuguesa", in António Menezes Cordeiro, Luís Menezes Leitão e Januário da Costa Gomes (coordenadores), *Prof. Doutor Inocêncio Galvão Telles: 90 Anos – Homenagem da Faculdade de Direito da Universidade de Lisboa*, Almedina, Coimbra, 2007, pp. 1130-1131. Como se verá na exposição subsequente, não se atribui relevo à noção de segurança interna na construção dogmática do direito de polícia.

[90] Cfr. supra, § 1, ponto 2.2.

segurança, enquanto tarefa do Estado, transcende a segurança interna e abrange também a segurança externa, de algum modo consagrada no artigo 9.º, alínea a), e a própria segurança no plano económico e social, a que se refere a alínea d) do mesmo artigo. Deve reconhecer-se que a história do Estado moderno consiste na diferenciação das suas funções, não apenas as funções legislativa, executiva e judicial, mas também, no âmbito da função executiva ou administrativa, as funções dos militares, da conformação social, do controlo de perigos, da investigação criminal e dos sistemas de informações.

Assim, a ideia de unidade de funções entre as entidades com responsabilidades no âmbito da segurança, muito cara a certos sectores de opinião na sequência de acontecimentos conhecidos de todos, deve ser posta em causa na medida em que com base nela as competências, dados e informação obtidos por uma dessas entidades possam ser postos ao serviço da prossecução de tarefas de outra entidade, assim estendendo as competências desta última num sentido não previsto pela lei[91]. Um tal estado de coisas revelaria uma perigosa proximidade com o velho princípio segundo o qual os fins justificam os meios, próprio do Estado de Polícia. Deste modo, como salientam Pieroth e Schlink, a cooperação entre as entidades que prosseguem a sua actividade no domínio da segurança interna, não decorre de uma ideia de unidade de funções, podendo apenas resultar da lei[92].

A inserção da actividade da polícia no contexto dos demais serviços de segurança leva-nos a recolocar o problema da relação entre segurança e liberdade, cuja íntima conexão é sem dúvida pressuposta pela redacção do já citado artigo 27.º, n.º 1, da Constituição, quando nele se afirma que «*Todos têm direito à liberdade e segurança*». Tal norma admite, sem dúvida, a premissa segundo a qual «*Sem segurança não há liberdade*»; simplesmente, de uma tal premissa não é admissível extrair a conclusão de que «*Quanto maior segurança, maior liberdade*». Pelo contrário, aquela

---

[91] A este propósito é relevante o artigo 3.º, n.º 3, da Lei n.º 30/84, de 5 de Setembro, Lei-Quadro do Sistema de Informações da República Portuguesa, quando ali se estabelece que «cada serviço só pode desenvolver as actividades de pesquisa e tratamento das informações respeitantes às suas atribuições específicas, sem prejuízo da obrigação de comunicar mutuamente os dados e informações que, não tratando apenas à prossecução das suas atribuições específicas, possam ter interesse para a consecução das finalidades do Sistema de Informações da República Portuguesa».

[92] Cfr. Pieroth/Schlink/Kniesel, *Polizei- und Ordnungsrecht mit Versammlungsrecht*, cit., pp. 20-22.

premissa só é verdadeira se complementada por uma outra, segundo a qual «*Sem liberdade, não há segurança*». O Estado de Direito não deseja a paz a todo o preço, mas apenas uma paz para pessoas livres[93]. Neste contexto, perante a sugestão de alguns autores que admitem a intensificação de medidas de segurança, incluindo a tortura «*domesticada pelo Estado de Direito*», para fazer face ao terrorismo[94], Denninger adverte para os perigos da criação de um novo *Estado de Prevenção*, no âmbito do qual os direitos fundamentais dos cidadãos deixariam de ser encarados em primeira linha como direitos de liberdade e de defesa perante os poderes públicos, para se transformarem antes de mais em deveres de protecção do Estado e, nessa medida, em autorizações de intervenção desses poderes no domínio de aplicação dos mesmos[95].

Torna-se, assim, necessário adquirir a clara consciência da diferença entre a actividade de polícia, no sentido acima esclarecido, e as demais actividades do Estado no domínio da segurança[96]. Desde logo, as modernas manifestações do terrorismo internacional, na medida em que não resultem da iniciativa de Estados, devem ser encaradas como um problema exclusivo da segurança interna, exigindo, não a mobilização de meios militares em cooperação «*funcional*» com os órgãos de segurança interna, mas um aprofundamento de uma efectiva cooperação internacional entre polícias e órgãos judiciários de diferentes países.

De igual modo, importa ter presente a distinção, já atrás aludida, entre as tarefas de conformação social, visando uma efectiva segurança social e económica dos cidadãos, e as tarefas de polícia, ligadas ao controlo de perigos. O que acaba de ser dito não significa que não possam existir perigos, para cujo controlo é apropriada a actividade de polícia, com origens em condições socio-económicas muito debilitadas.

A distinção entre investigação criminal e polícia foi já anteriormente aflorada aquando da distinção entre polícia administrativa e polícia judi-

---

[93] Cfr. Udo di Fabio, cit em Denninger, *Prävention und Freiheit*, Nomos, Baden-Baden, 2008, p. 16.

[94] Cfr. Otto Depenheuer, *Selbsbehauptung des Rechtsstaates*, Ferdinand Schöningh, Paderborn, 2007, p. 72.

[95] Cfr. Denninger, *Prävention und Freiheit*, cit., pp. 16-17 e ss.

[96] Para uma distinção entre forças de segurança, incluindo as polícias em sentido próprio, e os serviços de segurança, incluindo os serviços de informações, cfr. Vitalino Canas, "A Actividade de Polícia e a Proibição do Excesso: As Forças e Serviços de Segurança em Particular", *cit.*, p. 461.

ciária. A circunstância de ambas as actividades se incluírem no domínio da segurança interna obriga-nos a mencioná-las novamente, na perspectiva da sua diferenciação. Como acima se disse, o conceito de prevenção não é exclusivo do controlo de perigos, enquanto cerne da actividade de polícia, uma vez que aos fins das penas não são alheias as ideias de prevenção geral e especial. Todavia, a prevenção surge no domínio penal como hipotética, enquanto no direito de polícia está em causa o controlo de perigos determinados. Para além disso, a investigação criminal obedece em regra ao princípio da legalidade, como decorre do artigo 262.º, n.º 2, do Código de Processo Penal[97], enquanto a actividade de polícia está essencialmente sujeita ao princípio da oportunidade[98]. O que acaba de ser dito não significa, evidentemente, que não existam medidas de polícia que possam ser simultaneamente enquadradas no âmbito da actividade de polícia, em sentido material, como controlo de perigos, e no âmbito da investigação criminal. Em tais casos, suscitam-se diversos problemas jurídicos: por um lado, problemas relacionados com a precedência entre ambas as actividades em face da mesma situação; por outro lado, problemas relacionados com as vias de recurso abertas aos interessados em face de uma medida que seja simultaneamente de enquadrar no âmbito da actividade de polícia e da investigação criminal.

Quanto ao primeiro problema, está em causa saber, por um lado, qual a actividade que deve ter precedência em face da mesma situação, a investigação e perseguição penal ou a actividade de controlo de perigos e, por outro lado, quem decide em caso de dúvida sobre essa precedência, os agentes de polícia ou a autoridade judiciária competente. Assim, por exemplo, em caso de ocupação de uma casa pode colocar-se uma situação

---

[97] Nos termos do qual, «*Ressalvadas as excepções previstas neste Código, a notícia de um crime dá sempre lugar à abertura de inquérito*».

[98] O princípio da oportunidade resulta logo da formulação do artigo 32.º, n.º 1, da Lei de Segurança Interna (Lei n.º 53/2008, de 29 de Agosto), nos termos do qual «*No desenvolvimento da sua actividade de segurança interna, as autoridades de polícia podem determinar a aplicação de medidas de polícia, no âmbito das respectivas competências*» (corresponde ao artigo 16.º, n.º 1, da anterior Lei de Segurança Interna, aprovada pela Lei n.º 20/87, de 12 de Junho). Mas a própria natureza da actividade da polícia, assente numa larga margem de livre apreciação e expressa em juízos de prognose, impõe que a sua actuação se subordine ao princípio da oportunidade. Sobre o assunto, cfr. Pieroth/Schlink/Kniesel, *Polizei- und Ordnungsrecht mit Versammlungsrecht*, cit., p. 24; Gusy, *Polizeirecht*, cit., pp. 191 e ss., n.º 387 e ss.; Denninger, "Polizeiaufgaben", *cit.*, pp. 268 e ss., n.º 168 e ss.

em que o agente de polícia tenha de optar entre as medidas mais adequadas a fazer cessar rapidamente a ocupação ou a deter o ocupante; em caso de rapto, pode a actuação do agente privilegiar a libertação do refém sobre a detenção do raptor. Em regra, atendendo não só a que os agentes de polícia se encontram mais próximos da situação, mas também a que, em caso de dúvida, é mais importante defender o direito do que sancionar a sua violação, deve entender-se que é mais importante o controlo de um perigo iminente do que a perseguição de um acto criminoso já ocorrido[99].

Idêntica resposta se deve dar ao segundo problema atrás identificado: na dúvida, também aqui o controlo de perigos assume precedência em relação à perseguição e investigação criminais. Quando não seja visível para o atingido a urgência ou relevância penal de uma medida de que tenha sido objecto, deverá o mesmo reagir na perspectiva do controlo de perigos, considerando-se aberta a via de recuso perante um tribunal administrativo[100].

Finalmente, importa ainda delimitar a actividade de polícia em face dos serviços de informações. Nos termos dos artigos 20.º e 21.º, respectivamente, da Lei n.º 30/84, de 5 de Setembro, que estabelece as bases gerais do Sistema de Informações da República Portuguesa, o Sistema de Informações Estratégicas de Defesa (SIED) é «*o organismo incumbido da produção de informações que contribuam para a salvaguarda da independência nacional, dos interesses nacionais e da segurança externa do Estado Português*», sendo o Serviço de Informações de Segurança (SIS) «*o organismo incumbido da produção de informações que contribuam para a salvaguarda da segurança interna e a prevenção da sabotagem, do terrorismo, da espionagem e a prática de actos que, pela sua natureza possam alterar ou destruir o Estado de direito constitucionalmente estabelecido*».

Resulta das definições legais transcritas que os serviços de informações não integram a polícia, mas antes actuam num plano que antecede a actividade policial de controlo de perigos. O propósito da sua actuação não obedece ao objectivo directo de implementar medidas de controlo de perigos ou de investigação criminal. As informações por si reunidas visam

---

[99] Cfr. Pieroth/Schlink/Kniesel, *Polizei- und Ordnungsrecht mit Versammlungsrecht*, cit., p. 26.

[100] Cfr. Pieroth/Schlink/Kniesel, *Polizei- und Ordnungsrecht mit Versammlungsrecht*, cit., p. 27; Gusy, *Polizeirecht*, cit., pp. 254 e ss., n.º 481 e ss.; cfr., ainda, Wolf-Rüdiger Schenke, *Polizei- und Ordnungsrecht*, cit., p. 255, n.º 424.

antes fundar a avaliação e decisão políticas que depois se manifestarão de diversos modos, por exemplo, através da criação de procedimentos contra associações ou partidos contrários à Constituição ou do desenvolvimento de programas sociais destinados a pessoas sujeitas a extremismos de vária ordem. Compreende-se, assim, que os serviços de informações não tenham típicas competências de polícia, mas apenas a competência de mobilizar meios tendentes à captação e tratamento de informação. De resto, o artigo 4.º, n.º 1, da citada Lei n.º 34/84 estabelece que os funcionários dos serviços de informações «*não podem exercer poderes, praticar actos ou desenvolver actividades do âmbito ou competência específica dos tribunais ou entidades com funções policiais*», dispondo o n.º 2 que «*é expressamente proibido aos funcionários e agentes, civis ou militares, dos serviços de informações proceder à detenção de qualquer indivíduo ou instruir processos penais*». A questão que então se coloca é a de saber se esta proibição se estende à própria detenção em flagrante delito, prevista no artigo 255.º do Código de Processo Penal. Parece que pelo menos ficará fora do alcance da mencionada proibição o direito de detenção em flagrante delito que a norma da alínea b) do n.º 1 do citado artigo atribui a qualquer pessoa, se uma autoridade judiciária ou entidade policial não estiver presente, nem puder ser chamada em tempo útil. Em consequência, o modo de actuação dos serviços de informação é diverso do que caracteriza as autoridades de polícia: os primeiros surgem perante os cidadãos de forma dissimulada, actuando a descoberto apenas excepcionalmente, enquanto os agentes e órgãos de polícia actuam, em regra, abertamente[101].

2.2. DIREITO DE POLÍCIA DE CONCEPÇÃO E DE EXECUÇÃO, GERAL E ESPECIAL

Assim como é necessário distinguir, no âmbito do direito da segurança, o direito de polícia em relação ao direito da segurança externa, ao direito da segurança económica e social, do processo penal e, em especial, da investigação criminal e dos serviços de informações, é também necessário distinguir entre o direito das polícias em sentido simultaneamente orgânico e funcional ou material, por um lado, e o direito da polícia ape-

---

[101] Cfr. Pieroth/Schlink/Kniesel, *Polizei- und Ordnungsrecht mit Versammlungsrecht*, cit., pp. 28-29.

nas em sentido material, por outro lado. Para além disso, é ainda necessário distinguir entre o direito da polícia, em sentido material, geral e especial.

O direito do controlo de perigos levado a cabo pelas polícias em sentido orgânico é o direito do controlo de perigos no local, normalmente desempenhado no terreno por pessoal uniformizado e caracterizado pela celeridade, actuação de facto, oralidade e ausência de forma. Diverso é o direito de controlo de perigos "de secretária", desenvolvido por serviços internos e caracterizado pela dimensão burocrática, actuação jurídica, manifestação escrita e formalismo. Neste último âmbito parece essencialmente incluir-se, desde logo, o controlo de perigos na vertente da precaução. O controlo de perigos exercido pela polícia em sentido orgânico reveste em princípio natureza geral. Os casos em que uma actividade de controlo de perigos no local reveste natureza especial, como sucede com a protecção em face de incêndios, poderiam, salvo razões de uso terminológico mais ou menos assente, ser designados por actividades de polícia. Já o controlo de perigos levado a cabo pela polícia em sentido material pode revestir tanto natureza geral como especial. Assim, o controlo de perigos associados à gestão da água, dos resíduos, à actividade mineira, é levado a cabo por entidades especializadas, enquanto em relação a outras actividades o controlo de perigos é exercido por autoridades de polícia em sentido material, ainda que segundo regimes jurídicos específicos.

Como acaba de se ver, a distinção entre direito de polícia de execução e de concepção está intimamente associada à distinção entre direito de polícia em sentido geral e especial. Em regra, o direito de polícia em sentido especial é o que regula a actividade de entidades e serviços que, tendo várias competências, desenvolvem também a actividade de polícia em sentido material relativamente a um interesse colectivo e a um ramo de direito determinados[102].

2.3. FONTES

Com esta expressão pretende-se aqui abordar dois problemas, distintos mas intimamente relacionados: o problema de saber onde se encontra o direito de polícia administrativo em vigor na ordem jurídica portuguesa

---

[102] Cfr. Catarina Sarmento e Castro, *A Questão das Polícias Municipais*, cit., p. 97.

e o problema de saber quais as fontes de direito legitimadas para a produção de normas que regulam a actividade de polícia administrativa, isto é, as normas onde se contém o direito de polícia. Como seria de esperar numa ordem jurídica com o grau de prolixidade legislativa que nos caracteriza, é mais fácil responder à segunda questão do que à primeira.

2.3.1. Competências normativas no âmbito do direito de polícia

Começando, pois, pela segunda questão importa desde logo esclarecer que são de alcance limitado as reservas de lei parlamentar específicas em matérias relacionadas com o direito de polícia. Assim, a Constituição estabelece uma reserva absoluta de competência legislativa da Assembleia da República no que toca aos regimes do estado de sítio e do estado de emergência, às restrições ao exercício de direitos por militares e agentes militarizados dos quadros permanentes em serviço efectivo, bem como por agentes dos serviços e forças de segurança, e ainda ao regime das forças de segurança (artigo 164.º, alíneas *e)*, *o)* e *u)* da Constituição, respectivamente). Por seu turno, o artigo 165.º, n.º 1, alínea *aa)* integra no âmbito da reserva relativa de competência legislativa da Assembleia da República a matéria do regime e forma de criação das polícias municipais.

Para além da reserva de lei parlamentar, importa ainda mencionar a reserva de acto legislativo constante do artigo 272.º, n.º 4, da Constituição, quando estabelece que «*A lei fixa o regime das forças de segurança, sendo a organização de cada uma delas única para todo o território nacional*». Apesar da coincidência da expressão utilizada, o regime referido no citado artigo 272.º, n.º 4, não tem o sentido da expressão utilizada no artigo 164.º, alínea *u)*, da Constituição («*Regime das forças de segurança*»). Com efeito, como se afirmou no recente Acórdão n.º 304/2008, do Tribunal Constitucional, «*se a solução da exigência da exclusividade da intervenção parlamentar, adoptada na inclusão desta alínea na reserva absoluta da competência legislativa da Assembleia da República, justifica que o regime aí referido se restrinja a um regime geral, definidor de fins, princípios, regras básicas e grandes linhas de regulação, pelas razões acima referidas, já a exigência de que o regime das forças de segurança seja fixado por lei, contida no n.º 4 do artigo 272.º da C.R.P. deve abranger o regime concreto de cada uma das forças policiais, nomeadamente o modo da sua organização interna*». Nesta conformidade, não seria razoável «*retirar ao Governo a possibilidade de definir a estrutura de cada uma das forças de segurança, pois é ele que deve responder politicamente pela sua operacionalidade e eficácia*». A reserva de lei mencionada no artigo 272.º, n.º 4, é, pois, uma reserva de acto legislativo, abrangendo lei parlamentar ou decreto-lei do Governo. De fora ficam os decretos legislativos regionais, uma vez que se exige que a organização de cada força de segurança seja única para todo o território nacional[103].

No mencionado Acórdão n.º 304/2008 entendeu-se ainda que «*em matéria de organização interna de qualquer entidades, em especial de uma força de segurança, a definição da distribuição de competências pelos diferentes serviços ou unidades que a compõem assume uma relevância crucial*». Assim, a remissão da regulação desta matéria para uma portaria violaria a reserva do citado artigo 272.º, n.º 4. Em diversos votos de vencido apostos ao mencionado acórdão entendeu-se, no entanto, que a distribuição interna de competências, reporta-se a matérias «*meramente organizativas (domínio preferencial da intervenção regulamentar – cfr. artigo 24.º da Lei n.º 4/2004, de 15 de Janeiro), que não contendem com o nível hierárquico ou com os termos em que se desenvolve a actividade da Polícia com eficácia externa*»[104]. Nesta conformidade, não seria exigível acto legislativo para a regulação de tais matérias, embora já fosse de exigir a respectiva disciplina através de decreto regulamentar, no caso de estar em causa um regulamento independente.

Ao quadro assim brevemente traçado importa acrescentar duas notas. A primeira para salientar que as competências exclusivas da Assembleia da República não esgotam o âmbito da reserva legislativa parlamentar em matérias relacionadas com o direito de polícia. Tal âmbito é ainda alargado por aquela que poderíamos designar como competência exclusiva por conexão, essencialmente situada no domínio da reserva relativa: a este propósito basta pensar no artigo 165.º, n.º 1, alíneas *b)* (direitos, liberdades e garantias), *g)* (bases do sistema de protecção da natureza, do equilíbrio ecológico e do património cultural) e *z)* (bases do ordenamento do território e do urbanismo) da Constituição. A ideia é a de que a competência para legislar num certo domínio abrange também a atribuição de compe-

---

[103] Neste sentido, cfr. João Raposo, *Direito Policial*, cit., p. 42; Pedro Machete, "Artigo 272.º", in Jorge Miranda e Rui Medeiros, *Constituição Portuguesa Anotada*, Tomo III, Coimbra Editora, Coimbra, 2007, p. 681.

[104] Cfr. declaração de voto do Cons. Vítor Gomes no Acórdão n.º 304/2008.

tência para legislar sobre as actividades de polícia administrativa relacionadas com esse mesmo domínio. Isso é desde logo evidente no domínio da polícia do direito de manifestação, mas também no domínio das medidas de polícia em matérias relacionadas com o ambiente e o urbanismo.

A segunda nota prende-se com a ausência de uma específica reserva de competência legislativa parlamentar em matéria de medidas de polícia. A este propósito, importa ter presente o artigo 272.º, n.º 2, da Constituição, de acordo com o qual «*as medidas de polícia são as previstas na lei*». Para além do problema de saber em que medida esta norma exige que as actuações da polícia administrativa estejam taxativamente fixadas na lei ou admite, pelo contrário, a actuação da polícia ao abrigo de cláusulas gerais[105], parece claro que a mesma norma consagra o princípio da precedência de lei em relação aos actos de polícia[106]. Todavia, considerando a notada ausência de uma específica reserva de lei na matéria, deve entender-se que a "lei", em que devem ser definidas as medidas de polícia, abrange qualquer acto legislativo[107], salvo quando a conexão com matérias reservadas à Assembleia da República exija a intervenção da lei em sentido estrito, como sucederá em número significativo de casos em que são afectados direitos, liberdades e garantias. Simplesmente, tais casos devem ser avaliados, quanto à necessidade de intervenção de lei parlamentar, à luz da teoria da essencialidade. Como afirma Jorge Reis Novais, a teoria da essencialidade, inicialmente desenvolvida pelo Tribunal Constitucional alemão nos anos setenta, «*tem como base de partida o topos de que as decisões essenciais nos âmbitos normativos mais relevantes, maxime nos referentes ao exercício dos direitos fundamentais, devem ser tomadas pelo legislador democraticamente legitimado*». Segundo acresenta o mesmo autor, «*entende-se que aquilo que é* essencial *e, em princípio, só o que é* essencial, *independentemente de se traduzir numa intervenção restritiva na liberdade e propriedade, deve ser substancialmente decidido – ou seja, consoante as diferentes dimensões da reserva de lei, primaria-*

---

[105] Sobre esta questão, cfr. infra, § 4.
[106] Cfr. Catarina Sarmento e Castro, *A Questão das Polícias Municipais*, cit., pp. 81 e ss.
[107] Neste sentido, cfr. também João Raposo, "Autoridade e Discricionariedade: Conciliação Impossível?", in AA. VV., *Estudos Jurídicos e Económicos em Homenagem ao Prof. Doutor Sousa Franco*, vol. II, Faculdade de Direito da Universidade de Lisboa, Lisboa, 2006, p. 414.

mente regulado ou suficientemente densificado – pelo Parlamento, no sentido de legislador nacional democraticamente legitimado»[108]. A crítica que semelhante teoria suscita, como o mesmo autor não deixa de salientar, isto é, a crítica segundo a qual saber o que é essencial depende, em última análise, daquilo que o Tribunal Constitucional disser que é essencial, pode, na realidade, ser considerada como a indispensável abertura que o princípio da reserva de lei deve hoje revestir. Abertura essa que permite alcançar o equilíbrio necessário entre as exigências contrastantes da certeza e segurança individual, por um lado, e, por outro, da concretização dos direitos fundamentais pelo Governo e pela própria Administração. Seja como for, julga-se que serão aqui relevantes os critérios que anteriormente foram apontados a propósito da exigência de tipificação legal das medidas de polícia e respectivos pressupostos[109]: quanto maior a intensidade da restrição do direito fundamental pressuposta pela medida em causa ou quanto mais os casos em que essa medida ocorrer apresentarem uma constelação típica idêntica, maior será aquela exigência de tipificação e, simultaneamente, maior a exigência de essa tipificação ser levada a cabo por lei parlamentar.

A incidência da reserva de lei em matérias de direito da polícia coloca-se ainda relativamente ao problema das sanções administrativas, que constituem, como vamos ver, um dos modos de actuação da polícia administrativa. O problema foi discutido pelo Tribunal Constitucional a propósito da natureza da medida de restrição ao uso de cheque[110]. O Tri-

---

[108] Cfr. Jorge Reis Novais, *As Restrições aos Direitos Fundamentais Não Expressamente Autorizadas pela Constituição*, Coimbra, Coimbra Editora, 2003, p. 852.

[109] Cfr. supra, § 1, ponto 2.4.

[110] A medida de restrição ao uso de cheque, prevista no Decreto-Lei n.º 14/84, de 11 de Janeiro, e por este diploma qualificada como "medida administrativa", era aplicada pelo Banco de Portugal, por sua iniciativa ou por proposta de qualquer instituição de crédito (cfr. artigo 139.º, n.º 1, conjugado com o artigo 149, n.º 1, do Decreto-Lei n.º 14/84), e implicava (para aquele a quem fosse aplicada) a proibição de movimentar contas de depósito de que fosse titular em qualquer instituição de crédito, por meio de cheques (salvo, naturalmente, sendo cheques avulsos) e impunha, bem assim, a obrigação de devolver às mesmas instituições de crédito todos os módulos de cheques que tivesse em seu poder ou que estivessem na posse de seus mandatários (cfr. artigo 10.º, n.ºs 1, 2 e 3, do citado Decreto-Lei n.º 14/84. A medida, com a duração mínima de 6 meses e máxima de 3 anos (cfr. artigo 12.º, n.º 1, do citado Decreto-Lei n.º 14/84), era aplicada mediante processo instruído pelos serviços do Banco de Portugal — processo que termina por um relatório final e uma proposta de decisão, que são notificados ao eventual sujeito passivo da medida

bunal considerou que a medida em causa, consubstanciando uma sanção administrativa não qualificável quer como ilícito disciplinar, quer como ilícito contra-ordenacional, sempre estaria abrangida pela reserva de lei parlamentar. Os passos da sua argumentação, tal como expendida no Acórdão n.º 160/91[111], foram essencialmente os seguintes. *(i)* Através da medida em causa o que o «Governo fez foi, justamente, criar um *ilícito administrativo atípico,* pois que não é ele um ilícito disciplinar e também não se vê que possa reconduzir-se ao conceito de *contra-ordenação. Contra-ordenação* é, na verdade, apenas o "facto ilícito e censurável que preencha um tipo legal no qual se comine uma coima", como se diz no artigo 1.º da respectiva lei-quadro (Decreto-Lei n.º 433/82, de 27 de Outubro), e a medida de restrição ao uso do cheque não é identificável com qualquer das "coimas" previstas nos artigos 17.º e 21.º da referida lei-quadro». Se assim for, isto é, se o legislador não puder criar ilícitos administrativos diferentes do ilícito disciplinar e do ilícito contra-ordenacional, então, teria ele violado o «programa constitucional» relativo ao direito público sancionatório. *(ii)* Mesmo que assim não «deva entender-se – isto é, ainda que haja de ter-se por constitucionalmente admissível a criação de ilícitos administrativos para além do ilícito disciplinar e do ilícito contra-ordenacional – uma coisa é certa: só a Assembleia da República ou o Governo por ela autorizado hão-de poder criar tal tipo de ilícito e definir-lhe o respectivo regime, sob pena de se defraudar o sentido da reserva parlamentar». De outro modo, afirma-se no Acórdão, «para subtrair a matéria à intervenção parlamentar, bastaria dar às sanções cominadas designações diferentes das que correspondem àqueles tipos de ilícito». *(iii)* Por último, e raciocinando por absurdo, o Tribunal entendeu que mesmo admitindo que se está em face de um ilícito contra-ordenacional, então, haverá de concluir-se que as normas que consagram a medida em causa violam o actual artigo 165.º, n.º 1, alínea *d),* da Constituição, que reserva à Assembleia da República a legislação sobre o regime geral de punição dos ilícitos de mera ordenação social e do respectivo processo. Na verdade, como se disse no acórdão citado «embora o Governo possa, no exercício da competência legislativa concorrente, definir concretos ilícitos contra-ordena-

---

para, querendo, deduzir a sua defesa, por escrito, no prazo de 8 dias, instruindo-a «com todos os elementos» que «considere relevantes» (cfr. artigo 15.º, n.os 1 e 2, do Decreto-Lei n.º 14/84).

[111] Disponível em www.tribunalconstitucional.pt .

cionais e as coimas que cabem a cada infracção, ao fazê-lo, há-de mover-se dentro da moldura sancionatória da respectiva lei-quadro (cfr., neste sentido, por último, o Acórdão n.º 88/90, *Diário da República,* II Série, de 17 de Setembro de 1990), não podendo, designadamente (salvo munido de autorização legislativa), criar sanções que não se reconduzam a qualquer dos tipos de "coima" previstos naquela lei-quadro (previstos, por conseguinte, nos artigos 17.º e 21.º do Decreto-Lei n.º 433/82, de 27 de Outubro). Pois bem: de um lado, a medida de restrição ao uso do cheque não é, como se disse já, identificável com qualquer das "coimas" previstas nos mencionados artigos 17.º e 21.º do Decreto-Lei n.º 433/82; e, de outro, o Governo não dispunha de autorização legislativa para a criar».

Contrariamente ao que se entendeu no Acórdão n.º 160/91, aqui sumariado, não se julga que as sanções administrativas se esgotem no ilícito disciplinar e no ilícito contra-ordenacional, nem tão pouco, independentemente disso, que as mesmas se achem sujeitas a uma reserva de lei parlamentar. Na verdade, a existência de sanções administrativas preventivas, sem qualquer intuito punitivo, como era manifestamente o caso da medida de restrição ao uso do cheque, afasta a sua conexão com o direito penal que, pelo contrário, está subjacente à previsão da alínea *d)* do n.º 1 do artigo 165.º da Constituição. Por outro lado, a circunstância de a Constituição prever no artigo 272.º, n.º 2, que as medidas de polícia são as previstas por lei, sem que exista qualquer reserva de lei parlamentar sobre a matéria, não pode deixar de ter como consequência que também as sanções administrativas preventivas não se acham sujeitas, por identidade de razão, a tal reserva[112]. A própria natureza da actividade de polícia, que deve intervir em situações de difícil, senão impossível, antecipação e num tempo escasso, sempre desaconselharia tal reserva de lei parlamentar.

As considerações que precedem são aplicáveis, com as necessárias adaptações, às relações entre lei e regulamento. Em princípio, a reserva de lei mantém-se sem quaisquer atenuações quando esteja em causa a afectação geral e abstracta, por via regulamentar, da norma constitucional que prevê as medidas de polícia. Diferentemente se passarão as coisas nos casos de intervenção restritiva individual e concreta efectuada pela Administração. Tais casos, particularmente relevantes no domínio do direito de polícia, não podem deixar de ser considerados como constitucional e

---

[112] Ambos os pontos foram desenvolvidos no voto de vencido do Conselheiro Sousa e Brito ao citado aresto.

legalmente autorizados quando a Administração actue em estado de necessidade ou situação de urgência ou ainda em situações em que a discricionariedade de escolha ou de decisão administrativa esteja reduzida a zero[113]. A estas noções regressar-se-á adiante.

Importa ainda acrescentar que a emissão de normas administrativas no domínio do direito da polícia se encontra expressamente prevista ao nível local, nos termos dos artigos 11.º e 12.º da lei quadro que define o regime e forma de criação das polícias municipais, actualmente constante da Lei n.º 19/2004, de 20 de Maio. Aliás, a criação de polícias municipais está expressamente prevista na Constituição, nos artigos 237.º, n.º 3 («*As polícias municipais cooperam na manutenção da tranquilidade pública e na protecção das comunidades locais*»), e 165.º, n.º 1, alínea *aa*) («*Regime e forma de criação das polícias municipais*»). O problema imediato que os regulamentos municipais de polícia colocam é o de saber o que sucede a tais regulamentos quando é revogada a lei ao abrigo da qual hajam sido emitidos. Com efeito, a Lei n.º 19/2004 revogou a anterior Lei n.º 140/99, de 28 de Agosto, ao abrigo da qual foi adoptado um número significativo de regulamentos de polícia municipal[114]. Por seu turno, exis-

---

[113] Cfr. Jorge Reis Novais, *As Restrições aos Direitos Fundamentais Não Expressamente Autorizadas pela Constituição*, cit., pp. 864 e ss.; cfr., ainda, Pedro Lomba, "Sobre a Teoria das Medidas de Polícia Administrativa", in Jorge Miranda (regência), *Estudos de Direito de Polícia*, 1.º vol., AAFDL, Lisboa, 2003, p. 203; João Raposo, "Autoridade e Discricionariedade: A Conciliação Impossível?", *cit.*, p. 414.

[114] Ao abrigo do citado diploma foram criadas por deliberação municipal e ratificadas pelo Governo as Polícias Municipais de Albufeira (Resolução n.º 17/2002, de 29 de Janeiro), Amadora (n.º 138/2000, de 17 de Outubro), Aveiro (Resolução n.º 130/2000, de 12 de Outubro), Boticas (Resolução n.º 30/2002, de 9 de Fevereiro), Braga (Resolução n.º 139/2000, de 17 de Outubro), Cabeceiras de Basto (Resolução n.º 20/2002, de 30 de Janeiro), Cascais (Resolução n.º 131/2000, de 12 de Outubro), Celorico da Beira (Resolução n.º 24/2002, de 2 de Fevereiro), Coimbra (Resolução n.º 135/2000, de 13 de Outubro), Fafe (Resolução n.º 31/2002, de 13 de Fevereiro), Felgueiras (Resolução n.º 32/2002, de 14 de Fevereiro), Figueira da Foz (Resolução n.º 14/2002, de 28 de Janeiro), Gondomar (Resolução n.º 125/2000, de 12 de Outubro), Guimarães (Resolução n.º 133/2000, de 13 de Outubro), Loulé (Resolução n.º 60/2002, de 23 de Março), Lousada (Resolução n.º 87/2002, de 22 de Abril), Maia (Resolução n.º 124/2000, de 11 de Outubro), Marco de Canaveses (Resolução n.º 81/2002, de 12 de Abril), Matosinhos (Resolução n.º 126/2000, de 12 de Outubro), Oeiras (Resolução n.º 136/2000, de 13 de Outubro), Paços de Ferreira (Resolução n.º 128/2000, de 12 de Outubro), Paredes (Resolução n.º 29/2002, de 9 de Fevereiro), Póvoa de Varzim (Resolução n.º 127/2000, de 12 de Outubro), Santo Tirso (Resolução n.º 19/2002, de 30 de Janeiro), Sintra (Resolução n.º 134/2000, de 13 de Outubro), Trofa

tem regulamentos de polícias municipais muito anteriores, como o de Lisboa, aprovado por despacho do Presidente da Câmara Municipal de 4 de Agosto de 1959[115].

Como afirma Mário Esteves de Oliveira, na esteira de Marcello Caetano, a revogação ou modificação da lei exequenda repercute-se automaticamente na vigência do regulamento, devendo, no entanto, ser distinguidas diversas situações. Assim, quanto ao regulamento de execução, a revogação da lei implica a imediata cessação automática das normas que a desenvolvem e executam; se a lei for apenas modificada, o regulamento de execução mantém-se em vigor em tudo quanto não contrariar a nova lei. Tratando-se de regulamentos delegados ou autónomos entende-se que a revogação da lei exequenda, quanto aos primeiros, ou da que reconhece um interesse como próprio, quanto aos segundos, determina, sem mais, a sua revogação automática[116]. Assim, a questão de saber o que sucedeu aos regulamentos policiais aprovados no âmbito de vigência da Lei n.º 140/99, ou até antes, passa pela caracterização de tais regulamentos. Ora, atendendo ao que acima se disse sobre as relações entre lei e regulamento em

---

(Resolução n.º 18/2002, de 29 de Janeiro), Valpaços (Resolução n.º 33/2002, de 14 de Fevereiro), Vieira do Minho (Resolução n.º 25/2002, de 2 de Fevereiro), Vila do Conde (Resolução n.º 129/2000, de 12 de Outubro), Vila Nova de Famalicão (Resolução n.º 34/2002, de 15 de Fevereiro), Vila Nova de Gaia (Resolução n.º 132/2000, de 13 de Outubro), Vila Nova de Poiares (Resolução n.º 23/2002, de 2 de Fevereiro) e Viseu (Resolução n.º 44/2002, de 13 de Março). Cfr., ainda, Catarina Sarmento e Castro, "Polícias Municipais: Passado, Presente e Futuro", cit., p. 141.

[115] Disponível em http://www.cm-lisboa.pt/docs/ficheiros/Regulamento_20_da_PM_Lisboa.pdf .

[116] Cfr. Mário Esteves de Oliveira, *Direito Administrativo*, vol. I, Almedina, Lisboa, 1980, p. 149; Marcello Caetano, *Manual de Direito Administrativo*, vol. I, 9.ª ed., Almedina, Coimbra, 1980 (reimpressão), pp. 107-108. M. Esteves de Oliveira, ob. e loc. cit., afasta-se apenas desta posição, na esteira de Afonso Queiró, quando a lei se limite a transferir a competência regulamentar de um para outro órgão da mesma pessoa colectiva, ou quando haja sucessão de uma pessoa colectiva por outra (cfr. Afonso Queiró, "Teoria dos Regulamentos, 2.ª Parte", in *Revista de Direito e de Estudos Sociais*, Ano I (2.ª Série), Janeiro-Março, n.º 1, pp. 29-30). Como resulta do texto, nenhuma destas hipóteses se verifica no caso em análise. Em termos mais restritivos, Marcelo Rebelo de Sousa e André Salgado de Matos, sustentam que «*a revogação ou cessação de vigência da lei habilitante da emissão de determinado regulamento implica a cessação da sua vigência por caducidade, salvo se a manutenção do regulamento na ordem jurídica for salvaguardada por lei*» (cfr. *Direito Administrativo Geral*, Tomo III – Actividade Administrativa, Dom Quixote, Lisboa, 2007, p. 240).

matéria de definição de medidas de polícia, não parece haver dúvidas que os regulamentos policiais são regulamentos de execução e não regulamentos autónomos, emitidos ao abrigo do disposto no artigo 241.º da Constituição[117]. Nesta conformidade, e considerando até que a Lei n.º 19/2004 se designa a si própria como «*revisão da lei quadro que define o regime e forma de criação das polícias municipais*», deverá entender-se que tais regulamentos se mantêm vigor em tudo o que não contrariar a nova lei.

2.3.2 Actos normativos que disciplinam o direito de polícia

Nas páginas subsequentes trata-se sobretudo de apresentar, de forma minimamente organizada, mas ainda assim sem pretensões de esgotar a matéria, as normas em vigor com relevo para o direito de polícia. De fora ficam os aspectos institucionais e orgânicos, objecto de importantes remodelações na sequência da Lei n.º 53/2008, de 29 de Agosto, que aprovou a nova Lei de Segurança Interna, mas cuja abordagem no presente contexto se revela de escasso interesse, pelo carácter eminentemente descritivo que necessariamente assumiria[118]. Cabe, no entanto, uma referência expressa ao conceito de autoridades de polícia, previsto no artigo 26.º da mencionada lei e a quem o artigo 32.º atribui competência para determinar a aplicação de medidas de polícia.

a) Assim, importa começar por indicar a norma do artigo 272.º da Constituição, que indica os bens jurídicos protegidos pela actividade de polícia e estabelece os princípios da legalidade e da proporcionalidade que constituem a base dessa actividade. Ainda num **plano geral**, há que apontar as normas dos artigos 1.º a 9.º da Lei n.º 44/86, de 30 de Setembro, sobre o regime do estado de sítio e do estado de emergência, que enunciam os princípios a respeitar pelas medidas a adoptar em tais eventualidades. A lei não enuncia quais as medidas a adoptar, consignando apenas, no artigo 3.º, n.º 1, que a suspensão ou a restrição de direitos, liberdades e garantias previstas nos artigos 8.º e 9.º – disposições que enunciam os

---

[117] No mesmo sentido, embora apenas quanto ao aspecto formal, cfr. M. Esteves de Oliveira, *Direito Administrativo*, vol. I, cit., p. 134.

[118] Sobre a matéria, cfr., no contexto normativo anterior à nova Lei de Segurança Interna, João Raposo, *Direito Policial*, I, cit., pp. 44 e ss.

pressupostos do estado de sítio e do estado de emergência –, devem limitar-se, nomeadamente quanto à sua extensão, à sua duração e aos meios utilizados, ao estritamente necessário ao pronto restabelecimento da normalidade.

Igualmente neste mesmo plano, a Lei de Bases da Protecção Civil, aprovada pela Lei n.º 27/2006, de 3 de Julho, prevê um conjunto de medidas que podem ser adoptadas em caso de declaração de situação de calamidade[119]. Entre estas, cabe destacar as previstas no artigo 23.º, relativo ao livre acesso dos agentes da protecção civil à propriedade privada, no artigo 24.º, relativo à requisição temporária de bens e serviços, e ainda no artigo 26.º, respeitante à suspensão de planos de ordenamento do território e ao estabelecimento de medidas preventivas necessárias à regulação provisória do solo.

b) Num segundo plano, temos as **medidas de polícia tipificadas na lei**.

Entre estas, cabe ante de mais mencionar aquelas que se prendem com o regime das forças de segurança, cabendo a este propósito salientar que os estatutos e diplomas orgânicos das forças e serviços de segurança remetem, actualmente, para as medidas de polícias definidas na Lei de Segurança Interna, e para as respectivas normas que disciplinam o uso de meios coercivos. Antes da entrada em vigor da Lei n.º 53/2008, de 29 de Agosto, a matéria em causa era regulada pelo disposto nos artigos 29.º e 30.º do Decreto-Lei n.º 231/93, de 26 de Junho, alterado pelo Decreto-Lei n.º 298/94, de 24 de Novembro, pelo Decreto-Lei n.º 188/99, de 2 de Junho, e pelo Decreto-Lei n.º 15/2002, de 29 de Janeiro (GNR). O uso de meios coercivos estava ainda previsto no artigo 4.º da Lei n.º 5/99, de 27 de Janeiro, alterada pelo Decreto-Lei n.º 137/2002, de 16 de Maio (PSP). A circunstância de entretanto terem sido aprovadas novas leis orgânicas para a GNR e a PSP não alterou este estado de coisas. Com efeito, o artigo 54.º da nova Lei Orgânica da Guarda Nacional Republicana, aprovada pela Lei n.º 63/2007, de 6 de Novembro, manteve em vigor as normas dos artigos 29.º, sobre medidas de polícia, e 30.º, sobre uso da força, dispondo

---

[119] Desde logo, não é clara a distinção entre estado de emergência e situação de calamidade. Com efeito, segundo o artigo 9.º, n.º 1, da Lei n.º 44/86, de 30 de Setembro, o estado de emergência «*é declarado quando se verifiquem situações de menor gravidade, nomeadamente quando se verifiquem ou ameacem verificar-se casos de calamidade pública*».

que a respectiva revogação se daria apenas com a entrada em vigor de uma nova lei de segurança interna; do mesmo modo, o artigo 67.º, alínea a), da nova Lei Orgânica da PSP, aprovada pela Lei n.º 53/2007, de 31 de Agosto, manteve em vigor o citado artigo 4.º da Lei n.º 5/99, estabelecendo que a respectiva revogação se daria apenas com a entrada em vigor de uma nova lei de segurança interna. Ainda no contexto dos regimes das forças de segurança, cabe mencionar o Decreto-Lei n.º 252/2000, de 16 de Outubro, alterado pelo Decreto-Lei n.º 290-A/2001, de 17 de Novembro, que aprova a lei orgânica do Serviço de Estrangeiros e Fronteiras (SEF).

Seguidamente, cabe referir medidas de polícia cuja aplicação não está reservada às forças de segurança. Neste contexto, é importante mencionar o regime da requisição civil, previsto no Decreto-Lei n.º 637/74, de 20 de Novembro, (prestação de serviços, cedência de bens móveis ou semoventes, utilização temporária de quaisquer bens, os serviços públicos e as empresas públicas de economia mista ou privadas), na Lei n.º 20/95, de 13 de Julho (mobilização e requisição no interesse da defesa nacional) e no Código das Expropriações, quanto a imóveis.

c) Num terceiro plano surgem as normas que atribuem às autoridades policiais e aos comandantes dos corpos de bombeiros determinados poderes em caso de **incêndio**. Tais poderes, previstos nos n.os 1 a 5 do artigo 162.º do Código Administrativo, aprovado pelo Decreto-Lei n.º 31.095, de 31 de Dezembro de 1940, consistem em: requisitar os serviços de quaisquer homens válidos e as viaturas indispensáveis para o socorro de vidas e bens; ocupar os prédios rústicos e urbanos necessários ao estabelecimento dos serviços de salvação pública; requisitar a utilização imediata de quaisquer águas públicas e, na falta delas, a das particulares necessárias para conter ou evitar o dano, tendo neste último caso os requisitados o direito à indemnização pela câmara quando da utilização resulte prejuízo de difícil reparação; utilizar quaisquer serventias que facultem o acesso ao local do sinistro; ordenar as destruições, demolições, remoções e cortes nos prédios contíguos ao sinistrado quando sejam necessários ao desenvolvimento das manobras de extinção ou para impedir o alastramento do fogo.

d) Em quarto lugar, cumpre referir as normas respeitantes a **práticas que a lei considera susceptíveis de interferir com a ordem pública e a tranquilidade social**, como se diz no preâmbulo do Decreto-Lei n.º 316/95, de 28 de Novembro, que aprova o regime jurídico do licenciamento das seguintes actividades: guarda-nocturno; venda ambulante de lotarias; arrumador de automóveis; realização de acampamentos ocasionais; exploração de máquinas automáticas, mecânicas, eléctricas e electrónicas de diversão; realização de espectáculos desportivos e de divertimentos públicos nas vias, jardins e demais lugares públicos ao ar livre; venda de bilhetes para espectáculos ou divertimentos públicos em agências ou postos de venda; realização de fogueiras e queimadas; realização de leilões. Este diploma veio a ser revogado pelo Decreto-Lei n.º 310/2002, de 18 de Dezembro, alterado pelo Decreto-Lei n.º 114/2008, de 1 de Julho, que atribui as competências de licenciamento em causa às câmaras municipais. Segundo o artigo 54.º deste Decreto-Lei n.º 310/2002, *«são revogadas as normas do Decreto-Lei n.º 316/95, de 28 de Novembro, que contrariem o disposto no presente diploma»*. Parece, assim, ter permanecido em vigor o artigo 48.º do anexo ao citado Decreto-Lei n.º 316/95 que prevê as medidas de polícia, da competência do governador civil, de encerramento e redução de horário de salas de dança e estabelecimentos de bebidas. Assim, de acordo com o n.º 1 daquela disposição, *«O governador civil pode aplicar a medida de polícia de encerramento de salas de dança e estabelecimentos de bebidas, bem como de redução do seu horário de funcionamento, quando esse funcionamento se revele susceptível de violar a ordem a segurança ou a tranquilidade públicas»*. O n.º 3 do mesmo artigo 48.º previa ainda que *«As licenças concedidas nos termos do presente diploma podem ser revogadas a qualquer momento com fundamento na infracção das regras estabelecidas para a respectiva actividade, na inaptidão do seu titular para o respectivo exercício, bem como sempre que tal medida de polícia se justifique para a manutenção ou reposição da segurança, da ordem ou da tranquilidade públicas»*. Deve entender-se, no entanto, que esta última disposição foi revogada pelo artigo 51.º do Decreto-Lei n.º 310/2002, sob a epígrafe *«Medidas de tutela de legalidade»*, com o seguinte texto: *«As licenças concedidas nos termos do presente diploma podem ser revogadas pela câmara municipal, a qualquer momento, com fundamento na infracção das regras estabelecidas para a respectiva actividade e na inaptidão do seu titular para o respectivo exercício»*.

e) Em quinto lugar, importa mencionar as normas relativas à **protecção do consumidor**, incluindo ainda as normas respeitantes à **Autoridade de Segurança Alimentar e Económica (ASAE)**. Neste âmbito, importa, antes de mais, salientar as normas dos artigos 4.º e 10.º do Decreto-Lei n.º 234/99, de 25 de Junho. De acordo com o artigo 4.º, o presidente do Instituto do Consumidor pode ordenar em despacho fundamentado medidas cautelares de cessação, suspensão ou interdição de fornecimento de bens, de prestação de serviços ou de transmissão de direitos[120] que, independentemente de prova de uma perda ou um prejuízo real, pelo seu objecto, forma ou fim, acarretem ou possam acarretar riscos para a saúde, a segurança ou interesses económicos dos consumidores. Nos termos do n.º 1 do artigo 10.º citado, o presidente do Instituto do Consumidor pode, antes ou independentemente da aplicação de uma medida cautelar, formular uma recomendação ao produtor, importador, fornecedor de bens, prestador de serviços ou transmissor de direitos em causa no sentido de ser suprimido o respectivo risco para a saúde, a segurança ou os interesses económicos dos consumidores. Caso a recomendação mencionada não seja acatada, pode o presidente do Instituto do Consumidor, em despacho fundamentado, emitir aviso adequado ao público, nomeadamente através dos órgãos de comunicação social, contendo uma descrição tão precisa quanto possível do respectivo bem, serviço ou direito, a identificação do risco que pode resultar da sua utilização e quaisquer outros elementos considerados necessários para afastar aquele risco.

O artigo 11.º do Decreto Regulamentar n.º 57/2007, de 27 de Abril, que procede à integração do Instituto do Consumidor na administração directa do Estado, com a designação de Direcção-Geral do Consumidor, considera revogado na data da sua entrada em vigor o citado Decreto-Lei n.º 234/99, de 25 de Junho, o que faz «*nos termos do artigo 5.º do Decreto-Lei n.º 201/2006, de 27 de Outubro*», que aprova a quarta alteração da lei orgânica do XVII Governo Constitucional. Ora, o artigo 5.º, n.º 1, deste último diploma limita-se a estabelecer que «*são revogadas as normas dos decretos-leis que aprovam a estrutura orgânica dos serviços, órgãos consultivos e demais estruturas da administração* [in]*directa do Estado*». No âmbito de tal revogação não parecem estar abrangidas as disposições dos artigos 4.º e 10.º do Decreto-Lei n.º 234/99. De qualquer forma, o Decreto Regulamentar n.º 57/2007 prevê, no respectivo artigo

---

[120] As definições das medidas de cessação, suspensão e interdição contém-se no artigo 1.º, n.º 2, alíneas a) a c): as primeiras destinam-se a pôr termo com carácter definitivo a um fornecimento de bens, prestação de serviços ou transmissão de direitos; as segundas, são as destinadas a pôr termo a tal fornecimento, prestação de serviços ou transmissão durante um determinado período temporal (com a duração máxima de 30 dias, nos termos do artigo 5.º do mesmo diploma); as terceiras, são as destinadas a impedir, antes do seu início, o mesmo fornecimento, prestação ou transmissão.

4.º, n.º 1, alínea b), ao director-geral competência para «*emitir avisos ao público, nomeadamente através dos órgãos de comunicação social, contendo uma descrição tão precisa quanto possível do respectivo bem, serviço ou direito, a identificação do risco que pode resultar da sua utilização e quaisquer outros elementos considerados necessários para afastar aquele risco*». Ao autorizar a prática de actos susceptíveis de agredirem o direito de iniciativa económica privada – na medida em que os avisos visam desmotivar o consumo de um determinado bem, serviço ou direito e, desse modo, a Administração atinge a esfera jurídica da entidade que procede à comercialização dos mesmos – o decreto regulamentar em causa padece de inconstitucionalidade orgânica[121].

De realçar são também as normas do artigo 5.º do Decreto-Lei n.º 237/2005, de 30 de Dezembro, que cria a ASAE e estabelece o respectivo regime, ao preverem importantes competências em matéria de fiscalização e advertências em matérias relacionadas com a nutrição humana, saúde e bem-estar animal, fitossanidade e organismos geneticamente modificados e acções de natureza preventiva e repressiva em matéria de infracções contra a qualidade, genuinidade, composição, aditivos alimentares e outras substâncias e rotulagem dos géneros alimentícios e dos alimentos para animais. Também aqui é possível invocar questões de inconstitucionalidade orgânica em termos semelhantes aos mencionados.

f) Seguidamente, surgem as matérias que, há falta de melhor designação, poderíamos agrupar sob a designação genérica de **actividades perigosas**. Neste contexto temos, antes de mais, (i) o **regime jurídico das armas e suas munições**, aprovado pela Lei n.º 5/2006, de 23 de Fevereiro. Nesta matéria, importa sobretudo salientar o regime das licenças para uso e porte de armas ou sua detenção, previsto nos artigos 12.º e seguintes do diploma, bem como as sanções administrativas de carácter preventivo pre-

---

[121] Neste sentido, em relação à correspondente disposição (o artigo 10.º) do Decreto-Lei n.º 234/99, cfr. Pedro Gonçalves, "Advertências da Administração Pública", in AA. VV., *Estudos em Homenagem ao Prof. Doutor Rogério Soares*, Coimbra Editora, Coimbra, 2001, p. 789. A entender-se que a revogação pretensamente operada pelo Decreto Regulamentar n.º 57/2007 não atinge, na realidade, as medidas cautelares previstas no artigo 4.º do Decreto-Lei n.º 234/99, só estas não estariam abrangidas pelo juízo de inconstitucionalidade orgânica referido no texto. Com efeito, o Decreto-Lei n.º 234/99 assume-se como desenvolvimento da Lei n.º 24/96, de 31 de Julho, e esta apenas dispõe sobre as medidas cautelares e já não sobre os avisos. Por sua vez, o Decreto Regulamentar n.º 57/2007 também não contém qualquer disposição sobre as medidas cautelares em causa.

vistas nos respectivos artigos 107.º (apreensão de armas) e 108.º (cassação de licenças).

Igualmente importante é (ii) o **regime jurídico de detenção de animais perigosos e potencialmente perigosos como animais de companhia**, constante do Decreto-Lei n.º 312/2003, de 17 de Dezembro. Aí se prevêem regras quanto ao processo de licenciamento (artigos 3.º e 4.º), bem como as medidas de recolha, a expensas do detentor, do animal que tenha causado ofensas ao corpo ou à saúde de um pessoa (artigo 10.º), de abate do animal que cause ofensas graves à integridade física de uma pessoa, sem direito a qualquer indemnização para o detentor (artigo 11.º), e de esterilização, em princípio também a expensas do detentor (artigo 14.º, n.º 2).

Através do Decreto-Lei n.º 267-A/2003, de 27 de Outubro, é regulado (iii) o **transporte rodoviário de mercadorias perigosas**, transporte esse que está sujeito a autorização nos termos dos respectivos artigos 2.º e 3.º, prevendo o artigo 15.º, independentemente da aplicação das sanções contra-ordenacionais previstas no artigo 13.º, a medida de imobilização de veículos pela autoridade fiscalizadora, sempre que ocorra risco para a segurança do transporte, da circulação ou das populações, no próprio local ou num outro designado por essa autoridade, não podendo voltar a circular enquanto não estiverem conformes com a regulamentação. Igualmente no domínio da circulação rodoviária, interessa apontar as seguintes disposições do **Código da Estrada**, aprovado pelo Decreto-Lei n.º 265-A/2001, de 28 de Setembro, com as alterações da Lei n.º 20/2002, de 21 de Agosto: os artigos 4.º, 9.º e 10.º dispõem, respectivamente sobre ordens das autoridades na regulação do trânsito, suspensão ou condicionamento do trânsito e proibição temporária ou permanente da circulação de certos veículos; os artigos 158.º e seguintes dispõem sobre medidas no âmbito do procedimento para a fiscalização da condução sob influência do álcool ou de substâncias legalmente consideradas como estupefacientes ou psicotrópicos; os artigos 165.º, 168.º e 170.º dispõem, respectivamente, sobre a apreensão de documentos, a apreensão de veículos e o bloqueamento e remoção de veículos.

Ainda no domínio dos transportes, mas agora no que toca especialmente aos **aeroportos**, importa realçar os poderes dos agentes do Instituto Nacional de Aviação Civil I. P., previstos no Decreto-Lei n.º 145/2007, de 27 de Abril. O artigo 20.º, n.º 1, deste diploma, sob a epígrafe «*Poderes de autoridade*», dispõe que os trabalhadores do INAC, I. P., que estejam no exercício de funções de fiscalização, inspecção ou auditoria e quando se encontrem no exercício dessas funções são equiparados a agentes de autoridade e gozam, nomeadamente, das seguintes prerrogativas: *a*) Aceder e inspeccionar, a qualquer hora e sem necessidade de aviso prévio, as instalações, equipamentos, aplicações informáticas e serviços das entidades sujeitas a inspecção e controlo do INAC, I. P.; *b*) Requisitar para análise equipamentos, materiais, documentos e elementos de informação sob forma escrita ou digital; *c*) Determinar, a título preventivo, e com efeitos imediatos, mediante ordem escrita e fundamentada, a suspensão ou cessação de actividades e encerramento de instalações, quando da não aplicação dessas medidas possa resultar risco iminente para a segurança da aviação civil; *d*) Identificar as pessoas que se encontrem em violação das normas cuja observância lhes compete fiscalizar, no caso de não ser possível o recurso a autoridade policial em tempo útil; *e*) Reclamar a colaboração das autoridades administrativas e policiais para impor o cumprimento de normas e determinações que por razões de segurança deva ter execução imediata.

O Decreto-Lei n.º 254/2007, de 12 de Julho, estabelece o (iv) regime de prevenção dos **acidentes graves que envolvam substâncias perigosas** e a limitação das suas consequências para o homem e para o ambiente. Nos termos do artigo 23.º, n.º 1, alínea a), em caso de acidente grave envolvendo substâncias perigosas, incumbe à Agência Portuguesa do Ambiente, à Agência Nacional de Protecção Civil e aos serviços municipais de protecção civil, no âmbito das respectivas competências, «*certificar-se de que são tomadas as necessárias medidas de emergência e de mitigação de médio e longo prazos*», prevendo-se ainda na alínea c) da mesma disposição caber às entidades mencionadas, «*notificar o operador para adoptar as medidas que a médio e longo prazo se revelem necessárias*». O artigo 29.º, n.º 1, do mesmo diploma prevê ainda a medida, a adoptar pela Inspecção-Geral do Ambiente e Ordenamento do Território, de proibição de funcionamento, ou de entrada em funcionamento, de um estabelecimento ou de parte do mesmo se as medidas adoptadas pelo operador para a prevenção e a redução de acidentes graves envolvendo substâncias perigosas forem manifestamente insuficientes para esse efeito. De acordo com o n.º 2 da mesma disposição, a mesma medida pode ser adoptada se o operador não apresentar, nos prazos legais, a notificação, os relatório de segurança ou outras informações previstas. De salientar que, de acordo com o n.º 4 do citado artigo 29.º, a medida de proibição de funcionamento é uma decisão urgente e não carece de audiência dos interessados, nos termos do Código do Procedimento Administrativo.

No que toca ao (v) **exercício das actividades industriais** interessa, antes de mais, apontar o Decreto-Lei n.º 209/2008, de 29 de Outubro, cujo artigo 54.º estipula que *«Sempre que seja detectada uma situação de infracção prevista no presente decreto-lei que constitua perigo grave para a saúde pública, para a segurança de pessoas e bens, para a segurança e saúde nos locais de trabalho ou para o ambiente, a entidade coordenadora e as demais entidades fiscalizadoras devem, individual ou colectivamente, tomar de imediato as providências adequadas para eliminar a situação de perigo, podendo ser determinada, por um prazo de seis meses, a suspensão de actividade, o encerramento preventivo do estabelecimento, no todo ou em parte, ou a apreensão de todo ou parte do equipamento, mediante selagem»*[122]. O artigo 55.º do mesmo diploma prevê ainda a medida de interrupção do fornecimento de energia eléctrica nos casos de oposição às medidas cautelares previstas no artigo anterior, quebra de selos apostos no equipamento e reiterado incumprimento das medidas, condições ou orientações impostas para a exploração. Em matéria de licenciamento industrial, é ainda necessário ter em conta, para além do diploma citado, as disposições relativas à prevenção do risco de acidentes graves que possam ser causados por certas actividades industriais, bem como à limitação das suas consequências para o homem e o ambiente, constantes do Decreto-Lei n.º 224/87, de 3 de Junho.

---

[122] Este diploma veio revogar o Decreto-Lei n.º 69/2003, de 10 de Abril, cujo artigo 18.º estipulava que *«Sempre que seja detectada uma situação de perigo grave para a saúde pública, para a segurança de pessoas e bens, para a higiene e segurança dos locais de trabalho ou para o ambiente, a entidade coordenadora e as demais entidades fiscalizadoras devem, individual ou colectivamente, tomar de imediato as providências adequadas para eliminar a situação de perigo, podendo vir a ser determinada a suspensão de actividade, ou o encerramento preventivo do estabelecimento, no todo ou em parte, bem como a apreensão de todo ou parte do equipamento, mediante selagem, por um prazo máximo de seis meses»*. Por seu turno, o diploma que se acaba de citar revogou o Decreto-Lei n.º 109/91, de 15 de Março, cujo artigo 13.º estipulava, em termos sensivelmente idênticos, que *«Sempre que seja detectada uma situação de perigo grave para a saúde, a segurança de pessoas e bens, a higiene e segurança dos locais de trabalho e o ambiente, a entidade coordenadora e as demais entidades fiscalizadoras, de per si ou em colaboração, devem tomar imediatamente as providências que em cada caso se justifiquem para prevenir ou eliminar a situação de perigo, podendo vir a ser determinada a suspensão de laboração e o encerramento preventivo do estabelecimento, no todo ou em parte, ou a apreensão de todo ou parte do equipamento, mediante selagem, por um prazo máximo de seis meses»*.

Em matéria de (vi) **resíduos** o Decreto-Lei n.º 239/97, de 9 de Setembro, estabelece as regras a que fica sujeita a gestão de resíduos, nomeadamente a sua recolha, transporte, armazenagem, tratamento, valorização e eliminação, por forma a não constituir perigo ou causar prejuízo para a saúde humana ou para o ambiente. O seu artigo 19.º, sob a epígrafe "medidas cautelares", dispõe que «*O Ministro da Saúde ou o Ministro do Ambiente podem, por despacho, em caso de emergência ou perigo grave para a saúde pública ou o ambiente, adoptar medidas cautelares adequadas, nomeadamente a suspensão de qualquer operação de gestão de resíduos*». Por seu turno, o Decreto-Lei n.º 152/2002, de 23 de Maio, que regula a instalação, a exploração, o encerramento e a manutenção pós-encerramento de aterros destinados a resíduos, estabelece no respectivo artigo 44.º, n.º 2, que «*No uso da competência fixada no número anterior, qualquer entidade fiscalizadora pode determinar à entidade licenciada a adopção das medidas necessárias a prevenir a ocorrência de acidentes que possam afectar o ambiente, a saúde pública ou a segurança de pessoas e bens, atendendo ao disposto no artigo 30.º*»[123].

O Decreto-Lei n.º 173/2008, de 26 de Agosto, tem por objecto (vii) a **prevenção e o controlo integrados da poluição** proveniente de certas actividades e o estabelecimento de medidas destinadas a evitar ou, quando tal não for possível, a reduzir as emissões dessas actividades para o ar, a água ou o solo, a prevenção e controlo do ruído e a produção de resíduos, tendo em vista alcançar um nível elevado de protecção do ambiente no seu todo, transpondo para a ordem jurídica interna a Directiva n.º 96/61/CE, do Conselho, de 24 de Setembro, com as alterações introduzidas pelas Directivas n.º 2003/35/CE, do Parlamento Europeu e do Conselho, e n.º 2008/1/CE, do Parlamento Europeu e do Conselho, de 15 de Janeiro. O artigo 20.º, n.º 3, alínea a), do citado diploma prevê a obrigação de reno-

---

[123] Dispõe o n.º 1 do mesmo artigo que «A fiscalização do cumprimento do disposto no presente diploma compete à Inspecção-Geral do Ambiente e às direcções regionais do ambiente e do ordenamento do território, sem prejuízo das competências próprias por lei atribuídas a outras entidades». Por seu turno, o artigo 30.º, n.º 1, do diploma em causa estabelece que «*Em caso de violação das normas do presente diploma, a autoridade competente, ou qualquer entidade fiscalizadora, notifica a entidade licenciada para que esta faça cessar a causa ou causas da irregularidade no prazo que para o efeito lhe for indicado, podendo ainda determinar a suspensão total ou parcial da exploração do aterro, sempre que da sua continuidade possam advir riscos para o ambiente, para a saúde pública ou para a segurança de pessoas e bens*».

vação da licença ambiental, a que estão sujeitas o início de exploração e as alterações substanciais das instalações onde sejam desenvolvidas actividades susceptíveis de ter efeitos sobre as emissões e a poluição, sempre que *«a poluição causada pela instalação for tal que exija a revisão dos valores limite de emissão estabelecidos na licença ou a fixação de novos valores limite de emissão»*. Estranhamente, o diploma em causa, ao mesmo tempo que revogou expressamente o Decreto-Lei n.º 194/2000, de 21 de Agosto, não prevê qualquer disposição correspondente ao artigo 39.º deste último diploma, sob a epígrafe «medidas cautelares», cujo n.º 1 dispõe que *«Quando seja detectada uma situação de perigo grave para a saúde ou para o ambiente, o inspector-geral do Ambiente, no âmbito das respectivas competências, pode determinar as providências que em cada caso se justifiquem para prevenir ou eliminar tal situação»*. De acordo com o n.º 2 do mesmo artigo, *«As medidas referidas no número anterior podem consistir, no respeito dos princípios gerais, na suspensão da laboração, no encerramento preventivo da instalação ou de parte dela, ou na apreensão de equipamento, no todo ou em parte, mediante selagem, por determinado período de tempo»*. Em caso de obstrução à execução das providências previstas no artigo citado, poderia igualmente ser solicitada, nos termos do respectivo n.º 3, às entidades competentes a notificação dos distribuidores de energia eléctrica para interromperem o fornecimento desta, nos termos da legislação aplicável. Finalmente, em matéria de procedimento administrativo, dispunha o n.º 4 do mesmo artigo 39.º que *«Para efeitos da alínea a) do n.º 1 do artigo 103.º do Código do Procedimento Administrativo, as medidas a adoptar ao abrigo do n.º 2 presumem-se decisões urgentes, embora a entidade competente para a sua aplicação deva proceder, sempre que possível, à audiência do interessado, concedendo-lhe prazo não inferior a três dias para se pronunciar»*. Ainda em matéria de procedimento administrativo o n.º 5 estabelecia um dever de comunicar, de imediato, a adopção de medidas cautelares ao abrigo do artigo 39.º citado, bem como a sua cessação, à entidade coordenadora do licenciamento da instalação em causa.

O (viii) **Regulamento Geral do Ruído**, aprovado pelo Decreto-Lei n.º 9/2007, de 17 de Janeiro prevê uma licença especial de ruído, nos seus artigos 15.º e seguintes. Porventura ainda mais relevantes, na perspectiva que nos ocupa, são as disposições dos 23.º, 24.º e 27.º, sobre medidas de polícia a adoptar nesta matéria. Assim, o n.º 2 do artigo 23.º prevê que as autoridades policiais podem proceder à remoção de veículos que se encontram estacionados ou imobilizados com funcionamento sucessivo ou ininterrupto de sistema sonoro de alarme por período superior a vinte minutos. O artigo 24.º, n.º 1, prevê que as autoridades policiais podem ordenar ao produtor de ruído de vizinhança, produzido entre as 23 e as 7 horas, a adopção das medidas adequadas para fazer cessar imediatamente a incomodidade, estabelecendo o respectivo n.º 2 que as autoridades policiais podem fixar ao produtor de ruído de vizinhança produzido entre as 7 e as 23 horas um prazo para fazer cessar a incomodidade. Finalmente, o artigo 27.º, sob a epígrafe «medidas cautelares», dispõe, no seu n.º 1, que as entidades fiscalizadoras podem ordenar a adopção das medidas imprescindíveis para evitar a produção de danos graves para a saúde humana e para o bem-estar das populações em resultado de actividades que violem o disposto no presente Regulamento. O n.º 2 do mesmo artigo prevê que as medidas referidas no número anterior podem consistir na suspensão da actividade, no encerramento preventivo do estabelecimento ou na apreensão de equipamento por determinado período de tempo. Finalmente, em matéria de procedimento, o n.º 3 do mesmo artigo estabelece que as medidas cautelares presumem-se decisões urgentes, devendo a entidade competente, sempre que possível, proceder à audiência do interessado concedendo-lhe prazo não inferior a três dias para se pronunciar.

Finalmente, o Decreto-Lei n.º 320/2002, de 28 de Dezembro, estabelece (ix) as disposições aplicáveis à **manutenção e inspecção de ascensores, monta-cargas, escadas mecânicas e tapetes rolantes**, adiante designados abreviadamente por instalações, após a sua entrada em serviço, bem como as condições de acesso às actividades de manutenção e de inspecção. O artigo 11.º prevê a medida de selagem das instalações, quando estas «*não ofereçam as necessárias condições de segurança*».

g) Em sétimo lugar, há que mencionar regimes jurídicos com específica incidência no âmbito de protecção de direitos fundamentais. A este propósito, cabe referir três áreas especialmente relevantes: a utilização de dados pessoas e o acesso aos documentos administrativos, a polícia das manifestações e a saúde. Quanto ao primeiro aspecto, ocorre mencionar a Lei n.º 67/98, de 26 de Outubro, sobre **protecção de dados pessoais**; a Lei n.º 46/2007, de 24 de Agosto, regula o acesso aos documentos administrativos e sua reutilização; a Lei n.º 69/98, de 26 de Outubro, sobre o tratamento de dados pessoais e protecção da privacidade no sector das telecomunicações. Seguidamente, importa mencionar a actividade de polícia no contexto do exercício do **direito de reunião e manifestação**, essencialmente regulada pelo Decreto-Lei n.º 406/74, de 29 de Agosto. Em matéria de **estrangeiros**, cabe referir as medidas de recusa de entrada e de expulsão do território nacional, previstas nos artigos 32.º e seguintes e 134.º e seguintes da Lei n.º 23/2007, de 4 de Julho. Finalmente, no que diz respeito ao direito de liberdade previsto no artigo 27.º da Constituição, é necessário mencionar a Lei da Saúde Mental, aprovada pela Lei n.º 36/98, de 24 de Julho, e o regime, nela contido, do **internamento compulsivo**, o qual, nos termos do artigo 8.º, «*só pode ser determinado se for proporcionado ao grau de perigo e ao bem jurídico em causa*». Igualmente no que concerne à afectação do direito de liberdade pela medida de internamento compulsivo, impõe-se referir o regime das doenças contagiosas, contido na Lei n.º 2036, de 9 de Agosto de 1949. De acordo com a Base V, n.º 3, desta lei, «*Serão obrigatoriamente internados os doentes e suspeitos que, oferecendo perigo imediato e grave de contágio, não possam ser tratados na sua residência e ainda os que se recusem a iniciar ou a prosseguir o tratamento ou a abster-se da prática de actos de que possa resultar a transmissão da doença*». Às medidas de internamento e isolamento, designadamente de pessoas que entrarem no País, referem-se ainda as Bases X e XI do mesmo diploma.

Ainda este contexto, merece especial referência a competência atribuída às autoridades de saúde, nos termos previstos na Base XIX da Lei de Bases da Saúde, aprovada pela Lei n.º 48/90, de 24 de Agosto. Segundo o n.º 1 da citada Base XIX, as autoridades de saúde visam «*garantir a intervenção oportuna e discricionária do Estado em situações de grave risco para a saúde pública*». Para o efeito, cabe às autoridades de saúde, nos termos do n.º 3: a) Vigiar o nível sanitário dos aglomerados populacionais, dos serviços, estabelecimentos e locais de utilização pública para defesa da saúde pública; b) Ordenar a suspensão de actividade ou o encerramento dos serviços, estabelecimentos e locais referidos na alínea anterior, quando funcionem em condições de grave risco para a saúde pública; c) Desencadear, de acordo com a Constituição e a lei, o internamento ou a prestação compulsiva de cuidados de saúde a indivíduos em situação de prejudicarem a saúde pública; d) Exercer a vigilância sanitária das fronteiras; e) Proceder à requisição de serviços, estabelecimentos e profissionais de saúde em casos de epidemias graves e outras situações semelhantes. Especialmente relevante é ainda a previsão, na Base XX, n.º 1, de «*situações de grave emergência*», que permite ao Ministro da Saúde tomar as «*medidas de excepção que forem indispensáveis*».

h) Em oitavo e último lugar, importa ainda fazer uma breve referência a matérias com relevância para o direito de polícia que surgem tratadas a propósito de outros regimes jurídicos de direito administrativo. Assim, a (i) **Lei de Bases do Ambiente**, a Lei n.º 11/87, de 7 de Abril, prevê no seu artigo 34.º, n.º 1, que o «*Governo declarará como zonas críticas todas aquelas em que os parâmetros que permitem avaliar a qualidade do ambiente atinjam, ou se preveja virem a atingir, valores que possam pôr em causa a saúde humana ou o ambiente, ficando sujeitas a medidas especiais e acções a estabelecer pelo departamento encarregado da protecção civil em conjugação com as demais autoridades da administração central e local*». O n.º 2 da mesma disposição estabelece que «*quando os índices de poluição, em determinada área, ultrapassarem os valores admitidos pela legislação que vier regulamentar a presente lei ou, por qualquer forma, puserem em perigo a qualidade do ambiente, poderá ser declarada a situação de emergência, devendo ser previstas actuações específicas, administrativas ou técnicas, para lhes fazer face, por parte da administração central e local, acompanhadas do esclarecimento da população afectada*». O artigo 35.º prevê a medida de redução ou suspensão temporária ou definitiva das actividades geradoras de poluição para manter as emissões gasosas e radioactivas, os efluentes e os resíduos sólidos dentro dos limites estipulados e o artigo 36.º a medida de transferência de estabelecimentos. Em matéria ambiental, importa ainda mencionar a figura do estado de emergência ambiental, prevista no artigo 44.º da Lei n.º 58/2005, de 29 de Dezembro[124].

Em matéria de (ii) **conservação de edifícios**, estabelece o artigo 89.º, n.º 3, do Decreto-Lei n.º 555/99, de 16 de Dezembro, que estabelece o regime jurídico da urbanização e edificação (nestes aspectos não alterado pela Lei n.º 60/2007, de 4 de Setembro, que procede à sexta alteração daquele diploma), que a «*câmara municipal pode, oficiosamente ou a requerimento de qualquer interessado, ordenar a demolição total ou parcial das construções que ameacem ruína ou ofereçam perigo para a saúde pública e para a segurança das pessoas*», podendo ainda, nos termos do n.º 2 do mesmo artigo, «*determinar a execução de obras de conservação necessárias à correcção de más condições de segurança ou de salubridade*». O artigo 91.º do mesmo diploma prevê que quando o proprietário

---

[124] Sobre o estado de necessidade ambiental, cfr. Pedro Portugal Gaspar, *O Estado de Emergência Ambiental*, Almedina, Coimbra, 2005, *passim* e infra § 6, ponto 6.

não iniciar as obras de conservação que lhe sejam determinadas ou não as concluir dentro dos prazos que para o efeito lhe forem fixados, pode a câmara municipal tomar posse administrativa do imóvel para lhes dar execução imediata. Finalmente, o artigo 92.° prevê a execução imediata do despejo administrativo «*quando houver risco iminente de desmoronamento ou grave perigo para a saúde pública*». Finalmente, em matéria de regime de (iii) **protecção e valorização do património cultural**, contido na Lei n.° 107/01, de 2 de Setembro, estabelece o respectivo artigo 33.°, n.° 1, sobre a epígrafe "medidas provisórias", que «*logo que a Administração Pública tenha conhecimento de que algum bem classificado, ou em vias de classificação, corra risco de destruição, perda, extravio ou deterioração, deverá o órgão competente da administração central, regional ou municipal determinar as medidas provisórias ou as medidas técnicas de salvaguarda indispensáveis e adequadas, podendo, em caso de impossibilidade própria, qualquer destes órgãos solicitar a intervenção de outro*». Em matéria de procedimento, prevê o n.° 2 do mesmo artigo que «*se as medidas ordenadas importarem para o detentor a obrigação de praticar determinados actos, deverão ser fixados os termos, os prazos e as condições da sua execução, nomeadamente a prestação de apoio financeiro ou técnico*».

No que toca ao (iv) **sector da energia**, importa mencionar, antes de mais, o artigo 8.°, n.° 1, do Decreto-Lei n.° 29/2006, de 15 de Fevereiro, que estabelece as bases gerais da organização e funcionamento do sistema eléctrico nacional (SEN), bem como as bases gerais aplicáveis ao exercício das actividades de produção, transporte, distribuição e comercialização de electricidade e à organização dos mercados de electricidade. Esta disposição prevê que «*em caso de crise energética como tal definida em legislação específica, nomeadamente de crise súbita no mercado ou de ameaça à segurança de pessoas e bens, o Governo pode adoptar medidas excepcionais de salvaguarda, comunicando essas medidas de imediato à Comissão Europeia, sempre que sejam susceptíveis de provocar distorções da concorrência e de afectar negativamente o funcionamento do mercado*». O n.° 2 do mesmo artigo subordina a adopção de tais medidas aos ditames do princípio da proporcionalidade ao estabelecer que «*as medidas de salvaguarda devem ser limitadas no tempo e restringir-se ao necessário para solucionar a crise ou ameaça que as justificou, minorando as perturbações no funcionamento do mercado de electricidade*». Normas exactamente idênticas constam do artigo 8.° do Decreto-Lei n.° 30/2006, de 15 de Fevereiro, que estabelece as bases gerais da organização e funcionamento do Sistema Nacional de Gás Natural em Portugal, bem como as bases gerais aplicáveis ao exercício das actividades de recepção armazenamento, transporte, distribuição e comercialização de gás natural e à organização dos mercados de gás natural, bem como do artigo 8.º do Decreto-Lei n.º 31/2006, de 15 de Fevereiro, que estabelece as bases gerais da organização e funcionamento do Sistema Petrolífero Nacional, bem como as disposições gerais aplicáveis ao exercício das actividades de armazenamento, transporte, distribuição, refinação e comercialização e à organização dos mercados de petróleo bruto e de produtos de petróleo.

O Decreto-Lei n.º 114/2001, de 7 de Abril, veio estabelecer o regime relativo à definição de crise energética, à declaração de situação de crise energética, bem como às medidas de carácter excepcional a aplicar em tal situação. Entre essas medidas cabe aqui destacar, por exemplo, as medidas de restrições ao uso de veículos motorizados particulares [artigo 12.º, n.º 3, alínea a)], determinação de períodos de encerramento de postos de abastecimento de combustíveis e cortes periódicos e selectivos de abastecimento de energia distribuída em redes de electricidade e gás [artigo 13.º, n.º 2, alíneas c) e f)].

Por seu turno, em matéria de (v) **jogo**, o Decreto-Lei n.º 422/89, de 2 de Dezembro, alterado pelo Decreto-Lei n.º 10/95, de 19 de Janeiro, pela Lei n.º 28/2004, de 16 de Julho, e pela Lei n.º 64-A/2008, de 31 de Dezembro (Lei do Jogo), encerra várias disposições com relevância no plano da actividade de polícia. A este propósito cabe aqui referir os seguintes aspectos: o artigo 29.º prevê a reserva do direito de acesso aos casinos; o artigo 31.º prevê a medida de suspensão de funcionamento das salas de jogos e outras dependências e anexos dos casinos; o artigo 37.º prevê a medida de expulsão e restrição de acesso às salas de jogos; o artigo 38.º, n.º 1, prevê a medida de proibição de acesso às salas de jogos de quaisquer indivíduos por períodos não superiores a cinco anos, dispondo o respectivo n.º 2 que quando a proibição for meramente preventiva ou cautelar, não excederá dois anos e fundamentar-se-á em indícios reputados suficientes de ser inconveniente a presença dos frequentadores nas salas de jogos. A medida prevista no artigo 31.º compete ao membro do Governo da tutela. As medidas previstas nos artigos 29.º e 37.º podem ser tomadas pelos directores dos serviços de jogo ou pelos inspectores da Inspecção-Geral do Jogo, devendo esta última ser informada sempre que as medidas sejam adoptadas por aqueles directores. Das decisões tomadas pelo inspector-geral de Jogo ao abrigo do disposto nos artigos 37.º e 38.º cabe recurso para o membro do Governo responsável pela área do turismo, nos termos da lei geral. Segundo dispõe o artigo 95.º, n.º 4, da Lei do Jogo, sem prejuízo das competências específicas atribuídas por lei a outras entidades e com observância da legislação substantiva e processual aplicável, a competência inspectiva e fiscalizadora da Inspecção-Geral de Jogos abrange a apreciação e o sancionamento das infracções administrativas das concessionárias, das contra-ordenações praticadas pelos trabalhadores que prestam serviço nas salas de jogos e pelos frequentadores destas, bem como a aplicação de medidas preventivas e cautelares de inibição de acesso às salas de jogo nos termos da lei geral, nomeadamente do presente diploma[125].

O regime jurídico das (vi) das **farmácias de oficina** está contido no Decreto-Lei n.º 307/2007, de 31 de Agosto. De acordo com o artigo 40.º, n.º 1, deste diploma, se o encerramento de uma farmácia for gravemente lesivo para o interesse público, o INFARMED providencia pela manutenção de uma farmácia em funcionamento que garanta a acessibilidade dos utentes à dispensa de medicamentos. Como nos diz o n.º 2 do mesmo artigo, para efeitos do disposto no n.º 1, o INFARMED pode, designadamente: *a)* notificar a proprietária para manter a farmácia em funcionamento, com a cominação de cessação do alvará; *b)* atribuir a exploração provisória de uma farmácia a um farmacêutico, se a proprietária não assegurar a manutenção da farmácia em funcionamento. Nos termos do artigo 42.º, n.º 1, as farmácias, postos farmacêuticos móveis e postos farmacêuticos permanentes podem ser encerrados pelo INFARMED quando não cumpram os requisitos de abertura e funcionamento. Se o incumprimento referido no n.º 1 não afectar a saúde pública e a confiança dos utentes, o encerramento pode ser temporário e limitado ao período necessário à correcção das desconformidades detectadas, segundo dispõe o n.º 2 do mesmo artigo 42.º. Finalmente, de acordo com o n.º 3 do mesmo artigo, se a proprietária não encerrar a farmácia depois de a obrigação de praticar tal acto lhe ser notificada, o INFARMED executa-o coercivamente, ficando as despesas por conta da obrigada.

O (vii) Código dos **Valores Mobiliários**, aprovado pelo Decreto-Lei n.º 486/99, de 13 de Novembro e republicado pelo Decreto-Lei n.º 357-

---

[125] O estatuto da Inspecção-Geral de Jogo consta do Decreto-Lei n.º 184/88, de 25 de Maio, alterado pelo Decreto-Lei n.º 191/90, de 8 de Junho, e pelo Decreto-Lei n.º 124/2000, de 5 de Julho.

-A/2007, de 31 de Outubro[126], atribui vários poderes de polícia à Comissão do Mercado de Valores Mobiliários. Assim, a CMVM pode, nos termos do artigo 214.º, n.º 1, alínea a), do Código, ordenar à entidade gestora de mercado regulamentado ou de sistema de negociação multilateral que proceda à suspensão de instrumentos financeiros da negociação, quando a situação do emitente implique que a negociação seja prejudicial para os interesses dos investidores ou, no caso de entidade gestora de mercado regulamentado, esta não o tenha feito em tempo oportuno. Nos termos do artigo 302.º do Código, a CMVM pode proceder à suspensão do registo do exercício profissional de qualquer actividade de intermediação financeira, por um período não superior a sessenta dias, quando o intermediário financeiro deixe de reunir os meios indispensáveis para garantir a prestação de alguma das actividades de intermediação em condições de eficiência e segurança. Por seu turno, o artigo 361.º, n.º 2, atribui à CMVM as seguintes prerrogativas no exercício da supervisão das actividades relativas a instrumentos financeiros: a) exigir quaisquer elementos e informações e examinar livros, registos e documentos, não podendo as entidades supervisionadas invocar o segredo profissional; b) ouvir quaisquer pessoas, intimando-as para o efeito, quando necessário; c) determinar que as pessoas responsáveis pelos locais onde se proceda à instrução de qualquer processo ou a outras diligências coloquem à sua disposição as instalações de que os seus agentes careçam para a execução dessas tarefas, em condições adequadas de dignidade e eficiência; d) requerer a colaboração de outras pessoas ou entidades, incluindo autoridades policiais, quando tal se mostre necessário ou conveniente ao exercício das suas funções, designadamente em caso de resistência a esse exercício ou em razão da especialidade técnica das matérias em causa; e) substituir-se às entidades gestoras de mercados regulamentados, de sistemas de negociação multilateral, de sistemas de liquidação, de câmara de compensação, de contraparte central e de sistemas centralizados de valores mobiliários quando estas não adoptem as medidas necessárias à regularização de situações anómalas que ponham em causa o regular funcionamento do mercado, da actividade exercida ou os interesses dos investidores; f) substituir-se às entidades supervisionadas no

---

[126] Com as alterações introduzidas pelos Decretos-Lei n.º 61/2002, de 20 de Março, n.º 38/2003, de 8 de Março, n.º 107/2003, de 4 de Junho, n.º 183/2003, de 19 de Agosto, n.º 66/2004, de 24 de Março, n.º 52/2006, de 15 de Março, n.º 219/2006, de 2 de Novembro, n.º 357-A/2007, de 31 de Outubro e n.º 211-A/2008, de 3 de Novembro.

cumprimento de deveres de informação; g) divulgar publicamente o facto de um emitente não estar a observar os seus deveres.

Segundo o artigo 352.º, n.º 2, do Código, quando no mercado de instrumentos financeiros se verifique perturbação que ponha em grave risco a economia nacional, pode o Governo, por portaria conjunta do Primeiro-Ministro e do Ministro das Finanças, ordenar as medidas apropriadas, nomeadamente a suspensão temporária de mercados regulamentados ou sistemas de negociação multilateral, de certas categorias de operações ou da actividade de entidades gestoras de mercados regulamentados, de sistemas de negociação multilateral, de entidades gestoras de sistemas de liquidação, de entidades gestoras de câmaras de compensação ou de contraparte central e de entidades gestoras de sistemas centralizados de valores mobiliários.

O regime jurídico das (viii) **instituições de crédito e sociedades financeiras**, aprovado pelo Decreto-Lei n.º 298/92, de 31 de Dezembro[127], prevê, no seu artigo 91.º, n.º 2 – aliás em termos semelhantes aos previstos no artigo 352.º, n.º 2, do Código dos Valores Mobiliários –, que quando nos mercados monetário, financeiro e cambial se verifique perturbação que ponha em grave perigo a economia nacional, poderá o Governo, por portaria conjunta do Primeiro-Ministro e do Ministro das Finanças, e ouvido o Banco de Portugal, ordenar as medidas apropriadas, nomeadamente a suspensão temporária de mercados determinados ou de certas categorias de operações, ou ainda o encerramento temporário de instituições de crédito.

2.4. Estrutura dogmática do direito de polícia

De acordo com um certo entendimento, o direito de polícia limitar-se-ia, em Portugal, aos perigos gerados por condutas ilegais dos particulares[128].

---

[127] Com alterações introduzidas pelos Decretos-Leis n.º 246/95, de 14 de Setembro, n.º 232/96, de 5 de Dezembro, n.º 222/99, de 22 de Junho, n.º 250/2000, de 13 de Outubro, n.º 285/2001, de 3 de Novembro, n.º 201/2002, de 26 de Setembro, n.º 319/2002, de 28 de Dezembro, n.º 252/2003, de 17 de Outubro, n.º 145/2006, de 31 de Julho, n.º 104/2007, de 3 de Abril, n.º 357-A/2007, de 31 de Outubro, n.º 1/2008, de 3 de Janeiro, n.º 126/2008, de 21 de Julho, e n.º 211-A/2008, de 3 de Novembro.

[128] Cfr. Pedro Machete, "A Polícia na Constituição da República Portuguesa", *cit.*, pp. 1114, nota 7, 1116 e 1118.

Nesta conformidade, faria sentido limitar o âmbito da actividade da polícia administrativa à «*prevenção ou afastamento de perigos gerados por comportamentos individuais para interesses públicos legalmente reconhecidos*»[129]. E já Marcello Caetano havia definido a polícia, em sentido material, como «*o modo de actuar da autoridade administrativa que consiste em intervir no exercício das actividades individuais susceptíveis de fazer perigar interesses gerais, tendo por objecto evitar que se produzam, ampliem ou generalizem os danos sociais que as leis procuram prevenir*»[130]. A verdade, porém, é que nada na Constituição impõe uma tal limitação da actividade de polícia à prevenção dos perigos gerados por condutas ilegais dos particulares, ou sequer dos perigos gerados por tais condutas, mesmo quando não sejam ilegais. Essa mesma limitação não permite retirar todo o rendimento daquele que se afigura ser o conceito central da dogmática do direito de polícia administrativa, isto é, o conceito de perigo, que pode ter origem não só em condutas humanas, mas também em acontecimentos da natureza[131].

Deste modo, a actividade de polícia administrativa não gira em torno do controlo de perigos gerados por comportamentos individuais, mas antes na vinculação de indivíduos tendo em vista o controlo de perigos sejam estes, ou não, gerados por tais indivíduos. O direito de polícia assenta no conceito de perigo para um bem jurídico protegido, como já antes se afirmou[132]. O segundo elemento da dogmática do direito de polícia consiste naquela que se poderia designar como responsabilidade policial, que se diferencia, por seu turno, em duas formas essenciais: a responsabilidade pelo comportamento de pessoas e a responsabilidade pela condição de coisas. Assim, será responsável todo aquele que provoca um perigo através do seu comportamento, ou do comportamento de uma pessoa confiada à sua guarda, ou todo aquele que exercer poderes de facto sobre uma coisa

---

[129] Cfr. Sérvulo Correia, "Polícia", *cit*., p. 404; cfr., ainda, Pedro Machete, "A Polícia na Constituição da República Portuguesa", *cit*., pp. 1120-1121.

[130] Cfr. Marcello Caetano, *Manual de Direito Administrativo*, vol. II, cit., p. 1150. Era já esta a orientação de Otto Mayer, *Deutsches Verwaltungsrecht*, Band I, cit., pp. 220-222.

[131] Assim, já Walter Jellinek criticava o conceito de polícia de Otto Mayer com base na ideia de que também integra a polícia administrativa, por exemplo, o cuidado em remover a rocha que rolou para uma via pública sem qualquer intervenção humana (cfr. W. Jellinek, *Verwaltungsrecht*, cit., p. 425).

[132] Sobre a estrutura dogmática do direito de polícia, cfr. Ralf Poscher, *Gefahrenabwehr*, cit., pp. 16 e ss., em que se baseia a exposição subsequente.

que provoca um perigo, ou for proprietário dela (sem que outrem exerça poderes de facto sobre a coisa contra a sua vontade).

O perigo e a responsabilidade policial constituem, assim, os traços essenciais da previsão das normas do direito de polícia administrativa. É à combinação destes dois traços que se ligam as consequências jurídicas do direito de polícia. A consequência primária ou imediata consiste na medida do controlo de perigos, ou medida de polícia administrativa, definida através de uma cláusula geral ou de uma enumeração taxativa da lei, ou ainda de soluções intermédias entre estes dois extremos. Deve, no entanto, ter-se presente que no âmbito das medidas de polícia se incluem figuras de natureza jurídica muito diversa, desde simples operações materiais até normas administrativas[133]. Por outro lado, poderá ainda incluir-se no âmbito das consequências primárias das normas de direito de polícia as sanções administrativas meramente preventivas, a que adiante se fará referência[134].

A consequência secundária ou mediata prende-se com os custos da medida de polícia e também com os prejuízos dela advenientes. Se a medida for conforme ao direito, o particular que seja por ela afectado acarreta com os respectivos custos, salvo se o perigo for meramente aparente. Pelo contrário, se a medida for desconforme ao direito, ao particular afectado assiste uma pretensão indemnizatória.

Existe deste modo uma conexão jurídica evidente entre o perigo e a responsabilidade policial, que pareceria legitimar o conceito de polícia inicialmente afastado. Todavia, existe também uma conexão entre perigo e ausência de responsabilidade, nos sentidos anteriormente mencionados, no caso de estado de necessidade policial, em que alguém pode ser vinculado por medidas de polícia sem que estas tenham origem no seu comportamento ou na condição dos seus bens. Ao terceiro afectado pela actuação policial em estado de necessidade assiste uma pretensão indemnizatória contra a Administração. Para além disso, existe ainda uma pretensão a uma compensação pelos custos incorridos, por parte do particular afectado, em caso de perigo meramente aparente, como atrás se disse.

De qualquer modo, o que parece evidente é que a medida de polícia administrativa constitui a consequência primária das normas de direito de polícia. As pretensões indemnizatórias ou de compensação pelos custos

---

[133] Cfr. infra, ponto 2 do § 7.
[134] Cfr. infra, ponto 3 do § 7.

incorridos pressupõem a adopção de uma medida de polícia administrativa e são, neste sentido, secundárias em relação a esta. Segundo salienta Ralf Poscher, é este o núcleo sistemático da diferenciação entre o plano primário e o plano secundário no direito de polícia administrativa[135].

2.5. Direito de polícia, poder discricionário e princípio da legalidade: a questão do fundamento do poder de polícia

Segundo afirma Sérvulo Correia, a transição do Estado de Polícia, assente numa actuação discricionária dos poderes públicos, para o Estado de Direito, baseado no princípio da legalidade parece, à primeira vista, pôr em causa a própria permanência do instituto da polícia[136]. Simplesmente, como não deixa de salientar o mesmo autor, a introdução do princípio da legalidade não significa a exclusão do exercício de poderes discricionários. Significa antes, por um lado, que estes poderes só existem na medida em que sejam expressamente concedidos por lei através da fixação de competências e, por outro lado, que o respectivo exercício tem de visar a prossecução de fins definidos, também eles, por lei, e em obediência a princípios jurídicos, entre os quais avulta o princípio da proporcionalidade.

A existência de discricionariedade administrativa, em si mesma, não representa um elemento de descontinuidade entre o Estado de Polícia e o Estado de Direito; um tal elemento de descontinuidade é antes introduzido pelo modo como passa a ser entendida a discricionariedade, que agora surge limitada quanto à competência e ao fim, mas também quanto ao seu próprio exercício. Ao velho princípio «*ius ad finem dat ius ad media*» substitui-se a definição dos fins pela lei e dos meios pelo princípio da proporcionalidade. Tudo isto resulta suficientemente de quanto acima se disse sobre a passagem do Estado de Polícia para o Estado de Direito. A permanência da discricionariedade como modo de actuação ineliminável da Administração tem uma importante consequência no direito de polícia: trata-se da interpretação a dar ao n.º 2 do artigo 272.º da Constituição

---

[135] Cfr. Ralf Poscher, *Gefahrenabwehr*, cit., p. 21.
[136] Cfr. Sérvulo Correia, *Noções de Direito Administrativo*, vol. I, Danúbio, Lisboa, 1982, pp. 246-247.

quando ali se estabelece que «*as medidas de polícia são as previstas na lei*». Para já interessa apenas tratar, não das consequências, mas do fundamento da discricionariedade administrativa no âmbito da actividade de polícia.

Na construção de Otto Mayer, o fundamento do poder de polícia e, logo, também da discricionariedade manifestada no seu exercício, consistia no dever geral de não perturbar a boa ordem da coisa pública, formulado pelo pensamento do direito natural[137]. Segundo afirmava este autor, o poder de polícia «*é o poder público que se torna efectivo no domínio da Administração tendo em vista o controlo de perturbações da boa ordem da comunidade resultantes da existência individual. Esse poder reveste agora o mais possível as formas do Estado de direito. Todavia a respectiva persistente conexão com o correspondente fundamento no dever geral do súbdito do direito natural justifica a sua antiga designação e dá-lhe simultaneamente a sua particularidade, que o caracteriza em face de todas as outras manifestações do direito administrativo*»[138]. Deste modo, seria o cumprimento do dever geral dos cidadãos de não perturbar a ordem pública que constituiria a base da polícia e onde a actuação desta excedesse a exigência do cumprimento daquele dever estaria já fora do seu âmbito de actuação, exorbitando o seu poder discricionário decorrente das cláusulas gerais de polícia. Não existe, todavia, nenhum dever geral com um tal alcance, como adiante se dirá[139], sendo problemática, no mínimo, a sua recondução ao direito natural.

Na verdade, poderia até dizer-se que a actuação da polícia releva em última análise da existência de uma relação de estado de natureza assimétrico, isto é, envolvendo uma pretensão de autoridade, entre a polícia e os indivíduos[140]. Essa relação de estado de natureza teria a sua manifestação

---

[137] Otto Mayer tem em vista, por exemplo, o dever incondicional de obediência do súbdito formulado por Kant na *Rechtslehre*, Segunda Parte, Anotação geral, A. (cfr. *A Metafísica dos Costumes*, tradução, apresentação e notas de José Lamego, FCG, Lisboa, 2005, pp. 187 e ss.): cfr. Otto Mayer, *Deutsches Verwaltungsrecht*, I, cit., p. 207, nota 11.

[138] Cfr. Otto Mayer, *Deutsches Verwaltungsrecht*, I, cit., p. 209; cfr., ainda, Pedro Machete, "A Polícia na Constituição da República Portuguesa", *cit.*, p. 1116; Pedro Lomba, "Sobre a Teoria das Medidas de Polícia Administrativa", *cit.*, p. 188.

[139] Cfr. infra, § 6, ponto 1.

[140] Num sentido próximo daquele que é desenvolvido por Miguel Galvão Teles, "State of Nature, Pure Republic and Legal Duty of Obedience (Some Reflections Regarding Kant's Legal and Political Philosophy)", in João Lopes Alves (coord.), *Ética e o Futuro da Democracia*, Edições Colibri, 1998, p. 169.

mais intensa nas situações de uso da força por parte das autoridades policiais, que exprimiriam o exercício de uma auto-tutela da ordem jurídica no confronto com os seus membros. E, na verdade, como adiante melhor se verá, os requisitos do uso de meios coercivos por parte das autoridades policiais são semelhantes aos requisitos formulados no direito civil e no direito penal para a legítima defesa e a acção directa[141]. Assim, um dos fundamentos da discricionariedade da actuação da polícia consiste muito simplesmente em ser através dela que a ordem jurídica se defende em face de todos quantos recusam a sua pretensão de autoridade.

Dos casos de uso coercivo da força há certamente que distinguir o estado de necessidade – o qual constitui um dos âmbitos de actuação da polícia –, ainda que este possa também envolver o recurso à força. Tal como as normas que disciplinam o uso dos meios coercivos por parte das forças de segurança são paralelas à definição dos institutos da legítima defesa e da acção directa no direito penal e no direito civil, também o estado de necessidade previsto no artigo 339.º do Código Civil encontra o seu paralelo no designado estado de necessidade policial. Por seu turno, como adiante veremos, é necessário distinguir o estado de necessidade policial do estado de necessidade geral do direito administrativo[142]. Há, no entanto, na perspectiva do fundamento da actuação da polícia no princípio da legalidade, uma diferença importante entre o estado de necessidade como figura geral do direito administrativo e os casos de uso coercivo da força. Nestes casos deparamos com situações previstas na lei e perante as quais esta permite o uso da força; no estado de necessidade deparamos com a legalização de uma preterição do princípio da legalidade[143]. A dis-

---

[141] Cfr. infra § 8, ponto 5.
[142] Cfr. infra § 6, ponto 6.
[143] Cfr. Diogo Freitas dos Amaral e Maria da Glória Garcia, "O Estado de Necessidade e a Urgência em Direito Administrativo", in *Revista da Ordem dos Advogados*, 59, II, 1999, p. 483. Apesar desta fórmula, D. Freitas do Amaral e Maria da Glória Garcia, *ob. cit.*, p. 469, sustentam que «*o estado de necessidade é imposto globalmente pela ideia de direito; não é um estado de excepção ao direito, mas um estado em que a necessidade determina o afastamento das normas jurídicas formais e obriga à sujeição ao direito como um todo, como um bloco de princípios interligados, geradores de justiça e paz em sociedade*». Este é certamente um modo de ver as coisas próprio de juristas. Kant, muito embora trate o estado de necessidade no âmbito do direito equívoco (*ius aequivocum*), por oposição ao direito estrito (*ius strictum*), refere-se à máxima *necessitas non habet legem* como a divisa do direito de necessidade e considera que está em causa uma isenção subjectiva da pena e não objectiva, isto é, que torne lícito aquilo que é desconforme ao direito. O estado

cricionariedade deixa de ser aqui uma forma de estruturar o princípio da legalidade, para se tornar algo que assume com esse princípio uma relação mais problemática. Há no estado de necessidade uma quebra do princípio da legalidade, ainda que visando a «*reposição da situação de normalidade legal*»[144].

Seja como for, o que diferencia a actuação da polícia administrativa no moderno Estado de Direito em relação ao Estado de Polícia não é a superação, no seio daquele, da discricionariedade. Quanto ao princípio expresso na fórmula *necessitas legem non habet*, não podemos certamente afirmar que o Estado de Direito lhe põe termo. Por outro lado, quanto à actuação da polícia em geral, podemos apenas sustentar que a legalidade se apropriou da discricionariedade (ou será ao contrário?), agora entendida como a «*razão do menor Estado*», na expressão de Foucault atrás citada. Em certo sentido, poder-se-á mesmo afirmar que a discricionariedade passa a constituir uma especial estruturação da legalidade. Aquilo que dificulta a compreensão desta permanência da discricionariedade sob as vestes da legalidade é, afinal, a mudança de paradigma a que se aludiu: a relação entre autoridade e particular não se estrutura já sobre um suposto dever de obediência deste último com fundamento no direito natural, mas antes se assume como uma relação de estado de natureza no âmbito da qual a uma pretensão de autoridade se opõe uma pretensão de autonomia individual sem limite, como aquela o foi inicialmente. Se aceitarmos este modo de ver as coisas, compreenderemos também que as tentativas de suprimir a discricionariedade em determinados âmbitos de actuação da Administração, entre os quais ocupa lugar de relevo a polícia, pode ter o efeito perverso de a fazer expandir[145].

---

de necessidade é por ele apresentado como um caso de exercício da força sem direito (Kant, *Rechtslehre*, Aditamento à Introdução à Doutrina do Direito; *A Metafísica dos Costumes*, cit., pp. 47 e ss.). Outros filósofos expressam ainda maiores dúvidas: cfr. Giorgio Agamben, *Stato di Eccezione*, Bollati Boringhieri, Turim, 2003, pp. 44 e ss., sobretudo, as suas conclusões sobre a análise da figura do *iustitium*, pp. 66-67, em que se define os estados de necessidade e de excepção como estados de anomia; sobre as aporias da relação entre necessidade e lei, cfr., ainda, Diogo Pires Aurélio, "O «Caso de Necessidade» na Ordem Política", in *Cadernos de História e Filosofia Civil*, Campinas, Série 3, v. 12, n.º 1-2, Janeiro-Dezembro 2002, pp. 65 e ss.

[144] Cfr. Diogo Freitas do Amaral e Maria da Glória Garcia, "O Estado de Necessidade e a Urgência em Direito Administrativo", *cit.*, p. 493.

[145] Fenómeno paralelo é aquele que no plano da política e do direito constitucional ocorre com o estado de excepção, que tende a ser incluído na ordem jurídica e a apresen-

tar-se como um verdadeiro "estado" da lei. A demonstração histórica deste fenómeno passa, antes de mais, pela transformação em regra da prática, inicialmente excepcional e apenas possível em estado de necessidade, da legislação governamental através de decretos-leis: cfr. Giorgio Agamben, *Stato di Eccezione*, cit., pp. 21 e ss. e 37. Apesar de o autor não ter em vista a evolução histórica de Portugal, são também aqui válidas as suas conclusões. Mas se esta transformação estrutural, no sentido de normalizar os poderes legislativos do executivo, é inevitável, mais problemáticas se revelam as tentações, em que por vezes os Estados constitucionais incorrem, de legalizar e normalizar a necessidade e a excepção. Para uma crítica dessas tentações, tendo como horizonte próximo o terrorismo de forças radicais de esquerda na Europa dos anos 70 e os acontecimentos do 11 de Setembro de 2001, cfr., respectivamente, Ernst-Wolfgang Böckenförde, "Der verdrängte Ausnahmezustand: Zum Handeln der Staatsgewalt in außgewöhnlichen Lagen", in *NJW*, 38, 20 Setembro de 1978, pp. 1881 e ss.; Bruce Ackerman, *Before the Next Attack: Preserving Civil Liberties in an Age of Terrorism*, Yale University Press, New Haven e Londres, 2006, esp. pp. 58 e ss. e 122 e ss.

PARTE II
Princípios e conceitos gerais do direito de polícia

3. CONCEITO DE PERIGO

3.1. Importância do conceito

Como anteriormente se disse, o conceito de perigo é o conceito central do direito de polícia. Isto no sentido em que apenas em face de um perigo deve a polícia actuar; apenas em face de um perigo deve a polícia limitar a liberdade individual; apenas em face de um perigo pode a polícia responsabilizar o indivíduo por um dever de agir ou de omitir uma acção; apenas em face de um perigo pode a polícia impor custos ao indivíduo que haja responsabilizado pelo cumprimento de um dever, sem que este o haja cumprido, ou compensá-lo quando aquela responsabilização não tenha sido a contrapartida de uma situação de perigo[146].

A centralidade do conceito de perigo impõe, na verdade a sua diferenciação. Neste contexto, importa distinguir entre perigo abstracto e perigo concreto, bem como entre um conceito de perigo objectivo clássico e um conceito de perigo subjectivo moderno. Por último, importa ainda salientar a existência de características comuns a todos os tipos de perigo.

3.2. Definição

Conforme já anteriormente se disse, perigo, para efeitos do direito de polícia, consiste na situação ou conduta que lese ou possa vir a lesar, num período de tempo determinado, pelo decurso normal dos acontecimentos e

---

[146] Cfr. Pieroth/Schlink/Kniesel, *Polizei- und Ordnungsrecht mit Versammlungsrecht*, cit., p. 63.

com probabilidade suficiente, bens jurídicos protegidos cuja defesa é autorizada pela ordem jurídica[147]. Nesta medida, o perigo é uma lesão futura determinável[148].

Importa reter três notas deste conceito. Em primeiro lugar, incluem-se na noção não apenas as situações ou condutas em relação às quais a lesão surge como iminente, mas também como actual ou mesmo consumada, se persistir a lesão dos bens jurídicos protegidos e se torne ainda necessário o seu afastamento[149]. Situações ou condutas perigosas são, pois, aquelas em que irá ocorrer, com toda a probabilidade, ocorre ou ocorreu já a violação dos bens jurídicos protegidos. Ainda que o grosso da actividade de polícia se destine a prevenir a violação dos bens jurídicos protegidos, razão pela qual se deve entender que as sanções administrativas meramente preventivas se incluem também no âmbito do direito de polícia[150], sucede, desde logo, que são numerosas as situações que, por causa da pluralidade desses bens, requerem a adopção de medidas tanto preventivas como repressivas; para além disso, a mesma medida de polícia pode servir tanto a prevenção de um perigo como a repressão das lesões que esse perigo tenha causado.

Em segundo lugar, é necessário ter presente que o conceito de perigo exige uma concreta lesão ou dano, ou a sua probabilidade, de um bem jurídico protegido. Isso significa, antes de mais, que a lesão em causa se reporta a um dano emergente, sendo que o lucro cessante não constitui qualquer lesão no sentido do direito de polícia. Nessa medida, pode certamente dizer-se que o conceito de dano do direito de polícia se distingue daquele que está subjacente, por exemplo, ao artigo 564.º do Código Civil[151]. Por outro lado, a lesão em causa é apenas aquela que configura

---

[147] Cfr. Drews/Wacke /Vogel/Martens, *Gefahrenabwehr: Allgemeines Polizeirecht (Ordnungsrecht) des Bundes und der Länder*, cit., p. 220; Pieroth/Schlink/Kniesel, *Polizei- und Ordnungsrecht mit Versammlungsrecht*, cit., pp. 63-64; Sérvulo Correia, "Polícia", cit., p. 394; Erhard Denninger, "Polizeiaufgaben", cit., p. 214, n.º 29; Volkmar Götz, *Allgemeines Polizei- und Ordnungsrecht*, cit., p. 61; Gusy, *Polizeirecht*, cit., p. 52, n.º 108; Catarina Sarmento e Castro, *A Questão das Polícias Municipais*, cit., p. 67.

[148] Cfr. Gusy, *Polizeirecht*, cit., p. 52, n.º 108.

[149] Como anteriormente se notou, Drews/Wacke /Vogel/Martens, *Gefahrenabwehr*, cit., p. 220, e Gusy, *Polizeirecht*, cit., pp. 50 e ss., n.º 103 e ss., distinguem a este propósito entre a prevenção de perigos (*Gefahrenabwehr*) e a eliminação de perturbações (*Störungsbeseitigung*).

[150] Sobre estas, cfr. infra, ponto 3 do § 7.

[151] Neste sentido, cfr. Drews/Wacke /Vogel/Martens, *Gefahrenabwehr*, cit., p. 221.

um prejuízo não irrelevante para um bem jurídico protegido pelo direito de polícia, não sendo suficientes as meras inconveniência, desvantagem ou incomodidade. Exige-se assim uma certa intensidade da afectação de um bem jurídico protegido em termos de actividade de polícia de forma a legitimar esta mesma intervenção, embora se reconheça a dificuldade em delimitar o prejuízo da mera inconveniência. Assim, por exemplo, o exercício da prostituição, quando seja legal, poderá envolver uma inconveniência para bens jurídicos protegidos pela actividade de polícia, como a tranquilidade pública, mas não uma lesão dos mesmos. Admite-se, no entanto, que a acumulação de inconveniências ou incomodidades de uma actuação possam, no seu conjunto, conduzir a uma lesão de um bem jurídico protegido. Por outro lado, em certos casos, especialmente previstos por lei (especialmente no domínio do direito do ambiente), o exercício de uma certa actividade, ainda que legal, pode consubstanciar uma situação de perigo, ainda que esse perigo surja qualificado. Assim, o Decreto-Lei n.º 194/2000, de 21 de Agosto, tendo «*por objecto a prevenção e o controlo integrados da poluição proveniente de certas actividades e o estabelecimento de medidas destinadas a evitar ou, quando tal não for possível, a reduzir as emissões dessas actividades para o ar, a água ou o solo, a prevenção e controlo do ruído e a produção de resíduos, tendo em vista alcançar um nível elevado de protecção do ambiente no seu todo*», dispõe, no respectivo artigo 39.º que «*quando seja detectada uma situação de perigo grave para a saúde ou para o ambiente, o inspector-geral do Ambiente, no âmbito das respectivas competências, pode determinar as providências que em cada caso se justifiquem para prevenir ou eliminar tal situação*».

A propósito da lesão de bens jurídicos protegidos, é importante também salientar que muito embora esta ocorra apenas, no domínio do direito de polícia, quando a situação normal em que os mesmos efectivamente se encontram é objectivamente afectada, isso não significa que os acontecimentos exteriores susceptíveis de conduzir a uma lesão tenham sempre na sua origem um comportamento humano. Também os acontecimentos naturais podem constituir fontes de perigo (por exemplo, incêndios, cheias, derrocadas, epidemias, etc.)[152].

Em terceiro lugar, é ainda necessário ter presente que a situação ou conduta perigosa, quando envolva a susceptibilidade de vir a lesar um bem jurídico protegido, deve ser avaliada segundo juízos de probabilidade no

---

[152] Cfr. Drews/Wacke /Vogel/Martens, *Gefahrenabwehr*, cit., p. 222.

que toca a esta possível lesão. Em princípio podemos dizer que a probabilidade é suficiente, legitimando a actuação da polícia, quando esta actuação é apta a prevenir um perigo, mas já não em princípio se aquela actuação for antes apta a precaver uma situação de perigo, isto é, a impedir o seu surgimento. Está aqui em causa a distinção antes efectuada entre princípio da precaução e princípio da prevenção, podendo afirmar-se que, na ausência de expressa previsão legal, não existe probabilidade da lesão quando esta não possa ser sustentada à luz do estado actual da ciência e da técnica. Quando tudo parece apontar contra a probabilidade de uma lesão, mas esta não pode ser completamente excluída, existe um mero risco, que pode, nos termos de expressa previsão legal, constituir pressuposto de uma actuação da Administração, mas não é suficiente para a actuação da polícia em geral. Pode assim dizer-se que a actividade da polícia se prende com a prevenção de perigos, mas já não, em princípio, com a precaução de riscos. Pode, no entanto, colocar-se a questão de saber quando é que uma determinado risco supera o âmbito da precaução e dá origem ao da prevenção.

A probabilidade suficiente situa-se entre a certeza e a mera possibilidade. Quanto maior a lesão ameaçada, menor as exigências do juízo de probabilidade; inversamente, crescem as exigências do juízo de probabilidade quando seja menor o significado da lesão ameaçada. A forma de reagir a um incêndio florestal depende da circunstância de o trajecto do mesmo ameaçar, ou não, casas de habitação, por exemplo. A ocorrência de uma explosão numa central nuclear envolve prejuízos de tal modo elevados que toda a sua probabilidade, mesmo remota, deve ser excluída na prática; pelo contrário, um automóvel mal estacionado numa pequena povoação dá origem a um perigo tão diminuto que não justifica o reboque do mesmo[153].

A probabilidade suficiente da ocorrência de uma lesão envolve uma prognose, que se reporta às possibilidades de conhecimento disponíveis no momento da decisão da autoridade de polícia. Se esta autoridade avaliou correctamente a situação, numa perspectiva *ex ante*, pode dizer-se que a medida adoptada, avaliada *ex post*, não é ilegal apenas porque o desenvolvimento da situação de facto não ocorreu tal como prognosticado. Se foi

---

[153] Cfr. Pieroth/Schlink/Kniesel, *Polizei- und Ordnungsrecht mit Versammlungsrecht*, cit., pp. 65-66; Gusy, *Polizeirecht*, cit., p. 58, n.º 119; Drews/Wacke /Vogel/Martens, *Gefahrenabwehr*, cit., pp. 223-224.

correctamente avaliado o ponto de partida de uma situação de facto, não é apenas a não ocorrência de aspectos posteriores dessa situação que põe em causa a existência de um perigo[154]. Neste contexto, pode sem dúvida afirmar-se que o conceito de probabilidade é um conceito normativo e subjectivo e não um conceito assente na verificação objectiva de uma relação de causalidade.

3.3. Perigo concreto e perigo abstracto

Perigo concreto é o que ocorre num caso concreto e individual. Pelo contrário, uma situação, ou conduta, perigosa em geral consubstancia um perigo abstracto. Por exemplo, o depósito de combustível para aquecimento, que não foi objecto de tratamento contra a corrosão, montado na casa de determinada pessoa é perigoso em concreto; já a existência de depósitos de combustível para aquecimento de habitações sem tratamento anticorrosivo consubstancia um perigo abstracto. O elevador sem porta de segurança que existe em determinado prédio é perigoso em concreto; elevadores sem porta de segurança são um perigo em abstracto. Estes exemplos demonstram que a diferença entre perigo concreto e abstracto não tem a ver com a intensidade do perigo, mas com a própria configuração da situação de perigo e as medidas adequadas a fazer-lhe face. O perigo abstracto corresponde a uma situação possível de acordo com a experiência geral de vida ou o conhecimento de peritos; se a situação se torna real temos um perigo concreto. Para além disso, o perigo abstracto é aquele a que se faz face através da adopção de uma norma, enquanto o perigo concreto exige um acto[155]. Nesta medida, a distinção em causa exerce uma função completamente diversa daquela que subjaz à distinção entre perigo concreto e perigo abstracto no âmbito do direito penal[156].

---

[154] Cfr. Drews/Wacke/Vogel/Martens, *Gefahrenabwehr*, cit., p. 223; Volkmar Götz, *Allgemeines Polizei- und Ordnungsrecht*, cit., p. 64, n.º 153.

[155] Cfr. Volkmar Götz, *Allgemeines Polizei- und Ordnungsrecht*, cit., p. 62, n.ºs 144 e 145.

[156] Cfr. Jorge de Figueiredo Dias, *Direito Penal, Parte Geral*, Tomo I – As Questões Fundamentais, a Doutrina Geral do Crime, 2.ª ed., Coimbra Editora, Coimbra, 2007, p. 309.

3.4. Perigo objectivo e perigo subjectivo

O conceito de perigo acima exposto corresponde a um conceito de perigo objectivo, ao pressupor uma situação ou conduta como facto objectivo e efectivo, a que corresponde uma proposição empiricamente comprovada, de acordo com teorias das ciências naturais ou sociais, sobre os quais se baseia a probabilidade de uma lesão. Assim, a aquisição de géneros alimentícios constitui um perigo objectivo quando se estabeleça que esses géneros se encontram infectados por uma bactéria e se encontre empiricamente comprovado que esta provoca doenças em resultado do consumo dos géneros em causa. Em tal contexto é objectivamente de esperar uma sequência entre compra dos géneros alimentícios, consumo e lesão da saúde pública, quando o curso dos acontecimentos não seja interrompido por uma proibição de venda, uma advertência ao comprador ou ao consumidor. À luz deste conceito objectivo de perigo, a legalidade ou ilegalidade da actuação da polícia é determinada apenas pela questão de saber se ocorreu, de facto, uma situação com base na qual se segue uma provável lesão de bens jurídicos protegidos, à luz de proposições empiricamente comprovadas. Se o órgão de polícia ou a autoridade administrativa actuam com base em falsos pressupostos de facto, a sua actuação é ilegal, independentemente da questão de saber se o erro é ou não censurável.

O conceito de perigo objectivo tem sido criticado com base em três pontos de vista. Antes de mais, sustenta-se que o juízo de probabilidade essencial ao conceito de perigo não é apto, uma vez que se acha estreitamente relacionado com um determinado estado de conhecimentos técnicos e científicos, a fundar uma avaliação objectiva de um perigo, mas apenas subjectiva. Em segundo lugar, sustenta-se que com base numa situação inicial de perigo pode haver subsequentemente lugar a uma lesão de bens jurídicos protegidos mas também a uma situação que se revela não ser perigosa. Deste modo, uma vez que a situação de perigo é necessariamente provisória e incerta, deve o juízo policial sobre a existência de um perigo ser avaliado apenas em termos de saber se, considerando a provisoriedade e incerteza da situação, esse juízo é sustentável enquanto juízo de prognose *ex ante*, não podendo ser criticado *ex post*, numa situação em que é já possível fazer o diagnóstico correcto, uma vez que o perigo já desapareceu. Por último, em terceiro lugar, critica-se ainda a noção objectiva de perigo com base na natureza própria do trabalho policial. A este propósito, afirma-se que a polícia actua em situações caracterizadas pela escassez do tempo de reacção e pela actuação sob a força das circunstâncias, não podendo muitas vezes deixar de actuar em situações de incerteza. Em qualquer caso, o que se exige da polícia não é que actue apenas quando todos os contornos de uma situação de perigo se achem objectivamente estabelecidos, mas que o faça logo que surge a ameaça de um perigo que é subjectivamente, ainda que razoavelmente, avaliado.

Segundo Pieroth, Schlink e Kniesel, cuja exposição a este propósito se seguiu de perto, nenhum destes três pontos de vista se afigura convincente. Quanto ao primeiro aspecto, importa referir que não só todo o juízo de probabilidade, mas também todo o juízo sobre a realidade se apresenta intimamente ligado a um determinado estado de conhecimentos. Isso não transforma, no entanto, tais juízos em juízos subjectivos: um juízo é objectivo quando se sustenta sobre o estado disponível de conhecimentos e subjectivo quando assenta nos conhecimentos de uma pessoa ou grupo de pessoas. Quanto ao segundo, há que sublinhar ser de facto verdade que a análise *ex post* da actuação da polícia, efectuada pelo juiz administrativo, se baseia num conhecimento mais objectivo sobre a situação de perigo do que aquele que se encontrava disponível no momento daquela actuação. Simplesmente, isso nada tem a ver com o conceito de perigo em si: tal como uma lesão de um bem jurídico protegido pode ter lugar sem que anteriormente essa lesão surja como um perigo ameaçador, também pode existir um perigo sem que posteriormente haja lugar a uma lesão. Assim sucede, por exemplo, com as ameaças de temporal que não chegam a concretizar-se ou que, pelo contrário, se concretizam sem que haja indícios prévios suficientes quanto à sua ocorrência. Por último, a actuação em condições de incerteza não é exclusiva da polícia.

Sem prejuízo do que acaba de ser dito, pode, sem dúvida, falar-se de uma tendência na jurisprudência e na doutrina para a afirmação de um conceito subjectivo de perigo. A razão para essa tendência reside na circunstância de o conceito objectivo de perigo se adequar a uma dogmática do direito da polícia própria do rigorismo de uma concepção formal e liberal do Estado de direito, a que é estranha a jurisprudência, cada vez mais propensa a uma flexibilidade casuística, bem como a doutrina, com a atribuição de uma importância crescente à ponderação de princípios, interesses e valores[157].

---

[157] Cfr. Pieroth/Schlink/Kniesel, *Polizei- und Ordnungsrecht mit Versammlungsrecht*, cit., pp. 76-79.

3.4.1. Perigo putativo, perigo aparente e suspeita de perigo

Nos termos do conceito subjectivo de perigo, cada vez mais dominante, o que está em causa é saber se é defensável a actuação da polícia que encara uma situação ou conduta como lesando ou podendo vir a lesar, segundo juízos de probabilidade, um bem jurídico protegido. A autoridade policial actua de forma defensável quando o faz com a diligência, prudência e sagacidade de um agente típico. Assim, pode dizer-se que ocorre um perigo quando esse perigo suscitaria a actuação de um agente típico. O conceito subjectivo de perigo faz-nos reconhecer a existência de uma situação de perigo, para além dos casos de certeza sobre a existência de um perigo objectivo, nos casos de aparência ou suspeita de um perigo, mas já não nos casos de perigo putativo ou imaginário. Nestes últimos casos, ao contrário dos primeiros, não é sequer sustentável a existência de uma situação de perigo segundo um conceito subjectivo.

O perigo putativo ou imaginário é caracterizado pela circunstância de a polícia ter subjectivamente por provável a ocorrência de um dano, sem que esta aceitação tenha um suficiente apoio na situação de facto. As medidas adoptadas para prevenir um perigo meramente fictício são ilegais. Diferentemente se passam as coisas com o perigo aparente. Também aqui ocorre uma situação a que falta objectivamente a aptidão para um dano. Simplesmente, ao contrário do que sucede com o perigo putativo, verifica-se aqui que a autoridade que actuou, não apenas encarou a situação como perigosa, como também a sua avaliação corresponde ao juízo de um agente capaz, prudente e experiente. Assim sucederá, por exemplo, com os insistentes pedidos de ajuda provenientes de uma habitação, quando se verifica que estes não foram proferidos por nenhum dos seus residentes, mas antes provêm de uma televisão ou rádio, sem que isso seja perceptível a partir do exterior.

Finalmente, fala-se de suspeita de perigo quando a autoridade administrativa, ao contrário do que sucede com o perigo aparente, está consciente de uma determinada insegurança ou incerteza no diagnóstico da situação de facto (por exemplo, ameaça anónima de explosão de uma bomba) ou no prognóstico do seu curso causal (por exemplo, quanto aos efeitos de um medicamento), tornando-se assim mais difícil a sua decisão sobre a probabilidade da ocorrência de um dano. Estas incertezas diminuem o grau de probabilidade, mas não excluem a aceitação de um perigo, desde que a suspeita esteja fundamentada, isto é, solidamente apoiada em factos. A questão de saber quais as medidas admissíveis em caso de suspeita de um perigo deve ser aferida pelo princípio da proporcionalidade. Assim, devem ser adoptadas medidas provisórias tendo em vista o esclarecimento da situação de facto (averiguações, vigilâncias, etc.); caso a suspeita seja assim confirmada ou fortalecida, poderão ser adoptadas medidas definitivas (por exemplo, a destruição de géneros alimentares), quando estejam em causa bens jurídicos importantes como a vida ou a saúde e a medida adoptada não exceda o que for necessário em face da concreta situação[158].

3.4.2. O conceito subjectivo de perigo e a distinção entre protecção primária e secundária

A admissão de um conceito subjectivo de perigo tem como consequência que pode ser conforme ao direito a actuação de um agente ou autoridade de polícia quando não existe, objectivamente, qualquer situação de perigo. Por outras palavras, pode existir uma intervenção na liberdade e propriedade dos cidadãos sem que estes possam ser de algum modo responsabilizados pela ocorrência de uma situação de perigo ou da adopção de um conduta perigosa. Assim ocorrerá, por exemplo, quando a autoridade de polícia acredite falsamente, mas de modo defensável, que um determinado terreno se encontra contaminado e obriga o proprietário a efectuar trabalhos de descontaminação, ou quando a autoridade policial entenda, também falsamente mas em termos sustentáveis, que um determinado prédio ameaça ruína, forçando o proprietário que nele habita a abandoná-lo.

Em face do que acaba de ser exposto, surge a questão de saber se é correcto o entendimento segundo o qual os custos dos casos de aparência ou suspeita de perigo correriam por conta do Estado de acordo com o conceito objectivo de perigo, enquanto esses mesmos custos iriam onerar os cidadãos nos termos de um conceito subjectivo de perigo. Segundo alguns autores, isto seria assim, pelo menos, quando o cidadão tivesse de algum modo contribuído para a aparência ou suspeita do perigo; caso contrário, quando não fosse possível atribuir qualquer responsabilidade ao cidadão,

---

[158] Cfr. Drews/Wacke /Vogel/Martens, *Gefahrenabwehr*, cit., pp. 226-227.

dever-se-ia considerar lícita a actuação da autoridade de polícia, ainda que sobre esta recaísse um dever de indemnizar[159]. Distingue-se, assim, um plano primário, no âmbito do qual a actuação de polícia é avaliada e afirmada, ou não, a sua conformidade com o direito, ou licitude, e um plano secundário, no âmbito do qual se admite um dever de indemnizar o particular.

Assim, um movimento de subjectivização conduz a outro: se a actividade policial não pode ser considerada ilícita, porque se actuou diligentemente, ainda que o perigo se não confirme, também o cidadão não pode ser sacrificado sem compensação, sendo que nenhum ilícito lhe pode, de igual modo, ser apontado[160].

4. CLÁUSULAS GERAIS OU MEDIDAS TIPIFICADAS?

4.1. O PROBLEMA E O SEU ENQUADRAMENTO À LUZ DA CONSTITUIÇÃO

As cláusulas gerais do direito de polícia eram formuladas tradicionalmente de forma a que as autoridades de polícia pudessem tomar as medidas necessárias a prevenir perigos para a ordem e segurança públicas. Exemplo típico de uma cláusula geral deste tipo é a constante do § 14, I, da Lei Prussiana sobre Polícia Administrativa (PreußPVG), de 1931, já anteriormente citado, nos termos do qual «*as autoridades de polícia devem adoptar as medidas que considerem necessárias para afastar da colectividade ou de algum dos seus membros perigos que possam ameaçar a segurança e ordem públicas*». Compreender esta formulação em termos de o controlo de perigos constituir apenas o objectivo que as autoridades de polícia devem prosseguir seria incorrecto. O perigo para os bens jurídicos protegidos constitui o pressuposto de facto, surgindo o juízo sobre as medidas necessárias a tomar como a consequência jurídica. A compreensão dos poderes de polícia enquanto consequências jurídicas de pressu-

---

[159] Assim, por exemplo, cfr. Drews/Wacke /Vogel/Martens, *Gefahrenabwehr*, cit., pp. 227.
[160] Cfr. Pieroth/Schlink/Kniesel, *Polizei- und Ordnungsrecht mit Versammlungsrecht*, cit., p. 84; Volkmar Götz, *Allgemeines Polizei- und Ordnungsrecht*, cit., pp. 68-69, n.º 163.

postos de facto é o modo através do qual o Estado de Direito torna efectiva a subordinação da administração à lei e ao direito.

Seja como for, o certo é que a técnica da definição das atribuições e competências da polícia através de cláusulas gerais torna desnecessária qualquer especificação legal concreta de poderes, pois se encontram automaticamente abrangidas quaisquer medidas destinadas à prossecução das finalidades definidas na cláusula geral.

A técnica adoptada pela Constituição portuguesa em vigor parece, numa primeira abordagem, ser outra[161]. Ainda que o artigo 272.º, n.º 1, defina as funções de polícia através de uma cláusula geral («*A polícia tem por funções defender a legalidade democrática e garantir a segurança interna e os direitos dos cidadãos*»), o n.º 2 do mesmo artigo estabelece que as medidas de polícia sejam as previstas na lei. Surge assim uma controvérsia na doutrina e na jurisprudência: significa esta exigência constitucional que o carácter taxativo das medidas de polícia implica a prévia determinação do seu conteúdo, ou significa apenas que as medidas devem ser previstas na lei, sem que isso implique, no entanto, uma tipificação das medidas de polícia quanto aos seus pressupostos e quanto ao seu conteúdo?

Uma tipificação normativa exaustiva de todas as condutas no âmbito da polícia administrativa parece, desde logo, ser essencialmente incompatível com a sua especificidade própria[162]. Para além disso, a verdade é que a opção entre a definição das atribuições e competências da polícia através de cláusulas gerais e a previsão legal das medidas de polícia não é, necessariamente, uma opção entre segurança jurídica e incerteza. Assim, na Alemanha, onde o método das cláusulas gerais é utilizado, o Tribunal Constitucional teve já a oportunidade de se pronunciar no sentido de considerar que tais cláusulas gerais atestam uma determinabilidade suficiente na perspectiva do princípio do Estado de Direito, uma vez que as mesmas

---

[161] Neste sentido, cfr., Catarina Sarmento e Castro, *A Questão das Polícias Municipais*, cit., p. 81.

[162] Cfr. Marcello Caetano, *Manual de Direito Administrativo*, vol. II, cit., p. 1153; Rosendo Dias José, "Sanções Administrativas", in *Revista de Direito Público*, Ano IV, Janeiro-Julho de 1991, p. 46; Sérvulo Correia, *Noções de Direito Administrativo*, vol. I, cit., p. 247; Catarina Sarmento e Castro, *A Questão das Polícias Municipais*, cit., pp. 85- -86. Em sentido contrário, cfr. Gomes Canotilho e Vital Moreira, *Constituição da República Portuguesa Anotada*, 3.ª ed. revista, Coimbra Editora, Coimbra, 1993, p. 956.

se consolidaram no discurso jurídico, se tornaram claras quanto ao seu significado e foram suficientemente precisadas quanto ao seu conteúdo, propósito e extensão ao longo de décadas de desenvolvimento jurisprudencial e doutrinal. Pelo contrário, em Portugal, onde se exige constitucionalmente a definição legal das medidas de polícia (com o alcance que já iremos ver) é muitas vezes difícil ter uma percepção clara do respectivo elenco.

4.2. A JURISPRUDÊNCIA DO TRIBUNAL CONSTITUCIONAL

O que acaba de ser dito pode ser demonstrado através de alguma jurisprudência do Tribunal Constitucional que, embora a propósito da questão da constitucionalidade da medida de restrição ao uso do cheque, contida nos artigos 10.º, 13.º e 17.º do Decreto-Lei n.º 14/84, de 11 de Janeiro, se acabou por pronunciar sobre as medidas de polícia. Tomaremos aqui como guia da discussão o Acórdão n.º 160/91[163], já anteriormente citado, embora sejam muito abundantes as decisões sobre a matéria[164]. O que se discutia era a natureza jurídica da medida de restrição de uso de cheque, aplicada pelo Banco de Portugal a pessoas que reconhecidamente usassem o cheque de modo indevido. De acordo com uma teoria, estaria em causa uma medida de segurança a aplicar apenas pela justiça criminal, pelo que as normas em causa seriam inconstitucionais por violação do disposto nos artigos 27.º, 29.º, 32.º, 202.º e 165.º, n.º 1, alínea c). Segundo um outro entendimento, estaria em causa uma sanção de natureza contra-ordenacional, violando-se o artigo 165.º, n.º 1, alínea d) (é a solução do Acórdão n.º 489/89 do Tribunal Constitucional). Ainda segundo um outro modo de ver, adoptado no Acórdão n.º 160/91, do que se tratava era de uma sanção administrativa e não de uma medida de polícia, por lhe faltar o carácter preventivo. Ora, segundo se afirmava em tal aresto, o ilícito administrativo ainda que não previsto no artigo 165.º da Constituição não podia deixar de ficar sujeito à reserva parlamentar, sob pena de através da

---

[163] Disponível em www.tribunalconstitucional.pt.
[164] Assim vejam-se os Acórdãos n.º 489/89, n.º 155/91, n.º 156/91, n.º 157/91, n.º 158/91, n.º 174/91, n.º 175/91, n.º 182/91, n.º 183/91, n.º 185/91, n.º 280/91, n.º 294/91, n.º 295/91, n.º 336/91 a n.º 339/91, n.º 342/91 a n.º 346/91, n.º 404/91, n.º 408/91, n.º 425/91, n.º 430/91, n.º 437/91, n.º 119/92 e n.º 180/92.

mudança da qualificação de um ilícito se defraudar tal reserva. Todavia, para o Conselheiro Sousa e Brito, em importante voto de vencido no Acórdão n.º 160/91, a medida em causa não é punitiva porque «*não é condicionada pela censurabilidade das pessoas a que é aplicada*», mas sim pelo «*perigo de afectação da confiança na circulação do cheque*».

O mesmo Juiz do Tribunal Constitucional sustenta ainda que a conclusão segundo a qual a «*Constituição não proíbe a criação pelo Governo de sanções administrativas meramente preventivas deduz-se, desde logo, da permissão constitucional de medidas de polícia no artigo 272.º, n.º 2, da Constituição*». Com efeito, prossegue o Conselheiro Sousa e Brito,

> «o que distingue as sanções administrativas meramente preventivas das medidas de polícia é, essencialmente, o carácter normativo das primeiras. Uma sanção é um efeito jurídico previsto numa norma jurídica como consequência de certos pressupostos com o fim de evitar a violação de uma norma jurídica. Ora, as medidas de polícia são também preventivas porque visam evitar perigos de dano do interesse público, afastando situações de perigo desse interesse, nomeadamente do perigo de ofensas da legalidade democrática, da segurança interna ou dos direitos dos cidadãos. Dada a imprevisibilidade de todas as circunstâncias em que perigos de tais ofensas exigem acções policiais preventivas, a natureza das coisas impede uma tipificação normativa que ligue todas as formas da conduta policial a pressupostos determinados, sem prejuízo da definição legal genérica da competência material das autoridades com funções de polícia. A necessitação normativa de medidas preventivas como consequência de pressupostos determinados transformaria as medidas de polícia em sanções meramente preventivas. Deste modo, o internamento de doentes mentais era uma medida de polícia antes de ser transformado, no caso de alienados criminosos, numa medida de segurança pela lei de 3 de Abril de 1963. Continua a existir como medida de polícia sujeita a confirmação judicial nos casos e nos termos do n.º 2 da Base XXIII e do n.º 2 da Base XXIV da Lei de Saúde Mental (Lei n.º 2118, de 3 de Abril de 1963)».

A conclusão, como já anteriormente se disse, é a de que «*se a Constituição não sujeita a definição das medidas de polícia à reserva relativa de lei da Assembleia da República, também, por identidade de razão, não sujeita a essa reserva a definição das sanções administrativas preventi-*

vas». Adaptando às medidas de polícia o que no voto de vencido que tem vindo a ser citado se disse quanto às sanções administrativas preventivas, dir-se-á também que a exclusão daquelas da reserva de lei do artigo 165.° não implica uma inutilização prática da garantia dos direitos individuais protegidos contra intervenções dos poderes públicos pelas alíneas *c)* e *d)* do n.° 1 do mesmo artigo. É claro que aquelas medidas estão sujeitas aos princípios da necessidade e da proporcionalidade (artigos 18.°, 266.°, n.° 2, e 272.°, n.os 2 e 3), que não podem deixar de medir-se e limitar-se pelos critérios normativos estabelecidos em lei formal relativa às sanções que a Constituição sujeita às reservas da lei dos artigos 27.°, n.° 2, e 165.°, n.° 1, alíneas *c)* e *d)*.

Ainda que se definam as medidas de polícia sem tipificação dos seus pressupostos e conteúdo, parece evidente que as mesmas envolvem a protecção de terceiros. Nesta medida, o particular tem um direito subjectivo a que as autoridades policiais efectuem os seus juízos e avaliações sem erros. O particular tem direito, em suma, a uma determinada medida necessária. A este ponto regressar-se-á adiante[165].

4.3. A EXIGÊNCIA DA TIPICIDADE LEGAL NO ÂMBITO DAS MEDIDAS DE POLÍCIA

Vimos já que a definição das medidas de polícia não está, nem deve estar, sujeita a uma reserva de lei parlamentar, mas vimos também que tais medidas não se caracterizam, ao contrário do que sucede com as sanções administrativas de carácter preventivo, por uma tipificação normativa que ligue todas as formas da conduta policial a pressupostos determinados, sem prejuízo da definição legal genérica da competência material das autoridades com funções de polícia. Este entendimento quanto ao modo de abertura da definição legal das medidas de polícia no que toca aos respectivos pressupostos não é, no entanto, objecto de consenso.

O entendimento exactamente oposto ao que se expôs resumidamente foi expresso por Gomes Canotilho e Vital Moreira nos seguintes termos:

«O princípio da tipicidade legal significa que os actos de polícia, além de terem um fundamento necessário na lei, devem ser medidas ou procedimentos individualizados e com conteúdo suficientemente definido

---

[165] Sobre o assunto, cfr. infra § 7, ponto 6.

na lei, independentemente da natureza dessas medidas: quer sejam *regulamentos gerais* emanados das autoridades de polícia, decisões concretas e particulares (autorizações, proibições, ordens), *medidas de coerção* (utilização de força, emprego de armas) ou *operações de vigilância*, todos os procedimentos estão sujeitos ao princípio da precedência da lei e da tipicidade legal.»[166]

Este entendimento não é, como se viu, aceitável. A exigência de taxatividade vai, nas palavras de Sérvulo Correia, «*contra a realidade das coisas, visto que a pluralidade ilimitada de circunstâncias em que os perigos para os interesses públicos exigem acções preventivas por parte da Administração não se compadece com a exigência de uma tipificação normativa de todas as possíveis condutas administrativas*»[167].

O entendimento que agora se critica parece ter, todavia, uma vantagem evidente, ao atribuir um sentido claro à distinção entre actividade normal da polícia e actividade da polícia em estado de necessidade. Nas palavras de Pedro Lomba, «*fora da tipicidade das medidas de polícia, só a urgência ou a necessidade pública poderão justificar a actuação policial*»[168]. Diferentemente, a posição que anteriormente se defendeu, contrária a uma leitura restrita do princípio da tipicidade das medidas de polícia, parece tornar problemática a distinção da incidência do princípio da legalidade na definição destas e nos casos de necessidade. Efectivamente, dir-se-ia, o princípio da tipicidade das medidas de polícia significaria a existência de «*vinculação quanto à "lista" das medidas ao alcance das autoridade policiais e ao respectivo conteúdo*», independentemente da

---

[166] Cfr. Gomes Canotilho e Vital Moreira, *Constituição da República Portuguesa Anotada*, 3.ª ed. revista, Coimbra Editora, Coimbra, p. 956. Exactamente no mesmo sentido, cfr. o Parecer do Conselho Consultivo da PGR n.º 108/2006, in *Diário da República*, 2.ª Série, n.º 94, de 16 de Maio de 2007, pp. 12.928-12.929; Pedro Lomba, "Sobre a Teoria das Medidas de Polícia Administrativa", *cit.*, p. 203; Pedro Machete, "Artigo 272.º", *cit.*, pp. 676-678.

[167] Cfr. Sérvulo Correia, *Noções de Direito Administrativo*, vol. I, cit., p. 247; cfr., ainda, no mesmo sentido, Marcello Caetano, *Manual de Direito Adminitrativo*, vol. II, cit., p. 1153; Germano Marques da Silva, "A Ordem Pública e os Direitos Fundamentais – A Polícia e o Direito Penal", in *Polícia Portuguesa*, Ano LVI, n.º 82, Julho-Agosto de 1993, pp. 2-3; Rosendo Dias José, "Sanções Administrativas", in *Revista de Direito Público*, Ano IV, Janeiro/Julho de 1991, n.º 9, p. 46. Em termos menos assertivos, cfr., ainda, Catarina Sarmento e Castro, *A Questão das Polícias Municipais*, cit., pp. 88-89.

[168] Cfr. Pedro Lomba, "Sobre a Teoria das Medidas de Polícia Administrativa", *cit.*, p. 203.

admissão de discricionariedade quanto à decisão de adoptar, ou não, a medida, ou ao momento da sua adopção. Já em estado de necessidade seria possível adoptar medidas fora da "lista". Pelo contrário, para a posição que sustenta a impossibilidade de uma tipificação normativa que ligue todas as formas da conduta policial a pressupostos determinados, sem prejuízo da definição legal genérica da competência material das autoridades com funções de polícia, não existe uma "lista" fechada das medidas de polícia, mesmo fora dos casos de estado de necessidade. Isto significaria, na prática, uma concepção dos poderes de polícia como relevando de um permanente estado de necessidade. Será assim?

A resposta é necessariamente negativa. Ainda para quem defenda a inexistência de uma "lista" de medidas de polícia, mesmo fora dos casos de estado de necessidade, não deixa de existir uma diferença qualitativa entre estes e aquelas. A diferença é muito simplesmente esta: as medidas de polícia estão submetidas ao princípio da legalidade ainda que essa submissão se baste, pelo menos em relação a certo número de casos, como vamos ver já de seguida, com a indicação da autoridade competente e do fim a perseguir, para além da conformação com as exigências da proporcionalidade; nos casos de estado de necessidade, pelo contrário, existe uma verdadeira quebra do princípio da legalidade, nos termos a que acima se aludiu[169].

4.4. Âmbito de aplicação do princípio da tipicidade das medidas de polícia

A solução que acaba de ser criticada tende a reduzir a medidas de polícia a sanções administrativas preventivas. Mas mesmo sem cair neste extremo, é possível conferir algum sentido à exigência de tipicidade das medidas de polícia, ainda que essa exigência não seja de aceitar para todos os casos de actuação da polícia. Já anteriormente se esboçou um critério que permite identificar os casos em que será exigida a previsão legal da concreta medida a adoptar, separando-os daqueles em que bastará o enquadramento de tais medidas no âmbito de uma cláusula geral. Iremos agora retomá-lo.

---

[169] Cfr. supra, § 2, ponto 5.

Como já se disse, a opção entre cláusulas gerais e tipicidade não é, necessariamente, uma opção entre segurança jurídica, no segundo caso, e incerteza, no primeiro. Mas, para além disso, existem importantes razões de praticabilidade que levam a não apresentar a opção em causa como necessária. A fim de se compreender mais facilmente o que acaba de ser dito, basta pensar nas seguintes normas. Assim, por um lado, temos o artigo 28.º, n.º 1, da Lei n.º 53/2008, de 29 de Agosto, que prevê as seguintes medidas de polícia: a) identificação de pessoas suspeitas que se encontrem ou circulem em lugar público, aberto ao público ou sujeito a vigilância policial; b) interdição temporária de acesso e circulação de pessoas e meios de transporte a local, via terrestre, fluvial, marítima ou aérea; c) evacuação ou abandono temporários de locais ou meios de transporte.

Por outro lado, e a título meramente exemplificativo, temos o artigo 25.º, n.º 2, do Decreto-Lei n.º 152/2002, de 23 de Maio, que regula a instalação e funcionamento de aterros para resíduos industriais, nos termos do qual «*No uso da competência fixada no número anterior, qualquer entidade fiscalizadora pode determinar à entidade licenciada a adopção das medidas necessárias a prevenir a ocorrência de acidentes que possam afectar o ambiente, a saúde pública ou a segurança de pessoas e bens*»[170].

Os dois exemplos de normas mostram bem que não pode optar-se de modo definitivo entre os dois modos de enquadrar a actividade da polícia no princípio da legalidade. A este propósito vale repetir o que acima se disse: a exigência de tipificação da medida restritiva ou, pelo contrário, a sua expressão através de uma cláusula geral dependem da intensidade da restrição do direito fundamental pressuposta por essa medida, mas também da circunstância de os casos em que a medida ocorre apresentarem, ou não, uma constelação típica idêntica[171]. É preciso, pois, ter presente que se a tipificação das medidas de polícia restringe as competências das autoridades, por outro lado pode envolver a atenuação da exigência de existir um perigo e da responsabilidade dos destinatários dessas mesmas medidas[172]. Como critério meramente aproximativo, dir-se-á que a exi-

---

[170] Esta norma consta de diploma legislativo do Governo que expressamente invoca ter sido emitido no desenvolvimento do regime jurídico estabelecido pela Lei n.º 11/87, de 7 de Abril.
[171] Cfr. supra, § 1, ponto 2.4.
[172] Assim, cfr. Volkmar Götz, *Allgemeines Polizei- und Ordnungsrecht*, cit., pp. 113-114.

gência de tipicidade faz sobretudo sentido – sendo esse, aliás, o seu campo de eleição de acordo com as leis de polícia – em relação à actividade policial das forças de segurança, mas já se apresenta como menos adequada à actividade de polícia em sentido material desenvolvida por outras autoridades administrativas. De qualquer modo, mesmo em relação à actividade policial das forças de segurança, a discussão nesta matéria enferma por vezes da incapacidade de distinguir dois planos que merecem um tratamento distinto: o plano das medidas de polícia, cuja enumeração taxativa se apresenta, nos termos expostos, como irrealista ou mesmo impossível, antes se devendo as mesmas ajustar a cada concreta situação de perigo; o plano dos casos de uso da força cuja exercício é permitido às autoridades de polícia, adiante tratado, cuja enumeração se deve entender como rigorosamente taxativa[173].

5. BENS JURÍDICOS PROTEGIDOS

5.1. AS INDICAÇÕES LEGAIS E O SEU SENTIDO

Quais os bens jurídicos protegidos pela actividade de polícia? A esta questão, a nossa Constituição parece dar uma resposta clara: nos termos do respectivo artigo 272.º, n.º 1, «*A polícia tem por funções defender a legalidade democrática e garantir a segurança interna e os direitos dos cidadãos*». O conceito de segurança interna é definido no artigo 1.º, n.º 1, da Lei n.º 20/87, de 12 de Junho, como «*a actividade desenvolvida pelo Estado para garantir a ordem, a segurança e a tranquilidade públicas, proteger pessoas e bens, prevenir a criminalidade e contribuir para assegurar o normal funcionamento das instituições democráticas, o regular exercício dos direitos e liberdades fundamentais dos cidadãos e o respeito pela legalidade democrática*». Esta definição parte de um conceito amplo de segurança interna, incluindo aspectos que surgem dela separados nos termos da norma constitucional atrás citada. Por seu turno, a Lei Orgânica da Guarda Nacional Republicana, aprovada pela Lei n.º 63/2007, de 6 de

---

[173] Neste sentido, cfr. Drews/Wacke /Vogel/Martens, *Gefahrenabwehr*, cit., pp. 523-524; Christian Waldhoff, *Staat und Zwang. Der Staat als Rechtsurchsetzungsinstanz*, Ferdinand Schöningh, Paderborn, 2008, p. 68, nota 5.

Novembro, estabelece, em termos mais próximos da Constituição que «*a Guarda tem por missão, no âmbito dos sistemas nacionais de segurança e protecção, assegurar a legalidade democrática, garantir a segurança interna e os direitos dos cidadãos, bem como colaborar na execução da política de defesa nacional, nos termos da Constituição e da lei*». No mesmo sentido, o artigo 1.º, n.º 2, da Lei Orgânica da PSP, aprovada pela Lei n.º 53/2007, de 31 de Agosto, dispõe que «*a PSP tem por missão assegurar a legalidade democrática, garantir a segurança interna e os direitos dos cidadãos, nos termos da Constituição e da lei*». É, pois, da trilogia decorrente da norma constitucional atrás citada que nos iremos ocupar. E, ao fazê-lo, não pode deixar de se notar logo de início que os três aspectos identificados no artigo 272.º, n.º 1 da Constituição, podem ser reconduzidos a três aspectos susceptíveis de serem diferenciados no âmbito de um conceito amplo de segurança pública ou segurança interna: a inviolabilidade da ordem jurídica (a legalidade democrática); a inviolabilidade dos direitos subjectivos e dos bens jurídicos dos indivíduos (os direitos dos cidadãos); a segurança do Estado e das instituições e organizações do Estado e ainda de outros titulares de poderes públicos (a segurança interna em sentido estrito).

A distinção entre estes três bens protegidos parcelares que integram o bem da segurança pública é corrente na Alemanha[174]. Tradicionalmente consideravam-se apenas dois complexos de bens no âmbito da segurança pública: por um lado, a vida, saúde, liberdade, honra e património dos indivíduos e, por outro, a existência do Estado e das suas instituições. De acordo com esta visão dicotómica estariam essencialmente em causa a protecção de direitos e bens jurídicos dos indivíduos e a protecção da colectividade, das suas normas e instituições[175]. Além disso, eram duas as modalidades sob as quais aqueles complexos de bens podiam ser postos em perigo: por um lado, acontecimentos da natureza; por outro, comportamentos humanos. A autonomização do terceiro aspecto antes mencionado, isto é, a inviolabilidade da ordem jurídica, resulta da circunstância de que a violação de uma norma dispensa um exame especial quanto a

---

[174] Cfr. Drews/Wacke /Vogel/Martens, *Gefahrenabwehr*, cit., p. 232; Pieroth/ /Schlink/Kniesel, *Polizei- und Ordnungsrecht mit Versammlungsrecht*, cit., p. 128; Volkmar Götz, *Allgemeines Polizei- und Ordnungsrecht*, cit., p. 43; Gusy, *Polizeirecht*, cit., p. 38, n.º 79.

[175] Cfr. Volkmar Götz, *Allgemeines Polizei- und Ordnungsrecht*, cit., p. 43.

saber qual o bem individual ou colectivo protegido pela norma. Assim, a avaliação de um perigo para a segurança pública começa quase sempre com a avaliação de um perigo para a inviolabilidade da ordem jurídica. Os outros dois bens têm uma função de reserva especialmente para a primeira modalidade mencionada de perigo de lesão de bens protegidos, quer dizer para os casos em que o perigo resulta de acontecimentos da natureza. Com efeito, uma vez que a ordem jurídica apenas pode regular comportamentos das pessoas, não pode ser violada por tais acontecimentos[176]. Ao mesmo tempo, não pode deixar de se reconhecer que a protecção do conjunto da ordem jurídica em face de violações não constitui tarefa da polícia: a actuação desta encontra-se desde logo limitada pelo princípio da subsidiariedade, de acordo com o qual, em caso de violação de normas de direito público ou privado, a polícia apenas intervém quando a repressão dessas violações não caiba na competência de outras autoridades administrativas ou dos tribunais[177].

5.2. SEGURANÇA PÚBLICA: A) DEFENDER A LEGALIDADE DEMOCRÁTICA

O sentido útil desta defesa consiste na inviolabilidade da ordem jurídica, isto é, na defesa da pretensão de dever ser inerente a todo o direito vigente. O seu âmbito estende-se desde a Constituição, passando pela lei, os regulamentos, até aos estatutos de pessoas colectivas, incluindo realidades tão diversas como o direito administrativo geral e especial, o direito penal e contra-ordenacional, o direito privado e o direito europeu. Simplesmente, como demonstram claramente Pieroth, Schlink e Kniesel, a abrangência do conceito não é tão grande como se poderia pensar, uma vez que o respectivo objecto não consiste simplesmente na ordem jurídica, mas na respectiva inviolabilidade, sendo certo que os pressupostos da existência de uma violação da ordem jurídica são por ela própria definidos para cada ramo de direito[178]. O princípio da subsidiariedade limita de um

---

[176] Cfr. Pieroth/Schlink/Kniesel, *Polizei- und Ordnungsrecht mit Versammlungsrecht*, cit., pp. 129-130.
[177] Cfr. Drews/Wacke /Vogel/Martens, *Gefahrenabwehr*, cit., p. 237.
[178] Cfr. Pieroth/Schlink/Kniesel, *Polizei- und Ordnungsrecht mit Versammlungsrecht*, cit., p. 131.

modo especial a consideração da ordem jurídica como bem jurídico protegido pela actividade de polícia.

No que toca ao direito penal e contra-ordenacional são claramente definidos os pressupostos de facto à luz dos quais cabe aferir uma violação da ordem jurídica. Pelo contrário, o direito administrativo caracteriza não tanto os pressupostos sob os quais a ordem jurídica é violada, mas aqueles sob os quais ela é garantida. Assim, nem todo o desvio de uma situação de facto em relação à previsão legal constitui uma violação relevante da ordem jurídica. Por exemplo, uma determinada situação que tenha o seu fundamento num acto administrativo ilegal que se tornou irrecorrível não constitui qualquer violação da ordem jurídica.

A inviolabilidade do direito privado é tutelada pelo próprio direito privado e pelas suas formas de processo. A este propósito importa salientar as designadas cláusulas de direito privado, previstas tanto no artigo 4.º da Lei de Organização e Funcionamento da PSP, Lei n.º 53/2007, de 31 de Agosto («*A PSP não pode dirimir conflitos de natureza privada, devendo, nesses casos, limitar a sua acção à manutenção da ordem pública*»), como, exactamente nos mesmos termos, no artigo 4.º da Lei Orgânica da Guarda Nacional Republicana, aprovada pela Lei n.º 63/2007, de 6 de Novembro. Estas cláusulas confirmam, de algum modo, o princípio da subsidiariedade, na medida em que a protecção de direitos privados se deve considerar como obrigatória para a polícia naqueles casos em que se mostre impossível obter em tempo útil a protecção judicial e a ausência da ajuda policial impeça ou dificulte a realização do direito[179]. Ao mesmo tempo, é necessário salientar que a protecção policial de direitos e bens jurídicos individuais deixa de se submeter ao princípio da subsidiariedade quando aqueles direitos e bens jurídicos sejam protegidos, não apenas pelo direito privado, mas também por leis penais, contra-ordenacionais, ou administrativas. Em tais casos, a intervenção da polícia deixa de ser subsidiária, para passar a efectuar-se a título primário ou principal[180].

No que diz respeito à Constituição, e muito embora ela não seja apenas parte integrante mas o culminar da ordem jurídica estadual, isso não lhe dá, enquanto aspecto de um bem jurídico protegido pelo direito da

---

[179] Sobre os contornos do princípio da subsidiariedade nos casos de ocupação de casa, cfr. Volkmar Götz, *Allgemeines Polizei- und Ordnungsrecht*, cit., p. 46.

[180] Cfr. Volkmar Götz, *Allgemeines Polizei- und Ordnungsrecht*, cit., p. 44; Drews/ /Wacke /Vogel/Martens, *Gefahrenabwehr*, cit., pp. 238-239.

polícia, nenhuma proeminência especial. Assim, por um lado, as suas regras sobre organização do poder político não podem ser violadas por comportamentos dos indivíduos. Pelo contrário, no que toca aos direitos fundamentais, podem ocorrer conflitos e colisões entre cidadãos. Simplesmente quando o legislador regula conflitos e colisões entre direitos, liberdades e garantias procede a uma restrição destes que não pode, no entanto, ser considerada uma violação da ordem jurídica. A violação da ordem jurídica ocorre quase sempre no plano do direito ordinário. Isso em nada é infirmado pela circunstância de os direitos fundamentais deverem ser interpretados de acordo com a Constituição e os direitos fundamentais. Com razão afirmam Pieroth, Schlink e Kniesel que «*a designação dos direitos fundamentais e dos direitos dos cidadãos como bem de protecção autónomo em algumas leis de polícia conduz a um vazio*». O que acaba de ser dito não é infirmado pelos casos em que a polícia protege o exercício do direito de manifestação, quando este seja ameaçado por contra-manifestações em que os manifestantes actuam violentamente. Em tais casos, se bem atentarmos, a polícia protege os manifestantes de possíveis actos criminalmente puníveis. Quando a reacção dos contra-manifestantes não possa ser qualificada como crime é também ela protegida a título de direitos fundamentais não podendo a polícia intervir em tais casos[181]. O exemplo de que a polícia poderia actuar quando os manifestantes gritassem palavras de ordem como "estrangeiros rua", pois estaria em causa um atentado contra a dignidade da pessoa humana, suscita a dificuldade de estar em causa, não se tratando de afirmações racistas que possam ser penalmente relevantes, um comportamento que é também protegido a título de direitos fundamentais.

Por legalidade democrática pode ainda entender-se os princípios fundamentais do Estado de direito democrático, como a soberania popular, o princípio da legalidade da actividade administrativa, ou da independência dos juízes. Esta interpretação conduz, no entanto, também ela, a um vazio. Desde logo, parte desses princípios, atinentes à organização do Estado, não podem ser violados pelos cidadãos. Por outro lado, alguns dos mesmos princípio são tutelados pelo direito penal, designadamente pelos crime contra a realização do Estado de direito, previstos nos artigos 325.º e seguintes do Código Penal (alteração violenta do Estado de direito; aten-

---

[181] Cfr. Pieroth/Schlink/Kniesel, *Polizei- und Ordnungsrecht mit Versammlungsrecht*, cit., pp. 133-134.

tado contra o Presidente da República; coacção contra órgãos constitucionais). No caso de organizações políticas que perfilhem a ideologia fascista, conforme prevê o artigo 104.º da Lei n.º 28/82, de 15 de Novembro, há competências especialmente atribuídas ao Tribunal Constitucional. Neste caso, enquanto não exista uma declaração de extinção das organizações em causa não devem as mesmas ser encaradas como consubstanciando situações de perigo.

As considerações precedentes demonstram bem o alcance relativamente limitado da actividade de polícia tendo em vista a protecção do bem jurídico em análise. Como resulta do exposto, essa protecção decorre essencialmente do princípio da subsidiariedade.

5.3. Continuação: b) garantir os direitos dos cidadãos

A ameaça da violação de um direito subjectivo é precedida pela violação da ordem jurídica, como se disse. Existem, no entanto, casos típicos em que são ameaçados direitos subjectivos e bens jurídicos individuais sem que seja iminente uma violação da ordem jurídica.

O primeiro tipo de casos consiste nas situações de perigo resultantes de acontecimentos da natureza. Estes podem colocar em perigo bens jurídicos como a vida, a saúde, a liberdade e a propriedade, para além do exercício de direitos subjectivos privados e públicos. É claro que no exercício de direitos subjectivos públicos se incluem também os direitos fundamentais, que podem ser colocados directamente em perigo através de acontecimentos da natureza. Assim, no caso de uma avalancha ou derrocada de terra cortar a única estrada de ligação de uma povoação, pode a polícia recorrer a um tractor privado para remover a terra, não apenas em caso de perigo para a vida dos habitantes locais, mas também para permitir o acesso ao local de voto no dia das eleições.

O segundo grupo de casos consiste no perigo que os indivíduos podem constituir para si mesmos. A ordem jurídica não protege, em princípio, o indivíduo contra si mesmo. Colocar em perigo a própria saúde e a própria vida é algo que é protegido em termos de direitos fundamentais, ao abrigo dos artigos 24.º a 26.º da Constituição: o direito à vida e à integridade física integra também a liberdade de não viver ou de não permanecer são. Assim, nada obsta ao consumo do álcool ou situações de perigo decorrentes de desportos radicais.

De todo o modo, a autodeterminação protegida em termos de direitos fundamentais é apenas de encarar como tal quando assente numa vontade livre e a vontade é apenas livre quando conhece as situações de perigo. Quando assim não aconteça, a actuação perigosa não deve ser respeitada enquanto expressão de uma autodeterminação tutelada pelos direitos fundamentais, mas antes protegida em face do perigo. Por outro lado, o perigo auto-infligido pode apenas pretender ser protegido pelos direitos fundamentais quando o seja de modo exclusivo, isto é, quando não coloque simultaneamente em perigo terceiros.

Assim, por exemplo, a prática de desportos radicais é em regra exercida livremente, o que não impede que o seu exercício não possa ser impedido a turistas desconhecedores de todas as suas implicações. As mesmas considerações valem para o caso de suicídio. Imaginemos que um doente incurável toma a decisão, plenamente consciente, com conhecimento da sua família e do seu médico, de pôr termo à vida: em tal caso é duvidoso que a polícia possa intervir[182].

5.4. Continuação: c) garantir a segurança interna

A existência de um perigo para o Estado e as instituições e organizações do poder político é também precedida pelo exame de um perigo de violação da ordem jurídica, como vimos suceder com o bem jurídico abordado no número anterior. O caso da coacção contra órgãos constitucionais, acima apontado, vem também agora a propósito. Neste âmbito pode igualmente ocorrer, no entanto, um perigo de violação do bem em causa sem que haja uma ameaça de violação da ordem jurídica. Se é certo que os acontecimentos da natureza podem ameaçar, ainda que dificilmente, a existência do Estado, já é menos certo que não possam pôr em causa a existência e funcionamento de outras instituições e organizações do poder político. Assim pode suceder com os órgãos de um município, em caso de inundação. Em alguns casos pode mesmo haver lugar à declaração de estado de emergência, nos termos da Lei n.º 44/86, de 30 de Setembro, ou de situação de calamidade, de acordo com o disposto na Lei n.º 27/2006, de 3 de Julho.

---

[182] Cfr. Pieroth/Schlink/Kniesel, *Polizei- und Ordnungsrecht mit Versammlungsrecht*, cit., pp. 137-138.

Importa também aqui salientar que a protecção policial do Estado, seus órgãos e instituições obedece também ao princípio da subsidiariedade[183].

Por último, salienta-se que temos aqui em vista apenas a segurança interna em sentido estrito, como antes se afirmou, sem desconhecer que a expressão é muitas vezes usada na nossa legislação em sentido mais amplo, abrangendo todos os bens protegidos pela actividade da polícia.

5.5. ORDEM PÚBLICA

Por ordem pública pode entender-se o conjunto das regras não escritas no quadro da ordem constitucional respeitantes ao comportamento dos indivíduos na esfera pública, cuja observância de acordo com a visão dominante constitui pressuposto da vida da comunidade. São três os aspectos desta definição: a) respeita a normas sociais compatíveis com a Constituição; b) tais normas correspondem à visão dominante numa determinada matéria, isto é, à interpretação da maioria no contexto de uma democracia; c) as mesmas são indispensáveis para a vida de uma comunidade política[184].

Tomar a sério esta concretização do conceito de ordem pública parece implicar, desde logo, que os órgãos de polícia nunca poderiam impor a sua própria visão do que seja a ordem pública, mas antes acolher a visão dominante da população quanto a uma determinada matéria através de meios próprios das ciências sociais, por exemplo, inquéritos e sondagens de opinião. Na prática não é, porém, isso o que acontecerá. Pelo contrário, os órgãos de polícia tenderão a seguir a sua própria visão das coisas como se fossem opiniões da maioria num determinado domínio e procurarão fixar a indispensabilidade de um determinado valor para a vida em comum através das suas próprias (pré-)compreensões. Isto significa que a prossecução de valores sem apoio normativo conduz a uma vulnera-

---

[183] Quanto a esta ideia, cfr., no direito alemão, Pieroth/Schlink/Kniesel, *Polizei- und Ordnungsrecht mit Versammlungsrecht*, cit., p. 141; Volkmar Götz, *Allgemeines Polizei- und Ordnungsrecht*, cit., pp. 52-53.

[184] Cfr. Pieroth/Schlink/Kniesel, *Polizei- und Ordnungsrecht mit Versammlungsrecht*, cit., p. 142.

bilidade ideológica do conceito de ordem pública. Neste contexto, são usualmente dirigidas três críticas ao conceito.

Em primeiro lugar, sustenta-se que num Estado de direito democrático não é possível justificar este apelo a normas não jurídicas, que integram o conceito de moral social. A liberdade pode apenas ser limitada com base na lei e não com base em concepções morais de extracção empírica (**objecção da inconstitucionalidade**).

Em segundo lugar, diz-se que as sociedades modernas ocidentais se caracterizam por serem sociedades plurais em matéria de identidades religiosas, culturais e étnicas. Em tais sociedades, os direitos fundamentais servem também para a protecção das minorias, não podendo os órgãos de polícia desempenhar funções de apóstolos morais ou guardiães dos costumes, desde logo por que não existe um único conjunto uniforme de costumes (**objecção da impossibilidade**).

Por outro lado, é duvidoso que o conceito de ordem pública desempenhe uma função útil do ponto de vista jurídico-prático. Na verdade, pode dizer-se que desapareceu hoje a necessidade de colmatar um ordenamento legislativo com lacunas, função que o conceito de ordem pública inicialmente desempenhou, através da densa legiferação a que têm vindo a ser sujeitos todos os domínios da vida social. Especialmente significativos são a este propósito os regimes das contra-ordenações (**objecção da superfluidade**)[185].

Em face do exposto, compreende-se que sejam hoje escassas as referências ao conceito de ordem pública enquanto bem jurídico protegido pela actividade de polícia. Desde logo, a nossa Constituição não inclui o conceito de ordem pública (ao contrário de outros textos constitucionais, como o alemão, artigos 13.º, n.º 7, e 35.º, n.º 2). Todavia, o legislador, mesmo o legislador pós-constitucional, não prescindiu totalmente da referência à ordem pública. A este propósito é especialmente problemática a disposição do artigo 5.º, n.º 1, do Decreto-Lei n.º 406/74, de 29 de Agosto

---

[185] Sobre estas objecções, cfr. Gusy, *Polizeirecht*, cit., p. 47, n.º 99; Pieroth/Schlink/ /Kniesel, *Polizei- und Ordnungsrecht mit Versammlungsrecht*, cit., pp. 142-144; Volkmar Götz, "Die öffentliche Ordnung im Rahmen der verfassungsmäßigen Ordnung", in Winfried Kluth, Martin Müller e Andreas Peilert (eds.), *Wirtschaft – Verwaltung – Recht: Festschrift für Rolf Stober zum 65. Geburtstag am 11. Juni 2008*, Carl Heymanns Verlag, 2008, p. 196; cfr., ainda, Marie-Caroline Vincent-Legoux, *L'Ordre Public: Étude de Droit Comparé Interne*, PUF, Paris, 2001, pp. 378 e 388-396.

nos termos do qual «*As autoridades só poderão interromper a realização de reuniões, comícios, manifestações ou desfiles realizados em lugares públicos ou abertos ao público quando forem afastados da sua finalidade pela prática de actos contrários à lei ou à moral ou que perturbem grave e efectivamente a ordem e a tranquilidade públicas, o livre exercício dos direitos das pessoas ou infrinjam o disposto no n.° 2 do artigo 1.°*» (esta última disposição diz respeito à «*honra e consideração devida aos órgãos de soberania e às forças armadas*»). Em função do que ficou dito, pode questionar-se a constitucionalidade desta norma (aliás anterior à Constituição)[186]. Posteriormente, o artigo 48.°, n.° 1, do Decreto-Lei n.° 316/95, de 28 de Novembro, sob a epígrafe «Medidas de polícia», estabelece que «*O governador civil pode aplicar a medida de polícia de encerramento de salas de dança e estabelecimentos de bebidas, bem como de redução do seu horário de funcionamento, quando esse funcionamento se revele susceptível de violar a ordem a segurança ou a tranquilidade públicas*». Mais recentemente, o artigo 32.°, n.° 1, alínea d), da Lei n.° 23/2007, de 4 de Julho, determina que a entrada em território português é recusada aos cidadãos estrangeiros que, designadamente, «*constituam perigo ou grave ameaça para a ordem pública*», consignando o artigo 134.°, n.° 1, alínea b), do mesmo diploma, que é expulso do território português o cidadão estrangeiro que, designadamente, «*atente contra a segurança nacional ou a ordem pública*». O artigo 30.° da Lei n.° 53/2008, de 29 de Agosto, prevê que «*as medidas de polícia só são aplicáveis nos termos e condições previstos na Constituição e na lei, sempre que tal se revele necessário, pelo período de tempo estritamente indispensável para garantir a segurança e a protecção de pessoas e bens e desde que haja indícios fundados de preparação de actividade criminosa ou de perturbação séria ou violenta da ordem pública*». Finalmente, o artigo 3.°, n.° 2, alínea i), do Decreto-Lei n.° 457/99, de 5 de Novembro, contém uma cláusula geral que permite o recurso ao uso de armas de fogo pelas forças e serviços de segurança «*quando a manutenção da ordem pública assim o exija ou os superiores do agente, com a mesma finalidade, assim o determinem*».

Por perturbações da ordem pública ter-se-á de entender, em todos os casos mencionados, não o apelo a normas não escritas de moral social ou

---

[186] Cfr.Sérvulo Correia, *O Direito de Manifestação: Âmbito de Protecção e Restrições*, Almedina, Coimbra, 2006, pp. 75-76.

a representações da maioria da população sobre condutas admissíveis, mas situações de perigo para direitos fundamentais ou outros interesses constitucionalmente protegidos susceptíveis de justificar uma restrição ou compressão de direitos à luz do princípio da proporcionalidade[187].

Sentido e alcance diversos parece ter o conceito de ordem pública em outras normas. A este propósito, importa, antes de mais, aludir às designadas cláusulas de direito privado constantes dos estatutos da GNR e da PSP, atrás mencionadas. Como se afirmou, tanto o artigo 4.º da Lei de Organização e Funcionamento da PSP, Lei n.º 53/2007, de 31 de Agosto, como, exactamente nos mesmos termos, no artigo 4.º da Lei Orgânica da Guarda Nacional Republicana, aprovada pela Lei n.º 63/2007, de 6 de Novembro, estabelecem que as forças policiais em causa não podem «*dirimir conflitos de natureza privada, devendo, nesses casos, limitar a sua acção à manutenção da ordem pública*». Semelhante é o alcance da ordem pública nos domínios do direito privado: assim sucede com os direitos de personalidade (artigo 81.º, n.º 1, do Código Civil: «*Toda a limitação voluntária ao exercício dos direitos de personalidade é nula, se for contrária aos princípios da ordem pública*»); a extinção das pessoas colecti-

---

[187] Neste sentido se inclina, aliás, a jurisprudência. Assim, o Acórdão do STA de 6 de Dezembro de 2001, proferido no Recurso n.º 47.736, entendeu, precisamente num caso em que estava em causa a aplicação do artigo 48.º, n.º 1, do Decreto-Lei n.º 316/95, de 28 de Novembro, referido no texto, que integravam os conceitos de violação de ordem, segurança e tranquilidade públicas, encarados pela norma em causa como pressupostos da medida de polícia de encerramento de estabelecimento de bebidas, «*a ocorrência de rixas, discussões e ruídos provenientes e directamente relacionados com o funcionamento do estabelecimento em causa, relatadas em informações policiais, com base na denúncia e audição de vizinhos, a culminar no homicídio de um segurança do estabelecimento, à porta deste*». Ainda no mesmo sentido, o Acórdão do STA de 4 de Junho de 1992, proferido no Processo n.º 029379 (e publicado in *Apêndice ao Diário da República*, de 16 de Abril de 1996, pp. 3698 e ss.), considerou que ordem pública «*será o conjunto de condições que permitem o desenvolvimento da vida social com tranquilidade e disciplina, de modo que cada componente da sociedade possa desenvolver a sua actividade sem temor ou receio*». Por seu turno, o Tribunal Constitucional, no seu Acórdão n.º 583/96, considerou que «*a expressão "manutenção da ordem pública" é utilizada na legislação ordinária para significar uma das atribuições ou missões de segurança interna, prosseguida pelas forças ou polícias de segurança, que se traduz na garantia da segurança e tranquilidade públicas, na protecção de pessoas e bens, na prevenção da criminalidade, na contribuição para o asseguramento do normal funcionamento das instituições democráticas e do regular exercício dos direitos e liberdades fundamentais dos cidadãos e do respeito pela legalidade democrática*».

vas [artigos 182.º, n.º 2, alínea d), e 192.º, n.º 2, alínea d), do Código Civil, em relação às associações e fundações, respectivamente]; as condições ilícitas (artigo 271.º, n.º 1, do Código Civil: «*É nulo o negócio jurídico subordinado a uma condição contrária à lei ou à ordem pública, ou ofensiva dos bons costumes*»); os requisitos do objecto negocial e fim do negócio (artigos 280.º, n.º 2, e 281.º do Código Civil: nulidade do negócio contrário à ordem pública); o testamento (artigo 2230, n.º 2, do Código Civil: disposição condicional contrária à ordem pública). Em todos estes casos, não está em causa o apelo à moral social, mas a limitação da autonomia privada por princípios injuntivos em vigor na ordem jurídica, muito deles com directa expressão constitucional[188]. Estão aqui em causa princípios injuntivos e valores essenciais do ordenamento que permitem autonomizar a ordem pública da simples contrariedade à lei[189].

Noção próxima é a que se contém no artigo 22.º, n.º 1, do Código Civil, em que se referem os «*princípios fundamentais da ordem pública internacional do Estado português*». Interessa, aliás, salientar que num domínio próximo deste, o das relações entre o direito europeu e o direito interno, o artigo 8.º, n.º 4, da Constituição, na sequência da revisão de 2005, prescindiu do conceito de ordem pública, ao estabelecer que «*As*

---

[188] Cfr. Menezes Cordeiro, *Tratado de Direito Civil Português, I – Parte Geral*, tomo I, Almedina, Coimbra, 1999, pp. 440-441. Como o autor salienta, é no conceito civilista de «*bons costumes*», utilizado sensivelmente nas mesmas normas do Código Civil que surgem citadas no texto, que surge o apelo à moral social. No mesmo sentido parece inclinar-se Carneiro da Frada, "A Ordem Pública no Direito dos Contratos", in *Revista da Faculdade de Direito da Universidade do Porto*, Ano IV – 2007, p. 293, quando afirma que «*na ordem pública estão em causa requisitos ou pressupostos objectivos básicos do sistema social, na configuração concreta que este historicamente assume, aí incluídos aspectos mais marcadamente técnico-organizacionais da vida em sociedade. Ela incorpora particularmente valorações que são imanentes ao direito constituído ou que se decantam das suas proposições*». Pelo contrário, os bons costumes «*têm uma coloração mais acentuadamente ética ou ético-jurídica (a postular outras ordens normativas para além do direito)*».

[189] Cfr. Carneiro da Frada, "A Ordem Pública no Direito dos Contratos", cit., pp. 289-290. Sustenta o autor, criticando o «*preconceito decorrente da superioridade das normas constitucionais no conjunto do sistema jurídico*», que este deveria ceder o passo ao «*reconhecimento da valia (ético-)jurídica não menos fundamental dos princípios do direito comum (privado, hoc sensu), capazes sem dúvida de valer e vigorar sem aquelas (ou mesmo acima delas)*». Parece-nos, no entanto, salvo melhor opinião, que dificilmente se encontrará um princípio de direito privado sem correspondência no plano dos princípios constitucionais.

disposições dos tratados que regem a União Europeia e as normas emanadas das suas instituições, no exercício das respectivas competências, são aplicáveis na ordem interna, nos termos definidos pelo direito da União, com respeito pelos princípios fundamentais do Estado de direito democrático».

Também na jurisprudência o conceito de ordem pública é por vezes aceite. Todavia, na jurisprudência constitucional afirma-se cada vez mais a tendência para sustentar que os pressupostos da vida da comunidade assentam, não em normas sociais, mas na própria ordem constitucional, especialmente a protecção da dignidade da pessoa humana, prevista no artigo 1.º da Constituição portuguesa. Assim, dir-se-ia que o exercício do direito de manifestação é contrário à ordem pública quando atente contra a dignidade da pessoa humana. Só que assim nada se ganha em recorrer ao conceito de ordem pública, uma vez que a dignidade da pessoa humana já estaria incluída no âmbito do conceito de segurança pública[190].

De qualquer modo, alguns autores, reconhecendo o menor âmbito de aplicação do conceito, com base em considerações próximas daquelas que antes foram expendidas, afirmam que o mesmo mantém alguma utilidade, sustentando ser irreprimível uma função de reserva, por forma a poder fazer face a novos tipos de perigos, num momento em que o legislador ainda os não tenha previsto ou se tenha debruçado sobre eles. Este entendimento restritivo quanto aos fundamentos do conceito encontra também correspondência na ideia de que a respectiva aplicação deve ser efectuada em termos restritivos e aceitando sempre a precedência da lei sobre uma norma ou convenção social[191].

Em termos práticos, tende a admitir-se a utilidade do conceito de ordem pública essencialmente em três domínios: actos de conduta exibicionista ou actos sexuais levados a cabo em público e susceptíveis de importunar outras pessoas, especialmente menores; casos de alcoolismo e mendicidade contrários ao uso comum de locais públicos; manifestações políticas extremistas susceptíveis de pôr em causa a paz pública[192]. Estão

---

[190] Cfr. Pieroth/Schlink/Kniesel, *Polizei- und Ordnungsrecht mit Versammlungsrecht*, cit., p. 145.

[191] Cfr. Drews/Wacke /Vogel/Martens, *Gefahrenabwehr*, cit., pp. 247-248.

[192] Cfr. Volkmar Götz, *Allgemeines Polizei- und Ordnungsrecht*, cit., pp. 55 e ss.; Drews/Wacke /Vogel/Martens, *Gefahrenabwehr*, cit., pp. 251 e ss.; Volkmar Götz, "Die öffentliche Ordnung im Rahmen der verfassungsmäßigen Ordnung", cit., pp. 200-202.

aqui essencialmente em causa a integridade do espaço público, nos dois primeiros casos, e a paz pública, no segundo, sem que se possa já propriamente falar na imposição da ordem pública entendida como radicando nas representações da maioria.

Em conclusão, podemos sem dúvida admitir a relevância marginal (o que não significa necessariamente uma relevância despicienda) do conceito de ordem pública nos dias de hoje. Essa relevância marginal decorre, como se disse, da tendencial consumpção do respectivo conteúdo pelos princípios da ordem constitucional e da compressão das convenções sociais em resultado da crescente actividade do legislador em todos domínios da vida social. A permanência do interesse teórico da discussão em torno da ordem pública reside, no entanto, na sua problemática relação com uma ordem política democrática.

A este propósito dir-se-á, por um lado, que os escrúpulos constitucionais contra o conceito de ordem pública são infundados, uma vez que este, ao apelar às representações estabelecidas da maioria numa comunidade política, não seria de criticar no plano do princípio democrático. Neste contexto, uma violação juridicamente relevante da ordem pública pressupõe que um comportamento se desvia dos padrões sociais cuja observância constitui a base de uma vida social próspera, parecendo aceitável a vinculação das minorias por tais convenções sociais. E tanto mais seria aceitável essa vinculação quanto é certo que as concepções da maioria apenas são relevantes na medida em que adeqúem ao quadro normativo formado pela Constituição e pelas leis de uma comunidade política. Em tal contexto, seria possível falar de uma aplicação restritiva e conforme à liberdade do conceito de ordem pública, aplicação essa em relação à qual já não seriam pertinentes as objecções ao conceito anteriormente discutidas[193].

Para além disso, e em sentido oposto, é também possível salientar uma incompatibilidade essencial entre o conceito de ordem pública e o fundamento de uma ordem política democrática. É esta, aliás, em larga medida a perspectiva à luz da qual cobram o seu sentido as mencionadas objecções ao conceito de ordem pública. Neste contexto, Erhard Denninger sustenta que a genealogia do conceito de ordem pública evidencia uma visão homogénea e estática das relações políticas e dos valores ético-sociais, religiosos e estéticos de uma comunidade. Pelo contrário, uma

---

[193] Neste sentido, cfr. Drews/Wacke /Vogel/Martens, *Gefahrenabwehr*, cit., p. 247.

democracia assente na liberdade caracteriza-se por uma visão da comunidade assente no conflito das ideias e dos grupos que as sustentam. Ainda segundo o mesmo autor, «*a actividade do cidadão no processo contínuo desta discussão é* constitutiva *para a democracia. Assim, caracterizamos a posição constitucional do cidadão de acordo com este modo de ver como um* status constituens, *como uma "posição jurídica de criação do Estado" e distinguimo-la do* status constitutus, *que agrega a posição jurídica do cidadão com base nas leis vigentes e na Constituição*»[194].

Como optar entre os dois pontos de vista? Sustenta Denninger que os fundamentos jurídicos da polícia estão ainda demasiado presos à ideia de Estado de Direito própria da monarquia constitucional para se adequarem às necessidades de uma sociedade democrática e pluralista[195]. É sintomático que o seu estudo aqui citado se inicie pela chamada de atenção para os começos da superação dos tempos de conformismo social e político imediatamente subsequentes ao fim da Segunda Guerra. Mas, perguntar-se-á, o activismo democrático que então alegadamente retomava o seu fôlego na República Federal Alemã é ainda hoje o contexto em que devemos pensar os conceitos fundamentais do direito de polícia? Aquilo que parece não poder pôr-se em causa, e que a diversidade de posições de que aqui se deu conta evidencia, é o bem conhecido paradoxo, formulado por Ernst-Wolfgang Böckenförde: uma ordem liberal democrática questiona

---

[194] Cfr. Erhard Denninger, "Polizei in der freiheitlichen Demokratie", in Erhard Denninger e Klaus Lüderssen, *Polizei und Strafprozeß im demokratischen Rechtsstaat*, Suhrkamp Verlag, Frankfurt am Main, 1978, pp. 116-117. Como o autor esclarece, *ob. cit.*, pp. 124-125, nota 68, o conceito de *status constituens* não é idêntico ao de *status activus* de Georg Jellinek. Os direitos do *status activus*, como o direito de voto ou direito de acesso a funções e cargos públicos em condições de igualdade, bem como os deveres deste mesmo *status*, entre os quais o dever de defesa da pátria, o dever de testemunhar, etc., são atribuídos, ou impostos, ao indivíduo pelo direito positivo e consistem em direitos e deveres de participar num poder do Estado cujo conteúdo se acha fixado. Pelo contrário, o *status constituens* consiste na capacidade protegida pelo direito, e no dever ético, que advém ao cidadão enquanto membro de um Estado, em contribuir para a fixação do conteúdo do poder do Estado. Na sua concreta manifestação jurídica, pode dizer-se que o *status constituens* e o *status activus* se entrecruzam; simplesmente, enquanto aquele acolhe elementos do *status negativus*, o mesmo não sucede com este. O cruzamento entre o *status constituens* democrático do cidadão e o seu *status negativus* liberal manifesta-se de um modo especial nos direitos fundamentais de comunicação, como os direitos de expressão, de manifestação e de reunião (cfr., neste sentido, Erhard Denninger, *Prävention und Freiheit*, cit., p. 12).

[195] Cfr. Erhard Denninger, "Polizei in der freiheitlichen Demokratie", *cit.*, p. 103.

essencialmente os pressupostos de que carece, como toda a ordem política estável, para assegurar a sua permanência[196]. Este mesmo paradoxo foi expresso numa decisão do Tribunal Constitucional alemão nos seguintes termos: «*os cidadãos não são obrigados a partilhar pessoalmente o esquema de valores da Constituição. A lei fundamental está certamente construída sobre a expectativa de que os cidadãos aceitem e realizem os valores gerais da Constituição, mas não força uma lealdade de valor*»[197]. As razões desta atitude são fáceis de perceber: por um lado, de um ponto de vista normativo, a liberdade de expressão é constitutiva da ordem livre e democrática subjacente à Constituição; por um lado, de um ponto de vista fáctico, as democracias constitucionais assentam numa situação social caracterizada pluralidade cultural e religiosa dos cidadãos.

A dificuldade do conceito de ordem pública num Estado liberal democrático, que parece rejeitar e reclamar aquele conceito, é, em suma, agravada por duas tendências que marcam a evolução deste último na passagem do século vinte para o século vinte e um. Por um lado, torna-se clara a insuficiência do velho conceito de Constituição enquanto norma que visa essencialmente estabelecer limites ao poder, separando a esfera do poder do Estado da esfera da liberdade do cidadão. Nas palavras de Erhard Denninger, «*o cidadão espera do Estado, desde há muito, não mais apenas a protecção da sua liberdade, mas também segurança, enquanto protecção perante riscos técnicos e sociais, enquanto protecção perante catástrofes ambientais e perante a criminalidade organizada*»[198]. Mas, ao mesmo

---

[196] Segundo Böckenförde, "Die Entstehung des Staates als Vorgang der Säkularisation", in *Kirche und Christlicher Glaube in den Herausforderungen der Zeit. Beiträge zur politisch-theologischen Verfassungsgeschichte 1957-2002*, Lit Verlag, Münster, 2004, pp. 229-230, «*Por um lado, o Estado liberal pode apenas existir quando a liberdade, que garante aos seus cidadãos, se regula a partir do interior, isto é, da substância moral do indivíduo e da homogeneidade da sociedade. Por outro lado, não pode tentar garantir essas forças regulativas internas a partir de si próprio, quer dizer, através da coerção jurídica e dos comandos autoritários, sem abandonar o seu carácter liberal e – num plano secularizado – retomar aquela pretensão totalitária que conduziu às guerras civis confessionais*». Sobre esta tese de Böckenförde, cfr. Miguel Nogueira de Brito, "Liberdade Religiosa, Liberdade da Igreja e Relações entre o Estado e a Igreja: Reflexões a Partir da História Constitucional Portuguesa", in AA. VV., *Estudos em Homenagem ao Conselheiro Luís Nunes de Almeida*, Coimbra Editora, Coimbra, 2007, p. 214 e ss.

[197] Cfr. § 24 da decisão de 24 de Março de 2001, disponível em www.bundesverfassungsgerichte.de .

[198] Cfr. Erhard Denninger, "Vorwort", in *Menschenrechte und Grundgesetz*, Beltz Athenäum Verlag, Weinheim, 1994, p. 9.

tempo, é a própria compreensão da democracia que sofre uma alteração estrutural. Esta assume-se cada vez mais, não como uma forma de governo assente no princípio participativo, isto é, como o autogoverno de uma comunidade política, mas como uma forma de determinar a acção política centrada no respeito das liberdades individuais. A pedra de toque deixa de ser a soberania do povo para passar a ser a soberania do indivíduo, definida pela possibilidade de pôr em cheque a potência colectiva[199].

Estas duas tendências explicam que aquilo que à primeira vista se apresenta como um avanço do Direito necessita de ser compreendido com maiores cautelas. Trata-se de a tendência para um uso residual do conceito de ordem pública ser acompanhado pela circunstância, já notada, de a função desempenhada outrora por esse mesmo conceito ser cada vez mais substituída por legislação de carácter sancionatório (penal ou contra-ordenacional) para todos os domínios da vida dos cidadãos[200]. Por outras palavras, o que se verifica é uma migração do direito da ordem pública do âmbito do direito da polícia para o domínio do direito penal e do direito contra-ordenacional.

6.º VINCULAÇÃO

6.1. INTRODUÇÃO

O problema que vamos considerar nas páginas subsequentes – talvez o mais relevante, de um ponto de vista dogmático, entre todos os que serão tratados, mas também o menos tratado entre nós – consiste em saber quais as pessoas sujeitas ao uso de meios coercivos por parte da polícia ou em face de quem se podem adoptar medidas de polícia; por outras palavras, o problema de saber quando é que alguém se encontra numa posição de

---

[199] Cfr. Marcel Gauchet, *La Démocratie d'une Crise à l'Autre*, Éditions Cécile Defaut, Nantes, 2007, p. 39.

[200] Cfr. Volkmar Götz, "Die öffentliche Ordnung im Rahmen der verfassungsmäßigen Ordnung", cit., p. 206: «*O tema da ordem pública e do seu quadro constitucional apresenta-se assim hoje de modo completamente novo, uma vez que trata já não de um bem de protecção complexo do direito de polícia, mas de legislação especial emitida para a protecção da ordem pública que constitui uma parte considerável da legislação penal. O futuro de um direito da ordem pública depende de legislação especial*».

dever ou outra vinculação perante a polícia. Dito ainda de outro modo, trata-se de saber quem pode ser responsabilizado no âmbito do combate a perigos, ou da sua eliminação. Esta questão, por seu turno, desdobra-se nas questões de saber quem deve adoptar medidas conducente à eliminação de um perigo (*dever de actuação*), quem as deve sofrer (*dever de tolerar*) e quem deve suportar os respectivos custos (*dever de custear*)[201]. E, na verdade, se nalguns casos a autoridade com poderes de polícia pode perseguir as suas funções sem que para o efeito tenha de lesar ou intervir na liberdade ou propriedade dos indivíduos, pode suceder também que, para o efeito, tenha de lesar direitos de liberdade ou propriedade e fazê-lo em termos de aqueles que são atingidos pelas lesões ou intervenções em causa as terem de suportar passivamente, como também em termos de essas lesões ou intervenções surgirem na sequência de um comportamento activo das autoridade de polícia, resultante de um comando ou de uma proibição.

A resposta que se pode dar à questão geral da vinculação carece de ser desdobrada em vários planos. Em primeira linha, temos a situação passiva que atinge o chamado *perturbador de acção*. Apesar no nome, incluem-se aqui casos quer de acção em sentido estrito, quer de omissão. Mas, em qualquer caso, há sempre um comportamento voluntário que perturba bens jurídicos protegidos pela actividade de polícia. O perturbador de acção é alguém que causa uma situação de perigo para esses bens jurídicos. Em segundo lugar, temos a situação passiva do *perturbador de condição*[202], isto é, aquele que é responsável, no sentido não técnico da palavra «*responsável*», por coisas cuja condição, ou estado de manutenção ou conservação, constitui uma fonte de perigos[203]. O que define o perturbador de condição é que o perigo para bens jurídicos resulta de *coisas* que

---

[201] Cfr. Christoph Gusy, *Polizeirecht*, cit., pp. 156, n.° 324, e 159, n.° 330.

[202] Jan D. Bonhage critica o uso da expressão «*perturbador de condição*», uma vez que uma perturbação implicaria um comportamento de uma pessoa. Ora, a «*responsabilidade de condição*» resulta da atribuição de uma condição a uma pessoa, não com base na respectiva actuação, mas em virtude da sua especial posição numa determinada situação, ou do seu papel (cfr. J. D. Bonhage, *Grund und Grenze*, Duncker & Humblot, Berlim, 2008, p. 18, n. 6).

[203] Esta distinção é genericamente admitida pela doutrina alemã: cfr. Drews/Wacke/ /Vogel/Martens, *Gefahrenabwehr*, cit., pp. 297 e ss.; Christoph Gusy, *Polizeirecht*, cit., pp. 159 e ss., n.° 332 e ss.; Volkmar Götz, *Allgemeines Polizei- und Ordnungsrecht*, cit., pp. 77 e ss.; Pieroth/Schlink/Kniesel, *Polizei- und Ordnungsrecht mit Versammlungsrecht*, cit., p. 146-147; Wolf-Rüdiger Schenke, *Polizei- und Ordnungsrecht*, cit., n.° 229, p. 150.

são sua propriedade ou sobre as quais ele tem algum outro direito (direito real menor, locação, comodato, etc.) ou exerce poderes de facto dos quais resulta o dever de impedir que essas coisas lesem bens jurídicos relevantes. Num terceiro plano, pode também suceder que a polícia tenha de actuar em face de alguém que não surge como um perturbador de bens jurídicos protegidos, a quem chamarei responsável não perturbador. Trata-se de alguém que pode contribuir para o controlo de um perigo, ainda que nada tenha a ver com o perigo através do seu comportamento voluntário ou da condição das suas coisas[204]. Isto acontece de modo particularmente evidente nas escutas no âmbito do combate preventivo a actos criminosos, mas pode também suceder em situações de estado de necessidade. Em linguagem vulgar dir-se-á que se trata da situação de alguém que se encontra no «*lugar errado, na altura errada*».

Os três planos em que se desdobrou o problema da responsabilidade no direito policial parecem invocar os planos em que se articulam, no direito civil, várias figuras gerais da responsabilidade civil (que dá origem a pretensões de indemnização). Assim, a vinculação juspolicial do perturbador de acção tem paralelo nos casos de responsabilidade civil devida a culpa, designadamente de acordo com o princípio geral da responsabilidade delitual (art. 483.°, n.° 1 do Código Civil). Quanto à vinculação juspolicial do perturbador de condição tem por paralelo os casos de responsabilidade objectiva pelo risco regulados nos artigos 502.°, 506.° e 509.° do Código Civil.[205] Contudo, o perturbador de condição tem ainda uma situação semelhante à dos civilmente responsáveis a título de culpa por danos causados por coisas ou animais, segundo o artigo 493.° do Código Civil. Nestes casos, o paralelo não respeita propriamente à obrigação de indemnizar, mas sim ao *dever* de cuidado próprio das pessoas a que se refere o art. 493.° e cuja violação dá origem à obrigação de indemnizar. Por fim, a vinculação juspolicial do terceiro não perturbador tem paralelo nos casos de responsabilidade civil pelo sacrifício, como o do art. 339.°, n.° 2 do Código Civil (estado de necessidade). No entanto, este terceiro paralelo deve ser visto com cuidado, pois a situação do terceiro não per-

---

[204] Cfr. Pieroth/Schlink/Kniesel, *Polizei- und Ordnungsrecht mit Versammlungsrecht*, cit., p. 147; Drews/Wacke/Vogel/Martens, *Gefahrenabwehr*, cit., p. 331.

[205] Mencionando a proximidade entre a responsabilidade policial pela condição dos bens e a responsabilidade pelo risco, cfr. Wolfgang Müllensiefen, *Gefahrenabwehr und Gefahrerforschung den Grundeigentümer*, Peter Lang, Frankfurt am Main, 1997, p. 158.

turbador, tal como tratada pelo direito policial, pode ser comparada quer com a da pessoa a quem, de acordo com o art. 339.º, n.º 1 do Código Civil, é *imposto* o sacrifício, quer com a da pessoa que beneficia com o sacrifício de outrem e, por isso, será considerada civilmente responsável.

A analogia com as figuras civis não pode, no entanto, ser levada demasiado longe, uma vez que no domínio do direito policial a responsabilidade – aqui tomada a expressão em sentido muito amplo – nunca envolve culpa, como se verá, e não visa reparar os danos, mas preveni-los. Por outro lado, considerando a amplitude com que é definida *no direito administrativo* a responsabilidade objectiva do Estado e demais pessoas colectivas de direito público, prevista no artigo 11.º da Lei n.º 67/2007, de 31 de Dezembro, faria porventura sentido considerar a responsabilidade policial de acção e de condição como o inverso daquele tipo de responsabilidade. Com efeito, a responsabilidade objectiva do Estado abrange genericamente não apenas a responsabilidade por danos decorrentes de coisas, mas também de actividades e serviços administrativos, desde que os mesmos se revelem, nos três casos, especialmente perigosos. Através da responsabilidade policial, inversamente, é o Estado que «*responsabiliza*», que impõe deveres aos cidadãos, independentemente de culpa, em caso de perigo resultante das suas acções ou da condição dos seus bens.

Cumpre ainda fazer aqui uma outra advertência introdutória. É que a distinção entre responsabilidade de acção e responsabilidade de condição, se é corrente na Alemanha, onde encontra expressão em várias leis de polícia[206], não é assim conhecida em termos genéricos no nosso direito, onde a legislação de direito de polícia não se lhe refere, pelo menos enquanto tal. Todavia, para além de a generalidade das medidas de polícia terem subjacente a responsabilidade de acção, existem também diversas disposições da nossa lei que parecem pressupor o conceito de responsabilidade de condição. Assim, o artigo 39.º, n.º 1, do Decreto-Lei n.º 194/2000, de 21 de Agosto, sobre a prevenção e o controlo integrados da poluição proveniente de certas actividades, dispõe que «*Quando seja detectada uma situação de perigo grave para a saúde ou para o ambiente, o inspector-geral do Ambiente, no âmbito das respectivas competências, pode determinar as providências que em cada caso se justifiquem para prevenir ou eliminar tal situação*». Por seu turno, o artigo 11.º do Decreto-Lei n.º

---

[206] Cfr. W. Müllensiefen, *Gefahrenabwehr und Gefahrerforschung den Grundeigentümer*, cit., pp. 148 e ss.; Jan D. Bonhage, *Grund und Grenze*, cit., pp. 89 e ss. e 378-379.

320/2002, de 28 de Dezembro, sobre manutenção e inspecção de ascensores, monta-cargas, escadas mecânicas e tapetes rolantes, prevê a medida de selagem de tais instalações, quando estas «*não ofereçam as necessárias condições de segurança*». Em ambos estes casos não se exige que a situação de perigo seja causada pela actuação de alguém, mas antes se admite que essa mesma situação tenha origem numa coisa. Em tais casos, que todavia não parecem surgir claramente assumidos e delimitados pela nossa legislação, a condição ou estado da coisa relaciona-se com o perigo, mas já não é possível afirmar que alguém tenha dado causa a esse perigo. Apenas se pode pretender que a contribuição para essa causalidade decorre da especial relação de alguém com uma coisa. Assim, em certa medida, são inversas as perspectivas que estão na base da responsabilidade de acção, por um lado, e de condição, por outro: no primeiro caso, a responsabilidade assenta numa actuação de facto que deve ser corrigida normativamente, através do conceito de causalidade empregado; no segundo caso, a responsabilidade resulta do exercício de um poder sobre a coisa, sendo que é dessa coisa que, de facto, resulta a situação de perigo. Os pressupostos normativo e fáctico de ambos os tipos de responsabilidade surgem, comparativamente, na situação inversa: na responsabilidade de acção o pressuposto normativo prende-se com o conceito de causalidade aceite, enquanto a acção individual deve ser avaliada de um ponto de vista fáctico; na responsabilidade de condição a causalidade deve ser avaliada de um ponto de vista fáctico, enquanto o pressuposto normativo se prende com o poder exercido sobre a coisa[207].

A propósito da responsabilidade do direito de polícia, fala-se por vezes de um dever de polícia em sentido material, entendido como um dever de não perturbar bens jurídicos protegidos do qual resultaria que cada um afeiçoasse as próprias condutas e a condição dos seus bens de forma a que nenhum perigo deles resultasse[208]. Segundo alguns autores, não existe, no entanto, um tal *dever genérico*, como tal estabelecido pelas

---

[207] Cfr. Oliver Lepsius, *Besitz und Sachherrschaft im öffentlichen Recht*, Mohr Siebeck, Tübingen, 2002, pp. 224-226. É esta característica que leva o autor a encarar a responsabilidade de condição como uma das suas bases da recuperação do conceito de propriedade como domínio: para uma exposição e crítica, em geral, desta recuperação levada a cabo por Lepsius, cfr. Miguel Nogueira de Brito, *A Justificação da Propriedade Privada numa Democracia Constitucional*, cit., pp. 873 e ss.

[208] Assim, por exemplo, Drews/Wacke/Vogel/Martens, *Gefahrenabwehr*, cit., p. 293.

normas de direito da polícia, mas apenas *deveres concretos* impostos pelas autoridades de polícia que dizem respeito a determinadas acções ou a bens que se encontrem em determinadas condições, deveres esses em relação aos quais a ideia de um dever genérico surgiria como uma desnecessária duplicação[209]. Pelo contrário, segundo uma outra opinião, não é correcto sustentar que a responsabilidade de um perturbador apenas ocorre quando sejam violados deveres concretamente impostos pelas autoridades de polícia. Por outras palavras, a existência de um dever material de polícia, com o conteúdo acima indicado, não implica necessariamente uma duplicação. Assim sucederia, desde logo, nos casos de perigo para a ordem pública, uma vez que estes podem ocorrer mesmo antes de, com base neles, as autoridades de polícia estabelecerem um dever jurídico concreto. Além disso, o direito de polícia actua também, ainda que sujeito aos limites do princípio da subsidiariedade, em face da violação de deveres de direito privado. Por último, a aceitação de um dever de compensação entre diversos perturbadores, em termos análogos aos previstos no direito civil para os devedores solidários, pressuporia a existência de um dever material de polícia independente de quaisquer determinações concretas das autoridades de polícia[210].

6.2. RESPONSABILIDADE DO PERTURBADOR DE ACÇÃO

6.2.1. As acções como fonte de responsabilidade de direito de polícia

São responsáveis à luz do direito de polícia aquelas pessoas que através dos seus comportamentos causam perigo ou perturbação da segurança pública, em sentido amplo. Atendendo à especialidade do direito de polícia esta causação deve ser apurada independentemente de culpa, ou até independentemente de *imputabilidade*, ou seja, mesmo que se trate de um interdito ou de uma criança[211]. Na verdade, a actuação individual do perturbador é apenas tomada em consideração no quadro de um exame de imputação orientado segundo critérios objectivos, isto é, enquanto ele-

---

[209] Cfr. Pieroth/Schlink/Kniesel, *Polizei- und Ordnungsrecht mit Versammlungsrecht*, cit., p. 148.
[210] Cfr. Wolf-Rüdiger Schenke, *Polizei- und Ordnungsrecht*, cit., n.º 228, pp. 148-149.
[211] Cfr. Wolf-Rüdiger Schenke, *Polizei- und Ordnungsrecht*, cit., n.º 241, p. 156.

mento da causalidade, deixando de lado as questões da culpa, da capacidade, da inimputabilidade ou quaisquer aspectos relativos à personalidade do perturbador[212]. Ao mesmo tempo, este modo de ver torna praticamente impossível a distinção entre a situação do perturbador de acção e a do terceiro não perturbador, a que atrás se fez referência. É que sempre se poderá dizer que mesmo o não perturbador afectado por uma medida de polícia também é o causador de estar ele próprio no «*momento e lugar errados*». Neste contexto, parece fazer sentido exigir que a actuação do perturbador de acção seja, pelo menos, uma actuação voluntária no que toca à conduta perigosa.

A orientação da responsabilidade de polícia segundo critérios objectivos retira-se do modo como a jurisprudência entende a aplicação das medidas de polícia. Assim, no Acórdão do Supremo Tribunal Administrativo de 6 de Dezembro de 2001[213], em que estava em causa a aplicação da medida de polícia de encerramento de estabelecimento de dança e bebidas, prevista no artigo 48.º, n.º 1, do Decreto-Lei n.º 316/95, de 28 de Novembro[214], reconheceu-se não estar provado que os eventos que estiveram na base da aplicação da medida «*tenham ficado a dever-se a acção ou omissão pela qual os responsáveis pelo estabelecimento possam ser responsabilizados*» e que os mesmos «*não estão definidos com precisão, seja quanto ao número de intervenientes, à gravidade dos resultados e à localização no tempo*». Porém, afirmou-se no mesmo aresto, «*o artigo 48.º, n.º 1, do Decreto-Lei n.º 316/95 não exige tal nexo de imputação subjectiva, bastando-se com a verificação objectiva de que o funcionamento é causa da perturbação da ordem, segurança e tranquilidade pública constatada*».

O comportamento voluntário pode consistir tanto numa acção como numa omissão. Tal como sucede no direito civil e no direito penal, porém, não basta no direito de polícia uma qualquer omissão; esta tem de estar associada à violação de um dever de acção. Este dever pode ter a sua origem no direito público ou no direito penal. Segundo alguns autores, esse dever pode também ter a sua origem no direito civil, uma vez que também este é direito vigente e está integrado, nos termos acima expostos, no bem de protecção da segurança pública. Nos termos das designadas cláusulas

---

[212] Cfr. Oliver Lepsius, *Besitz und Sachherrschaft im öffentlichen Recht*, cit., p. 236.
[213] Proferido no Recurso n.º 47.736.
[214] Sobre esta cfr. supra, § 2, ponto 3.2.

de direito privado[215], a polícia apenas pode confrontar aquele que omite o cumprimento de um dever de acção jurídico-privado nos limites do princípio da subsidiariedade, isto é, quando não seja possível a respectiva efectivação judicial em tempo útil e o cumprimento do dever não possa ser assegurado de outro modo.

É importante referir a este propósito que a responsabilidade dos que se encontram sujeitos a deveres de vigilância, do representante legal ou do dono do negócio como que se projecta no campo do direito público e aí adquire novos contornos. Assim, exemplo de um dever jurídico-público de acção é o dever de os pais mandarem os seus filhos à escola; caso omitam o seu cumprimento, o mesmo pode ser-lhes imposto. Por outro lado, o dever de os pais prestarem alimentos aos filhos, garantido por via penal (artigo 250.º do Código Penal), poderá ser assegurado, em caso de omissão que ponha em perigo a satisfação das necessidades fundamentais dos filhos, pela polícia. No plano do direito civil, pode ainda dizer-se que aquele que explora um negócio tem o dever de zelar pela segurança dos seus clientes; caso existam perigos para estes no local de exploração do negócio, em resultado de riscos de aluimento, por exemplo, a polícia pode intervir.

Não é de excluir que, para além das pessoas naturais, também as pessoas jurídicas possam ser responsáveis perante as autoridades de polícia em razão do comportamento. Já se afigura mais difícil, todavia, que as pessoas colectivas de direito público se coloquem em situações que as tornem susceptíveis, enquanto perturbadoras de acção, de serem destinatárias de medidas de polícia, desde que actuem no âmbito das respectivas atribuições e competências[216].

6.2.2. Causalidade

A responsabilidade do perturbador resulta da circunstância de uma pessoa ter dado causa a um perigo, o que deixa naturalmente em aberto como deva ser configurada a conexão de causalidade da actuação.

---

[215] Sobre estas cfr. supra, § 5, ponto 2.
[216] Cfr. Pieroth/Schlink/Kniesel, *Polizei- und Ordnungsrecht mit Versammlungsrecht*, cit., p. 150.

A teoria da equivalência das condições (*conditio sina qua non*) para a qual são considerados *causas* todos os factos que tenham sido *condições necessárias* (ainda que não suficientes) de um outro, ou seja, sem cuja existência estoutro não teria ocorrido, conduz a resultados demasiado amplos. À semelhança do que sucede no direito penal, a respeito da fórmula da *conditio sine qua non* no seio da doutrina da imputação objectiva[217], no direito de polícia pode dizer-se que *só* há causalidade quanto aos factos que sejam condições de um outro (em especial, do perigo para bens jurídicos). Mas isso não basta. Também no direito de polícia se defende às vezes que a responsabilidade, demasiado ampla segundo a fórmula da *conditio*, poderia ser corrigida através da teoria da adequação, segundo a qual nem todas as condições de um resultado são juridicamente relevantes, mas apenas aquelas que segundo as máximas da experiência e a normalidade do acontecer, isto é, segundo o que é em geral previsível, são idóneas para produzir o resultado[218]. Há quem entenda, no entanto, que mesmo esta correcção se apresenta como insuficiente no domínio do direito de polícia, na medida em que, considerando que no âmbito do direito de controlo de perigos é necessário reagir em face de situações atípicas, a teoria da adequação surge por vezes como demasiado restrita, ao mesmo tempo que nem toda a consequência previsível de uma acção conduz à responsabilidade policial[219]. Na realidade, domínios como o da circulação rodoviária, o transporte de mercadorias perigosas, a destruição do ambiente, colocam problemas de imputação insusceptíveis de ser resolvidos correctamente pela teoria da adequação, uma vez que em tais casos podem existir acções que sejam adequadas a produzir uma situação de perigo para um bem jurídico, sem que se afigure possível ou desejável sujeitar a acção a medidas de polícia[220].

Compreende-se assim que se recorra, no domínio do direito de polícia, a um conceito de causalidade modificado. A este propósito é dominante na doutrina alemã o conceito de «*causalidade imediata*»[221]. Um

---

[217] Cfr. Jorge de Figueiredo Dias, *Direito Penal, Parte Geral*, Tomo I, cit., p. 327.
[218] Cfr. Jorge de Figueiredo Dias, *Direito Penal, Parte Geral*, Tomo I, cit., p. 328.
[219] Sobre o exemplo do texto, cfr. Wolf-Rüdiger Schenke, *Polizei- und Ordnungsrecht*, cit., n.º 241, p. 157; Drews/Wacke/Vogel/Martens, *Gefahrenabwehr*, cit., p. 312.
[220] Cfr., em sentido semelhante, Jorge Figueiredo Dias, *Direito Penal, Parte Geral*, Tomo I, cit., p. 331.
[221] Cfr. V. Götz, *Allgemeines Polizei- und Ordnungsrecht*, cit., p. 80.

comportamento, ou acção, é causal quando excede o limiar do perigo relevante para efeitos de direito de polícia e assim fundamenta com suficiente probabilidade a ocorrência de uma lesão de um bem jurídico protegido. Apenas o que dá causa imediata é perturbador; o que dá causa mediatamente é apenas um «*indutor*» não responsável. Para além disso, a exigência de uma causalidade imediata ou de ser superado o limiar do perigo relevante significa especialmente que não pode ser perturbador de acção aquele que se limita a exercer legalmente um direito, ainda que possa ser responsabilizado no âmbito do estado de necessidade policial. Assim, a convocação de uma manifestação por um adversário político não é causa imediata de perigo para a realização de uma manifestação previamente convocada, tanto mais que aquela o foi no exercício legítimo de um direito; apenas o são os actos daqueles que a pretendem interromper com violência[222].

Torna-se necessário delimitar o carácter imediato da causalidade do seu carácter meramente mediato, sendo de notar que essa delimitação não coincide em todos os casos com a maior ou menor proximidade, estabelecida em termos factuais, com o perigo, isto é, com a posição anterior ou posterior de elo na cadeia de causalidade. Um exemplo sem dúvida actual é dado pelo uso da Internet. Na cadeia de causalidade em cujo fim um utilizador é confrontado com sítios de pornografia infantil precedem-no o *content-provider*, o *service-provider* e o *acess-provider*. Este último encontra-se mais próximo da ocorrência da lesão, mas esta resulta do conteúdo, providenciado pelo *content-provider*.

Fala-se assim de um limiar do perigo, que distingue precisamente entre causadores mediatos e imediatos na corrente de causalidade. Quem ultrapassar esse limite ou limiar dá origem a uma causalidade imediata e torna-se perturbador, sendo indiferente se a causa se encontra mais à frente ou mais atrás na cadeia de causalidade. O que se torna decisivo é apenas que a causa seja eficiente ou efectiva, isto é, que tenha uma conexão com o perigo em termos de efectividade. As indicações doutrinais sobre como avaliar uma mais directa determinação da conexão de responsabilidade são, no entanto, pouco precisas. O que deve dizer-se a este respeito é que a aferição da responsabilidade de comportamento não pode entrar em conflito com o conceito de responsabilidade em vigor na ordem jurídica, com

---

[222] Cfr. Pieroth/Schlink/Kniesel, *Polizei- und Ordnungsrecht mit Versammlungsrecht*, cit., p. 153.

excepção da culpa, uma vez que esta, como se afirmou, não desempenha qualquer papel no domínio do direito de polícia. Assim, quanto ao exemplo da Internet, deve dizer-se que o *content-provider* é perturbador de acção, o *service-provider* é perturbador de condição e o *access-provider* um não perturbador, ainda que sujeito a medidas de polícia[223].

Em suma, pode dizer-se que o carácter imediato da causa deve ser encarado sob um ponto de vista normativo e não do ponto de vista de alguma característica fáctica que valesse igualmente independentemente das normas em causa. Por outras palavras, apenas uma causa contrária ao direito pode ser relevante. Pode, assim, falar-se de uma certa convergência entre a teoria da causalidade imediata e outras teorias da causalidade, designadamente a teoria da conexão do risco e a teoria do âmbito de protecção da norma[224]. As teorias normativas apontam para uma causa que viola um direito ou dever e identifica como perturbador aquele que viole um dever jurídico de acção ou omissão; a doutrina da adequação social aponta para a adequação social da causa e identifica como perturbador, para além daquele que viola um dever jurídico de acção ou omissão, também aquele que aumenta um risco de vida da comunidade em termos socialmente inadequados. Ambas as doutrinas se diferenciam escassamente da doutrina do carácter imediato quanto aos resultados; os pontos de vista para os quais aponta a doutrina do carácter imediato na determinação da conexão de responsabilidade são, em simultâneo, os respeitantes à violação dos direitos e dos deveres e os relativos à adequação[225].

6.2.3. Perturbadores aparente e suspeito

As diversas teorias convergem nos resultados em matéria de perigos aparentes e suspeitas de perigo. Se a autoridade actua no entendimento de que alguém *deu causa* a um perigo através da sua acção ou omissão, esse alguém é um perturbador aparente; se a autoridade acredita, de modo

---

[223] Cfr. Pieroth/Schlink/Kniesel, *Polizei- und Ordnungsrecht mit Versammlungsrecht*, cit., p. 152.

[224] Cfr. V. Götz, *Allgemeines Polizei- und Ordnungsrecht*, cit., p. 81. Sobre estas teorias, cfr. Jorge Figueiredo Dias, *Direito Penal, Parte Geral*, Tomo I, cit., pp. 331 e ss.

[225] Cfr. Wolf-Rüdiger Schenke, *Polizei- und Ordnungsrecht*, cit., n.os 242 e 243, pp. 157-159.

defensável e razoável, na *possibilidade* de alguém ter dado causa a um perigo, esse alguém é um perturbador suspeito.

A polícia procede em face de um perturbador aparente como em face de um qualquer outro perturbador. A falta de um perigo objectivo não é tida em conta no plano primário do procedimento de polícia, mas apenas no plano secundário, uma vez que se a aparência de um perigo não for censurável, a mesma garante ao perturbador aparente uma indemnização[226]. Perturbador aparente é aquele que causa um perigo segundo as aparências. Assim, se um grupo de teatro representa uma peça num jardim público, convencendo duas senhoras idosas de que a vida das pessoas se encontra em perigo, não deixa de ser verdade que os membros do grupo de teatro deram causa a um perigo segundo a aparência. A aparência de que os transeuntes teriam as suas vidas ameaçadas não seria criada junto da polícia pelos membros do grupo teatral, mas antes, possivelmente em termos censuráveis, pelas senhoras idosas. Os perturbadores aparentes não deixariam de ser, todavia, os membros do grupo teatral, aos quais nenhuma censura poderia ser dirigida e aos quais poderia mesmo ser reconhecida, em certas circunstâncias, uma indemnização.

É controversa a questão de saber como deve a polícia proceder em face do suspeito de um perigo. Em princípio, à luz do conceito subjectivo de perigo, o perturbador suspeito deve ser tratado como qualquer outro perturbador.

6.3. Responsabilidade do perturbador de condição

6.3.1. As coisas como fonte de responsabilidade de direito de polícia

Responsabilidade de condição é a que têm as pessoas quando as coisas de que sejam proprietárias ou titulares de direitos que atribuam um poder de actuar sobre estes ou sobre as quais exerçam poderes de facto, possam dar origem a perigos[227]. Mais uma vez, não importa aqui a sua capacidade de gozo ou de exercício e até o efectivo controlo sobre as coisas ou animais, pelo menos se não existir um acto de desapropriação. Na

---

[226] Cfr. Wolf-Rüdiger Schenke, *Polizei- und Ordnungsrecht*, cit., n.º 253, pp. 164--165 e ainda, em termos críticos, n.º 254, pp. 165-166.
[227] Cfr. J. D. Bonhage, *Grund und Grenze*, cit., p. 21.

verdade, com a referência ao exercício de poderes de facto, ou à mera detenção, para além da propriedade e outros direitos que assegurem ao respectivo titular o exercício de poderes sobre a coisa, ficam abrangidas todas as situações em que alguém pode actuar sobre coisas perigosas de tal modo a ser razoável a sua responsabilização pelo controlo de perigos. Um exemplo elucidativo desta abrangência é-nos dado pelo artigo 23.º, n.º 1, alínea c), do Decreto-Lei n.º 254/2007, de 12 de Julho, que atribui às entidades aí previstas, em caso de acidente grave envolvendo substâncias perigosas, a competência para «*notificar o operador para adoptar as medidas que a médio e longo prazo se revelem necessárias*». Ora, nos termos do artigo 2.º, alínea i), do mesmo diploma, «*operador*» significa «*qualquer pessoa singular ou colectiva que explore ou possua o estabelecimento ou instalação ou qualquer pessoa em quem tenha sido delegado um poder económico determinante sobre o funcionamento técnico do estabelecimento ou instalação*». No mesmo sentido, cabe ainda indicar o disposto no Decreto-Lei n.º 312/2003, de 17 de Dezembro, que prevê as medidas de recolha, abate e esterilização de animais perigosos. As medidas de recolha e esterilização, previstas nos artigos 10.º e 14.º do citado diploma, são praticadas a expensas do detentor; a medida de abate é efectuada sem que ao detentor caiba qualquer indemnização, nos termos previstos no artigo 11.º. Ora, segundo o artigo 2.º, alínea d), do mesmo diploma, «detentor» é «*qualquer pessoa, individual ou colectiva, que mantenha sob a sua responsabilidade, mesmo que a título temporário, um animal perigoso ou potencialmente perigoso*».

Entre os detentores de um poder de facto contam-se o possuidor e o detentor do direito civil, incluindo ainda os possuidores imediatos não titulados, que se apropriaram indevidamente da coisa. Devem ainda ser considerados outros titulares que, nos termos do respectivo direito, não sejam os únicos que exercem poderes de facto. Assim, o titular do direito de superfície, de usufruto, arrendatário, comodatário, o depositário e o liquidatário podem, ou não, exercer poderes de facto, mas são, em qualquer caso, «*outros titulares*». Sobre estes pode recair um dever de controlo de perigos na medida em que dos respectivos títulos resulte um poder de actuar sobre a coisa.

O proprietário de coisa móvel que abandone a sua coisa perde a sua posição de proprietário (artigo 1318.º do Código Civil)[228]. Não obstante,

---

[228] Está aqui em causa o abandono *stricto sensu*, não bastando o proprietário ter as coisas (imóveis, sobretudo) «*ao abandono*».

não é de excluir que as normas do direito de polícia possam estabelecer a responsabilidade do anterior proprietário. De um ponto de vista sistemático, trata-se de um caso de responsabilidade pelo comportamento e não propriamente pela condição. Por outras palavras, o abandono deve ter lugar de forma a que nenhum perigo dele decorra. É ainda de ponderar se o proprietário, que procura libertar-se da sua responsabilidade de condição, não através do abandono, mas da alienação a uma pessoa colectiva sem património, não poderá ainda assim permanecer sujeito a essa responsabilidade. Após uma negação inicial, essa possibilidade tem sido recentemente admitida com o argumento de que a alienação é contrária ao direito quando apenas visa deixar à coisa pública os encargos e custos decorrentes da responsabilidade de condição[229].

O proprietário ou outro titular que não possa impor a sua vontade contra aquele que detém o poder de facto liberta-se da sua responsabilidade (negatória); em tal caso será apenas responsável o que actua com o poder de facto sem a vontade do titular. Assim, o proprietário deixa de ser responsável em caso de roubo ou apropriação indevida, ainda que essa exclusão de responsabilidade possa estar sujeita a um dever de comunicação deste facto às autoridade de polícia. O pai cujo carro é tomado pelo filho, conta a vontade daquele, não pode ser considerado perturbador de condição. O fundamento da libertação desta responsabilidade não resulta de o proprietário, ou outro titular com poderes de facto sobre a coisa, não poder ser culpado – porventura seria até culpado de um exercício menos escrupuloso dos seus direitos ou de uma relação com as suas coisas susceptível de ser considerada em si mesmo perigosa, o que sempre seria irrelevante no âmbito do direito de polícia –, mas antes resulta de que o proprietário, ou outro titular, deixa de poder actuar sobre a coisa em termos de controlar os perigos a ela inerentes.

Para a responsabilidade de condição do que exerce poder de facto, seja ele proprietário ou outro titular, não é necessária qualquer actuação da sua parte. A responsabilidade de condição existe de forma completamente autónoma ao lado da responsabilidade de actuação. Acontecimentos da natureza e comportamentos de terceiros são, tal como o comportamento do que tem o poder de facto ou outro titular, apropriados a fundar a responsabilidade de condição. O que se afigura decisivo é que a coisa seja peri-

---

[229] Cfr. Pieroth/Schlink/Kniesel, *Polizei- und Ordnungsrecht mit Versammlungsrecht*, cit., p. 159.

gosa, não o modo como ela se tornou perigosa. O proprietário de um imóvel que ameaça ruína é responsável pela segurança da via pública que com ele confina, quer a ameaça de ruína resulte de obras, quer de um longo período de chuvas; o proprietário de um solo contaminado é responsável pelos trabalhos de descontaminação, ainda que os óleos provenham do mau uso de um tanque de combustível que o proprietário não explora.

6.3.2. Causalidade

O pressuposto da responsabilidade de condição é formulado pelas normas de polícia segundo um de dois modelos: o perigo resulta de uma coisa ou animal em si mesmos considerados; o perigo decorre da condição de uma coisa. É, no entanto, objecto de disputa a questão de saber se, de acordo com estas formulações, se exige também um nexo de causalidade imediato entre a coisa e o perigo, à semelhança do que sucede com a responsabilidade pelo comportamento, ou se uma tal exigência não se coloca no plano da responsabilidade de condição.

A favor do segundo entendimento, afirma-se, desde logo, que «*a coisa não pode conceptualmente causar um perigo, uma vez que as coisas não podem agir intencionalmente. Está aqui em causa uma relação puramente mecânica que não merece a qualificação de imputação*»[230]. Sustenta-se ainda que a condição da coisa, isto é, a sua qualidade ou a sua situação não causa o perigo, mas constrói o perigo ou constitui o perigo; entre a condição da coisa e o perigo não existe uma relação de causalidade, mas uma relação de imanência. A favor do primeiro entendimento argumenta-se que, para além dos casos em que a coisa é tão imediatamente perigosa que seria errado afirmar que causa o perigo, em vez de constituir o perigo, existem também casos em que o potencial de perigo conhece gradações, sendo necessário averiguar se as coisas causam imediata ou apenas mediatamente o perigo, não podendo os critérios ser outros que não os aplicáveis à responsabilidade de comportamento. Apenas seriam de excluir os perigos com origem imediata na coisa na hipótese de os mesmos resultarem do exercício de um poder ou faculdade incluído, por exemplo,

---

[230] Cfr. Oliver Lepsius, *Besitz und Sachherrschaft im öffentlichen Recht*, cit., pp. 233-234.

no direito de propriedade[231]. Por outro lado, ainda que se exclua uma causalidade em termos de imputação de uma acção a uma pessoa, sempre permanece a questão de saber se, em termos de uma análise puramente científica (isto é, uma análise levada a cabo nos domínios das ciências da natureza), o perigo provém de uma coisa. Assim, podemos dizer que a poluição de um curso de água tanto pode resultar de um aluvião com origem em terrenos poluídos, como da deliberada introdução nele de materiais poluídos[232].

6.4. O PROBLEMA DA «TRANSMISSÃO» DA RESPONSABILIDADE DE DIREITO DE POLÍCIA

A responsabilidade do cidadão no âmbito do direito de polícia, seja ela responsabilidade de comportamento ou de condição, não tem as consequências que advêm da responsabilidade civil, seja ela aquiliana ou contratual. Não se trata de responsabilidade no sentido estrito do termo, pois não está em causa uma indemnização; as normas de polícia não falam de responsabilidade do cidadão, mas apenas estabelecem que o cidadão pode ver adoptadas contra si determinadas medidas quando dê causa a um perigo pelo seu comportamento ou quando uma coisa sua, ou sobre a qual exerce poderes de facto, dê origem a um perigo ou ainda, como se verá, quando em resultado de um acontecimento da natureza que consubstancie uma situação de perigo seja necessário intervir na sua esfera jurídica. Apenas com a adopção da medida surge um dever de agir, de omitir ou de suportar a mesma medida; antes disso está em aberto saber se a polícia dá conta do perigo, se reage a ele, isto é, saber que uso a polícia faz da sua margem de decisão, e contra quem a polícia actua, isto é, que uso faz da sua margem de escolha.

Em conformidade com o que acaba de ser dito, faz sentido a recusa da possibilidade de uma transmissão da responsabilidade policial[233]. O sucessor do perturbador de condição não assume a vinculatividade e a res-

---

[231] Cfr. Wolf-Rüdiger Schenke, *Polizei- und Ordnungsrecht*, cit., n.º 268, p. 175.
[232] Cfr. Pieroth/Schlink/Kniesel, *Polizei- und Ordnungsrecht mit Versammlungsrecht*, cit., p. 162.
[233] Para este entendimento tradicional, cfr. Otto Mayer, *Deutsches Verwaltungsrecht*, Band I, cit., p. 238.

ponsabilidade de condição; estas surgem de novo na sua esfera jurídica, uma vez que se torne proprietário da coisa, essas coisas dêem origem a perigos e a polícia adopte medidas contra ele. O mesmo se passa, até por maioria de razão, com a responsabilidade de comportamento. Neste contexto, para dar um exemplo, o filho apenas pode ser responsabilizado pelas autoridades de polícia se, tal como o pai, entretanto falecido, tocar um instrumento musical susceptível de colocar em perigo a saúde dos doentes na clínica situada na vizinhança[234].

Esta concepção, que pode ainda ser considerada dominante, tem sido afastada em determinados domínios, com base em necessidades práticas e quando exista legislação expressa em sentido contrário. Assim se admite que aconteça, por exemplo, com certas medidas de limpeza e protecção de uma estrada que, tendo sido adoptadas contra o anterior proprietário de uma pedreira atravessada por essa mesma estrada, possam ser impostas contra o posterior adquirente do terreno onde a mesma pedreira se encontra instalada e em funcionamento. De qualquer modo, entende-se que a superação da concepção tradicional, em casos como o que acaba de ser mencionado, é apenas válida para a responsabilidade de condição, mas não de comportamento, para os transmissários a título universal e não individual (ou para os herdeiros e não para os legatários) ou, ainda, no caso de excepcionalmente ser admitida em relação aos transmissários a título individual ou aos legatários, apenas para actos respeitantes a imóveis. Estas modificações não se baseiam propriamente no suposto carácter real da responsabilidade de condição. Na verdade, pode até questionar-se se seria necessário falar de transmissão da responsabilidade: transmitiu-se o direito; como esse direito responsabiliza, hoje a responsabilidade é do novo titular; mas a responsabilidade vem-lhe de ser hoje proprietário de uma coisa que *está* a perturbar, e não do facto de ela ter perturbado antes, quando era outro o titular do direito. Assim, pode apenas dizer-se com segurança que a competência da polícia quanto à adopção de determinadas medidas se reflecte no actual proprietário. Os casos de transmissão têm apenas uma justificação prática e o seu alcance tem os limites dessa justificação. Por outras palavras, chamar a estas situações «transmissão da responsabilidade» é apenas uma conveniência de linguagem que não representa bem a generalidade do regime jurídico aplicável.

---

[234] Cfr. Pieroth/Schlink/Kniesel, *Polizei- und Ordnungsrecht mit Versammlungsrecht*, cit., p. 164.

Uma vez que a responsabilidade de condição do sucessor é originária, não existe qualquer interesse prático no reconhecimento de uma transmissão dessa responsabilidade antes da respectiva concretização. Pelo contrário, existe interesse no reconhecimento de uma transmissão da responsabilidade de comportamento antes da sua concretização nos casos de transmissão universal no plano do direito societário. As empresas não devem poder escapar à sua responsabilidade perante as autoridades de polícia através de fusões ou transformações. Também aqui o reconhecimento da transmissão obedece a necessidades práticas, embora diversas das anteriormente discutidas. Não se trata agora de razões de eficiência e aproveitamento dos actos de um procedimento já realizado, mas antes de razões que se prendem com a necessidade e conveniência de a polícia administrativa poder contar com responsáveis em boas condições económicas e financeiras. Pense-se, por exemplo, no caso de uma sociedade comercial que explora uma fábrica de produtos químicos junto de um curso de água. Depois do respectivo encerramento, o terreno onde se encontrava instalada a fábrica é vendido a uma entidade sem património e a sociedade transmitente funde-se com uma outra. Se a água contaminada se tornar imprópria para o consumo público, a sociedade transmitente, apesar de já nada ter a ver com o terreno, poderá ser responsabilizada sendo-lhe imposto o dever de descontaminar. Para o efeito, afigura-se ser necessário, no entanto, norma expressa do legislador[235].

6.5. LIMITES DA RESPONSABILIDADE DE COMPORTAMENTO E DE CONDIÇÃO

Na medida em que abstrai da culpa, a responsabilidade no domínio do direito de polícia atinge o cidadão com uma severidade tal que a torna dificilmente tolerável. Isto acontece de um modo especial com a responsabilidade de condição, que atinge o proprietário independentemente da sua actuação, isto é, mesmo quando as suas coisas são afectadas por acontecimentos da natureza ou comportamentos de terceiros, seja o comportamento de indivíduos ou o comportamento de multidões, como sucede no caso de guerras ou catástrofes técnicas. Ao mesmo tempo, há que salien-

---

[235] Cfr. Pieroth/Schlink/Kniesel, *Polizei- und Ordnungsrecht mit Versammlungsrecht*, cit., pp. 165-168.

tar que a responsabilidade de condição encontra um paralelo na responsabilidade negatória do direito civil: se um temporal mandar o meu ferro-velho para o terreno do vizinho, sou obrigado a retirá-lo de lá, ainda que tudo isto aconteça independentemente de qualquer actuação minha. Em qualquer caso, é necessário determinar um limite de sacrifício, em que cessa a responsabilidade do perturbador de acção ou de condição. Tal limite pode consistir na existência de uma licença ou autorização, na aplicação do princípio da proporcionalidade ou ainda na garantia constitucional da propriedade[236].

Poderá a existência de uma licença para o exercício de uma actividade ou para a existência de um bem em determinadas condições afastar a responsabilidade de direito de polícia? A questão de saber se a responsabilidade pela condição dos aterros de resíduos e outras áreas poluídas é limitada pelo facto de a respectiva exploração se fazer com base numa licença depende, antes de mais, do conteúdo da mesma. A condição dos aterros, que segundo o disposto no Decreto-Lei n.º 152/2002, de 23 de Maio, carecem de licenciamento, parece ser aceite pela Administração através da atribuição da licença. Deste modo, poder-se-ia entender que a exploração efectuada com base na licença não pode dar origem a uma vinculação da entidade licenciada em face de medidas de polícia, tanto mais que a licença constitui, em princípio, um acto constitutivo de direitos ou interesses legalmente protegidos, nos termos do artigo 140.º, n.º 1, alínea b), do Código do Procedimento Administrativo. Todavia, de acordo com o artigo 30.º, n.º 1, do citado diploma, as entidades competentes podem «*determinar a suspensão total ou parcial da exploração do aterro, sempre que da sua continuidade possam advir riscos para o ambiente, para a saúde pública ou para a segurança de pessoas e bens*». A isto acresce que as licenças para a exploração de aterros podem ser alteradas, por iniciativa das autoridades competentes, em virtude da entrada em vigor de novos dispositivos legais, conforme determina o artigo 28.º, n.º 1 do diploma citado. Deverá, pois, entender-se que o regime em causa reveste natureza especial em relação ao regime do Código do Procedimento Administrativo.

É, sem dúvida, controversa a questão de saber se o efeito do licenciamento de uma actividade perigosa abrange apenas os perigos que são objectivamente identificáveis à data da atribuição da licença, ou se

---

[236] Cfr. Pieroth/Schlink/Kniesel, *Polizei- und Ordnungsrecht mit Versammlungsrecht*, cit., pp. 168 e ss.

abrange também os perigos não objectivamente identificáveis a essa data, e que apenas no estado actual de conhecimentos técnicos e científicos podem ser identificados. O entendimento dominante é, no entanto, o de que o âmbito do licenciamento abrange apenas os perigos identificáveis na data da atribuição da licença. Apenas aquilo que é objectivamente identificável pode ser juridicamente abrangido e objecto de normas que disciplinam as actividades em causa[237]. É esta a razão de ser soluções como a consagrada no artigo 30.º do Decreto-Lei n.º 152/2002, atrás citado. É certo que aquele que explora os aterros em causa actua, no momento, com cobertura da lei e na medida do seu conhecimento. Mas também assim sucede com o agricultor que em dado momento utilizou no seu terreno um fertilizante recomendado e mais tarde verifica que o mesmo é prejudicial para as colheitas, ou ainda o proprietário que constrói segundo as regras da arte e mais tarde sofre um aluimento de terras. A circunstância de o uso da propriedade ter a cobertura da lei protege apenas da responsabilidade policial na medida em que da mesma propriedade não resultem nenhuns perigos. O efeito do licenciamento não pode ter um alcance mais amplo do que os perigos identificáveis no momento em que o mesmo foi emitido.

Interessa, em segundo lugar, analisar a limitação da responsabilidade em face da polícia resultante do princípio da proporcionalidade. Aquele que é mais vítima do que agente do perigo, não se espera que venha a ser destinatário de medidas de polícia, ou espera-se apenas em medida limitada. Esta ideia surgiu primeiro a propósito de terrenos minados. Deve aquele que perdeu a sua casa por causa de uma bomba, e apenas ficou com ruínas, ser ainda responsabilizado pela respectiva segurança, certamente dispendiosa e superior às suas capacidades económicas? A mesma questão pode colocar-se a propósito de edifícios ou instalações fabris ameaçados em resultado de catástrofes naturais.

A posição que os direitos fundamentais atribuem ao sujeito livre, autónomo e responsável dificulta que sobre o mesmo venham a impender medidas de polícia, sobretudo quando não lhe seja exigível actuar sobre acontecimentos ou adoptar medidas contra a sua ocorrência e quando falte

---

[237] Neste sentido deve ser entendido o conceito de «*melhores técnicas disponíveis*» que devem ser tidas em consideração pela licença ambiental, a que estão sujeitos o início de exploração e as alterações substanciais de instalações em que são exercidas actividades que possam ter efeitos sobre as emissões e a poluição, nos termos do Decreto-Lei n.º 173/2008, de 26 de Agosto.

qualquer protecção de segurança. É, no entanto, questionável retirar dos direitos fundamentais uma equiparação de encargos que, pairando sobre todos, acabam por atingir apenas alguns e encargos da comunidade. Um incêndio afecta menos o proprietário, cujo terreno foi destruído pelo fogo, poupando outros proprietários, do que os bombeiros cuja actividade poupa a vida de outras pessoas. Neste contexto, é mais seguro afirmar que cabe à comunidade garantir um mínimo de existência aos dependentes dos bombeiros mortos no combate ao fogo do que ao proprietário do prédio incendiado. Diz, portanto, mais respeito à política do que ao direito saber em que medida devem os encargos de fenómenos como as catástrofes naturais ou a guerra ser suportados pelo indivíduo ou pela comunidade. Com os encargos da industrialização acontece o mesmo.

A propriedade é garantida nos termos da Constituição (artigo 62.º, n.º 1, da Constituição), o que significa desde logo que ela não é garantida apenas no interesse do proprietário, mas também no do não proprietário, e que o seu conteúdo e limites são estabelecidos pelo legislador[238]. Daqui resulta, desde logo, que pouco se pode retirar de tal garantia para aceitar ou corrigir a severidade com a qual é atingido o cidadão pela responsabilidade perante a polícia. Por um lado, poder-se-ia argumentar que as obrigações decorrentes para o proprietário do seu título nunca poderiam exceder as vantagens que dele pode retirar. Assim, a limitação do direito de propriedade através das normas do direito de polícia nunca poderia ser mais ampla do que os poderes e faculdades dele resultantes, devendo, em consequência, cessar a responsabilidade de condição no ponto em que o proprietário, a fim de controlar os perigos resultantes da coisa, tenha de suportar custos superiores ao valor da mesma[239]. Por outro lado, pode também argumentar-se que não é de modo algum estranha à ordem jurídica a ideia segundo a qual a responsabilidade associada à propriedade de uma coisa vincula num grau superior ao respectivo valor. Basta pensar no caso da responsabilidade pelo risco dos veículos automóveis. Não obstante o que acaba de se dizer, alguma jurisprudência alemã (onde o problema se tem colocado) tem entendido que a responsabilidade de condição do pro-

---

[238] Cfr. Miguel Nogueira de Brito, *A Justificação da Propriedade Privada numa Democracia Constitucional*, cit., 841 e ss.

[239] Para uma exposição desta ideia, designada por vezes como «pensamento da correlação», cfr. Robert Lepsius, *Besitz und Sachherrschaft im öffentlichen Recht*, cit., pp. 112 e ss. e 250 e ss.

prietário deve ser limitada com base na garantia constitucional de propriedade e no princípio da proporcionalidade[240]. O controlo de perigos resultantes de um imóvel, relacionados com acontecimentos da natureza ou imputáveis à comunidade ou a terceiros, não deve ser suportado de forma ilimitada pelo proprietário. Se o imóvel constitui a parte essencial do património do cidadão ou a base da sua vida e da sua família, pode mesmo ser mostrar-se intolerável que seja o proprietário a suportar os custos associados ao controlo de perigos, mesmo que estes sejam inferiores ao valor do imóvel. É preciso, no entanto, ter presente que esta limitação reveste carácter excepcional, não afastando o princípio da vinculação policial.

Finalmente, importa salientar que a responsabilidade de direito de polícia não é, em princípio, afectada por prescrição, abandono ou renúncia. A este propósito, é necessário ter presente que, tal como a responsabilidade do cidadão não constitui uma situação passiva no sentido do direito civil, também a competência das autoridades de polícia, no sentido de adoptarem medidas ou usarem meios coercivos contra o cidadão, não é uma pretensão em sentido civilístico. A essa responsabilidade não corresponde um direito subjectivo, de que a autoridade administrativa possa dispor livremente, que ela possa exercer, ou escolher não o fazer, mas antes uma competência, a cujo exercício a Administração está não só autorizada, mas verdadeiramente obrigada. Os conceitos de prescrição, abandono e renúncia, ao abrigo dos quais se pode não exercer uma pretensão, não se ajustam à responsabilidade policial, porque as autoridades não podem dispor sobre a sua competência; podem apenas exercê-la, não renunciar a ela.

De igual modo não é de admitir no direito de polícia a prescrição do direito penal. Através dela o legislador renuncia à acção penal porque entende que com o decurso do tempo se tornou impossível a prova ou foi alcançada a paz jurídica. O legislador renuncia à acção penal segundo o seu critério, mas num âmbito limitado e que não abrange todos os tipos de crimes. No direito de polícia a situação é diversa. Se a segurança é alcançada sem intervenção da polícia, não se torna necessária qualquer prescrição, pois é a própria intervenção que deixa de se justificar; a situação da prova é comparativamente mais fácil porque a imputação se faz apenas ao causador imediato; finalmente, e mais importante, o decurso do tempo é irrelevante porque o perigo deve *sempre* ser actual, ao contrário do facto

---

[240] Cfr. Jan D. Bonhage, *Grund und Grenze*, cit., pp. 61 e ss.

punível relevante para o direito penal, que por definição é passado relativamente à punição.

A decisão do legislador no sentido de não submeter as competências da polícia a regras de prescrição, abandono ou renúncia tem, pois, bons fundamentos. O que acaba de ser dito não exclui, é claro, que as pretensões de recuperação de custos incorridos pela Administração possam prescrever, uma vez que se trata de pretensões jurídico-patrimoniais do Estado, submetidas ao regime próprio destas.

6.6. Vinculação de terceiros: o estado de necessidade policial

Excepcionalmente, podem também outras pessoas, para além dos responsáveis de acção ou condição, surgir numa situação de vinculação perante os poderes de polícia. Trata-se dos terceiros não perturbadores. A essa excepção corresponde o designado estado de necessidade policial. É uma situação de excepção em que, num desvio à regra da vinculação dos responsáveis de acção ou condição, as autoridades de polícia podem intervir na esfera jurídica de terceiros. Os seus pressupostos são os seguintes: a) necessidade de fazer face a um perigo actual e considerável; b) impossibilidade de controlar o perigo através da vinculação de um perturbador de acção ou de condição, ou porque este não existe (catástrofes naturais) ou porque não pode ser responsabilizado em tempo útil ou suficientemente; c) a autoridade policial deve encontrar-se impossibilitada de fazer face ao perigo pelos seus próprios meios; d) a vinculação do não perturbador não pode acarretar a sua sujeição a riscos especiais nem a violação, pela sua parte, de deveres superiores (limite da exigibilidade); e) a vinculação deve limitar-se ao indispensável. A estes pressupostos haveria ainda que acrescentar, como consequência, a ressarcibilidade, isto é, o dever de a Administração indemnizar o terceiro[241].

Especiais problemas são suscitados pelos pressupostos acima mencionados sob as alíneas b) e c), ou seja, a impossibilidade de levar a cabo a actividade de controlo de perigos sem envolver terceiros. Com efeito,

---

[241] Cfr. Pieroth/Schlink/Kniesel, *Polizei- und Ordnungsrecht mit Versammlungsrecht*, cit., p. 174; Wolf-Rüdiger Schenke, *Polizei- und Ordnungsrecht*, cit., n.os 314 a 319, pp. 201-202; Drews/Wacke/Vogel/Martens, *Gefahrenabwehr*, cit., pp. 332-335.

saber se não teria sido possível a vinculação de um perturbador de acção ou condição, em termos de tempestividade ou suficiência, é uma questão que depende de saber quais os custos que a polícia suportou com essa vinculação. Deve entender-se que a polícia está obrigada a mobilizar todas as forças à sua disposição antes de optar, por exemplo, pela intervenção junto de manifestantes não perturbadores ameaçados por uma contra-manifestação violenta. Entende-se ainda ser necessário que a falta de alternativa quanto à intervenção junto do não perturbador não esteja sujeita a dúvidas; na dúvida, a intervenção policial não é admitida.

Importa de um modo especial salientar que o estado de necessidade policial, com o alcance que fica exposto, não coincide exactamente com a figura do estado de necessidade consagrada com alcance geral para o direito administrativo nos termos do artigo 9.º, n.º 2, do Decreto-Lei n.º 48.051, de 21 de Novembro de 1967[242], estando hoje prevista no artigo 3.º, n.º 2, do Código de Procedimento Administrativo[243]. Com efeito, esta última disposição não permite apenas a adopção de medidas contra um terceiro, mas também contra o perturbador[244]. Por outro lado, o estado de necessidade geral de direito administrativo visa essencialmente afastar a invalidade de um acto que se desvia da legalidade, enquanto o estado de necessidade policial visa justificar ou tornar lícita uma actuação da Administração que pode nem sequer constituir um acto jurídico, mas uma designada «*operação material*»[245]. Nesta medida, podemos até afirmar

---

[242] Dispõe o seguinte: «*Quando o Estado e as demais pessoas colectivas públicas tenham, em estado de necessidade e por motivo de imperioso interesse público, de sacrificar especialmente, no todo ou em parte, coisa ou direito de terceiro, deverão indemnizá--lo*». O artigo 16.º do Regime da Responsabilidade Civil Extracontratual do Estado e Demais Entidades Públicas, publicado em anexo à Lei n.º 67/2007, de 31 de Dezembro, cujo artigo 5.º revoga o citado Decreto-Lei n.º 48.051, não contém qualquer referência expressa ao estado de necessidade. É o seguinte o seu texto: «*O Estado e as demais pessoas colectivas de direito público indemnizam os particulares a quem, por razões de interesse público, imponham encargos ou causem danos especiais e anormais, devendo, para o cálculo da indemnização, atender-se, designadamente, ao grau de afectação do conteúdo substancial do direito ou interesse violado ou sacrificado.*»

[243] Cfr. Diogo Freitas do Amaral/Maria da Glória Garcia, "O Estado de Necessidade e a Urgência em Direito Administrativo", *cit*., pp. 455 e ss.; Pedro Portugal Gaspar, *O Estado de Emergência Ambiental*, cit., pp. 134 e ss.

[244] Neste sentido, para o direito alemão, cfr. Drews/Wacke/Vogel/Martens, *Gefahrenabwehr*, cit., p. 332

[245] O artigo 151.º, n.º 1, do Código do Procedimento Administrativo estabelece que,

que o estado de necessidade policial se aproxima mais do estado de necessidade do direito civil do que do estado de necessidade geral de direito administrativo.

Alguns autores entendem ser escasso o significado do estado de necessidade de polícia: as possibilidades que as autoridades com poderes de polícia têm de reagir em face de uma situação de perigo com os próprios meios são apertadas, em termos de fundamentarem um estado de necessidade, quando uma condição de necessidade social no seu conjunto limita a margem de manobra do Estado e da sociedade sob as perspectiva financeira, de meios materiais e humanos[246]. Simplesmente, ainda que isto assim seja na generalidade dos casos, parece apressado afastar a relevância do estado de necessidade naqueles casos em que não exista um perturbador, como sucede com as catástrofes naturais. Assim, o artigo 44.º da Lei da Água, sob a epígrafe «Estado de emergência ambiental», prevê, no seu n.º 1, que «*em caso de catástrofes naturais ou acidentes provocados pelo homem que danifiquem ou causem um perigo muito significativo de danificação grave e irreparável, da saúde humana, da segurança de pessoas e bens e do estado de qualidade das águas, pode o Primeiro-Ministro declarar, em todo ou em parte do território nacional, o estado de emergência ambiental, sob proposta do Ministro do Ambiente, do Ordenamento do Território e do Desenvolvimento Regional, se não for possível repor o estado anterior pelos meios normais*». Entre as medidas que podem ser tomadas contam-se, nos termos do n.º 3 da mesma disposição, por exemplo, a suspensão de actos que autorizam utilizações de recursos hídricos, ou a modificação do respectivo conteúdo[247].

---

salvo em estado de necessidade, os órgãos da Administração Pública não podem praticar nenhum acto ou operação material de que resulte limitação de direitos subjectivos ou interesses legalmente protegidos dos particulares, sem terem praticado previamente o acto administrativo que legitime tal situação. Esta norma parece ter escassa aplicação no âmbito do direito de polícia, uma vez que aí diversas medidas de polícia consistem em operações materiais que não pressupõem, ou sequer admitem, a prévia prática de um acto administrativo. Ao mesmo tempo, não parece que tais casos possam, só por isso, ser configurados como relevando do estado de necessidade.

[246] Cfr. Pieroth/Schlink/Kniesel, *Polizei- und Ordnungsrecht mit Versammlungsrecht*, cit., pp. 176-177.

[247] Sobre esta norma da Lei da Água, cfr., em geral, Pedro Portugal Gaspar, "Nos 20 Anos da Lei de Bases do Ambiente – A Importância do Estado de Emergência Ambiental", in *Revista Jurídica do Urbanismo e do Ambiente*, n.ºs 25/26, Jan./Dez. 2006, pp. 41-43.

7. REGIME JURÍDICO DAS MEDIDAS DE POLÍCIA E DO USO DE MEIOS COERCIVOS

7.1. Introdução

O regime jurídico das medidas de polícia suscita uma pluralidade de questões. Em primeiro lugar, importa averiguar quais as espécies possíveis de medidas de polícia, quer de um ponto de vista formal, quer de um ponto de vista substancial. Seguidamente, torna-se necessário diferenciar o conceito de medidas de polícia do conceito de sanções administrativas. Num terceiro momento, é preciso apurar se os conceitos de "medida de polícia" e "uso de meios coercivos" designam, ou não, a mesma realidade nas normas de polícia. Depois, importa apontar os principais traços do regime jurídico *stricto sensu* das medidas de polícia, isto é, os respectivos requisitos de forma e conteúdo. Finalmente, importará abordar o tema das garantias dos particulares em face das medidas de polícia que possam constituir uma intervenção ilegal nos seus direitos.

7.2. Espécies de medidas de polícia

Quando falamos de medidas de polícia devemos ter presente, antes de mais, que o conceito abarca todos os actos, jurídicos e materiais, genéricos e concretos, que dizem respeito à prossecução de actividades policiais de um ponto de vista material[248]. De acordo com este (i) critério, que atende à **natureza do acto**, temos, antes de mais, medidas de polícia que são actos administrativos, podendo ser: ordens de polícia (ordem de comparência, medidas de polícia no âmbito do exercício do direito de manifestação, artigos 5.º e 6.º do Decreto-Lei n.º 406/74, de 29 de Agosto), licenças de polícia (licença de uso e porte de arma, autorização para o exercício da actividade de segurança privada; licença para a exploração de um aterro), advertências [recomendações e avisos da ASAE, nos termos do artigo 5.º, alínea a), do Decreto-Lei n.º 237/2005, de 30 de Dezem-

---

[248] Cfr. Sérvulo Correia, "Polícia", cit., p. 395; Sérvulo Correia introduz ainda o requisito de as medidas possuírem um «conteúdo ou objecto padronizado», o que, como se viu, não sucede em relação a todas as medidas possíveis; cfr., ainda, Pedro Lomba, "Sobre a Teoria das Medidas de Polícia Administrativa", *cit.*, p. 211.

bro][249]. Depois, temos ainda medidas de polícia que podem consistir em regulamento administrativos (regulamentos municipais e medidas preventivas previstas na lei dos solos). Finalmente, temos as medidas de polícia que consistem em actos materiais ou operações materiais (operações de vigilância, identificação de pessoas, inspecções).

Em segundo lugar, na perspectiva **(ii)** do **conteúdo ablativo, ou não, da medida**, podemos distinguir entre medidas de polícia com conteúdo favorável (a atribuição de uma licença de condução, ou de exploração de um determinado estabelecimento industrial) e com conteúdo desfavorável ou agressivo (ordens no âmbito das manifestações, ordem de imobilização dada ao condutor de um veículo automóvel). Em ambos os casos se poderá falar de medidas de polícia[250]. Podemos ainda mencionar a existência de medidas de polícia que têm um conteúdo simultaneamente favorável e desfavorável, embora para pessoas distintas. Assim, as advertências da Administração sobre os perigos associados ao consumo de certos produtos, por exemplo, constitui um acto favorável na perspectiva do consumidor, mas um acto desfavorável na perspectiva dos direitos dos fabricantes dos produtos cujo consumo é desmotivado[251].

Em terceiro lugar, podemos ainda distinguir as medidas de polícia de um ponto de vista material, já não na perspectiva do conteúdo favorável ou desfavorável, mas **(iii)** do **fim visado pela medida**. Assim, podemos a este propósito, distinguir entre medidas de polícia que visam a obtenção de informação relativa a um perigo (operações de vigilância, identificação de pessoas, inspecções, escutas e buscas), medidas de polícia que visam prestar informação relativa a um perigo (as advertências administrativas) e medidas de polícia que visam a eliminação de um perigo (encerramento de estabelecimentos de venda de armas ou explosivos, a expulsão ou proibição de entrada no território nacional)[252].

Em quarto lugar, podemos ainda distinguir as medidas de polícia quanto **(iv)** ao **procedimento**. A este propósito há que mencionar, antes de

---

[249] Sobre a qualificação das advertências como medidas de polícia, cfr. Pedro Gonçalves, "Advertências da Administração Pública", *cit.*, p. 729.

[250] Em sentido contrário, João Raposo, "O Regime Jurídico das Medidas de Polícia", in AA. VV., *Estudos Jurídicos em Homenagem ao Professor Doutor Marcello Caetano no Centenário do seu Nascimento*, vol. I, Lisboa, 2006, p. 696.

[251] Sobre as advertências como actos de agressão, cfr. Pedro Gonçalves, "Advertências da Administração Pública", *cit.*, pp. 768 e ss.

[252] Assim, Christoph Gusy, *Polizeirecht*, *cit.*, p. 179.

mais, a distinção legal, já aludida, entre medidas gerais e especiais de polícia. A distinção constava já do artigo 16.º, n.ºs 2 e 3, da anterior Lei de Segurança Interna, aprovada pela Lei n.º 20/87, de 12 de Junho. Nos termos do n.º 2 do mencionado artigo 16.º eram medidas gerais de polícia as seguintes: a) Vigilância policial de pessoas, edifícios e estabelecimentos por período de tempo determinado; b) Exigência de identificação de qualquer pessoa que se encontre ou circule em lugar público ou sujeito a vigilância policial; c) Apreensão temporária de armas, munições e explosivos; d) Impedimento da entrada em Portugal de estrangeiros indesejáveis ou indocumentados; e) Accionamento da expulsão de estrangeiros do território nacional. Nos termos do n.º 3 do mesmo artigo, constituíam medidas especiais de polícia: a) Encerramento temporário de paióis, depósitos ou fábricas de armamento ou explosivos e respectivos componentes; b) Revogação ou suspensão de autorizações aos titulares dos estabelecimentos referidos na alínea anterior; c) Encerramento temporário de estabelecimentos destinados à venda de armas ou explosivos; d) Cessação da actividade de empresas, grupos, organizações ou associações que se dediquem a acções de criminalidade altamente organizada, designadamente de sabotagem, espionagem ou terrorismo ou à preparação, treino ou recrutamento de pessoas para aqueles fins. Estas mesmas medidas de polícia eram depois reproduzidas nos estatutos e diplomas orgânicos das forças e serviços de segurança, tal como decorre do disposto no artigo 29.º do Decreto-Lei n.º 231/93, de 26 de Junho, alterado pelo Decreto-Lei n.º 298/94, de 24 de Novembro, pelo Decreto-Lei n.º 188/99, de 2 de Junho, e pelo Decreto-Lei n.º 15/2002, de 29 de Janeiro (GNR)[253]; no artigo 4.º da Lei n.º 5/99, de 27 de Janeiro, alterada pelo Decreto-Lei n.º 137/2002, de 16 de Maio (PSP)[254]; o artigo 6.º do Decreto-Lei n.º 252/2000, de 16 de Outubro, alterado pelo Decreto-Lei n.º 290-A/2001, de 17 de Novembro (SEF). A única novidade em relação ao elenco da Lei n.º 20/87 consistia na medida de polícia prevista no artigo 29.º, n.º 1, alínea d), do Decreto-

---

[253] O artigo 54.º da nova Lei Orgânica da Guarda Nacional Republicana, aprovada pela Lei n.º 63/2007, de 6 de Novembro, mantém em vigor esta disposição (tal como o artigo 30.º, sobre uso da força, adiante mencionado), cuja revogação se dará apenas com a entrada em vigor de uma nova lei de segurança interna.

[254] O artigo 67.º, alínea a), da nova Lei Orgânica da PSP, aprovada pela Lei n.º 53/2007, de 31 de Agosto, mantém em vigor esta disposição, cuja revogação se dará apenas com a entrada em vigor de uma nova lei de segurança interna.

Lei n.º 231/93, de 26 de Junho, de restrições à liberdade de circulação por motivos de ordem pública ou com vista a garantir a segurança de pessoas e bens.

No contexto da Lei n.º 20/87, as medidas especiais de polícia, ao contrário das medidas gerais, eram, «*sob pena de nulidade, imediatamente comunicadas ao tribunal competente e apreciadas pelo juiz em ordem à sua validação*», conforme dispunha o artigo 16.º, n.º 4.

A nova Lei de Segurança Interna, aprovada pela Lei n.º 53/2008, de 29 de Agosto, veio alterar significativamente este estado de coisas, sendo certo que a mesma operou o efeito revogatório previsto nos artigos 54.º da Lei n.º 63/2007, de 6 de Novembro (lei orgânica da GNR), e 67.º, alínea a), da Lei n.º 53/2007, de 31 de Agosto (lei orgânica da PSP). Já anteriormente se apontou o elenco de medidas de polícia constante dos artigos 28.º e 29.º da nova Lei de Segurança Interna[255]. Importa agora referir as principais diferenças entre o novo regime das medidas de polícia e o que constava da Lei n.º 20/87.

Desde logo, a nova lei parecer caracterizar-se por uma redução significativa do alcance das designadas medidas gerais de polícia: a medida de vigilância policial foi suprimida; a medida de identificação de «*quaisquer pessoas*» foi substituída pela identificação de «*pessoas suspeitas*», em termos que tornam delicada a distinção entre esta e a medida de identificação prevista no processo penal; a medida de apreensão temporária de armas foi transformada em medida especial de polícia, prevista no artigo 29.º, alínea b), da Lei n.º 53/2008; foram suprimidas as medidas de impedimento da entrada de estrangeiros e de accionamento da expulsão de estrangeiros[256].

Por seu turno, a nova Lei de Segurança Interna alargou o elenco de medidas especiais de polícia, que passaram a abranger as medidas de buscas e revistas, de realização de acções de fiscalização, de vistoria ou instalação de equipamentos de segurança e de inibição da difusão a partir de sistemas de radiocomunicações, públicos ou privados, e o isolamento electromagnético ou o barramento do serviço telefónico em determinados espaços [cfr. artigo 29.º, alíneas a), c), d) e i), da Lei n.º 53/2008].

---

[255] Cfr. supra, § 1, ponto 2.4.

[256] As quais passam a estar previstas nos artigos 32.º e seguintes e 134.º e seguintes da Lei n.º 23/2007, de 4 de Julho.

Nos termos do artigo 30.º da Lei n.º 53/2008 passou a prever-se para todas as medidas de polícia, com excepção da prevista no artigo 28.º, n.º 2, respeitante à «*remoção de objectos, veículos ou outros obstáculos colocados em locais públicos sem autorização que impeçam ou condicionem a passagem para garantir a liberdade de circulação em condições de segurança*», a respectiva sujeição ao princípio da necessidade. Deve entender-se que assim se procedeu a uma simples concretização do disposto no artigo 272.º, n.º 2, da Constituição. Manteve-se, no entanto, o relevo da distinção entre medidas gerais e especiais de polícia, embora se tenham precisado as exigências de comunicação ao tribunal que caracterizam as medidas especiais. Assim, de acordo com o artigo 33.º, n.º 1, da Lei n.º 53/2008, «*a aplicação das medidas previstas no artigo 29.º é, sob pena de nulidade, comunicada ao tribunal competente no mais curto prazo, que não pode exceder quarenta e oito horas, e apreciada pelo juiz em ordem à sua validação no prazo máximo de oito dias*».

Esta exigência de comunicação ao tribunal levaria também a caracterizar como medida especial de polícia o internamento de urgência dos portadores de anomalia psíquica, nos termos dos artigos 22.º e seguintes da Lei n.º 36/98, de 24 de Julho. Simplesmente, como veremos no ponto seguinte, o internamento compulsivo é hoje de considerar como uma sanção administrativa preventiva.

As medidas de polícia, quer gerais, quer especiais, podem muitas vezes, sobretudo aquelas que consistem em operações materiais, envolver o uso da força, o que determina necessariamente o aligeiramento das exigências de procedimento. A isto se voltará adiante.

Por último, importa ainda estabelecer (v) uma diferença entre medidas de polícia, em relação às quais faz sentido o princípio da tipicidade, **"dentro" e "fora do catálogo"**[257]. Com efeito, para além das medidas de polícia mencionadas na Lei de Segurança Interna e nos estatutos diplomas orgânicos da GNR e PSP, há ainda a considerar medidas de polícia específicas consagradas em leis avulsas. Trata-se, por isso, de medidas de polícias ainda submetidas a um princípio da tipicidade legal. Assim, no artigo 5.º da Lei n.º 8/97, de 12 de Abril, prevê-se a realização de revistas e buscas de segurança, a realizar apenas pelas forças de segurança, sempre que existam fundadas suspeitas da introdução ou presença de armas e substân-

---

[257] A expressão é de João Raposo, "O Regime Jurídico das Medidas de Polícia", *cit.*, pp. 693 e 698.

cias ou engenhos explosivos ou pirotécnicos nos estabelecimentos de ensino ou recintos onde tenham lugar manifestações de variadas espécies. Por seu turno, a Lei n.º 16/2004, de 11 de Maio, que aprova medidas preventivas e punitivas em matéria de violência associada ao desporto, prevê, no seu artigo 12.º, a realização de «*revistas pessoais de prevenção e segurança aos espectadores, incluindo o tacteamento*», com o objectivo de impedir a introdução ou existência no recinto desportivo de objectos ou substâncias proibidos ou susceptíveis de possibilitar actos de violência. Tais revistas pessoais podem também ser efectuadas por pessoal da segurança privada (exercendo funções de assistentes de recinto desportivo) e podem também ter lugar no acesso a instalações aeroportuárias ou a outros locais de acesso vedado ou condicionado ao público, podendo em tal caso ser excepcionalmente efectuadas por pessoal de vigilância (cfr. artigo 6.º, n.º 6, do Decreto-Lei n.º 35/2004, de 21 de Fevereiro).

Em matéria de vigilância, a Lei n.º 1/2005, de 10 de Janeiro, alterada pela Lei n.º 39-A/2005, de 29 de Julho, veio regular a utilização de câmara de vídeo pelas forças e serviços de segurança em locais públicos de utilização comum.

Os governadores civis têm o poder de aplicar as medidas de polícia previstas na lei (artigo 4.º-D, n.º 3, alínea c), do Decreto-Lei n.º 252/92, de 19 de Novembro, alterado pelos Decretos-Leis n.º 316/95, de 28 de Novembro, n.º 213/2001, de 2 de Agosto, e n.º 264/2002, de 25 de Novembro). Estas medidas de polícia consistem no encerramento de salas de dança e estabelecimentos de bebidas e a redução do seu horário de funcionamento (artigo 48.º, n.º 1, do Anexo ao Decreto-Lei n.º 316/95, de 28 de Novembro). A medida de polícia consistente na revogação das licenças concedidas nos termos do presente diploma[258], a que se refere o artigo 48.º, n.º 3, do Anexo I ao Decreto-Lei n.º 316/95, de 28 de Novembro, é hoje da competência das câmaras municipais, nos termos do Decreto-Lei n.º 264/2002 e do artigo 51.º do Decreto-Lei n.º 310/2002, de 18 de Dezembro, tanto mais que os licenciamentos em causa passaram para o executivo municipal.

Já anteriormente foram mencionados os poderes dos trabalhadores do INAC, quando no exercício de funções de fiscalização, inspecção ou audi-

---

[258] O licenciamento de actividades em causa diz respeito: 1) guardas nocturnos; 2) vendedor ambulante de lotarias; 3) arrumador de automóveis; 4) acampamentos ocasionais; 5) exploração de máquinas de diversão; 6) realização de espectáculos de natureza desportiva e de divertimentos públicos; 7) agências de vendas de bilhetes para espectáculos públicos; 8) fogueiras e queimadas; 9) realização de leilões.

toria, caso em que são equiparados a agentes de autoridade. O artigo 20.º, n.º 1, do Decreto-Lei n.º 145/2007, de 27 de Abril, prevê, nesse âmbito, as seguintes prerrogativas: *a)* Aceder e inspeccionar, a qualquer hora e sem necessidade de aviso prévio, as instalações, equipamentos, aplicações informáticas e serviços das entidades sujeitas a inspecção e controlo do INAC, I. P.; *b)* Requisitar para análise equipamentos, materiais, documentos e elementos de informação sob forma escrita ou digital; *c)* Determinar, a título preventivo, e com efeitos imediatos, mediante ordem escrita e fundamentada, a suspensão ou cessação de actividades e encerramento de instalações, quando da não aplicação dessas medidas possa resultar risco iminente para a segurança da aviação civil; *d)* Identificar as pessoas que se encontrem em violação das normas cuja observância lhes compete fiscalizar, no caso de não ser possível o recurso a autoridade policial em tempo útil; *e)* Reclamar a colaboração das autoridades administrativas e policiais para impor o cumprimento de normas e determinações que por razões de segurança deva ter execução imediata. De acordo com o n.º 2 desta mesma disposição, da suspensão, cessação ou encerramento a que se refere a alínea *c)* do n.º 1 é lavrado o correspondente auto, o qual é objecto de confirmação pelo órgão competente do INAC, I. P., no prazo de 15 dias, sob pena de caducidade da medida preventiva determinada. Finalmente, o n.º 3 do mesmo artigo 20.º prevê uma obrigação de identificação dos trabalhadores e agentes credenciados do INAC, titulares das prerrogativas acima referidas.

A Lei n.º 23/2007, de 4 de Julho, prevê o regime de um conjunto de medidas relativas à entrada, permanência, saída e afastamento de cidadãos estrangeiros do território português.

Devem ainda apontar-se as medidas de polícia das manifestações previstas nos artigos 1.º, 2.º, 5.º, 6.º e 13.º do Decreto-Lei n.º 406/74, de 29 de Agosto: interdição de manifestação; interrupção de manifestação; ordem de alteração de trajecto; determinação de utilização de uma só faixa de rodagem; ordem de distanciamento relativamente a instalações especialmente protegidas ou reserva de zonas de protecção.

Finalmente, torna-se necessário fazer referência à requisição de imóveis e à requisição civil[259]. Trata-se de duas realidades distintas: a primeira, como o próprio nome indica, diz respeito à requisição de bens imó-

---

[259] Existe ainda um terceiro tipo de requisição, já decididamente situado fora do âmbito do direito de polícia, mesmo entendido em sentido material. Trata-se da requisição no interesse da defesa nacional, regulada pela Lei n.º 20/95, de 13 de Julho.

veis e direitos a eles inerentes e encontra-se regulada nos artigos 80.º e seguintes do Código das Expropriações de 1999; a segunda, prende-se com «*o conjunto de medidas determinadas pelo Governo necessárias para, em circunstâncias particularmente graves, se assegurar o regular funcionamento de serviços essenciais de interesse público ou de sectores vitais da economia nacional*», como resulta do artigo 1.º, n.º 1, do Decreto-Lei n.º 637/74, de 20 de Novembro. O n.º 2 da mesma disposição estipula que «*a requisição civil tem carácter excepcional, podendo ter por objecto a prestação de serviços, individual ou colectiva, a cedência de bens móveis ou semoventes, a utilização temporária de quaisquer bens, os serviços públicos e as empresas públicas de economia mista ou privadas*». Atendendo a que a requisição civil abrange também, como acaba de ver--se, a «*utilização temporária de quaisquer bens*», não é totalmente claro que se possa dizer que a requisição civil incide sobre bens móveis e outras posições jurídicas de carácter não real, ao contrário da requisição regulada no Código das Expropriações. Em ambos os casos de requisição se admite uma indemnização devida ao requisitado (assim, cfr. o artigo 84.º do Código da Expropriações e os artigos 9.º e 10.º do Decreto-Lei n.º 637/74). Embora a fixação da indemnização devida pela requisição de imóveis obedeça a critérios diferentes dos previstos para a expropriação, como seria de esperar, o que importa aqui acentuar é a circunstância de ambos os tipos de indemnização terem um alcance equivalente. Mais limitada se apresenta a indemnização prevista para a requisição civil, pelo menos quando a mesma incida sobre pessoas. Com efeito, como dispõe o artigo 9.º, n.º 1, do Decreto-Lei n.º 637/74, «*a requisição civil das pessoas não concede direito a outra indemnização que não seja o vencimento ou salário decorrente do respectivo contrato de trabalho ou categoria profissional, beneficiando, contudo, dos direitos e regalias correspondentes ao exercício do seu cargo e que não sejam incompatíveis com a situação dos requisitados*».

Merece ainda destaque, no presente contexto, o regime jurídico de apropriação pública por via de nacionalização, aprovado pela Lei n.º 62--A/2008, de 11 de Novembro, que, em simultâneo, nacionalizou, em aplicação desse mesmo regime, todas as acções representativas do capital social do Banco Português de Negócios, S. A. À partida, a nacionalização não mereceria uma referência no contexto das medidas do direito de polícia, atendendo a que a mesma, ao contrário da requisição (e também da expropriação, embora a mesma não releve do direito de polícia, por não envolver necessariamente uma situação de perigo), parece pôr em causa a ordem da propriedade de um modo mais profundo[260]. Simplesmente, o modelo de nacionalização que o legislador acolheu dificilmente se distingue da figura da requisição civil regulada no Decreto-Lei n.º 637/74, acima citado. Com efeito, no artigo 3.º, n.º 1, alínea l), deste diploma, inclui entre as empresas que podem ser objecto de requisição civil «*o funcionamento do sistema de crédito*». Como acima se disse, a requisição civil abrange «*o conjunto de medidas determinadas pelo Governo necessárias para, em circunstâncias particularmente graves, se assegurar o regular funcionamento de serviços essenciais de interesse público ou de sectores vitais da economia nacional*», e reveste «*carácter excepcional, podendo ter por objecto a prestação de serviços, individual ou colectiva, a cedência de bens móveis ou semoventes, a utilização temporária de quaisquer bens, os serviços públicos e as empresas públicas de economia mista ou privadas*». Por seu turno, nos termos do artigo 1.º do Anexo à Lei n.º 62-A/2008, «*podem ser objecto de apropriação pública, por via de nacionalização, no todo ou em parte, participações sociais de pessoas colectivas privadas, quando, por motivos excepcionais e especialmente fundamentados, tal se revele necessário para salvaguardar o interesse público*». Em face deste evidente paralelismo, a única diferença relevante que seria possível estabelecer entre a requisição civil e a nacionalização, tal como a configura o legislador, consistiria no carácter temporário daquela. Mas o carácter temporário da requisição civil não é, ao contrário do que sucede com a requisição de imóveis prevista no Código das Expropriações, de modo algum evidente[261].

---

[260] Sobre o conceito de nacionalização, cfr. Miguel Nogueira de Brito, *A Justificação da Propriedade numa Democracia Constitucional*, cit., pp. 1032 e ss.

[261] Ao mesmo tempo, não pode deixar de se reconhecer que é esta proximidade entre o regime da nacionalização e o regime da requisição civil que salva a Lei n.º 62-A/2008 de um juízo de inconstitucionalidade, na medida em que prevê a dissociação entre o regime da nacionalização e a respectiva execução. Com efeito, caso o legislador tivesse optado por uma concepção de nacionalização não minimalista, isto é, não limitada a uma quebra pontual da ordem da propriedade (tal como sucede com a expropriação e a requisição), seria duvidosa a conformidade com a tutela constitucional da propriedade privada da Lei n.º 62-A/2008, na medida em que estabelece a dissociação entre o regime geral da nacionalização, constante de lei formal, e o próprio acto de nacionalização, remetido para um decreto-lei [sobre esta matéria, cfr. Miguel Nogueira de Brito, *A Justificação da Propriedade Privada numa Democracia Constitucional*, cit., p. 1036; para outros problemas de inconstitucionalidade da Lei n.º 62-A/2008, cfr. António Menezes Cordeiro, "A Nacionalização do BPN", in *Revista de Direito das Sociedades*, Ano I (2009), n.º 1, pp. 69 e ss.].

7.3. MEDIDAS DE POLÍCIA E SANÇÕES ADMINISTRATIVAS

À partida parece muito simples distinguir as medidas de polícia das sanções administrativas: enquanto aquelas, como vimos, não pressupõem a culpa do perturbador, estas teriam essa culpa como pressuposto necessário e como escopo castigar ou retribuir um comportamento ilegal do seu destinatário[262]. Mas não é necessariamente assim: algumas sanções administrativas, as de carácter preventivo, não pressupõem também a culpa do seu destinatário nem visam castigar este último, assentando o seu carácter sancionatório unicamente no aspecto formal de constituírem o efeito jurídico previsto numa norma jurídica como consequência de certos pressupostos com o fim de evitar a violação dessa ou de outra norma jurídica. Como antes se afirmou, na esteira do voto de vencido do Conselheiro Sousa e Brito ao Acórdão n.º 160/91 do Tribunal Constitucional, o que distingue as sanções administrativas meramente preventivas das medidas de polícia é, essencialmente, o carácter normativo das primeiras[263]. Uma sanção administrativa preventiva, como a restrição de uso de cheque, é um efeito jurídico de certos pressupostos normativos. Ora, as medidas de polícia são também preventivas porque visam evitar perigos de dano dos bens jurídicos protegidos, afastando situações de perigo para a violação desses bens, nomeadamente o perigo de ofensas da legalidade democrática, da segurança interna ou dos direitos dos cidadãos, como prevê o artigo 272.º, n.º 1, da Constituição. Dada a imprevisibilidade de todas as circunstâncias em que os perigos de tais ofensas exigem acções policiais preventivas, a natureza das coisas impede uma tipificação normativa que ligue todas as formas da conduta policial a pressupostos determinados, sem prejuízo da definição legal genérica da competência material das autoridades com fun-

---

[262] Cfr. Alejandro Huergo Lora, *Las Sanciones Administrativas*, Iustel, Madrid, 2007, pp. 225 e 377.

[263] Neste mesmo sentido, cfr. Rosendo Dias José, "Sanções Administrativas", *cit.*, pp. 46 e 47, respectivamente: «*as medidas de polícia não se confundem por inteiro com as sanções administrativas neste particular* [isto é, a tipicização], *enquanto as medidas de vigilância por controlo e algumas de impedimento não são tipicizáveis quanto aos pressupostos nem quanto ao conteúdo, porque dependem da situação fáctica existente no momento da acção de polícia, situação à qual se devem adequar sem excessos*»; as medidas de polícia «*têm muitas vezes efeitos e estrutura idênticos às sanções administrativas e delas se distinguem apenas por não pressuporem de modo necessário a reacção ao infringir de uma norma*».

ções de polícia e de poder até admitir-se, em relação a certos tipos de medidas de polícia, a indicação do respectivo conteúdo, como acima se afirmou[264]. Nesta conformidade, afigura-se correcta a conclusão do Conselheiro Sousa e Brito quando afirma que a «*necessitação normativa de medidas preventivas como consequência de pressupostos determinados transformaria as medidas de polícia em sanções meramente preventivas*». Assim, quando, para além da verificação de um perigo para um bem protegido pela actividade de polícia, a norma faça depender a adopção da medida de pressupostos normativos concretos, estaremos perante uma sanção administrativa e já não perante uma medida de polícia.

Aliás, é possível dar exemplos desta transformação de medidas de polícia em sanções administrativas preventivas. Assim, o internamento de doentes mentais constituía claramente uma medida de polícia, de acordo com a Lei de Bases para a Promoção da Saúde Mental, aprovada pela Lei n.º 2118, de 3 de Abril de 1963. Com efeito, segundo o disposto no n.º 2 da Base XXIII desta lei «*A admissão em regime fechado só poderá ser pedida pelo próprio doente, pelo seu representante legal, por qualquer pessoa com legitimidade para requerer a sua interdição e pelo Ministério Público ou, no caso de admissão de urgência, pelas autoridades administrativas e policiais*». Por seu turno, a Base XXVII, n.º 1, da mesma lei consignava que «*Em caso de admissão de urgência, reconhecida pelo director do estabelecimento, a justificação de hospitalização deverá ser feita no prazo máximo de oito dias, a contar da admissão, prorrogável por igual período se o director do estabelecimento reputar a alta perigosa para o próprio doente ou para a ordem, segurança e tranquilidade pública. No termo da prorrogação, a situação do doente terá de estar regularizada de harmonia com as disposições gerais estabelecidas nesta lei*». Com a Lei n.º 36/98, de 24 de Julho, o internamento passou a ser encarado como uma sanção administrativa preventiva. De acordo com o artigo 12.º, n.º 1, deste diploma, «*O portador de anomalia psíquica grave que crie, por força dela, uma situação de perigo para bens jurídicos, de relevante valor, próprios ou alheios, de natureza pessoal ou patrimonial, e recuse submeter-se ao necessário tratamento médico pode ser internado em estabelecimento adequado*». O artigo 22.º, por sua vez, trata do internamento de urgência, dispondo que «*O portador de anomalia psíquica pode ser internado compulsivamente de urgência, nos termos dos artigos seguintes,*

---

[264] Cfr. supra, § 1, ponto 2.4, e § 4, ponto 4.

sempre que, verificando-se os pressupostos do artigo 12.º, n.º 1, exista perigo iminente para os bens jurídicos aí referidos, nomeadamente por deterioração aguda do seu estado». Como se vê, o internamento passou a ser encarado pela Lei n.º 36/98 como uma sanção administrativa preventiva, uma vez que passou a existir uma tipificação normativa dos pressupostos da medida em causa, o que anteriormente não sucedia.

Saber se uma determinada actuação das autoridades de polícia é de configurar como uma medida de polícia ou como uma sanção administrativa preventiva é, pois, uma questão que depende de uma outra, qual seja a de saber em que termos podemos de antemão antecipar os casos que irão despoletar tal actuação. Se não o pudermos fazer de todo, ou apenas o pudermos fazer de modo muito vago e genérico, estaremos perante uma medida de polícia; pelo contrário, se for possível delimitar os pressupostos normativos de uma actuação das autoridades de polícia, encontrar-nos-emos em face de uma sanção administrativa preventiva.

Podemos, assim, dizer que existem três graus de (in)determinação normativa da actuação da polícia: num primeiro grau, existe uma definição mínima dos pressupostos de actuação da polícia, com base numa cláusula geral, sendo que a actuação da polícia é aquela que se revelar apropriada, de acordo com o princípio da proporcionalidade (indeterminação de estatuição); num segundo grau, a lei determina o conteúdo da medida de polícia a adoptar, mas não define os pressupostos da sua aplicação (indeterminação de previsão), como sucede com as medidas de polícia elencadas nos artigos 28.º e 29.º da Lei n.º 53/2008, de 29 de Agosto; num terceiro grau, a lei determina os contornos da actuação das autoridades de polícia como consequência de certos pressupostos normativos, ainda que definidos com base em conceitos indeterminados (determinação normativa). Nos dois primeiros casos, situamo-nos no plano das medidas de polícia, concretizadas através do método das cláusulas gerais e da tipicidade legal, respectivamente; no terceiro, encontramo-nos já no plano das sanções administrativas preventivas. Na verdade, pode até dizer-se que as sanções administrativas preventivas correspondem ao grau máximo de densificação normativa que é possível atribuir às medidas de polícia sem desvirtuar a sua adequação à actividade do controlo de perigos que constitui, como já se viu, a própria base da autonomia dogmática do direito de polícia administrativa[265].

---

[265] Cfr. supra, § 2, ponto 4.

Em função do exposto, pode dizer-se que as sanções administrativas preventivas distinguem-se das medidas de polícia em termos apenas de grau e, além disso, ambos os tipos de actuação distinguem-se das sanções administrativas em sentido próprio, isto é, envolvendo um verdadeiro juízo de censura das pessoas a quem são aplicadas, em termos já verdadeiramente qualitativos. Nesta medida, podemos sem dúvida afirmar que as sanções administrativas preventivas relevam ainda da actuação da polícia administrativa e, nessa medida, do direito de polícia. Diversamente, não são já objecto de tratamento no âmbito do direito de polícia as sanções administrativas em sentido próprio, em que se incluem o exercício do poder disciplinar, a punição do ilícito contra-ordenacional e o controlo administrativo de certas actividades públicas e privadas, como por exemplo, a revogação de subsídios do poder central às autarquias locais ou a revogação do estatuto de utilidade pública[266]. Com efeito, tais sanções não têm uma relação directa e necessária com a actividade de controlo de perigos.

7.4. Medidas de polícia e uso de meios coercivos

Distinto da aplicação de medidas de polícia, como se disse, é o uso de meios coercivos pelos agentes de autoridade, o que constitui uma especialidade em face das restantes autoridades administrativas.

No direito português, é possível distinguir três modalidades de uso de meios coercivos no domínio do direito de polícia, à semelhança do que sucede no domínio do direito administrativo geral: *(i)* a realização, directamente ou por intermédio de terceiros, de determinados actos devidos à custa do obrigado; *(ii)* a imposição de sanções compulsórias; *(iii)* o uso directo da força[267]. Estas modalidades de uso da força estão também pre-

---

[266] Cfr. Diogo Freitas do Amaral, "O Poder Sancinatório da Administração Pública", in Diogo Freitas do Amaral, Carlos Ferreira de Almeida e Marta Tavares de Almeida (coords.), *Estudos Comemorativos do 10 Anos da Faculdade de Direito da Universidade Nova de Lisboa*, vol. I, Almedina, Coimbra, pp. 218 e ss.

[267] Para uma distinção semelhante no direito alemão, cfr. Drews/Wacke/Vogel/Martens, *Gefahrenabwehr*, cit., p. 522; Pieroth/Schlink/Kniesel, *Polizei- und Ordnungsrecht mit Versammlungsrecht*, cit., p. 418; Gusy, *Polizeirecht*, cit., p. 229, n.° 441; Volkmar Götz, *Allgemeines Polizei- und Ordnungsrecht*, cit., pp. 156-159. Estes meios de execução forçada eram já considerados por Otto Mayer, *Verwaltungsrecht*, I, cit., p. 272; cfr. ainda, Iñaki Agirreazkuenaga, *La Coacción Administrativa Directa*, Editorial Civitas, Madrid,

vistas no artigo 157.º do Código de Procedimento Administrativo, em face do incumprimento do obrigado em caso de execução para prestação de facto, sendo de realçar que não se encontra prevista no âmbito do processo civil a última das modalidades, isto é, o uso directo da força, em caso de execução para prestação de facto (cfr. artigo 933.º do Código de Processo Civil)[268].

O uso de meios coercivos pode acompanhar a prática de medidas de polícia, mas não se confunde com estas[269], assim se justificando claramente a opção da lei em separar as duas realidades. Os casos de uso da força permitem a imposição ou execução forçada das medidas de polícia. Podemos dizer que enquanto a medida de polícia visa fazer face directamente ao perigo, o uso da força, em abstracto, apenas indirectamente serve esse mesmo objectivo, uma vez que a mesma medida de polícia pode ser apta a controlar o perigo sem que se torne necessário o recurso à força ou mesmo, eventualmente, através de diferentes tipos de uso da força. Com isto se relaciona a circunstância, já anteriormente referida, de que enquanto as medidas de polícia são, em número considerável de casos, ilimitadas quanto ao seu número e natureza, resultando sempre de cada situação de perigo que devem eliminar, os meios coercivos ao dispor da polícia são apenas os previstos na lei, não podendo a polícia lançar mão de quaisquer outros[270].

1990, pp. 41 e ss. De resto, como nota Maria da Glória Ferreira Pinto Dias Garcia, as medidas de execução referidas no texto são também as que se encontram previstas na lei alemã de execução coactiva dos actos administrativos por via coactiva, de 27 de Abril de 1953 (cfr. "Breve Reflexão sobre a Execução Coactiva dos Actos Administrativos", in AA. VV., *Estudos*, vol. II, Direcção-Geral das Contribuições e Impostos, Lisboa, 1983, pp. 552 e 555).

[268] Como justamente realça Carla Amado Gomes, *Contributo para o Estudo das Operações Materiais da Administração Pública e do seu Controlo Jurisdicional*, Coimbra Editora, Coimbra, 1999, p. 153. Segundo realça a autora, «é fácil perceber porquê: proposta uma acção de cumprimento de prestação de facto infungível, o máximo que o credor pode obter é a condenação do devedor numa indemnização, nunca a sua condenação na prática da actividade omitida e que só por este poderia ser realizada (artigo 933.º/1, 2.ª parte, do CPC). E consequentemente a sentença a executar seguirá o processo de execução para pagamento de quantia certa».

[269] Como nota João Raposo, "O Regime Jurídico das Medidas de Polícia", *cit.*, p. 701.

[270] Cfr. Drews/Wacke/Vogel/Martens, *Gefahrenabwehr*, cit., pp. 523-524.

Coloca-se, assim, a questão de saber em que medida se deve interpretar esta exigência de previsão legal: devem os casos de uso de meios coercivos estar previstos em lei formal ou apenas em acto legislativo, como vimos suceder, em princípio, com as medidas de polícia[271]? A resposta a esta questão parece poder ser só uma. Os meios de execução coerciva de que dispõe a Administração, e em particular as autoridades de polícia, carecem de previsão em lei parlamentar, em virtude, desde logo, do grau de afectação dos direitos, liberdades e garantias que envolvem, de acordo com a designada teoria da essencialidade[272]. Isto é assim, sem sombra de dúvida, nos casos de uso directo da força. Mas também nos casos de imposição de sanções compulsórias e de execução substitutiva se deve entender do mesmo modo.

De resto, a prática legislativa tem confirmado, de um modo geral, este entendimento. Os casos de uso directo da força encontram a sua previsão legal na Lei n.º 53/2008, 29 de Agosto (Lei de Segurança Interna), bem como no Decreto-Lei n.º 457/99, de 5 de Novembro, emitido ao abrigo de autorização legislativa conferida pela Lei n.º 104/99, de 26 de Julho (recurso a arma de fogo em acção policial).

As sanções compulsórias impostas por entidades administrativas acham-se igualmente reguladas, na sua maioria, por lei parlamentar. Assim sucede com as sanções pecuniárias compulsórias previstas no artigo 46.º da Lei n.º 18/2003, de 11 de Junho (Regime Jurídico da Concorrência), no artigo 116.º da Lei n.º 5/2004, de 10 de Fevereiro (Lei das Comunicações Electrónicas), no artigo 72.º da Lei n.º 53/2005, de 8 de Novembro (Estatutos da Entidade Reguladora da Comunicação), artigos 85.º do Decreto-Lei n.º 226-A/2007, de 31 de Maio, em conjugação com o artigo 97.º, n.º 6, da Lei n.º 58/2005, de 29 de Dezembro (Lei da Água). Todavia, já o mesmo não sucede com a sanção compulsória de interrupção de fornecimento de energia eléctrica, prevista no artigo 55.º do Decreto-Lei n.º 209/2008, de 29 de Outubro, para os casos em que se verifique, designadamente, oposição às medidas cautelares previstas no artigo 54.º do

---

[271] Cfr. supra, § 2, ponto 3.1.
[272] Em sentido semelhante, cfr. Rui Machete, "Privilégio da Execução Prévia", in *Estudos de Direito Público*, Coimbra Editora, Coimbra, 2004, p. 65; Maria da Glória Ferreira Pinto Garcia, "Breve Reflexão sobre a Execução Coactiva dos Actos Administrativos", *cit.*, pp. 571-572; Carla Amado Gomes, *Contributo para o Estudo das Operações Materiais da Administração Pública e do seu Controlo Jurisidicional*, cit., p. 107.

mesmo diploma. A interrupção do fornecimento de energia eléctrica não constitui propriamente uma medida de polícia, mas um meios de execução forçada das medidas de polícia previstas na cláusula geral do artigo 54.º do citado Decreto-Lei n.º 209/2008, funcionando como uma consequência desfavorável para o destinatário de tais medidas que a elas se oponha, e enquanto se opuser, com o objectivo de o levar a respeitar as mesmas.

Finalmente, também os casos de execução substitutiva têm sido, em regra, adoptados pelo legislador parlamentar. Assim, o artigo 91.º da Lei n.º 60/2007, de 4 de Setembro, prevê que quando o proprietário não iniciar as obras de conservação que lhe sejam determinadas ou não as concluir dentro dos prazos que para o efeito lhe forem fixados, pode a câmara municipal tomar posse administrativa do imóvel para lhes dar execução imediata[273]. O artigo 84.º, n.º 1, do Decreto-Lei n.º 226-A/2007, de 31 de Maio, consigna que em caso de incumprimento de decisão que determine a reposição da situação anterior à infracção, podem as entidades competentes realizar os trabalhos e acções devidos por conta do infractor. Todavia, tal disposição encontra-se devidamente respaldada no artigo 95.º, n.º 1, da Lei n.º 58/2005, de 29 de Dezembro, nos termos da qual «*Quem causar uma deterioração do estado das águas, sem que a mesma decorra de utilização conforme com um correspondente título de utilização e com as condições nele estabelecidas, deve custear integralmente as medidas necessárias à recomposição da condição que existiria caso a actividade devida não se tivesse verificado*». Nos termos do n.º 4 da mesma disposição, «*A autoridade nacional da água e as entidades competentes em matéria de fiscalização podem igualmente determinar a posse administrativa do imóvel onde está a ser realizada a infracção de modo a permitir a execução coerciva das medidas previstas*».

Nas páginas subsequentes, tratarei apenas dos casos de uso directo da força. Com efeito, não obstante as restantes modalidades de uso da força possam ocorrer no domínio do direito da polícia, podemos dizer que o uso directo da força é, em princípio, exclusivo do direito de polícia.

No artigo 30.º da lei orgânica da GNR afirmava-se que os militares da Guarda poderiam fazer uso dos meios coercivos de que dispõem nas circunstâncias seguintes: a) para repelir uma agressão iminente ou em exe-

---

[273] Sobre o regime da posse administrativa no contexto da execução substitutiva, cfr. Carla Amado Gomes, *Contributo para o Estudo das Operações Materiais da Administração Pública e do seu Controlo Jurisdicional*, cit., pp. 141 e ss.

cução, em defesa própria ou de terceiros; b) para vencer a resistência violenta à execução de um serviço no exercício das suas funções e manter o princípio da autoridade, depois de ter feito aos resistentes intimação de obediência e após esgotados outros meios para o conseguir; c) para efectuar a captura de indivíduos evadidos de estabelecimentos prisionais ou que sejam destinatários de mandatos de detenção pela prática de crime a que corresponda pena de prisão superior a três anos ou impedir a fuga de qualquer indivíduo legalmente preso ou detido. As alíneas a) e b) constam também do artigo 13.º, n.º 3, do Decreto-Lei n.º 265/93, de 31 de Julho, que aprovou o Estatuto dos Militares da Guarda Nacional Republicana[274], e do artigo 4.º, n.º 3, da Lei n.º 5/99, de 27 de Janeiro, que aprovou a Lei de Organização e Funcionamento da Polícia de Segurança Pública. Todas estas normas estão hoje revogadas, na sequência da publicação da nova Lei de Segurança Interna, constante da Lei n.º 53/2008, de 29 de Agosto. Segundo o artigo 34.º, n.º 1, deste diploma, «*os agentes das forças e dos serviços de segurança só podem utilizar meios coercivos nos seguintes casos: a) Para repelir uma agressão actual e ilícita de interesses juridicamente protegidos, em defesa própria ou de terceiros; b) Para vencer resistência à execução de um serviço no exercício das suas funções, depois de ter feito aos resistentes intimação formal de obediência e esgotados os outros meios para o conseguir*». O n.º 2 do mesmo artigo consigna que «*O recurso à utilização de armas de fogo e explosivos pelas forças e pelos serviços de segurança é regulado em diploma próprio*».

O uso de meios coercivos corresponde à coacção directa primeiro teorizada por Otto Mayer em termos equivalentes aos meios de tutela privada do direito privado[275]. Assim, podemos observar uma correspondência entre a alínea a) supra e a legítima defesa do artigo 337.º do Código Civil e, por outro lado, entre a alínea b) supra e a acção directa do artigo 336.º do Código Civil. Senão vejamos, quanto à alínea a): «*repelir uma agressão actual e ilícita de interesses juridicamente protegidos, em defesa própria ou de terceiros*» [artigo 34.º, n.º 1, alínea a), da Lei n.º 53/2008]; «*afastar qualquer agressão actual e contrária à lei contra a pessoa ou património do agente ou de terceiro*» (artigo 337.º, n.º 1, do Código

---

[274] Alterado pelos Decretos-Leis n.º 297/98, de 28 de Setembro, n.º 188/99, de 2 de Junho, n.º 119/2004, de 29 de Janeiro, n.º 159/2005, de 20 de Setembro, com a Declaração de rectificação n.º 79/2005, de 7 de Novembro, e n.º 216/2006, de 30 de Outubro.

[275] Cfr. Otto Mayer, *Deutsches Verwaltungsrecht*, Band I, cit., p. 290.

Civil). Quanto à alínea b): «*vencer resistência à execução de um serviço no exercício das suas funções*» [artigo 34.º, n.º 1, alínea b), da Lei n.º 53/2008]; «*a acção directa pode consistir na apropriação, destruição ou deterioração de uma coisa, na eliminação da resistência regularmente oposta ao exercício do direito, ou noutro acto análogo*» (artigo 336.º, n.º 2, do Código Civil).

Esta proximidade entre os casos de uso de meios coercivos pelas forças de segurança, por um lado, e, por outro, as figuras da legítima defesa e da acção directa tem a sua origem na compreensão da razão de Estado na transição do Estado de Polícia para o Estado Liberal de Direito[276]: esta passa agora a ser entendida como a razão do menor Estado e daí que surja como apenas natural que se procurem conceber, em tal contexto, os casos de uso da força pública tomando como modelo o uso da força que é admissível nas relações entre privados. Mas o paralelismo tem razões mais profundas: tal como o uso da força entre privados tem a sua medida na preservação da liberdade do agente ou daqueles que este visa defender, assim também sucede com o uso da força pela polícia. Por outras palavras, o uso da força é sempre funcionalmente dirigido à preservação de uma ordem de liberdade. É preciso, no entanto, notar que o uso da força pela polícia está sujeito a exigências em matéria de proporcionalidade que não se verificam em relação ao exercício da legítima defesa por parte dos cidadãos. Tais exigências decorrem não apenas do disposto nos artigos 272.º da Constituição e 30.º da Lei de Segurança Interna, mas do próprio Código Deontológico do Serviço Policial, cuja aprovação foi registada pela Resolução do Conselho de Ministros n.º 37/2002, de 7 de Fevereiro[277]. De acordo com o artigo 8.º, n.º 1, do Código Deontológico do Serviço Policial, «*os membros das forças de segurança usam os meios coercivos adequados à reposição da legalidade e da ordem, segurança e tranquilidade públicas só quando estes se mostrem indispensáveis, necessários e suficientes ao bom cumprimento das suas funções e estejam esgotados os meios de persuasão e de diálogo*». Para além disso, de acordo com os n.os 2 e 3 do mesmo artigo, «*os membros das forças de segurança evitam recorrer ao uso da força, salvo nos casos expressamente previstos na lei, quando este se revele legítimo, estritamente necessário, adequado e proporcional ao objectivo visado*» e «*só devem recorrer ao uso de armas de fogo, como*

---

[276] Sobre isto, cfr., supra, § 1, ponto 2.1.
[277] Publicada no *Diário da República*, n.º 50, I Série B, de 28 de Fevereiro de 2000.

medida extrema, quando tal se afigure absolutamente necessário, adequado, exista comprovadamente perigo para as suas vidas ou de terceiros e nos demais casos taxativamente previstos na lei»[278].

Existe, no entanto, um caso de uso da força que parece perturbar o paralelismo aludido: trata-se do caso previsto no artigo 157.º, n.º 3, do Código do Procedimento Administrativo. Segundo esta disposição, «*as obrigações positivas de prestação de facto infungível só podem ser objecto de coacção directa sobre os indivíduos obrigados nos casos expressamente previstos na lei, e sempre com observância dos direitos fundamentais consagrados na Constituição e do respeito devido à pessoa humana*». Significa isto que, estando em causa o cumprimento activo de uma ordem que apenas o destinatário pode levar a cabo, se admite a respectiva imposição através da força. Assim, seria possível, por exemplo, obrigar alguém, pela força, a cumprir o serviço militar ou a exercer o direito de voto. Carla Amado Gomes sustenta com acerto a inconstitucionalidade da norma do artigo 157.º, n.º 3. Segundo esta autora, se é possível ainda justificar à luz da Constituição impor pela força o cumprimento de obrigações infungíveis de *pati* (isto é, situações de sujeição a que o particular se pode ver adstrito), isso já não sucede com a imposição pela força do cumprimento de obrigações infungíveis de *facere*, ou o uso da força sobre os cidadãos com o fim de realizarem determinadas prestações. Por outras palavras, se ainda é possível forçar alguém a suportar um internamento ou a submeter-se a uma operação de vacinação, já não seria possível impor-lhe pela força o cumprimento do serviço militar ou o exercício do sufrágio. Em tais casos estaria decididamente posta em causa a livre determinação do indivíduo, enquanto parte do núcleo essencial do direito à integridade física e psíquica, consagrado no artigo 25.º da Constituição, sem que o sacrifício de tal direito possa ser suportado, à luz de critérios de proporcionalidade, em qualquer outro interesse constitucional[279]. Na realidade, esta conclusão decorre também da impossibilidade de encontrar qualquer paralelismo entre um tal caso de uso da força e os casos de uso da força entre privados admitidos pelo Direito.

---

[278] Cfr. Vitalino Canas, "A Actividade de Polícia e a Proibição do Excesso: As Forças e Serviços de Segurança em Particular", *cit*., pp. 445-448.

[279] Cfr. Carla Amado Gomes, *Contributo para o Estudo das Operações Materiais da Administração Pública e do Seu Controlo Jurisdicional*, cit., pp. 151-152.

O paralelismo acima mencionado projecta-se também quanto ao uso de armas de fogo. Assim, temos antes de mais o Decreto-Lei n.º 457/99, de 5 de Novembro, que aprova o regime de utilização de armas de fogo e explosivos pelas forças e serviços de segurança.

Segundo o artigo 2.º deste diploma, sob a epígrafe «*Princípios da necessidade e da proporcionalidade*»:

«1. O recurso a arma de fogo só é permitido em caso de absoluta necessidade, como medida extrema, quando outros meios menos perigosos se mostrem ineficazes, e desde que proporcionado às circunstâncias.

2. Em tal caso, o agente deve esforçar-se por reduzir ao mínimo as lesões e danos e respeitar e preservar a vida humana.»

O artigo 3.º, sob a epígrafe «*Recurso a arma de fogo*», enumera os casos em que, no respeito dos princípios constantes do artigo anterior e sem prejuízo do disposto no n.º 2 deste mesmo artigo 3.º, é permitido o recurso a arma de fogo:

«a) Para repelir agressão actual e ilícita dirigida contra o próprio agente da autoridade ou contra terceiros;

b) Para efectuar a captura ou impedir a fuga de pessoa suspeita de haver cometido crime punível com pena de prisão superior a três anos ou que faça uso ou disponha de armas de fogo, armas brancas ou engenhos ou substâncias explosivas, radioactivas ou próprias para a fabricação de gases tóxicos ou asfixiantes;

c) Para efectuar a prisão de pessoa evadida ou objecto de mandado de detenção ou para impedir a fuga de pessoa regularmente presa ou detida;

d) Para libertar reféns ou pessoas raptadas ou sequestradas;

e) Para suster ou impedir grave atentado contra instalações do Estado ou de utilidade pública ou social ou contra aeronave, navio, comboio, veículo de transporte colectivo de passageiros ou veículo de transporte de bens perigosos;

f) Para vencer a resistência violenta à execução de um serviço no exercício das suas funções e manter a autoridade depois de ter feito aos resistentes intimação inequívoca de obediência e após esgotados todos os outros meios possíveis para o conseguir;

g) Para abate de animais que façam perigar pessoas ou bens ou que, gravemente feridos, não possam com êxito ser imediatamente assistidos;

h) Como meio de alarme ou pedido de socorro, numa situação de emergência, quando outros meios não possam ser utilizados com a mesma finalidade;
i) Quando a manutenção da ordem pública assim o exija ou os superiores do agente, com a mesma finalidade, assim o determinem.»

Esta última alínea consagra uma cláusula geral de grande amplitude, ao permitir uma grande indefinição dos casos a que virá a aplicar-se. Não se põe em causa a necessidade de uma cláusula geral com tal amplitude, mas torna-se claro que o princípio da proporcionalidade desempenhará uma importante função na respectiva concretização.

Por seu turno, o n.º 2 deste mesmo artigo 3.º prescreve que

«O recurso a arma de fogo contra pessoas só é permitido desde que, cumulativamente, a respectiva finalidade não possa ser alcançada através do recurso a arma de fogo, nos termos do n.º 1 do presente artigo, e se verifique uma das circunstâncias a seguir taxativamente enumeradas:

a) Para repelir a agressão actual ilícita dirigida contra o agente ou terceiros, se houver perigo iminente de morte ou ofensa grave à integridade física;
b) Para prevenir a prática de crime particularmente grave que ameace vidas humanas;
c) Para proceder à detenção de pessoa que represente essa ameaça e que resista à autoridade ou impedir a sua fuga.»

O n.º 3 da mesma disposição consigna que «*Sempre que não seja permitido o recurso a arma de fogo, ninguém pode ser objecto de intimidação através de tiro de arma de fogo*». Finalmente, o n.º 4 introduz uma regra de limitação de "danos colaterais", ao preceituar que «*O recurso a arma de fogo só é permitido se for manifestamente improvável que, além do visado ou visados, alguma outra pessoa venha a ser atingida*».

Ainda com interesse, o artigo 4.º, sob a epígrafe «*Advertência*», prevê o seguinte:

«1. O recurso a arma de fogo deve ser precedido de advertência claramente perceptível, sempre que a natureza do serviço e as circunstâncias o permitam.

2. A advertência pode consistir em tiro para o ar, desde que seja de supor que ninguém venha a ser atingido, e que a intimação ou advertência prévia possa não ser clara e imediatamente perceptível.

3. Contra um ajuntamento de pessoas a advertência deve ser repetida.»

Regras de algum modo semelhantes, mas mais restritivas, estão em vigor para o uso de armas de fogo pelos particulares, e a que aqui fazemos referência pelo interesse de que se revestem a propósito da segurança privada, de que trataremos a seguir. Assim, o artigo 42.º da Lei n.º 5/2006, de 23 de Fevereiro, regula o uso de armas de fogo, efectuando uma distinção entre uso excepcional e uso não excepcional. No âmbito do uso excepcional, o mesmo artigo 42.º, n.º 1, distingue entre o uso de arma de fogo para defesa da vida do próprio ou de terceiros e o seu uso para defesa do património. Nos termos da alínea a) deste mesmo n.º 1 considera-se uso excepcional de arma de fogo a sua utilização efectiva «*como último meio de defesa, para fazer cessar ou repelir uma agressão actual e ilícita dirigida contra o próprio ou terceiros, quando exista perigo iminente de morte ou ofensa grave à integridade física e quando essa defesa não possa ser garantida por agentes da autoridade do Estado, devendo o disparo ser precedido de advertência verbal ou de disparo de advertência e em caso algum podendo visar zona letal do corpo humano*»; de acordo com a alínea b) do mesmo n.º 1, considera-se também uso excepcional aquele que possa ser caracterizado «*como último meio de defesa, para fazer cessar ou repelir uma agressão actual e ilícita dirigida contra o património do próprio ou de terceiro e quando essa defesa não possa ser garantida por agentes da autoridade do Estado, devendo os disparos ser exclusivamente de advertência*». É, desde logo, duvidosa a compatibilidade destas disposições, caracterizadas por um verdadeiro excesso da proibição do excesso, com os artigos do Código Civil e do próprio Código Penal sobre legítima defesa.

O n.º 2 do mesmo artigo 42.º caracteriza enquanto uso não excepcional de arma de fogo: a) o exercício da prática desportiva ou de actos venatórios[280]; b) como meio de alarme ou pedido de socorro, numa situação de emergência, quando outros meios não possam ser utilizados com a mesma finalidade; c) como meio de repelir uma agressão iminente ou em execução, perpetrada por animal susceptível de fazer perigar a vida ou a integridade física do próprio ou de terceiros, quando essa defesa não possa

---

[280] Esta alínea foi alterada pela Lei n.º 17/2009, de 6 de Maio.

ser garantida por outra forma. Afigura-se, desde logo, duvidosa a possibilidade de os animais «*perpetrarem agressões*», uma vez que a expressão significa a prática de uma acção condenável.

7.4.1. Em especial o uso de meios coercivos pelas forças de segurança privada

Segundo dispõe o artigo 2.º, n.º 1, do Decreto-Lei n.º 35/2004, de 21 de Fevereiro, a actividade de segurança privada compreende os seguintes serviços: *a)* A vigilância de bens móveis e imóveis e o controlo de entrada, presença e saída de pessoas, bem como a prevenção da entrada de armas, substâncias e artigos de uso e porte proibidos ou susceptíveis de provocar actos de violência no interior de edifícios ou locais de acesso vedado ou condicionado ao público, designadamente estabelecimentos, certames, espectáculos e convenções; *b)* A protecção pessoal, sem prejuízo das competências exclusivas atribuídas às forças de segurança; *c)* A exploração e a gestão de centrais de recepção e monitorização de alarmes; *d)* O transporte, a guarda, o tratamento e a distribuição de valores. É importante, desde logo, salientar que o exercício da actividade de segurança privada, como decorre da alínea b) atrás mencionada, está sujeito ao princípio da subsidiariedade. Este princípio encontra, aliás, formulação expressa no artigo 5.º, alínea a), do mesmo diploma, nos termos do qual, é proibido no exercício da actividade de segurança privada «*a prática de actividades que tenham por objecto a prossecução de objectivos ou o desempenho de funções correspondentes a competências exclusivas das autoridades judiciárias ou policiais*».

Se os serviços compreendidos no âmbito da segurança privada são os que acabam de ser enunciados, chama logo a atenção a circunstância de o regime legal constante do Decreto-Lei n.º 35/2004 não conter qualquer disposição sobre o uso da força. Mais do que isso, os artigos 14.º e 15.º, sob as epígrafes «*Porte de arma*» e «*Canídeos*»[281], respectivamente, consignam que o uso e porte de arma e a utilização de canídeos estão sujeitos

---

[281] O artigo 14.º, n.º 1, foi alterado pela Lei n.º 38/2008, de 8 de Agosto, passando a ter a seguinte redacção: «*O pessoal de vigilância está sujeito ao regime geral de uso e porte de arma, podendo recorrer, designadamente, a aerossóis e armas eléctricas, meios de defesa não letais da classe E, nos termos da Lei n.º 5/2006, de 23 de Fevereiro*».

aos respectivos regimes gerais. Compreende-se o sentido destas disposições, bem como a ausência de específicas disposições sobre o uso da força. É que as empresas de segurança privada actuam nos limites dos «*direitos de todos*» à legítima defesa, própria ou de terceiro, e à detenção em flagrante delito, bem como dos «*poderes derivados*» que lhes são confiados pelas empresas que as contratam, e no âmbito dos quais podem exercer a acção directa[282]. Assim, os «*regimes gerais*», aplicáveis a quaisquer cidadãos, de uso e porte de armas, bem como de utilização de canídeos são os apropriados para os agentes das empresas de segurança. Neste contexto, pode até afirmar-se que o carácter excessivamente restritivo do regime de uso de arma de fogo constante do artigo 42.º da Lei n.º 5/2006, de 23 de Fevereiro, e acima mencionado, é especialmente ajustado à actuação das empresas de segurança privada. Com efeito, atendendo a que as empresas de segurança privada procedem a uma «*profissionalização*» dos institutos de autotutela oriundos do direito privado[283], deve entender-se que as mesmas devem ficar sujeitas a requisitos especialmente apertados quanto ao uso de armas de fogo. Pela mesma razão, existe ainda quem sustente que o emprego da força pelas empresas de segurança privada deve estar sujeito aos ditames do princípio da proporcionalidade, nos mesmos termos em que a este se encontra sujeita a actuação da polícia[284].

7.5. Competência, procedimento e forma

Torna-se agora necessário abordar o tema das atribuições e competências da polícia enquanto pressuposto da legalidade da respectiva actividade.

Entre as normas de competência, em sentido amplo, incluem-se aqui quer as normas que definem as atribuições de uma pessoa colectiva

---

[282] Cfr. Pedro Gonçalves, *Entidades Privadas com Poderes Públicos*, cit., p. 969. Como nota o autor, a este fundamento da segurança privada no direito privado não se opõe, naturalmente, a circunstância de a lei apenas prever a acção directa para a realização do «*próprio direito*» (artigo 336.º, n.º 1, do Código Civil). É que, como se diz no texto, além dos «*direitos de todos*», estão também em causa os «*poderes derivados*», confiados às empresas de segurança privada pelas entidades que as contratam.

[283] Cfr. supra, § 1, ponto 2.2.

[284] Neste sentido, cfr. Pedro Gonçalves, *Entidades Privadas com Poderes Públicos*, cit., pp. 972-973.

pública, que permitem defini-la como exercendo actividades de polícia, quer as normas que definem as competências de que dispõem os órgãos dessa pessoa colectiva para a prossecução daquelas actividades. Como parece evidente, estamos aqui a tratar sob um prisma positivo o problema que, sob um ponto de vista negativo, é normalmente tratado na teoria dos vícios do acto administrativo a propósito da incompetência, absoluta e relativa, isto é, a incompetência de um acto praticado por um órgão administrativo fora das atribuições da pessoa colectiva a que pertence e a incompetência de um acto praticado por um órgão quando esse acto se situa fora da sua competência, pertencendo à competência de outro órgão da mesma pessoa colectiva[285]. É possível definir as atribuições e competências de uma pessoa colectiva segundo diversos critérios, sendo usual distinguir entre critérios relativos à matéria, ao lugar, à função e à hierarquia.

No que toca à matéria, isto é, ao conteúdo das atribuições e competências, pode antes de mais apontar-se uma competência, em sentido amplo, material genérica, que abrange toda a actividade de controlo de perigos, contraposta a competências especiais dirigidas para certos domínios. Para além disso, pode falar-se de uma competência material extraordinária que permite a uma autoridade administrativa, em caso de perigo iminente, perseguir as atribuições de uma outra autoridade, ou exercer as suas competências[286].

As autoridades de polícia podem ter também a sua competência em sentido amplo definida em função de um âmbito territorial, como acontece de forma muito clara com as polícias municipais. Tratando-se de polícias

---

[285] Cfr. Diogo Freitas do Amaral, com a colaboração de Lino Torgal, *Curso de Direito Administrativo*, vol. II, Almedina, Coimbra, 2001, pp. 387-388.

[286] A este propósito cfr., por exemplo, as normas do artigo 11.°, n.os 3 e 5, do Regulamento de Organização e Funcionamento do Serviço de Polícia Municipal da Câmara Municipal de Loures (Aprovado na 4.ª Reunião Ordinária da Câmara Municipal, realizada em 18 de Fevereiro de 2003, e na 2.ª Reunião da 1.ª Sessão Ordinária da Assembleia Municipal, realizada em 13 de Março de 2003), disponível em http://www.cm-loures.pt/doc/regulamentos/Reg_PMunicipal.pdf . De acordo com a primeira das normas mencionadas pode a Polícia Municipal fora do âmbito das competências próprias, quando seja solicitada a fazê-lo conjuntamente com outras forças de segurança, mediante autorização expressa do Presidente da Câmara ou do Vereador com competência por ele delegada. Todavia, a norma do artigo 11.°, n.° 5, admite que «*em caso de necessidade ou manifesto interesse público, nomeadamente em caso de calamidade pública, poderá o Comandante do Serviço de Polícia Municipal actuar, devendo, no entanto, informar superiormente esse facto no mais curto espaço de tempo possível através de qualquer meio de comunicação disponível*».

municiais, com um âmbito de actuação definido pelos limites geográficos do município, nada parece impedir que em caso de perigo iminente ou urgência esse âmbito possa ser pontualmente ultrapassado, como de resto prevê o artigo 5.º, n.º 2, da Lei n.º 19/2004, de 20 de Maio[287], ainda que os regulamentos de polícia municipal adoptem uma posição restritiva a esse respeito[288].

No que diz respeito à competência funcional, assume especial relevo a distinção entre o exercício de competências próprias e a sua fiscalização através de órgãos de fiscalização e supervisão. Está aqui em causa, no tocante à polícias municipais, a tutela administrativa relativamente à sua organização e funcionamento, designadamente na vertente de tutela de substituição, ainda que os artigos 6.º, n.º 2, e 10.º da Lei n.º 19/2004, de 20 de Maio, adoptem uma atitude restritiva a esse respeito.

Finalmente, a competência hierárquica significa a repartição de competências entre os diversos graus hierárquicos. Essa partilha tem escasso significado no que diz respeito às actividades de polícia, uma vez que a competência material genérica para o exercício de tais actividades se encontra normalmente concentrada no mesmo grau hierárquico.

A consequência da violação de normas de atribuição é a nulidade dos actos de natureza individual, nos termos do artigo 133.º, n.º 2, alínea b), do Código de Procedimento Administrativo, resultando da violação das normas de competência a anulabilidade do acto.

O segundo pressuposto da legalidade da actividade de polícia prende-se com as normas de procedimento que devem ser observadas. A este propósito cabe distinguir entre exigências de procedimento específicas, como as decorrentes da intervenção de outras autoridades ou dos próprios atingidos pelas medidas em causa, e exigências genéricas, como as relativas à audiência prévia, à fundamentação e publicação ou notificação dos actos administrativos de polícia aos interessados. Exigências específicas são as subjacentes, desde logo, à distinção legal, já mencionada, entre medidas

---

[287] «Os agentes de polícia municipal não podem actuar fora do território do respectivo município, excepto em situações de flagrante delito ou em emergência de socorro, mediante solicitação da autoridade municipal competente.»

[288] Assim, o artigo 3.º, n.º 2, do Regulamento de Organização e Funcionamento do Serviço de Polícia Municipal da Câmara Municipal de Loures estabelece que os agentes de polícia municipal não podem actuar fora dos limites geográficos e administrativos do município de Loures.

gerais e medidas especiais de polícia a que se referem os artigos 28.º e 29.º da Lei n.º 53/2008, de 29 de Agosto. Nos termos do artigo 33.º, n.º 1, do mesmo diploma, a aplicação das medidas especiais de polícia, previstas no artigo 29.º citado, «*é, sob pena de nulidade, comunicada ao tribunal competente no mais curto prazo, que não pode exceder quarenta e oito horas, e apreciada pelo juiz em ordem à sua validação no prazo máximo de oito dias*»[289]. Por seu turno, e como parece evidente, algumas das exigências genéricas são dispensadas para certo tipo de medidas de polícia, desde logo, as previstas nos artigos 28.º e 29.º da Lei n.º 53/2008.

O terceiro pressuposto relativo à legalidade dos actos de polícia administrativa prende-se com a forma dos actos. Estas exigências de forma (nos termos do artigo 122.º do Código do Procedimento Administrativo, os actos administrativos devem ser praticados por escrito) não se colocam em relação à generalidade das medidas de polícia, sendo certo que, em qualquer caso, teriam de ser dispensadas em caso de perigo iminente[290].

Sobre os pressupostos aqui mencionados é especialmente relevante o disposto no artigo 3.º, n.º 2, do CPA, cujo texto é o seguinte: «*Os actos administrativos praticados em estado de necessidade, com preterição das regras estabelecidas neste Código, são válidos desde que os seus resultados não pudessem ter sido alcançados de outro modo, mas os lesados terão o direito de ser indemnizados nos termos gerais da responsabilidade da Administração*». A este propósito importa ainda distinguir entre o estado de necessidade, como manifestação de uma normatividade excepcional, e a urgência, como manifestação de uma normatividade especial, dirigida não à reposição da situação de normalidade legal, mas à prossecução da finalidade definida por lei, que impõe, para o efeito, a acção urgente[291]. Ora, é importante salientar que a inaplicabilidade das exigências de forma em relação a uma grande parte das medidas de polícia não releva de estar aí em causa uma actuação em estado de necessidade, mas

---

[289] Veja-se ainda o artigo 6.º, n.º 2, do decreto-Lei n.º 252/2000, de 16 de Outubro (lei orgânica do serviço de estrangeiros e fronteiras), que obriga à obtenção de parecer da Comissão Nacional de Protecção de Dados para acesso a determinada informação.

[290] Sobre estes pressupostos, cfr. Pieroth/Schlink/Kniesel, *Polizei- und Ordnungsrecht mit Versammlungsrecht*, cit., pp. 109 e ss.

[291] Cfr. Diogo Freitas dos Amaral e Maria da Glória Garcia, "O Estado de Necessidade e a Urgência em Direito Administrativo", *cit.*, pp. 489 e ss.

simplesmente da natureza de tais medidas. Com efeito, quando estas sejam de caracterizar como operações materiais as exigências de forma deixam de fazer sentido.

7.6. DISCRICIONARIEDADE

As cláusulas gerais de polícia e, bem assim, as normas de competência são em geral formuladas em termos de «*pode*». E, na verdade, muito embora as autoridades de polícia tenham a atribuição de controlar os perigos para os bens jurídicos protegidos, isso significa apenas a estatuição de um dever geral relativo à prossecução das suas funções. A questão de saber se e como devem as autoridades reagir em face de um perigo não se encontra, em regra, disciplinada. Das normas de atribuição e de competência resulta, por outras palavras, um dever de examinar se deve ter lugar uma intervenção, não o dever de intervir. Em abono deste entendimento pode invocar-se que as autoridades de polícia, atendendo desde logo aos recursos materiais e humanos limitados de que dispõem, não podem combater todos os perigos e menos ainda combatê-los de igual modo. É esse, em última análise, o fundamento do princípio da oportunidade, em contraponto ao princípio da legalidade, a que obedecem as polícias no âmbito da perseguição penal.

A discricionariedade policial abrange: a) a discricionariedade de decisão, que diz respeito à questão de saber se a polícia deve actuar ou não; b) a discricionariedade de escolha, que diz respeito já não ao "se", mas ao "como" da actuação, e nos termos da qual a autoridades de polícia podem escolher entre várias medidas conformes ao direito. No âmbito da discricionariedade de escolha, o órgão ou agente pode ainda completar o conteúdo concreto do acto, caso em que poderá falar-se de uma «*discricionariedade criativa*», bem como escolher entre diversos destinatários possíveis do acto ou medida a adoptar, caso em que se falará de uma «*discricionariedade optativa*»[292]. A legitimidade dos meios também é limi-

---

[292] Cfr. Sérvulo Correia, *Legalidade e Autonomia Contratual nos Contratos Administrativos*, Almedina, Coimbra, 1987, p. 479. A bibliografia sobre o tema é muito vasta; cfr., no entanto, as indicações de M. Rebelo de Sousa e A. Salgado de Matos, *Direito Administrativo Geral*, Tomo I – Introdução e Princípios Fundamentais, Dom Quixote, Lisboa, 2004, pp. 198-200.

tada pela tipicidade legal das medidas de polícia, tipicidade esta que, todavia, não suprime uma importante margem de livre apreciação no que toca às condições e escolha da aplicação de tais medidas[293]. Por exemplo, um carro mal estacionado não é pressuposto suficiente de uma intervenção da polícia (discricionariedade de decisão). Quando intervenha, deparam-se às autoridades de polícia, em face das circunstâncias concretas, diversas possibilidades: podem adoptar medidas de trânsito, remover o automóvel ou promover o seu reboque e, neste caso, podem apenas remover o carro para outro local ou depositá-lo num parque da polícia (discricionariedade de escolha).

Pode distinguir-se três vícios da discricionariedade: a) superação da discricionariedade, isto é, a adopção de uma medida sem qualquer base legal; b) não uso da discricionariedade, quer dizer, a falsa suposição de um dever ou proibição jurídicos de agir; c) mau uso da discricionariedade, isto é, a persecução de um fim com uma intenção contrária à lei (desvio de poder).

As possibilidades de escolha inerentes à atribuição de um poder discricionário podem, no entanto, ser suprimidas com base em fundamentos de facto ou de direito, de forma a restar apenas uma possibilidade de acção. Nessa medida, pode falar-se da redução da discricionariedade a uma só opção, embora tenha ganho foros de cidade, por causa da supressão de possibilidades de escolha, a expressão «*redução da discricionariedade a zero*»[294]. Normalmente, esta última diz apenas respeito à discricionariedade de decisão. Em tal caso existiria um dever de intervir tornando-se ilegal a inactividade. Alguns admitem um dever de intervir pelo menos nos casos de perigos consideráveis para bens jurídicos essenciais. Assim, em caso de derrame de óleo na estrada a polícia não pode deixar de avisar os condutores; em caso de detecção de um engenho explosivo, a polícia não pode deixar de actuar com vista ao seu desarmamento. O que acaba de ser dito não deve ser entendido no sentido de que o dever de intervenção depende do valor dos bens jurídicos a proteger. O dever de desempenho

---

[293] Cfr. João Raposo, "Autoridade e Discricionariedade: Conciliação Impossível?", *cit.*, p. 415.

[294] Sobre isto, cfr., também, Vasco Pereira da Silva, *Em Busca do Acto Administrativo Perdido*, Almedina, Coimbra, 1996, pp. 256-258; Carla Amado Gomes, *Contributo para o Estudo das Operações Materiais da Administração Pública e do seu Controlo Jurisdicional*, cit., p. 174.

das funções diz respeito a todos os perigos para todos os bens jurídicos protegidos pela actividade de polícia. De todo o modo, o dever de intervir num caso concreto pode colidir com o mesmo dever em outro caso concreto. Em tais casos, as autoridades devem decidir segundo a urgência, isto é, a intensidade do perigo concretamente existente, intervindo num caso e não no outro. À decisão sobre a urgência diz ainda respeito a conveniência em manter uma certa reserva de acção para o controlo de perigos susceptíveis de surgir a qualquer hora. Neste contexto, pode dizer-se que, quando não exista outra necessidade de reagir a uma outra situação de perigo urgente existe, para a autoridade de polícia, um dever de intervir em face de uma situação de perigo para um bem jurídico protegido[295].

Quando exista um dever de intervir, isso não significa em regra a fixação de uma determinada medida, uma vez que podem ser considerados diversos meios para o controlo do perigo. A redução da discricionariedade a zero pode também, no entanto, estender-se para além da discricionariedade de decisão, de forma a abranger a discricionariedade de escolha. Em tal caso, não existe apenas um dever de intervir, mas também um dever de uma determinada intervenção. Assim a polícia deve desocupar uma casa de possuidores não autorizados quando tal seja solicitado pelo proprietário e não haja alternativas de imposição judicial (por impossibilidade manifesta de levar a juízo os ocupantes ilegais).

7.7. GARANTIAS DOS PARTICULARES

Perante as medidas que revistam a natureza de actos administrativos (encerramento de estabelecimentos, revogação de licenças), aproveitam aos lesados as garantias contenciosas e administrativas legalmente previstas, incluindo a tutela cautelar.

No caso de ordens policiais (exigência de identificação) ou operações materiais os visados têm, desde logo, o direito de lhes opor resistência, ao abrigo do disposto no artigo 21.º da Constituição[296]. Para além disso,

---

[295] Cfr. Pieroth/Schlink/Kniesel, *Polizei- und Ordnungsrecht mit Versammlungsrecht*, cit., pp. 196-197.

[296] Sobre as evidentes limitações deste meio de defesa, cfr. Carla Amado Gomes, *Contributo para o Estudo das Operações Materiais da Administração Pública e do seu Controlo Jurisdicional*, cit., pp. 436-437.

poderá ainda desempenhar um importante papel, neste âmbito, o processo urgente de intimação para a protecção de direitos, liberdades e garantias, previsto nos artigos 109.º e seguintes do Código do Procedimento Administrativo.

No caso particular das medidas especiais de polícia, considerando que a falta de comunicação ao tribunal competente gera a nulidade da medida, há um fundamento adicional de garantia.

Quanto aos actos praticados em estado de necessidade policial, ou a vinculação do perturbador aparente, existe ainda uma protecção secundária consistente numa pretensão indemnizatória.

A competência para conhecer litígios emergentes cabe, em princípio, aos tribunais administrativos, de acordo com o artigo 4.º do ETAF. Assim, deve entender-se, desde logo, que está revogado o artigo 14.º, n.º 1, do Decreto-Lei n.º 406/74, de 29 de Agosto, de acordo com o qual «*Das decisões das autoridades tomadas com violação do disposto neste diploma cabe recurso para os tribunais ordinários, a interpor no prazo de quinze dias, a contar da data da decisão impugnada*»[297].

---

[297] Neste sentido, cfr. Sérvulo Correia, *O Direito de Manifestação*, cit., pp. 105-106; em sentido contrário, João Raposo, "O Regime Jurídico das Medidas de Polícia", *cit.*, p. 704.

BIBLIOGRAFIA

ACKERMAN, Bruce – *Before the Next Attack: Preserving Civil Liberties in an Age of Terrorism*, Yale University Press, New Haven e Londres, 2006.

AGAMBEN, Giorgio – *Stato di Eccezione*, Bollati Boringhieri, Turim, 2003.

AGIRREAZKUENAGA, Iñaki – *La Coaccion Administrativa Directa*, Civitas, Madrid, 1990.

AMARAL, Diogo Freitas do, com a colaboração de Lino Torgal – *Curso de Direito Administrativo*, vol. II, Almedina, Coimbra, 2001

AMARAL, Diogo Freitas do – "O Poder Sancionatório da Administração Pública", in Diogo Freitas do Amaral, Carlos Ferreira de Almeida e Marta Tavares de Almeida (coords.), *Estudos Comemorativos do 10 Anos da Faculdade de Direito da Universidade Nova de Lisboa*, vol. I, Almedina, Coimbra, pp. 215-234.

AMARAL, Diogo Freitas do e GARCIA, Maria da Glória – "O Estado de Necessidade e a Urgência em Direito Administrativo", in *Revista da Ordem dos Advogados*, Ano 59, II, Abril de 1999, pp. 447-518.

AURÉLIO, Diogo Pires – "O «Caso de Necessidade» na Ordem Política", in *Cadernos de História e Filosofia Civil*, Campinas, Série 3, v. 12, n.os 1-2, Janeiro-Dezembro 2002, pp. 65-87.

BECK, Ulrich – *Weltrisikogesellschaft: Auf der Suche nach der verlorenen Sicherheit*, Suhrkamp, Frankfurt am Main, 2007.

BENTHAM, Jeremy – *Rights, Representation and Reform: Nonsense Upon Stilts and Other Writings on the French Revolution*, editado por Philip Schofield, Catherine Pease-Watkin e Cyprian Blamires, Clarendon Press, Oxford, 2002.

BÖCKENFÖRDE, Ernst-Wolfgang – "Der verdrängte Ausnahmezustand: Zum Handeln der Staatsgewalt in außgewöhnlichen Lagen", in *Neue Juristische Wochenschrift*, Fascículo n.° 38, Ano 31.°, 20 Setembro de 1978, pp. 1881--1890.

BÖCKENFÖRDE, Ernst-Wolfgang – "Die Entstehung des Staates als Vorgang der Säkularisation" (1968), in *Kirche und Christlicher Glaube in den Herausforderungen der Zeit. Beiträge zur politisch-theologischen Verfassungsgeschichte 1957-2002*, Lit Verlag, Münster, 2004, pp. 213-230.

BONHAGE, Jan D. – *Grund und Grenze: Grenzen aus der Eigentumsgewährleistung und dem allgemeinen Gleichheitssatz. Dargestellt am Beispiel polizei- und bodenschutzrechtlicher Zustandsverantwortlichkeit*, Duncker & Humblot, Berlim, 2008.

BRITO, Miguel Nogueira de – *A Justificação da Propriedade Privada numa Democracia Constitucional*, Almedina, Coimbra, 2008.

BRITO, Miguel Nogueira de – "Liberdade Religiosa, Liberdade da Igreja e Relações entre o Estado e a Igreja: Reflexões a Partir da História Constitucional Portuguesa", in AA. VV., *Estudos em Memória do Conselheiro Luís Nunes de Almeida*, Coimbra Editora, Coimbra, 2007, pp. 145-232.

CAETANO, Marcello – *Manual de Direito Administrativo*, vols. I, 10.ª ed., e II, 9.ª ed., Almedina, Coimbra, 1980 (reimpressão).

CANAS, Vitalino – "Princípio da Proibição do Excesso e Polícia", in Manuel Monteiro Guedes Valente (coord.), *I Colóquio de Segurança Interna*, Almedina, Coimbra, 2005, pp. 187-211.

CANAS, Vitalino – "A Actividade de Polícia e a Proibição do Excesso: As Forças e Serviços de Segurança em Particular", in Jorge Bacelar Gouveia e Rui Pereira (coords.), *Estudos de Direito e Segurança*, Almedina, Coimbra, 2007, pp. 445-481.

CANOTILHO, J. J. Gomes e MOREIRA, Vital – *Constituição da República Portuguesa Anotada*, vol. I – artigos 1.º a 107.º, 4.ª ed. revista, Coimbra Editora, Coimbra, 2007.

CANOTILHO, J. J. Gomes e MOREIRA, Vital – *Constituição da República Portuguesa Anotada*, 3.ª ed. revista, Coimbra Editora, Coimbra, 1993.

CASTRO, Catarina Sarmento e – *A Questão das Polícias Municipais*, Coimbra Editora, Coimbra, 2003.

CASTRO, Catarina Sarmento e – "Polícias Municipais: Passado, Presente e Futuro", in Jorge Bacelar Gouveia e Rui Pereira (coords.), *Estudos de Direitos e Segurança*, Almedina, Coimbra, 2007, pp. 137-155.

CORDEIRO, António Menezes – *Tratado de Direito Civil Português, I – Parte Geral*, tomo I, Almedina, Coimbra, 1999.

CORDEIRO, António Menezes – "A Nacionalização do BPN", in *Revista de Direito das Sociedades*, Ano I (2009), n.º 1, pp. 57-91.

CORREIA, Sérvulo – *O Direito de Manifestação: Âmbito de Protecção e Restrições*, Almedina, Coimbra, 2006.

CORREIA, Sérvulo – "Polícia", in José Pedro Fernandes (dir.), *Dicionário Jurídico da Administração Pública*, vol. 6, 1994, pp. 393-408.

CORREIA, Sérvulo – *Noções de Direito Administrativo*, vol. I, Danúbio, Lisboa, 1982.

CORREIA, Sérvulo – *Legalidade e Autonomia Contratual nos Contratos Administrativos*, Almedina, Coimbra, 1987.

DEPENHEUER, Otto – *Selbstbehauptung des Rechtsstaates*, 2. Auflage, Ferdinand Schöningh, Paderborn, 2007.
DENNINGER, Erhard – "Polizei in der freiheitlichen Demokratie", in Erhard Denninger e Klaus Lüderssen, *Polizei und Strafprozeß im demokratischen Rechtsstaat*, Suhrkamp Verlag, Frankfurt am Main, 1978, pp. 102-126.
DENNINGER, Erhard – *Menschenrechte und Grundgesetz. Zwei Essays*, Beltz Athenäum Verlag, Weinheim, 1994.
DENNINGER, Erhard – "Polizeiaufgaben", in H. Lisken e E. Denninger, *Handbuch des Polizeirechts*, 3., neubearbeitete und erweiterte Auflage, Verlag C. H., München, 2001, pp. 201-294.
DENNINGER, Erhard – *Prävention und Freiheit*, Nomos, Baden-Baden, 2008.
DIAS, Jorge de Figueiredo – *Direito Penal, Parte Geral*, Tomo I – As Questões Fundamentais, a Doutrina Geral do Crime, 2.ª ed., Coimbra Editora, Coimbra, 2007.
DREWS/WACKE/VOGEL/MARTENS – *Gefahrenabwehr: Allgemeines Polizeirecht (Ordnungsrecht) des Bundes und der Länder*, 9., völlig neubearbeitete Auflage, Carl Heymannns Verlag, Köln/Berlin/Bonn/München, 1986.
FLYNN, Stephen E. e PRIETO, Daniel B. – *Neglected Defense: Mobilizing the Private Sector to Support Homeland Security*, CSR n.º 13, March 2006, Council of Foreign Relations, www.cfr.org
FOUCAULT, Michel – *Sécurité, Territoire, Population. Cours au Collège de France (1977-1978)*, Édition établie sous la direction de François Ewald et Alessandro Fontana, par Michel Senellart, Seuil/Gallimard, 2004.
FOUCAULT, Michel – *Naissance de la Biopolitique. Cours au Collège de France (1978-1979)*, Édition établie sous la direction de François Ewald et Alessandro Fontana, par Michel Senellart, Seuil/Gallimard, 2004.
FOUCAULT, Michel – "Les Mailles du Pouvor", in *Dits et Écrits*, IV – 1980-1988, édition sous la direction de Daniel Defert et François Ewald, Éditions Gallimard, Paris, 1994, pp. 182-201.
FRADA, Manuel Carneiro da – "A Ordem Pública no Direito dos Contratos", in *Revista da Faculdade de Direito da Universidade do Porto*, Ano IV – 2007, pp. 287-300.
FREIRE, Pascoal de Melo – *Instituições de Direito Civil Lusitano (Instituitiones juris civilis Lusitaniae)*, tradução de Miguel Pinto de Menezes, in *Boletim do Ministério da Justiça*, n.º 162, 1967, pp. 101-123.
GARCIA, Maria da Glória Ferreira Pinto Dias – "Breve Reflexão sobre a Execução Coactiva dos Actos Administrativos", in AA. VV., *Estudos*, vol. II, Direcção-Geral das Contribuições e Impostos, Lisboa, 1983, pp. 525-572.
GARCIA, Maria da Glória Ferreira Pinto Dias – *Da Justiça Administrativa em Portugal: Sua Origem e Evolução*, Universidade Católica Editora, Lisboa, 1994.

GASPAR, Pedro Portugal – *O Estado de Emergência Ambiental*, Almedina, Coimbra, 2005.
GASPAR, Pedro Portugal – "Nos 20 Anos da Lei de Bases do Ambiente – A Importância do Estado de Emergência Ambiental", in *Revista Jurídica do Urbanismo e do Ambiente*, n.os 25/26, Jan./Dez. 2006, pp. 33-43.
GAUCHET, Marcel – *La Démocratie d'une Crise à l'Autre*, Éditions Cécile Defaut, Nantes, 2007.
GOMES, Carla Amado – *Contributo para o Estudo das Operações Materiais da Administração Pública e do seu Controlo Jurisdicional*, Coimbra Editora, s. l., 1999.
GOMES, Carla Amado – *A Prevenção à Prova no Direito do Ambiente, em Especial, os Actos Autorizativos Ambientais*, Coimbra Editora, s. l., 2000.
GONÇALVES, Pedro – "Advertências da Administração Pública", in AA. VV., *Estudos em Homenagem ao Prof. Doutor Rogério Soares*, Coimbra Editora, Coimbra, 2001, pp. 723-796.
GONÇALVES, Pedro – *Entidades Privadas com Poderes Públicos: O Exercício de Poderes Públicos de Autoridade por Entidades Privadas com Funções Administrativas*, Almedina, Coimbra, 2005.
GÖTZ, Volkmar – *Allgemeines Polizei- und Ordnungsrecht*, 13. Auflage, Vandenhoeck & Ruprecht, Göttingen, 2001.
GÖTZ, Volkmar – "Die öffentliche Ordnung im Rahmen der verfassungsmäßigen Ordnung", in Winfried Kluth, Martin Müller e Andreas Peilert (eds.), *Wirtschaft – Verwaltung – Recht: Festschrift für Rolf Stober zum 65. Geburtstag am 11. Juni 2008*, Carl Heymanns Verlag, 2008, pp. 195-206.
GUSY, Christoph – *Polizeirecht*, 6., neubearbeitete Auflage, Mohr Siebeck, Tübingen, 2006.
KANT, Immanuel – *Vorarbeiten zu Die Metaphysik der Sitten. Erster Teil Metaphysische Anfangsgründe der Rechtslehre*, in *Kant's gesammelte Schriften*, herausgegeben von der Deutschen Akademie der Wissenschaften zu Berlin, Band XXIII, Walter de Gruyter, 1955, Berlim, pp. 207-370.
KANT, Immanuel – *A Paz Perpétua. Um Projecto Filosófico*, in *A Paz Perpétua e outros Opúsculos*, tradução de Artur Morão, Edições 70, Lisboa, 1990, pp. 119-171.
KANT, Immanuel – *Sobre a Expressão Corrente: Isto Pode Ser Correcto na Teoria mas Nada Vale na Prática*, in *A Paz Perpétua e outros Opúsculos*, tradução de Artur Morão, Edições 70, Lisboa, 1990, pp. 57-102.
KANT, Immanuel – *Metafísica dos Costumes*, tradução, apresentação e notas de José Lamego, Fundação Calouste Gulbenkian, Lisboa, 2005.
KANT, Immanuel – *O Conflito das Faculdades*, tradução de Artur Morão, Edições 70, Lisboa, 1993.

JASON-LLOYD, Leonard – *An Introduction to Policing and Police Powers*, 2nd edition, Cavendish Publishing, London, 2005.
JELLINEK, Walter – *Verwaltungsrecht*, dritte Auflage unveränderter Neudruck, Lehrmittel Verlag, Offenburg, 1948.
JOSÉ, Rosendo Dias – "Sanções Administrativas", in *Revista de Direito Público*, Ano IV, Janeiro-Julho de 1991, pp.
LEISNER, Walter – *Napoleons Staatsgedanken auf St. Helena*, Duncker & Humblot, Berlim, 2006.
LEISNER, Walter – *"Privatisierung" des Öffentlichen Rechts: Von der "Hoheitsgewalt" zum gleichordnenden Privatrecht*, Duncker & Humblot, Berlim, 2007.
LEPSIUS, Oliver – *Besitz und Sachherrschaft im öffentlichen Recht*, Mohr Siebeck, Tübingen, 2002.
LOMBA, Pedro – "Sobre a Teoria das Medidas de Polícia Administrativa", in Jorge Miranda (regência), *Estudos de Direito de Polícia – Seminário de Direito Administrativo de 2001/2002*, vol. I, AAFDL, Lisboa, 2003, pp. 177-232.
LORA, Alejandro Huergo – *Las Sanciones Administrativas*, Iustel, Madrid, 2007.
LOYSEAU, Charles – *Les Oeuvres de Maistre ... Avocat en Parlement. Contenant les Cinq Livres du Droit des Offices, les Traitez des Seigneuries, des Ordres & simples Dignitez, du Déguerpissement & Délaissement par Hypotheque, de la Garantie des Rentes, & des Abus des Justices de Village*. Derniere Edition, plus exacte que les precedents. A Lyon, Par la Compagnie des Libraires, 1701.
MACHADO, Baptista – *Introdução ao Direito e ao Discurso Legitimador*, Almedina, Coimbra, 1983.
MACHETE, Pedro – *Estado de Direito Democrático e Administração Paritária*, Almedina, Coimbra, 2007.
MACHETE, Pedro – "A Polícia na Constituição da República Portuguesa", in António Menezes Cordeiro, Luís Menezes Leitão e Januário da Costa Gomes (coordenadores), *Prof. Doutor Inocêncio Galvão Telles: 90 Anos – Homenagem da Faculdade de Direito da Universidade de Lisboa*, Almedina, Coimbra, 2007, pp. 1111-1152.
MACHETE, Pedro – "Artigo 272.ª", in Jorge Miranda e Rui Medeiros – *Constituição Portuguesa Anotada*, Tomo III, Coimbra Editora, Coimbra, 2007, pp. 649-681.
MACHETE, Rui Chancerelle de – "Privilégio da Execução Prévia", in *Estudos de Direito Público*, Coimbra Editora, Coimbra, 2004, pp. 43-74.
MARTINS, Ana Gouveia e Freitas – *O Princípio da Precaução no Direito do Ambiente*, AAFDL, Lisboa, 2002.
MAURER, Hartmut – *Allgemeines Verwaltungsrecht*, 16. Auflage, Verlag C. H. Beck, München, 2006

MAYER, Otto – *Deutsches Verwaltungsrecht*, I. und II. Band, unveränderter Nachdruck der 1924 erschienenen 3. Auflage, Duncker & Humblot, Berlin, 2004 (há tradução espanhola, *Derecho Administrativo Alemán*, Tomo II – Parte Especial: Poder de Polícia y Poder Tributario, 2.ª edición, inalterada, Ediciones Depalma, Buenos Aires, 1982, feita a partir dad tradução francesa da autoria do próprio O. Mayer, *Le Droit Administratif Allemand*, Paris, 1903- -1904).

MINET, Charles Édouard – *Droit de la Police Administrative*, Librairie Vuibert, Paris, 2007.

MOUTINHO, José Lobo – "Anotação ao artigo 27.°", in Jorge Miranda e Rui Medeiros, *Constituição Portuguesa Anotada*, Tomo I, Coimbra Editora, Coimbra, 2005, pp.

MÜLLENSIEFEN, Wolfgang – *Gefahrenabwehr und Gefahrerforschung durch den Grundeigentümer: Eine Untersuchung über Reichweite und Grenzen der polizeirechtlichen Zustandsverantwortlichkeit im Falle von Boden- und Gewässerbelastungen*, Peter Lang, Frankfurt am Main, 1997.

NAPOLI, Paolo – "«Police» et «Polizei»: Deux Notions à l'Âge Libéral", in Olivier Beaud e Patrick Wachsmann (dir.), *La Science Juridique Française et la Science Juridique Allemande de 1870 à 1918*, Presses Universitaires de Strasbourg, Strasbourg, 1997, pp. 79-100.

NEYRAT, Frédéric – *Biopolitique des Catastrophes*, Éditions MF, s. l., 2008.

NOVAIS, Jorge Reis – *As Restrições aos Direitos Fundamentais Não Expressamente Autorizadas pela Constituição,* Coimbra Editora, Coimbra, 2003.

NOVAIS, Jorge Reis – *Os Princípios Constitucionais Estruturantes da República Portuguesa*, Coimbra Editora, Coimbra, 2004.

NOZICK, Robert – *Anarchy, State, and Utopia*, Blackwell, Oxford, 1991.

OLIVEIRA, Mário Esteves de – *Direito Administrativo*, vol. I, Almedina, Coimbra, 1980.

OTERO, Paulo – *Legalidade e Administração Pública: O Sentido da Vinculação Administrativa à Juridicidade*, Almedina, Coimbra, 2003.

QUEIRÓ, Afonso – "Teoria dos Regulamentos, 2.ª Parte", in *Revista de Direito e de Estudos Sociais*, Ano I (2.ª Série), Janeiro-Março, n.° 1, pp. 5-32.

POSCHER, Ralf – *Gefahrenabwehr: Eine dogmatische Rekonstruktion*, Duncker & Humblot, Berlin, 1999.

PRATES, Marcelo Madureira – *Sanção Administrativa Geral: Anatomia e Autonomia*, Almedina, Coimbra, 2005.

PIEROTH/SCHLINK/KNIESEL – *Polizei- und Ordnungsrecht mit Versammlungsrecht*, 4. Auflage, Verlag C. H. Beck, Munique, 2007.

RAPOSO, João – *Direito Policial*, Tomo I, Almedina, Coimbra, 2006.

RAPOSO, João – "Autoridade e Discricionariedade: A Conciliação Impossível?", in AA. VV., *Estudos Jurídicos e Económicos em Homenagem ao Prof. Dou-*

tor António de Sousa Franco, vol. II, Faculdade de Direito da Universidade de Lisboa, 2006, pp. 407-419.

Raposo, João – "O Regime Jurídico das Medidas de Polícia", in AA. VV., *Estudos Jurídicos em Homenagem ao Professor Doutor Marcello Caetano no Centenário do seu Nascimento*, vol. I, Lisboa, 2006, pp. 693-704.

Santiago, Bruno Vinga – "A Prevenção e a Investigação Criminais nos Preliminares da Acção Penal", in *Revista Portuguesa de Ciência Criminal*, Ano 17, n.º 3, Julho-Setembro de 2007, pp. 415-458.

Schenke, Wolf-Rüdiger – *Polizei- und Ordnungsrecht*, 4. neubearbeitete Auflage, C. F. Müller Verlag, Heidelberg, 2007.

Schiera, Pierangelo – "A 'polícia' como síntese de ordem e de bem-estar no moderno Estado centralizado", in António Manuel Hespanha, *Poder e Instituições na Europa do Antigo Regime*, Colectânea de Textos, Fundação Calouste Gulbenkian, Lisboa, 1984, pp. 307-319.

Silva, Germano Marques da – "A Ordem Pública e os Direitos Fundamentais – A Polícia e o Direito Penal", in *Polícia Portuguesa*, Ano LVI, n.º 82, Julho--Agosto de 1993, pp. 2.

Silva, Vasco Pereira da – *Em Busca do Acto Administrativo Perdido*, Almedina, Coimbra, 1996.

Soares, Rogério Ehrhardt – *Interesse Público, Legalidade e Mérito*, Coimbra, 1955.

Sousa, Marcelo Rebelo de e Matos, André Salgado de – *Direito Administrativo Geral*, Tomo I – Introdução e Princípios Fundamentais, Dom Quixote, Lisboa, 2004.

Sousa, Marcelo Rebelo de e Matos, André Salgado de – *Direito Administrativo Geral*, Tomo III – Actividade Administrativa, Dom Quixote, Lisboa, 2007.

Stein, Lorenz von – *Die Verwaltungslehre, Teil 4: Polizeirecht*, 2. Neudruck der Ausgabe Stuttgart 1867, Scientia Verlag, Aalen, 1975.

Stolleis, Michael – *Histoire du Droit Public en Allemagne. La Théorie du Droit Public Impérial et la Science de la Police 1600-1800*, Presses Universitaires de France, Paris, 1998.

Sunstein, Cass – *Laws of Fear: Beyond the Precautionary Principle*, Cambridge University Press, Cambridge, 2005.

Tchen, Vincent – *La Notion de Police Administrative: De l'État du Droit aux Perspectives d'Évolution*, La Documentation Française, Paris, 2007.

Teles, Miguel Galvão – "State of Nature, Pure Republic and Legal Duty of Obedience (Some Reflections Regarding Kant's Legal and Political Philosophy)", in João Lopes Alves (coord.), *Ética e o Futuro da Democracia*, Edições Colibri, 1998, pp. 161-180.

Verkuil, Paul R. – *Outsourcing Sovereignty: Why Privatization of Government Functions Threatens Democracy and What We Can Do About It*, Cambridge University Press, Cambridge, 2007

VINCENT-LEGOUX, Marie-Caroline – *L'Ordre Public: Étude de Droit Comparé Interne*, PUF, Paris, 2001.

WALDHOFF, Christian – *Staat und Zwang. Der Staat als Rechtsdurchsetzungsinstanz*, Ferdinand Schöningh, Paderborn, 2008.

JURISPRUDÊNCIA

Acórdãos do Tribunal Constitucional
Acórdão n.º 7/87 (polícia criminal)
Acórdão n.º 489/89 (qualificação jurídica da medida de restrição ao uso de cheque)
Acórdão n.º 156/91 (qualificação jurídica da medida de restrição ao uso de cheque)
Acórdão n.º 158/91 (qualificação jurídica da medida de restrição ao uso de cheque)
Acórdão n.º 160/91 (qualificação jurídica da medida de restrição ao uso de cheque)
Acórdão n.º 295/91 (qualificação jurídica da medida de restrição ao uso de cheque)
Acórdão n.º 342/91 (qualificação jurídica da medida de restrição ao uso de cheque)
Acórdão n.º 345/91 (qualificação jurídica da medida de restrição ao uso de cheque)
Acórdão n.º 425/91 (qualificação jurídica da medida de restrição ao uso de cheque)
Acórdão n.º 479/94 (medidas de polícia; identificação policial)
Acórdão n.º 583/96 (competências das regiões autónomas em matéria de polícia; conceito de ordem pública)
Acórdão n.º 304/2008 (regime das forças de segurança)

Acórdãos do Supremo Tribunal Administrativo
Acórdão de 4 de Junho de 1992, Proc. n.º 029379
Acórdão de 6 de Dezembro de 2001, Proc. n.º 47.736

Pareceres do Conselho Consultivo da Procuradoria Geral da República
Parecer n.º 9/96 (medidas de polícia)

Parecer n.º 162/2003 (conceito de polícia; medidas de polícia; uso de meios coercivos)

Parecer n.º 31/2005 (funções de segurança e polícia; Governador Civil)

Parecer n.º 108/2006 (medidas de polícia; princípio da legalidade)

DIREITO ADMINISTRATIVO DA CONCORRÊNCIA

Paula Vaz Freire

NOTA INTRODUTÓRIA

A presente análise procura contribuir para uma melhor compreensão do direito da concorrência e do sistema de aplicação das normas materiais que o compõem.

A interpenetração, crescente e transversal, entre o direito europeu e os direitos nacionais dos Estados-Membros da União encontra no âmbito da disciplina da concorrência uma acentuada expressão, em virtude da funcionalização, desde sempre assumida, da criação e preservação do ambiente concorrencial ao objectivo mais amplo de contrução de um mercado comum.

Nesta medida, a configuração do direito material e do direito administrativo nacional da concorrência reflete a necessária e estreita articulação com o ordenamento jurídico europeu não podendo, por isso, ser compreendida sem a sua prévia apreciação.

Propõe-se, assim, em primeiro lugar proceder a uma análise, ainda que breve, do direito material da concorrência comunitário e nacional (Parte I) para em seguida apreciar as competências, princípios e procedimentos comunitários (Parte II) e nacionais (Parte III) de aplicação das normas concorrência.

PARTE I
Direito material da concorrência

1. FINALIDADE E ÂMBITO DO DIREITO DA CONCORRÊNCIA

As normas de defesa da concorrência têm por finalidade garantir um ambiente concorrencial *efectivo e suficiente* que incentive as empresas a adoptarem condutas mais eficientes. Com efeito, os contextos concorrenciais ditam uma maior eficiência produtiva, sob a forma de reduções de custos de produção e inovações de processo e de produto que, ao possibilitar a produção de bens e serviços de maior qualidade ou mais baixo preço determinam acréscimos do bem-estar dos consumidores.

O reconhecimento destes benefícios justifica a crescente relevância das normas de defesa da concorrência nos ordenamentos jurídicos contemporâneos, bem como o seu aperfeiçoamento a partir do labor jusrisprudencial e doutrinário. Por seu turno, pressupõe também uma adequação entre o direito material da concorrência e o respectivo modelo de aplicação das normas que o integram pelas autoridades adminsitrativas competentes.

A compreensão desse modelo de aplicação do direito europeu e nacional da concorrência, a que se propõe o presente estudo não pode, por isso, deixar de ser antecedida da análise dos elementos estruturantes do respectivo direito material.

Nos regimes jurídicos comunitário e nacional de defesa da concorrência, é possível distinguir de entre as normas aplicáveis às empresas e as normas aplicáveis aos Estados. Estas últimas respeitantes, no essencial, à disciplina dos auxílios de Estado através da apreciação da respectiva compatibilidade e efeitos com a concorrência no mercado comum, não serão objecto do presente estudo o qual se optou por fazer incidir exclusivamente na aplicação das normas de defesa da concorrência às empresas.

O âmbito material das normas de defesa da concorrência aplicáveis às empresas respeita, como é sabido, a três áreas fundamentais – cuja análise, necessariamente breve, se propõe em seguida – a saber: (i) a proibição de acordos, decisões ou práticas restritivas da concorrência, (ii) a proibição do abuso de posição dominante e (iii) o controle prévio das concentrações.

1.2. ACORDOS, DECISÕES E PRÁTICAS CONCERTADAS

Os acordos entre empresas, as decisões de associação de empresas e as práticas concertadas que tenham por objecto ou efeito impedir, restringir ou falsear a concorrência no mercado comum ou mercado nacional, são proibidos como decorre, respectivamente, do artigo 81.º n.º 1 do TCE e do art. 4.º n.º 1 da Lei 18/2003 (LdC)[1]. Tais acordos ou práticas restritivas podem assumir diversas formas, tais como, a fixação de preços ou condições de transacção; a limitação ou controlo da produção, distribuição, desenvolvimento técnico ou investimento; a repartição de mercados ou fontes de abastecimento; a discriminação ou a imposição de prestações suplementares sem conexão com o objecto contratual; a recusa de compra ou de venda, entre outras.

No entanto, aos acordos, decisões e práticas restritivas podem estar associados importantes ganhos de eficiência que devem ser objecto de ponderação. Nesta medida, nos termos do n.º 3 do artigo 81.º do TCE e do art. 5.º da LdC, considerar-se justificada a existência de acordos *globalmente pró-concorrenciais*, ou seja, aqueles cujos benefícios excedem os respectivos efeitos anticoncorrenciais, em virtude de promoverem o processo de concorrência através da oferta de melhores produtos e/ou de melhores preços[2]. Pressupõe-se portanto, a realização de um balanço económico[3] como fundamento para a *inaplicabilidade* da proibição genérica contida no n.º 1 do artigo 81.º ou no n.º 1 do art. 4.º da LdC.

---

[1] Lei n.º 18/2003, de 11/6 DR I 134; alterada pelo Decreto-Lei 219/2006, de 2/11, pelo Decreto-Lei 18/2008, de 29/1 e pela Lei 52/2008, de 28/8 (LdC).

[2] Comunicação da Comissão. Orientações relativas à aplicação do n.º 3 do artigo 81.º do Tratado (2004/C 101/08) J.O. C 101/97 27.4.2004, 2.3., ponto 33; Procs. 56/64 e 58/66, respectivamente *Consten and Grundig v. Comissão* e *Grundig v. Comissão*, Rec. 1966, p. 429 e p. 559. Comunicação da Comissão. Orientações relativas às restrições verticais (2000/C 291/01) J.O. C291/1 13.10.2000, I 2 (5).

[3] Há que analisar os efeitos pró e anticoncorrenciais de um acordo, a fim de determinar se este deve, ou não, considerar-se proibido: Proc. 161/84 *Pronuptia*, Col. 1986, p. 353 e Proc. T-112/99 *Métropole Télévision (M6) v. Comissão* Col. 2001, p. II-2459, pf. 74.

Cumpre às empresas conformarem os respectivos acordos ou condutas com as condições previstas no n.º 3 do artigo 81.º do TCE ou no n.º 1 do art. 5.º da LdC a fim de beneficiarem do regime de *isenção individual* previsto nessas normas. Relativamente a certos sectores de actividade tais condições encontram-se precisadas com maior detalhe nos denominados *regulamentos de isenção por categoria* os quais constituem importantes instrumentos de reforço da segurança jurídica[4].

Como melhor se verá, trata-se de um regime de excepção legal, directamente aplicável, na medida em que os acordos, decisões e práticas concertadas previstos no n.º 1 do artigo 81.º do TCE e no n.º 1 do art. 4.º da LdC que satisfaçam respectivamente, as condições previstas no n.º 3 do mesmo artigo ou no art. 5.º n.º 1 da lei nacional de defesa da concorrência, não são proibidos, não sendo necessária uma decisão prévia que proceda à sua apreciação.

A avaliação dos efeitos económicos globalmente positivos dos acordos, decisões e práticas restritivas, prevista no n.º 3 do artigo 81.º do TCE e no n.º 1 do art. 5.º da LdC, é feita por referência ao preenchimento das *condições* previstas nessas normas, deixando de ser aplicável a excepção estatuída nesses preceitos, quando tais condições deixem de se verificar[5].

Consideram-se *efeitos pró-concorrencias*: a) as melhorias na produção e na distribuição, e b) a promoção do progresso técnico ou económico. Mas esses efeitos só devem ser atendidos quando (i) os utilizadores recebam uma parte equitativa do lucro ou benefício daí resultante; (ii) os acordos não imponham às empresas restrições que não sejam indispensáveis à prossecução desses objectivos e (iii) não confiram às empresas participantes a possibilidade de eliminarem a concorrência. Define-se, portanto, como condição para a ponderação dos *efeitos pró-concorrenciais*, o respeito pelos princípios do *benefício do consumidor*, da *proporcionalidade* e da *preservação da concorrência*.

---

[4] A expressão "isenção individual" não deve ser entendida enquanto um acto expresso de uma autoridade da concorrência – *maxime* da Comissão – na sequência de um controlo prévio obrigatório como decorria, no passado, da aplicação do Regulamento n.º 17/62. A terminologia utilizada resulta, assim, da distinção entre os acordos que, isoladamente, se encontram ao abrigo do regime de isenção directamente aplicável, do n.º 3 do artigo 81.º do TCE, por contraposição aos acordos restritivos isentos, em virtude de se subsumirem à tipificação presente num regulamento de isenção por sector de actividade económica.

[5] Orientações relativas à aplicação do n.º 3 do artigo 81.º do Tratado, 3.1., ponto 44.

Trata-se de condições *cumulativas*[6] *e exaustivas* pelo que, uma vez satisfeitas, a excepção é plena e imediatamente aplicável, não podendo ser subordinada a qualquer outra condição[7]. Pressupõe-se, portanto, o apuramento da verificação cumulativa das condições de *eficiência*, de *benefício dos utilizadores*, de *indispensabilidade* e de *preservação da concorrência*, previstas nos referidos preceitos[8].

1.2.1. Regime de excepção legal do n.º 3 do artigo 81.º do TCE

O Regulamento (CE) n.º 1/2003[9] suprimiu o sistema centralizado de controlo dos acordos entre empresas[10] segundo o qual estes tinham de ser objecto de notificação prévia à Comissão Europeia para beneficiarem do regime de isenção previsto no n.º 3 do artigo 81.º do TCE.

Ao *sistema de controlo centralizado* sucede-se o actual *regime de excepção legal*. Os acordos abrangidos pelo n.º 1 do artigo 81.º do TCE, mas que preencham as condições previstas no n.º 3, são válidos e integralmente aplicáveis *ab initio*, sem necessidade de prévia decisão por parte de uma autoridade responsável pela concorrência[11]. O n.º 3 do artigo

---

[6] Proc. T-185/00 (*Métropole télévision SA*), Col. 2002, p. II-3805; Proc. T-17/93 (*Matra*), Col. 1994, p. II-595; Procs. apensos 43/82 e 63/82 (*VBVB e VBBB*), Col.1984, p. 19.

[7] Orientações relativas à aplicação do n.º 3 do artigo 81.º do Tratado, 3.1., ponto 42.

[8] Para uma análise detalhada das condições de *eficiência*, de *benefício dos utilizadores*, de *indispensabilidade* e de *preservação da concorrência*: Paula Vaz Freire, *Eficiência Económica e Restrições Verticais. Os Argumentos de Eficiência e as Normas de Defesa da Concorrência*, Lisboa, 2008, pp. 613-623.

[9] Regulamento (CE) n.º 1/2003, do Conselho, de 16 de Dezembro de 2002 relativo à execução das regras de concorrência estabelecidas nos artigos 81.º e 82.º do Tratado, J.O. L 1/1, 4.1.2003.

[10] Este sistema, criado em 1962 (Regulamento n.º 17/62), havia-se tornado desnecessário e excessivamente burocrático, dada a familiarização das empresas com as normas comunitárias da concorrência, assim como ineficaz face às novas realidades económicas e políticas de consolidação do mercado interno, no contexto de globalização e de alargamento da União. A sua supressão permite à Comissão concentrar esforços na repressão das infracções de maior gravidade: Considerando terceiro, do Regulamento (CE) n.º 1/2003.

[11] Regulamento (CE) n.º 1/2003: Ponto 4 e "*Artigo 1.º Aplicação dos artigos 81.º e 82.º do Tratado CE* 1. Os acordos, as decisões e as práticas concertadas referidos no n.º 1 do artigo 81.º do Tratado que não satisfaçam as condições previstas no n.º 3 do mesmo artigo são proibidos, não sendo necessária, para o efeito, uma decisão prévia. 2. Os acor-

Direito Administrativo da Concorrência 463

81.º do TCE pode ser *directamente* invocado pelas empresas, junto dos tribunais e autoridades nacionais da concorrência, não sendo necessária qualquer declaração da Comissão para que seja arguida a legalidade de um acordo que, apesar de gerar efeitos anticoncorrenciais, produz benefícios compensatórios suficientes[12].

Quando se encontrem reunidos os pressupostos previstos no n.º 1 do artigo 81.º do TCE, as partes podem invocar em sua defesa – cabendo-lhes o ónus da prova – que o acordo restritivo observa as condições previstas no n.º 3 do artigo 81.º[13].

Presume-se que as empresas se encontram em melhor posição para avaliarem da compatibilidade das respectivas actuações com o quadro jurídico dos regulamentos de isenção por categoria, com a jurisprudência e a prática decisória, bem como com o acervo de orientações e comunicações da Comissão[14].

No entanto, este sistema não faz precludir a possibilidade de as empresas submeterem à Comissão a apreciação de acordos, ou comportamentos, face ao surgimento de questões novas ou não resolvidas, pronun-

---

dos, as decisões e as práticas concertadas referidos no n.º 1 do artigo 81.º do Tratado que satisfaçam as condições previstas no n.º 3 do mesmo artigo não são proibidos, não sendo necessária, para o efeito, uma decisão prévia. 3. A exploração abusiva de uma posição dominante referida no artigo 82.º do Tratado é proibida, não sendo necessária, para o efeito, uma decisão prévia. Artigo 2.º *Ónus da prova* Em todos os processos nacionais e comunitários de aplicação dos artigos 81.º e 82.º do Tratado, o ónus da prova de uma violação do n.º 1 do artigo 81.º ou do artigo 82.º do Tratado incumbe à parte ou à autoridade que alega tal violação. Incumbe à empresa ou associação de empresas que invoca o benefício do disposto no n.º 3 do artigo 81.º do Tratado o ónus da prova do preenchimento das condições nele previstas." Orientações relativas à aplicação do n.º 3 do artigo 81.º do Tratado, 1, ponto 1 e 10.

[12] A disposição em apreço estabelece uma *regra de excepção*, ao conferir às empresas a possibilidade de defesa, face à conclusão da existência de uma infracção ao disposto no n.º 1 do artigo 81.º do Tratado: Orientações relativas à aplicação do n.º 3 do artigo 81.º do Tratado, 1, ponto 1.

[13] O Regulamento (CE) n.º 1/2003 regula no seu artigo 2.º o ónus da prova, dispondo que o ónus da prova de uma violação do n.º 1 do artigo 81.º ou do artigo 82.º do Tratado incumbe à parte ou à autoridade que alega tal violação e que incumbe à empresa que invoca o benefício do disposto no n.º 3 do artigo 81.º do Tratado o ónus da prova do preenchimento das condições nele previstas.

[14] Comunicação da Comissão sobre a orientação informal relacionada com questões novas relativas aos artigos 81.º e 82.º do Tratado CE, que surjam em casos individuais (cartas de orientação) (2004/C 101/06) J.O. C 101/78 27.4.2004, I, 3.

ciando-se aquela Instiuição através de *cartas de orientação* destinadas às empresas[15]. Trata-se de orientações informais, as quais não devem interferir na aplicação eficaz da lei, prosseguida pelo Regulamento (CE) n.º 1/2003, nem prejudicar a apreciação da mesma questão pelos tribunais comunitários[16].

1.2.2. Regime do artigo 5.º da Lei 18/2003

A lei nacional prevê a possibilidade de as empresas em causa submeterem os respectivos acordos ou práticas a um procedimento de *avaliação prévia* pela Autoridade da Concorrência (artigo 5.º n.º 2 da LdC).

Neste domínio, e em virtude da entrada em vigor do Regulamento (CE) 1/2003, o procedimento de controlo prévio previsto no n.º 2 do artigo 5.º da LdC não pode ter lugar relativamente às práticas previstas no artigo 4.º da mesma lei, que integram, igualmente, o âmbito material de aplicação do artigo 81.º do TCE.

No entanto, e nos termos do Regulamento n.º 9/2005 da Autoridade da Concorrência, tal procedimento de avaliação prévia subsiste em relação a casos de aplicação exclusiva da legislação nacional da concorrência às práticas descritas no n.º 1 do artigo 4.º da LdC[17].

1.3. ABUSO DE POSIÇÃO DOMINANTE

O artigo 82.º do TCE e o artigo 6.º da LdC proibem a exploração abusiva de uma posição dominante, passível de gerar distorções da concorrência no mercado comum ou no mercado nacional, respectivamente.

Uma posição dominante num dado mercado confere aos seus dentores a possibilidade de influenciar, de forma unilateral, os aspectos essenciais do funcionamento desse mercado[18]. Como é sabido, o regime jurí-

---

[15] Comunicação da Comissão sobre a orientação informal, I, 5.
[16] Comunicação da Comissão sobre a orientação informal, II, 7 e VI, 23.
[17] Artigo 1.º do Regulamento n.º 9/2005 da Autoridade da Concorrência, 3/2 DR II-24.
[18] Trata-se da detenção de poder de mercado, enquanto capacidade para aumentar os preços acima do nível concorrencial, de forma duradoura e sistemática.
A posição dominante consiste no poder económico, que confere a uma empresa a

dico em análise não proíbe a mera detenção de uma posição de mercado com tais características mas sim a sua exploração abusiva. Existe portanto uma margem de discricionaridade da empresa em explorar, ou não, o respectivo poder de mercado e de gerar, a partir dessa actuação, um relevante impacto sobre a configuração do ambiente concorrencial[19].

O abuso de posição dominante pode ser exercido por uma ou mais empresas. Pressupõe-se, neste caso, a existência de uma posição dominante colectiva, isto é, detida por duas ou mais entidades juridicamente independentes mas que se apresentam ou actuam conjuntamente num dado mercado[20].

A aferição da efectiva existência de poder de mercado deve ser feita a partir da análise de diversos aspectos tais como a determinação da quota de mercado e das características estruturais do mercado relevante, a presença de barreiras de entrada legais, produtivas ou organizacionais.

Alicerçada na sua posição de domínio uma empresa pode empreender condutas abusivas *de exploração* ou obtenção de benefícios comerciais que não seriam alcançáveis em concorrência efectiva, ou práticas abusivas *de exclusão* ou de alteração da estrutura do mercado, eliminando ou impedindo a existência de um ambiente concorrencial.

O artigo 82.º do TCE é composto por uma cláusula geral de proibição seguida de uma enumeração meramente exemplificativa de práticas abusivas das empresas em posição dominante.

A mesma técnica jurídica é, no essencial, seguida pelo artigo 6.º da LdC integrando ainda este preceito uma definição do conceito de posição dominante individual e colectiva.

---

capacidade para actuar com considerável autonomia face aos seus concorrentes e utilizadores, obstando à concorrência efectiva no mercado: Ac. TJC Proc. 27/76 *United Brands v. Comissão*, Rec. 1978, p. 281; Proc. 85/76, *Hoffman-La Roche v. Comissão*, Rec. 1979, p. 461; Proc. 322/81 *Michelin v. Comissão*, Rec. 1983, p. 3461, entre outros.

[19] Ac. TJC Proc. 27/76 *United Brands v. Comissão,* Rec. 1978, p. 207.

[20] Segundo a jurisprudência comunitária para que se considerem duas ou mais empresas colectivamente dominantes devem ser demonstradas três condições: transparência (monitorização do comportamento de cada empresa pelas demais), poder de mercado (independência de actuação face a concorrentes) e sustentabilidade (colusão tácita sustentável através de mecanismos de retaliação). Ac. TPI, Proc. T-342/99 *Airtours v. Comissão*, Rec. 2002, p. II 2585; Ac. TJCE Procs. C-395/96 P e C-396/96 *Compagnie Maritime Belge v. Comissão* Col. 2000, p. I 1365.

1.4. ABUSO DE DEPENDÊNCIA ECONÓMICA

De acordo com o disposto no artigo 7.º da LdC, é proíbida a exploração abusiva, por uma ou mais empresas, do estado de dependência económica em que se encontre uma empresa sua fornecedora ou cliente.

Trata-se de situações de abuso de posição dominante relativa vertical susceptíveis de afectarem o funcionamento do mercado ou a estrutura da concorrência. Assim, proibe-se que fornecedores ou clientes usem a posição de domínio que detêm relativamente a uma empresa para, directa ou indirectamente, condicionar a sua livre capacidade de fixar preços, condições de venda, quantidades produzidas, etc.

O estado de dependência económica decorre da *ausência de alternativa equivalente* a qual, segundo a lei portuguesa, se verifica quando exista "um número restrito de empresas" fornecedoras ou quando a empresa não possa obter, num prazo razoável, condições idênticas por parte de outros parceiros comerciais[21].

No entanto, a aferição da dependência económica, em virtude da inexistência de alternativa equivalente, deve pressupor uma análise mais detalhada que atente, designadamente, à quota-parte representada pelos produtos do fornecedor ou pelas vendas a um cliente no volume total de negócios da empresa, à notoriedade da marca, bem como aos fundamentos e à duração da relação comercial entre as partes.

O abuso de dependência económica constitui uma originalidade do regime jurídico nacional da concorrência face à legislação comunitária[22] mas, compatível com esta pois a legislação nacional pode ser mais restritiva, designadamente, sob a forma de "disposições que proíbam comportamentos abusivos relativamente a empresas economicamente dependentes ou que imponham sanções por esses comportamentos"[23].

---

[21] Artigo 7.º n.º 3 da Lei 18/2003, de 11/6. Sobre o conceito de dependência económica: José Paulo Fernandes Mariano Pego **A Posição Dominante Relativa no Direito da Concorrência**, Almedina, Coimbra, 2001, pp. 122 e ss.

[22] Manuel Carlos Lopes Porto, **Economia. Um Texto Introdutório**, 2ª ed., Almedina, Coimbra, 2004, p. 197.

[23] Regulamento (CE) n.º 1/2003, Considerando (8).

1.5. CONTROLO DE CONCENTRAÇÕES

O controlo de concentrações por parte das autoridades nacionais e comunitárias da concorrência corporiza uma forma de de intervenção *ex-ante* dessas entidades, isto é, de actuação preventiva capaz de evitar situações lesivas da concorrência efectiva.

As normas da concorrência neste domínio têm, portanto, como finalidade prevenir que, através de concentrações entre empresas concorrentes (concentrações horizontais) ou não concorrentes (conglomerados), ocorram alterações estruturais do mercado com impacto sobre o bem-estar dos consumidores.

Neste domínio, tanto o direito comunitário como o direito nacional orientam-se, predominantemente, pela ideia de inadmissibilidade das operações de concentração que dêem origem a uma posição dominante[24]. São também configuráveis situações de dominância colectiva quando duas ou mais empresas actuem no mercado como se de uma só se tratasse[25].

O controlo prévio das *concentrações com dimensão comunitária* encontra-se disciplinado pelo Regulamento (CE) 139/2004[26]. De acordo com este diploma são compatíveis com o mercado comum "as concentrações que *não entravem significativamente a concorrência efectiva*, no mercado comum ou em parte substancial deste, em particular em resultado da criação ou do reforço de uma posição dominante"[27].

Nos termos desta norma, e apesar do critério de avaliação da compatibilidade se basear, essencialmente, na existência de uma posição dominante, aponta-se para a realização de uma análise de natureza mais ampla consubstanciada na ponderação de todos os efeitos sobre o equilíbrio concorrencial do mercado. Assim, para além de serem efectuadas análises de carácter estruturalista relativas a quotas e níveis de concentração do mercado, devem também ser ponderados factores relevantes de compensação

---

[24] Trata-se do mesmo conceito de posição dominante atrás analisado. Enquanto que as normas relativas ao abuso de posição dominante obstam ao exercício abusivo de um poder de mercado já existente, as regras em matéria de concentrações procedem à avaliação dos efeitos futuros da diminuição da actual concorrência.

[25] Proc. T-342/99 *Airtours v. Comissão*, Rec. 2002, p. II 2585.

[26] Regulamento (CE) 139/2004 do Conselho de 20 de Janeiro de 2004 relativo ao controlo das concentrações de empresas, J.O. L 24/1, 29.1.2004.

[27] Artigo 2.º n.º 2 do Regulamento (CE) 139/2004. Trata-se da consagração do teste SIEC (*Significantly Impede Efective Competition*) como critério substantivo de decisão.

dos efeitos anticoncorrenciais, tais como, o poder dos compradores, a dimensão das barreiras à entrada e os possíveis ganhos de eficiência previsivelmente associados à concentração[28].

Cumpre à Autoridade da Concorrência a apreciação prévia das operações de concentração com impacto relevante sobre a estrutura da concorrência no *mercado nacional*[29].

O critério da dominância configura-se como o teste substantivo fundamental nesta matéria na medida em que são "autorizadas as operações de concentração que não criem ou não reforcem uma posição dominante" e proibidas aquelas criam ou reforçam uma posição de domínio[30].

Apesar de este critério ser preponderante, a autoridade nacional deve apreciar a proposta de concentração à luz dos factores elencados no n.º 2 do artigo 12.º da LdC. Trata-se da análise de aspectos referentes não só à estrutura de mercado[31] como também relativos à configuração da procura[32], à natureza das barreiras à entrada no mercado[33] e à presença de eficiências dinâmicas[34]. A ponderação destes aspectos afasta a referida análise de uma perspectiva estritamente estruturalista abrindo caminho a uma apreciação sobre os efeitos da concentração, ou seja, sobre o seu impacto na concorrência.

2. MERCADO COMUM E MERCADOS NACIONAIS

A aplicabilidade das normas comunitárias e das normas nacionais de defesa da concorrência tem por elemento de conexão a produção de *efeitos* anticoncorrenciais, respectivamente, no mercado comum ou nos mercados nacionais. A *territorialidade* dos efeitos configura-se muito mais como um critério de juridicidade do que como um critério de delimitação

---

[28] Sobre estes aspectos: Orientações para a apreciação das concentrações horizontais nos termos do regulamento do Conselho relativo ao controlo das concentrações de empresas (2004/C 31/03) J.O. C 31/5, 5.2.2004.

[29] Artigos 8.º a 12.º da Lei 18/2003.

[30] Artigo 12.º n.º 3 e 4 da Lei 18/2003.

[31] Artigo 12.º n.º 2 alíneas a) e b) da Lei 18/2003.

[32] Artigo 12.º n.º 2 alíneas d), e) e g) da Lei 18/2003.

[33] Artigo 12.º n.º 2 alíneas c), f), h) e i) da Lei 18/2003.

[34] Artigo 12.º n.º 2 alíneas j) e l) da Lei 18/2003.

de competências entre as instâncias comunitárias e nacionais, apesar de ser afirmado como referencial a este nível.

As normas comunitárias são portanto aplicáveis aos acordos, práticas e concentrações entre empresas que, em virtude dos seus efeitos sobre a concorrência efectiva no mercado comum, sejam susceptíveis de afectar o comércio entre os Estados-Membros[35].

Por seu turno, o âmbito de aplicação das regras nacionais de defesa da concorrência respeita às práticas restritivas e às operações de concentração que "ocorram em território nacional ou que neste tenham ou possam ter efeitos"[36].

Na actualidade, grande parte dos mercados de bens transaccionáveis têm uma dimensão europeia, ao nível da produção e da distribuição grossista. Por seu turno, assumem uma dimensão eminentemente nacional os mercados de bens não transaccionáveis, bem como os mercados de distribuição a retalho e de serviços pessoais.

A delimitação do âmbito de aplicação dos ordenamentos jurídicos comunitário e nacional pressupõe, portanto, uma rigorosa identificação do mercado onde os efeitos anticoncorrenciais se produzem ou são susceptíveis de se produzirem alcançada através da definição e análise do mercado relevante.

2.1. Mercado relevante

Como ficou dito, a aplicação das normas de defesa da concorrência, comunitárias e nacionais, relativas a acordos e práticas restritivas, ao abuso de posição dominante e ao controlo de concentrações pressupõe a definição do mercado relevante, actual ou potencialmente afectável por efeitos anticoncorrenciais[37].

---

[35] Artigos 81.º n.º 1 e 82.º do TCE e artigo 1.º do Regulamento (CE) n.º 139/2004.

[36] Artigo 1.º n.º 2 da LdC.

[37] Comunicação da Comissão relativa à definição de mercado relevante para efeitos do direito comunitário da concorrência (97/C 372/03), J.O. C 372/5. Ao nível comunitário, clarificar o conceito de *mercado relevante* é essencial para uma aplicação uniforme das normas de concorrência, com vista à plena realização do mercado interno. A necessidade de definição deste conceito é salientada no Proc. 6/72 *Continental Can v. Comissão*, Rec. 1973, p. 215. Valentine Korah, *The Michelin Decision of the Commission*, in *European Law Review* 7, 1982, pp. 130-131; Valentine Korah *An Introductory Guide to EC Com-*

O conceito de mercado relevante engloba as noções de *mercado do produto/ serviço* e de *mercado geográfico* através das quais se procura analisar a dimensão material, temporal e espacial do mercado.

O *mercado de produto relevante* – de bens finais[38] – compreende todos os produtos e/ou serviços, considerados permutáveis ou substituíveis pelos consumidores, em razão das características do produto, do seu preço ou da sua utilização[39].

O *mercado geográfico relevante* abrange a área em que as empresas em causa fornecem produtos ou serviços e em que as condições da concorrência são suficientemente homogéneas[40].

O elemento central do conceito de mercado relavante radica na ideia de substituição concluindo-se que, dois ou mais bens que evidenciem um grau consideravelmente elevado de permutabilidade fazem parte do mesmo mercado[41].

---

petition Law and Practice, 7.ª ed., Hart Publishing, Oxford, 2000; Arnull A.M.; Dashwood, A.A.; Ross, M.G. e Wyatt, D. A., *European Union Law*, 4th ed., Sweet & Maxwell, London, 2000, p. 540; Ivo Van Bael and Jean-François Bellis *Competition Law of the EEC*, CCH Editions Ltd., UK 1990, pp. 69-70; Josephine Steiner e Lorna Woods, *Textbook on EC Law*, 7th Ed. London, Blackstone Press Ltd., 2000 p. 254; George J. Stigler e Robert A. Sherwin, *The Extent of the Market*, in *Journal of Law and Economics* 28, 1985; Christopher Bellamy e Graham, D. Child, *European Community Law of Competition*, 5 ed., Sweet & Maxwell, London, 2001.

[38] Considerações idênticas serão, no essencial, válidas para o mercado de bens indirectos ou *inputs* produtivos. Deve entender-se que este conceito integra a ideia de delimitação do mercado geográfico. Decisão da Comissão *British Midland/Aer Lingus* [1992] J.O. L96/34 e decisões *Nestlè/Perrier* e *Napier Brown/British Sugar* [1988] J.O. L284/41, *Irish Sugar* [1997] J.O. L258/1; Proc. 322/81 *Michelin v. Comissão*, Rec. 1983, p. 3461.

[39] A definição de mercado é essencial por forma a determinar a existência de situações de posição dominante. Neste âmbito relevam as influências do denominado teste SSNIP (The Small but Significant and Nontransitory Increase in Price). No caso *Hoffmann-La Roche*, o Tribunal de Justiça afirmou que o conceito de mercado relevante pressupõe uma concorrência efectiva entre produtos num mercado, o que implica um grau de substituição suficiente, relativamente ao uso desses produtos (Proc. 85/76, *Hoffman-La Roche/ Comissão*, Rec. 1979, p. 461; decisão da Comissão *TetraPak* [1998] J.O. L272/27).

[40] Comunicação da Comissão relativa à definição de mercado relevante pf. 8.

[41] Proc. 322/81 *Michelin/Comissão*, Rec. 1983, p. 3461.

A substituição entre produtos é aferida a partir da análise de factos do passado recente, de elementos quantitativos de base estatística e econométrica, de inquéritos a consumidores e a concorrentes, de estudos de mercado sobre as preferências dos consumidores, de barreiras e custos de troca, de determinação de grupos de consumidores e da discriminação de preços: Comunicação da Comissão relativa à definição de mercado relevante,

Procede-se à avaliação da permutabilidade através dos testes de *substituição da procura* e de *substituição da oferta*.

O primeiro, considerado mais relevante, centra-se nas preferências dos consumidores. Atendendo a que o comportamento de uma empresa, ou de um número restrito de empresas, não é susceptível de afectar a concorrência, quando os consumidores possam substituir facilmente o(s) produto(s) dessa(s) empresa(s), torna-se necessário indentificar quais as alternativas efectivas de oferta, através do apuramento do grau de elasticidade cruzada da procura[42].

A substituição deve, também, ser considerada sob o prisma da oferta. Esta existirá quando, através de simples adaptações da respectiva estrutura produtiva, os produtores concorrentes estejam em condições de entrar no mercado e de ocupar uma posição relevante, como resposta a um pequeno, mas sustentado, aumento do preço[43].

---

pfs. 38 a 43. Esta orientação já se encontra presente no caso *Hofmann-la Roche*, em que o TJC sustentou que o mercado relevante pressupõe a concorrência efectiva entre os bens que o integram, o que pressupõe um grau suficiente de substituição entre eles (Proc. 85/76, *Hoffman-La Roche v. Comissão*, Rec. 1979, p. 461). A decisão *Continental Can* já continha a ideia de que os produtos que apenas são *parcialmente* passíveis de substituição não são parte do mesmo mercado (Proc. 6/72 *Continental Can v. Comissão*, Rec. 1973, p. 215).

[42] Comunicação da Comissão relativa à definição de mercado relevante: pf. 13 e 17. A aplicação deste teste foi feita no Ac. TJC Proc. 27/76 *United Brands v. Comissão* Rec. 1978, p. 207; sobre esta decisão: Bael, I. & Bellis, J. (1990), p. 72; Korah, V. (2000), pp. 71–72.

Na determinação do preço, que deve servir de base a esta análise, pode haver necessidade de considerar que este se encontra sobre-elevado, em virtude da ausência de concorrência já verificada: "Comunicação da Comissão relativa à Definição de Mercado Relevante" (1997), pf. 19. O conceito de elasticidade cruzada encontra-se presente no Ac. TJC Proc. 27/76, *United Brands v. Comissão*, Rec. 1978, p. 207. Proc. C-62/86 *AKZO/Commission*, Col. 1991 p. I-3359, apreciou a possibilidade de o mesmo produto poder integrar diferentes mercados. Sob o prisma do consumidor, relevam elementos como a natureza dos bens, o respectivo preço e a sua funcionalidade. Também as estruturas da procura e da oferta devem ser tidas em conta, pelo que, se o mesmo produto for utilizado por diferentes categorias de consumidores em contextos concorrenciais distintos, se considera existirem mercados separados. Proc. 322/81 *Michelin v. Comissão*, Rec. 1983, p. 3461, pf. 37. Proc. 85/76, *Hoffman-La Roche v. Comissão*, Rec. 1979, p. 461. Proc. C-62/86 *AKZO/Commission*, Col. 1991 p. I-3359, pf. 45. Proc. C-333/94P *Tetra Pak International SA v Commission (Tetra Pak II)*, 1997 Col. I p. 4.

[43] Proc. 6/72 *Continental Can v. Comissão*, Rec. 1973, p. 215, pf. 33. O recurso a este teste esteve ausente das análises da Comissão até 1997. Comunicação da Comissão relativa à definição de mercado relevante, pf. 20 e 21. Proc. 322/81 *Michelin v. Comissão*,

Apesar do relevo conferido ao critério da permutabilidade este, por si só, não é suficiente para determinar o mercado relevante, pois há que considerar a eventual presença de obstáculos à substituição, os quais originam a formação de grupos de consumidores cativos, ou infra-marginais[44].

2.2. AFECTAÇÃO SENSÍVEL DO COMÉRCIO ENTRE OS ESTADOS-MEMBROS

Os artigos 81.º e 82.º do TCE são aplicáveis a acordos e práticas "susceptíveis de afectar o comércio entre os Estados-Membros".

A jurisprudência comunitária em muito contribuiu para a interpretação deste conceito, encontrando-se essa clarificação sintetizada nas Orientações da Comissão de 2004[45].

A aplicação daquelas normas circunscreve-se portanto aos acordos e práticas com um efeito significativo, isto é, geradores de *uma afectação sensível* do comércio.

A compreensão da regra da "não afectação sensível do comércio" (NASC) passa, antes de mais, pela clarificação da noção de *comércio entre os Estados-Membros*. Trata-se de toda a actividade económica transfronteiriça que envolve, no mínimo dois Estados-Membros, não sendo neces-

---

Rec. 1983, p. 3461; *Tetra Pak I*. [1988] J.O. L272/27, pf. 38; *British Midland/Aer Lingus*. [1992] J.O. L 96/34, pf. 14. A realização desta análise deve incorporar elementos relativos às técnicas de produção, bem como à produção de diferentes qualidades ou gamas de produtos.

[44] Ac. TJC Proc. 27/76, *United Brands v. Comissão*, Rec. 1978, p. 207, pf. 31. Proc. 322/81 *Michelin v. Comissão*, Rec. 1983, p. 3461. Em síntese, a determinação da capacidade de substituição deve basear-se, em primeiro lugar, na análise das características da procura e da oferta e designadamente na elasticidade cruzada da procura. Uma definição rigorosa de mercado deve atentar na **natureza** [há que determinar se as *diferenças* entre os produtos são significativas: Ac. TJC Proc. 27/76, *United Brands/Comissão*, Rec. 1978, p. 207; Decisão da Comissão *Nestlè v. Perrier* J.O. L356/1, 1992; essas diferenças não devem ser meramente rectóricas, com o intuito de fornecer uma definição estreita de mercado] e no **preço** do produto [as diferenças de *preços* praticados para o mesmo produto são vistas como evidência da separação geográfica entre mercados] nas **preferências** dos consumidores [neste âmbito, há ainda que considerar factores como a inércia e a fidelização dos consumidores] e ainda na presença de **constrangimentos de natureza administrativa ou técnica**.

[45] Comunicação da Comissão. Orientações sobre o conceito de afectação do comércio entre os Estados-Membros previsto nos artigos 81.º e 82.º do Tratado (2004/C 101/07).

sário que seja afectada a totalidade de outro Estado mas apenas uma parte significativa do seu mercado. Em determinadas situações, o comércio entre os Estados-Membros pode mesmo ser afectado quando o mercado relevante é nacional ou subnacional. O conceito de comércio abrange igualmente as situações em que os acordos ou práticas afectem a estrutura concorrencial do mercado comunitário[46].

Por seu turno, a aplicabilidade do direito comunitário não depende da efectiva afectação do comércio mas sim da susceptibilidade de um acordo ou prática produzir essa consequência[47].

A *susceptibilidade* de afectar implica uma possibilidade de prever que o acordo ou prática pode influir, directa ou indirectamente, de forma efectiva ou potencial, na estrutura do comércio dos Estados-Membros. Essa previsão deve ter na sua base um grau de probabilidade suficiente, formado a partir de um conjunto de factores objectivos de direito ou de facto[48].

A noção de *carácter sensível* circunscreve a aplicação das normas comunitárias neste domínio, aos acordos e práticas com um *um efeito significativo, relevante ou apreciável* sobre o funcionamento concorrencial do mercado[49]. Pode portanto afirmar-se que o requisito da *afectação sensível* limita a aplicação dos artigos 81.º e 82.º do TCE a acordos e práticas com certa magnitude, atenta a posição relativa das empresas envolvidas nos respectivos mercados[50].

---

[46] Orientações sobre o conceito de afectação do comércio (2004) –, 2., 2.2, pontos 19 a 22.

[47] Ac. TJC Proc. 6/73, 7/73, *ICI, Commercial Solvents v. Comissão*, Rec. 1974 p. 223.

[48] Orientações sobre o conceito de afectação do comércio, 2., 2.3, pontos 23 a 43. Exemplificativamente: Proc. 172/80 (*Züchner*), Col. 1981, p. 2021; Proc.C-309/99 (*Wouters*), Col. 2002, p. I-1577; Proc. C-475/99 (*Ambus Glöckner*), Col. 2001, p. I-8089.

[49] Coube à jurisprudência comunitária introduzir, definir e clarificar o conceito de *relevância ou efeito apreciável*. Neste domínio as decisões mais relevantes encontram-se no Proc. 56/65 *La Technique Miniere v. Machinenbau* Rec. 1965-1968, p. 251; Procs. 56/64 e 58/66, respectivamente *Consten and Grundig v. Comissão* e *Grundig v. Comissão*, Rec. 1966, p. 429 e p. 559; Proc. T-29/92 *Dutch Building Companies v. Comissão* Col. 1995 p. II-289.

[50] Proc. C-234/89, *Stergios Delimitis v. Henninger Bräu A. G.*, 1991, Col. p. I-935. Miguel Moura e Silva, **EC Competition Law and the Market for Exclusionary Rights**, In **Estudos Jurídicos e Económicos em Homenagem ao Professor João Lumbrales**, FDL, Coimbra Ed., 2000, pp. 837-839.

Como decorrência do princípio da *afectação sensível*, é de considerar que os acordos de diminuta importância económica, ou seja, concluídos entre empresas de pequena e de média dimensão (PME), raramente são susceptíveis de afectarem, de um modo significativo, o comércio entre os Estados-Membros, pelo que escapam à aplicação das regras europeias da concorrência[51].

---

[51] Assim, entende-se que não têm efeitos anticoncorrenciais significativos – pelo que não são proibidos pelo n.º 1 do artigo 81.º do TCE – os acordos verticais restritivos concluídos entre empresas, cuja quota no mercado relevante não exceda 15% (*limiar «de minimis»*).

Quando a concorrência no mercado relevante é restringida pelo efeito cumulativo de redes paralelas de acordos, o limiar de quota de mercado passa a ser de 5%. Pontos 7 b) e 8 da Comunicação da Comissão relativa aos acordos de pequena importância que não restringem sensivelmente a concorrência nos termos do n.º 1 do artigo 81.º do Tratado que institui a Comunidade Europeia (de minimis), JO C 368 de 22.12.2001, p. 13. Sobre o conceito de pequenas e médias empresas: Recomendação da Comissão relativa à definição de micro, pequenas e médias empresas, JO L 124 de 20.5.2003. Presume-se que – satisfeitas determinadas condições – os acordos entre essas empresas não são susceptíveis de afectarem o comércio entre Estados-Membros porque, em geral, respeitam a actividades locais ou regionais. Trata-se de uma presunção elidível. Orientações sobre o conceito de afectação do comércio, 2.4.2., pontos 50 a 52.

Não se encontram abrangidos pelo disposto no art. 81.º n.º 1 os acordos de pequena importância, os acordos concluídos entre pequenas e médias empresas e, pela sua natureza, os autênticos acordos de agência: Orientações relativas às restrições verticais, II 1 e 2. No entanto, não se mantém a presunção de que esses acordos não afectam sensivelmente o comércio quando deles constarem restrições graves. Comunicação "de minimis", ponto 11.

PARTE II
Competências, princípios e procedimentos comunitários de aplicação das normas concorrência

1. APLICAÇÃO DO DIREITO COMUNITÁTIO DA CONCORRÊNCIA PELA COMISSÃO (SISTEMA DE ADMINISTRAÇÃO DIRECTA)

O direito da concorrência assumiu desde sempre uma posição nuclear na lógica da integração comunitária. Uma ordem concorrencial forte impede que os agentes económicos privados reproduzam os obstáculos ao livre funcionamento dos mercados que os Estados se empenham em remover. A criação e preservação de um ambiente de *concorrência efectiva* no mercado garante assim a manutenção e intensificação do comércio entre os Estados-Membros.

A concorrência não é, portanto, uma finalidade em si mesma mas sim um instrumento funcionalizado aos designios da integração económica, ao garantir o bom funcionamento e o aprofundamento do mercado interno. Nesta medida, o sistema de execução das respectivas normas desenhou-se também ele próprio como um sistema forte e centralizado, assente na actuação da Comissão, capaz de assegurar uma aplicação coerente.

A Comissão constitui o orgão executivo da comunidade. Embora carecendo de qualificação expressa como tal pelo Tratado, a Comissão é o orgão de administração pública comunitária por excelência, na medida em que lhe estão confiadas funções tipicamente administrativas de execução das normas dos Tratados, de execução de normas de aplicação[52], de execução material sob a forma de adopção de actos concretos e individuais[53], bem como de controlo ou supervisão[54].

---

[52] Competência atribuída, designadamente, em disposições do Tratado CE: o artigo 38.º (2.º pf.); artigo 39 n.º 3 alínea d); artigo 86.º n.º 3; artigo 218.º n.º 2; artigo 300 n.º 4.
[53] A atribuição destas competências pode decorrer dos Tratados ou do direito deri-

Nos termos do artigo 202.º do TCE o Conselho "atribui à Comissão, nos actos que adopta, as competências de execução das normas que estabelece". Estabelecendo-se, concomitantemente, no artigo 211.º do TCE que cabe à Comissão exercer "a competência que o Conselho lhe atribua para a execução das regras por ele estabelecidas".

A atribuição de poderes de controlo ou supervisão tem como base jurídica a norma do artigo 211.º do TCE de acordo com a qual compete à Comissão *velar pela aplicação das disposições do Tratado e das medidas tomadas pelas instituições.* Para o desempenho das suas funções, a Comissão pode recolher todas as informações e proceder a todas as verificações necessárias[55].

À criação e actuação da Comissão enquanto "executivo comunitário" não se encontra subjacente uma ideia de sobreposição ou de duplicação das estruturas administrativas dos Estados-Membros mas sim um pressuposto de cordenação e de cooperação entre elas, ditado pela necessidade de existência de diferentes patamares de decisão administrativa[56].

O facto de tais estruturas existirem tornou possível configurar institucional e funcionalmente a Comissão como um orgão reduzido e flexível capaz de realizar funções de tipo administrativo, de âmbito comunitário, e de simultaneamente fazer assentar a execução das normas dos Tratados, ou das normas adoptadas para a sua aplicação, na actuação das administrações nacionais[57].

Assim, a sedimentação da construção europeia foi sendo feita, na generalidade dos domínios de integração, através de um método de gestão

---

vado. O Tratado confere à Comissão atribuições de execução material no artigo 38.º (2.º pf.); artigo 75.º n.º 4; artigo 76.º n.º 2; artigo 85.º n.º 2; artigo 86.º n.º 3; artigo 88.º n.º 2 e n.º 3; artigo 95.º n.º 4, n.º 5 e n.º 6; artigo 134.º; artigo 147.º; artigo 274.º.

[54] Adopta-se um conceito estrito de atribuições de controlo e supervisão, enquanto conjunto de operações materiais de recolha, análise e avaliação da informação. Como é sabido, os poderes de controlo da Comissão enquanto guardiã dos Tradados são em regra, referenciados a partir dos instrumentos jurisdicionais de controlo ao seu alcance, designadamente, o recurso por incumprimento.

[55] Artigo 284.º do TCE.

[56] Maria Luísa Duarte, *Direito Administrativo da União Europeia*, Coimbra ed., 2008, p. 28.

[57] Sobre a aplicação do direito comunitário pelas autoridades nacionais: Ac. TJCE Proc. 167/73, *Comissão v. França*, Rec. 1974, p. 359; Ac. TJCE Proc. 103/88, *Costanzo*, Col. 1989, p. 1839; Ac. TJCE Proc. C-8/88, *Alemanha v. Comissão*, Col. 1990, p. I-2321.

indirecta o qual, em virtude da coexistência e da necessária articulação entre a administração comunitária e as administrações nacionais, tem visto a sua configuração evoluir no sentido de uma gradual convergência inter-normativa, através de uma "contaminiação recíproca entre os sistemas jurídicos comunitário e nacionais"[58].

Mas se, como ficou dito, os princípios da administração indirecta e da subsidariedade orientaram, em geral, a articulação e o exercício das funções administrativas pelas instâncias nacionais e comunitárias, o mesmo não se passou em matéria de defesa da concorrência. Com efeito, neste domínio, a execução das normas do Direito comunitário obedeceu a um sistema fortemente centralizado.

As exigências de garantia de uma aplicação uniforme do direito da concorrência, como instrumento nuclear de integração do mercado europeu, ditaram portanto a execução daquelas normas comunitárias segundo um sistema de administração directa ou de gestão directa exclusiva. Sendo ainda na actualidade a configuração deste sistema marcada pela predominância da actuação da Comissão, sob o controlo jurisdicional dos Tribunais europeus, importa também nesta área fazer notar uma trajectória de interpenetração normativa e organizacional entre os sistemas nacionais e comunitário, como adiante se verá[59].

1.2. ATRIBUIÇÕES ESPECÍFICAS DA COMISSÃO EM MATÉRIA DE CONCORRÊNCIA

No que respeita à aplicação do direito comunitário da concorrência, o Tratado atribui à Comissão poderes de controlo, poderes de execução

---

[58] Maria Luísa Duarte, *Direito...*, pp. 23 ss.

[59] A par desta tendência evolutiva, verifica-se também uma maior intervenção delimitadora da actuação da Comissão pelo orgãos judiciais evidenciada, em particular, nalgumas decisões do Tribunal de Pequena Instância (TPI) como a anulação, por este Tribunal, de decisões de proibição de concentrações (Proc. T-342/99 *Airtours plc.* v. *Comissão* Rec. 2002, p. II-2585; Proc. T-5/02 *Tetra Laval BV v. Comissão* Rec. 2002, p. II-4381; Proc.. T-310/01 *Schneider Electric SA v. Comissão* Rec. 2002, p. II-4071), e outras decisões (Proc. T-41/96 *Bayer AG v. Comissão (Adalat)*, Rec. 2002, p. II-3383; Procs. C-2/01P e C-3/01P *Bundesverband der Arzneimittel-Importeure v. Bayer e Comissão* Rec. 2004, p. I-23); e a suspensão da aplicação de decisões da Comissão em processos envolvendo questões jurídico-económicas novas e complexas (Proc. T-184/01R, *IMS Health Inc.* v. *Comissão* Rec. 2001, p. II-2349; Proc. C-481/00 P(R) *NDC Health Corporation and NDC Health GmbH & Co. KG* v. *IMS Health Inc.* Rec. 2001, p. I-3401).

material designadamente, sob a forma de decisões, bem como, poderes de execução de natureza normativa.

Quanto à aplicação dos princípios enunciados nos artigos 81.º e 82.º do Tratado, o artigo 85.º do TCE atribui à Comissão competências de controlo (n.º 1) bem como, competências para a adopção de actos concretos e individuais (n.º 2). No âmbito desta actuação cumpre à Comissão:

- instruir os casos de presumível infracção aos referidos princípios;
- uma vez verificada a existência de infracção, propôr os meios adequados para lhe pôr termo;
- se a infracção não tiver cessado, declará-la verificada, através de decisão devidamente fundamentada;
- publicar a sua decisão;
- autorizar os Estados-Membros a tomarem as medidas necessárias para sanar a situação, fixando as respectivas condições e modalidades.

À Comissão cumpre também velar pela aplicação do princípio da não discriminação e dos princípios do direito da concorrência às empresas públicas e às empresas a que sejam atribuídos direitos especiais e exclusivos, dirigindo "aos Estados-membros, quando necessário, as directivas ou decisões adequadas"[60].

Em matéria de auxílios concedidos pelos Estados, o Tratado atribui à Comissão competências de supervisão ou controlo através do exame permanente dos regimes de auxílios e da análise das informações relativas a projectos de auxílio, enviadas pelos Estados[61]. Uma vez verificada a incompatibilidade do auxílio com o mercado comum, nos termos do artigo 87.º ou a sua aplicação abusiva, a Comissão decidirá que o Estado-Membro deve suprimi-lo ou modificá-lo no prazo por ela fixado[62].

A exposição precedente permite concluir que o Tratado atribui à Comissão a função de aplicação directa das normas comunitárias de defesa da concorrência. O facto de a construção europeia, neste domínio, ter assentado num sistema de administração directa conduziu à elaboração e concretização de princípios gerais e procedimentais de direito administra-

---

[60] Artigo 86.º n.º 3 do TCE.
[61] Artigo 88.º n.º 1 e n.º 3 do TCE.
[62] Artigo 88.º n.º 2 do TCE.

tivo comunitário os quais, estravazando o âmbito concorrência, se foram afirmando progressivamente como princípios transversais a toda a actuação administrativa.

2. PRINCÍPIOS GERAIS DO DIREITO ADMINISTRATIVO COMUNITÁRIO

Pese embora não caber nesta sede proceder a um tratamento exaustivo dos princípios gerais do direito adminsitrativo comunitário os mesmos não podem deixar de ser elencados enquanto princípios orientadores e caracterizadores da actuação da administrativa na aplicação das normas de defesa da concorrência.

2.1. PRINCÍPIO DA LEGALIDADE

O princípio da legalidade, ou com maior rigor da jurisdicidade, traduz-se na vinculação da acção administrativa ao Direito, como corolário da preeminência dos Tratados e regras superiores de direito e da precedência da norma habilitadora[63].

Tal significa que o exercício de poderes de autoridade pela União encontra a sua disciplina jurídica primária nos Tratados, nas regras superiores de direito e nos princípios gerais do direito comunitário enquanto fontes primeiras da hierarquia normativa comunitária; e que a base jurídica do exercício dos poderes de autoridade administrativa deve estar prevista pelas normas dos Tratados ou por normas jurídicas relativas à sua aplicação.

Assim, e como já se mencionou, a actuação administrativa de execução do direito comunitário por parte da Comissão e por parte das administrações nacionais têm, respectivamente, como normas de habilitação genérica o artigo 211.º e o artigo 10.º do TCE.

O controlo judicial da legalidade dos actos comunitários, previsto nos artigos 230.º, 232.º, 233.º e 237.º do TCE, opera o escrutínio da conformação da actuação administrativa com o princípio em análise[64].

---

[63] Maria Luísa Duarte, *Direito...*, pp. 103-104.
[64] Da subordinação à legalidade decorre também o *princípio da responsabilidade*

2.2. PRINCÍPIOS DA IGUALDADE E DA NÃO DISCRIMINAÇÃO

Do princípio da igualdade, enquanto princípio fundamental do direito comunitário[65], decorre a igualdade de tratamento de situações jurídicas comparáveis, bem como a proibição de diferenciação arbitrária.

A não discriminação constitui uma manifestação específica do princípio geral da igualdade e consubstancia-se na proibição de tratamento diferenciado proibido ou injustificado.

O princípio da igualdade cumpre uma função específica no que concere à actividade administrativa, vinculando-a aos seus próprios critérios interpretativos e actos[66].

2.3. PRINCÍPIOS DA SEGURANÇA JURÍDICA E DA CONFIANÇA LEGÍTIMA

O princípio da segurança jurídica reveste um carácter objectivo, dele decorrendo o imperativo de formulação clara e precisa das normas jurídicas; a conservação das situações jurídicas constituídas; o carácter estrito das condições de rectroactividade e de alteração das situações estabelecidas; e a exclusão da eficácia rectroactiva das normas[67].

O princípio da confiança legítima assume uma natureza subjectiva e configura-se como a tutela jurídica de situações concretas de direitos individuais em risco. Trata-se da confiança, firmada a partir do comportamento do decisor público, de que uma dada posição ou interesse individual seja qualificado e tutelado como juridicamente relevante.

2.4. PRINCÍPIO DA PROPORCIONALIDADE

O princípio da proporcionalidade vincula o direito derivado e a acção administrativa à protecção dos direitos dos respectivos destinatários.

---

extracontratual da Comunidade pelos danos causados pela actuação administrativa (artigo 288.°, 2.° pf. do TCE).

[65] Procs. 117/76 e 16/77 *Ruckdeschel v. Hauptzollamt* Rec. 1977, p. 1753; Procs. 124/76 e 20/77 *Moulins et Huileries v. Office Nacional* Rec. 1977, p.1795.

[66] Proc. C-129/82 *Lux v. Court of Auditors* Rec. 1984, p. 4127. Proc. C-188/82 *Thyssen AG v. Comissão* Rec. 1983, p. 3721.

[67] Maria Luísa Duarte, *Direito...*, pp. 115-116.

Constitui, portanto, o limite ou referencial de medida da actuação pública, postulando-se a partir dele uma judiciosa ponderação entre o interesse público e a alteração da configuração da esfera jurídica dos agentes afectados pela norma ou decisão. Concomitantemente, decorre deste princípio uma ideia de adequação dos meios usados pela intervenção pública; nesta medida, e na presença de diversas alternativas passíveis de alcançar os objectivos do Tratado, aquela actuação deverá optar pelo meio que menos susceptível de afectar direitos e liberdades[68].

2.5. Princípio da transparência

A actuação das Instituições comunitárias deve orientar-se pela transparência. Assim, as decisões devem ser tomadas de uma forma tão aberta e próxima dos cidadãos quanto possível[69].

São corolários do princípio da transparência o direito de acesso aos documentos[70], bem como, o dever de fundamentação dos actos comunitários de natureza normativa ou concreta[71].

2.6. Princípio da boa administração

A afirmação e a definição dos contornos de um princípio geral de boa administração[72] coube essencialmente à jurisprudência comunitária[73]. Trata-se de um princípio orientador do processo de tomada de decisões, ao

---

[68] Proc. C-338/82 *Albertini v. Comissão* Rec. 1984, p. 2123. Proc. C-11/70 *Internationale Handelsgesellschaft v. Einfuhr* Rec. 1970, p. 1125.

[69] Artigo 1.º do TUE.

[70] Artigo 255.º do TCE. Direito expressamente consagrado no artigo 42.º da Carta dos Direitos Fundamentais da União.

[71] Artigo 235.º do TCE. Proc. C-5/67 *W. Beus GmbH v. Hauptzollamt München* Rec. 1970, p. 1125; Proc. 24/62 *Alemanha v. Comissão*, Rec. 1963, p. 131; Proc. C-259/94 *Branco v. Court of Auditors* Rec. 1995, p. I-1609.

[72] Conceito alcançado por oposição à noção de "má administração" contida no artigo 195.º n.º 1 do TCE.

[73] O princípio da boa administração nas suas diversas configurações, foi objecto, designadamente, dos Acs. TJCE Proc. 64/82 *Tradax v. Comissão*, Rec. 1984, p. 1359; Proc. 10/88, *Itália v. Comissão*, Rec. 1990, p. I-1229; Proc. C-282/95 *Guérin Automobiles v. Comissão* Col. p. I-1503.

qual se encontra subjacente a necessidade de ponderação entre a eficácia da acção administrativa e a garantia das posições jurídicas daqueles que são por ela afectados.

Nos termos do artigo 41.º da Carta dos Direitos Fundamentais da União todas as pessoas têm direito a que os seus assuntos sejam tratados de forma imparcial, equitativa e num prazo razoável. O direito a uma boa administração compreende o *direito de audiência prévia*; o *direito de acesso aos processos*; o *dever de fundamentação das decisões*; o *direito à reparação*; e ainda o *direito a dirigir-se e a obter resposta das instituições numa das línguas dos Tratados*[74].

2.7. PRINCÍPIOS PROCEDIMENTAIS

O exercício de competências executivas pela Comissão encontra-se também subordinado a princípios procedimentais, sedimentados pela jurisprudência comunitária, tais como, o princípio da diligência devida, o princípio do inquisitório e o princípio da participação dos interessados.

O *princípio da diligência* devida impõe à Comissão, no uso da respectiva margem de livre apreciação, o dever de analisar com imparcialidade e diligência toda a matéria de facto e de direito. Trata-se, portanto, de determinar e valorar adequadamente as circunstâncias concretas objecto de procedimento – conhecidas oficiosamente ou carreadas pelas partes – e de o fazer num prazo razoável[75].

A subordinação do procedimento adminstrativo comunitário ao p*rincípio do inquisitório* decorre expressamente do Tradado ao afirmar-se que a "Comissão pode recolher todas as informações e proceder a todas as verificações necessárias"[76] para o desempenho das funções que lhe são confiadas.

Também o *princípio da participação dos interessados*, nas suas diferentes configurações, merece indiscutível acolhimento. Assim, o *direito de acesso* ao processo pelos interessados constitui uma garantia fundamental

---

[74] Artigo 21.º TCE.
[75] Sobre este princípio: Proc. C-16/90, *Nölle v. Hauptzollamt Bremen-Freihafen* Rec. 1991, p. I-5163; Proc. C-269/90 *Technische Universität München v. Hauptzollamt München-Mitte* Rec. 1991, p. I-5469.
[76] Artigo 284.º do TCE.

vinculada aos direitos de defesa, que encontra o seu fundamento no princípio geral da igualdade de armas[77].

A conformação da actuação administrativa aos critérios da boa administração, determina o reconhecimento do *direito de audiência prévia* dos interessados, como garantia dos direitos e interesses dos interessados e da correcta formação da vontade administrativa, através de um processo de tomada de decisões tão completo quanto possível[78].

3. ACORDOS RESTRITIVOS, PRÁTICAS CONCERTADAS E ABUSO DE POSIÇÃO DOMINANTE

3.1. APLICAÇÃO DOS ARTIGOS 81.° E 82.° DO TCE: SISTEMA DE COMPETÊNCIAS PARALELAS

No que respeita à aplicação das normas comunitárias relativas a acordos restritivos, práticas concertadas e abuso de posição dominante, o artigo 85.° do TCE atribui à Comissão competências para velar pela aplicação dos princípios constantes dos artigos 81.° e 82.° do TCE; instruir os casos de presumível infracção a esses princípios, verificando da existência de uma infracção e propondo os meios adequados para lhe pôr termo; declarar, mediante decisão fundamentada, verificada uma infracção; publicar a respectiva decisão; e autorizar os Estados-Membros a tomarem as medidas necessárias para sanar a situação.

O exercício destas competências encontra-se concretizado no Regulamento 1/2003, relativo à execução das referidas normas, de acordo com o qual "para efeitos da aplicação dos artigos 81.° e 82.° do Tratado, a Comissão tem a competência atribuída nos termos do presente regulamento"[79].

---

[77] Proc. T-10/92 *Cimenteries CBR v. Commission* Rec. 1992, p. II-2667; Proc. T-65/89 BPB *Industries and British Gypsum v. Commission* Rec. 1993, p. II-389; Proc. T-30/91 *Solvay v. Commission* Rec. 1995, p. II-1775.

[78] Coube à jurisprudência operar a clarificação e a generalização deste princípio a todos os procedimentos administrativos afirmando-se, na actualidade, como uma garantia procedimental básica do direito comunitário. Proc. T-260/94 *Air Inter v. Commission* Rec. 1997, p. II-997; Proc. T-42/96 *Eyckeler & Malt v. Commission* Rec. 1998, p. II-401.

[79] Artigo 4.° do Reg. 1/2003.

A aplicação do direito comunitário da concorrência neste domínio configura-se, no entanto, como um sistema descentralizado de competências paralelas atribuidas à Comissão, às autoridades administrativas e aos tribunais nacionais.

Como já se fez notar oportunamente, a aplicação direito comunitário da concorrência que começou por assentar num sistema de administração directa pela Comissão tem vindo a evoluir no sentido de uma crescente participação das instâncias nacionais neste domínio.

No que toca à aplicação dos artigos 81.º e 82.º do TCE aquela evolução é evidenciada pelo Regulamento 1/2003 o qual se cria um sistema descentralizado de aplicação do direito europeu da concorrência pelas autoridades administrativas e pelos tribunais nacionais. Aquele regulamento procurou assegurar o papel central dos orgãos da Comunidade na aplicação dos artigos 81.º e 82.º do TCE, garantindo, simultaneamente, uma mais estreita participação do Estados-Membros na aplicação das regras comunitárias da concorrência, segundo os princípios da subsidiariedade e da proporcionalidade.

Nestes termos, o Regulamento 1/2003 orienta-se pela efectiva participação dos tribunais dos Estados-Membros e das autoridades nacionais de defesa da concorrência na aplicação dos artigos 81.º e 82.º do TCE, habilitando-os à aplicação integral das normas desses preceitos. Por outro lado, e a fim de sedimentar uma cultura comum de concorrência na Europa, os tribunais e autoridades nacionais devem, nos termos do artigo 3.º do Regulamento 1/2003, aplicar os artigos 81.º e 82.º a todos os acordos ou práticas susceptíveis de afectarem o comércio entre os Estados-Membros aos quais seja aplicável a legislação nacional da concorrência.

Os tribunais nacionais, cuja actuação não cumpre analisar com detalhe nesta sede, têm competência para aplicar os artigos 81.º e 82.º do TCE[80] e os actos dotados de efeito directo, adoptados pelas instituições da União, neste domínio[81], podendo pedir ao Tribunal de Justiça que se pronuncie sobre uma questão prejudicial, nos termos do artigo 234.º do TCE.

---

[80] Artigo 6.º do Reg. 1/2003. Comunicação da Comissão sobre a cooperação entre a Comissão e os tribunias dos Estados-Membros da UE na aplicação dos artigos 81.º e 82.º do Tratado CE (2004/C 101/04) J.O. C 101/54, 27.4.2004.

[81] Designadamente, decisões da Comissão (por exemplo, decisões tomadas nos termos dos artigos 7.º a 10.º e 23.º e 24.º do Reg. 1/2003) e regulamentos da Comissão de aplicação do n.º 3 do artigo 81.º (regulamentos de isenção por categoria).

Os orgãos jurisdicionais nacionais são pois competentes para proceder à apreciação da validade de contratos e para conceder indeminizações por infracção aos artigos 81.° e 82.° do TCE, actuando como garantes da salvaguarda dos direitos dos particulares criados pelo efeito directo das referidas normas. Os tribunais nacionais actuam também como tribunais de recurso relativamente às decisões das autoridades nacionais de defesa da concorrência.

O Regulamento 1/2003 institui, portanto, um sistema de competências paralelas de aplicação dos artigos 81.° e 82.° ao habilitar as autoridades nacionais de competência para a aplicação integral daquelas disposições[82].

Este mecanismo corporiza o respeito pelo princípio da subsidiariedade assegurando, simultaneamente, que a Comissão exerça com maior eficácia a sua função nuclear de definição e execução das orientações da política comunitária da concorrência, ao concentrar a sua actuação nos casos onde se encontre *mais bem posicionada para agir*, nas infracções mais graves e na apreciação das questões que reclamem uma aplicação coerente dos artigos 81.° e 82.° do TCE.

A aplicação descentralizada da lei pelas autoridades nacionais pressupõe uma estreita articulação e cooperação entre estas e com a Comissão, designadamente, através da troca de informações e da assistência mútua nas investigações[83].

De acordo com o sistema de competências paralelas os casos de infracção aos artigos 81.° e 82.° do TCE serão tratados por (i) uma única autoridade nacional da concorrência; (ii) várias autoridades nacionais agindo em paralelo; ou (iii) pela Comissão.

A Comissão está particularmente bem posicionada (a) se um ou mais acordos ou práticas afectarem a concorrência em mais de três Estados-Membros, (b) quando um processo estiver estreitamente ligado a outras disposições comunitárias aplicadas a título exclusivo ou mais eficientemente pela Comissão, ou ainda (c) quando o interesse comunitário reclamar a adopção de uma decisão relevante no desenvolvimento da política

---

[82] Artigo 5.° do Reg. 1/2003.
[83] Artigos 11.°, 12.° e 22.° do Regulamento 1/2003. Esta cooperação encontra-se institucionalizada através da Rede Europeia da Concorrência (REC). Comunicação da Comissão sobre a cooperação no âmbito da rede de autoridades de concorrência (2004/C 101/03) J.O. C 101/43, 27.4.2004.

de concorrência europeia em presença de uma nova questão ou para assegurar uma aplicação efectiva. A actuação da Comissão deve fazer-se "em cooperação com as autoridades competentes dos Estados-membros, que lhe prestarão assistência"[84].

Por seu turno, uma autoridade nacional está bem posicionada para a apreciação da aplicação dos artigos 81.º e 82.º do TCE quando se verifique uma conexão material entre a infracção e o respectivo território do Estado-Membro. Assim, considera-se que uma autoridade nacional está bem posicionada para instruir um processo quando se verifiquem, cumulativamente, as seguintes condições: (a) o acordo ou prática tenha grande impacto directo na concorrência do seu território, seja aí aplicado ou tenha origem nele; (b) a autoridade possa efectivamente pôr termo à infracção na sua totalidade, ou seja, possa adoptar uma decisão de injunção com efeito suficiente para fazer cessar a infracção e, se necessário sancioná-la adequadamente; (c) a autoridade nacional possa reunir, com a eventual assistência de outras autoridades, os elementos necessários para provar a infracção. Verificados estes requisitos, a *acção individual* de uma autoridade nacional será adequada e suficiente.

A *acção paralela* de duas ou três autoridades nacionais de defesa da concorrência justificar-se-á quando um acordo ou prática tenha efeitos substanciais na concorrência nos respectivos territórios, sendo a acção de uma única autoridade nacional insuficiente para a fazer cessar e sancionar devidamente.

O processo pode ser objecto de reatribuição a outra autoridade nacional ou à Comissão quando a autoridade nacional que lhe deu início considerar que não está bem posicionada ou quando outras autoridades também considerarem que estão bem posicionadas para agir.

---

[84] Artigo 85.º do TCE.

3.2. PROCEDIMENTOS COMUNITÁRIOS DE APLICAÇÃO DOS ARTIGOS 81.° E 82.° DO TCE

3.2.1. Procedimento por infracção

3.2.1.1. Apreciação preliminar

A Comissão pode dar início, *a qualquer momento*, a um processo[85] com vista à adopção de decisões que (i) verifiquem e imponham a cessação da infracção; que (ii) apliquem medidas provisórias; (iii) que tornem obrigatórios os compromissos assumidos pelas empresas; ou (iv) que declarem a inaplicabilidade dos artigos 81.° ou 82.° do TCE[86].

Em rigor, este preceito refere-se ao início de um processo formal por infracção das referidas normas, no entanto, antes de passar a uma *fase de apreciação mais detalhada*, a Comissão formula uma *apreciação preliminar*, exercendo para isso os poderes de investigação que lhe são conferidos nos termos dos artigos 17.° a 22.° do Regulamento 1/2003[87].

Nesta medida, a Comissão não poderá iniciar aquele processo formal quando as empresas em causa assumam *compromissos*, aceites pela Comissão, na sequência de uma apreciação preliminar ou uma comunicação de objecções[88] ou após ter publicado o conteúdo dos compromissos e actuações a seguir[89]. A solução compromissória prevista no artigo 9.° do Regulamento 1/2003 não é, portanto, obtida no âmbito de um processo formal de infracção, pressupondo apenas a existência de uma apreciação preliminar pela Comissão. As empresas em causa apresentam os respectivos compromissos com base a intenção da Comissão em aprovar uma decisão que exija a cessação de uma infração. Note-se, no entanto, que após a adopção de compromissos, a Comissão pode iniciar o processo

---

[85] Artigo 2.° n.° 1 do Regulamento (CE) n.° 773/2004 da Comissão, de 7 de Abril de 2004, relativo à instrução de processos pela Comissão para efeitos dos artigos 81.° e 82.° do Tratado CE (J.O. L 123, 27.4.2004). Regulamento alterado pelo Regulamento (CE) n.° 622/2008 da Comissão de 30 de Junho de 2008 que altera o Regulamento (CE) n.° 773/2004, no que se refere à condução de procedimentos de transacção nos processos de cartéis, J.O. L 171/3, 1.7.2008.
[86] Decisões nos termos dos artigos 7.° a 10.° do Reg. 1/2003.
[87] Artigo 2.° n.° 3 do Reg. 773/2004.
[88] Artigo 9.° n.° 1 do Reg. 1/2003.
[89] Artigo 27.° n.° 4 do Reg. 1/2003. Artigo 2.° n.° 1.

quando tenha ocorrido uma alteração substancial da situação de facto; quando as empresas não cumpram os seus compromissos ou quando a decisão de os tornar obrigatórios tenha tido por base informações incompletas, inexactas ou deturpadas prestadas pelas partes[90].

O início do processo também não poderá ocorrer num momento posterior a uma comunicação de objecções ou a um pedido para que os interessados directos expressem o seu interesse em encetar conversações de *transacção*[91]. O procedimento de transacção em situações de cartelização[92], que oportunamente se apreciará com mais detalhe, é pois adoptado durante a fase de preliminar de apreciação, dependendo no entanto o seu termo da tramitação de um processo formal.

A actuação da Comissão, de apreciação preliminar e de eventual início de um processo formal por infracção aos artigos 81.º ou 82.º do TCE, pode ter início *ex officio* ou na sequência de uma denúncia.

À Comissão é atribuida discricionaridade para rejeitar uma denúncia, sem dar início ao processo[93], donde se conclui que a apresentação e a avaliação das denúncias integram a fase de apreciação preliminar.

(A) *Denúncia*

De acordo com o disposto no artigo 7.º n.º 2 do Regulamento 1/2003, os Estados-Membros e as pessoas singulares ou colectivas que invoquem um interesse legítimo estão habilitados a apresentar denúncias, solicitando à Comissão que declare verificada uma infracção aos artigos 81.º e 82.º do TCE e que ponha termo a essa infracção nos termos do artigo 7.º n.º 1[94].

A Comissão, enquanto autoridade administrativa orientada para a prossecução do interesse público, dispõe de uma margem de discricionaridade na definição de prioridades para a sua actividade pelo que se encon-

---

[90] Artigo 9.º n.º 2 do Reg. 1/2003.
[91] Artigo 2.º n.º 1 do Reg. 773/2004.
[92] Artigo 10.º-A do Reg. 773/2004.
[93] Artigo 2.º n.º 4.º do Reg. 773/2004.
[94] Sobre esta matéria: Comunicação da Comissão relativa ao tratamento de denúncias pela Comissão nos termos dos artigos 81.º e 82.º do Tratado CE (2004/C 101/05) J.O. C 101/65, 27.4.2004.

tra habilitada a atribuir diferentes graus de prioridade às denúncias que lhe são apresentadas com base, designadamente, no interesse comunitário[95].

A invocação de um *interesse legítimo*, por parte do autor da denúncia, pressupõe a demonstração do modo em que aquele é afectado pela conduta denunciada, bem como da forma em que, na perspectiva do autor, a intervenção da Comissão pode corrigir a alegada situação danosa[96]. Na ausência da demonstração de um interesse legítimo a Comissão pode não dar seguimento à denúncia, sem prejuízo de, oficiosamente, dar início a um processo.

As denúncias são feitas por escrito e nos termos do formulário C, anexo ao Regulamento 773/2004, devendo ser apresentadas numa das línguas oficiais da Comunidade[97]. A língua escolhida para a apresentação da denúncia converte-se na língua do procedimento administrativo.

Com a denúncia, para além de serem apresentas as informações gerais que a fundamentam, deve também juntar-se cópias da documentação a que o autor tenha acesso e a indicação de informações e documentos a obter pela Comissão.

A denúncia é objecto de uma avaliação preliminar avançando-se, se for caso disso, para uma investigação aprofundada da mesma, tendo a Comissão a obrigação de decidir sobre as denúncias num prazo razoável[98].

A Comissão pode rejeitar uma denúncia sem dar início ao processo quando, com base nas informações de que dispõe, considere não existirem fundamentos bastantes. No caso de rejeição da denúncia, a Comissão

---

[95] Proc. C-344/98, *Masterfood v. Hb Ice Cream*, Col. 2000, p. I-11369; Proc. C-119/97 P, *Ufex v. Comissão*, Col. 1999, p. I-1341; Proc. T-24/90 *Automec v. Comissão*, Col. 1992, p. II-2223.

[96] Segundo a Comissão, um interesse legítimo pode ser invocado pelas partes no acordo ou prática objecto de denúncia, por concorrentes ou por empresas excluídas de um sistema de distribuição; também as autoridades públicas locais ou regionais podem demonstrar um interesse legítimo. Não constitui um interesse legítimo a invocação, por pessoas ou organizações, de um interesse geral sem a demonstração de que a infracção as afecte directa e negativamente. Proc. T-114/92 *BEMIM v. Comissão*, Col. 1995, p. II-147; Proc. 298/83 *CICCE v. Comissão*, Col. 1985, p. 1105; Proc. T-133/95 e T-204/95 *IECC v. Comissão*, Col. 1998, p. II-3645; Proc. T-37/92 *BEUC v. Comissão*, Col. 1994, p. II-285.

[97] Artigo 5.º do Reg. 773/2004. A correspondência enviada à Comissão que não preencha os requisitos deste artigo é considerada informação de carácter geral que pode dar origem a uma investigação oficiosa.

[98] Proc. C-282/95P, *Guérin Automobiles v. Comissão*, Col. 1999, p. I-1503. O quadro temporal indicativo para a Comissão decidir sobre a denúncia é de quatro meses.

informa o denunciante das respectivas razões fixando um prazo para que este se pronuncie[99]. Se após apreciar as observações produzidas pelo autor da denúncia a Comissão concluir que destas não resulta qualquer alteração rejeita, através de decisão, a denúncia[100]. Na ausência de apresentação de observações pelo autor, no prazo fixado, a denúncia é considerada retirada[101].

A denúncia pode ainda ser rejeitada pela Comissão com o fundamento de que uma autoridade nacional competente está a instruir ou já instruiu o processo. Neste caso, a Comissão informa o denunciante sobre qual a autoridade nacional em causa[102].

Quando a Comissão informe o autor da denúncia da sua intenção em rejeitá-la, este pode solicitar o acesso aos documentos do processo que estiveram na base daquela apreciação preliminar. Os documentos a que o autor da denúncia tiver acesso no âmbito de processos de aplicação dos artigos 81.º e 82.º do TCE, apenas podem ser usados por ele em processos judiciais e administrativos de aplicação dos referidos preceitos[103].

"Os autores das denúncias são estreitamente associados ao processo"[104] gozando dos direitos previstos nos artigos 6.º a 8.º do Regulamento 773/2004[105]. Assim, o autor da denúncia participa, obrigatoriamente, no processo sempre que a Comissão formule uma comunicação de objecções relativa à matéria objecto da denúncia. Neste caso, deve remetê-la ao autor da denúncia fixando um prazo para que este apresente, por escrito, as suas observações.

---

[99] Rejeição da denúncia através de decisão da Comissão: Proc. C-282/95P, *Guérin Automobiles v. Comissão*, Col. 1999, p. I-1503. Prazo nunca inferior a quatro semanas: artigo 17.º n.º 2 do Reg. 773/2004.

[100] A Comissão deve fundamentar a decisão de rejeição da denúncia como decorre do artigo 253.º do TCE.

[101] Artigo 7.º do Reg. 773/2004.

[102] Artigo 13.º do Reg. 1/2003 e artigo 9.º do Reg. 773/2004.

[103] Artigo 8.º do Reg. 773/2004.

[104] Artigo 27 n.º 1.º do Reg. 1/2003.

[105] Não se tratando de procedimentos contraditórios entre o autor da denúncia e as empresas investigadas compreende-se que os direitos dos primeiros não sejam tão amplos quanto o direito de defesa das empresas objecto do processo por infracção: Procs. 142/84 e 156/84, *British American Tobacco Company v. Comissão*, Col. 1987, p. 249.

Ao autor da denúncia é conferido o direito a ser ouvido na audiência oral dos interessados directos, se a Comissão entender ser necessário e se o autor da denúncia o tiver solicitado nas suas observações escritas[106].

Assistem ainda ao autor da denúncia os direitos de apresentar documentos e informações confidenciais e de aceder à informação na qual a Comissão baseia a sua avaliação preliminar.

3.2.1.2. Apreciação detalhada

(A) *Notificação da comunicação de objecções*

O processo formal por infracção aos artigos 81.º ou 82.º do TCE tem início com a notificação aos interessados directos das objecções contra eles deduzidas. A comunicação de objecções será notificada por escrito a cada um dos interessados contra quem sejam deduzidas objecções[107].

A notificação fixará o prazo para a apresentação das respectivas observações escritas, pelos interessados directos[108].

Quando a comunicação de objecções respeita a uma matéria que tenha sido objecto de denúncia, a Comissão fornecerá ao autor da denúncia uma cópia da versão não confidencial da referida comunicação, excepto quando tenha sido iniciado um procedimento de transacção. Neste caso, o autor da denuncia será apenas informado sobre a natureza e objecto do processo.

Ao dar conhecimento das objecções ao autor da denúncia a Comissão fixará um prazo para este apresentar, por escrito, as respectivas observações[109].

A Comissão pode tornar público o início do processo, informando previamente os interessados de que o irá fazer[110].

---

[106] Artigo 6.º do Reg. 773/2004.
[107] Artigos 10.º .º1 do Reg. 773/2004.
[108] Prazo: artigo 17.º n.º 2 do Reg. 773/2004.
[109] Artigo 6.º n.º 1 do Reg. 773/2004. Prazo: artigo 17.º n.º 2 do Reg. 773/2004.
[110] Artigo 2.º n.º 2 do Reg. 773/2004.

(B) *Acesso ao processo*

Após a notificação da comunicação de objecções a Comissão facultará o acesso ao processo, por parte dos interessados directos que o solicitem[111].

O direito de acesso não abrange segredos comerciais, informações confidenciais, documentos internos da Comissão ou das autoridades nacionais, nem a correspondência entre estas ou entre autoridades nacionais.

O pedido de confidencialidade relativo a documentos ou declarações deve ser formulado pela pessoa ou empresa que os produza no processo, fundamentando devidamente a sua solicitação e fornecendo em separado uma versão não confidencial dos mesmos[112].

(C) *Resposta dos interessados directos*

Os interessados directos, isto é, as empresas e associações de empresas sujeitas ao processo instruído pela Comissão têm o *direito a ser ouvidos* sobre as acusações contra si formuladas. A Comissão decide apenas das objecções relativamente às quais os interessados directos tenham tido oportunidade de apresentar as suas observações[113].

A resposta dos interessados à comunicação de objecções da Comissão assume a forma de *observações escritas*.

Nas suas observações escritas os interessados directos podem (i) apresentar todos os factos, que conheçam, relevantes para a sua defesa; (ii) juntar documentos para a prova dos factos alegados; (iii) propor a audição de pessoas que possam corroborar os referidos factos; (iv) solicitar serem ouvidos em audição oral[114].

(D) *Observações escritas de terceiros*

Em face da demonstração de um interesse suficiente, a Comissão pode entender adequado ouvir outras pessoas, que o tenham solicitado.

---

[111] Artigo 27.º n.º 2 do Reg. 1/2003 e artigo 15.º do Reg. 773/2004.
[112] Artigo 16.º do Reg. 773/2004.
[113] Artigo 27.º do Reg. 1/2003.
[114] Artigos 10.º e 12.º do Reg. 773/2004.

A Comissão informará por escrito, os terceiros interessados sobre a natureza e o objecto do processo, fixando um prazo para estes apresentarem, por escrito, as respectivas observações[115].

(E) *Audição oral*

Quando os interessados directos o solicitarem nas respectivas observações escritas, a Comissão dará às partes a possibilidade de desenvolverem em audição oral os argumentos apresentados nas suas observações[116].

Prevê-se, no entanto, uma situação de renúncia a esse direito em sede de procedimento de transacção. Com efeito, ao apresentarem as suas propostas de transacção os interessados directos deverão confirmar que não solicitarão acesso ao processo nem audição oral, excepto se a Comissão não refectir a sua proposta de transacção na comunicação de objecções e na decisão[117].

Os terceiros interessados que tenham apresentado observações escritas podem ser convidados pela Comissão a desenvolverem, em sede de audição dos interessados directos, os argumentos por si apresentados[118].

As audições são realizadas por um auditor com independência, em data a determinar pela Comissão. As audições não são públicas.

As pessoas convidadas a estar presentes podem comparecer pessoalmente ou fazer-se representar e as empresas ou associações de empresas podem ser representadas por um mandatário designado de entre os membros efectivos do seu pessoal. As referidas pessoas podem ser ouvidas separadamente ou na presença de outros convocados, podendo ser assistidas por advogados ou por outras pessoas qualificadas, admitidas pelos auditores. Se o auditor o permitir, os convocados para a audição oral poderão ser inquiridos pelas partes, pelo autor da denúncia ou por terceiros interessados[119].

---

[115] Artigo 13.º n.º 1 do Reg. 773/2004.
[116] Artigo 12.º n.º 1 do Reg. 773/2004.
[117] Artigo 12.º n.º 2 do Reg. 773/2004.
[118] Artigo 13.º n.º 2 do Reg. 773/2004
[119] Artigo 13.º do Reg. 773/2004.

(F) *Consulta ao Comité Consultivo*

A Comissão elabora, com base nos elementos de prova recolhidos no processo, um projecto de decisão que submete à apreciação do Comité Consultivo[120].

A consulta a esta instância – composta por representantes das autoridades dos Estados-Membros responsáveis em matéria de concorrência – é obrigatória quando esteja em causa a tomada de uma decisão em aplicação dos artigos 7.º, 8.º, 9.º 10.º, 23.º, 24.º n.º 2 e 29.º n.º 1.

O parecer emitido não tem carácter vinculativo, devendo a Comissão tomá-lo "na melhor conta"[121].

(G) *Decisão*

No âmbito da aplicação dos princípios dos artigos 81.º e 82.º do TCE, a Comissão pode, mediante decisão, (a) obrigar as empresas e associações de empresas a porem termo a uma infracção, impondo, se necessário, soluções comportamentais ou estruturais[122]; (b) declarar verificada uma infracção já cessada[123]; (c) tornar obrigatórios os compromissos assumidos pelas empresas em resposta à intenção da Comissão em aprovar, relativamente a elas, uma decisão exigindo a cessação de uma infracção[124]; (d) aplicar coimas às empresas e associações de empresas sempre que cometam uma infracção ao disposto nos artigos 81.º ou 82.º do TCE; não respeitem uma decisão que ordene medidas provisórias; ou não respeitem um compromisso tornado obrigatório[125]; (e) aplicar coimas às empresas e associações de empresas sempre que, no âmbito de pedidos de informação ou de inspecções, forneçam informações inexactas, deturpadas ou incompletas ou quando apresentem de forma incompleta os livros ou outros registos relativos à empresa[126]; (f) aplicar sanções pecuniárias aces-

---

[120] Artigo 14.º do Reg. 1/2003 e artigo 11.º do Reg. 773/2004.
[121] Artigo 14.º n.º 5 do Reg. 1/2003.
[122] Artigo 7.º n.º 1 do Reg. 1/2003.
[123] Artigo 7.º n.º 1 do Reg. 1/2003.
[124] Artigo 9.º do Reg. 1/2003.
[125] Artigo 23.º n.º 2 do Reg. 1/2003.
[126] Artigo 23.º n.º 1 do Reg. 1/2003.

sórias destinadas a compelir as empresas e associações de empresas a pôr termo a uma infracção aos artigos 81.º ou 82.º do TCE; a cumprir uma decisão que ordene medidas provisórias; a cumprir um compromisso tornado obrigatório; a fornecer de forma exacta e completa informações pedidas pela Comissão; a sujeitar-se a uma inspecção ordenada pela Comissão[127]; e (g) retirar o benefício de um regulamento de isenção quando um acordo, decisão ou prática concertada abrangida por esse regulamento produza efeitos incompatíveis com o n.º 3 do artigo 81.º do TCE[128].

Para além das decisões formuladas no âmbito de um processo formal de infracção, a Comissão é ainda competente para (a) ordenar medidas provisórias, de caráter temporário, em caso de urgência face ao risco de um prejuízo grave e irreparável para a concorrência[129]; (b) declarar oficiosamente a não aplicação do artigo 81.º do TCE a um acordo, decisão ou prática concertada, ou a não aplicação do artigo 82.º do TCE, sempre que o interesse público assim o exija[130]; bem como para (c) realizar inquéritos e relatórios por sectores económicos e por tipos de acordos sempre que a evolução das trocas entre Estados-Membros, a rigidez dos preços ou outras circunstâncias fizerem presumir que a concorrência no mercado comum pode ser restringida ou distorcida[131].

(I) Coimas e sanções pecuniárias compulsórias

A Comissão pode, mediante decisão, aplicar coimas[132] às empresas e associações de empresas que, deliberadamente ou por negligência, (i) cometam uma infracção ao disposto nos artigos 81.º ou 82.º do TCE; (ii) não respeitem uma decisão da Comissão que ordene medidas provisórias; (iii) não respeitem um compromisso tornado obrigatório por decisão[133]; bem como a aplicação de coimas às empresas e associações que (iv) incumpram os deveres de fornecer informações e de se sujeitar a inspecções[134].

---

[127] Artigo 24.º n.º 1 do Reg. 1/2003.
[128] Artigo 29.º n.º 1 do Reg. 1/2003.
[129] Artigo 8.º do Reg. 1/2003.
[130] Artigo 10.º do Reg. 1/2003.
[131] Artigo 17.º n.º 1 do Reg. 1/2003.
[132] Estas decisões não têm caracácter penal: n.º 5 do artigo 23.º do Reg. 1/2003.
[133] Artigo 23.º n.º 2 do Reg. 1/2003.

Na determinação do montante da coima deve ser tida em conta a gravidade e a duração da infracção, consagrando o Regulamento 1/2003 os critérios de definição dos respectivos limites máximos[135].

Através de decisão, a Comissão pode aplicar sanções pecuniárias compulsórias às empresas e associações de empresas com a finalidade de as compelir a (i) pôr termo a uma infracção aos artigos 81.º ou 82.º do TCE; (ii) a cumprir uma decisão que ordene medidas provisórias; (iii) a cumprir um compromisso tornado obrigatório por uma decisão (iv) a fornecer de modo exacto e completo informações, pedidas mediante decisão; e a (v) sujeitar-se a uma inspecção ordenada por decisão[136].

As sanções a aplicar por cada dia de atraso a contar da data fixada na decisão, não podem exceder 5% do volume diário médio do ano precedente, prevendo-se, no entanto, que verificado o cumprimento da obrigação, a Comissão possa fixar um montante definitivo inferior ao resultante daquele critério de cálculo[137].

Os poderes de aplicação de coimas e de sanções pecuniárias acessórias encontram-se sujeitos aos prazos de prescrição fixados nos artigos 25.º e 26.º do Regulamento 1/2003.

3.2.2. Procedimento de transacção

Nos termos do n.º 1 do artigo 2.º do Regulamento 773/2008 a Comissão pode, antes de dar início a um processo por infracção ao artigo 81.º, formular um pedido para que os interessados directos manifestem o seu interesse em iniciar conversações de transacção.

Este regime assenta no pressuposto de que os interessados directos podem estar dispostos a reconhecer a sua participação num cartel e a res-

---

[134] Artigo 23.º n.º 1 do Reg. 1/2003.

[135] As coimas aplicáveis por violação dos deveres de prestar informações e de sujeição a diligências inspecção não podem exceder 1% do volume de negócios total realizado no exercício precedente. As coimas por infracção aos arts. 81.º e 82.º do TCE, por desrespeito medidas provisórias e a compromissos têm como limite máximo 10% do volume de negócios total realizado no exercício precedente. Sobre a determinação do montante e a responsabilidade pelo pagamento das coimas aplicadas a associações de empresas: artigo 23.º n.º 4 do Reg. 1/2003.

[136] Artigo 24.º n.º 1 do Reg. 1/2003.

[137] Artigo 24.º n.º 1 e n.º 2 do Reg. 1/2003.

ponsabilidade daí decorrente, desde que possam antecipar razoavelmente as constatações da Comissão, em resultado da investigação realizada, bem como o montante de eventuais coimas.

Assim, após ter dado início ao processo nos termos do n.º 6 do artigo 11.º do Regulamento 1/2003, a Comissão pode fixar um prazo para que os interessados directos declarem que estão dispostos a participar em conversações que conduzam à apresentação de propostas[138]. Os autores das denúncias serão estreitamente associados ao procedimento de transacção, sendo informados por escrito da natureza e do objecto do procedimento, para que possam apresentar as suas opiniões a esse respeito e cooperar deste modo com a investigação da Comissão.

Os interessados directos que optem por iniciar este procedimento de transacção serão informados pela Comissão sobre (a) as objecções que tenciona deduzir; (b) os elementos de prova que estiveram na base das objecções previstas; (c) as versões não confidenciais de documentos relevantes; (d) o intervalo das coimas potenciais[139].

Quando os progressos realizados durantes as conversações, com vista à transacção, permitam alcançar uma *posição comum* sobre o âmbito das objecções e intervalo provável das coimas, considerando a Comissão que é possível obter eficiências processuais fixará um prazo de, pelo menos, 15 dias úteis para que a empresa apresente uma *proposta de transacção final*[140].

Os interessados directos procederão, naquele prazo, à apresentação de um pedido a formal sob forma de proposta de transacção a qual deve incluir (a) o reconhecimento da responsabilidade relativamente à infracção; (b) a indicação do montante máximo que prevêm venha a ser aplicada pela Comissão e que aceitariam no âmbito da transacção; (c) a confirmação de que receberam informações suficientes sobre as objecções que a Comissão tenciona deduzir; (d) a confirmação de que não solicitarão acesso ao processo nem audição oral para serem novamente ouvidos; (e) o

---

[138] Artigo 10.º-A n.º 1 do Reg. 773/2004. Sobre os prazos do artigo 10.º-A ver artigo 17.º n.º 3 do Reg. 773/2004.

[139] Artigo 10.º-A n.º 2 do Reg. 773/2004. Sobre o acesso a documentos e elementos de prova ver artigo 15.º n.º 1A do Reg. 773/2004.

[140] Artigo 10.º-A n.º 2 e artigo 17.º n.º 3 do Reg. 773/2004. Comunicação da Comissão relativa à condução de procedimentos de transacção para efeitos da adopção de decisões nos termos do artigo 7.º e artigo 23.º do Regulamento (CE) n.º 1/2003 de Conselho nos processos de cartéis (2008/C 167/01) J.O. C 167/1, 2.7.2008.

acordo em receberem, numa língua oficial acordada, a comunicação de objecções e a decisão final.

Seguidamente, a Comissão procederá à notificação da comunicação de objecções, na medida em que esta constitui uma etapa obrigatória antes da adopção de uma decisão final[141].

Se a comunicação de objecções refectir as propostas de transacção das partes interessadas estas devem, no prazo fixado pela Comissão, responder através de uma simples confirmação[142].

Na sequência desta resposta de confirmação por parte dos interessados directos a Comissão adopta uma decisão final após consulta do Comité Consultivo[143].

O montante final da coima é determinado na decisão da Comissão, o qual pode sofrer uma redução adiccional quando se considere dever ser recompensada a opção dos interessados pelo procedimento de transacção[144].

3.2.3. Procedimento de avaliação prévia: cartas de orientação

As empresas podem obter, junto da Comissão, orientações informais quando se confrontem com verdadeiras incertezas em relação à aplicação dos artigos 81.° e 82.°, isto é, quando se defrontem com questões novas ou não resolvidas[145].

As questões suscitadas podem dizer respeito tanto a acordos ou práticas efectivas como planeadas que, apesar de ainda não concretizadas, demonstrem um razoável grau de desenvolvimento[146].

A Comissão fornece tais orientações mediante de uma declaração escrita – *carta de orientação*[147] –, através da qual se pretende ajudar as

---

[141] A Comissão conserva o direito de adoptar uma comunicação de objecções que não reflita as propostas de transacção apresentadas.

[142] Artigo 10.°-A n.° 2 do Reg. 773/2004.

[143] Artigo 10.°-A n.° 3 do Reg. 773/2004.

[144] Comunicação da Comissão (2008/C 167/01).

[145] Comunicação da Comissão sobre a orientação informal relacionada com questões novas relativas aos artigos 81.° e 82.° do Tratado CE que surjam em casos individuais (cartas de orientação) J.O. 2004/C 101/06, pp. 78-80.

[146] A Comissão não se pronuncia sobre questões hipotéticas ou sobre acordos ou práticas entretanto cessadas: Comunicação pf. 10.

[147] Considerando 38.° do Reg. 1/2003.

empresas a procederem a uma avaliação, com conhecimento de causa, dos respectivos acordos e práticas.

A Comissão apenas considerará o pedido e emitirá uma carta de orientação quando se verifiquem, cumulativamente, cinco condições[148]: (a) tratar-se de uma questão de aplicação da lei que não pode ser clarificada à luz do quadro jurídico comunitário vigente, tomando como referência, designadamente, a jurisprudência dos tribunais comunitários, as orientações gerais, precedentes na prática decisória ou cartas de orientação anteriores; (b) tratar-se de uma questão nova cuja clarificação através de uma carta de orientação, se afigura útil em virtude (i) da importância económica, para os consumidores, dos bens ou serviços a que o acordo ou prática respeitam; e/ou (ii) na medida em que o acordo ou prática corresponda ou possa corresponder a uma utilização económica mais alargada no mercado; e/ou (iii) dada a importância dos investimentos associados à transacção e as alterações da estrutura empresarial determinadas pelas transacções; (c) ser possível emitir uma carta de orientação a partir das informações prestadas, não sendo, por isso, necessário proceder a novos apuramentos de factos; (d) as questões incluídas no pedido não serem idênticas ou semelhantes àquelas que constituem o objecto de um processo pendente no Tribunal de Primeira Instância ou no Tribunal de Justiça das Comunidades Europeias; e (e) o acordo ou prática a que se refere o pedido não constituir o objecto de um processo pendente na Comissão, num tribunal ou numa autoridade de concorrência de um Estado-Membro.

Um pedido de carta de orientação não prejudica a competência da Comissão para dar início a um processo, nos termos do Regulamento n.º 1/2003, relativamente aos factos nele apresentados.

A emissão de uma carta de orientação não prejudica a apreciação da mesma questão pelos tribunais comunitários, nem impede a Comissão de examinar subsequentemente o mesmo acordo ou prática no âmbito de um procedimento ao abrigo do Regulamento 1/2003[149].

As cartas de orientação não constituem decisões da Comissão e não vinculam as autoridades da concorrência nem os tribunais dos Estados-Membros[150].

---

[148] Comunicação pf. 8.
[149] Comunicação pfs. 23 e 24.
[150] Comunicação pf. 25.

4. CONTROLO DE CONCENTRAÇÕES

4.1. COMPETÊNCIA EXCLUSIVA DA COMISSÃO

A Comissão e os Estados-Membros não possuem, no domínio do controlo de concentrações, competências paralelas. O controlo das operações de concentração de empresas assenta num sistema de notificação prévia e de autorização por parte da Comissão ou das autoridades nacionais de defesa da concorrência.

A Comissão tem competência exclusiva para apreciar as operações de concentração com dimensão comunitária, decidindo da sua compatibilidade ou incompatibilidade com o mercado comum. Os Estados-Membros não podem, portanto, aplicar a respectiva legislação nacional às concentrações que revistam aquelas características[151]. Por seu turno, a apreciação das concentrações sem dimensão comunitária é da competência dos Estados-Membros, não tendo a Comissão competência para tratar essas concentrações[152].

As concentrações com dimensão comunitária pressupõem portanto a notificação prévia à Comissão, com vista a obter uma decisão que declare a operação compatível com o mercado comum podendo por isso realizar-se. A apreciação da compatibilidade de uma concentração de dimensão europeia com o mercado comum, procura apurar se aquela operação cria ou reforça uma posição dominante susceptível de entravar de forma significativa uma concorrência efectiva no mercado.

O controlo das concentrações de empresas de dimensão comunitária encontra-se disciplinado pelo Regulamento 139/2004[153] (Regulamento das concentrações comunitárias) e pelo Regulamento 802/2004[154] (Regulamento de execução)[155].

---

[151] Artigo 21.º n.º 2 e 3 do Reg. 139/2004.

[152] Também: Comunicação consolidada da Comissão em matéria de competência ao abrigo do Regulamento (CE) n.º 139/2004 do Conselho relativo ao controlo das concentrações de empresas (2008/C 95/01) J.O. C 95/1, 16.4.2008.

[153] Regulamento (CE) N.º 139/2004 do Conselho, de 20 de Janeiro de 2004, relativo ao controlo das concentrações de empresas, J.O. L 24/1 de 29.1.2004, que revogou o Regulamento (CEE) n.º 4064/89 do Conselho, de 21 de Dezembro de 1989, relativo ao controlo das operações de concentração de empresas, J.O. L 395 de 30.12.1989.

[154] Regulamento (CE) N.º 802/2004 da Comissão, de 7 de Abril de 2004, de execução do Regulamento (CE) N.º 139/2004 do Conselho relativo ao controlo das concentrações de empresas, J.O. L 133/1 de 30.4.2004.

[155] No domínio do controlo de concentrações também: Orientações para a aprecia-

4.1.1. Concentrações de dimensão comunitária

O Regulamento das concentrações estabelece dois critérios de determinação das operações às quais é aplicado. O primeiro consiste em a operação constitua uma concentração na acepção do artigo 3.º e em segundo lugar que àquela estejam associados os limiares de volume de negócios previstos no artigo 1.º.

O conceito de *concentração* relevante para a aplicação do regime do Regulamento 139/2004 encontra-se definido no respectivo artigo 3.º n.º 1. Nos termos deste preceito a concentração de empresas pressupõe uma mudança de controlo[156] duradoura em resultado da fusão de duas ou mais empresas, ou partes de empresas, independentes ou em resultado da aquisição, directa ou indirecta, por uma ou mais pessoas ou empresas, do controlo do conjunto ou partes de uma ou de várias outras empresas. A criação de uma empresa comum constitui uma concentração nos termos atrás referidos[157]. As operações de concentração múltiplas, subordinadas entre si ou estreitamente ligadas, são consideradas como constituindo uma única concentração.

Como ficou dito, é atribuida à Comissão competência exclusiva para decidir sobre as operações de concentração com *dimensão comunitária* assentando a delimitação desta competência, essencialmente, em critérios quantitativos[158] fixados com base no volume de negócios das empresas envolvidas.

O n.º 2 do artigo 1.º do Regulamento 139/2004 define três critérios distintos: o limiar relativo ao volume de negócios a nível mundial, destinado a avaliar a dimensão global das empresas envolvidas, o limiar relativo ao volume de negócios a nível comunitário, com vista a determinar se a concentração envolve um mínimo de actividades no mercado comum, e

---

ção das concentrações horizontais nos termos do regulamento do Conselho relativo ao controlo das concentrações de empresas (2004/C 31/03) J.O. C 31/5, 5.2.2004; Orientações para a apreciação das concentrações não horizontais nos termos do regulamento do Conselho relativo ao controlo das concentrações de empresas (2008/C 265/07) J.O. C 265/6, 18.10.2008.

[156] Sobre a noção de controlo: artigo 3.º n.º 2 e 3 do Reg. 139/2004.
[157] Artigo 3.º n.º 4 do Reg. 139/2004.
[158] Os limiares têm por objectivo determinar a competência, sendo meramente quantitativos dado basearem-se apenas no cálculo do volume de negócios e não na quota de mercado ou noutros critérios; aquele cálculo é efectuado nos termos do artigo 5.º.

a regra dos dois terços através da qual se procura excluir da competência comunitária as operações de âmbito estritamente nacional.

Assim, uma concentração reveste dimensão comunitária quando (i) o volume de negócios total realizado a nível mundial pelo conjunto das empresas for superior a 5 mil milhões de euros, ou (ii) quando o volume de negócios total realizado individualmente na Comunidade, por pelo menos duas das empresas envolvidas, for superior a 250 milhões de euros. No entanto, mesmo que estes requisitos se verifiquem consideram-se excluídas deste regime as concentrações em que mais de dois terços do volume de negócios de cada uma das empresas seja realizado num único Estado-Membro[159].

Os critérios precedentes são complementados pela atribuição à Comissão competência exclusiva para apreciar concentrações, que apesar de não envolverem volumes de negócios tão elevados, têm um impacto concorrencial relevante na Comunidade. Assim, o n.º 3 do artigo 1.º do Regulamento 139/2004 aplica-se às concentrações que não atinjam os limiares do n.º 2 mas que tenham um impacto substancial em pelo menos três Estados-Membros, dando origem a notificações múltiplas ao abrigo das normas de concorrência nacionais. Também aqui se inclui uma regra de dois terços com vista a excluir concentrações de âmbito predominantemente nacional.

De acordo com o n.º 3 do artigo 1.º, mesmo quando os limiares definidos no n.º 2 não são atingidos, considera-se que uma operação de concentração tem dimensão comunitária, quando o volume de negócios total a nível mundial pelo conjunto das empresas em causa exceder 2,5 mil milhões de euros; quando em cada um de pelo menos três Estados-Membros, o volume de negócios total realizado por todas as empresas envolvidas for superior a 100 milhões de euros; quando em cada um de pelo menos três Estados-Membros, o volume de negócios total realizado individualmente por pelo menos duas empresas em causa for superior a 25 milhões de euros; e quando o volume de negócios total realizado individualmente na Comunidade por pelo menos duas das empresas envolvidas exceder 100 milhões de euros. Note-se igualmente que, apesar de verificados estes requisitos, a concentração não será tratada como de "dimen-

---

[159] Artigo 1.º n.º 2 do Reg. 139/2004.

são comunitária" se que cada uma das empresas envolvidas realizar mais de dois terços do seu volume de negócios total na Comunidade, no interior de um único Estado-Membro[160].

4.1.2. Remessa

O critério quantitativo do volume de negócios assegura às partes envolvidas um elevado grau de certeza. No entanto, a aplicação estrita deste critério é mitigada pela possibilidade de remessa para a Comissão e desta para os Estados-Membros[161].

O sistema de reatribuição tem por finalidade garantir a apreciação da concentração pela instância que se encontre melhor colocada para o fazer, em conformidade com o princípio da subsidiariedade, e assegurando o respeito pelos princípios da segurança jurídica e do "balcão único"[162].

A remessa constitui uma derrogação às regras gerais que determinam a competência com base no critério do volume de negócios, determinável de forma objectiva. Com efeito, a possibilidade de remessa dos Estados-Membros para a Comissão faz com que os requisitos quantitativos previstos no artigo 1.º do Regulamento 139/2004, delimitadores das "competências originais" da Comissão e dos Estados-Membros não constituam os únicos critérios de qualificação das concentrações e, concomitantemente, de atribuição de competência exclusiva à Comissão ou às autoridades nacionais.

4.1.2.1. Remessa anterior à notificação

A remessa pode ter lugar antes da apresentação da notificação formal o que permite que as empresas envolvidas conheçam, tão cedo quanto possível, qual a autoridade competente para apreciar a operação[163].

---

[160] Artigo 1.º n.º 3 do Reg. 139/2004.
[161] Sobre a matéria: Comunicação da Comissão relativa à remessa de casos de concentrações (2005/C 56/02) J.O. C 56/2, 5.3.2005.
[162] Considerandos 11 a 14 do Reg. 139/2004.
[163] Artigo 4.º n.º 4 do Reg. 139/2004.

A *remessa da Comissão para os Estados-Membros*, anterior à notificação é impulcionada através de um pedido fundamentado das partes, nos termos do artigo 4.º n.º 4 do Regulamento 139/2004. A Comissão procederá à remessa para um ou mais Estados-Membros quando verifique (a) existirem indícios de que a concentração é susceptível de afectar significativamente a concorrência num ou mais mercados; e que (b) esse mercado ou mercados, situados num Estado-Membro, apresentam as características de um mercado distinto.

Anteriormente à notificação pode também verificar-se a *remessa dos Estados-Membros para a Comissão*, a solicitação das partes, quando (a) tratando-se de uma operação de concentração na acepção do artigo 3.º (b) deva ser apreciada no âmbito da legislação nacional de, pelo menos, três Estados-Membros[164].

4.1.2.2. Remessa posterior à notificação

Nos termos do artigo 9.º n.º 2 do Regulamento 139/2004, as autoridades competentes de um Estado-Membro podem solicitar à Comissão a remessa de um processo quando a operação de concentração tem impacto num mercado no interior desse Estado-Membro, com as características de um mercado distinto.

A remessa *das autoridades nacionais para a Comissão,* posterior à notificação, a pedido de um ou mais Estados-Membros, tem como fundamento o facto de a concentração afectar o comércio entre Estados-Membros e ameaçar afectar significativamente a concorrência no território do(s) Estado(s) que apresentam o pedido[165].

---

[164] Artigo 4.º n.º 5 do Reg. 139/2004.
[165] Artigo 22.º do Reg. 139/2004.

4.2. Procedimento comunitário de controlo das concentrações de empresas

4.2.1. Investigação preliminar

4.2.1.1. Notificação

As concentrações devem, em regra, ser notificadas à Comissão antes da sua realização e após conclusão do acordo, da oferta pública de aquisição ou de troca ou da aquisição de uma participação de controlo[166].

No entanto, prevê-se a possibilidade de proceder a uma *pré-notificação*, sob a forma de memorando simplificado, antes da conclusão de um acordo vinculativo o que permite às partes envolvidas obter a certeza sobre a instância a notificar permitindo, simultaneamente, uma melhor coordenação entre a Comissão e as autoridades nacionais baseada no sistema de reatribuição.

Uma concentração de dimensão comunitária não pode ter lugar nem antes de ser notificada nem antes de ser declarada compatível com o mercado comum por decisão anterior ao início do processo de investigação aprofundada, por decisão tomada na sequência deste processo, ou antes de verificada a presunção legal de compatibilidade do n.º 6 do artigo 10.º do regulamento das concentrações[167].

Da notificação, efectuada de acordo com os formulários anexos ao Regulamento de execução[168], devem constar informações relativas às partes e ao mercado afectado fazendo-se a junção dos necessários documentos. As notificações são efectuadas numa das línguas oficiais da Comunidade que constituirá a língua do processo[169].

A notificação é apresentada, conjuntamente, pelas partes intervenientes na fusão ou pelas partes que adquirem o controlo conjunto, ou é apresentada pela pessoa ou empresa que adquire o controlo do conjunto ou de partes de uma ou mais empresas. As notificações podem ser assinadas

---

[166] Artigo 4.º n.º 1 do Reg. 139/2004.
[167] Artigo 7.º do Reg. 139/2004.
[168] Artigo 3.º n.º 1 do Reg. 802/2004. Trata-se, em regra do formulário CO anexo ao Reg. 802/2004. As notificações são remetidas à Direcção-Geral da Concorrência da Comissão: artigos 3.º n.º 2, n.º 3 e artigo 23.º n.º 1 do Reg. 802/2004.
[169] Artigo 3.º n.º 4 do Reg. 802/2004.

por representantes de pessoas ou de empresas. As notificações conjuntas serão apresentadas por um representante comum com poderes para enviar e receber documentos em nome de todos os notificantes[170].

A notificação será efectuada perante uma autoridade nacional se, na sequência da apresentação de um memorando fundamentado, a Comissão decidiu remeter o caso na sua totalidade à apreciação daquela autoridade, em virtude de a concentração afectar significativamente a concorrência no mercado desse Estado-Membro, o qual apresenta todas as características de um mercado distinto[171].

Quando a Comissão conclua que à concentração notificada é aplicável o Regulamento 139/2004, publicará o facto da notificação no Jornal Oficial, indicando as partes envolvidas, a natureza da concentração e os sectores económicos afectados[172].

As notificações produzem efeitos na data da sua recepção pela Comissão. Se as informações, e documentos, que constam da notificação estiverem materialmente incompletas a Comissão informará as partes desse facto. Neste caso, a notificação produzirá efeitos desde a data de recepção das informações completas[173].

A Comissão procede à análise da notificação "após a sua recepção"[174].

No prazo máximo de vinte e cinco dias úteis[175] a Comissão pronuncia-se (i) concluindo que a concentração notificada não é abrangida pelo regulamento; (ii) declarando a concentração compatível com o mercado comum[176]; ou (iii) decidindo dar *início ao processo* por a concentração notificada suscitar sérias dúvidas quanto à sua compatibilidade com o mercado comum[177].

---

[170] Artigo 4.º n.º 2 do Reg. 139/2004 e artigo 2.º n.º 1, 2 e 3 do Reg. 802/2004.

[171] Artigo 4.º n.º 4 do Reg. 139/2004.

[172] Artigo 4.º n.º 3 do Reg. 139/2004.

[173] Artigo 5.º do Reg. 802/2004.

[174] Artigo 6.º n.º 1 do Reg. 139/2004.

[175] Artigo 10.º n.º 1 do Reg. 139/2004. Este prazo é alargado para 35 dias úteis se uma autoridade nacional solicitar a remessa do caso ou se as partes apresentarem compromissos para tornar a concentração compatível com o mercado comum.

[176] A certas categorias de concentrações notificadas que, em regra, não suscitam dúvidas de fundo, a Comissão aplicará um procedimento simplificado: Comunicação da Comissão relativa a um procedimento simplificado de tratamento de certas concentrações nos termos do Regulamento (CE) n.º 139/2004 (2005/C 56/04) J.O. C 56/32, 5.3.2005.

[177] Artigo 6.º n.º 1 do Reg. 139/2004.

4.2.1.2. Pré-notificação (memorando fundamentado)

Numa grande parte das operações de concentração, a notificação é antecedida de contactos entre as partes e a Comissão. A realização de contactos pré-notificação entre a Comissão e as partes possibilita a discussão informal, em estrita confidencialidade, dos termos de uma concentração projectada, com vista ao aperfeiçoamento dos aspectos materiais e formais da notificação[178].

O impulso para a realização destes contactos decorre da formulação pelas partes de um memorando contendo uma informação e fundamentação geral dos termos da transacção. Tais diligências devem, sempre que possível, ser antecedidas da entrega de um esboço do formulário de notificação, a apreciar pela Comissão no prazo de cinco dias úteis.

A Comissão e as partes ao voluntariamente se submeterem a este mecanismo devem colaborar de forma aberta com vista ao seu sucesso, sem prejuízo de a Comissão, após a respectiva notificação formal, vir a empreender um subsequente processo de investigação.

Nos termos do Regulamento 139/2004, a pré-notificação, através de um memorando fundamentado, pode ser usada pelas pessoas ou empresas envolvidas para informar a Comissão que a operação proposta – apesar de dar origem a uma concentração de dimensão transfronteira – pode afectar significativamente a concorrência num mercado no interior de um Estado-Membro, devendo por isso ser examinada na sua totalidade ou em parte pelas respectivas autoridades nacionais[179]. O Estado-Membro em causa pode manifestar o seu desacordo sobre o pedido de remessa do processo, nos quinze dias úteis subsequentes à apresentação do memorando; se tal não ocorrer, a Comissão dispõe de vinte e cinco dias úteis para remeter a totalidade ou parte do processo às autoridades competentes desse Estado-Membro.

O procedimento de pré-notificação pode também ser usado para solicitar que seja a Comissão a apreciar uma concentração que, apesar de não ser qualificável como de dimensão comunitária à luz dos limiares do regulamento, conduziria à aplicação de, pelo menos, três ordenamentos nacio-

---

[178] Best Practices on the conduct of EC merger control proceedings, DG Competition, pfs. 5-25 (http://ec.europa.eu/competition/mergeres/legislation/proceedings.pdf).
[179] Artigo 4.º n.º 4.º do Reg. 139/2004.

nais[180]. O pedido considera-se aceite se a Comissão não o rejeitar expressamente, nos quinze dias úteis subsequentes à recepção do memorando fundamentado. Se nenhum dos Estados-Membros envolvidos manifestar o seu desacordo, entende-se que a concentração tem uma dimensão comunitária.

4.2.2. Investigação aprofundada

Tendo sido concluido que a operação notificada suscita sérias dúvidas quanto à sua compatibilidade com o mercado comum a Comissão inicia uma *investigação aprofundada* (fase II)[181].

A Comissão pronuncia-se no prazo de 90 dias úteis sobre a compatibilidade ou incompatibilidade da concentração, podendo esse prazo ser de 150 dias se as partes apresentarem compromissos antes de decorridos 55 dias úteis sobre o início do processo[182].

4.2.2.1. Comunicação de objecções e observações das partes

Antes de tomar uma decisão de proibição da concentração, ou uma decisão de aplicação de coimas ou sanções pecuniárias compulsórias, a Comissão deve remeter as objecções por si formuladas às pessoas e empresas em causa a fim de estas se pronunciarem por escrito[183]. A Comissão ou as autoridades nacionais podem também ouvir terceiros, quando o considerem necessário ou quando aqueles o tenham solicitado[184].

Podem portanto ser ouvidos no processo, através de observações escritas ou orais[185], as partes notificantes, outros interessados directos, terceiros ou interessados relativamente aos quais a Comissão tenciona tomar

---

[180] Artigo 4.º n.º 5.º do Reg. 139/2004.
[181] Artigo 6.º n.º 1 do Reg. 139/2004. As partes podem, no entanto, apresentar compromissos que tornem a concentração compatível com o mercado comum, nos termos do n.º 2 do artigo 6.º.
[182] Artigo 10.º do Reg. 139/2004.
[183] Artigo 13.º do Reg. 802/2004.
[184] Artigo 18.º n.º 4 do Reg. 139/2004.
[185] Artigo 14.º e 15.º do Reg. 802/2004.

uma decisão nos termos dos artigos 14.º ou 15.º do Regulamento 139/2004[186]. A audição das partes e de terceiros pode ocorrer em todas as fases do processo até à consulta do comité consultivo[187].

A decisão da Comissão deve basear-se exclusivamente nas objecções formuladas relativamente às quais as partes tenham podido apresentar as respectivas observações.

Os direitos de defesa das partes são plenamente garantidos durante o processo, garantindo-se, designadamente, o seu direito de acesso ao processo e o interesse legítimo das empresas em que os seus segredos comerciais não sejam divulgados[188].

4.2.2.2. Decisão

A decisão, que põe termo a um processo formal de investigação da compatibilidade de uma concentração com o mercado comum, pronunciar-se-á no sentido da respectiva compatibilidade ou da proibição da realização da operação[189].

As empresas em causa podem, no entanto, abandonar a concentração ou apresentar compromissos que a tornem compatível com o mercado comum, nos termos artigo 8.º n.º 2 do Regulamento 139/2004. Neste último caso, a decisão da Comissão que declara compatível a concentração incluirá um conjunto de condições e obrigações destinadas a garantir que as empresas cumprem os compromissos por si assumidos.

A decisão de declaração da compatibilidade pode ser revogada quando tiver sido fundada em informações inexactas ou quando as empresas não respeitarem os compromissos assumidos[190].

A Comissão tem também competência para exigir a dissolução de uma concentração, e ordenar as medidas adequadas para garantir a dissolução, quando uma concentração já realizada tenha sido declarada incompatível ou quando se tenha realizado em infracção aos compromissos assumidos[191].

---

[186] Artigo 11.º do Reg. 802/2004.
[187] Artigo 18.º do Reg. 139/2004.
[188] Artigo 18.º do Reg. 139/2004. Artigo 17.º e 18.º do Reg. 802/2004.
[189] Artigo 8.º n.º 1 a 3 do Reg. 139/2004.
[190] Artigo 8.º n.º 6 do Reg. 139/2004.
[191] Artigo 8.º n.º 4 do Reg. 139/2004. A Comissão pode também tomar medidas provisórias para assegurar a concorrência efectiva nos termos do n.º 5 do artigo 8.º.

A adopção da decisão definitiva deve ser antecedida de consulta ao comité consultivo cujo parecer deve ser tomado na máxima consideração pela Comissão[192].

As decisões da Comissão tomadas nos termos do artigo 8.º n.º 1 a 6 e dos artigos 14.º e 15.º são publicadas no Jornal Oficial[193].

5. ÂMBITO DAS COMPETÊNCIAS DA COMISSÃO

5.1. PODERES DE INVESTIGAÇÃO

No que respeita à aplicação dos artigos 81.º e 82.º do TCE são atribuidos à Comissão poderes de investigação genéricos, relativos a um sector económico ou a um tipo de acordo, a par de poderes de investigação específicos, respeitantes a situações concretas de afectação da concorrência por violação dos princípios constantes daquelas normas.

Quanto ao primeiro desses aspectos, cabe à Comissão realizar inquéritos, por sector ou a determinado tipo de acordos, em diversos sectores da economia, no âmbito dos quais pode pedir informações às empresas e associações de empresas interessadas, solicitar que estas lhe comuniquem todos os acordos, decisões e práticas concertadas e efectuar as inspecções que considere adequadas. Do referido inquérito poderá resultar a produção de um relatório a publicar pela Comissão[194].

Nas investigações realizadas a situações individuais a Comissão tem poderes para pedir informações, registar declarações e efectuar inspecções, em estreita colaboração com as autoridades nacionais de defesa da concorrência[195]. A Comissão pode exercer os referidos poderes de investigação antes de dar início a um processo[196] ou no âmbito da instrução de um processo já iniciado.

Os poderes de investigação da Comissão em sede de controlo de concentrações são similares aos que se lhe encontram atribuídos para a apli-

---

[192] Artigo 19.º n.º 3 a 7 do Reg. 139/2004. O parecer do comité consultivo e a decisão devem ser comunicados aos destinatários da decisão e tornados públicos.
[193] Artigo 20.º do Reg. 139/2004.
[194] Artigo 17.º do Reg. 1/2003.
[195] Artigo 18.º a 22.º do Reg. 1/2003.
[196] Artigo 2.º n.º 2 do Reg. 773/2004.

cação dos artigos 81.º e 82.º do TCE. Assim, mediante simples pedido ou através de decisão, pode solicitar informações e realizar inspecções, nos termos dos artigos 11.º a 13.º do Regulamento 139/2004.

5.1.1. Pedidos de informações e registo de declarações

A Comissão pode solicitar às *empresas ou associações de empresas* que lhe forneçam as informações necessárias, dando conhecimento desse facto à autoridade nacional da concorrência em cujo território se situe a sede da empresa bem como à autoridade cujo território seja afectado.

Os pedidos de informação devem indicar o respectivo fundamento jurídico e finalidade, especificar as informações solicitadas, o prazo para serem fornecidas e as sanções aplicáveis em caso de fornecimento de informações inexactas ou deturpadas[197]. Os referidos pedidos podem revestir a forma de *simples pedido* ou de *decisão*. Quando assumam a forma de decisão poderão ser aplicadas sanções pecuniárias compulsórias pelo atraso em fornecer de forma completa e exacta as informações solicitadas. A decisão pode ser impugnada perante o Tribunal de Justiça.

A Comissão pode também pedir aos *governos dos Estados-Membros e às autoridades nacionais de defesa da concorrência* todas as informações necessárias ao cumprimento das suas funções[198].

No âmbito da recolha de informações sobre o objecto de um inquérito, a Comissão pode ouvir qualquer pessoa singular ou colectiva que para tal tenha dado o seu consentimento. No início da audição deve ser indicado o fundamento legal e a finalidade da audição, devendo igualmente recordar-se o seu carácter voluntário e a intenção de registar as declarações. À pessoa ouvida é fornecida, para aprovação, uma cópia do registo das declarações[199].

---

[197] Artigo 18.º n.º 2 do Reg. 1/2003; artigo 11.º n.º 2 do Reg. 139/2004.
A obrigação de fornecer as informações pedidas recai sobre os proprietários das empresas ou seus representantes e sobre as pessoas encarregadas, por lei ou estatutariamente, de representar entidades colectivas sem personalidade jurídica. Os advogados podem fornecer essas informações em nome dos mandantes (artigo 18.º n.º 4 do Reg. 1/2003).

[198] Artigo 18.º do Reg. 1/2003; artigo 11.º n.º 6 do Reg. 139/2004.

[199] Artigo 19.º do Reg. 1/2003 e artigo 3.º do Reg. 773/2004. Artigo 11.º n.º 7 do Reg. 139/2004.

5.1.2. Inspecções

A Comissão realiza, junto das empresas e associações de empresas, as inspecções necessárias podendo, para tanto, aceder às respectivas instalações, inspeccionar livros e registos, obter cópias de documentos, selar instalações, livros ou registos, bem como, solicitar esclarecimentos aos representantes ou membros do pessoal[200] da empresa ou associação empresas[201].

As inspecções podem ter por base um *mandato escrito* ou uma *decisão* da Comissão. Em ambos os casos deve fazer-se a indicação do objecto e finalidade da inspecção assim como das sanções aplicáveis à incompleta, inexacta ou deturpada apresentação de documentos ou resposta a explicações.

A *decisão* a ordenar uma inspecção tem de ser antecedida de consulta, pela Comissão, à autoridade nacional em cujo território aquela se deve efectuar. A decisão obriga as empresas a sujeitarem-se à diligência de inspecção[202], podendo-lhes ser aplicadas sanções pecuniárias compulsórias. Da referida decisão da Comissão cabe impugnação para o Tribunal de Justiça.

As diligências de inspecção podem também ser realizadas noutras instalações ou locais, tais como domicílios de dirigentes, administradores ou colaboradores da empresa, mediante decisão da Comissão e após autorização da autoridade judicial nacional do Estado-Membro em causa[203]. No âmbito do controlo de concentrações não há lugar à realização de diligências deste tipo.

---

[200] Quando o membro do pessoal não esteja ou não estava autorizado a dar explicações em nome da empresa a Comissão estabelece um prazo para que esta proceda a rectificações, alterações ou aditamentos às referidas declarações (artigo 4.º do Reg. 773/2004).
Sobre as inspecções no âmbito do controlo de concentrações: artigo 13.º do Reg. 139/2004.

[201] Artigo 20.º do Reg. 1/2003. As autoridades nacionais podem realizar as referidas inspecções a pedido da Comissão (artigo 22.º n.º 2 do Reg. 1/2003).

[202] Os funcionários e outros acompanhantes mandatados pela Comissão devem receber "assistência activa" dos funcionários da autoridade nacional, bem como, a assistência necessária do Estado-Membro quando se verifique a oposição da empresa à inspecção (artigo 20.º n.ºs 5 a 8 do Reg. 1/2003).

[203] Artigo 21.º do Reg. 1/2003.

5.2. Poderes sancionatórios

5.2.1. Aplicação de coimas

No domínio da aplicação dos artigos 81.º ou 82.º do TCE, a Comissão pode, mediante decisão, aplicar coimas[204], no montante máximo de 10% do volume de negócios do exercício precedente, às empresas e associações de empresas que, deliberadamente ou por negligência, (i) cometam uma infracção ao disposto nos artigos 81.º ou 82.º do TCE; (ii) não respeitem uma decisão da Comissão que ordene medidas provisórias; (iii) não respeitem um compromisso tornado obrigatório por decisão[205]. Preve-se também a aplicação de coimas, no montante máximo de 1% do respectivo volume de negócios, às empresas e associações que (iv) incumpram os deveres de fornecer informações e de se sujeitar a inspecções[206].

Na determinação do montante da coima deve ser tida em conta a gravidade e a duração da infracção, consagrando o Regulamento 1/2003 os critérios de definição dos respectivos limites máximos[207].

No âmbito do controlo de concentrações a Comissão pode também, por decisão, aplicar coimas no montante máximo de 1% do volume de negócios às pessoas ou empresas que, deliberada ou negligentemente, forneçam informações inexactas ou deturpadas, apresentem documentos incompletos nas inspecções realizadas ou prestem esclarecimentos inexactos, incompletos ou se recusem a fazê-lo[208].

A Comissão pode, por decisão, aplicar coimas até 10% do volume de negócios às pessoas ou empresas que, deliberada ou negligentemente, omitam notificar uma operação de concentração, a realizem em desrespeito do efeito suspensivo do artigo 7.º, realizem uma concentração decla-

---

[204] Estas decisões "não têm caracácter penal": n.º 5 do artigo 23.º do Reg. 1/2003.
[205] Artigo 23.º n.º 2 do Reg. 1/2003.
[206] Artigo 23.º n.º 1 do Reg. 1/2003.
[207] As coimas aplicáveis por violação dos deveres de prestar informações e de sujeição a diligências inspecção não podem exceder 1% do volume de negócios total realizado no exercício precedente. As coimas por infracção aos arts. 81.º e 82.º do TCE, por desrespeito medidas provisórias e a compromissos têm como limite máximo 10% do volume de negócios total realizado no exercício precedente. Sobre a determinação do montante e a responsabilidade pelo pagamento das coimas aplicadas a associações de empresas: artigo 23.º n.º 4 do Reg. 1/2003.
[208] Artigo 14.º n.º 1 do Reg. 139/2004.

rada incompatível ou não respeitem as condições ou obrigações destinadas a garantir o cumprimento de compromissos[209].

Na determinação do montante da coima será tomada em consideração a natureza, gravidade e duração da infracção. As decisões tomadas nos termos precedentes não têm carácter penal.

5.2.2. Aplicação de sanções pecuniárias compulsórias

No que respeita à aplicação dos artigos 81.º ou 82.º do TCE a Comissão, através de decisão, pode aplicar sanções pecuniárias compulsórias às empresas e associações de empresas com a finalidade de as compelir a (i) pôr termo a uma infracção; (ii) a cumprir uma decisão que ordene medidas provisórias; (iii) a cumprir um compromisso tornado obrigatório por uma decisão (iv) a fornecer de modo exacto e completo informações, pedidas mediante decisão; e a (v) sujeitar-se a uma inspecção ordenada por decisão[210].

As sanções a aplicar, por cada dia de atraso a contar da data fixada na decisão, não podem exceder 5% do volume diário médio do ano precedente prevendo-se, no entanto, que verificado o cumprimento da obrigação, a Comissão possa fixar um montante definitivo inferior ao resultante daquele critério de cálculo[211].

Em sede de controlo de concentrações a Comissão tem também competência para a aplicação de sanções pecuniárias compulsórias até 5% do volume de negócios, por cada dia útil de atraso, por forma a compelir ao fornecimento de informações exactas e completas, a sujeitar-se à realização de inspecções, à execução de compromissos e ao cumprimento de decisões que exijam a dissolução da concentração e de decisões que fixem medidas provisórias[212].

As decisões da Comissão que imponham uma obrigação pecuniária constituem título executivo, sendo a execução regulada pelas normas de processo civil do Estado em cujo território se efectuar[213].

---

[209] Artigo 14.º n.º 2 do Reg. 139/2004.
[210] Artigo 24.º n.º 1 do Reg. 1/2003.
[211] Artigo 24.º n.º 1 e n.º 2 do Reg. 1/2003.
[212] Artigo 15.º do Reg. 139/2004.
[213] Artigo 256.º do TCE.

5.3. DEVER DE FUNDAMENTAÇÃO DAS DECISÕES

As decisões da Comissão, tal como os demais actos comunitários encontram-se subordinadas ao dever geral de fundamentação constante do artigo 253.º do TCE.

A fundamentação das decisões cumpre a dupla função de permitir aos tribunais o exercício da respectiva função de fiscalização, bem como, de permitir às partes exercer plenamente os seus direitos de defesa[214].

A fundamentação das decisões da Comissão deve apresentar-se como suficiente face ao contexto[215], contendo a matéria de facto e de direito relevante[216]. Por seu turno a jurisprudência tem afirmado que carecem de maior fundamentação as novas orientações interpretativas de uma norma, as novas práticas administrativas[217] ou desvio, por parte da Comissão, relativamente às suas Orientações e Comunicações[218].

A Comissão está obrigada ao dever de fundamentação não apenas das decisões que põem termo a um processo, mas também das decisões processuais tais como as relativas a pedidos de informação e investigações[219].

6. DIREITOS E DEVERES DOS INTERESSADOS

6.1. DIREITOS DE DEFESA E DE PARTICIPAÇÃO NO PROCESSO

No âmbito da aplicação do direito da concorrência a jurisprudência comunitária tem afirmado amplamente a necessidade de conformação da

---

[214] Procs. 46/87 and 227/88, *Hoechst AG* v. *Comissão*, Rec. 1989, p. 2859; Proc. T-65/99, *Strintzis Lines Shipping SA* v. *Comissão*, Rec. 2003, p. II-5433.

[215] Proc. C-367/95 P, *Comissão* v. *Sytraval e Brink's France SARL*, Rec. 1998, p. I-1719.

[216] Proc. 24/62, *Germany* v. *Comissão*, Rec. 1963, p. 131.
Na medida em que recai sobre a Comissão o ónus da prova de uma infracção, a decisão deve conter, forma precisa e coerente, as provas que suportam a decisão designadamente, através de exemplos: Procs. 40/73 a 48/73, 50/73, 54/73 to 56/73, 111/73, 113/73 e 114/73, *Coöperatieve Vereniging "Suiker Unie" UA* v. *Comissão*, Rec. 1975, p. 1663.

[217] Proc. 73/74, *Groupement des fabricants de papiers peints de Belgique* v. *Comissão*, Rec. 1975, p. 1491; Proc. C-344/01, *Federal Republic of Germany* v. *Comissão*, Rec. 2004, p. I-2081.

[218] Procs. T-236/01, T-239/01, T-244/01 a T-246/01, T-251/01 e T-252/01, *Tokai Carbon Co. Ltd and Others* v. *Comissão*, Rec. 2004, p. II-1181.

[219] Artigo 18.º n.º 3 do Reg. 1/2003.

actuação administrativa da Comissão com os direitos de defesa dos intervenientes no processo[220], em particular no que respeita aos procedimentos administrativos conducentes à aplicação de coimas[221]. Essa tutela abrange os procedimentos preliminares de inquérito, em particular quando sejam obtidos nessa investigação factos relativos a uma conduta ilícita[222]. A inobservância dos direitos de defesa durante os procedimentos administrativos é geradora de responsabilidade extracontratual da Comunidade[223].

A actuação da Comissão encontra-se também sujeita ao princípio da proporcionalidade, pelo que, designadamente no que toca aos exercício dos seus poderes de investigação, as inspecções e os pedidos de informação devem ser necessários e proporcionais ao objectivo prosseguido pela Comissão[224].

Os direitos de defesa compreendem, desigadamente, o direito a ser ouvido e o direito de acesso ao processo, o primeiro dos quais foi afirmado pela jurisprudência como um princípio fundamental do direito comunitário a observar mesmo na ausência de normas de procedimento específicas[225]. Como corolário deste direito, a Comissão tem a obrigação dar conhecimento às partes das objecções por si formuladas e de possibilitar aquelas a oportunidade de deduzirem as respectivas observações[226].

---

[220] Proc. 322/81, *NV Nederlandsche Banden Industrie Michelin v. Comissão*, Rec. 1983, p. 3461; Procs. 97/87 a 99/87, *Dow Chemical Ibérica SA v. Comissão*, Rec. 1989, p. 3165. Segundo a jurisprudência do TJCE a Comissão é obrigada a respeitar os princípios gerais da Comunidade que compreendem os direitos fundamentais: Procs. 100/80 to 103/80, *SA Musique Diffusion française v. Comissão*, Rec. 1983, p. 1825; Proc. T-11/89, *Shell International Chemical Company Ltd v. Comissão*, Rec. 1992, p. II-757; Proc. T-347/94, *Mayr-Melnhof Kartongesellschaft mbH v. Comissão*, Rec. 1998, p. II-1751.

[221] Proc. 322/81, *NV Nederlandsche Banden Industrie Michelin v. Comissão*, Rec. 1983, p. 3461.

[222] Procs. 97/87 a 99/87, *Dow Chemical Ibérica SA v. Comissão*, Rec. 1989, p. 3165.

[223] Proc. 322/81, *NV Nederlandsche Banden Industrie Michelin v. Comissão*, Rec. 1983, p. 3461.

[224] Artigos 20.º n.º 8 e 21.º n.º 3 do Reg. 1/2003; Procs. 97/87 a 99/87, *Dow Chemical Ibérica SA v. Comissão*, Rec. 1989, p. 3165. A jurisprudência afirmou igualmente a protecção do sigilo profissional das comunicações advogado-cliente: Proc. 155/79 *A.M. & S. v. Comissão* Rec. 1982, p. 1575; Procs. T-125/03 e T-253/03, *Akzo Nobel Chemicals Ltd. / Akcros Chemicals Ltd. v. Comissão* Rec. 2007, p. II-3523.

[225] Proc. 40/85, *Kingdom of Belgium v. Comissão*, Rec.1986, p. 2321; Proc. 259/85, *French Republic v. Comissão*, Rec. 1987, p. 4393.

[226] Procs. 100/80 to 103/80, *SA Musique Diffusion française v. Comissão*, Rec. 1983, p. 1825. Quando exista uma alteração das objecções iniciais é reconhecido também

No âmbito da aplicação dos artigos 81.º e 82.º do TCE prevê-se a participação no processo de três categorias de agentes: as *partes ou interessados directos*, os *autores das denúncias* e *outras pessoas ou terceiros interessados*.

No decurso do procedimento administrativo de aplicação dos artigos 81.º e 82.º do TCE, os direitos de defesa das *partes interessadas* devem ser plenamente acautelados[227].

Consubstanciam o âmbito material dos direitos de defesa dos interessados directos: (a) o direito de acesso ao processo (artigo 27.º n.º 2 do Reg. 1/2003 e artigo 15.º do Reg. 773/2004); (b) o direito a ser ouvido, através da apresentação de observações escritas (artigo 27.º n.º 2 do Reg. 1/2003; artigo 11.º do Reg. 773/2004); e (c) o direito a audição oral (artigo 12.º do Reg. 773/2004).

São *terceiros interessados* as pessoas singulares ou colectivas que demonstrem ter um interesse relevante e suficiente. É-lhes reconhecida a faculdade de, a seu pedido, serem *ouvidos* no processo[228] e de apresentarem *observações* às decisões da Comissão relativas a compromissos ou a declarações de não aplicabilidade[229].

Quanto ao controlo de concentrações é possível distinguir, como intervenientes no processo, as *partes notificantes*; *outros interessados directos*, que não as partes notificantes, tais como o vendedor ou empresa objecto da concentração; *terceiros*, incluindo clientes, fornecedores e concorrentes que comprovem um interesse suficiente; e ainda *interessados* relativamente aos quais a Comissão tenciona tomar uma decisão de aplicação de uma coima ou sanção pecuniária complusória[230].

Às *partes* directamente envolvidas é garantido ao direito de acesso ao processo (artigo 18.º n.º 3 do Regulamento 139/2004 e artigos 17.º e 18.º do Regulamento 802/2004); (b) o direito a ser ouvido, através da apresentação de observações escritas (artigo 18.º n.º 1 do Regulamento 139/2004 e artigo 13.º n.º 3 do Regulamento 802/2004); e (c) o direito à audição oral

---

o direito a ser ouvido relativamente a elas: Proc. 107/82, *Allgemeine Elektrizitäts-Gesellschaft AEG-Telefunken AG v. Comissão*, Rec. 1983, p. 3151; Proc. T-23/99, *LR AF 1998 A/S v. Comissão*, Rec. 2002, p. II-1705.

[227] Artigo 27.º n.º 2 do Reg. 1/2003.
[228] Artigo 13.º do Reg. 773/2004.
[229] Artigo 27.º n.º 3 e 4 do Reg. 1/2003.
[230] Artigo 11.º do Reg. 802/2004.

(artigo 18.º n.º 1 do Regulamento 139/2004 e artigo 14.º do Regulamento 802/2004).

Aos terceiros e outros interessados é também garantido o direito a serem ouvidos[231].

6.2. DEVER DE COOPERAÇÃO

Sobre as partes impende um dever genérico de cooperar activamente com a Comissão facultando, designadamente, toda a informação necessária à investigação[232]. A colaboração prestada pelo infractor pode também ser levada em conta na determinação do montante da coima a aplicar[233].

No entanto, no domínio em análise a cooperação entre as partes e a administração comunitária assume a sua maior expressão na possibilidade de apresentação de compromissos que ponham termo a uma infracção aos artigos 81.º e 82.º do TCE ou de compromissos que garantam a compatibilidade de uma operação de concentração com o mercado comum. A Comissão goza de discricionariedade na aceitação do tipo de compromissos, os quais podem ter uma natureza estrutural ou comportamental, e um carácter temporário ou definitivo.

A colaboração com a Comissão reveste-se também de particular importância na detecção de situações de cartelização atribuindo-se um tratamento favorável às empresas que com ela cooperam.

6.2.1. Compromissos

As pessoas ou empresas relativamente às quais a Comissão inicie uma investigação por alegada violação dos princípios dos artigos 81.º e 82.º do TCE, podem apresentar compromissos em resposta às observações expressas pela Comissão na sua apreciação preliminar[234].

---

[231] Artigo 18.º n.º 4 do Reg. 139/2004 e artigo 16.º do Reg. 802/2004.
[232] Procs. 46/87 e 227/88, *Hoechst AG v. Comissão*, Rec. 1989, p. 2859.
[233] Procs. C-65/02 P e C-73/02 P, *ThyssenKrupp v. Comissão* Rec. 2005, p. I-6773.
[234] Artigo 9.º do Reg. 1/2003.
Como, por exemplo, nos casos: COMP/37.214-*Joint selling of the media rights to the German Bundesliga*, J.O. [2004] C 229/13; Proc. COMP/38.173-*The Football Association Premier League Limited (FAPL)* J.O. [2004] C 115/3; Proc. COMP/38.381-*De Beers/*

Os compromissos assumidos são tornados vinculativos por decisão da Comissão. Trata-se portanto de uma decisão que não se pronuncia sobre a aplicabilidade ou não aplicabilidade dos artigos 81.º e 82.º do TCE, mas sim de uma decisão que, encerrando o procedimento administrativo, declara que em função dos compromissos a Comissão não tem interesse em prosseguir o caso.

O desrespeito por um compromisso tornado obrigatório através de decisão pode determinar a aplicação de coimas e de sanções pecuniárias acessórias[235].

Também em sede da apreciação de uma concentração, as empresas em causa podem apresentar compromissos susceptíveis de tornarem as operações compatíveis com o mercado comum, durante a fase preliminar ou após a comunicação de objecções pela Comissão[236]. A apresentação de compromissos pode também ser feita a fim de derrogar a suspensão da operação de concentração[237].

Da decisão da Comissão fazem parte, em geral, um conjunto de condições e de obrigações fixadas com vista a assegurar que as empresas cumprem os compromissos assumidos. As condições são relativas a alterações estruturais do mercado sendo as obrigações de carácter comportamental. O incumprimento de uma obrigação conduz à revogação da decisão[238]; a violação de uma condição determina a invalidade da decisão de compatibilidade, sendo a concentração considerada proibida *ab initio*[239].

6.2.2. Clemência

A Comissão concede imunidade ou redução do montante da coima a aplicar às empresas que com ela cooperem para a detecção e sanção de cartéis secretos.

/ALROSA J.O. [2005] C 136/32); Proc. COMP/38.348-*Repsol CPP SA* J.O. [2004] C 258/7); Proc. COMP/38.681-*Universal International Music BV/MCPS* J.O. [2006] C 122/2.

[235] Artigos 23.º n.º 2 c) e 24.º n.º 1 c) do Reg. 1/2003.
[236] Artigo 6.º n.º 2 e artigo 8.º n.º 2 do Reg. 139/2004.
[237] Artigo 7.º n.º 3 do Reg. 139/2004.
[238] Artigos 6.º n.º 3 b) e 8.º n.º 6 b) do Reg. 139/2004.
[239] Daqui decorre a possibilidade de aplicação de coimas (artigo 14.º n.º 2 b) via artigo 7.º n.º 1) e a dissolução da concentração (artigo 8.º n.º 4 e artigos 14 n.º 2 c) e 15.º n.º 1 d) do Reg. 139/2004).

Os cartéis secretos formados com o objectivo de fixar os preços, a produção ou as quotas de vendas têm como efeitos anticoncorrenciais a repartição dos mercados e a afectação das trocas intracomunitárias. Trata-se de situações que pela sua própria natureza são difíceis de detectar pelo que a colaboração das empresas envolvidas nesses acordos se reveste de um "valor intríseco". As empresas que, nestes termos, colaborem com a Comissão devem fornecer todos os elementos de prova de que disponham e cooperar plenamente, de forma permanente e expedita, durante todo o procedimento administrativo[240].

7. CONTROLO JURISDICIONAL E RESPONSABILDADE EXTRA-CONTRATUAL (BREVE REFERÊNCIA)

7.1. CONTROLO PELO TRIBUNAL DE JUSTIÇA

Das decisões da Comissão cabe recurso de anulação para o Tribunal de Primeira Instância. As decisões deste Tribunal podem, por sua vez, ser objecto de recurso, limitado às questões de direito, para o Tribunal de Justiça.

De acordo com o artigo 230.º do TCE "o Tribunal de Justiça é competente para conhecer dos recursos com fundamento em incompetência, violação de formalidades essenciais, violação ao presente Tratado ou de qualquer norma jurídica relativa à sua aplicação, ou em desvio de poder". Qualquer pessoa singular ou colectiva pode interpôr recurso "das decisões de que seja destinatária e das decisões que, embora tomadas sob a forma de (...) decisão dirigida a outra pessoa, lhe digam directa e individualmente respeito".

Na medida em que a actuação da Comissão na aplicação das normas comunitárias de defesa da concorrência se caracteriza por ser uma competência com margem de livre apreciação, o controlo jurisdicional das suas decisões encontra-se circunscrito à determinação da existência de um manifesto erro de apreciação, designadamente, sob a forma de contradi-

---

[240] Comunicação da Comissão relativa à imunidade em matéria de coimas e à redução do seu montante nos processos relativos a cartéis (2002/C 45/03) J.O. C 45/3, 19.2.2002.

ções manifestas ou de não consideração de elementos de prova relevantes[241].

Ao Tribunal cumpre apreciar do incumprimento, pela Comissão, das formalidades a observar no processo de decisão, como corolário da tutela dos direitos de defesa; da falta ou a insuficiência de fundamentação da decisão[242] (art. 253.º TCE); e da falta de publicação da decisão (art. 254.º TCE)[243].

De notar por último, que o Regulamento 1/2003 atribui plena jurisdição ao Tribunal de Justiça[244] para conhecer dos recursos interpostos das decisões em que a Comissão fixe coimas ou sanções pecuniárias compusórias. Nesta medida, o Tribunal pode suprimir, reduzir ou aumentar as coimas ou sanções pecuniárias compusórias aplicadas[245].

7.2. RESPONSABILDADE EXTRACONTRATUAL

A responsabilidade extracontratual da Comunidade encontra-se expressamente consagrada no Tratado, afirmando-se no artigo 288.º do TCE que "a Comunidade deve indemnizar, de acordo com os princípios gerais comuns aos direitos dos Estado-Membros, os danos causados pelas suas instituições ou pelos seus agentes no exercício das suas funções".

De acordo com a jurisprudência comunitária, haverá lugar a responsabilidade extracontratual da Comunidade quando se verifique existir (i) um comportamento ilícito por parte de uma instituição ou agente no exercício das suas funções; (ii) um dano efectivo; e (iii) um nexo de causalidade entre aquela actuação e o dano.

Para lá das dificuldades evidentes de demonstração destes requisitos, os particulares têm ainda de se "confrontar" com a margem de livre deci-

---

[241] Proc. T-65/98, *Van den Bergh Foods Ltd.* v. *Comissão*, Rec. 2003, p. II-4653; Proc. C-234/89, *Stergios Delimitis* v. *Henninger Bräu AG*, Rec. 1991, p. I-935; Proc. T-342/99, *Airtours* v. *Comissão*, Rec. 2002, p. II-2585.

[242] Proc. T-5/93, *Roger Tremblay and Others* v. *Comissão*, Rec. 1995, p. II-185.

[243] Proc. 42/84, *Remia BV and Others* v. *Comissão*, Rec. 1985, p. 2545; Procs. 142/84 e 156/84, *British-American Tobacco Company Ltd and R. J. Reynolds Industries Inc.* v. *Comissão*, Rec. 1987, p. 4487; Proc. C-194/99 P, *Thyssen Stahl* v. *Comissão*, Rec. 2003, p. I-10821.

[244] Artigo 229.º do TCE.

[245] Artigo 31.º do Reg. 1/2003.

são que orienta a actuação da Comissão no que toca à aplicação das normas de defesa da concorrência.

No entanto, e apesar de Comissão gozar de uma ampla margem de livre apreciação, está obrigada a um dever genérico de boa administração corporizado no dever diligência devida segundo o qual se encontra obrigada a tomar em consideração todos os factos relevantes indispensáveis ao exercício dos respectivos poderes de apreciação[246]. Por outro lado, uma acção de indeminização contra a Comissão pode ter como fundamento o desrespeito pelas garantias processuais dos particulares (direito de acesso, direito a ser ouvido).

---

[246] Proc. T-285/03, *Agraz SA v. Comissão*, Rec. 2005, p. II-1063.

PARTE III
Competências, princípios e procedimentos de aplicação do direito da concorrência no ordenamento jurídico nacional

1. AUTORIDADE DA CONCORRÊNCIA

Assegurar o funcionamento eficiente dos mercados, por forma a garantir a equilibrada concorrência entre empresas constitui, nos termos da Constituição, uma incumbência prioritária do Estado[247].

De acordo com o regime jurídico da concorrência, aprovado pela Lei 18/2003[248], é atribuida à Autoridade da Concorrência[249] a função de assegurar o respeito pelas regras da concorrência.

Como foi oportunamente assinalado, o regime jurídico nacional proíbe os acordos, decisões de associações e práticas concertadas entre empresas[250], o abuso de posição dominante[251] e o abuso de dependência económica[252] que tenham por objecto ou como efeito restringir significativamente a concorrência. As concentrações de empresas devem ser objecto de notificação prévia com vista apreciar a compatibilidade dessas operações com a manutenção da concorrência efectiva no mercado nacional ou numa parte substancial deste[253].

O âmbito de aplicação do actual regime jurídico da concorrência é definido pelos princípios da *universalidade* –ao ser aplicável, sem excep-

---

[247] Artigo 81.º alínea f) da CRP.
[248] Lei n.º 18/2003, de 11/6 DR I 134; alterada pelo Decreto-Lei 219/2006, de 2/11, pelo Decreto-Lei 18/2008, de 29/1 e pela Lei 52/2008, de 28/8 (LdC).
[249] Artigo 14.º da LdC. A Autoridade da Concorrência foi criada pelo DL 10/2003, de 18/1 DR I 15.
[250] Artigo 4.º da LdC.
[251] Artigo 6.º da LdC.
[252] Artigo 7.º da LdC.
[253] De acordo com os critérios do artigo 12.º da LdC.

ção, a todos os sectores de actividade económica – e da *territorialidade* – ao disciplinar as práticas restritivas e concentrações de empresas realizadas em território nacional ou que produzam efeitos no mercado português[254].

A Autoridade da Concorrência tem por missão "assegurar a aplicação das regras da concorrência em Portugal, no respeito pelo princípio da economia de mercado e de livre concorrência"[255].

No cumprimento da missão que lhe é atribuída por lei, cumpre à Autoridade da Concorrência garantir o respeito pelas normas nacionais e comunitárias da concorrência, nos termos das competências atribuídas quer pelo ordenamento jurídico nacional quer pelo ordenamento jurídico comunitário[256].

A Autoridade é uma pessoa colectiva de direito público, de natureza institucional, dotada de património próprio e de autonomia administrativa e financeira, e independente no desempenho das suas atribuições[257].

A esta entidade administrativa independente, dotada competência transversal, são atribuídos poderes *sancionatórios*, de *supervisão* e de *regulamentação*[258].

No exercício dos seus poderes de regulamentação a Autoridade pode aprovar ou propor a aprovação de regulamentos; emitir recomendações e directivas genéricas; bem como propor e homologar códigos de conduta e manuais de boas práticas de empresas e de associações de empresas[259].

---

[254] Artigo 1.º n.º 1 e 2 da LdC.
Para efeitos de aplicação do presente regime jurídico é acolhida uma noção ampla de empresa enquanto exercício de uma actividade económica a título oneroso, realizada por sociedades comerciais e civis, associações profissionais, institutos públicos, profissionais liberais; bem como empresas públicas e empresas a quem o Estado tenha concedido direitos especiais ou exclusivos (artigos 2.º e 3.º da LdC).

[255] Artigo 1.º n.º 1 dos Estatutos da Autoridade da Concorrência (EAdC), anexo ao DL 10/2003, de 18/1; Artigo 14.º da LdC. DL 30/2004, de 6/2 DR I 31.

[256] No que respeita às competências e âmbito de actuação da Autoridade a nível comunitário: artigo 6.º n.º 1 d), g) e h) EAdC. Artigo 11.º n.º 3, 4 e 5; artigo 12.º; artigo 14.º n.º 4; artigo 15.º n.º 3 do Reg. 1/2003. Ver também os aspectos anteriormente tratados relativos à remessa de processos e à colaboração com a Comissão e com as autoridades dos Estados-Membros.

[257] Artigo 1.º n.º 2 e artigo 4.º EAdC.

[258] Artigo 7.º n.º 1 EAdC.

[259] Artigo 7.º n.º 4 EAdC. Artigo 21.º da LdC.

Os poderes sancionatórios e de supervisão da autoridade nacional de defesa da concorrência assumem maior relevância em sede da presente análise.

No âmbito dos respectivos *poderes sancionatórios* cabe à Autoridade (i) *identificar* e *investigar* as práticas susceptíveis de infringir a legislação de concorrência nacional e comunitária, *instruir* e *decidir* sobre os respectivos processos, adoptando as medidas necessárias para fazer cessar a infracção e aplicando as sanções prevista na lei; bem como (ii) adoptar medidas cautelares[260].

A Autoridade é, portanto, a entidade competente para proceder à investigação, instrução e decisão sendo-lhe para tanto atribuidos poderes de inquérito e de inspecção, e de aplicação de sanções.

No exercício dos seus *poderes de supervisão* a Autoridade tem competência para (i) realizar estudos, inquéritos e acompanhar a evolução dos mercados; (ii) instruir e decidir procedimentos administrativos relativos a acordo e para (iii) instruir e decidir procedimentos administrativos respeitantes a operações de concentração sujeitas a notificação prévia[261].

A fim de assegurar o bom desempenho das suas atribuições, as autoridades públicas devem cooperar com a Autoridade da Concorrência, devendo as empresas, associações de empresas e quaisquer outras pessoas prestar todas as informações e fornecer todos os documentos necessários[262].

A Autoridade da Concorrência exerce as suas atribuições em articulação com as autoridades reguladoras sectoriais[263].

1.1. Poderes de inquérito e de inspecção

À Autoridade da Concorrência são atribuidos extensos poderes de investigação no exercício das suas competências sancionatória e de supervisão. Trata-se de poderes idênticos aos dos orgãos de polícia criminal pelo que os órgãos ou funcionários da Autoridade gozam dos mesmos direitos e faculdades e estão submetidos aos mesmos deveres daqueles órgãos.

---

[260] Artigo 7.º n.º 2 EAdC.
[261] Artigo 7.º n.º 3 EAdC.
[262] Artigos 8.º e 9.º EAdC.
[263] Artigo 29.º da LdC e artigo 6.º n.º 4 do DL 10/2003, 18/1.

No âmbito destes poderes a Autoridade realiza *inquirições*, podendo solicitar documentos ou outros elementos de informação, aos representantes legais das empresas ou associações de empresas envolvidas, bem como aos representantes legais de outras empresas ou associações de empresas e a quaisquer outras pessoas cujas declarações ou informações considere relevantes[264].

A Autoridade pode também proceder – mediante mandado emitido pela autoridade judiciária competente (Ministério Público) – a *acções de busca, exame e apreensão* nas instalações das empresas ou associações de empresas envolvidas, consultando documentação e procedendo, se necessário, à selagem das instalações[265].

Também no âmbito do exercício dos respectivos poderes sancionatório e de supervisão, a Autoridade pode formular *pedidos de informações* às empresas envolvidas ou a quaisquer outras pessoas ou entidades. Do referido pedido deve constar (a) a respectiva base jurídica e finalidade, (b) o prazo para fornecer as informações ou documentos, (c) as sanções aplicáveis por incumprimento do requerido e ainda (d) a necessidade de as empresas identificarem as informações que considerem confidenciais e de juntarem uma cópia não confidencial[266].

Os titulares dos órgãos da Autoridade e os seus funcionários estão obrigados a guardar sigilo dos factos cujo conhecimento lhes advenha do exercício das suas funções[267].

2. PRÁTICAS PROIBIDAS

2.1. COMPETÊNCIAS PARALELAS

Como se referiu oportunamente, o actual regime – criado pelo Regulamento (CE) n.º 1/2003 – veio implementar um sistema de *aplicação paralela* das regras de direito comunitário, em matéria de acordos e práti-

---

[264] Artigo 17.º n.º 1 a) e b) da LdC.
[265] Artigo 17.º n.º 1 c) e d) da LdC.
[266] Artigo 18.º da LdC.
[267] Artigo 36.º do EAdC. Nos termos do artigo 35.º do EAdC, os titulares dos órgãos da Autoridade, bem como o seu pessoal, respondem financeira, civil e criminalmente pelos actos e omissões que pratiquem no exercício das suas funções.

cas restritivas e de abuso de posição dominante, pelas autoridades e tribunais nacionais. O sistema de competências paralelas vincula, portanto, a Autoridade da Concorrência e os tribunais nacionais à aplicação dos artigos 81.º e 82.º do TCE, sendo competentes para aplicarem o artigo 81.º do TCE, na sua totalidade[268-269].

Cabe às autoridades nacionais, através de processo contra-ordenacional, estabelecer sanções pecuniárias, bem como proceder à retirada individual de benefícios de isenção por categoria[270]. Os tribunais nacionais detêm competência exclusiva na determinação das consequências civis das práticas proibidas e na concessão de indemnizações por prejuízos causados[271].

---

[268] As instâncias nacionais são, pois, competentes para a aplicação – no respectivo território – do direito nacional e do direito comunitário da concorrência. De acordo com o disposto no n.º 1 do artigo 3.º do Regulamento (CE) n.º 1/2003 quando as autoridades de concorrência, ou os tribunais nacionais, apliquem a legislação nacional em matéria de concorrência a acordos, decisões de associação ou práticas concertadas, susceptíveis de afectar o comércio entre os Estados-Membros, na acepção do n.º 1 do artigo 81.º do TCE, devem aplicar igualmente o artigo 81.º do Tratado. Sempre que apliquem a legislação nacional a qualquer abuso proibido pelo artigo 82.º de TCE devem aplicar igualmente o artigo 82.º do Tratado.

[269] No entanto, as autoridades nacionais apenas são competentes para aplicarem medidas cautelares, coimas, sanções pecuniárias compulsória e sanções acessórias previstas no *direito nacional* (artigo 5.º do Regulamento (CE) n.º 1/2003). Neste contexto, e em virtude do princípio da territorialidade, da conclusão pela autoridade nacional da violação do artigos 81.º ou 82.º do TCE não decorre qualquer consequência de agravamento da sanção aplicada a uma prática restritiva.

[270] Sobre a competência da Autoridade da Concorrência para a aplicação dos artigos 81.º e 82.º do TCE: EAdC (DL 10/2003, de 18/1) artigo 6.º n.º 1 g), artigo 7.º n.º 2 a), artigo 17.º n.º 1 a); Lei 18/2003, de 11/6, artigo 5.º n.º 3 e 4, artigo 22.º n.º 2, artigo 42.º e artigo 60.º.

[271] Artigos 3.º, 5.º, 6.º e 29.º do Regulamento (CE) n.º 1/2003.
Nos termos dos artigos 66.º e 67.º do Código de Processo Civil, e do artigo 6.º do Regulamento (CE) n.º 1/2003, os tribunais portugueses são competentes para apreciar a legalidade – e declarar a nulidade – de um contrato, à luz do disposto nos artigos 81.º e 82.º do TCE. De acordo com o primado do direito comunitário, os tribunais nacionais não decidem em sentido contrário a uma decisão aprovada pela Comissão: Artigo 16.º do Regulamento (CE) n.º 1/2003. Questão apreciada no Caso C-234/89, *Stergios Delimitis/Henninger Bräu A. G.*, 1991, Col. I-935. e Caso C-344/98, *Masterfoods*, Col. 2000, p. I-11369.

2.2. Procedimento sancionatório

Os artigos 22.º a 29.º da LdC disciplinam o procedimento relativo à aplicação das normas dos artigos 4.º, 6.º e 7.º da LdC e à aplicação dos artigos 81.º e 82.º do TCE pela autoridade nacional, ao abrigo das competências que lhe são atribuídas pelo Regulamento 1/2003[272]. Aos processos por infracção a estas normas é aplicável, subsidiariamente, o regime geral dos ilícitos de mera ordenação social[273].

Os procedimentos sancionatórios devem respeitar os princípios da audiência dos interessados e do contraditório, e demais princípios gerais aplicáveis ao procedimento e à actuação administrativa constantes do Código do Procedimento Administrativo e, se for caso disso, do regime geral dos ilícitos de mera ordenação social[274].

A actuação da Autoridade neste domínio é portanto composta por actos administrativos, sujeitos ao regime de garantias do direito administrativo, mas simultaneamente integrados num processo de contra-ordenação, pelo que o regime jurídico a eles aplicável, designadamente para efeitos de impugnação, é o dos ilícitos de mera ordenação social.

2.2.1. Inquérito

A Autoridade procede à abertura do inquérito quando tome conhecimento, por qualquer via, de práticas proibidas pelos artigos 4.º, 6.º e 7.º da LdC. O procedimento em análise pode portanto desencadear-se por denúncia ou *ex officio*, impendendo sobre os serviços da administração do Estado e sobre as autoridades administrativas independentes o dever de comunicarem à Autoridade os factos do seu conhecimento susceptíveis de serem qualificados como práticas restritivas da concorrência[275].

Quando a Autoridade tome conhecimento de factos, susceptíveis de serem qualificados como práticas restritivas, num domínio sujeito a regu-

---

[272] Artigo 6.º n.º 1 g), artigo 7.º n.º 2 a) e artigo 17.º n.º 1 a) do EAdC; artigos 5.º n.º 3 e 4, artigo 22.º n.º 2, artigo 42.º e artigo 60.º da LdC.

[273] Artigo 22.º da LdC. Numa relação de subsidiariedade mediata via regime de mera ordenação, é aplicável o Código de Processo Penal.

[274] Artigo 19.º da LdC.

[275] Artigo 24.º da LdC.

lação sectorial dará conhecimento dos mesmos à respectiva autoridade reguladora fixando um prazo para esta se pronunciar. Por seu turno, quando as autoridades reguladoras sectoriais, no âmbito das suas competências, apreciem questões susceptíveis de configurarem violações do regime da concorrência, têm o dever de as dar a conhecer à Autoridade[276].

No decurso do inquérito a Autoridade pode aplicar medidas cautelares adequadas à reposição da concorrência ou indispensáveis para garantir o efeito útil da decisão que põe termo ao processo[277].

No âmbito do inquérito a Autoridade promoverá as diligências de investigação necessárias ao apuramento dos factos e respectivos agentes.

Terminado o inquérito a Autoridade pronuncia-se por *decisão* concluindo (i) pelo arquivamento do processo, caso não existam indícios suficientes de infracção ou (ii) por dar início à instrução do processo. Quando o inquérito tenha sido instaurado com base numa denúncia, a decisão de arquivamento tem de ser antecedida de comunicação ao denunciante da intenção da Autoridade, fixando-se um prazo razoável para aquele se pronunciar[278].

2.2.2. Instrução

Haverá lugar à instrução quando, com base nas investigações realizadas na fase de inquérito, for possível concluir existirem indícios suficientes de infracção às regras de concorrência.

O processo tem início com a notificação[279] dirigida às empresas ou associações de empresas arguidas, através da qual lhes são dadas a conhecer as acusações formuladas e outras questões relevantes, bem como os elementos de prova que estiveram na sua base, fixando-se o prazo para as arguidas se pronunciarem por escrito e requererem diligências complementares de prova[280].

---

[276] Artigo 29.º da LdC.
[277] Artigo 27.º da LdC.
[278] Artigo 25.º da LdC.
[279] A notificação é feita pessoalmente ou por carta registada com aviso de recepção, dirigida para a sede social, estabelecimento principal ou domicílio em Portugal da empresa, do seu representante legal ou mandatário judicial. A notificação de empresas sem sede ou estabelecimento em Portugal é feita, por carta, para a sede social ou estabelecimento principal: artigo 23.º da LdC.
[280] Artigo 26.º n.º 1 da LdC.

No prazo de cinco dias a contar da notificação da nota de ilicitude, as empresas arguidas podem solicitar que a audição escrita seja complementada ou substituída por uma audição oral. Esta terá lugar em data a fixar pela Autoridade não podendo, no entanto, realizar-se antes do termo do prazo fixado para a audição por escrito[281].

A Autoridade pode recusar a realização das diligências complementares de prova, que considere manifestamente irrelevantes ou com intuitos meramente dilatórios; pode também ordenar oficiosamente a realização de diligências complementares de prova mesmo após a audição dos interessados, desde que assegure às arguidas o respeito pelo princípio do contraditório[282].

Na instrução do processo impende sobre a Autoridade o dever de respeitar e acautelar o interesse legítimo das empresas arguidas na não divulgação dos seus segredos comerciais[283].

Como se fez menção, em qualquer momento do inquérito ou da instrução a Autoridade pode fixar, oficiosamente ou a pedido de qualquer interessado, medidas cautelares quando a prática objecto do processo seja susceptível de provocar um prejuízo iminente, grave, irreparável ou de difícil reparação para a concorrência ou para os interesses de terceiros. As medidas cautelares podem ordenar preventivamente a suspensão da prática objecto do processo ou outras medidas provisórias necessárias à reposição da concorrência ou indispensáveis ao efeito útil da decisão a proferir no termo do processo. A adopção das referidas medidas é precedida, sempre que possível, da audição dos interessados, bem como do parecer da autoridade reguladora competente, quando esteja em causa um mercado objecto de regulação sectorial. As medidas cautelares vigoram até à sua revogação pela Autoridade e por um período, em regra não superior a 90 dias[284].

2.2.3. Decisão final

Concluída a instrução, a Autoridade adopta uma decisão final pronunciando-se no sentido de (i) ordenar o arquivamento do processo; (ii)

---

[281] Artigo 26.º n.º 2 da LdC.
[282] Artigo 26.º n.º 3 e 4 da LdC.
[283] Artigo 26.º n.º 5 da LdC.
[284] Artigo 27.º da LdC.

declarar a existência de uma prática restritiva e, se for caso disso, ordenar ao infractor a sua cessação ou dos seus efeitos, no prazo fixado; (iii) aplicar coimas, sanções acessórias e sanções pecuniárias complusórias; ou (iv) autorizar um acordo nos termos do artigo 5.º da LdC[285].

Nos mercados objecto de regulação sectorial, as decisões da Autoridade de declaração da existência de uma prática restritiva ou de autorização de um acordo têm se ser precedidas de parecer da respectiva autoridade reguladora[286].

2.2.3.1. Coimas e sanções acessórias

Constitui contra-ordenação, punível com coima a infracção, deliberada ou negligente, às normas da Lei da Concorrência, às normas comunitárias cuja observância é assegurada pela Autoridade, bem como às ordens ou decisões da Autoridade, nos termos tipificados no artigo 43.º da LdC.

A aplicação da coima não dispensa o infractor do cumprimento de um dever jurídico ou de uma ordem da Autoridade[287].

Podem ser responsabilizadas pela prática das referidas contra-ordenações pessoas singulares ou colectivas, independentemente da regularidade da sua constituição, sociedades e associações sem personalidade jurídica[288].

No domínio em análise, a Autoridade tem competência para aplicar coimas, no montante máximo de 10% do volume de negócios no último ano, por cada uma das empresas partes na infracção, por (i) violação do disposto nos artigos 4.º, 6.º e 7.º da LdC; e por (ii) desrespeito a uma decisão que decrete medidas provisórias[289]. No caso de associações de empresas aquele montante máximo não deverá exceder 10% do volume de negócios agregado anual das empresas participantes no comportamento proibido.

Constitui contra-ordenação punível com coima, no montante máximo de 1% do volume de negócios, (i) a não prestação ou a prestação de informações falsas, inexactas ou incompletas em resposta a pedidos da Autori-

---

[285] Artigo 28.º n.º 1 da LdC.
[286] Artigo 28.º n.º 2 da LdC.
[287] Artigo 43.º n.º 5 da LdC.
[288] Artigo 47 da LdC.
[289] Artigo 43.º n.º 1 a) e c) da LdC.

dade; e (ii) a não colaboração ou obstrução das diligências de inquérito ou de inspecção realizadas pela Autoridade[290].

Na determinação do montante da coima deve ser tida em conta, designadamente, a gravidade da infracção, o seu carácter reiterado ou ocasional, o grau de participação, as vantagens obtidas pelas empresas infractoras, bem como a colaboração prestada à Autoridade e o comportamento do infractor na eliminação das práticas proibidas e na reparação dos prejuízos causados à concorrência[291].

Em simultâneo com a coima, podem ser aplicadas as sanções acessórias de (i) publicação da decisão de condenação e de (ii) privação do direito a participar em procedimentos de formação de contratos, nos termos previstos no artigo 45.º n.º 1 da LdC. Este último tipo de sanções terá a duração máxima de dois anos[292].

Ao não acatamento de uma decisão da Autoridade que imponha uma sanção ou ordene a adopção de medidas determinadas, são aplicáveis sanções pecuniárias compulsórias com vista ao seu cumprimento, nos termos do artigo 46.º da LdC. Estas sanções não podem exceder o montante de 5% da média diária do volume de negócios, por cada dia de atraso[293-294].

2.2.3.2. Dispensa e atenuação especial da coima

À semelhança do ordenamento jurídico comunitário, a Lei 39/2006[295] veio criar o regime de dispensa ou da atenuação especial da coima através do qual se cria um mecanismo de colaboração capaz de tornar mais eficaz a detecção, investigação e punição de práticas concertadas e acordos restritivos[296]. A obtenção dos referidos benefícios ao abrigo do regime de cle-

---

[290] Artigo 43.º n.º 2 b) e c) da LdC.
[291] Artigo 44.º da LdC.
[292] Artigo 45.º n.º 2 da LdC.
[293] Artigo 46.º da LdC.
[294] Sobre os prazos de extinção por prescrição do procedimento de contra-ordenação e das sanções: artigo 48.º da LdC.
[295] Lei 39/2006 de 25/8, DR I 164. Estabelece o regime jurídico da dispensa ou da atenuação especial da coima em processos de contra-ordenação por infracção às normas nacionais da concorrência.
[296] De acordo com a Autoridade, trata-se de um instrumento muito relevante no âmbito de investigação e punição de práticas concertadas e acordos restritivos, criando

Direito Administrativo da Concorrência 533

mência pressupõe a estrita observância do dever de cooperação ao longo de todo o processo.

De acordo com o regime jurídico em análise, a Autoridade da Concorrência pode conceder dispensa ou atenuação especial da coima, no âmbito de processos de contra-ordenação por infracção ao artigo 4.º da Lei da Concorrência e, se aplicável, ao artigo 81.º do TCE[297].

Uma empresa pode beneficiar de *dispensa* da coima quando se verifiquem, cumulativamente, quatro condições: (a) ser a primeira a fornecer à Autoridade informações e elementos de prova; (b) cooperar plena e continuadamente com a Autoridade; (c) pôr termo à sua participação na infracção; e (d) não ter exercido coacção sobre as demais empresas para que estas participassem na infracção[298].

Poderá ser concedida uma *atenuação especial* da coima às empresas que, após a abertura do inquérito mas antes da notificação que inicia a instrução do processo, (a) sejam as primeiras a fornecer à Autoridade informações e elementos de prova; (b) as informações e elementos de prova fornecidos sejam determinantes para a investigação e prova da infracção; (c) ponham termo à sua participação na infracção; e (d) não tenham exercido coacção sobre as demais empresas para que estas participassem na infracção[299]. As empresas que, em segundo lugar adoptem uma conduta similar poderão também beneficiar de atenuação especial da coima[300].

Pode ainda beneficiar de uma atenuação especial ou adicional a empresa que forneça informações e elementos de prova relativos a outro acordo ou prática concertada[301].

O *pedido* de dispensa ou da atenuação especial da coima é feito mediante requerimento escrito dirigido à Autoridade da Concorrência em formulário próprio[302]. Considera-se como início da colaboração o momento da apresentação do referido pedido.

---

condições de colaboração nessa investigação das empresas ou titulares dos orgãos de administração envolvidos (*Nota informativa* da Autoridade da Concorrência sobre o regime da dispensa ou da atenuação especial da coima).

[297] Podem beneficiar de dispensa ou atenuação especial da coima as empresas ou os titulares dos órgãos de administração (artigos 3.º e 8.º da Lei 39/2006).
[298] Artigo 4.º da Lei 39/2006.
[299] Artigo 5.º da Lei 39/2006.
[300] Artigo 6.º da Lei 39/2006.
[301] Artigo 7.º da Lei 39/2006.
[302] Artigo 1.º do Regulamento 214/2006 da AdC de 22/11, DR II 225.

A Autoridade aprecia e informa o requerente sobre se o seu pedido preenche os requisitos relativos ao momento de apresentação, dando início à instrução do pedido no caso de o requerimento ser aceite

A decisão sobre o pedido de dispensa ou de atenuação é tomada na decisão final da Autoridade a que se refere o artigo 28.º n.º 1 alínea a) da LdC. O recurso da parte da decisão respeitante à dispensa ou atenuação especial da coima tem efeito meramente devolutivo[303].

2.3. PROCEDIMENTO DE AVALIAÇÃO PRÉVIA DE ACORDOS E PRÁTICAS RESTRITIVAS

As empresas que participem em acordos, decisões ou outras práticas referidas no n.º 1 artigo 4.º da LdC podem apresentar um pedido de avaliação prévia das mesmas junto da Autoridade da Concorrência[304].

O pedido formulado tem em vista obter uma (i) declaração de legalidade da prática, por não constituir uma prática proibida nos termos do n.º 1 do artigo 4.º da LdC; ou uma (ii) declaração de inaplicabilidade do artigo 4.º n.º 1.º por a prática se considerar justificada nos termos do n.º 1 artigo 5.º da LdC.

O referido pedido é apresentado à Autoridade em formulário próprio, podendo ser formulado apenas por uma ou algumas das empresas envolvidas desde que demonstrem ter informado as restantes participantes sobre a apresentação do pedido[305].

Aberta a instrução do procedimento, a Autoridade promove a publicação do pedido de avaliação prévia, a fim de que terceiros interessados possam apresentar as respectivas observações. No decurso da instrução a Autoridade pode solicitar informações ou documentos adicionais aos requerentes ou a quaisquer outras entidades públicas ou privadas[306].

---

[303] Artigo 10.º n.º 1 e 4 da Lei 39/2006.

[304] Pese embora a aplicabilidade directa do regime de excepção do n.º 3 do artigo 81.º do TCE, criada pelo Regulamento 1/2003, e apesar do âmbito material dos artigos 81.º do TCE e dos artigos 4.º e 5.º da LdC ser no essencial coincidente, nos termos do Regulamento n.º 9/2005 da Autoridade da Concorrência, o procedimento de avaliação prévia deve subsistir em relação a casos de aplicação exclusiva da legislação nacional da concorrência às práticas descritas no n.º 1 do artigo 4.º da Lei 18/2003 (Artigo 1.º do Regulamento n.º 9/2005 da Autoridade da Concorrência, 3/2 DR II-24).

[305] Artigo 2.º n.º 2 do Regulamento n.º 9/2005.

[306] Artigos 4.º e 5.º do Regulamento n.º 9/2005.

A decisão que põe termo ao procedimento deve ser antecedida da audiência dos interessados e de eventuais contra-interessados[307].

Concluída a instrução do procedimento a Autoridade decide no sentido de (i) declarar a legalidade da prática, por concluir que esta não é subsumível à proibição do artigo 4.º n.º 1; (ii) declarar a inaplicabilidade desta proibição em virtude de a prática se encontrar justificada nos termos do n.º 1 do artigo 5.º; ou (iii) declarar a sua ilegalidade por violação do disposto no artigo 4.º n.º 1 e na ausência dos pressupostos de justificação do referido artigo 5.º n.º 1 da LdC.

A decisão que conclua pela inaplicabilidade da proibição fundada na verificação de pressupostos de justificação tem um carárcter temporário e pode ser acompanhada de condições ou obrigações[308].

As decisões de legalidade e de inaplicabilidade, proferidas em sede do procedimento de avaliação prévia, vinculam a Autoridade da Concorrência dentro dos limites e do conteúdo do pedido enquanto não existir modificação das circunstâncias em que as mesmas foram emitidas e na medida em que não tenham sido obtidas com base em informações falsas ou inexactas[309].

3. CONTROLO DE OPERAÇÕES DE CONCENTRAÇÃO

3.1. PROCEDIMENTO DE SUPERVISÃO

Como ficou dito, o controlo prévio das operações de concentração integra-se no âmbito dos poderes de supervisão, extensivos a todos os sectores da actividade económica, atribuidos à Autoridade da Concorrência. As decisões adoptadas ao abrigo destes poderes seguem o procedimento adminsitrativo comum previsto no Código do Procedimento Adminsitrativo.

As operações de concentração de empresas estão sujeitas a notificação prévia obrigatória quando se verifique um dos critérios definidos pelo artigo 9.º n.º 1 da LdC. Devem, portanto, ser notificadas à Autoridade da Concorrência as concentrações que preencham *uma* das seguintes condi-

---

[307] Artigo 6.º n.º 4 do Regulamento n.º 9/2005.
[308] Artigo 6.º n.º 1 e 2 do Regulamento n.º 9/2005.
[309] Artigo 8.º do Regulamento n.º 9/2005.

ções: quando (a) criam ou reforçam uma quota de mercado superior a 30% no mercado nacional ou numa parte substancial deste; quando (b) o conjunto das empresas participantes tenha realizado em Portugal um volume de negócios global superior a 150 milhões de euros, desde que o volume de negócios de negócios individual em Portugal realizado por, pelo menos, duas dessas empresas seja superior a 2 milhões de euros.

Os critérios de qualificação das operações de concentração sujeitas à obrigação de notificação são pois quer de natureza qualitativa – quota de mercado – quer quantitativa – volume de negócios. A determinação destes critérios é efectuada nos termos do artigo 10.º da LdC.

O artigo 8.º da LdC define o conceito de concentração entendendo-se aquela pode revestir a forma de *fusão*, de *adquisição do controlo* da totalidade ou de parte de uma ou várias empresas, por pessoas singulares que já denham o controlo de uma ou mais empresas, ou de criação ou aquisição de uma *empresa comum*.

3.1.1. Notificação

As operações de concentração devem ser notificadas à Autoridade da Concorrência no prazo de sete dias úteis após a conclusão do acordo, após a data da divulgação do anúncio preliminar de uma oferta pública de adquisição ou de troca, ou após a divulgação do anúncio de aquisição de uma participação de controlo em sociedade emitente de acções negociadas em mercado regulamentado[310].

As operações de concentração projectadas também podem ser comunicadas à Autoridade a fim de ser objecto de avaliação prévia[311].

Decorre da obrigação de notificação prévia o efeito de suspensão da operação de concentração porquanto, uma operação sujeita a notificação não pode realizar-se antes de ter sido notificada e antes de ter sido objecto de uma decisão de não oposição. Com base num pedido fundamentado dos respectivos participantes, a Autoridade pode, no entanto, conceder uma derrogação da suspensão da operação de concentração fazendo-a acompanhar, se necessário, de condições e obrigações destinadas a assegurar a concorrência efectiva[312].

---

[310] Artigo 9.º n.º 2 da LdC.
[311] Artigo 9.º n.º 3 da LdC.
[312] Artigo 11.º n.º 1 e n.º 4 da LdC.

Cabe às empresas envolvidas numa operação de fusão ou aos adquirentes numa aquisição de controlo proceder à notificação prévia da operação. As notificações conjuntas devem ser apresentadas por um representante comum[313].

As notificações são apresentadas de acordo com o formulário próprio, contendo as informações e anexando os documentos nele exigidos[314]. Quando as referidas informações e documentos se revelem incompletos ou inexactos a Autoridade solicita por escrito, que os notificantes completem ou corrijam a notificação no prazo de sete dias úteis. A Autoridade pode também dispensar a apresentação de determinadas informações e documentos[315].

A notificação produz efeitos na data do pagamento da devida taxa, ou na data de recepção das informações ou documentos que a completam[316].

Nos cinco dias subsequentes à data em que a notificação produz efeitos a Autoridade promove a sua publicação, fixando um prazo, não inferior a 10 dias, para que quaisquer terceiros interessados apresentem as respectivas observações[317].

3.1.1.1. Procedimento oficioso

As operações de concentração de cuja realização a Autoridade tenha conhecimento e que não tenham sido objecto de notificação são objecto de procedimento oficioso, no âmbito do qual a Autoridade notificará as empresas em situação de incumprimento para, no prazo fixado, procederem à respectiva notificação[318].

3.1.1.2. Procedimento de avaliação prévia (pré-notificação)

Nos termos do n.º 3 do artigo 9.º da LdC, as operações de concentração projectadas podem ser objecto de avaliação prévia. Trata-se de um

---
[313] Artigo 31.º n.º 1 e 2 da LdC.
[314] Nos termos do Regulamento 2/E/2003 da Autoridade da Concorrência.
[315] Artigos 31.º n.º 3 e 32.º n.º 2 e 3 da LdC.
[316] Artigo 32.º n.º 1 e 2 da LdC. Regulamento 1/E/2003 da Autoridade da Concorrência relativo às taxas aplicáveis.
[317] Artigo 33.º da LdC.
[318] Artigo 40.º n.º 1 a), n.º 2 e n.º 3 da LdC.

procedimento facultativo que permite às empresas discutir, informal e confidencialmente, num momento anterior à notificação, os contornos da operação, as questões concorrenciais mais relevantes, os aspectos procedimentais e as informações a fornecer.

O pedido de avaliação prévia deve ser enviado à Autoridade num prazo nunca inferior a 15 dias úteis anteriores à data da notificação obrigatória[319].

A pré-notificação permite à Autoridade apoiar as empresas sobre preenchimento do formulário de notificação e respectiva informação, informar sobre a obrigatoriedade ou não de notificação, bem como identificar eventuais problemas jus-concorrenciais conexos com a operação projectada.

A posição transmitida pela Autoridade, em sede do procedimento de avaliação prévia, não é vinculativa pelo que a Autoridade poderá vir a adoptar uma decisão final de teor diferente. Após este procedimento de consulta, e susbsistindo a intenção de realizar a operação de concentração, as empresas devem proceder à respectiva notificação.

3.1.2. Instrução

A Autoridade deve completar a instrução do procedimento de controlo no prazo de 30 dias a partir da data de produção de efeitos da notificação. Aquele prazo suspende-se caso a Autoridade solicite junto dos autores da notificação o fornecimento de informações ou documentos adicionais ou a correcção dos já fornecidos[320].

3.1.2.1. Decisão

Até ao termo do prazo da instrução, a Autoridade pronuncia-se podendo decidir (i) que a operação não se encontra abrangida pela obrigação de notificação prévia; (ii) não se opor à concentração; ou (iii) dar iní-

---

[319] Comunicado n.º 7/2007, Linhas de orientação sobre o procedimento de avaliação prévia (pré-notificação) de operações de concentração de empresas, Autoridade da Concorrência, 16.4.2007.

[320] Artigo 34.º da LdC.

cio a uma investigação aprofundada[321]. A ausência de decisão no referido prazo vale como decisão de não oposição à operação de concentração[322].

Esta decisão da Autoridade põe termo à fase preliminar de apreciação da concentração notificada ou de *instrução* (fase I) a qual pode dar lugar a uma fase de *investigação aprofundada* (fase II).

A Autoridade decidirá não se opor à concentração quando, nos termos da notificação apresentada, após a imposição de restrições, ou após a introdução de alterações pelos notificantes, conclua que a operação não é susceptível de criar ou reforçar uma posição dominante da qual resultem entraves significativos à concorrência efectiva no mercado nacional ou numa parte substancial deste[323].

Admite-se portanto, a possibilidade de os autores da notificação apresentarem, nesta fase, compromissos que viabilizem a não oposição à concentração proposta. A decisão de não oposição tomada na sequência da apresentação de compromissos pode ser acompanhada de condições e obrigações destinadas a garantir o respectivo cumprimento.

A realização de uma operação de concentração em desrespeito das obrigações ou condições tornadas vinculativas por uma decisão de não oposição, é de conhecimento oficioso pela Autoridade da Concorrência a qual dará início ao respectivo procedimento[324].

De igual modo, as concentrações cuja decisão expressa ou tácita de não oposição tenha tido como fundamento informações falsas ou inexactas, fornecidas pelos participantes na operação de concentração, serão objecto de procedimento oficioso pela Autoridade da Concorrência[325].

A decisão proferida no âmbito desta fase preliminar de apreciação não será tomada sem a audiência prévia dos interessados, a qual suspende o prazo de 30 dias fixado no artigo 34.º da LdC[326]. Quando a operação de concentração tenha incidência num mercado objecto de regulação sectorial, a decisão da Autoridade deve também ser precedida de consulta à respectiva autoridade reguladora[327].

---

[321] Artigo 35.º n.º 1 da LdC.
[322] Artigo 35.º n.º 4 da LdC.
[323] Artigo 35.º n.º 2 da LdC.
[324] Artigo 40.º n.º 1 c) e n.º 4.º da LdC.
[325] Artigo 40.º n.º 1 b) e n.º 3.º da LdC.
[326] Artigo 38.º n.º 1 e 4 da LdC.
[327] Artigo 39.º n.º 1 da LdC.

3.1.3. Investigação aprofundada

Haverá lugar a uma investigação aprofundada da operação de concentração notificada quando, em sede de apreciação preliminar, se conclua que aquela operação é susceptível de criar ou reforçar uma posição dominante de onde possam resultar entraves significativos à concorrência efectiva no mercado nacional ou em parte dele.

A Autoridade procederá então a diligências de investigação complementares, no prazo máximo de 90 dias a contar da data da decisão que declarou a necessidade de dar início à investigação aprofundada[328]. Aos autores da notificação poderá ser pedido que forneçam informações ou documentos adicionais ou corrijam os que já tenham fornecido; a Autoridade poderá também pedir informações novas ou adicionais a quaisquer entidades públicas ou privadas. Estes pedidos não poderão suspender o prazo anteriormente referido em mais de 10 dias úteis[329].

Antes de se pronunciar através de decisão sobre a não oposição ou proibição da operação de concentração a Autoridade deve promover a audiência dos autores da notificação e dos contra-interessados. A realização desta diligência de audiência de interessados suspende o prazo de 90 dias fixado para a apreciação e decisão da operação de concentração[330]. Nos casos em que a operação apreciada tenha incidência num mercado objecto de regulação sectorial a Autoridade solicitará também que a autoridade reguladora competente se pronuncie[331].

---

[328] Artigo 36 n.º 1 da LdC.
[329] Artigo 36 n.º 3 da LdC. A Autoridade considera que o limite de 10 dias se aplica a cada uma das suspensões que ocorram na segunda fase do procedimento de controlo, independentemente do número de solicitações e sem prejuízo de outras suspensões determinadas por lei, nomeadamente a suspensão por efeito de realização de audiência de interessados (Orientação Geral dos Serviços da Autoridade da Concorrência definidas pelo seu Conselho e ralativas às alterações da Lei 18/2003, introduzidas pelo Decreto-Lei 219/2006 de 2 de Novembro, 1.2.2007).
[330] Artigo 38 n.º 1 e 4 da LdC.
[331] Artigo 39 n.º 1 da LdC. O parecer destas entidades não tem carácter vinculativo.

3.1.4. Decisão final

Até ao termo do prazo de 90 dias[332], fixado para a investigação aprofundada, a Autoridade deve pronunciar-se por decisão no sentido de (i) não se opor à operação de concentração ou de (ii) proibir a operação de concentração, ordenando, se for caso disso, as medidas necessárias ao restabelecimento da concorrência efectiva, designadamente, a separação das empresas ou activos agrupados ou a cessação do controlo. A ausência de decisão no referido prazo vale como decisão de não oposição à operação de concentração[333].

A decisão de não oposição formulada no âmbito de uma investigação aprofundada pode também resultar da apresentação de compromissos pelas partes envolvidas, pelo que, neste caso farão parte daquela decisão as condições e obrigações destinadas a garantir o seu cumprimento[334]. As restrições de natureza comportamental ou estrutural directamente relacionadas com a realização da operação de concentração fazem parte integrante da decisão de não oposição[335].

São nulos os negócios jurídicos relacionados com uma operação de concentração que contrariem uma decisão da Autoridade que (i) proiba a concentração; que (ii) imponha condições à sua realização; ou que (iii) ordene medidas para o restabelecimento da concorrência efectiva[336].

3.1.4.1. Coimas e sanções acessórias

A realização de operações de concentração de empresas que se encontrem suspensas ou que hajam sido proibidas por decisão da Autoridade, constituem contra-ordenação e são puníveis com *coimas*, até 10% do

---

[332] É entendimento da Autoridade, com base na interpretação dos artigos 36.º n.º 1 e 34.º n.º 1 da LdC, e dado o carácter global do prazo de 90 dias úteis, que o prazo de duração da investigação aprofundada será o que remanescer, decorrida a primeira fase do procedimento cuja duração máxima é de 30 dias úteis, até ao limite dos refidos 90 dias (Orientação Geral dos Serviços da Autoridade da Concorrência definidas pelo seu Conselho e relativas às alterações da Lei 18/2003, introduzidas pelo Decreto-Lei 219/2006 de 2 de Novembro, 1.2.2007).
[333] Artigo 37 n.º 1 e 3 da LdC.
[334] Artigo 37 n.º 2 da LdC.
[335] Artigo 12.º n.º 5 da LdC.
[336] Artigo 41.º da LdC.

volume de negócios do último ano, para cada uma das empresas partes na infracção. Tratando-se de associações de empresas a coima não excederá o montante de 10% do volume de negócios agregado anual das empresas associadas participantes no comportamento proibido[337].

A falta de notificação prévia de uma operação de concentração, a não prestação ou a prestação de informações falsas, inexactas ou incompletas solicitadas pela Autoridade, bem como a não colaboração ou a obstrução ao exercício dos seus poderes de inquérito ou de realização de inspecções, constituem contra-ordenação punível com *coimas*, até 1% do volume de negócios do último ano[338].

Na determinação do montante da coima devem ser tidas em conta as circunstâncias enumeradas no artigo 44.º da LdC, designadamente, as vantagens obtidas pelas empresas infractoras, a colaboração prestada prestada à Autoridade e o comportamento do infractor na eliminação e na reparação dos prejuízos causados à concorrência[339].

Em simultâneo com a coima, podem ser aplicadas as *sanções acessórias* previstas no artigo 45.º n.º 1 da LdC.

A Autoridade da Concorrência é também competente para aplicar *sanções pecuniárias compulsórias* com o intuito de por termo a uma conduta de (i) não acatamento de uma decisão que imponha uma sanção ou que ordene a adopção de determindas medidas; (ii) falta de notificação de uma operação de concentração; ou (iii) não prestação ou prestação de informações falsas aquando da notificação de uma operação de concentração. As sanções pecuniárias compulsórias são aplicadas por cada dia de atraso, a contar da data fixada na decisão, não podendo o seu montante exceder 5% da média diária do volume de negócios do último ano[340].

3.1.5. Decisão ministerial

O membro do Governo responsável pela área económica pode, mediante decisão fundamentada, autorizar uma operação de concentração proibida pela Autoridade da Concorrência[341].

---

[337] Artigo 43.º n.º 1 e 2 da LdC.
[338] Artigo 43.º n.º 3 da LdC.
[339] Artigo 44.º da LdC.
[340] Artigo 46.º da LdC.
[341] Artigo 34.º do EAdC.

A decisão proferida nestes termos tem por base a interposição de recurso, da decisão da Autoridade, pelos autores da notificação interposto no prazo de 30 dias a contar da data de notificação da decisão da Autoridade. O recurso extraordinário interposto nestes termos, suspende o prazo de impugnação judicial da decisão.

A decisão ministerial autorizará a operação de concentração quando os benefícios dela resultantes para a prossecução de interesses fundamentais da economia nacional superem as desvantagens para a concorrência decorrentes da sua realização. A autorização ministerial assenta portanto num "balanço económico". A referida decisão pode também ser acompanhada de condições e obrigações tendentes a minorar o impacto negativo da operação de concentração sobre a concorrência.

3.2. Procedimento de decisão simplificada

Os processos de controlo prévio de concentrações de menor grau de complexidade podem ser objecto de um procedimento de decisão simplificada[342].

Através deste procedimento procura-se introduzir maior celeridade na apreciação das operações de concentração quando seja possível avaliar com clareza os seus impactos sobre os mercados relevantes ou relacionados.

O referido procedimento não poderá ter lugar quando seja necessário solicitar pedidos de elementos, quando existam terceiros interessados ou quando não seja possível dispensar a realização de audiência de interessados.

Poderão ser apreciadas à luz do procedimento de decisão simplificada, designadamente, as operações de concentração em que se verifique (i) não resultar uma alteração significativa da estrutura concorrencial do mercado, nomeadamente, por se traduzirem numa mera transferência de quota de mercado; (ii) resultar a constituição de uma empresa comum cuja actividade no mercado nacional se estime vir a ser negligenciável ou inexistente ou na ausência de efeitos horizontais e/ou verticais significativos; (iii) a operação notificada não consubstanciar uma operação de concentração ou não se encontrar abrangida pela obrigatoriedade de notificação prévia.

---

[342] Comunicação 12/2007 Autoridade da Concorrência adopta Decisão Simplificada para operações de concentração, 24.7.2007.

A fundamentação da decisão simplificada circunscrever-se-á aos elementos essenciais da análise e necessários a que a Autoridade se pronuncie.

4. CONTROLO JURISDICIONAL DAS DECISÕES DA AUTORIDADE DA CONCORRÊNCIA

4.1. PROCESSOS CONTRA-ORDENACIONAIS

No âmbito dos processos de contra-ordenação, as decisões da Autoridade que determinem a aplicação de coimas ou outras sanções são impugnáveis junto do juíz de comércio da respectiva comarca, mediante recurso com efeito suspensivo. Não existindo juíz de comércio na comarca é competente o juíz de comércio da comarca sede de distrito ou, não havendo, o que existir no distrito da respectiva comarca. Quando não exita juíz de comércio no distrito é subsidiariamente competente o tribunal da comarca de Lisboa[343].

Das demais decisões, despachos ou outras medidas adoptadas pela Autoridade cabe igualmente recurso para o mesmo Tribunal, com efeito meramente devolutivo[344].

À impugnação judicial das decisões da Autoridade da Concorrência é aplicável, subsidiariamente, o regime geral dos ilícitos de mera ordenação social[345]. A Lei da Concorrência estabelece portanto algumas especificidades a este regime que, de forma sumária, se dará conta em seguida.

O recurso deve ser feito por escrito, contendo alegações e conclusões, e apresentado à Autoridade no prazo de 20 dias após o conhecimento da decisão pelo arguido[346]. Nos 20 dias úteis seguintes à interposição do recurso a Autoridade procederá à remessa dos autos para o Ministério Público, podendo juntar alegações. A desistência da acusação pelo Ministério Público depende da concordância da Autoridade[347].

---

[343] Artigo 50.º n.º 1 e 2 da LdC; artigo 38.º n.º 1 do EAdC.
[344] Artigo 50.º n.º 3 da LdC; artigo 38.º n.º 1 do EAdC.
[345] DL 433/82, 27/10, com as alterações introduzidas pelo DL 356/89, 17/10 e pela Lei 109/2001, 24/12.
[346] Artigos 59.º e 60.º do RGCO.
[347] Artigo 51.º n.º 1 e 4 da LdC.

O tribunal pode decidir o caso mediante audiência de julgamento ou através de simples despacho, no entanto, neste último caso a Autoridade, o Ministério Público ou os arguidos podem opor-se a que o tribunal decida sem audiência de julgamento[348].

Havendo lugar a audiência de julgamento o tribunal decide com base na prova produzida em audiência e na prova produzida na fase administrativa do processo de contra-ordenação.

As decisões do tribunal de comércio que admitam recurso são impugnáveis junto do tribunal da Relação que decide em última instância. Nestas circunstâncias, a Autoridade tem legitimidade para recorrer autonomamente[349]. Dos acórdãos proferidos pelo tribunal da Relação não cabe recurso ordinário[350].

4.2. Procedimentos administrativos e decisão ministerial de autorização de uma operação de concentração

As decisões da Autoridade proferidas em procedimentos administrativos, bem como a decisão ministerial de autorização de uma operação de concentração, são impugnáveis para o juíz de comércio, mediante recurso com efeito meramente devolutivo[351]. A tramitação do recurso reveste a forma de acção administrativa especial[352].

Das decisões proferidas pelo juíz de comércio no âmbito destas acções administrativas cabe recurso jurisdicional para o tribunal da Relação e deste cabe recurso, limitado à matéria de direito, para o Supremo Tribunal de Justiça[353].

---

[348] Artigo 51.º n.º 3 da LdC.
[349] Artigo 52 e 51.º n.º 5 e 6 da LdC.
[350] Artigo 52 n.º 2 da LdC.
[351] Não existindo juíz de comércio na comarca é competente o juíz de comércio da comarca sede de distrito ou, não havendo, o que existir no distrito da respectiva comarca. Quando não exita juíz de comércio no distrito é subsidiariamente competente o tribunal da comarca de Lisboa: artigo 54.º n.º 2 da LdC.
[352] Artigo 54.º e artigo 38.º n.º 2 do EAdC. O recurso poderá ter efeito suspensivo por via do decretamento de medidas provisórias. À interposição, processamento e julgamento dos recursos é aplicável, subsidiariamente, o regime da impugnação contenciosa dos actos adminstrativos definido no Código de Processo nos Tribunais Administrativos: artigo 53.º da LdC.
[353] Artigo 55.º da LdC.

5. PRINCÍPIOS PROCEDIMENTAIS GERAIS E PRINCÍPIO DA PARTICIPAÇÃO DOS INTERESSADOS

A actuação da Autoridade da Concorrência no âmbito dos procedimentos sancionatórios e de supervisão objecto da presente análise encontra-se subordinada aos princípios gerais do procedimento administrativo. Tal subordinação encontra-se expressamente afirmada, pelo n.° 1 do artigo 19.° da LdC, no que toca aos procedimentos sancionatórios pois apesar de, como já se fez notar, os processos por infracção serem qualificados como processos contra-ordenacionais, e nessa medida sujeitos à aplicação subsidiária do regime geral dos ilícitos de mera ordenação social, neles se integram actos materialmente configuráveis como actos admisitrativos típicos. Por maioria de razão e tratando-se o procedimento de supervisão de controlo de operações de concentração de um procedimento administrativo, verifica-se também neste domínio a subordinação àqueles princípios.

Nesta medida, não cumpre proceder a uma análise exaustiva desses princípios não podendo, no entanto, deixar de se fazer notar o relevo ou a configuração específica que o *princípio da participação dos interessados* merece no que respeita à aplicação das normas de defesa da concorrência.

O princípio geral da participação dos interessados encontra-se amplamente presente nos procedimentos de aplicação do direito da concorrência afirmando-se de forma expressa, a respeito dos procedimentos sancionatórios, a necessária observância do princípio da audiência dos interessados e do princípio do contraditório[354].

O *princípio da audiência prévia* enquanto garante da defesa dos interesses dos particulares na formação das decisões, encontra consagração, no âmbito dos processos por infracção, nos artigos 26.° n.° 1 e 2 e 27.° n.° 3 da LdC. Nos termos destas disposições, tanto a adopção da decisão final quanto a adopção de medidas cautelares devem ser precedidas de audição dos interessados.

Também no que respeita ao controlo de concentrações, as decisões da Autoridade que põem termo à fase de investigação preliminar ou à fase de investigação aprofundada devem ser antecedidas da audiência de interessados – autores da notificação e contra-interessados[355]. No entanto, nas

---

[354] Artigo 19.° n.° 1 da LdC.

decisões de não oposição, e na ausência de contra-interessados, a audiência dos autores da notificação poderá ser dispensada[356].

A participação dos interessados através de mecanismos de *colaboração* marca também o regime jurídico de aplicação do direito nacional da concorrência.

A existência de um dever geral de colaboração com vista ao apuramento da verdade ganha particular relevância jurídica na possibilidade de aplicação de coimas e de sanções pecuniárias compulsórias em face da não prestação ou da prestação de informações falsas, inexactas ou incompletas, bem como da não colaboração ou obstrução das diligências de inquérito ou de inspecção[357]. Por seu turno, a colaboração prestada à Autoridade constitui um dos factores a ponderar na determinação do montante da coima[358].

Outras formas específicas de cooperação entre a administração e os interessados são também consagradas as quais, ao tornar a actuação da Autoridade mais célere e eficaz, garantem uma melhor prossecução do interesse público e dos interesses particulares dos interessados.

Esta aproximação é, designadamente, ilustrada pela possibilidade de apresentação de *compromissos* pelas partes envolvidas a fim de obviar uma decisão de proibição de uma operação de concentração, ou de derrogar a sua suspensão[359].

Também no âmbito do controlo de concentrações a *avaliação prévia* ou pré-notificação se configura como um importante instrumento de participação e colaboração das empresas no bom desempenho da actuação administrativa[360].

De igual modo, o *regime de clemência* configura-se como um mecanismo de colaboração entre a Autoridade e as empresas permitindo a estas beneficiarem da dispensa ou da atenuação especial da coima quando cooperem activamente com a administração na detecção e investigação de práticas concertadas e acordos restritivos[361].

---

[355] Artigo 38.º n.º 1 e n.º 3 da LdC. São contra-interessados aqueles que, no âmbito do procedimento, se tenham manifestado desfavoravelmente à realização da operação de concentração.
[356] Artigo 38.º n.º 2 da LdC.
[357] Artigo 43.º n.º 2 b) e c), artigo 43.º n.º 3 e artigo 46.º c) da LdC.
[358] Artigo 44.º da LdC.
[359] Artigos 35.º n.º 3, 37.º n.º 2 e 11.º n.º 4 da LdC.
[360] Artigo 9.º n.º 3 da LdC.
[361] Lei 39/2006 de 25/8, DR I 164.

BIBLIOGRAFIA

ALBUQUERQUE, Ruy de e António Menezes Cordeiro (Coord.)
– *Regulação e Concorrência. Perspectivas e Limites da Defesa da Concorrência*, Almedina, Coimbra, 2005

ALFONSO, Kuciano Parejo; Tomás Fernández del Castillo; Ángel Moreno Molina; Antonio Estella de Noriega
– *Manual de Derecho Administrativo Comunitario*, Centro de Estudios Rámon Areces, Madrid, 2000

ARNULL A.M.; Dashwood, A.A.; Ross, M.G. and Wyatt, D. A.,
– *European Union Law*, 4th ed., Sweet & Maxwell, London, 2000

BAEL, Ivo Van e Bellis, Jean-François,
– *Competition Law of the EEC*, CCH Editions Ltd., UK 1990

BELLAMY, Christopher and Child, Graham, D.,
– *European Community Law of Competition*, 5 ed., Sweet & Maxwell, London, 2001

DUARTE, Maria Luísa
– *Direito Administrativo da União Europeia*, Coimbra ed., 2008

EHLERMANN, Claus-DieterI e Berend J. Drijber
– "Legal Protection of Enterprises: Administrative Procedure, in particular Access to Files and Confidentiality", in *European Competition Law Review* 1996, p. 375

FREIRE, Paula Vaz
– *Eficiência Económica e Restrições Verticais. Os Argumentos de Eficiência e as Normas de Defesa da Concorrência*, AAFDL, Lisboa, 2008

HILF, Meinhard
– "The Application of Rules of National Administrative Law in the Implementation of Community Law", in *Yearbook of European Law*, vol. 3, 1983, pp. 79-98

KORAH, Valentine,
– "The Rights of the Defence in Administrative Proceedings under Community Law", in *Current Legal Problems*, 1980, pp. 73-97
– "The Michelin Decision of the Commission", in *European Law Review* 7, 1982, pp. 130-141

- *An Introductory Guide to EC Competition Law and Practice*, 7.ª ed., Hart Publishing, Oxford, 2000

MARQUES, Maria Manuel Leitão e António Goucha Soares (Coord.)
- *Concorrência – Estudos*, Almedina, Coimbra, 2006

MATEUS, Abel M.,
- "A Descentralização das Competências Comunitárias sobre Práticas da Concorrência: As Novas Competências da Autoridade", Lisboa, 2004 (http://www.autoridadedaconcorrencia.pt)

PEGO, José Paulo Fernandes Mariano,
- *A Posição Dominante Relativa no Direito da Concorrência*, Almedina, Coimbra, 2001

PORTO, Manuel Carlos Lopes
- *Economia. Um Texto Introdutório*, 2.ª Ed. Almedina, Coimbra, 2004

STEINER, Josephine and Woods, Lorna,
- *Textbook on EC Law*, 7th Ed. London, Blackstone Press Ltd., 2000

STIGLER, George J. and Sherwin, Robert A.,
- "The Extent of the Market", in *Journal of Law and Economics* 28, 1985, pp. 555-585

SILVA, Miguel Moura e,
- "Controlo de concentrações na Comunidade Económica Europeia", in *Revista Direito e Justiça*, Vol. VIII, Tomo 1, 1994, p. 133
- "Descentralização da Aplicação do Direito Comunitário da Concorrência-Uma Visão Pessoal", in *Revista Jurídica da AAFDL*, 24, 2000, pp. 190-201
- "EC Competition Law and the Market for Exclusionary Rights", in *Estudos Jurídicos e Económicos em Homenagem ao Professor João Lumbrales*, FDL, Coimbra Ed., 2000, pp. 815-846
- *Direito da Concorrência, Uma Introdução Jurisprudencial*, Almedina, Coimbra, 2008

SOUSA, Marcelo Rebelo de, e André Salgado de Matos
- *Direito Adminsitrativo*, Dom Quixote, Lisboa, 2004.

ÍNDICE GERAL

DIREITO ADMINISTRATIVO DOS RESÍDUOS
Alexandra Aragão

1. Introdução	11
1.1. A juridificação dos resíduos	11
1.2. A europeização do Direito dos Resíduos	12
1.3. A diferença entre resíduos e mercadorias	14
2. Princípios fundamentais do Direito dos Resíduos	15
2.1. Princípio da precaução	16
2.2. Princípio da prevenção	18
2.2.1. Prevenção de resíduos	19
2.2.2. Prevenção de danos	22
2.3. Princípio do poluidor pagador	24
2.4. Princípio da hierarquia de prioridades de gestão	31
2.5. Princípio da auto-suficiência	40
2.6. Princípio da proximidade	42
2.7. Princípio do planeamento	46
3. O conceito de resíduo	47
3.1. O conceito legal de resíduo	48
3.2. Afinamentos jurisprudenciais do conceito de resíduo	53
3.3. Categorias de resíduos	54
3.3.1. Categorias sectoriais	54
3.3.1.1. Resíduos agrícolas e silvícolas	55
3.3.1.2. Resíduos de cuidados de saúde	56
3.3.1.3. Resíduos industriais	57
3.3.1.4. Resíduos urbanos	59
3.3.2. Categorias quanto aos impactes	64
4. A gestão de resíduos	66
4.1. Dever primário de gestão: a autorização prévia das operações de gestão	69
4.2. Deveres secundários de gestão: os deveres de informação	80
5. Operações de gestão	84
5.1. Tipos de operações de gestão	85
5.2. Operações de gestão intermédia	86
5.2.1. A triagem	87
5.2.2. O transporte	87
5.2.2.1. Regime internacional	88
5.2.2.2. Regime comunitário	88

5.2.2.3. Regime nacional	93
5.2.3. Outras operações de gestão intermédia	97
5.3. Operações de gestão final	97
5.3.1. Deposição em aterro	99
5.3.2. Incineração	106
5.3.3. Outras operações	111
5.3.3.1. Valorização agrícola	111
5.3.3.2. Valorização pecuária	113
5.3.3.3. Valorização energética	114
5.4. Operações de gestão integrada	118
5.4.1. A gestão sustentável de fluxos de materiais	119
5.4.1.1. Equipamentos eléctricos e electrónicos	120
5.4.1.2. Pilhas e acumuladores	124
5.4.1.3. Embalagens	127
5.4.1.4. Veículos automóveis	133
5.4.1.5. Óleos	137
5.4.1.6. Pneus	139
5.4.1.7. Materiais de construção	141
5.4.2. Apreciações conclusivas	142
6. O futuro do Direito dos resíduos	145
Bibliografia	149

DIREITO ADMINISTRATIVO DO AMBIENTE
Carla Amado Gomes

1. Delimitação do objecto do estudo	159
2. O ambiente como bem jurídico	160
2.1. O "despertar ecológico" de finais dos anos 1960	160
2.2. A tarefa estadual de protecção do ambiente	161
2.3. As características dos bens ambientais	164
2.4. A autonomia científica do Direito do Ambiente	166
3. O equívoco do "direito ao ambiente"	168
3.1. A desmontagem necessária da fórmula do artigo 66.º/1 da CRP	168
3.1.1. O interesse de facto de fruição de bens colectivos	169
3.2. As dimensões pretensivas da norma do artigo 66.º/1 da CRP: manifestações procedimentais e processuais	170
3.2.1. Em especial, o direito de acesso à informação ambiental	172
3.3. A dimensão impositiva da norma do artigo 66.º/1 da CRP: os deveres de protecção do ambiente	176
4. As fontes do Direito do Ambiente	179
4.1. O Direito Internacional do Ambiente	179
4.2. O Direito Comunitário do Ambiente	184
4.3. O direito interno	186
4.3.1. A Lei de Bases do Ambiente e a legislação sectorial	186

4.3.1.1. Os princípios do Direito do Ambiente: uma selecção	188
4.3.1.1.1. Prevenção	190
4.3.1.1.2. Gestão racional dos recursos naturais	191
4.3.1.1.3. Responsabilização por dano ecológico	192
5. Os instrumentos do Direito do Ambiente	194
5.1. Instrumentos preventivos, em geral	194
5.1.1. Os planos especiais de ordenamento do território	195
5.1.2. Os actos autorizativos ambientais	197
5.1.2.1. As "melhores técnicas disponíveis" e as directivas de auto-vinculação	199
5.1.2.2. A gestão do risco e a instabilidade do acto autorizativo	201
5.1.3. Os contratos de adaptação e de promoção ambiental	204
5.2. Instrumentos preventivos, em especial	207
5.1.1. A declaração de impacto ambiental	207
5.1.1.1. Os *múltiplos* da declaração de impacto ambiental	214
5.2.1. A licença ambiental	218
5.2.1.1. A realização simultânea dos procedimentos de avaliação de impacto ambiental e de licenciamento ambiental	225
5.2.1.2. A realização simultânea dos procedimentos de aprovação do Relatório de Segurança, no contexto do regime da prevenção de acidentes graves, e de licenciamento ambiental	227
5.3. Instrumentos reparatórios (remissão)	230
5.4. Instrumentos repressivos: as contra-ordenações ambientais	230
5.5. Instrumentos de fomento: o comércio de licenças de emissão de gases com efeito de estufa	238
6. A responsabilidade civil por dano ecológico	243
6.1. A responsabilidade subjectiva	248
6.2. A responsabilidade objectiva	250
7. A tutela contenciosa ambiental: panorâmica geral	252
7.1. A dualidade de jurisdição em sede ambiental e a preferência pelo contencioso administrativo	252
7.2. A legitimidade popular, instituto central da tutela ambiental	256
7.2.1. O papel das ONGAs	262
7.3. A inexistência de meios de tutela contenciosa ambiental específicos	264
7.4. A complexidade da revisão de decisões de avaliação e gestão do risco pelo julgador	265
7.5. A mais valia dos processos urgentes	269
7.5.1. As providências cautelares do CPC e do CPTA	269
7.5.2. As intimações do CPTA	273
7.5.2.1. A imprestabilidade da intimação para protecção de direitos, liberdades e garantias em sede ambiental (artigos 109.º e segs.)	273
7.5.2.2. A utilidade da intimação para prestação de informações, consulta de processos e emissão de certidões (artigos 104.º e segs.)	275
§ 8.º Bibliografia	277

DIREITO ADMINISTRATIVO DE POLÍCIA
Miguel Nogueira de Brito

Parte I
Introdução

1. Conceito de polícia	281
1.1. Pluralidade de sentidos do conceito de polícia	281
1.1.1. Breve nota de direito comparado	282
1.1.2. Polícia administrativa e polícia judiciária	285
1.2. Polícia em sentido material	287
1.2.1. Evolução histórica do conceito material de polícia	287
1.2.2. Tranformações e tendências recentes, em especial a subjectivização e a privatização..	298
1.2.3. A polícia em sentido material como actividade dos poderes públicos que visa a prevenção e defesa em face de perigos; a distinção entre prevenção e precaução	306
1.2.4. Sistematização das actividades de polícia na perspectiva do seu fundamento jurídico..	310
1.3. Polícia nos sentidos institucional e formal	313
2. Direito de polícia..	315
2.1. O direito de polícia no contexto do direito da segurança interna..................	315
2.2. Direito de polícia geral e especial..	321
2.3. Fontes	322
2.3.1. Competências normativas no âmbito do direito de polícia...............	323
2.3.2. Actos normativos que disciplinam o direito de polícia	331
a) Constituição (artigo 272.º); Lei de segurança interna; Regime do Estado de Sítio e do Estado de Emergência	331
b) Medidas gerais de polícia	332
c) Poderes em caso de incêndio	333
d) Práticas susceptíveis de interferir com a ordem pública e a tranquilidade social	333
e) Regime do sistema de protecção civil: Lei de bases da Protecção Civil; Autoridade de Segurança Alimentar e Económica	334
f) Actividades perigosas	336
i) Regime jurídico das armas e suas munições	336
ii) Animais perigosos...	337
iii) Transportes..	337
iv) Acidentes graves envolvendo substâncias perigosas	338
v) Actividades industriais	339
vi) Resíduos	340
vii) Prevenção e controlo da poluição..	340
viii) Ruído...	341
ix) Ascensores, monta-cargas, escadas mecânicas e tapetes rolantes	342

g) Direitos fundamentais: Protecção de dados pessoais; direito de reunião e manifestação; Lei da Saúde Mental; Lei das Doenças Contagiosas; Lei de Bases da Saúde 342
h) Matérias de polícia tratadas a propósito de outros regimes jurídicos 344
   i) Ambiente 344
   ii) Conservação de edifícios 344
   iii) Património cultural 345
   iv) Electricidade, gás natural e petróleo 345
   v) Jogo 346
   vi) Farmácias 347
   vii) Valores mobiliários 347
   viii) Instituições de crédito e sociedades financeiras 349
2.4. Estrutura dogmática do direito de polícia 349
2.5. Direito de polícia, poder discricionário e princípio da legalidade: a questão do fundamento do poder de polícia 352

Parte II
Princípios e conceitos gerais do direito de polícia

3. Conceito de perigo 357
   3.1. Importância do conceito 357
   3.2. Definição 357
   3.3. Perigo concreto e perigo abstracto 361
   3.4. Perigo objectivo e perigo subjectivo 362
      3.4.1 Perigo putativo, perigo aparente e suspeita de perigo 364
      3.4.2 O conceito subjectivo de perigo e a distinção entre protecção primária e secundária 365

4. Cláusulas gerais ou medidas tipificadas? 366
   4.1. O problema e o seu enquadramento à luz da Constituição 366
   4.2. A jurisprudência do Tribunal Constitucional 368
   4.3. A exigência de tipicidade legal no âmbito das medidas de polícia 370
   4.4. Âmbito de aplicação do princípio da tipicidade das medidas de polícia 372

5. Bens jurídicos protegidos 374
   5.1. As indicações legais e o seu sentido 374
   5.2. Segurança pública: a) Defender a legalidade democrática 376
   5.3. Continuação: b) Garantir os direitos dos cidadãos 379
   5.4. Continuação: c) Garantir a segurança interna 380
   5.5. Ordem pública 381

6. Vinculação 390
   6.1. Introdução 390
   6.2. Responsabilidade do perturbador de acção 395

558   Tratado de Direito Administrativo Especial

6.2.1. As acções como fonte de responsabilidade de direito de polícia	395
6.2.2. Causalidade	397
6.2.3. Perturbadores aparente e suspeito	400
6.3. Responsabilidade do perturbador de condição	401
6.3.1. As coisas como fonte de responsabilidade de direito de polícia	401
6.3.2. Causalidade	404
6.4. O problema da transmissão da responsabilidade de direito de polícia	405
6.5. Limites da responsabilidade de comportamento e de condição	407
6.6. Vinculação de terceiros: o estado de necessidade policial	412
7. Regime jurídico das medidas de polícia	415
7.1. Introdução	415
7.2. Espécies de medidas de polícia	415
7.3. Medidas de polícia e sanções administrativas	424
7.4. Medidas de polícia e uso de meios coercivos	427
7.4.1. Em especial o uso de meios coercivos pelas forças de segurança privada	437
7.5. Competência, procedimento e forma	438
7.6. Discricionariedade	442
7.7. Garantias dos particulares	444

DIREITO ADMINISTRATIVO DA CONCORRÊNCIA
PAULA VAZ FREIRE

Nota introdutória 457

Parte I
Direito material da concorrência

1. Finalidade e âmbito do direito da concorrência	459
1.2. Acordos, decisões e práticas concertadas	460
1.2.1. Regime de excepção legal do n.º 3 do artigo 81.º do TCE	462
1.2.2. Regime do artigo 5.º da Lei 18/2003	464
1.3. Abuso de Posição Dominante	464
1.4. Abuso de dependência económica	466
1.5. Controlo de concentrações	467
2. Mercado comum e mercados nacionais	468
2.1. Mercado relevante	469
2.2. Afectação sensível do comércio entre os Estados-Membros	472

Parte II
Competências, princípios e procedimentos comunitários de aplicação das normas concorrência

1. Aplicação do direito comunitátio da concorrência pela Comissão: sistema de administração directa 475
   1.2. Atribuições específicas da Comissão em matéria de concorrência 477
2. Princípios gerais do direito administrativo comunitário 479
   2.1. Princípio da legalidade 479
   2.2. Princípios da igualdade e da não discriminação 480
   2.3. Princípios da segurança jurídica e da confiança legítima 480
   2.4. Princípio da proporcionalidade 480
   2.5. Princípio da transparência 481
   2.6. Princípio da boa administração 481
   2.7. Princípios procedimentais 482
3. Acordos restritivos, práticas concertadas e abuso de posição dominante 483
   3.1. Aplicação dos artigos 81.° e 82.° do TCE: sistema de competências paralelas ... 483
   3.2. Procedimentos comunitários de aplicação dos artigos 81.° e 82.° do TCE... 487
      3.2.1. Procedimento por infracção 487
         3.2.1.2. Apreciação preliminar 487
            (A) Denúncia 488
         3.2.1.2. Apreciação detalhada 491
            (A) Notificação da comunicação de objeccções 491
            (B) Acesso ao processo 492
            (C) Resposta dos interessados directos 492
            (D) Observações escritas de terceiros 492
            (E) Audição oral 493
            (F) Consulta ao Comité Consultivo 494
            (G) Decisão 494
            (I) Coimas e sanções pecuniárias compulsórias 495
      3.2.2. Procedimento de transacção 496
      3.2.3. Procedimento de avaliação prévia: cartas de orientação 498
4. Controlo de Concentrações 500
   4.1. Competência exclusiva da Comissão 500
      4.1.1.Concentrações de dimensão comunitária 501
      4.1.2. Remessa 503
         4.1.2.1. Remessa anterior à notificação 503
         4.1.2.2. Remessa posterior à notificação 504
   4.2. Procedimento comunitário de controlo das concentrações de empresas ... 505
      4.2.1. Investigação preliminar 505
         4.2.1.1. Notificação 505
         4.2.1.2. Pré-notificação (memorando fundamentado) 507
      4.2.2. Investigação aprofundada 508
         4.2.2.1. Comunicação de objecções e observações das partes 508
            4.2.2.2. Decisão 509

560   Tratado de Direito Administrativo Especial

5. Âmbito das competências da Comissão 510
   5.1. Poderes de investigação 510
      5.1.1. Pedidos de informações e registo de declarações 511
      5.1.2. Inspecções 512
   5.2. Poderes sancionatórios 513
      5.2.1. Aplicação de coimas 513
      5.2.2. Aplicação de sanções pecuniárias compulsórias 514
   5.3. Dever de fundamentação das decisões 515
6. Direitos e deveres dos interessados 515
   6.1. Direitos de defesa e de participação no processo 515
   6.2. Dever de cooperação 518
      6.2.1. Compromissos 518
      6.2.2. Clemência 519
7. Controlo jurisdicional e responsabildade extracontratual (breve referência) 520
   7.1. Controlo pelo Tribunal de Justiça 520
   7.2. Responsabildade extracontratual 521

Parte III
Competências, princípios e procedimentos de aplicação do direito da concorrência no ordenamento jurídico nacional

1. Autoridade da Concorrência 523
   1.1. Poderes de inquérito e de inspecção 525
2. Práticas proibidas 526
   2.1. Competências paralelas 526
   2.2. Procedimento sancionatório 528
      2.2.1. Inquérito 528
      2.2.2. Instrução 529
      2.2.3. Decisão final 530
          2.2.3.1. Coimas e sanções acessórias 531
          2.2.3.2. Dispensa e atenuação especial da coima 532
   2.3. Procedimento de avaliação prévia de acordos e práticas restritivas 534
3. Controlo de operações de concentração 535
   3.1. Procedimento de supervisão 535
      3.1.1. Notificação 536
          3.1.1.1. Procedimento oficioso 537
          3.1.1.2. Procedimento de avaliação prévia (pré-notificação) 537
      3.1.2. Instrução 538
          3.1.2.1. Decisão 538
      3.1.3. Investigação aprofundada 540
      3.1.4. Decisão final 541
          3.1.4.1. Coimas e sanções acessórias 541
      3.1.5. Decisão ministerial 542
   3.2. Procedimento de decisão simplificada 542

4. Controlo jurisdicional das decisões da Autoridade da Concorrência 544
    4.1. Processos contra-ordenacionais 544
    4.2. Procedimentos administrativos e decisão ministerial de autorização de uma operação de concentração 545
5. Princípios procedimentais gerais e princípio da participação dos interessados 546
Bibliografia 546